*Über dieses Buch*

Die zweibändige, erweiterte und überarbeitete Buchausgabe vom Funk-Kolleg ›Pädagogische Psychologie‹ ist eine Einführung für alle, die mit den verschiedensten praktischen und theoretischen Fragen der Erziehung, des Lernens und der Sozialisation konfrontiert werden. Sie gibt dabei nicht nur einen umfassenden Überblick über die wichtigsten Entwicklungstendenzen (Entwicklungspsychologie, Lernpsychologie, Sozialpsychologie, Testpsychologie, Schulpsychologie und Unterrichtspsychologie) einer Wissenschaft, die experimentell gesicherte Erkenntnisse für eine fortschrittliche und effektive Erziehungs- und Unterrichtspraxis erarbeitet, sondern sie beschreibt auch jenes menschliche Verhalten, das lebenslang andauert und sich weitgehend außerhalb von schulischen Institutionen abspielt, nämlich die Prozesse sozialen Lernens.

Um auch den nicht Vorgebildeten die Möglichkeit zur Einarbeitung zu geben, werden psychologische Grundbegriffe und Theorien erläutert. Die Autoren waren bemüht, neben der Vermittlung von Ergebnissen auch die wissenschaftlichen Methoden und ihre historische Entwicklung ausführlich zu schildern.

Die den Kapiteln beigefügten Einzelbibliographien sind noch einmal zu einer Gesamtbibliographie am Ende des zweiten Bandes zusammengefaßt, um ein alphabetisches, aber themenunabhängiges Auffinden zu ermöglichen. Am Ende des zweiten Bandes befindet sich auch das Gesamtregister.

Als Ergänzung zu diesen Bänden sollen die beiden *Reader zum Funk-Kolleg Pädagogische Psychologie* dienen, die von den wissenschaftlichen Leitern des Funk-Kollegs zusammengestellt und herausgegeben wurden. Sie enthalten wichtige, bisher zum Teil schwer zugängliche und meistenteils aus dem Englischen und Amerikanischen übersetzte Texte (Fischer Taschenbücher Nr. 6113 und 6114).

# Funk-Kolleg Pädagogische Psychologie

Eine Sendereihe des Hessischen Rundfunks,
des Saarländischen Rundfunks,
des Süddeutschen Rundfunks und des Südwestfunks (Quadriga)
in Verbindung mit Radio Bremen,
mit Studienbegleitbriefen
des Deutschen Instituts für Fernstudien an der Universität Tübingen,
Studienbegleitzirkeln der Volkshochschulen
und Prüfungen der Kultusministerien der Länder
Baden-Württemberg, Bremen, Hessen, Rheinland-Pfalz
und Saarland

Wissenschaftliche Leitung:
Prof. Dr. Franz E. Weinert (zugleich Koordination)
Prof. Dr. Carl Friedrich Graumann
Prof. Dr. Heinz Heckhausen
Dr. Manfred Hofer

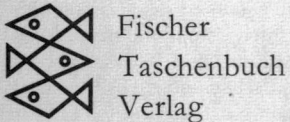

Fischer
Taschenbuch
Verlag

Funk-Kolleg
**Pädagogische Psychologie**

Band 1

Herausgegeben von
Franz E. Weinert
Carl Friedrich Graumann
Heinz Heckhausen und
Manfred Hofer
unter Mitarbeit von
Karin und Jürgen Bredenkamp
Hellgard Rauh
Franz Wellendorf
Werner Zielinski und
Sibylle Drews (Bearbeitung)

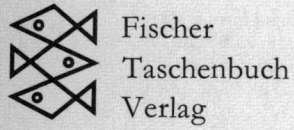

Fischer
Taschenbuch
Verlag

Die überarbeitete Fassung der Studienbegleitbriefe
( = Studientexte) zum Funkkolleg ›Pädagogische Psychologie‹
erscheint als ›BELTZ-Lehrgang‹ im Verlag Julius Beltz, Weinheim

Originalausgabe
Fischer Taschenbuch Verlag
  1.– 40. Tausend: Oktober 1974
 41.– 70. Tausend: Februar 1975
 71.– 95. Tausend: Oktober 1975
 96.–125. Tausend: März 1976
126.–155. Tausend: Mai 1977
156.–175. Tausend: Juli 1978
176.–190. Tausend: Oktober 1979
191.–215. Tausend: Mai 1980
206.–215. Tausend: Oktober 1981
216.–225. Tausend: Mai 1982
226.–232. Tausend: August 1983

Umschlagentwurf: Rainer Winter

Fischer Taschenbuch Verlag GmbH, Frankfurt am Main
© Fischer Taschenbuch Verlag GmbH, Frankfurt am Main 1974
Gesamtherstellung: Hanseatische Druckanstalt GmbH, Hamburg
Printed in Germany
1480-ISBN-3-596-26115-5

# Inhalt

# A | Einleitung

# B | Entwicklung und Sozialisation

Heinz Heckhausen

Heinz Heckhausen

# C | Soziale Interaktion in der Schule

**Band 2**

# D | Lernen und Denken

# E | Lehren und Beurteilen

# Vorwort

Orientiert an angelsächsischen, skandinavischen und sowjetischen Vorbildern, hat sich auch in der Bundesrepublik das Fernstudium im letzten Jahrzehnt zu einer nicht mehr wegzudenkenden Einrichtung auf dem Gebiet der Aus-, Fort- und Weiterbildung entfaltet. Aus einer mehr oder weniger kommerziellen Hilfe für Spätentwickler oder Umschuler mit nicht immer seriösem Geschäftsgebaren wurde ein Instrument zur Durchsetzung von Chancengleichheit und hochschuldidaktischer Innovation, zur systematischen Förderung von Unterprivilegierten, zur Planung von Kontaktstudiengängen und vor allem: zur Entlastung der Universitäten und Hochschulen angesichts einer noch zu Beginn der 60er Jahre für unmöglich gehaltenen Abiturienten- und Studentenexplosion mit der damit in Zusammenhang stehenden Numerus clausus-Misere.

Die erarbeiteten Modelle erwiesen sich bald als verheißungsvolle Alternativen zu den herkömmlichen Bildungsgängen, vor allem weil sie mehr Freiheit, die Verwirklichung eines hohen Maßes eigener Dispositionen und eine Effektivität versprachen, die der verfaßten Universität im Zeichen der Studentenunruhen, der überfüllten Hörsäle und der fehlenden Seminar- und Laborplätze mehr und mehr abging.

Ein weiterer Vorteil lag in der curricularen Struktur der einzelnen Modelle. Jedes Fernstudienprogramm war lernzielorientiert von Anfang an und bediente sich in fast idealtypischer Weise der Gegebenheiten des Medienverbunds: Erst das Zusammenwirken unterschiedlicher didaktischer Hilfen, die sich unter voller Ausschöpfung ihrer je eigenen Möglichkeiten ergänzten und verstärkten, um die entwickelten Lernziele zu erreichen, unterschied das Fernstudium im Medienverbund von anderen Studiengängen, die unter curricularen Gesichtspunkten im wörtlichen Sinne »programmiert« wurden.

Hinzu kam, daß jedes dieser neuen Konzepte mit all seinen Teilen ständig kontrollierenden Begleituntersuchungen unterzogen wurde: Feedback nach jedem einzelnen Lernschritt war ebenso selbstverständlich wie die Evaluation des gesamten Verbundpaketes und die Veröffentlichung von Forschungsreports über die Ergebnisse der jeweils erprobten Modelle.

Dieser Arbeitsstil trug den Fernstudienprogrammen einen Kredit ein, der schon früh in deren staatlicher Anerkennung seinen deutlichsten Ausdruck fand. Allerdings fehlte es auch nicht an Überschätzungen und Überbewertungen dieser neuen Möglichkeiten: Nicht wenige Bildungspolitiker versprachen sich für die bedrängten Hochschulen eine finanziell nicht allzu kostspielige Hilfe oder gar eine Chance, auf dirigistische Weise die nicht immer bequemen Selbstverwaltungsorgane der Universitäten durch Beschlüsse der Ministerpräsidentenkonferenz zur Institutionalisierung des Fernstudiums kurzerhand in die Ecke zu drängen. Lobbies bildeten sich und begannen zu arbeiten, das große Geschäft wurde gewittert, und nur die Hochschulen selbst besannen sich fast zu spät auf die neuen Möglichkeiten zur Effektivierung ihrer Arbeit: Die »Hochschulvereinigung für das Fernstudium im Medienverbund« wurde erst gegründet und bei der westdeutschen Rektorenkonferenz domiziliert, als das Funkkolleg der sog. »Quadriga-Rundfunkanstalten« (Hessischer Rundfunk, Süddeutscher Rundfunk, Südwestfunk, Saarländischer Rundfunk und später Radio Bremen) bereits mehrere Modelle zur Diskussion gestellt und das Zweite Deutsche Fernsehen längst mit seinen ersten Versuchen für eine Fernseh-Universität begonnen hatte, an denen jeweils zwar ausgewiesene und engagierte Hochschullehrer beteiligt waren, die aber doch einen Alleingang darstellten, was sich zunächst nachteilig auf die Integration der Programme in das Lehrangebot der Universitäten und auf deren Erprobung innerhalb hochschulinterner Lehrveranstaltungen auswirken mußte.

Dies alles verzögerte schließlich den Abschluß eines Staatsvertrages zur Institutionalisierung des Fernstudiums erheblich und hatte »kleine Lösungen« zur Folge, so die Planung einer Fern-Universität des Landes Nordrhein-Westfalen in Hagen und den Ausbau des »Deutschen Instituts für Fernstudien« in Tübingen als Anstalt, die nunmehr nach erfolgreichen Anlaufexperimenten, finanziert durch die »Stiftung Volkswagenwerk«, in das Königsteiner Abkommen der westdeutschen Kultusministerkonferenz einbezogen wurde.

Damit stellt das Funkkolleg, 1967 vom Hessischen Rundfunk initiiert und seitdem im Verlauf von sechs erfolgreich abgeschlossenen Modellen von mehr als 100000 Teilnehmern in Anspruch genommen, bisher noch immer das einzige Fernstudium im Medienverbund mit Universitätsstandard in der Bundesrepublik dar.

Partner des Medienverbunds sind die in der Quadriga zusammenarbeitenden Rundfunkanstalten und Radio Bremen für die Darbietung von Vorlesungen und Fernsehfilmen, die diese Vorlesungen illustrieren;

das »Deutsche Institut für Fernstudien« in Tübingen für das schriftliche Begleitmaterial, in der Regel 6 Hefte mit einem Umfang von durchschnittlich je 80 Seiten in jedem Semester;

die Volkshochschulen für die Veranstaltung von Tutorials und Studienbegleitzirkeln als »soziale Phase« des Lernprozesses;

die beteiligten Kultusministerien für die Erarbeitung der Prüfungsaufgaben sowie für die Durchführung und Anerkennung der Zertifikatsprüfungen nach jedem Semester; und schließlich

Universitätsfachbereiche oder ausgewählte Hochschullehrer für die Erarbeitung des Curriculums und für die wissenschaftliche Koordination und Leitung des Verbundes.

Dienstleistungen erbringen der Julius Beltz Verlag in Weinheim für den Druck und die Verteilung des Studienbegleitmaterials und der Fischer Taschenbuch Verlag für die Herausgabe und den Druck der jeweils abgelaufenen Vorlesungsreihen und der Textsammlungen (»Reader«) bei einzelnen Modellen;

IBM Deutschland für die computergesteuerte Auswertung der Zertifikatsprüfungen;

Infratest München und das »Institut für Gesellschaftswissenschaften« der Frankfurter Universität neben dem bereits erwähnten »Institut für Fernstudien« in Tübingen für die Begleituntersuchungen zu den einzelnen Kollegs und die Evaluation der Verbundmodelle.

Dieser nicht unbeträchtliche Apparat arbeitet ohne Statuten oder gar eine gesetzliche Grundlage, sieht man einmal von den Erlassen der beteiligten Kultusministerien zur Anerkennung der Zertifikatsprüfungen ab.

Jeder der mitarbeitenden Partner finanziert seinen Anteil am Verbund selbst, die Kollegiaten tragen lediglich die Kosten für das schriftliche Begleitmaterial oder für ihre – im übrigen nicht obligatorische – Teilnahme an den Studienbegleitzirkeln, in der Regel etwa DM 100,– je Semester bei einem Kostenvolumen von DM 1,5 Millionen je Kolleg, bezogen auf 20000 Teilnehmer.

Die bis jetzt angebotenen Veranstaltungen des Funkkollegs orientierten sich vornehmlich an geistes- oder gesellschaftswissenschaftlichen Inhalten: der Titel des ersten fünfsemestrigen Versuchs *Zum Verständnis der modernen Gesellschaft* mit Vorlesungen und Übungen zu den Disziplinen Volkswirtschaftslehre, Politikwissenschaft, Geschichte, Rechtswissenschaft und Soziologie war symptomatisch für die Anfangsmodelle eines Fernstudiums im Medienverbund.

Immer spielte dabei die Problematik der Umsetzung von wissenschaftstheoretischen Erörterungen in pädagogische und didaktische, praxisnahe Sachverhalte eine ausschlaggebende Rolle, wie überhaupt die Nähe dieser Kollegs zu den Erfordernissen einer modernen, reformfreudigen Schule bezeichnend sein dürfte.

Nicht zuletzt diese Umsetzungsproblematik mit ihren oft nur schwer darstellbaren pädagogischen Grundgesetzlichkeiten führte zur Planung und Konzeption des zweisemestrigen Funkkollegs *Erziehungswissenschaften* unter der Leitung von Prof. Dr. Wolfgang

KLAFKI, Direktor des Erziehungswissenschaftlichen Seminars der Universität Marburg.

Auch die Aufnahme der Kollegs *Mathematik* und *Sprache/Linguistik* in das Programm des Fernstudiums im Medienverbund hatte in erster Linie pädagogische Motive und nicht sosehr die Absicht, eine Fachdisziplin gleichsam um ihrer selbst willen darzustellen: die Einführung der Mengenlehre und die Umgestaltung des Deutsch-Unterrichts auf strukturaler Basis gaben bei der Wahl der Thematik für diese je zweisemestrigen Veranstaltungen den Ausschlag.

Bei den curricularen Diskussionen und der mediendidaktischen Aufbereitung aller Kollegs stellten sich immer wieder pädagogische Fragen, ergaben sich Probleme des Theorie-Praxis-Verhältnisses sowie Schwierigkeiten bei der Umsetzung der vermittelten Sachverhalte in die schulische Wirklichkeit und den Alltag von Schülern und Lehrern. Vor allem aber waren lernpsychologische Aufgabenstellungen zu lösen. Die Impulse hierzu kamen im wesentlichen von den für den Verbund nicht obligatorischen Studienbegleitzirkeln, an denen sich etwa 35 % der eingeschriebenen Kollegiaten beteiligten. Diese »Tutorials« waren und sind noch immer das schwierigste Element des Fernstudiums im Medienverbund, nicht zuletzt deshalb, weil das Selbstverständnis und die Funktion der »sozialen Phase« bisher nicht klar definiert werden konnten.

Neben den lernpsychologischen Schwierigkeiten dieser Kurse gab es solche bildungspolitischer Art. Sie betrafen insbesondere die Frage der Mitwirkung und Mitbestimmung der in den »Tutorials« arbeitenden Kollegiaten an Struktur, Konzept und Planung künftiger Kollegs, für die sie jedoch wegen der jeweiligen Fachbezogenheit ihrer Teilnahme nicht von vornherein als kompetent gelten konnten.

Die Wahl des Faches *Pädagogische Psychologie* hatte in derart ungelösten Problemen eines ihrer Motive. Hinzu kam natürlich das immer deutlicher zutage tretende Interesse breiter Kreise der Öffentlichkeit an pädagogischen und psychologischen Fragen, das über die Kriterien einer bloßen Halbbildung weit hinauszureichen schien. Vor allem junge Lehrerstudenten und künftige Sozialarbeiter zeigten sich in zunehmendem Maße erfreulich aufgeschlossen für psychologische Fragestellungen und für Antworten der Psychologie auf die sie bedrängenden Probleme, nicht zuletzt ausgelöst durch die Diskussionen über den Sinn oder Unsinn einer antiautoritären Erziehung, wie sie zu Beginn der 70er Jahre besonders engagiert geführt wurden. Den Ausschlag für die Wahl des Faches gaben jedoch die Wünsche der beteiligten Kultusministerien nach einer soliden Ausbildungsgrundlage für künftige Schulpsychologen, an denen überall in der Bundesrepublik ein ausgesprochener Mangel herrschte und noch immer

herrscht, und schließlich die Erkenntnis der Initiatoren des Funkkollegs, daß eine Reihe von Fragen unbeantwortet geblieben
war, die das Kolleg *Erziehungswissenschaften* aufgeworfen hatte;
Fragen, deren Lösungsansatz zumindest den Teilnehmern am
damaligen Kolleg nicht vorenthalten werden durfte.

In seiner didaktischen Struktur und im Hinblick auf den Einsatz
der verschiedenen Medien innerhalb des Verbundsystems unterschied sich das Kolleg *Pädagogische Psychologie* unter der wissenschaftlichen Leitung von Prof. Dr. F. E. WEINERT, Universität
Heidelberg (Koordinator), Prof. Dr. C. F. GRAUMANN, Universität
Heidelberg, Prof. Dr. H. HECKHAUSEN, Universität Bochum, und
Dr. M. HOFER, Universität Heidelberg, nicht wesentlich von den
vorhergehenden Modellen.

Neu war vielleicht das breite Spektrum von Motivationen für die
Teilnahme, das die Mitglieder des wissenschaftlichen Teams vor
nicht geringe Probleme stellte: wenn man es jedem recht machen
möchte, dann erreicht man vielleicht keinen genau.

Neu war auch, daß für dieses Kolleg eine zweibändige Material-
sammlung (»Reader«) zusammengestellt und dank der Flexibilität
von Autoren, Übersetzern und Verlag sehr schnell veröffentlicht
werden konnte. Damit wurde bei diesem Kolleg das gedruckte
Textbuch als weiteres Element zu den schon früher verwandten
Medien gleichberechtigt in den Verbund einbezogen.

Neu war schließlich das große Interesse, das dieses Kolleg in der
Öffentlichkeit fand: mehr als 40 000 Hörer beteiligten sich an
dieser Veranstaltung, etwa die Hälfte von ihnen gab bei der
schriftlichen Anmeldung an, ein Zertifikat erwerben zu wollen,
was mehr als 15 000 Kollegiaten mit z. T. sehr gutem Erfolg
gelang.

Bei einem derartigen Modell, das schon rein quantitativ alle Erwartungen übertraf, kann ernsthafte Kritik nicht ausbleiben.

Sie betraf vor allem die Überbetonung der kognitiven Komponente der vermittelten Sachverhalte, beklagte eine zu große
Praxisferne und vermißte immer wieder auch ein intensives Eingehen auf Probleme der Tiefenpsychologie und der Psychoanalyse,
was die wissenschaftliche Leitung und die Autoren jedoch von
Anfang an und mit Vorbedacht nicht in die curriculare Konzeption
dieses Kollegs einbezogen wissen wollten.

Aus diesen im wissenschaftstheoretischen Ansatz der Vorlesungen
begründeten Defiziten ergab sich zuletzt der Plan eines zweisemestrigen Fernstudiums mit dem Arbeitstitel *Pädagogische Beratung*, an dessen Curriculum z. Z. gearbeitet wird. Seine Schwierigkeit liegt in der Notwendigkeit einer ausgebauten »sozialen Phase«,
die dann nicht mehr fakultatives, sondern obligatorisches Element
des Medienverbunds sein müßte, mit der Möglichkeit zu praktischen Beratungsübungen und gruppenbezogenen analytischen
Arbeiten.

Ob sich die Volkshochschulen für die Übernahme einer so ausgebauten »sozialen Phase« als geeignet erweisen werden oder ob sich diese erweiterten »Tutorials« in das Lehrangebot der Universitäten werden integrieren lassen, ist im Moment noch eine offene Frage. Immerhin haben die medizinischen Fachbereiche das an *Pädagogische Psychologie* anschließende Funkkolleg *Biologie – Systeme des Lebendigen* in ihren Veranstaltungskatalog verbindlich einbezogen und eigene Studienbegleitzirkel hierzu eingerichtet, so daß für von den Gesamthochschulen anzubietende »Tutorials« für ein geplantes Kolleg *Pädagogische Beratung* keine schlechten Chancen bestehen dürften.

Zusammen mit den Kollegs *Erziehungswissenschaften* und *Pädagogische Psychologie* ergäbe dieser Plan eine Konzeption und Abrundung, wie sie bisher in der Bundesrepublik ihresgleichen suchen kann, und für das Fernstudium im Medienverbund einen wichtigen Schritt voran, immer vorausgesetzt, der Verbund ließe sich in der angedeuteten Weise um ein neues, zusätzliches Element erweitern.

Die hier vorgelegten Texte des Funkkollegs *Pädagogische Psychologie* stellen jedoch nicht nur für eine solche Planung, sondern für jede Beschäftigung mit pädagogischen und psychologischen Problemstellungen eine wesentliche Grundlage dar.

Wolkenstein, Südtirol, im April 1974          Gerd Kadelbach

# Vorbemerkung der Herausgeber

Die Autoren dieses Funkkollegs standen unvermittelt vor dieser Aufgabe. Bislang hatten sie fast nur im Angesicht von leibhaftig Anwesenden ihre Vorlesungen, Seminare und Vorträge gehalten; oder Artikel und Bücher geschrieben im geistigen Blick auf *den* Studierenden des Faches oder *den* Fachkollegen. Wir waren leichtfertig genug, uns von der sphinxhaften Unbegreiflichkeit und der tausendfachen Vielfalt des »Adressaten« eines Funkkollegs nicht abschrecken zu lassen. Über der Frage, ob es die Pädagogische Psychologie denn nicht wert sei, größere Verbreitung zu finden, schoben wir alle Bedenken beiseite. Vor allem reizte uns, dieses Gebilde *Pädagogische Psychologie*, das sich durch fast alle Teilbereiche der Psychologie hindurchzieht, auf wesentliche Bestände hin durchzumustern und aufzugliedern. Und zwar einmal vom gegenwärtigen Erkenntnisstand her und zum andern von dem vermuteten Vorwissen und Interesse *des* Adressaten her.

In dieser zweiten Hinsicht haben wir unsere anfängliche Naivität verloren. Wir vermerken zwar dankbar mediendidaktische Hilfen und Ratschläge, die wir von Leuten des Funks und des Deutschen Instituts für Fernstudien erfahren haben. Aber die Ferne der Adressaten am Radio ist auch durch unsere anfängliche Hoffnung auf die Mediendidaktik nicht verkürzt worden.

Als die Sendungen erst einmal liefen, war unentwegt zu produzieren. Mancher Halt- und Hilferuf aus dem Kreis der Adressaten konnte nicht mehr oder nur verspätet berücksichtigt werden. Neben Schelte erreichte uns auch Anerkennung. Was von einer Seite getadelt wurde, wurde zugleich von anderer Seite gelobt. Wir haben uns weder auf die eine oder andere Seite geschlagen, sondern erkennen müssen, daß es zwischen ein paar Autoren und der Verschiedenartigkeit von über 40 000 Adressaten eine unabsehbare Vielfalt von Wechselwirkungen geben muß.

Inzwischen ist das Funkkolleg *Pädagogische Psychologie* gründlich überarbeitet worden. Hier ist es. Man braucht nun keinem Sprecher im Radio zu folgen, der allzu schnell durch ein Gelände turnt, das mit vielerlei Begriffsgerüsten verstellt ist. Man kann in Ruhe lesen, innehalten, erneut lesen, blättern und weglegen. Man kann auch zu den *Studientexten* greifen, die im Beltz Verlag erschienen sind. Sie vertiefen und ergänzen die einzelnen Kapitel dieser beiden Taschenbücher.

Mancher sei jedoch auch vor Kauf oder Lektüre gewarnt, sofern

er zu einer von drei Lesergruppen gehört. Erstens wer sich von
den beiden Taschenbüchern ein Füllhorn voller Anleitungen für
die Alltagspraxis erwartet. Zwar werden zaghaft auch praktische
Anwendungsmöglichkeiten aufgezeigt. Die Autoren waren und
sind jedoch davon überzeugt, daß zunächst gründliche Kenntnisse
und Einsichten nötig sind, ehe »umgesetzt« wird. Zweitens wer
unter Psychologie an Psychoanalyse und unter *Pädagogischer Psychologie* an Schülerliebe und Lehrerkomplexe denkt. Die Autoren
haben sich nicht von populären Wellen der literarischen Nach-
Aufklärung, sondern vom aktuellen Forschungsstand in Kern-
bereichen leiten lassen. Historische Entwicklungen konnten nur
knapp angedeutet werden. Drittens wer die Einsicht gewonnen
hat, zwischen »bürgerlicher« und »nicht-bürgerlicher« Wissenschaft zu unterscheiden. Die Autoren waren und sind unfähig,
dieser Unterscheidung eine Bedeutung beizumessen.

Insgesamt sind wir aber nicht unzufrieden. Mit diesen beiden
Taschenbüchern glauben wir den Modernitätsrückstand von dem,
was vielerorts unter *Pädagogischer Psychologie* verstanden oder gelehrt wird, in leicht faßlicher Form verringern zu können.

Mai 1974

F. E. Weinert
C. F. Graumann
H. Heckhausen
M. Hofer

# A | Einleitung

Franz E. Weinert

# Einleitung: Einführung in das Problemgebiet der Pädagogischen Psychologie

# Einleitung
## Einführung in das Problemgebiet der Pädagogischen Psychologie

Wenn sich jemand entschließt, an einem Funkkolleg teilzunehmen oder den inzwischen gedruckt vorliegenden Text zu studieren, so verfolgt er damit in aller Regel einen bestimmten Zweck: Er kennt bereits einige Arbeitsergebnisse dieser Wissenschaft und will sich nunmehr genauer und vertiefter informieren; er erhofft sich von wissenschaftlichen Ergebnissen Hilfe bei der Lösung gegenwärtiger und künftiger Probleme, oder er benutzt das Studium und die angebotenen Prüfungen als Möglichkeiten, um seine berufliche Position zu verbessern. Dieser Katalog von Studienzielen ließe sich leicht erweitern; in vielen Fällen werden sich beim Studierenden mehrere Motive überlagern; immer muß jedoch davon ausgegangen werden, daß das Studium nicht an einem Nullpunkt beginnt. Die bisherigen Lebenserfahrungen, mehr oder minder zufällig erworbene spezielle (»richtige« und »falsche«) Kenntnisse und das persönliche erkenntnisleitende Interesse werden von Anfang an einen spezifischen Erwartungshorizont abstecken, der Aufnahme und Verarbeitung von Informationen beeinflußt und den individuellen Arbeitsstil prägt. Dies alles gilt für eine Wissenschaft wie die Pädagogische Psychologie ganz besonders, hat doch jeder Mensch als Erzogener und/oder Erzieher Erfahrungen gesammelt, die einen wichtigen Gegenstandsbereich dieser Disziplin ausmachen.

Jedes Studium der Psychologie bedeutet stets auch die kritische Reflexion eigener Erfahrungen, das bewußte Infragestellen subjektiver Überzeugungen, die Suche nach neuen Wegen bei der Lösung individueller und sozialer Probleme; jedes Studium der Psychologie verlangt allerdings auch das intensive Sichauseinandersetzen mit den in dieser Wissenschaft entwickelten Fragestellungen, Methoden, Theorien und Befunden. Das Erkenntnisinteresse der Teilnehmer und der Erkenntnisstand des Faches stellen also zwei notwendige Bezugssysteme bei der Planung eines Funkkollegs dar. Die vor allem in den Sozialwissenschaften ständig geführte Diskussion zum sog. Theorie-Praxis-Problem zeigt jedoch, daß zwischen diesen beiden Bezugssystemen oft erhebliche Widersprüche bestehen. Damit ist ein zentrales Problem der gegenwärtigen Pädagogischen Psychologie angesprochen und soll deshalb auch im Mittelpunkt dieser Einführung stehen.

## 1. Erwartungen an die Pädagogische Psychologie

Von manchen Menschen sagt man, sie seien »gute Psychologen«. Dabei denkt man im allgemeinen an die Fähigkeit, sich in andere Menschen einzufühlen, die Beweggründe ihres Handelns zu begreifen und das eigene soziale Verhalten in Übereinstimmung mit diesen meist intuitiv gewonnenen Einsichten zu steuern. Spricht man ausdrücklich von »guten Psychologen«, so muß es naturgemäß auch »schlechte Psychologen« geben. In Wirklichkeit verdeutlichen und verdecken solche Bewertungen jedoch lediglich die Tatsache, daß wir eigentlich alle und zu jeder Zeit als »naive Psychologen« agieren, wenn wir uns und andere beobachten, wenn wir bei einem Mitmenschen nach den Motiven seines Handelns fragen, wenn wir die Absichten eines anderen durchschauen wollen, wenn es gilt, eine Verhaltensweise zu erklären, um angemessen darauf reagieren zu können. Benehmen wir uns nicht unterschiedlich, wenn uns jemand auf den Fuß tritt, je nachdem, ob wir meinen, es sei unabsichtlich oder mit Absicht geschehen? Freut uns nicht ein Kompliment mehr, wenn wir glauben, es sei echt und wirklich so gemeint? Trifft uns nicht ein Tadel stärker, wenn wir annehmen müssen, daß der andere wirklich etwas von der Sache versteht? Haben wir uns nicht alle schon einmal falsch oder ungeschickt verhalten, weil wir die Absichten unseres Gegenübers mißdeuteten? Jeder von uns hat also seine ganz persönlichen »Verhaltenstheorien«, seine kaum bewußtwerdenden Erklärungsmodelle und damit zusammenhängend seine psychologischen Vorurteile.

Schließen nicht allzu viele allzu schnell von den langen Haaren eines Jugendlichen auf sein renitentes, unhöfliches Benehmen; von der sozialen Stellung des Vaters auf die Eigenschaften der Kinder; von der Rechtschreibnote eines Schülers auf seine intellektuelle Leistungsfähigkeit; von einer sympathischen oder unsympathischen Verhaltensweise auf den guten oder schlechten Charakter eines Menschen? Jeder von uns hat aber auch schon erlebt, wie die Einsicht in die Situation eines anderen und das daraus erwachsende Verständnis für sein Tun und Lassen zwischenmenschliche Barrieren niederzureißen vermochte.

Wie wir unsere Mitmenschen wahrnehmen, auf welche Ursachen wir ihre Erfolge und Mißerfolge zurückführen, wie wir uns ihr Verhalten erklären, sagt natürlich nicht nur etwas über die anderen aus, sondern auch, und vielleicht sogar in erster Linie, über uns selbst: über unsere Erwartungen, Einstellungen, Hoffnungen, Befürchtungen, Überzeugungen, Zwänge und sozialen Handlungsspielräume. Viele ahnen diese Zusammenhänge, für manche sind sie eine Quelle ihres psychologischen Interesses, und der Absatz populärwissenschaftlicher Schriften profitiert davon – nicht selten zur Enttäuschung der Käufer, die sich in der Regel erst nachträglich die Frage stellen, was denn Wissenschaft im allgemeinen und wissenschaftliche Psychologie im besonderen überhaupt zur Aufklärung solcher persönlichen Probleme beitragen kann (vgl. HEIDER 1958 und LAUCKEN 1974).

Es versteht sich fast von selbst, daß Einsicht in die Gesetzmäßigkeiten menschlichen Handelns, Verständnis für die Bedürfnisse anderer und die Fähigkeit zur Steuerung eigenen und fremden Verhaltens von Erziehern in besonders ausgeprägtem Maße gefordert werden. Wenn man vom bedeutsamen Einfluß der sozialen Umwelt auf die Persönlichkeitsentwicklung des Kindes spricht, wenn man davon ausgehen muß, daß »Begabung« stets auch soziales Schicksal ist, wenn man die oft dramatischen Folgen einer defizitären oder inadäquaten Erziehung beobachtet, dann drückt sich darin stets auch die unterschiedliche Fähigkeit und Bereitschaft von Erziehern aus, auf die Eigenart des Kindes einzugehen, ihm ein Gefühl sozialer Geborgenheit zu vermitteln, seine Lernbedingungen zu optimieren und selbst als Quelle der Nachahmung und positiver Unterstützung zu figurieren. Diese Zusammenhänge sollen an zwei Beispielen aus der Schule verdeutlicht werden. Die darin zum Ausdruck kommenden Probleme beeinflussen nach unseren Erfahrungen die Erwartungen an die Pädagogische Psychologie besonders stark.

Zuerst wenden wir uns einem Experiment von ROSENTHAL & JACOBSON (1971) zu, in dem der sog. *Pygmalion-Effekt* im Klassenzimmer untersucht wurde.

Die Untersuchung fand in 18 Klassen des 1. bis 6. Schülerjahrgangs einer amerikanischen Grundschule statt. Überprüft werden sollte, ob sich die Einstellungen von Lehrern gegenüber einzelnen Schülern verändern lassen und wie sich die manipulierten Lehrereinstellungen auf das Verhalten bzw. die Leistungen der Schüler auswirken. Verwendung fand dabei ein Intelligenztest, von dem behauptet wurde, er erfasse nicht nur die geistige Leistungsfähigkeit der Kinder zu einem bestimmten Zeitpunkt, sondern er gäbe darüber hinaus präzise Aufschlüsse über die weitere Entwicklung der Intelligenz in den folgenden Jahren. Nun wurden aus jeder der untersuchten Klassen 20% der Schüler nach Zufallsgesichtspunkten ausgewählt und den Lehrern als jene Kinder benannt, bei denen eine besonders rapide Steigerung der intellektuellen Leistungen zu erwarten sei. Man bat die Pädagogen jedoch zugleich, diese Informationen weder an die Eltern noch an die betroffenen Schüler weiterzugeben. Als nach einem Schuljahr, genauer gesagt nach 8 Monaten der Test wiederholt wurde, schien es, als hätten die nach dem Zufallsprinzip ausgewählten Kinder eine auch statistisch bedeutsame Verbesserung ihrer Testleistungen erzielt. Bei einer genaueren Analyse dieses überraschenden Ergebnisses fand man im einzelnen, daß die Steigerung der Intelligenzleistungen um so deutlicher auftrat, je jünger die Kinder waren; daß die Zunahme bei der mittleren Schulleistungsgruppe am größten ausfiel und daß im Gegensatz zu einer plausiblen Erwartung die Leistungen beim schlußfolgernden Denken stärker beeinflußt wurden als die Ergebnisse bei einem Bild-Wortschatz-Test. Von Interesse erscheint schließlich die Tatsache, daß die Schüler dieser Zufallsstichprobe, die sich zu Beginn des Experiments kaum von anderen unterschieden hatten, am Ende des Schuljahrs von den Lehrern als neugieriger, interessierter, zufriedener, angepaßter und erfolgreicher beurteilt wurden.

Das von ROSENTHAL & JACOBSON durchgeführte pädagogisch-psychologische Experiment hat zu Recht die Aufmerksamkeit der Fachwelt wie der Öffentlichkeit erregt. Leider enthält die Untersuchung eine Reihe methodischer Fehler, so daß die theoretische und praktische Deutung der Befunde sehr erschwert wird. Eine kritische Auseinandersetzung mit dieser Studie, die unter dem Titel *Pygmalion auf dem Prüfstand* inzwischen auch deutschsprachig erschienen ist (ELASHOFF & SNOW 1972), kommt jedoch aufgrund der gegenwärtig zu diesem Problem insgesamt verfügbaren Informationen zu dem Ergebnis, daß sich sowohl spontane als auch provozierte Lehrererwartungen auf das Verhalten der betreffenden Schüler, auf deren Schulleistungen und auf ihr »Selbstbild« auswirken. Das bedeutet im einzelnen:

1. Begriffe wie Erziehungs- oder Unterrichtsstil verdecken oft die Tatsache, daß sich derselbe Lehrer gegenüber verschiedenen Schülern unterschiedlich verhält. Diese Verhaltensunterschiede hängen offenbar eng mit den Einstellungen gegenüber den einzelnen Kindern zusammen. Erwartet der Lehrer z. B. von ihnen eher gute oder eher schlechte Leistungen; führt er einen unerwarteten Erfolg auf »Begabung«, »Fleiß« oder einfach auf »Glück«, »Zufall« oder gar »Schwindel« zurück; reagiert er auf die Anstrengungen eines Schülers mit Ermunterung, realistischer Zielsetzung, Hilfe und Bekräftigung oder mit Skepsis, Mißerfolgserwartung und Uninteressiertheit? (Vgl. Kap. 17)

2. Die Erwartungen und Einstellungen des Lehrers beeinflussen offensichtlich die Leistungen und das Verhalten des Schülers. Entscheidend dürfte dabei sein, ob die Erwartungen positiv und realistisch sind und inwieweit sie sich im didaktischen und erzieherischen Verhalten ausdrücken. So haben ROSENTHAL & JACOBSON zur Deutung des von ihnen vermuteten Zusammenhangs zwischen Lehrer- und Schülerverhalten folgende Annahme geäußert:

> »Wahrscheinlich haben die Lehrer ihre ›besonderen‹ Kinder genauer beobachtet, und diese gesteigerte Aufmerksamkeit kann dazu geführt haben, daß richtige Reaktionen der Schüler schneller bekräftigt wurden und die Schüler infolgedessen mehr lernten. Vielleicht machten sich die Lehrer über die Bewertungen der Leistungen der ›besonderen‹ Kinder auch mehr Gedanken. Diese gesteigerte Reflexion der Lehrer kann zu einem gesteigerten Reflexionsvermögen bei den ›besonderen‹ Schülern geführt haben. Eine derartige Veränderung des kognitiven Stils könnte dann wiederum eine Steigerung der nichtverbalen Fähig-

keiten, die der angewandte Test erforderte, bewirkt haben. Fassen wir unsere Spekulationen zusammen, so können wir feststellen, daß der Lehrer durch das, was er sagte, und dadurch, wie und wann er dieses sagte, durch seinen Gesichtsausdruck, seine Haltung und vielleicht durch physische Berührung der Kinder eine Steigerung der intellektuellen Leistung erwartete. Eine derartige Veränderung der Kommunikation in Verbindung mit eventuellen didaktischen Veränderungen haben vielleicht dem Kind beim Lernen geholfen, indem sie sein Selbstverständnis, seine Erwartungen hinsichtlich des eigenen Verhaltens, seine Motivation und auch seinen kognitiven Stil und seine Fertigkeiten veränderten.« (1971, S. 221 f; vgl. auch ROSENTHAL 1973)

3. Der wahrscheinliche Zusammenhang zwischen den Erwartungen des Erziehers und dem Selbstbild des Kindes, zwischen Lehrerverhalten und Schülerverhalten, zwischen vorausgegangenen bekräftigten Erfolgen und nachfolgenden gesteigerten Leistungen führt in der Schule möglicherweise zu einer Begünstigung der Begünstigten und zu einer Benachteiligung der Benachteiligten. Von Schülern aus ungünstigen sozialen Verhältnissen wird häufig von Anfang an weniger erwartet; sie verfügen aber im allgemeinen auch schon aufgrund ihrer schlechteren Sozialisationsbedingungen über weniger gute Voraussetzungen, um vom Unterricht gleichermaßen profitieren zu können; damit jedoch bestätigt sich scheinbar schon früh das weitverbreitete Vorurteil, wonach schlechte Leistungen auf mangelnde Begabung zurückzuführen sind und ein »natürlicher« Zusammenhang zwischen dem sozialen Status der Eltern und der Begabungshöhe des Kindes besteht. Der Teufelskreis schließt sich also: Selbst bei ursprünglich gleichem Lern- und Intelligenzpotential werden die Bildungschancen immer ungleicher; es kommt zu dem oft beschriebenen *kumulativen Lerndefizit* der Benachteiligten und das Stereotyp des *schlechten Schülers* fixiert sich. Pädagogisch deprimierend faßt Elfriede HÖHN ihre Untersuchungsergebnisse zu diesem Thema so zusammen:

> »Meist wird noch eine ganze Reihe weiterer negativer Merkmale beim schlechten Schüler konstatiert und ... auch erwartet, vor allem Unaufmerksamkeit, mangelndes Interesse an der Schule, Langsamkeit, Unordentlichkeit, z. T. aber auch ausgesprochene moralische Minderwertigkeit wie Unehrlichkeit, Lügen, Stehlen, verfrühtes sexuelles Interesse. Häufig wird auch das häusliche Milieu als ungünstig beurteilt. Immer wieder läßt sich ein deutlicher Halo-Effekt feststellen, der schlechte Schüler wird nur noch negativ gesehen, manchmal bis in Äußerlichkeiten hinein. Am meisten ist dies der Fall, wo er sich dem Lehrer gegenüber ungezogen und widersetzlich verhält. Der brave, schüchterne und ängstliche schlechte Schüler wird viel milder beurteilt. Daß beides, das aggressive Verhalten wie das regressive, typische Reaktionen auf Überforderung und Mißerfolg sind, wird nur selten

klar gesehen, so wie überhaupt Faulheit, Unaufmerksamkeit und schlechtes Verhalten in der Regel einseitig als Ursachen des schulischen Mißerfolgs betrachtet werden, während übersehen wird, daß sie ebensogut seine Folgen sein können. Pädagogisch gefährlich kann diese Einstellung da werden, wo sich ein einheitliches negatives Stereotyp des schlechten Schülers herausbildet, das dazu verführen könnte, nicht nur beim Schulversagen von vornherein mit Faulheit und moralischer Minderwertigkeit zu rechnen, sondern auch umgekehrt beim erziehungsschwierigen Schüler von vornherein das Schulversagen zu erwarten, das dann fast den Charakter der gerechten Strafe für den ›Übeltäter‹ bekommt. Ebenso birgt die Überzeugung, daß zum schlechten Schüler das ungünstige häusliche Milieu gehöre, die Gefahr in sich zu glauben, ein ungepflegtes, aus sozial niedrigem Milieu kommendes Kind müsse auch ein schlechter Schüler sein. Dabei ist selbstverständlich nicht an ein bewußtes Drücken der Noten gedacht, sondern an unbewußte Erwartungseinstellungen, die aber nicht weniger wirksam sein können. Es sei an Zilligs Feststellung erinnert, daß Lehrer in den Diktatheften der Schüler, von denen sie gute Leistungen erwarten, mehr Fehler übersehen, als in denen der schlechten Schüler.« (1967, S. 104)

Vervollständigt man dieses Bild, indem man berücksichtigt, daß das Erwartungsstereotyp gegenüber dem schlechten Schüler bei den Mitschülern in der Regel noch stärker fixiert ist als bei den Lehrern, so schließt sich der psychologische Teufelskreis einer sich selbst erfüllenden Prophezeiung. Wir wollen an dieser Stelle noch die Frage zurückstellen, ob und inwieweit Einsichten und Erkenntnisse der wissenschaftlichen Psychologie solche Fehlentwicklungen unterbrechen oder beeinflussen können, sondern uns vorerst einem zweiten Beispiel zuwenden.

Erziehungsschwierige Situationen werden – wie wir aus vielen Bekundungen wissen – von Eltern und Lehrern als besonders belastend empfunden. Dabei sind Definition, Deutung und Bewältigung einer *Konfliktsituation* keineswegs objektiv und allgemeingültig vorgegeben, sondern hängen weitgehend von individuellen oder gruppenspezifischen Bezugsnormen, von der subjektiven Betroffenheit, von der Verunsicherung und von dem Sich-in-Frage-gestellt-Fühlen des Pädagogen ab. Immerhin konnten TAUSCH & TAUSCH (1971) beobachten, daß sich Lehrer pro Unterrichtsstunde im Durchschnitt etwa 15mal, also alle 2,6 Minuten, veranlaßt sehen, auf eine vermeintliche Störung zu reagieren. Hauptanlässe sind Schwätzen, Unaufmerksamkeit, Unruhe und gegenseitiges Stören. Wie reagiert man als Lehrer, wenn ein Schüler zum wiederholten Male schwätzt, wenn er immer wieder provozierend lustige Bemerkungen in die Klasse ruft, wenn er trotz Aufforderung nicht arbeitet, sondern lieber den Nachbarn stört oder zum wiederholten Male zu spät zum Unterricht kommt. Vergegenwärtigen wir uns einige durchaus

typische Äußerungen von Lehrern in solchen Konfliktsituationen:

> »Red nicht so dummes Zeug, ohne vorher zu überlegen – Dazwischen-
> quatscher – los, hier nach vorne gucken – Finger ab und Ruhe jetzt –
> merk dir endlich, wenn ich Schule halte, wird nicht mehr ausgepackt –
> Dussel – Fritz, du fliegst gleich raus da hinten.«

Manche werden jetzt vielleicht verständnisvoll lächeln, andere
werden sich über die autoritären Lehrer empören, wieder andere
werden sich fragen, welche Konsequenzen und Effekte ein solches
Verhalten eigentlich hat. Bezeichnend ist jedenfalls, daß weder
Schüler noch Lehrer meinen, daß es sich dabei um besonders
wirksame Formen zur Lösung und Vermeidung von Erziehungskonflikten handelt. Warum geschieht es dann aber täglich tausend-
fach in unseren Schulen? Ich glaube nicht, daß die Psychologie
auf diese Frage bereits eine wissenschaftlich gesicherte und pädagogisch befriedigende Antwort geben kann. Aber vielleicht
können einige sozialpsychologische Erkenntnisse dazu verhelfen,
über die Entstehung und Lösung von Erziehungskonflikten auf
einem versachlichteren Niveau nachzudenken, eigenes und fremdes Verhalten besser verstehen zu lernen und sich dadurch von
einigen beinah zwanghaft zu nennenden Mechanismen frei zu
machen.

Ich habe als Beispiele die Problematik des schlechten Schülers und
des Lehrerverhaltens in einer Konfliktsituation gewählt, weil man
aus Befragungsergebnissen weiß, wie viele Lehrer nach wissenschaftlich fundierten Antworten auf die damit zusammenhängenden Fragen suchen. Selbstverständlich ließe sich die Zahl solcher
praktisch-pädagogischer Probleme beinahe beliebig erweitern. Für
viele Lehrer ist z. B. die möglichst optimale *Organisation von Lern-*
*prozessen* ein wesentlicher Gesichtspunkt, also die Fragen nach der
geeigneten Motivierung der Lernenden, der Individualisierung
von Lehrzielen und Lehrmethoden, der Ermöglichung einsichti-
gen Lernens, der Formen des Übens, der effektiven Hilfe bei
auftretenden Lernschwierigkeiten und einer pädagogisch legiti-
mierten Leistungsbeurteilung.

Unabhängig von der speziellen Fragestellung und den spezifischen
Erwartungen zeigt sich jedenfalls durchgängig, daß Pädagogische
Psychologie für praktisch tätige Lehrer und Erzieher vor allem
dann von Interesse ist, wenn sie von der pädagogischen Wirklichkeit ausgeht und auf diese hin orientiert ist.

Diese Behauptung läßt sich vergleichsweise leicht belegen. Wir
haben einer größeren Anzahl von Pädagogen verschiedene Fragen
gestellt. Hier sind einige der Antworten:

Eine 37jährige Jugendleiterin beantwortete unsere Frage so:

F.: »Sie kennen den Begriff der Pädagogischen Psychologie?
Können Sie sich vorstellen, welche Aufgaben die Pädagogische Psychologie zu lösen hat?«

A.: »Während unserer Ausbildung haben wir über Pädagogische Psychologie nicht gesprochen. Es ist allerdings schon wieder 12 Jahre her. Aber ich könnte mir vorstellen, daß Sie damit bezwecken wollen, daß Sie die Psychologie den Eltern, den Erziehern näher bringen wollen, lebensnäher bringen wollen und verständlicher vielleicht anhand von Beispielen, so daß die Erzieher eine Hilfe bekommen und ein besseres Verständnis für ihre Kinder haben ... Eine Hilfe für den Erzieher, aber vielleicht auch ein Trend, alles unbedingt theoretisch zu benennen und zu erfassen.«

Eine 28jährige Volksschullehrerin äußerte folgende Meinungen:

F.: »Sie kennen den Begriff der Pädagogischen Psychologie? Welche Aufgabe würden Sie dieser Wissenschaft stellen?«

A.: »Die Aufgabe der Pädagogischen Psychologie sehe ich in der Vermittlung zwischen wissenschaftlicher Psychologie, die allein den Tatbestand abklären soll, und der praktischen Erziehungsarbeit. Sie soll eine Hilfswissenschaft sein für die Erziehungsarbeit.«

F.: »Was würden Sie von der Pädagogischen Psychologie bei der Bewältigung der praktischen täglichen Erziehungsprobleme erwarten?«

A.: Z. B., daß für eine bestimmte Erziehungsschwierigkeit verschiedene Möglichkeiten angeboten werden, wie ihr zu begegnen ist, mit deren Hilfe der Erzieher versuchen kann, seine Schwierigkeiten und die Schwierigkeiten des zu Erziehenden zu lösen.«

F.: »Und was kann die Pädagogische Psychologie nicht leisten?«

A.: »Sie kann sicherlich nicht Erziehungsschwierigkeiten vollkommen annullieren, sie wird sicher nicht zu einem Idealzustand führen können, daß für jede Erziehungsschwierigkeit eine Art Pille verfügbar ist, so daß eine ideale Atmosphäre entsteht, in der Schwierigkeiten gar nicht mehr auftreten.«

Ein 45jähriger Schulrat:

F.: »Sie kennen den Begriff Pädagogische Psychologie? Welche Rolle sollte nach Ihrer Meinung die Pädagogische Psychologie spielen?«

A.: »Die Pädagogische Psychologie müßte in weit stärkerem Maße den Lehrer in den Lernprozeß miteinbeziehen. Sie erscheint mir zu einseitig abgehoben auf das Lernen der anderen. Während nach meiner Auffassung in weitaus stärkerem Maße Lernprozesse positiv eingeführt, weitergeführt werden können, wenn der Lehrer zugleich mitlernen kann.«

Und schließlich eine 29jährige Volkshochschuldozentin, die an der Ausbildung von Lehrlingen beteiligt ist:

F.: »Könnte die wissenschaftliche Psychologie eine Hilfe sein, neue Lehrinhalte und neue Lehrformen zu finden?«

A.: »Ja, eine Psychologie allerdings, die mit berücksichtigt, daß

psychische Strukturen nun einmal nicht angeboren oder natürlich bestimmt sind und auch keine Frage von Schuld und
Unschuld sind ..., sondern die die gesellschaftlichen Bedingungen berücksichtigt, in denen Psychologie stattfindet und
in denen psychische Strukturen gebildet werden.«

Faßt man diese und viele andere Antworten auf unsere Fragen
zusammen, so lassen sich drei Erwartungshaltungen gegenüber
der Pädagogischen Psychologie erkennen:

1. Erwartet wird in erster Linie eine unmittelbare Hilfe bei der
   Lösung sozialer Konflikte und bei der Überwindung von
   Erziehungsschwierigkeiten. Diese Hoffnung wird verständlich,
   wenn man berücksichtigt, daß viele der Befragten glauben,
   Erziehen und Unterrichten seien gegenüber früher schwieriger
   geworden. Lehrer erleben sehr häufig Konflikte und sind in
   ihrem erzieherischen Verhalten nicht selten verunsichert. Von
   einer solchen Erwartung aus wird Pädagogische Psychologie
   als eine Sammlung wissenschaftlich begründeter und prakti-
   kabler Handlungsanweisungen verstanden. Vereinfacht könnte
   man von einem weitverbreiteten Bedürfnis nach pädagogisch-
   psychologischen Rezepten sprechen.
2. An zweiter Stelle steht offenbar der Wunsch, Kinder und Erzieher besser verstehen zu lernen. Gefragt wird nach alterstypischen Eigenarten, nach bewußten und unbewußten Hand-
   lungsmotiven, nach gruppendynamischen Prozessen und allgemeiner: nach den individuellen und sozialen Determinanten
   des Verhaltens von Kindern und Erwachsenen. Pädagogische
   Psychologie wird hier also einerseits als wissenschaftliche
   Beschreibung und Erklärung des Erziehungsgeschehens und
   der daran beteiligten Personen angesehen; andererseits aber
   auch als Inbegriff einer psychologisch verankerten, den Möglichkeiten und Nöten des einzelnen Kindes besonders ver-
   pflichteten verständnisvollen Erziehungshaltung.
3. Viele Lehrer erwarten schließlich die Vermittlung möglichst
   allgemeiner psychologischer Gesetzmäßigkeiten des Lehrens
   und Lernens. Ihr Interesse an diesem Thema ist allerdings
   weniger theoretisch als praktisch auf die Frage gerichtet, was
   der Lehrer tun kann, damit Schüler gern und gut lernen. Unter
   diesem Blickwinkel erscheint Pädagogische Psychologie weitgehend als angewandte Lernpsychologie.

Natürlich gibt es gegenüber einer Wissenschaft wie der Pädagogischen Psychologie keine einheitlichen Erwartungen. Je nachdem,
ob man praktizierende Lehrer, Studenten, interessierte Eltern
oder Wissenschaftler befragt, erhält man unterschiedliche Antworten. Zwei Gesichtspunkte tauchen jedoch immer wieder auf:
Die Erkenntnisse sollen wissenschaftlich gesichert und praktisch
anwendbar sein! Ob und inwieweit die gegenwärtige Pädagogische Psychologie diese Forderungen erfüllen kann, ist allerdings

umstritten. Diskrepanzen zwischen solchen Erwartungshaltungen und den in der Pädagogischen Psychologie entwickelten Theorien beeinträchtigen nicht nur die subjektive Motivation zum Studium dieses Faches, sondern beeinflussen in negativer Weise auch die Wahrscheinlichkeit der Anwendung psychologischer Erkenntnisse auf die pädagogische Praxis. So hat der amerikanische Psychologe MCDONALD (1967) in einer historischen Analyse festgestellt, daß z. B. Lerntheorien nur dann schulrelevant werden, wenn sie bestimmte Anforderungen erfüllen. Sie müssen im einzelnen

a) wissenschaftlich gesichert sein;
b) soziale Phänomene und Probleme der Erziehung berücksichtigen;
c) der Entwicklungsdynamik im Kindes-, Jugend- und Erwachsenenalter Rechnung tragen;
d) praktisch verwertbar sein, d. h. Handlungsanweisungen gestatten, die sich unter konkreten Erziehungs- oder Unterrichtsbedingungen zu bewähren haben;
e) auf die individuellen Differenzen zwischen den Kindern eingehen und schließlich
f) die Organisation kognitiver Lernprozesse bei der Vermittlung unterschiedlicher Lehrstoffe ermöglichen.

MCDONALD selbst betont am Ende seiner Analyse, daß es gegenwärtig keine psychologische Theorie gibt, die alle diese Anforderungen in befriedigender Weise erfüllen könnte. Außerdem glaubt er, daß nicht allein der praktische Nutzen einer psychologischen Theorie über ihre Berücksichtigung im Erziehungswesen entscheidet, sondern daß dabei auch der »Zeitgeist« eine Rolle spielt. Es ist keine Frage, daß die damit verbundene Bevorzugung bestimmter psychologischer Theorien auf Kosten anderer auch Rückwirkungen auf die weitere wissenschaftliche Entwicklung haben muß. Anders ausgedrückt: Ökonomische, soziale, kulturelle und pädagogische Bedingungen beeinflussen die Erwartungen und Bedürfnisse der Erzieher bzw. des Erziehungswesens gegenüber bestimmten psychologischen Theorien. Das führt einerseits zu einer Auswahl und Bevorzugung einzelner theoretischer Ansätze durch die Praxis, andererseits zu einer Beeinflussung der weiteren Forschungsbemühungen. Umgekehrt führt natürlich auch der wissenschaftsimmanente Entwicklungsprozeß zu Erkenntnissen, die gewisse Probleme der pädagogischen Praxis überhaupt erst erschließen bzw. neue Lösungswege dafür ermöglichen. Zwischen gesellschaftlichen Rahmenbedingungen, dem institutionalisierten Erziehungswesen und den Lehrern auf der einen und einer Wissenschaft wie der Pädagogischen Psychologie auf der anderen Seite besteht also ein kompliziertes und wenig geplantes Verhältnis wechselseitiger Beeinflussung.

## 2. Problemstellungen der Pädagogischen Psychologie

Viele Wissenschaftler und die meisten Erzieher erwarten von
der Pädagogischen Psychologie vor allem Hilfe für das pädagogische Handeln, Anregungen zur Verbesserung der Erziehungs-
und Unterrichtsbedingungen und vertiefte Einsichten in die psychologischen Gesetzmäßigkeiten der Entwicklung und der Erziehung. Bei vielen Lehrern klingt allerdings auch ein gewisses
Maß an Skepsis an, ob die Pädagogische Psychologie zum gegenwärtigen Zeitpunkt solche Hoffnungen auch nur annähernd
erfüllen kann.

Da ich sicher bin, daß auch die meisten Psychologen derartige
Zweifel hegen, müssen wir uns die Frage stellen, zu welchem
Zweck und Nutzen man diese Wissenschaft eigentlich betreibt,
was Pädagogische Psychologie also ist, mit welchen Problemstellungen sie sich beschäftigt und welche methodischen und
theoretischen Ansätze für ihr Selbstverständnis charakteristisch
sind.

Ich habe bereits zu zeigen versucht, daß die naive Verwendung
psychologischer Erklärungsprinzipien weder von der Existenz
noch von der Kenntnis wissenschaftlicher Psychologie abhängig
ist. Insofern erscheint es beinahe selbstverständlich, daß fast alle
bedeutenden Pädagogen der Vergangenheit lange vor der Begründung der Psychologie als selbständiger Wissenschaft ihre
Erziehungskonzeptionen auf bestimmte psychologische Erfahrungen, Meinungen und Vorannahmen gestützt haben. Ausgesprochen oder unausgesprochen findet sich dabei immer wieder
die Überzeugung, Erziehen und Lehren sollten mit der »natürlichen Entwicklung« des Kindes harmonieren und mit den Gesetzen
der menschlichen Seele übereinstimmen. Welch ein wissenschaftlicher Optimismus kommt zum Ausdruck, wenn z. B. Wilhelm
REIN gegen Ende des 19. Jahrhunderts schreibt:

> »Unter der Voraussetzung, daß die Seele des Menschen nach bestimmten
> Gesetzen arbeitet, unter der Annahme, daß im psychischen Geschehen
> die gleiche Gesetzmäßigkeit herrscht wie in dem physischen – unter dieser
> Voraussetzung wird es nur einen naturgemäßen Weg im Unterricht geben
> können, nämlich denjenigen, der genau nach den Gesetzen des mensch-
> lichen Geistes sich richtet und alle seine Veranstaltungen diesen Gesetzen
> gemäß einrichtet. Wer also im Besitz der Kenntnis und Einsicht in die
> Gesetze des psychischen Geschehens ist, der würde damit auch in den
> Besitz des rechten Weges für den Unterricht gelangen.« (1893, S. 107)

Dieser Forschungsenthusiasmus ist kennzeichnend für die anfänglichen Hoffnungen auf eine Wissenschaft, von der man sagt,
daß sie zwar eine lange Tradition, aber erst eine kurze Geschichte
habe. Die Entwicklung der Pädagogischen Psychologie ist natürlich eng mit der in der zweiten Hälfte des 19. Jahrhunderts erfolgten
Emanzipation der Psychologie von der Philosophie und mit der

Begründung einer naturwissenschaftlich orientierten Psychologie durch Wilhelm WUNDT verbunden. Damit traten an die Stelle abstrakter Spekulationen über die Seele kontrollierte Beobachtungen und möglichst exakte Experimente. Überwogen am Anfang wahrnehmungspsychologische Arbeiten, so fand man bald, daß auch die sog. »höheren geistigen Tätigkeiten« wie Lernen und Denken experimentellen Untersuchungstechniken zugänglich sind. Willkürlichkeit, Kontrollierbarkeit und Variierbarkeit der experimentellen Bedingungen wurden grundlegende methodische Prinzipien empirisch arbeitender Psychologen; Objektivität, Zuverlässigkeit und Gültigkeit zu Gütekriterien für den Wert wissenschaftlicher Aussagen. Diese Beschränkung von Aussage und Forschungsziel auf das objektiv Beobachtbare ist bis heute die maßgebliche Einstellung der Psychologen zu ihrem Forschungsgegenstand. »Tatsachen statt Meinungen, gesicherte Beobachtungen an Stelle gefühlvoller Ahnungen, rigorose, u. U. statistische Überprüfung an Stelle von gewagten Verallgemeinerungen – das sind Grundsätze psychologischer Arbeit, die heute jedem Studierenden dieser Disziplin vom ersten Semester an nahegebracht werden.« (THOMAE 1963, S. 79)

Selbstverständlich bemühte man sich auch schon sehr früh, die Ergebnisse der Experimentellen Psychologie auf pädagogische Probleme anzuwenden – ohne großen Erfolg, wie sich schnell herausstellte; denn das Mißverhältnis zwischen der rigorosen Vereinfachung der experimentellen Bedingungen und der Komplexität pädagogischer Situationen erwies sich als allzu groß. Das änderte sich erst, als August Wilhelm LAY und Ernst MEUMANN unter schulähnlichen Bedingungen zu experimentieren begannen. Sehr modern anmutend, formulierte LAY schon 1903:

> »Wie man mittelst der von GALILEI und NEWTON eingeführten Induktion der modernen Wissenschaft auf didaktischem Gebiete durch Beobachtungen zu einer Hypothese, von dieser zur Gestaltung von Experimenten, durch diese zu neuen, zuverlässigen Einsichten und durch diese endlich zu naturgemäß methodischen Grundsätzen gelangen kann, das zeigen an ausführlich dargestellten Beispielen meine Untersuchungen über den Rechtschreib- und den ersten Rechenunterricht. In diesen Beispielen ist auch gezeigt, daß Reiz und Reaktion, d. h. ›Aufgabe‹ und ›Lösung‹, mit dem praktischen Unterricht selbst so zusammenfallen können, daß das didaktische Experiment lebenswahr bleibt, nichts anderes darstellt, als einen Akt des praktischen Unterrichts selbst, in dem aber Aufgabe und Lösung nach Quantität und Qualität und die Lösung überdies noch nach der Zeit zahlenmäßig genau festgestellt werden. Man wird erkennen, daß das didaktische Experiment in diesen Fällen nichts anderes ist als eine Unterrichtspraxis, die nach Maßnahmen und Erfolg zahlenmäßig genau kontrolliert werden kann.« (S. 53 f)

In dieser Weise wurde versucht, die Gesetzmäßigkeiten des Lesen-, Schreiben- und Rechnenlernens ebenso zu erforschen wie die optimalen Bedingungen des Wissenserwerbs und der Gedächtnisschulung. Trotz beeindruckender anfänglicher Erfolge wurden jedoch auch viele Zweifel am Wert pädagogischer Experimente geäußert:

a) Didaktische Experimente sind, streng genommen, gar nicht durchführbar, weil pädagogische Situationen und Prozesse zu komplex sind, so daß die Möglichkeit einer hinreichenden Isolierung und Kontrolle der relevanten Bedingungen kaum je erreichbar ist.

b) Experimente schaffen eine künstliche, mit der Erziehungswirklichkeit nicht vergleichbare Situation, indem sie das pädagogische Geschehen in seiner Ganzheitlichkeit auflösen und in Teile zerlegen; die Ergebnisse solcher Experimente lassen sich deshalb nicht auf die Erziehungswirklichkeit übertragen; sie sind deshalb praktisch wertlos.

c) Experimente mit Menschen, besonders aber mit Kindern, sind aus moralischen Gründen verwerflich, weil stets die Gefahr des Scheiterns und die Wahrscheinlichkeit negativer Ergebnisse gegeben ist.

d) Nach SOENTGERATH (1965) besteht die Hauptaufgabe des Pädagogischen Psychologen darin, sich in jeder Erziehungssituation auf das einzelne Kind einzustellen und ihm gerade in den schwierigsten Daseinsmomenten zur Seite zu treten. Diese Begegnungen zwischen Erzieher und Zögling sind aber »weder mit Hilfe angewandter Psychologie noch durch pädagogische Methoden« beeinflußbar. Der experimentellen Erforschung sind sie völlig entzogen.

Einwände dieser Art werden immer wieder geäußert. Sie werden nicht nur gegen die Pädagogische Psychologie, sondern auch gegen jede empirisch arbeitende Erziehungswissenschaft vorgetragen. Ich habe deshalb Herrn Klafki, Erziehungswissenschaftler an der Universität Marburg, gebeten, als Pädagoge zu diesen Einwänden Stellung zu nehmen:

Klafki: »Die einzelnen Argumente, Gegenargumente, die genannt wurden, haben nach meiner Ansicht unterschiedliches Gewicht. Ich möchte zunächst nur auf das erste eingehen. Dieses erste Gegenargument, pädagogische Situationen und Prozesse seien komplex, die Isolierung der zu untersuchenden Faktoren sei schwierig und die Kontrolle der Randbedingungen möglicherweise kaum möglich, hat zunächst an Gewicht gegenüber der Zeit MEUMANNS und LAYS sogar noch zugenommen, denn eine ganz neue Dimension von Randbedingungen – insbesondere in den letzten 5 bis 10 Jahren – ist in ihrer vollen Bedeutung erst jetzt erkannt worden, nämlich die gesellschaftlichen Bedingungen, die hinter allen Lernprozessen, hinter allen pädagogischen Vorgängen stehen, die sich auf Motivationen, auf die Einstellung von Kindern zum Lernen im weitesten Sinne, auf ihr Sprachniveau, auf die unterschiedliche emotionale Stabilität usf. beziehen. Die Zahl der uns heute bewußten, zu kontrollierenden Randbedingungen scheint mir doch gewachsen zu sein. Trotzdem meine ich, daß sich daraus kein prinzipieller Einwand

gegen Experimente in pädagogischer Absicht konstruieren läßt.
Die Folgerung aus diesem Tatbestand kann – so meine ich – nur
lauten: Pädagogische Experimente, z. B. über den Vorgang des
Lesenlernens oder über relativ komplexe Vorgänge wie Problemlösungsverhalten in der Mathematik oder über Wirkungen
unterschiedlicher Erziehungsstile müssen eben im Bewußtsein
jener Komplexität der Faktoren angelegt werden, und es kommt
darauf an, Voraussetzungen und Bedingungen solcher Experimente so genau wie möglich zu beschreiben. Das würde dann
zugleich bedeuten, daß die Folgerungen aus solchen Experimenten viel vorsichtiger gezogen werden müssen, daß Verallgemeinerungen schwieriger geworden sind, daß die Aussagen
sehr viel begrenzter sind, nämlich immer begrenzt auf die Voraussetzungen und Randbedingungen eines solchen Experiments.
Aber eine grundsätzliche Argumentation gegen das Experimentieren folgt meiner Auffassung nach daraus nicht.«

In den vergangenen Jahrzehnten kam die Pädagogische Psychologie besonders im deutschsprachigen Bereich unter dem Einfluß
solcher grundsätzlicher Zweifel an der empirischen Erforschbar-
keit pädagogischer Sachverhalte und unter dem Eindruck einer
ungeheueren Fülle neuer psychologischer Erkenntnisse in eine
Randposition zwischen geisteswissenschaftlicher Pädagogik und
empirischer Psychologie. Man bemühte sich einerseits um recht
allgemeine anthropologische Charakterisierungen der Kindheit
und der Erziehung und beschäftigte sich andererseits mit sehr
speziellen Anwendungsmöglichkeiten lern- und entwicklungspsychologischer Befunde auf pädagogische Fragestellungen. Zu
einer selbständigen pädagogisch-psychologischen Theorienbildung kam es nicht. Die Beschäftigung mit Pädagogischer Psychologie galt deshalb vielen Wissenschaftlern als provinziell und
dilettantisch. Erst seit etwa 20 Jahren läßt sich ein deutlicher
Wandel feststellen. Er ist durch das Bemühen gekennzeichnet, die
komplexen Vorgänge der Entwicklung, des Erziehens und des
Unterrichtens unmittelbar zu erforschen und theoretisch zu analysieren. Die Ergebnisse dieser Arbeiten machen den größten Teil
dessen aus, was als Pädagogische Psychologie inhaltlich angeboten
wird.

Man hat oft versucht, eine Geschichte der Pädagogischen Psychologie zu schreiben. Das ist fast immer mißglückt. Vielleicht hängt
es damit zusammen, daß die Entwicklung dieser Disziplin in
verschiedenen Ländern und bei verschiedenen Fragestellungen
keineswegs einheitlich verlaufen ist. Nach meinem Eindruck
lassen sich historisch gesehen mehrere relativ unabhängige Traditionen unterscheiden, die zugleich die wichtigsten Problemstellungen der gegenwärtigen Pädagogischen Psychologie darstellen.

(1) *Die entwicklungspsychologische Tradition*

Viele Pädagogen sahen und sehen die Hauptaufgabe der Pädagogischen Psychologie darin, die Frage nach dem richtigen »Wann« des Erziehens und des Unterrichtens zu beantworten. Nach dieser von der Romantik beeinflußten Auffassung gilt es also festzustellen, wann ein Kind aufgrund seiner natürlichen Entwicklung interessiert und befähigt ist, gewisse Erfahrungen zu machen, bestimmte Einsichten zu gewinnen, den Kindergarten oder die Schule zu besuchen und sich mit wichtigen Bildungsgütern auseinanderzusetzen. In dieser pädagogischen Absicht hat man immer wieder versucht, die kindliche Entwicklung in Phasen und Stufen einzuteilen. Ähnlich wie jedermann beobachten kann, daß ein Baby zu bestimmten Zeitpunkten seiner Entwicklung sitzt, krabbelt und läuft, wollte man in analoger Weise das natürliche Reifungsalter und damit auch die optimale Bildsamkeitszeit für das Erlernen des Lesens, Rechnens und Schreibens finden. Charakteristisch für diese Auffassung ist der auch heute noch gebräuchliche Begriff der *Schulreife*. Man versteht darunter im allgemeinen, daß der körperlich-seelisch-geistige Entfaltungsprozeß eines Kindes jene Qualität erreicht hat, um den Anforderungen der Schule zu genügen. Lange Zeit glaubte man, dieser Entwicklungsprozeß sei durch äußere Bedingungen kaum beeinflußbar. Erst in den letzten Jahren erwiesen sich die Milieuabhängigkeit der sog. Schulreife, die Übbarkeit vieler »Reifekriterien« und die Möglichkeiten einer Vorverlegung des ersten Lese- und Mathematikunterrichts (vgl. Kap. 11). Einer strengen reifungstheoretischen Erklärung ist damit natürlich der Boden entzogen. Deshalb befaßt sich heute die pädagogisch orientierte Entwicklungspsychologie vor allem mit alterstypischen Lernprozessen, mit der Frage, inwieweit individuell unterschiedliche Entwicklungsverläufe durch unterschiedliche Lernbedingungen erklärt werden können, und schließlich mit der Aufklärung jener Faktoren, welche die objektive und subjektive Schwierigkeit einer Lernaufgabe ausmachen. Auf diese Weise wird dem Erzieher und Lehrer die Möglichkeit gegeben, den Unterrichtsstoff durch geeignete Instruktion der jeweiligen geistigen Fassungskraft des Schülers anzupassen.

(2) *Die lernpsychologische Tradition*

a) *Lernen* ist ein Schlüsselbegriff der Psychologie und der Pädagogik. Man versteht darunter nicht nur den Erwerb von Kenntnissen und Fertigkeiten, sondern z. B. auch die erfahrungsbedingte Veränderung von Motiven und Einstellungen. Zu Recht wurde deshalb die Lernpsychologie als das Herzstück jeder Verhaltens-

wissenschaft bezeichnet. Bedauerlicherweise vollzog sich die Lernforschung jahrzehntelang vorwiegend in experimental-psychologischen Laboratorien. In ungezählten Experimenten mußten Versuchstiere durch Labyrinthe laufen und Versuchspersonen sinnlose Silben auswendig lernen. Man hoffte, auf diese Weise auch die grundlegenden Gesetzmäßigkeiten des sinnvollen Lernens erfassen zu können. Trotz großer theoretischer Anstrengungen mußte HILGARD (1956) jedoch resigniert feststellen, daß »kein Gesetz des Lernens mit Überzeugung gelehrt werden kann. Sogar die augenfälligsten Fakten ... sind Gegenstand theoretischer Disputе« (S. 457f). Wer sich z. B. von der Lernpsychologie eine wissenschaftlich gesicherte Antwort auf die vergleichsweise simple Frage verspricht, ob man ein Gedicht besser im ganzen oder in Teilen erlernen soll, würde bitter enttäuscht werden. Entsprechend dürftig fielen auch die Versuche aus, solche lernpsychologischen Erkenntnisse auf pädagogische Probleme generell anzuwenden. So kamen z. B. THORPE & SHMULLER (1954) in einer umfangreichen Monographie zu der Feststellung, daß Lehren effektiver ist,
– wenn der Lernende motiviert ist;
– wenn die Anforderungen den physischen und intellektuellen Fähigkeiten des Lernenden entsprechen;
– wenn der Lernende Gelegenheit hat, sinnvolle Beziehungen zwischen den Gliedern der Lernaufgabe und dem Lernziel zu stiften;
– wenn der Lernende anhand von Kriterien feststellen kann, welche Fortschritte er macht;
– und wenn der Lernprozeß unter Bedingungen verläuft, die dem Lernenden eine allgemeine Anpassung an die Gesamtsituation erleichtern.
Abgesehen davon, daß sich solche und ähnliche Prinzipien keineswegs eindeutig aus den verschiedenen Lerntheorien ableiten lassen, erscheinen sie pädagogisch kaum brauchbarer als die handfesten Bauernregeln alter Didaktik-Lehrbücher; sie drücken aus, was jeder Lehrende ohnehin weiß, ohne anzugeben, was er im konkreten Falle tun muß.
Diese psychologisch und pädagogisch höchst unbefriedigende Situation änderte sich erst Mitte der 50er Jahre. Durch Untersuchungen zum programmierten Unterricht und durch unmittelbare Erforschung schulischer Lernprozesse entstanden allmählich pädagogisch relevante Theorien des menschlichen Lernens. Sie beziehen sich nicht so sehr auf das kurzzeitige mechanische Auswendiglernen sinnarmen Materials, sondern auch und ganz besonders auf einsichtige, entdeckende und didaktisch artikulierte Lernprozesse.

(3) *Die sozialpsychologische Tradition*

Bis Mitte der 30er Jahre war die Pädagogische Psychologie weitgehend a-sozial. Sie beschränkte sich ganz allgemein auf die Untersuchung des Lernens, des Lernenden bzw. des Lernstoffes und vernachlässigte dabei fast völlig das Lernen in Gruppen, die Rolle des Lehrers, die Bedeutung institutioneller Rahmenbedingungen und die Einflüsse der Familie, der sozialen Schicht und der Freundesgruppe auch auf schulische Erfolge und Mißerfolge.

Es war der nach Amerika emigrierte deutsche Psychologe Kurt Lewin, der mit seiner Studie zum pädagogischen Führungsstil die entscheidende *sozialpsychologische* Wende der Pädagogischen Psychologie einleitete.

Er und seine Mitarbeiter erforschten in einem Jugendclub die Auswirkungen von drei verschiedenen Erziehungsstilen. In einem Fall wurde jede Art der Tätigkeit durch eine erwachsene Autoritätsperson völlig bestimmt. Bei der zweiten Variante dominierten Gruppenentscheidungsprozesse, bei denen der erwachsene Gruppenleiter als eines unter anderen Gruppenmitgliedern agierte. Schließlich bestand bei der dritten, als laissezfaire bezeichneten Form keinerlei Gruppenstruktur, und die Kinder konnten tun und lassen, was sie wollten. Die unterschiedliche Gruppenatmosphäre wirkte sich in typischer Weise auf das Verhalten der 10- bis 11-jährigen Clubmitglieder aus: Der autoritäre Stil des Gruppenleiters löste sowohl rebellisch-aggressive als auch unterwürfige Reaktionen der Kinder aus. Deutlich war ein gewisses allgemeines Unbehagen erkennbar. Das konstruktive Arbeitsniveau bei verschiedenen Bastelarbeiten war relativ gut, wenn der Leiter anwesend war, außergewöhnlich schlecht jedoch bei seiner Abwesenheit.

Die demokratisch geführte Gruppe zeigte demgegenüber ein mittleres Maß an Aggressivität und mittelmäßige Arbeitsleistungen, die von der An- oder Abwesenheit des Leiters kaum beeinflußt wurden. Dem Führer gegenüber zeigten die Kinder durchweg positive Einstellungen.

Das laissez-faire-Modell endlich bewirkte ein hohes Maß an Aggressivität, die geringste Arbeitsleistung und ein Verhalten, das sich am besten als unbewußte Suche nach irgendeiner Art von Gruppenorganisation interpretieren läßt.

Diese Untersuchung von Lewin et al. (1939) hatte einen ungeheuren Einfluß auf die weitere Entwicklung der Forschung, aber auch auf die pädagogische Praxis in den Vereinigten Staaten. Natürlich zeigten sich Begriffe wie »autoritär« und »demokratisch« als ideologisch vorbelastet. Selbstverständlich erwies es sich bald als problematisch, die vielfältigen und komplexen Verhaltensweisen der Lehrer auf nur wenige typische Reaktionsformen zu reduzieren. Unabhängig davon war aber ein Anstoß gegeben worden, die Bedeutung schulinterner und schulexterner sozialer Bedingungen immer genauer und differenzierter zu untersuchen. Ohne Einschränkung kann heute gesagt werden, daß sozialpsychologische Gesichtspunkte bei allen Fragestellungen der Pädagogischen Psychologie eine wesentliche Rolle spielen.

## (4) *Die testpsychologische Tradition*

Im Jahre 1905 beschloß eine Kommission des französischen Unterrichtsministeriums, daß Kinder nur aufgrund einer medizinisch-psychologischen Untersuchung aus Normalschulen in Sonderschulen versetzt werden dürfen. Dies war für Alfred BINET der äußere Anlaß, eine psychologisch fundierte und pädagogisch brauchbare Testbatterie zur möglichst objektiven Erfassung der Intelligenz zu konstruieren. Einer Stufenleiter vergleichbar, ordnete er 30 Aufgaben ihrem Schwierigkeitsgrad nach an und stellte empirisch fest, welche Aufgaben von Kindern welcher Altersstufen gelöst werden konnten. Die so gewonnenen Altersnormen dienten ihm schließlich zur Feststellung jener Kinder, die erheblich über oder unter dem Altersdurchschnitt liegende Leistungen erzielten. Wichtigste Kennzeichen der Intelligenz sind nach BINET »gut urteilen«, »gut verstehen«, »gut denken«. Deshalb verlangte er z. B. in seinen Testaufgaben das Definieren bekannter Gegenstände, das Wiederholen von Sätzen, die Unterscheidung zweier Gegenstände aus dem Gedächtnis, die Vorhersage des Resultats, wenn aus doppelt gefaltetem Papier ein Dreieck herausgeschnitten wird, oder die Definition von abstrakten Begriffen (vgl. GROFFMANN 1964).

Der BINET-Intelligenz-Test erfreute sich schon bald nach seiner Konstruktion in vielen Ländern größter Beliebtheit; er wurde zugleich Vorbild für die Entwicklung mannigfacher und verbesserter diagnostischer Verfahren zur Erfassung der verschiedensten psychischen Merkmale. Für die Pädagogische Psychologie besonders wichtig wurden sog. Schulleistungstests. Sie dienen dazu, beinahe jede Art von Schulleistung in ökonomischer, objektiver und zuverlässiger Art zu messen. Solche Tests erlangten vorwiegend in den USA eine außergewöhnlich große Verbreitung. Auch in der BRD haben sich in den letzten Jahren Schulleistungstests immer stärker durchgesetzt. Freilich konnte die Kritik an einer oft zu Recht als »seelenlos« bezeichneten Testpsychologie nicht ausbleiben. Für den pädagogisch-psychologischen Bereich gilt dies besonders dann, wenn Tests als Selektionsinstrumente verwendet werden, statt als Quellen der Information zur pädagogischen Beratung und Betreuung von Kindern und Jugendlichen. Auf die damit zusammenhängenden Probleme wird noch ausführlicher einzugehen sein.

(5) *Die klinisch-psychologische Tradition*

Fragt man Eltern, Lehrer und Verwaltungsbeamte nach den Aufgaben eines Schulpsychologen, so wird häufig an erster Stelle die Hilfe bei *Lern-* und *Erziehungsschwierigkeiten* genannt. Damit ist zugleich eine bedeutende Tradition innerhalb der Pädagogischen Psychologie angesprochen, die sich als pädagogisch-psychologische *Einzelfall-Hilfe* charakterisieren läßt. Viele schulpsychologische Beratungsstellen widmen sich bewußt dieser Aufgabe. Die Notwendigkeit, solche Bemühungen zu verstärken, wird von niemandem bestritten. THALMANN (1974) fand beispielsweise erst kürzlich bei einer Untersuchung 7- bis 10jähriger Volksschüler, »daß Verhaltensprobleme und psychische Störungen bei Kindern weit häufiger sind, als allgemein angenommen wird«. Nach seinen Befunden waren nur 22% der Schüler symptomfrei; 29% mußten als leicht symptombelastet gelten; 29% waren mäßig symptombelastet; 19% waren als Problemkinder anzusehen und 1% als Anstaltsfälle. Diese besorgniserregenden Ergebnisse lassen sich noch weiter differenzieren: 26% der untersuchten Kinder leiden an Schlafstörungen, fast 23% an nervösen Kopfschmerzen; 9% nässen im Volksschulalter noch ein; 38% kauen an den Nägeln, und 40% zeigen Symptome von Konzentrationsschwäche. Nun darf man Prozentzahlen wie die eben referierten nicht absolut setzen, weil ihre Größenordnung von der Wahl des jeweiligen Klassifikationskriteriums abhängt und deshalb eine gewisse »Willkürlichkeit« aufweisen muß. Unabhängig davon erscheinen jedoch aufgrund solcher Informationen der Ausbau schulpsychologischer Dienste, verbesserte diagnostische Verfahren und die Benutzung moderner psychologischer Therapieformen – wie z. B. Verhaltenstherapie, Gesprächspsychotherapie, Gruppentherapie – dringend notwendig.

Noch wesentlicher dürften aber die Verbesserung und Erweiterung präventiver pädagogisch-psychologischer Maßnahmen innerhalb des Erziehungs- und Bildungswesens sein.

(6) *Die unterrichtspsychologische Tradition*

In Übereinstimmung mit vielen Hoffnungen des 19. Jahrhunderts und in Weiterführung früher Untersuchungsansätze der experimentellen Pädagogik hat man in den vergangenen Jahrzehnten immer wieder versucht, den Unterricht und die *Unterrichtstheorie* durch empirische Vergleiche konventioneller Lehrmethoden zu fördern. Erst in den letzten 20 Jahren ist man jedoch in verstärktem Maße dazu übergegangen, eigenständige psychologisch fundierte Theorien des Unterrichts zu entwickeln. Nach Jerome S. BRUNER (1966) muß eine Unterrichtstheorie in *präskriptiver*

Weise angeben, was getan werden muß, um bestimmte Lernziele zu erreichen. Dabei handelt es sich nicht einfach um Spiegelbilder von Lerntheorien (was man fälschlicherweise oft angenommen hat), sondern um den systematischen Versuch, die optimale Organisation von Lernprozessen im Hinblick auf bestimmte Lernziele für umschriebene Gruppen von Lernenden und unter Berücksichtigung einer möglichst großen Anzahl gegebener (oder zu verändernder) Rahmenbedingungen zu erforschen.

Mit den genannten sechs Traditionen sind nicht nur, historisch gesehen, die wichtigsten Entwicklungstendenzen der Pädagogischen Psychologie beschrieben, sondern auch die wesentlichsten Forschungs- und Anwendungsgebiete dieser Disziplin in der Gegenwart aufgezeigt. Nicht von ungefähr wurde immer wieder auf Beispiele aus der Schule zurückgegriffen. Obwohl sich die Pädagogische Psychologie schon bisher überaus akzentuiert auf das schulische Lernen und Lehren konzentriert hat, verstärkt sich dieser Trend in jüngster Zeit noch mehr. So forderte erst kürzlich der amerikanische Psychologe GAGE, daß sich die Pädagogische Psychologie inhaltlich noch mehr um die Erforschung des Unterrichtsgeschehens bemühen und sich noch weniger als bisher mit den Entwicklungs-, Erziehungs- und Bildungsbedingungen außerhalb der Schule beschäftigen sollte.

Dabei besteht besonders im deutschsprachigen Raum weitgehend Übereinstimmung, unter *Pädagogischer Psychologie* das Insgesamt an erfahrungswissenschaftlich fundierten Theorien und Befunden zur psychologischen Beschreibung und Erklärung der unter Erziehungseinflüssen stehenden Menschen zu verstehen. Das bedeutet einerseits die kritische Verarbeitung aller pädagogisch relevanten Erkenntnisse der wissenschaftlichen Psychologie und erfordert andererseits die Weiterentwicklung einer »angewandten Grundlagenforschung« zur Aufklärung der spezifischen psychologischen Bedingungs-Wirkungs-Zusammenhänge im erzieherischen Geschehen. Nach Meinung der Autoren des Funkkollegs sollte zwar die Pädagogische Psychologie ihren Schwerpunkt im Bereich der Schule beibehalten, sich darüber hinaus aber auch um die Beschreibung, Erklärung und Verbesserung jener Prozesse bemühen, die man als »Sozialisation« bezeichnet und die sowohl unter dem Aspekt des Hineinwachsens des einzelnen in die Gesellschaft als auch unter dem Gesichtspunkt der individuellen Persönlichkeitsentwicklung betrachtet werden können. Aus dieser Konzeption ergeben sich für die Planung eines Funkkollegs Pädagogische Psychologie einige wesentliche Konsequenzen:

a) Entsprechend dem Selbstverständnis dieser Disziplin werden Probleme des Lernens im Bereich der Schule im Mittelpunkt des Kurses stehen.

b) Lernen im Bereich der Schule darf nicht reduziert werden auf die Vermittlung von Kenntnissen und Fertigkeiten, sondern muß die Veränderung von Einstellungen, Motiven, Werthaltungen und sozialen Verhaltensweisen einschließen.

c) Lernen im Bereich der Schule ist nur Teil sehr viel allgemeinerer Sozialisationsprozesse, die lebenslang andauern, sich vorwiegend außerhalb institutioneller Erziehungsformen abspielen und in der Regel wenig geplant sind und die als ein ständiger Prozeß sozialen Lernens durch den Umgang mit »signifikanten Anderen« beschrieben werden können.

Innerhalb der Pädagogischen Psychologie müssen also jene entwicklungspsychologischen, sozialpsychologischen, differentialpsychologischen und lernpsychologischen Erkenntnisse vermittelt werden, die es gestatten, die Vorgänge des sozialen Lernens zu beschreiben, zu analysieren und zu beeinflussen.

Eine solche breite Aufgabenstellung entspricht der kürzlich von Brandstätter et al. (1974) vorgelegten Arbeitsdefinition von Pädagogischer Psychologie. Danach hat

> »pädagogisch-psychologisches Handeln in der Wissenschafts- und Berufspraxis Erziehungs- und Sozialisationsprozesse in einem sowohl institutionalisierte wie außerinstitutionelle Erziehung und Sozialisation umfassenden Sinn zum Gegenstand. Als allgemeines pädagogisch-psychologisches Handeln ist die Entwicklung (Forschung), Vermittlung (Lehre) und Anwendung psychologischen Wissens zur ›Optimierung‹ von Erziehungs- und Sozialisationsprozessen anzusehen.« (S. 3)

d) Im Gegensatz zu Studierenden der Psychologie werden viele Teilnehmer an einem Funkkolleg Pädagogische Psychologie über keine hinreichende Ausbildung in Allgemeiner Psychologie, Persönlichkeitsforschung, Entwicklungs- oder Sozialpsychologie verfügen. Das erschwert selbstverständlich jede Einführung in die Probleme, in den Erkenntnisstand und in die Anwendungsmöglichkeiten der Pädagogischen Psychologie. Deshalb wird es notwendig sein, wenigstens einige psychologische Grundbegriffe und Theorien paradigmatisch zu vermitteln.

e) Wissenschaft unterscheidet sich von persönlicher Erfahrung u. a. dadurch, daß sie Erkenntnisse stets auf die Methoden ihrer Gewinnung bezieht und auf diese Weise den Geltungsbereich und die Beschränktheit jeder wissenschaftlichen Aussage festlegt. In der öffentlichen Diskussion über pädagogisch-psychologische Fragen wird das häufig übersehen und mißachtet. Auch bei einer Einführung in die Pädagogische Psychologie ist es deshalb zwingend notwendig, Probleme der Forschungsmethodik besonders stark zu gewichten. Das wird in jedem einzelnen Fall geschehen und darüber hinaus in einigen speziellen Abschnitten dieses Kurses. Auf die im Beltz Verlag, Weinheim, parallel erscheinenden Studientexte sei ausdrücklich verwiesen.

Berücksichtigt man die vielfältigen Zielsetzungen und die gegenwärtige Situation der Pädagogischen Psychologie als Wissenschaft, so kann ein Funkkolleg nicht mehr leisten als die Problematisierung der persönlichen Erfahrungen der Teilnehmer durch eine kritische Auseinandersetzung mit einigen wichtigen, erfahrungswissenschaftlich fundierten psychologischen Methoden, Befunden und Theorien. Wesentliches Ziel wäre demnach die Vermittlung eines wissenschaftlich begründeten Verständnisses

– für die Möglichkeiten und Schwierigkeiten, die menschliche Entwicklung als Sozialisation zu beschreiben und die Unterschiede zwischen Individuen teilweise als Ergebnisse differierender Sozialisationsbedingungen zu erklären;
– für die Bedeutung und die Gesetzmäßigkeiten der sozialen Interaktion und Kommunikation im Erziehungs- und Unterrichtsgeschehen;
– für die Formen, Bedingungen und Beeinflussungsmöglichkeiten des menschlichen Lernens im allgemeinen und des schulisch organisierten Lernens im besonderen;
– für die psychologische und pädagogische Problematik der Beurteilung von Schülern und ihren Leistungen;
– für die Ursachen, Folgen und Therapiemöglichkeiten einiger Lern- und Erziehungsschwierigkeiten.

## 3. Das Theorie-Praxis-Verhältnis in der Pädagogischen Psychologie

Programmatische Zielsetzungen und gegenwärtige Möglichkeiten der Pädagogischen Psychologie weichen erheblich voneinander ab. Das liegt z. T. am Erkenntnisstand dieser Wissenschaft, beruht aber auch oft auf einem falschen Verständnis von der Anwendbarkeit wissenschaftlicher Erkenntnisse auf praktische Probleme. Um die Frage nach dem möglichen praktischen Nutzen pädagogisch-psychologischer Studien zu beantworten, will ich nicht von einer Darstellung wichtiger wissenschaftstheoretischer Positionen ausgehen, sondern vorerst anhand dreier Beispiele versuchen, verschiedene Formen des *Theorie-Praxis-Verhältnisses* in der Pädagogischen Psychologie zu veranschaulichen:

### (1) *Pädagogische Psychologie als Entscheidungshilfe*

Eine junge Lehrerin soll zum Schuljahrbeginn eine erste Grundschulklasse übernehmen; sie hat während ihrer Ausbildungszeit von verschiedenen Methoden des elementaren Schreib- und Leseunterrichts erfahren, dann in Tages- und Fachpresse heftige Kontroversen zu diesem Thema gelesen und auch von erfahrenen Kollegen keine eindeutige Antwort erhalten. Während die einen auf die sog. Ganzheitsmethode schwören, ihre Vorzüge preisen und die Auswirkungen jedes davon abweichenden Verfahrens in den düstersten Farben malen, hört sie von den anderen völlig entgegengesetzte Erfahrungen, Meinungen und Überzeugungen. Einerseits wird z. B. behauptet, Rechtschreib- und Leseschwierigkeiten seien die Folge der einzelheitlich-synthetischen Methode; andererseits wird gerade dem ganzheitlich-analytischen Verfahren vorgeworfen, eben diese Lernschwierigkeiten zu verursachen. Ebensowenig besteht eine einheitliche Auffassung, wenn es um die Auswirkung des Erstunterrichts auf Lesefähigkeit, Schriftqualität, Lernfreude oder Sprachproduktion geht. Die junge Lehrerin ist wirklich sehr verwirrt! Kann ihr die Pädagogische Psychologie in einer solchen Situation Entscheidungshilfen anbieten?

Ich glaube: ja; allerdings nicht in dem Sinn, daß aufgrund pädagogisch-psychologischer Erkenntnisse die eine Methode gegenüber der anderen eindeutig favorisiert werden könnte, sondern indem ihr gezeigt wird, daß es nicht so sehr darauf ankommt, welche Methode man wählt, sondern wie man eine Lehrform handhabt. Zu dieser Fragestellung liegt eine Reihe empirischer Untersuchungen vor. Ich selbst habe vor einigen Jahren zusammen mit zwei Mitarbeitern die Auswirkungen unterschiedlicher *Schreib-Lehr-Methoden* auf die Schreibentwicklung im Grundschulalter überprüft. Ziel der Arbeit war es, die kurz- und langfristigen Effekte des einzelheitlich-synthetischen Verfahrens – bei dem der Schreibunterricht von einzelnen Buchstaben ausgeht – und der ganzheitlich-analytischen Methode – bei der von Anfang an ganze Wörter oder ganze Sätze geschrieben werden – zu untersuchen. Zusätzlich erstreckte sich der Vergleich auch auf die Verwendung von Schiefertafel oder Heft und auf die Einführung von Druckschrift oder Schreibschrift. Bei Verwendung verschiedener Leistungskriterien erbrachte die Untersuchung von 948 Kindern aus mehr als 150 Klassen des 1.–4. Schülerjahrgangs kein sensationelles Ergebnis: Zwischen den verschiedenen methodischen Varianten des Erstschreibunterrichts sind die nachweisbar unterschiedlichen Auswirkungen auf die weitere Schreibentwicklung im allgemeinen geringer, weniger eindeutig und weniger anhaltend als in der einschlägigen Literatur erwartet, d. h. je nach theoretischer Position erhofft oder befürchtet wird. Obwohl mit allen gegenwärtig praktizierten Methoden gute und schlechte Leistungen erzielt werden, lassen sich relativ effektive Methodenkombinationen bestimmen, z. B. die Verbindung von Schreibschrift und ganzheitlicher Methode und die Kombination Druckschrift – synthetische Methode. Diese Befunde stimmen weitgehend mit den Ergebnissen anderer Untersuchungen über die Auswirkungen des ersten Lese- und Schreibunterrichts überein. Danach spricht alles gegen den Mythos der einen, allein seligmachenden Methode und für Lehrverfahren, die bewußt die Vorzüge der verschiedenen Methoden zu kombinieren versuchen (WEINERT et al. 1966).

Für unsere junge Lehrerin würde also gelten: Nicht die Wahl der Methode ist für den künftigen Lehrerfolg entscheidend, sondern vor allem die Qualität der alltäglichen Unterrichtsarbeit.

Die Problematik pädagogisch-psychologisch fundierter Entscheidungshilfen für die Schulpraxis läßt sich jedoch noch differenzierter betrachten, wenn man den Zusammenhang zwischen bestimmten *Lehrzielen* und spezifischen *Lehrmethoden* berücksichtigt. Scherer & Wertheimer (1964) untersuchten z. B. in einer breit angelegten Bewährungskontrolle verschiedene Methoden des modernen Fremdsprachunterrichts. Verglichen wurden die traditionelle Methode – also das Lernen von Vokabeln, das Einüben der Grammatik und die Anfertigung von Übersetzungen usw. – und das sog. progressive Verfahren, bei dem längere Zeit ausschließlich die zu erlernende Sprache gehört und gesprochen wird. Die sehr sorgfältig geplante Untersuchung erstreckte sich über zwei Jahre und erfaßte alle Studienanfänger der Germanistik an der Universität Colorado. Berücksichtigte man nach vier Semestern nur einen Gesamtleistungsindex, so ergaben sich keine Leistungsunterschiede zwischen den beiden Methoden. Ging man jedoch von konkreten Lehrzielen aus, zeigten sich deutliche methodenspezifische Differenzen. So erwiesen sich z. B. die nach der traditionellen Methode unterrichteten Studenten im Lesen, Schreiben und in der Rückübersetzung als überlegen, erzielten aber beim Verstehen und Sprechen der fremden Sprache schlechtere Leistungen als die Studenten, die nach der direkten Methode unterwiesen worden waren. Bei ihnen manifestierte sich außerdem eine besonders positive Einstellung gegenüber der deutschen Sprache und deren Verwendung. Die Resultate verdeutlichen also eine gesicherte Beziehung zwischen bestimmten Lehrzielen und spezifischen Methoden.

Damit können Entscheidungen über Lehrmethoden nicht allgemein, sondern stets nur im Hinblick auf bevorzugte Unterrichts- und Erziehungsziele erfolgen. Empirische Untersuchungen können dabei sehr hilfreich sein. Das gilt allerdings nur, wenn sie bestimmten methodischen Gütekriterien entsprechen – was leider häufig nicht der Fall ist. Es ist deshalb eines der Ziele des Funkkollegs, die Studierenden soweit in die psychologische Methodenlehre einzuführen, daß sie den wissenschaftlichen und damit auch den praktischen Wert empirischer Untersuchungen beurteilen können; denn nur unter dieser Voraussetzung scheint mir die Pädagogische Psychologie verläßliche Entscheidungshilfen für den Praktiker anbieten zu können.

(2) *Pädagogische Psychologie als Instruktionshilfe*

Ein Lehrer läßt eine Mathematikarbeit schreiben und muß feststellen, daß eine größere Anzahl von Schülern fast völlig versagt. Verständlicherweise beklagt er im ersten Zorn die unzureichenden Fähigkeiten der Kinder und schimpft über den mangelnden Fleiß. Vielleicht wird er auch den Zeitgeist beschwören oder den früheren Lehrer der Klasse für den Mißerfolg verantwortlich machen. Man weiß nämlich aus Studien von BECKMANN (1974), daß Lehrer wie alle anderen Menschen handeln: Auch sie versuchen, Mißerfolge nicht auf sich selbst zurückzuführen, sondern durch andere Ursachen zu erklären. Aber vielleicht wird sich der Lehrer schließlich doch die Frage nach dem Grund des Versagens etwas radikaler stellen, wird wissen wollen, ob man die Kenntnislücken ausgleichen kann und wie der Unterricht verändert werden müßte, um einen etwas »besseren« Erfolg der Schüler zu ermöglichen. »Schwierige Fragen«, wird jeder Praktiker sagen; »naive Ansichten«, wird vielleicht mancher Skeptiker hinzufügen. Kann die Pädagogische Psychologie auch in einer solchen Situation Hilfe anbieten?

Ich glaube, daß man diese Frage ebenfalls bejahen kann – vorausgesetzt, daß keine Patentrezepte erwartet werden, sondern psychologische Kategorien zur Analyse der unterrichtlichen Situation. Diese Analyse darf sich selbstverständlich nicht nur auf die inkriminierte Klassenarbeit beziehen, sondern muß wesentlich früher einsetzen. Viele Lehrer versäumen es, sich in den ersten Wochen eines Schuljahres ein informelles Bild über den Kenntnisstand der neuen Klasse zu machen. Man könnte dabei fast immer feststellen, daß die für das Erreichen neuer Lernziele notwendigen Voraussetzungen in sehr unterschiedlichem Maße verfügbar sind. Nun weiß man aber aus der schulischen Alltagserfahrung, daß Schüler, die mit ungleichen Lernvoraussetzungen in der gleichen Zeit mit der gleichen Methode die gleichen Lernziele erreichen sollen, am Ende sehr divergierende Leistungen aufweisen. Hinzu kommt, daß Kinder mit mangelhaften Vorkenntnissen von Anfang an häufiger Mißerfolge erleben, dadurch entmutigt werden und zum Lernen immer weniger motiviert sind. Damit kann natürlich mit großer Wahrscheinlichkeit vorhergesagt werden, daß am Ende des Schuljahres der Abstand zwischen den besten und den schlechtesten Schülern weiter gewachsen sein wird. Kann der Lehrer das überhaupt verhindern? Seine erste Aufgabe bestände zweifellos darin, möglichst genau festzustellen, welche Vorkenntnisse für das Erreichen der geforderten Lernziele notwendig sind. Dann gilt es zu überprüfen, wer über welche Vorkenntnisse verfügt und welche Lücken vorhanden sind. Schließlich muß im Unterricht versucht werden, durch ein teilweise *individualisierendes* Lehrverfahren bei Gruppen von Schülern oder bei einzelnen Kindern diese Vorkenntnislücken zu schließen. Daß dazu viel didaktisches Geschick, pädagogischer Takt, stetige

Ermutigung, Bekräftigung auch kleinster Erfolge und ein möglichst entspanntes Lehrer-Schüler-Verhältnis notwendig sind, versteht sich fast von selbst. Auch daß solche Bemühungen nicht in allen Fällen zu Erfolgen führen, ist kaum zweifelhaft.

Für die Lösung solcher didaktischer Probleme kann die Pädagogische Psychologie Modelle zur Analyse von Lernaufgaben, lernziel-orientierte Tests und verschiedene lernpsychologisch fundierte Instruktionsverfahren anbieten. Um es aber noch einmal ganz ausdrücklich zu betonen: Ich meine nicht, daß damit ein Allheilmittel gegen Lernschwierigkeiten oder ein Nürnberger Trichter mit einem psychologischen Filter verfügbar wären; wahrscheinlich ist jedoch, daß durch solche psychologisch-didaktische Analysen viele Lernprozesse erleichtert werden könnten.

### (3) *Pädagogische Psychologie als Reflexionshilfe*

Ein Lehrer berichtet: »Vor einigen Wochen fing einer der Jungen meiner Klasse an, dauernd aufzustehen und sich über seinen Tisch zu lehnen. Dabei arbeitete er aus einer halb stehenden Stellung und versperrte den Dahintersitzenden die Sicht zur Tafel. Nachdem ich ihn gebeten hatte, sich doch wieder hinzusetzen, und er darauf nicht reagierte, sagte ich ihm, daß er offensichtlich keinen Stuhl mehr brauche. Ich ließ den Stuhl von seinem Tischnachbarn vor die Tür bringen, und so blieb der Junge für den Rest der Stunde stehen. Am folgenden Tag saß er auf seinem Stuhl, als ich hereinkam, und wir hatten keine Schwierigkeiten mehr in dieser Hinsicht.« (KELLER & NEUMANN 1971, Bd. 2, S. 4)

Dieses Fallbeispiel ist dem im Leske-Verlag erschienenen Buch von Ursula KELLER und Gerda NEUMANN, *Kritische Erziehung*, entnommen. Der Bericht des Lehrers dient dort als Grundlage zur Einübung psychologischer Reflexionen über kritische Erziehungssituationen. Dabei muß die erste Frage lauten: Warum kann es beim Schüler zu diesem Verhalten gekommen sein? Welche Hypothesen über die Ursachen des Verhaltens lassen sich bei einer möglichst unvoreingenommenen Betrachtungsweise finden? Dazu einige Beispiele:

»1. Der Junge ist kurzsichtig und kann vorgebeugt besser sehen; er schämt sich, es zuzugeben.

2. Aufstehen während des Unterrichts, bei dem alle sitzen, fällt auf; also wollte der Junge Aufmerksamkeit erregen, weil er

   a) in der Klasse weniger Aufmerksamkeit erhält, als er braucht;

   b) und/oder vom Lehrer zu wenig beachtet wird;

   c) zu Hause zu wenig Zuwendung erhält; dies versucht er in der Schule auszugleichen.

3. Er hat die übliche Nichtbeachtung des Benachteiligten erlebt, was zu Unsicherheit und abwartender Selbstbeurteilung geführt hat; durch

Aufstehen wollte er die anderen zwingen, ihn zu beachten, um so sein Selbstgefühl zu heben.

4. Aufstehen wirkt im Unterricht störend, wenn es nicht geplant ist. Vielleicht hat der Junge eine Abneigung gegen den Lehrer, die ihn zu dieser Störung veranlaßt.

5. Der Junge ist durch vorausgegangene Einflüsse übererregt.« (S. 11)

Da wir keine zusätzlichen Informationen haben, die uns bei der Prüfung dieser Hypothesen helfen könnten, müssen wir uns also ganz auf unsere alltäglichen Erfahrungen und – das scheint mir besonders wichtig zu sein – auf relevante psychologische Theorien stützen.

Gleiches gilt für das Lehrerverhalten:

»1. Der Lehrer war ärgerlich über die Unterrichtsstörung; seine Maßnahme war ihm spontan eingefallen, als er den leeren Stuhl sah. Er fand diese Strafe als ein treffendes Mittel, um dem Schüler einen Denkzettel zu verpassen und seinen eigenen Gefühlen Luft zu machen.

2. Der Lehrer befürchtete, durch das Verhalten des Schülers an Respekt zu verlieren. Ehe er sich vor der Klasse lächerlich machte, gab er lieber den Schüler der Lächerlichkeit preis.

3. Der Lehrer wollte unbedingt im Stoff fortfahren und deshalb die Störung so schnell wie möglich beenden.

4. Der Lehrer kompensiert eigene Unsicherheit in überhöhtem Leistungsehrgeiz. Deshalb versucht er, jede Unterbrechung so schnell und wirkungsvoll wie möglich zu beenden.« (S. 14)

Natürlich ließen sich noch viele Hypothesen dieser Art finden. In einer Ernstsituation wäre es jedoch entscheidend, durch zusätzliche Informationen und durch die Heranziehung psychologischer Theorien die wahrscheinlichste Ursache des Verhaltens zu erschließen. Dabei besteht freilich die Gefahr, daß man lediglich seine Vorurteile wissenschaftlich verkleidet artikuliert. Notwendig erscheinen deshalb eine gründliche Einübung in die Methode der psychologischen Situationsanalyse und die subtile Beherrschung motivations-, entwicklungs- und sozialpsychologischer Theorien.

Mit der Analyse der Ursachen ist das Verfahren aber noch nicht abgeschlossen; im nächsten Schritt wäre etwa zu überlegen, wie sich das Verhalten des Lehrers langfristig auf den Schüler auswirken könnte und ob der Lehrer auch andere Möglichkeiten zur Erreichung seines Erziehungsziels gehabt hätte, z. B.:

»1. Indem er sachlich, aber nicht ironisch, feststellt: »Du möchtest im Augenblick gern stehen. Das geht uns allen manchmal so. Man sollte dann ruhig eine Weile aufstehen.«

2. Oder er könnte den Schüler mit etwas beschäftigen, was ihn einen Moment von seinem Platz wegführt. Daran anschließend kann er ihn bitten, sich hinzusetzen, weil dann die Mitschüler besser sehen können.

3. Der Lehrer könnte das Verhalten des Schülers erst einmal übersehen, – häufig hört es dann bald von selbst auf – und später in einem privaten

Gespräch mit dem Schüler die Ursachen bewußt werden lassen und
evtl. gemeinsam Änderungsmöglichkeiten beraten.« (S. 20)

Es geht mir in diesem Beispiel nicht darum, das eine oder das
andere Verhalten als richtig oder falsch hinzustellen. Entscheidend
scheint mir vielmehr die Folgerung zu sein, daß die Anwendung
psychologischer Erkenntnisse auf Erziehungssituationen nicht
kurzschlüssig, rezeptartig erfolgen kann, sondern über eine
gründliche Situationsanalyse. Indem die Pädagogische Psychologie
die dafür erforderlichen theoretischen Begriffe und Verfahren
vermittelt, leistet sie eine wesentliche Reflexionshilfe. Damit ist
zwar eine notwendige, aber keine hinreichende Voraussetzung
zur Anwendung dieses Verfahrens erfüllt. Hinzu kommen muß
die Einübung solcher Methoden im Rahmen kleiner Selbst-
erfahrungsgruppen.

Fassen wir zusammen: Als Entscheidungshilfe, als Instruktionshilfe und als Reflexionshilfe kommt der Pädagogischen Psychologie mittelbare praktische Relevanz zu. Sie wendet sich in allen
diesen Fällen an den einzelnen Pädagogen, dem sie bestimmte
wissenschaftliche Prinzipien zur Verfügung stellt. Damit aber
gilt, was William JAMES schon 1898 aussprach:

> »Man macht einen großen, einen sehr großen Fehler, wenn man glaubt,
> daß die Psychologie als Wissenschaft von den Gesetzen der Seele die Mög-
> lichkeit bietet, aus ihr bestimmte Programme, Schemata und Lehrmetho-
> den für den unmittelbaren Gebrauch in der Schule abzuleiten. Psychologie
> ist eine Wissenschaft, und Erziehen ist eine Kunst, eine praktische Fertig-
> keit; und praktische Fertigkeiten entstehen niemals direkt aus der Wissen-
> schaft. Zwischen beiden muß ein schöpferischer Geist vermitteln und
> durch seine Originalität die Anwendbarkeit der Wissenschaft auf die
> Praxis ermöglichen.« (1898, S. 7)

So überzeugend dieser Gedanke von William JAMES klingt, so
wenig kann man heute, 70 Jahre später, daran glauben, daß die
Berufung auf den schöpferischen Geist des Erziehers genügen
könnte, um die Anwendung psychologischer Theorien auf praktische pädagogische Probleme zu gewährleisten. Nach meiner
Meinung müssen wenigstens drei zusätzliche Bedingungen berücksichtigt werden:

1. Trainings- und Selbsterfahrungskurse für Erzieher: Veränderungen von Einstellungen, Erwartungshaltungen, sozialen
   Interaktionsformen und Erziehungsstilen lassen sich im allgemeinen nicht durch Kenntnisse allein erreichen, sondern bedürfen der systematischen Einübung. In vielen Ländern der Welt
   werden gegenwärtig solche Trainingsmodelle entwickelt und
   erprobt.
2. Technologische Hilfen: Auch wenn man ANDERSON (1967)
   nicht zustimmt, daß die Wissenschaft nur durch Technologie
   die Praxis beeinflußt, nicht aber durch Prinzipien, die dem
   Praktiker zur Verfügung gestellt werden, bleibt doch die Not-

wendigkeit bestehen, die Handlungsspielräume und die Er-
ziehungsmöglichkeiten der Lehrer zu erweitern, indem man
sie durch technologische Hilfen von bestimmten Routineauf-
gaben entlastet.
3. Bildungsreform: Was nützt alle Psychologie, wenn ein Lehrer
in einer Klasse 45 Kinder unterrichten muß, wenn das Schulsystem zu rigide ist, um Möglichkeiten der Differenzierung und
Individualisierung ausschöpfen zu können; wenn eine Mutter
acht Stunden arbeiten muß, ohne zu wissen, wer in dieser Zeit
für ihr Kind sorgt. Wissenschaft kann nur praxisorientiert sein,
wenn sie mit dem Gewicht ihrer Erkenntnisse und Befunde jene
organisatorischen Veränderungen erzwingt, ohne die jede pädagogisch-psychologische Optimierung von Lernprozessen und
von zwischenmenschlichen Beziehungen ungewöhnlich erschwert wird.

Der bisherigen Darstellung, wie mit Hilfe der Pädagogischen
Psychologie praktische Probleme der Erziehung und des Unterrichts besser gelöst werden können, liegt ein Anwendungsmodell
zugrunde, das G. A. MILLER (1969) auf die einfache Formel gebracht hat: »to give psychology a way«. Das bedeutet nach
HECKHAUSEN (1974),

»die Erkenntnisse der Psychologie nicht zu horten im professionalisierten
Sachverstand der Fachöffentlichkeit, sondern wegzugeben an die allgemeine Öffentlichkeit; durch Lehre, durch allgemein verständliche Ver-
öffentlichungen, durch öffentliche Teilnahme an Entscheidungsvorberei-
tungen. So dringen wissenschaftliche Verhaltenstheorien schneller und
verbreiteter in das sog. öffentliche Bewußtsein. Sie fallen dort ja nicht
auf unbeackerten Urzeitboden, sondern treffen immer schon auf vorwissenschaftliche, auf naive Verhaltenstheorien. Es sind einerseits Er-
fahrungsniederschläge aus alltäglicher Evidenz, ohne die kein Mensch
handeln könnte und insofern auch jeder Laie ein durch und durch ver-
haltenstheoretisch geleiteter Psychologe ist. Naive Verhaltenstheorien
strukturieren und wandeln sich andererseits mit den Fortschritten der
Psychologie, sie haben Bruchstücke der wissenschaftlichen Verhaltenstheorie von gestern und von vorgestern verdaut und nicht nur Fachbe-
griffe wie ›Komplex‹, ›Anspruchsniveau‹ oder ›Leistungsmotivation‹ in
ihren Wortschatz aufgenommen.« (S. 5)

Natürlich muß die »Weitergabe« der Psychologie, besonders an den
Erzieher, in möglichst gründlicher, systematischer und kritischer
Form erfolgen. Dazu soll dieser Lehrgang einen Beitrag leisten.
Daneben ergibt sich jedoch auch zunehmend die Notwendigkeit,
sehr spezialisierte und komplexe Theorien und Techniken durch
die Ausbildung von Fachpsychologen einer breiten Öffentlichkeit
zugänglich zu machen. Erziehungsberater, Bildungsberater und
Schulpsychologen werden vor allem zur Lösung schwieriger Probleme zunehmend benötigt. Diese Entwicklung darf selbstverständlich nicht zu einer engstirnigen, abgeschirmten Professiona-

lisierung der Pädagogischen Psychologie führen – im Gegenteil: Fachpsychologen werden ihre Aufgaben im Erziehungs- und Bildungswesen nur dann erfolgreich lösen können, wenn die an der Sozialisation, Erziehung und Unterrichtung beteiligten Personen, also vor allem Eltern, Erzieher und Lehrer, möglichst gut mit den Erkenntnissen der Pädagogischen Psychologie vertraut sind, d. h. wenn die Wissenschaft immer mehr dazu beiträgt, Sozialisationsschäden zu vermeiden statt sie später zu reparieren.

Durch die beispielhafte Skizzierung verschiedener mittelbarer und unmittelbarer Anwendungsmöglichkeiten könnte leicht der Eindruck entstehen, Pädagogische Psychologie wäre ihrem Selbstverständnis nach eine praxisorientierte Wissenschaft; dem ist keineswegs so. Viele für die pädagogische Praxis notwendige empirische und theoretische Erkenntnisse sind bisher erst in einem bescheidenen Maß verfügbar. Was Holzkamp (1972) für die Psychologie im allgemeinen feststellt, gilt wenigstens teilweise auch für die Pädagogische Psychologie:

> »Niemand wird leugnen können, daß psychologische Forschung und psychologische Berufspraxis sich gegenseitig in vielen Bereichen weitgehend entfremdet gegenüberstehen ... Das Gesamtgebiet der psychologischen Forschung (ist) gegenwärtig in weiten Bereichen als eine unübersehbare Anhäufung belangloser Einzelbefunde gekennzeichnet, (so) daß der Praktiker nur schwer Zugang zu den Resultaten der psychologischen Grundlagenforschung zu gewinnen vermag und daß er Mühe haben muß, dabei für ihn Brauchbares zu finden.« (S. 9)

Die Frage nach dem Verhältnis zwischen wissenschaftlicher Theorie und Praxis ist nicht nur für die Pädagogische Psychologie wichtig, sondern auch für die Erziehungswissenschaften insgesamt. Ich habe deshalb Herrn Klafki als Erziehungswissenschaftler gebeten, zu dieser Problematik Stellung zu nehmen: »Herr Klafki, teilen Sie die Skepsis, die in den Worten von Herrn Holzkamp zum Ausdruck kommt?«

Klafki: »Herr Holzkamp bezieht sich ja wohl auf die generelle Situation der Psychologie im Verhältnis zu praktischen Anwendungsmöglichkeiten. Ich vermag nicht zu beurteilen, ob das Problem dort generell so gültig ist. Ich neige stärker Ihrer – wenn ich es recht verstanden habe – etwas optimistischeren Einschätzung der Situation im Hinblick auf die Pädagogische Psychologie zu. Es gibt doch – so meine ich – eine Reihe von Beispielen, an denen sich zeigen läßt, daß pädagogisch-psychologische Forschung praktisch relevante Resultate ergeben hat. Gerade Ihr Beispiel des Schreibunterrichts fand ich so überzeugend, weil die praktische Bedeutung nicht darin liegt, daß man jetzt eine klare Entscheidung für eine Methode und gegen eine andere fällen kann, sondern daß gerade das Bewußtsein für die Komplexität der Problematik und die Vorsicht, die notwendig ist, bei der Verwendung psychologischer Theorien im

Hinblick auf praktische Anwendung dabei deutlich zutage trat.«

Weinert: »Psychologie ist eine Einzelwissenschaft, und die Anwendung einer einzelwissenschaftlichen Theorie auf ein so komplexes Feld wie die Erziehungswirklichkeit ist immer problematisch. Wie würden Sie als Erziehungswissenschaftler überhaupt die Möglichkeit beurteilen, innerhalb von Einzelwissenschaften erziehungs-, bildungs-, schulrelevante Theorien zu entwickeln, bzw. welche Voraussetzungen müßten geschaffen werden, um die Einzelwissenschaften fruchtbar zu machen?«

Klafki: »Mir scheint, daß es notwendig wäre, daß die Fragestellungen, die sich zum Teil methodisch nur einzelwissenschaftlich behandeln lassen, also beispielsweise bestimmte lernpsychologische, motivationspsychologische oder sozialpsychologische Fragestellungen, dann, wenn sie pädagogisch relevant werden sollen, eigentlich von vornherein im Kontakt mit der Erziehungswissenschaft entwickelt werden müßten. Es müßte im Gespräch zwischen Psychologen und Erziehungswissenschaftlern das herausgearbeitet werden, was der Untersuchung bedürftig ist. Daran wird das deutlich, was in Ihren Ausführungen meiner Meinung nach ebenfalls anklang: Man darf das Verhältnis zwischen Psychologie und Pädagogik nicht als ein Verhältnis von Grundlagenwissenschaft und anwendender Wissenschaft betrachten.«

Weinert: »Heute wird so häufig und soviel von »Innovation« gesprochen. Ich kenne niemanden, der Innovation nicht wollte. Was immer man darunter versteht: Würden Sie glauben, daß empirische Forschung und darauf aufbauende Theorien innovationsfördernd sein können oder – wie manche behaupten – ausgesprochen konservierend sind?«

Klafki: »Das hängt – so meine ich – von der Art der Fragestellung ab, in der empirische Forschung betrieben wird. Zunächst wird man auch hier nicht vom Verhältnis von Grundlagenwissenschaft und Anwendung ausgehen können. Ich halte es für unmöglich, eine Theorie, etwa des Lernens, für die Schule zu entwickeln und eine innovierte Schule als die Anwendung dieser Theorie zu betrachten. Ich meine, daß man aus Theorien Hypothesen ableiten kann, die in der Praxis nicht nur überprüft, sondern in der praktischen Anwendung wiederum verändert werden müssen. Das müßte sich vor allem in veränderten Fragestellungen – in diesem Falle der Psychologie – niederschlagen, so daß ich mir das als einen ständigen Prozeß der Wechselwirkung und der wechselseitigen Kontrolle vorstelle. Es scheint mir allerdings auch notwendig – da wir hier von der Psychologie sprechen –, daß Psychologie die unausgesprochenen Implikationen, die in Innovationskonzepten stecken können, auf den Tisch legen müßte. Sicherlich stecken in der Vorstellung, daß Gesamtschulen aus bestimmten Gründen sehr große Komplexe sein müssen, gewisse psychologische Implikationen, die die Planer solcher Schulen sich möglicherweise nicht vorher klargemacht haben; u. U. stecken in bestimmten Differenzierungskonzepten, die von fachdidaktischen Überlegungen ausgehen, sozialpsychologische Implikationen, die wiederum eine psychologische Theorie aufdecken müßten, um sie dann der Untersuchung zuführen zu können.«

Weinert: »Im Zusammenhang mit Ihrer letzten Antwort die Frage: Kann Psychologie, kann Pädagogische Psychologie wirklich gesellschaftliche Relevanz in dem Sinne haben, daß sie zum Abbau von Zwängen, zum Abbau von unbegründeten Abhängigkeiten im pädagogischen Bereich beiträgt?«

Klafki: »Mit Sicherheit, aber nur dann, wenn in ihre Ausgangsfragestellungen dieses Interesse an dem Abbau von Abhängigkeiten, an dem Abbau von unbegründeten Herrschaftsverhältnissen, bereits eingegangen ist.«

Weinert: »In diesem speziellen, vom erkenntnisleitenden Interesse der Forschung her definierten Sinn gibt es gewiß nur relativ wenige emanzipatorisch gemeinte Studien. Ich vermute jedoch, daß die kritische Vermittlung psychologischer Theorien bei vielen Menschen aufklärerisch wirken kann, d. h. daß ein Prozeß der Selbstreflexion über (soziale und individuelle) Handlungsursachen, Verhaltensstereotypien, Bewertungsmechanismen, Beeinflussungstechniken ermöglicht wird, den man in einem weiteren Sinn als »emanzipatorisch« bezeichnen könnte. Viele Fehler in der Erziehung entspringen ja nicht dem bösen Willen der Erzieher, sondern z. T. subjektiv guten Absichten. Deshalb würde ich eine der wichtigsten Funktionen der Psychologie (und damit auch der Pädagogischen Psychologie!) in der wissenschaftlichen Erhellung eigenen und fremden Verhaltens, seiner (inneren und äußeren) Bedingungen und Wirkungen sehen.«

*Literatur*

ANDERSON, R. C. ›Educational psychology‹. In: *Annual Review of Psychology*, 1967, *18*, 129–164.

BECKMANN, L. J. ›Auswirkungen von schulischen Leistungen auf die Kausalattribuierung von Lehrenden und beobachtenden Personen‹. In: M. HOFER & F. E. WEINERT (Hrsg.) *Reader zum Funk-Kolleg Pädagogische Psychologie 2:* Lernen und Instruktion. Frankfurt a. M.: Fischer Taschenbuch (Bd. 6114) 1974, S. 164–176.

BRANDSTÄTTER, J. et al. ›Entwurf eines heuristisch-taxonomischen Schemas zur Strukturierung von Zielbereichen pädagogisch-psychologischer Forschung und Lehre‹. In: *Zeitschrift für Entwicklungspsychologie und Pädagogische Psychologie*, 1974, *6*, 1–18.

BRUNER, J. S. *Toward a theory of instruction.* Cambridge: Harvard University Pr. 1966; deutsch: *Entwurf einer Unterrichtstheorie,* Düsseldorf: Schwann 1973.

ELASHOFF, J. D. & SNOW, R. E. *A Case study in statistical inference: Reconsideration of the Rosenthal-Jacobson dato on teacher expectancy.* Stanford, Calif.: Stanford Univ. Pr. 1971.

– *Pygmalion auf dem Prüfstand.* München: Kösel 1972.

GROFFMANN, H. J. ›Die Entwicklung der Intelligenzmessung‹. In: R. HEISS (Hrsg.) *Handbuch der Psychologie.* Bd. 6: Psychologische Diagnostik. Göttingen: Hogrefe 1964.

HECKHAUSEN, H. ›Relevanz der Psychologie als Austausch zwischen naiver und wissenschaftlicher Verhaltenstheorie‹. In: *Psychologische Rundschau,* 1974 (im Druck).

HEIDER, F. *The psychology of interpersonal relations.* New York: Wiley 1958.

HILGARD, E. R. *Theories of learning.* New York: Appleton Century Crofts ²1956.

HÖHN, E. *Der schlechte Schüler.* München: Piper 1967.

HOLZKAMP, K. ›Zum Problem der Relevanz psychologischer Forschung für die Praxis‹. In: K. HOLZKAMP *Kritische Psychologie.* Frankfurt a. M.: Fischer Taschenbuch 1972.

JAMES, W. *Talks to teachers on psychology.* New York 1898.

KELLER, U. & NEUMANN, G. *Kritische Erziehung.* Bd. I u. II. Opladen: Leske 1971.

LAUCKEN, U. *Naive Verhaltenstheorie.* Stuttgart: Klett 1974.

LAY, W. *Experimentelle Didaktik.* Leipzig: Quelle & Meyer ⁴1903.

LEWIN, K., LIPPITT, R. & WHITE, R. K. ›Patterns of aggressive behavior in experimentally created 'social climates'‹. In: *Journal of Social Psychology,* 1939, *10,* 271–299.

MCDONALD, F. J. ›The influence of learning theories on education (1900 bis 1950)‹. In: E. R. HILGARD (Hrsg.) *Theories of learning and instruction.* Chicago: University Pr. 1964.

MILLER, G. A. ›Psychology as a means of promoting human welfare‹. In: *American Psychologist,* 1969, *24,* 1063–1075.

REIN, W. *Pädagogik im Grundriß.* Stuttgart ²1893.

ROSENTHAL, R. ›The Pygmalion effect lives‹. In: *Psychology Today,* 1973, *7,* 56–63.

ROSENTHAL, R. & JACOBSON, L. *Pygmalion im Unterricht.* Weinheim: Beltz ²1974.

SCHERER, G. A. & WERTHEIMER, N. *A psycholinguistic experiment in foreign language revision.* New York: McGraw-Hill 1964.

SOENTGERATH, A. *Pädagogische Psychologie.* Stuttgart: Kohlhammer 1965.

TAUSCH, R. & TAUSCH, A. *Erziehungspsychologie.* Göttingen: Hogrefe ⁶1971.

THALMANN, H. C. *Verhaltensstörungen bei Kindern im Grundschulalter.* Stuttgart: Klett ²1974.

THOMAE, H. ›Psychologie‹. In: A. FLITNER (Hrsg.) *Wege zur pädagogischen Anthropologie.* Heidelberg: Quelle & Meyer 1963.

THORPE, L. P. & SCHMULLER, A. M. *Contemporary theories of learning.* New York: Wiley 1954.

WEINERT, F. (Hrsg.) *Pädagogische Psychologie.* Köln: Kiepenheuer & Witsch ⁸1974.

WEINERT, F., SIMONS, H. & ESSING, W. *Schreiblehrmethode und Schreibentwicklung.* Weinheim: Beltz 1966.

# B | Entwicklung und Sozialisation

Heinz Heckhausen

# 1. Entwicklung, psychologisch betrachtet

# 1. Entwicklung, psychologisch betrachtet

## 1.1. *Allgemeine Einführung*

Es gibt nicht eine Wissenschaft, sondern *viele* Einzelwissenschaften. Man nennt sie auch Disziplinen. Jede Disziplin hat ein Gegenstandsfeld, das sie erforscht. So erforscht die Geographie die Erdoberfläche, die Geologie den Aufbau der Erde. Es gibt viele Disziplinen, die ihren Blick auf das gleiche Gegenstandsfeld richten, dabei aber ganz verschiedene Seiten und Aspekte betrachten. Mit dem Menschen z. B. befassen sich die Medizin mit ihren Teildisziplinen, wie Anatomie, Physiologie und Chirurgie, die Soziologie, die Pädagogik, die Psychologie und noch manche andere Disziplin.

Der Mensch ist für alle nur bei oberflächlicher Betrachtung ein gemeinsamer Gegenstand, denn sonst hätten sich alle diese Wissenschaften schon längst zu *einer* Wissenschaft vereinigt. Aber der *eigentliche Gegenstand* all dieser einzelnen Disziplinen ist *nicht* der Mensch schlechthin und insgesamt. Die Physiologie ist etwa daran interessiert, das Funktionieren des menschlichen Organismus aufzuklären, und untersucht deshalb z. B. physikalische und chemische Besonderheiten mikroskopisch kleiner Zellwände. Die *Psychologie* ist demgegenüber daran interessiert, das Verhalten intakter individueller Gesamtorganismen, d. h. das *Verhalten* von Personen aufzuklären. Das führt zu einer Unzahl von Fragen. Warum jemand sich in einer gegebenen Situation *so* verhält, *wie* er sich verhält. Warum man vorgegebene Dinge der Außenwelt *so* und nicht *anders* wahrnimmt. Unter welchen Bedingungen man *was* lernt und *wie* man dies theoretisch erklären und vorhersagen kann.

Die Fragen führen in alle möglichen Richtungen. Sie werden von Theorien geleitet, die man schon vorher über Verhalten und Erleben von Personen unter bestimmten Bedingungen hatte. Methoden werden entwickelt und Experimente angestellt oder Erhebungen durchgeführt, um theorieabgeleitete Vermutungen zu prüfen, neue Erkenntnisse zu gewinnen und angemessenere Theorien zu bilden. Dabei stößt man nicht selten auch auf Aspekte und Fragen von *Nachbardisziplinen*.

So führen z. B. Erkenntnisse über Lernen, Motivation, Entwicklung und soziales Handeln in Bereiche, denen auch die *Pädagogik* ihre Aufmerksamkeit zuwendet; allerdings von ihren *eigenen besonderen Gesichtspunkten* her. Die *Pädagogik* betrachtet den Menschen unter dem Blickwinkel eines *besonderen Praxisinteresses*, nämlich der Erziehung und Bildung des Menschen. Indem sie Möglichkeiten, Ziele und Vorgehensweisen der Erziehung und Bildung untersucht und vorschlägt, muß sie die Erkenntnisfortschritte anderer Disziplinen berücksichtigen, soweit sie für Erziehung und Bildung von Belang sind. Täte sie es nicht, so könnten ihr neue praxisbedeutsame Möglichkeiten, Ziele und Vorgehensweisen verborgen bleiben.

In der Psychologie hat sich seit vielen Jahrzehnten ein besonderer Zweig, nämlich die *Pädagogische Psychologie*, entwickelt. Sie steht der Pädagogik nahe, weil sie ihr Forschungsinteresse letztlich der täglichen Erziehungs- und Bildungspraxis widmet. Sie tut dies mit einem psychologischen Blick auf die Menschen, die in der einen oder anderen Weise in Erziehungsprozessen stehen, seien sie Kinder oder Eltern, Schüler oder Lehrer. Dabei ist die Pädagogische Psychologie alles andere als ein in sich geschlossenes Teilgebiet der Psychologie. Sie greift grundlagentheoretische Fragen aus allen nicht-angewandten Gebieten der Psychologie auf, aus der Entwicklungspsychologie, der Lernpsychologie, Motivationspsychologie und Sozialpsychologie, um nur einige der wichtigsten Forschungsgebiete zu nennen.

So ist die Pädagogische Psychologie zu einer Art »angewandter Misch-Grundlagenforschung« geworden, in der die *Grundlagenerkenntnisse* verschiedener und spezialisierter Forschungsgebiete nicht selten auf *konstruktive* Weise zusammengesetzt werden. Solche *Montagen* können ganz neue Einsichten und Zusammenhänge erschließen, die auch der spezialisierten Einzelforschung weiterhelfen. Aber Pädagogische Psychologie montiert nicht bloß. Sie betreibt auch selbst Grundlagenforschung auf den komplexen Feldern von Lern-, Erziehungs- und Bildungsprozessen, auf denen es in der Regel schwieriger als in der »reinen« spezialisierten Detailforschung ist, die Zusammenhänge zwischen Bedingungen und Wirkungen aufzuklären.

Eines der wichtigen *Grundlagengebiete* für die Pädagogische Psychologie ist die *Entwicklungspsychologie*. Mit ihr beginnt dieser Band. Entwicklungspsychologie ist nicht so angewandt, wie es die Pädagogische Psychologie von vornherein ist. Sie gleicht ihr aber darin, daß in ihr so gut wie alle Fragen der Psychologie eine Rolle spielen, und zwar unter dem Aspekt der Entwicklung. Denn alle Fähigkeiten, alle Verhaltensmöglichkeiten des Menschen entwickeln sich. Und gerade in ihrer *Entwicklung* gewähren sie uns häufig überraschende Einblicke in die *Bedingungszusammenhänge*, die ihnen zugrunde liegen.

## 1.2. *Ein erster Blick auf die Individualentwicklung*

Menschen kommen nicht als Erwachsene auf die Welt. Jedes Menschenleben beginnt ganz unfertig. Am Anfang steht die Vereinigung zweier einzelner Zellen, einer weiblichen Eizelle mit einer männlichen Samenzelle. Neun Monate später, bei der Geburt, erblicken wir ein Lebewesen mit unverkennbar menschlichen Zügen. Ein neuer Mensch ist geboren. Aber ist dieses hilflose Wesen schon ein Mensch? Für viele Monate noch ist es von Tag zu Tag auf die Befriedigung seiner Bedürfnisse durch erwachsene Pflegepersonen angewiesen; abhängig von der Zuneigung und der verständigen Fürsorge derer, die sich für dieses besondere Kind verantwortlich fühlen. Damit nicht genug. Wenn es schon für sich selbst sorgen, laufen, sprechen und vieles andere kann, ist es noch für viele Jahre seiner Kindheit und Jugend auf Erziehung, Anleitung und Unterricht angewiesen, bis es körperlich ausgewachsen ist oder für erwachsen gilt. Beides, körperliches Ausgewachsensein und als Erwachsener gelten, muß übrigens nicht zusammenfallen, wie wir noch sehen werden. Jedenfalls sind Erziehung und Unterricht, planmäßig betrieben in Einrichtungen des öffentlichen Bildungswesens, unabweisbare Begleiter während der Entwicklungszeit. Von seiner gesamten Lebensspanne verbringt der Mensch heutzutage nicht weniger als 15 bis 25% zu einem guten Teil in den Anstalten des Bildungswesens, ehe man ihn endlich »ins Leben treten« läßt. Und auch danach geht die Entwicklung weiter. Erst im Tode findet sie ihr Ende.

Das sind grob und äußerlich die Sachverhalte, die man mit dem Wort Entwicklung verbindet. Hinter diesen Trivialitäten steckt aber, wie immer, sehr viel mehr, eine Menge von Überzeugungswissen: wie Entwicklung in ihren äußeren Erscheinungen fortschreitet, was sie fördert oder hemmt in den verschiedenen Altersabschnitten, was eigentlich dahinter steht, was sie in Gang hält usf. Das sind die entwicklungspsychologischen Fragen. Jede Zeit hat darauf ihre besonderen Antworten. Jeder geschichtliche Kulturzeitraum steckt voll davon: seine Kultur, sein Schulwesen, seine Gesetze.

Ich will ein paar Beispiele geben. In der Kultur, wie sie sich in der Literatur spiegelt: Zu Beginn des vorigen Jahrhunderts erschien romantischen Dichtern die Kindheit wie ein verlorenes Paradies traumhafter Unschuld. So sagt etwa NOVALIS (1772 bis 1801):

»Wo Kinder sind, da ist ein goldenes Zeitalter.«

Wieviel nüchterner sind wir heute! Im Schulwesen: Jede Zeit steht vor der Frage, wieviel Schulbildung nötig ist, um den Heranwachsenden für das Leben in der zeitgenössischen Gesellschaft auszurüsten. Erst im vorigen Jahrhundert wurde die allgemeine Schulpflicht eingeführt, und vor wenigen Jahren debat-

tierten wir um die Heraufsetzung der Pflichtschuldauer von 9 auf
10 Jahre. In den Gesetzen: Ehe der Mensch als voll erwachsen,
als »volljährig« gilt, sind viele praktische Fragen des Entwicklungsstandes zu regeln. Wann wird der Heranwachsende schulpflichtig, geschäftsfähig, berufsfähig, heiratsfähig, religionsmün-
dig, strafmündig, eidesmündig, berechtigt zum Führen eines
Kraftfahrzeuges, wehrpflichtig, wahlberechtigt? In der Bundesrepublik Deutschland wurde gerade das Wahlalter auf 18 Jahre,
auf das Wehrpflichtalter, heruntergesetzt.

### 1.3. *Jeder ist bereits ein Entwicklungspsychologe*

Hinter diesen Regelungen steht das entwicklungspsychologische
Überzeugungswissen der Zeit. Jeder hat daran teil. Jeder ist eine
Art Entwicklungspsychologe, auch wenn er sich noch nie mit
Kindern zu beschäftigen hatte und noch nie Artikel über Kindererziehung in der Sonntagsbeilage der Zeitung gelesen hat. An
einem simplen Beispiel läßt sich das beweisen.
Abb. 1 zeigt fünf Entwicklungsstadien des *Körperwachstums*. Es
sollen ein paar Altersschätzungen gegeben werden. Um es nicht
allzu leicht zu machen, ist jedes Wachstumsstadium gleich groß
abgebildet. Wir orientieren uns ja bei der Schätzung von Alter
und Entwicklungsstand vor allem an der Körperlänge.

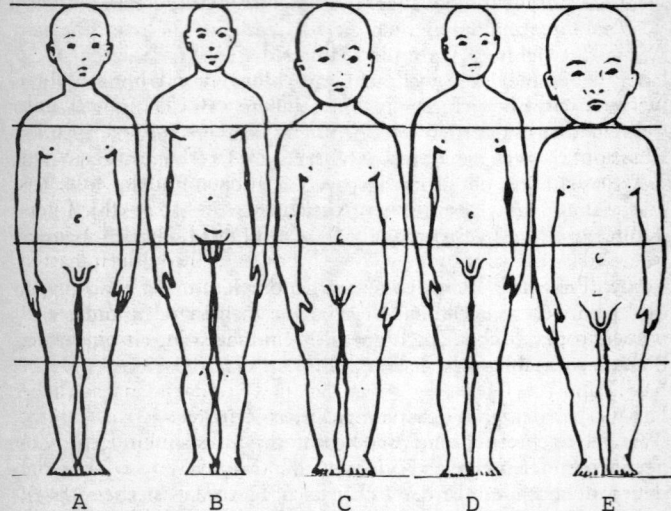

A          B          C          D          E

*Abb. 1:* Körperform und Körperproportionen in verschiedenen Lebensaltern. (Nach C. M. JACKSON et al.)

Daneben spielen aber auch Form und Proportion eine Rolle. Nur auf diese beiden Merkmale kann man hier sein Urteil stützen.

Zunächst ist jenes Körperschema anzustreichen, das dem Entwicklungsstand eines 6jährigen, also eines Schulanfängers entspricht, von dem man sagt, er sei schulreif. Dann ist das Lebensalter zu schätzen, das dem Schema C, und dann das Lebensalter, das dem Schema D entspricht, und die Schätzungen aufzuschreiben.

Hier ist die Lösung. A ist das Körperschema des 6jährigen Schulanfängers. Das Körperschema C zeigt ein 2jähriges, das Körperschema D ein 12jähriges Kind. E und B stellen die beiden Endpunkte der Entwicklungsreihe nach der Geburt dar: das Neugeborene und den Erwachsenen mit 25 Jahren. Wohl jeder wird alle drei Aufgaben richtig lösen und kaum schon ein 2jähriges Kind in die Schule gehen lassen.

Natürlich ist man damit noch kein Entwicklungspsychologe in einem engeren, wissenschaftlichen Sinne. Man ist aber doch sozusagen ein Experte der vorwissenschaftlichen Entwicklungspsychologie unserer Zeit, wie jeder erwachsene Zeitgenosse. Man kann auch sagen: der naiven Entwicklungspsychologie. Außerhalb seiner engeren fachwissenschaftlichen Bildung ist jeder Mensch ein naiver Wissenschaftler, z. B. ein ganz naiver Physiker.

## 1.4. *Naive und wissenschaftliche Entwicklungspsychologie im Wandel der Geschichte*

Naive und wissenschaftliche Entwicklungspsychologie stehen nicht unverbunden nebeneinander. Bis vor etwa 100 Jahren gab es zwischen beiden keinen eigentlichen Unterschied. Große Philosophen wie John LOCKE (1632–1704) oder Jean-Jacques ROUSSEAU (1712–1778), Pädagogen wie Johann Amos COMENIUS (1592–1670) und Johann Heinrich PESTALOZZI (1746–1827) verkündeten neue Einsichten über die Entwicklung des Kindes gegen das Überzeugungswissen ihrer Zeit. Ihre Ideen hatten große Wirkung auf führende Zeitgenossen, auf die Pädagogik, das Schulwesen. Sie brachten den, wie man sagen könnte, entwicklungspsychologischen »Zeitgeist« in Bewegung; in eine neue, bislang vernachlässigte Richtung.

Seit knapp 100 Jahren erst haben sich naive und wissenschaftliche Entwicklungspsychologie voneinander gespalten. Erste Ansätze dazu waren systematische Beobachtungen an Kleinkindern. Man beobachtete das eigene Kind von Woche zu Woche über die ersten Lebensjahre. Ein Arzt, Dietrich TIEDEMANN (1748–1803), war der erste. Er veröffentlichte 1787 ein solches Kindertagebuch unter dem Titel: *Beobachtungen über die Entwickelung der Seelenfähig-*

*keiten bei Kindern.* 100 Jahre später war es wieder ein deutscher Arzt, Wilhelm PREYER (1841–1897), der ein Kindertagebuch über die ersten drei Lebensjahre seines Sohnes schrieb. Sein 1881 erschienenes Buch *Die Seele des Kindes* begründete maßgebend die Kinderpsychologie, insbesondere in Amerika, und ist bis heute eine noch nicht voll ausgeschöpfte Fundgrube (vgl. Studientext 1.3.1.).

4 Jahre vorher, 1877, hatte auch der berühmte Biologe Charles DARWIN (1809–1882), der die Abstammung der Tierarten voneinander nachwies und dabei den Menschen nicht aussparte, ein Kindertagebuch geschrieben. Die Abstammungslehre hat, nachdem der erste Schock überwunden war, die Kinderbeobachtung ungeheuer populär gemacht. Für ein halbes Jahrhundert nach der 1871 erschienenen *Abstammung des Menschen* wurde die Kindesentwicklung ein interdisziplinäres Forschungsfeld. Man war wie besessen darauf aus, in der Kindesentwicklung einen Spiegel der menschlichen Abstammungs- und Kulturgeschichte zu sehen und in ihn hineinzuschauen – nach dem Leitsatz jener Zeit, daß in der Individualentwicklung sich die Stammesentwicklung wiederhole (sog. *biogenetisches Grundgesetz*). Und zwar, so war man überzeugt, in der vorgeburtlichen Entwicklung würden die Stufen der biologischen Entwicklung hin zum Menschen durchlaufen und nach der Geburt die vorgeschichtlichen und geschichtlichen Kulturstufen der Menschheit bis zur Gegenwart. (Vgl. Studientext 1.3.2.)

So abenteuerlich uns heute manche Parallelen zwischen Tier und Kind, zwischen primitiven Kulturstufen und Kind anmuten, die Entwicklungspsychologie hat seitdem eine neue Perspektive erhalten. Von nun ab hörte man auf, die Entwicklung vom Standardbild des fertigen Erwachsenen her zu erklären, sondern begann umgekehrt, die Erwachsenen – und all die Unterschiede zwischen ihnen – als individuelle Produkte einer langjährigen Entwicklungszeit zu begreifen.

Zwei bedeutende Psychologen haben zu Beginn dieses Jahrhunderts mit dieser neuen Perspektive Ernst gemacht: Sigmund FREUD (1856–1939) und der Amerikaner John WATSON (1878 bis 1958). FREUD führte die Neurosen seiner erwachsenen Patienten auf frühkindliche Störungen ihrer Sexualentwicklung zurück. (Vgl. Studientext 1.3.6.) WATSON war so sehr von der Beeinflußbarkeit der Entwicklung überzeugt, daß er sich Eltern gegenüber anheischig machte, von ihnen gewünschte Endprodukte bei ihren Sprößlingen hervorzubringen. Berühmt geworden ist seine kühne Behauptung aus dem Jahre 1924:

>»Gebt mir ein Dutzend Kinder und eine Welt, in der ich sie aufziehen kann. Dann garantiere ich, daß ich jedes von ihnen auf die Besonderheit zu trainieren imstande bin, die ich möchte: Arzt, Rechtsanwalt, Künstler, Unternehmer oder auch Bettler und Dieb.«

Wie gesagt, hat sich die wissenschaftliche Entwicklungspsychologie seit dieser Zeit zunehmend von der naiven Entwicklungspsychologie gelöst. An fast allen Universitäten der Welt wird
mittlerweile entwicklungspsychologische Forschung getrieben.
Es werden nicht mehr bloß systematische Beobachtungen gemacht. Es werden Theorien entworfen für Ausschnitte des
beobachtbaren Entwicklungsgeschehens, die zunehmend schärfer
eingegrenzt werden. Die Theorien werden möglichst unter expe-
rimenteller Bedingungskontrolle geprüft, verworfen, erweitert,
verbessert. Überkommene Fragestellungen erweisen sich als
unangemessen, werden umformuliert und anders gestellt. Die
Felder der spezialisierten Einzelforschung vermehren sich ständig.

### 1.5. *Der davoneilende Forschungsstand*

Muß dies nicht dazu führen, daß die wissenschaftliche Entwicklungspsychologie der naiven, nach der wir alle die praktischen
entwicklungspsychologischen Fragen regeln, hoffnungslos davon-
läuft? Nun, so schlimm ist es nicht. Auch die naive Entwicklungspsychologie schreitet fort, und man hat den Eindruck, zunehmend
schneller. Forschungsergebnisse von heute, die unter verschiedenen Gesichtspunkten – besonders etwa bildungspolitischen –
wichtig erscheinen, erreichen morgen oder übermorgen Teile der
Öffentlichkeit, etwa über das Universitätsstudium, die Lehrerausbildung, die Bildungspolitik und die Massenmedien. Sie sind
dann in der Regel längst veraltet – 10, 20 oder noch mehr Jahre –
und z. T. schon überholt, aber sie verändern allmählich die überkommenen Bestände des Überzeugungswissens in der breiten
Öffentlichkeit. Maßgebend ist hierbei vor allem die Lehrerschaft,
weil Erziehung, Schulorganisation und Lehrplanung sich in vielen
Punkten auf entwicklungspsychologische Überlegungen stützen:
was in welchem Entwicklungsalter möglich, angemessen, gefordert, förderlich sei.
Der zeitlich verzögerte Zusammenhang zwischen Forschungsstand und naiver Entwicklungspsychologie, die sich mit den
Erkenntnissen von gestern angereichert hat – man kann auch
sagen, der verzögerte Zusammenhang zwischen Theorie und
Praxis – sei an einem einfachen Beispiel angedeutet. In Abb. 1
wurde aus verschiedenen Entwicklungsstadien des Körperwachstums jene Form ausgesucht, die dem 6jährigen Schulanfänger
entspricht. Gegenüber den pummelig runden Formen des Kleinkindes strecken sich in diesem Alter zum erstenmal Rumpf und
Gliedmaßen deutlich. Der Kinderarzt ZELLER hat hierfür 1936
die Bezeichnung *»erster Gestaltwandel«* (HETZER & ZELLER 1936)

eingeführt. Die deutsche Entwicklungspsychologie hat in der
Folgezeit die *Schulreife* an den ersten Gestaltwandel geknüpft, sie
als ein korrelierendes Produkt eines körperlichen Reifungsstadiums
gesehen.

Es soll hier nicht auf Einzelheiten eingegangen werden (vgl. Bd. 2,
Kap. 25 und Studientext 1.3.5.). Nur soviel sei gesagt: Inzwischen
hat die Forschung längst gezeigt, daß Kinder auch schon vor dem
ersten Gestaltwandel Schreiben und Lesen lernen und in der
Gruppe unterrichtet werden können und damit »schulreif« sind,
wenn man dies unter Schulreife versteht. Dennoch fahren viele
Schulärzte fort, den Schuleintritt in fraglichen Fällen vom Körper-
wuchsstadium abhängig zu machen. Ja, selbst in einem immer
noch verbreiteten deutschen Lehrbuch der Entwicklungspsychologie, das gegenwärtig eine Auflage von weit über Hunderttausend
erreicht hat und wie kein anderes die zeitgenössische Lehrerausbildung beeinflußt, heißt es zur Schulreife:

> »Fragt man, wann die genannten Voraussetzungen erfüllt sind, dann gibt
> es eine ganz präzise und bündige Antwort: ... die volle Schulreife ist
> erst nach durchlaufenem Gestaltwandel zu erwarten.« (REMPLEIN 1966,
> S. 330)

Diese Stelle stammt aus der 14. überarbeiteten Auflage von 1966
des Lehrbuches *Die seelische Entwicklung des Menschen im Kindes-
und Jugendalter* von Heinz REMPLEIN. Es ist gar nicht so außergewöhnlich, daß selbst wissenschaftliche Lehrbücher bei schnell
expandierender Forschung schon bald in einzelnen Teilen auf das
Niveau zeitgenössischen Überzeugungswissens herabsinken. In
unserem Beispiel geht es aber selbst darüber noch hinaus. Die
bildungspolitische Öffentlichkeit ist z. Z. bereits aufgeklärter als
dieses Lehrbuchwissen, wenn sie eine Vorverlegung des Schul-
eintritts erwägt, und zwar auf Empfehlung des Deutschen
Bildungsrates, der sich in dieser Frage unmittelbar von entwicklungspsychologischen Experten beraten ließ.

## 1.6. *Einzelwissen und Einblicke*

Vielleicht beschleicht manchen Leser jetzt die Sorge, wieviel
bereits längst überholtes Einzelwissen ihm dieses Taschenbuch
anbieten mag. Wenn man diese Sorge jetzt schon hat, ist es gelungen, deutlich zu machen, wie schnell die Grundlagenforschung
voraneilt und wie selbst der einzelne Forscher sie nie mehr ganz
nach dem letzten Stand, sondern nur in den bereits in den Archiven
abgelegten Beständen überschaut. In eigener Sache – auch im
Namen der anderen Autoren – sei gesagt: Es wird eine Menge
abgelegten Wissens angeboten, abgelegt in dem Sinne, daß es den
Fachmann kaum noch interessieren wird. Aber wir halten das,

was wir bringen, immer aus wenigstens einem von zwei Gründen für wichtig: einmal, weil es überkommenes Überzeugungswissen in Frage stellt und das Fragen wissenschaftlicher macht, zum andern, weil es unmittelbar oder mittelbar für die pädagogische Praxis von Belang sein kann. Kurz, weil es neue Einblicke verschafft.

Eine Anhäufung von Einzelwissen, und dazu noch nach dem letzten Forschungsstand, wäre wenig sinnvoll und nützlich. Nehmen wir die *Schulreife*. Die Klärung dieser Frage ist für die Praxis von ungemeiner Bedeutung, für die gegenwärtige Forschung aber ist sie belanglos, ja, erledigt. Aufregend in der gegenwärtigen entwicklungspsychologischen Forschung sind ganz andere Dinge; darunter so akademische Fragen wie: Welche Figurenkomplexe kann ein Neugeborenes in der ersten Lebenswoche schon optisch unterscheiden? Wie bringen es Kinder überhaupt fertig, Satzgefüge zu entwerfen, die sie noch nie vorher gehört haben? Und viele andere solcher abseitiger Fragen, von denen man heute noch gar nicht sagen kann, ob sie je bedeutsam für die Praxis werden.

Und noch etwas anderes ist zu bedenken. Wissenschaftlicher Fortschritt zeigt sich nicht nur in den vielen Detailergebnissen. Fast wichtiger noch sind die übergreifenden Fragestellungen, die gegenwärtigen Überzeugungen oder – wenn man will – zeitweiligen Voreingenommenheiten, die hinter den Forschungsansätzen stehen. Hierin unterscheidet sich die Wissenschaft gar nicht so sehr von dem naiven Überzeugungswissen, nur ist sie diesem immer schon voraus und in ihren Vorannahmen begründeter und kritischer. In der Entwicklungspsychologie gibt es mindestens vier große Grundfragen, in denen die Überzeugungen zwischen zwei Gegenpositionen von Periode zu Periode hin und her gewandert sind.

## 1.7. *Vier Grundfragen der Entwicklungspsychologie*

Die erste Grundfrage lautet, ein wenig zugespitzt formuliert:
    Ist das Kind ein kleiner Erwachsener, oder ist der Erwachsene ein großgewordenes Kind?
Diese Frage ist im Grundsatz entschieden. Wir betrachten heute das Kind kaum noch als einen Miniatur-Erwachsenen und die Kindheit nicht mehr als Zwangsaufenthalt in einem Wartezimmer, dessen Tür sich nach langem Warten endlich zum Saal der Erwachsenen öffnet, sobald man endgültig Gestalt und Vernunft angenommen hat. Der Erwachsene als Idealtyp ist uns längst abhanden gekommen. Wir sehen statt dessen die ungeheure Verschiedenartigkeit zwischen den Erwachsenen und schauen, wie-

weit wir sie auf unterschiedliche Kindheitserfahrungen zurückführen können. Im Erwachsenen sehen wir das erwachsen gewordene Kind, um es auf eine einfache Formel zu bringen.
Andererseits fahren wir aber nach wie vor fort, vieles am Kind
mit den Augen von Erwachsenen zu beurteilen und seine psychologischen Besonderheiten zu übersehen.

Zählt man Titel und Themen der gegenwärtigen Entwicklungspsychologie aus, so standen in den letzten beiden Jahrzehnten
Untersuchungen zur Persönlichkeitsbildung, zur sog. *Sozialisation*
(d. h. die Übernahme der in der sozialen Umwelt maßgebenden
Werte und Meinungen durch das Kind) an der Spitze. Erst
neuerdings scheint sich ein anderer und ursprünglicher For-
schungsbereich der Entwicklungspsychologie wieder an die Spitze
zu schieben. Ein breites Interesse ist wieder geweckt worden für
die *kognitive Entwicklung*: Wahrnehmung, Lernen, Denken, Sprechen, Begriffsbildung, Problemlösen, Kreativität. Lauter Fragen,
deren Antworten für die pädagogische Praxis nicht weniger
wichtig sein könnten. Zunehmendes Forschungsinteresse hat auch
die Frühentwicklung des Säuglingsverhaltens in den ersten
Lebenswochen und -monaten gefunden; umgekehrt aber auch
das Abgehen von engen Lebensabschnitten zugunsten weiter
Lebensabschnitte, ja über den ganzen Lebenslauf hinweg bis
zum Sterben, den letzten Stunden des Lebenslaufs, dem Endpunkt
der Individualentwicklung.

Es erscheint uns heute so selbstverständlich, daß Kindheit und
Jugend – insbesondere die frühe Kindheit – entscheidend die
Persönlichkeit des späteren Erwachsenen prägen, daß wir uns
kaum vorstellen können, man hätte je anders darüber gedacht.
Man hat dieses Jahrhundert das »Jahrhundert des Kindes« genannt. Kindheit und Jugend sind in unserer Gesellschaft fast
selbständige Teilkulturen geworden, Schonräume der Bildung
und Freizeit mit eigener Bekleidungs-, Unterhaltungs- und Frei-
zeitindustrie (vgl. Studientext 1.2.1.).

Damit uns dieses klarer wird, ist es ratsam, einmal wieder in die
Geschichte hinabzutauchen, denn dies war nicht immer so. Ein
französischer Kulturhistoriker, Philippe ARIÉS, schreibt über die
Kindheit im Mittelalter:

> »In der mittelalterlichen Gesellschaft gab es keine eigene Idee der Kind-
> heit; d. h. aber nicht, daß Kinder vernachlässigt, verlassen oder gering
> geachtet wurden. Man darf die Idee der Kindheit nicht vermischen mit
> Zuneigung für Kinder. Sie entspricht einem Gespür für die besondere
> Eigenart der Kindheit, jener Eigenart, die das Kind vom Erwachsenen
> unterscheidet, selbst von dem jungen Erwachsenen. In der mittelalter-
> lichen Gesellschaft fehlte dieses Gespür. Das ist der Grund, warum das
> Kind zur Gesellschaft der Erwachsenen gehörte, sobald es ohne die
> dauernde Betreuung durch seine Mutter, seine Amme oder den, der es
> in seiner Wiege schaukelte, leben konnte.« (1962, S. 128)

Die Kinder nahmen schon früh, etwa ab 7 Jahren, an den sozialen Aktivitäten teil, an Unterhaltungsspielen, an handwerklichen Tätigkeiten, am Umgang mit Waffen.

*Abb. 2:* Madonna des Bischof Imad, 11. Jahrhundert. (Paderborn, Diözesanmuseum.)

In der mittelalterlichen Kunst erscheinen Kinder auch v 'e kleine Erwachsene. Betrachten wir einmal auf Abb. 2 die Madonna mit Kind aus dem 11. Jahrhundert. Wenn man das Jesuskind mit den Körperwuchsformen in Abb. 1 vergleicht, so gleicht es am ehesten dem Schema B, d. h. einem Erwachsenen.

Die zweite Grundfrage der Entwicklungspsychologie lautet:

Ist das Kind ein aktiver Erkunder oder ein passiver Empfänger?

Diese Frage wird uns im nächsten Kapitel beschäftigen. Um es schon vorwegzunehmen: Die gegenwärtige Entwicklungspsychologie neigt zunehmend mehr dazu, im Kind einen höchst aktiven Erkunder zu sehen, der sich seine Entwicklungsreize beinahe unablässig selber besorgt. Diese Überzeugung setzt sich von der Tradition und auch von der gegenwärtigen naiven Entwicklungspsychologie ab.

Die dritte Grundfrage lautet:

Ist das Kind ein Bündel von Elementarprozessen oder ein integriertes Gesamtsystem?

Diese Frage steht im Hintergrund, wenn wir uns im 3. und 4. Kap. mit der Entstehung von Motiven und ihrer weiteren Entwicklung

beschäftigen. Hier neigt die gegenwärtige Forschung dazu, Gesamtsysteme anzunehmen, so kompliziert damit auch Theoriebildung und Forschungsbemühungen werden.
Die vierte und letzte Frage lautet:
   Sind die Ergebnisse der kindlichen Entwicklung stärker von Erbfaktoren oder von Umwelteinflüssen bestimmt?
Diese Frage werden wir mit Blick auf Intelligenzunterschiede und vor dem aktuellen bildungspolitischen Hintergrund im 7. Kap. erörtern. Die gegenwärtige Forschung bevorzugt weder die eine noch die andere Alternative, sondern zeigt auf, daß die Frage falsch gestellt ist.

1.8. *Ein altes Problem – Fluchtperspektive der neueren Forschungsentwicklung*

An einem Beispiel sei ein Eindruck davon vermittelt, wie sich Fragestellungen und Methoden in der Entwicklungspsychologie in der letzten Zeit differenziert haben. Dazu eignet sich ein scheinbar einfaches Problem, weil es zugleich ein uraltes ist, nämlich die *Brusternährung* des Säuglings und die vermuteten Folgen für das weitere Wohlergehen des Kindes. Seit mindestens zwei Jahrtausenden hat es immer wieder viele Mütter gegeben, die es ihrer Figur und anderer Gründe wegen ablehnten, ihren Säugling an der Brust zu nähren, und statt dessen eine Amme beschäftigten oder – in unserem Jahrhundert – Flaschennahrung gaben. Literarische Zeugnisse über 2000 Jahre zeigen, daß berühmte Philosophen, Theologen und Pädagogen immer wieder den Kampf um die vorenthaltene Mutterbrust aufgenommen und auf die vermeintlichen Folgen hingewiesen haben. ROUSSEAU z. B. versprach sich eine Reform der Moral, wenn sich die Mütter wieder herbeiließen, ihre eigenen Kinder zu säugen. Er schrieb 1762:
   »Wenn die Mütter sich aber herablassen, ihre Kinder zu nähren, werden sich die Sitten von selbst bessern, und die natürlichen Regungen werden in den Herzen erwachen. Das Land wird sich wieder bevölkern, und diese Tatsache, diese eine Tatsache, wird alle wieder vereinigen.« (S. 23)
Seit einigen Jahrzehnten sind es die Psychiater und Psychoanalytiker, die die Philosophen, Theologen und Pädagogen abgelöst haben. Vor allem die psychoanalytische Entwicklungstheorie hat das Argument dazu geliefert. Man glaubt nämlich, *Flaschenernährung* behindere engen Mutter-Kind-Kontakt, lasse die *oralen Bedürfnisse* (vgl. Studientext 1.3.6.) unbefriedigt, und diese *Frustration* führe später zu Verhaltensstörungen und Aggressivität. Entwicklungspsychologen prüften diese Vermutungen. Drei Untersuchungen seien in Stichworten vorgestellt, die nur 6 Jahre auseinanderliegen.

Erste Untersuchung: SEARS et al. (1957). *Versuchspersonen:* 379 Mütter von 5jährigen Kindern. *Unabhängige Variable:* Interview-Informationen über die frühe Ernährungsweise und das Fütterungsverhalten des Säuglings. *Abhängige Variable:* Informationen der Mutter im gleichen Interview über Grad der Aggressivität, Abhängigkeit, Gewissensentwicklung, Eßstörungen des Säuglings. *Ergebnis:* Kein Unterschied zwischen Brust- und Flaschenernährung.

In dieser Untersuchung wird ein einfacher Zusammenhang zwischen Ernährungsweise und Verhaltensfolgen gesehen, und Variablen werden einzeln miteinander verknüpft. Man verläßt sich auf frühere Beobachtungen der Mütter und ihre Mitteilung.

Zweite Untersuchung: HARLOW (1958) und HARLOW & ZIMMERMANN (1959). Keine *Versuchspersonen*, sondern Rhesusaffen im Säuglingsstadium ohne Muttertier, durch Flasche ernährt. *Unabhängige Variable:* Zwei Ersatzmutter-Attrappen, eine aus Maschendraht, die andere mit wolligem Stoff überkleidet. Beide Ersatzmütter haben in der Brustregion eine Milchflasche mit Schnuller. Außerdem furchterregende Tierattrappen. *Abhängige Variable:* Dauer des Saugens und des Anklammerns bei Draht- oder bei Stoffmutter unter neutralen und furchtauslösenden Situationsbedingungen. *Ergebnis:* Bevorzugung der Stoffmutter bei Saugen und Anklammern. Hat diese keine Milch, so wird bei der Drahtmutter getrunken, aber nur bei der Stoffmutter angeklammert, insbesondere bei Furchtauslösung.

Diese Untersuchung mag verwundern. Einmal hat man keine menschlichen, sondern Affensäuglinge herangezogen. Zum andern gibt es keine wirkliche Mutter, an deren Brust das Äffchen saugen könnte. Es handelt sich hier um eine experimentelle Manipulation zur schärferen Bedingungsanalyse dessen, was in der Fütterungssituation Befriedigung verschafft. Die Untersuchung zeigt, daß in der *Fütterungssituation* nicht nur Hungerstillung, sondern auch anschmiegender Kontakt gesucht wird. Natürlich kann man die Befunde nicht einfach auf den Menschen übertragen. Sie schärfen aber unseren Blick für übersehene Faktoren in der Mutter-Kind-Beziehung und differenzieren die Theoriebildung und ihre empirische Überprüfung.

Dritte Untersuchung: HEINSTEIN (1963). *Versuchspersonen:* 94 Jugendliche beiderlei Geschlechts in einer Längsschnittuntersuchung. *Unabhängige Variable:* Dauer der Brusternährung ohne zusätzliche Flaschenkost. Persönlichkeitseigenschaften der Mutter: »Wärme«, »nervöse Stabilität«. Interviewdaten über eheliche Beziehungen der Eltern, als die Kinder $2^{1}/_{2}$ bis 3 Jahre alt waren. *Abhängige Variable:* Verhaltensauffälligkeiten bis zum 12. Lebensjahr. Persönlichkeitstests. *Ergebnis:* Einzelne Variablen zeigen kaum Zusammenhänge. Dauer der Brusternährung hat unterschiedliche Wirkungen in Abhängigkeit von der zwischenmenschlichen Situation; und zwar sind die Wechselwirkungen für Jungen und Mädchen verschieden.

Diese Untersuchung erfaßt das kritische Verhalten unmittelbar

und verfolgt seine möglichen Wirkungen über viele Jahre durch
stichprobenhafte *Verhaltensbeobachtung*. Vor allem wird das kritische Verhalten in seinem größeren sozialen Zusammenhang erfaßt,
denn das gleiche Verhalten kann ganz Unterschiedliches bedeuten,
je nach persönlicher Eigenart der Mutter, des Kindes und des
Familienzusammenhalts, der den Ehemann einbezieht.

Schon diese verkürzte Darstellung von drei Untersuchungen deutet Richtungen an, in denen die Anforderungen an Theoriebildung und Methoden in der Entwicklungspsychologie gewachsen sind. Wir können zusammenfassen: 1. Alte Fragestellungen
erweisen sich als zu einfach und müssen differenzierter gestellt
werden; 2. man muß die Variablen möglichst unmittelbar und
und unverfälscht erfassen; 3. gleiche Variablen müssen in ihrer
umgebenden Bedingungskonstellation kontrolliert werden, da
sie mit ihnen in Wechselwirkung stehen und darum ihre verhaltens-
auslösende Wirkung verschieden sein kann; 4. viele Fragen der
Entwicklungspsychologie lassen sich genauer nur durch auf-
wendige Längsschnittuntersuchungen über viele Jahre klären.

Was schließlich die Frage von Brust- oder Flaschenernährung betrifft, so macht beides als solches keinen Unterschied. Es kommt
auf andere Dinge an, die damit zusammenhängen. (Näheres im
Studientext 1.2.2.)

## 1.9. *Lebensalterbezogene Entwicklungsreihen*

Kehren wir noch einmal zu den Kindertagebüchern zurück.
Wilhelm PREYERS Beobachtungen über die ersten drei Lebensjahre seines Sohnes, erschienen 1881, lösten eifrige Beobachtungen
aus. Besonders Stanley HALL, der »Vater« der amerikanischen
Entwicklungspsychologie, begeisterte sich daran. Er entwickelte
Beobachtungsfragebögen und schickte sie in alle Welt. Auch in
Deutschland, nach der Jahrhundertwende, griff das Sammeln von
Beobachtungsfakten um sich. Berühmte Psychologen-Ehepaare,
wie die STERNS, die BÜHLERS, die SCUPINS, zogen ihre Kinder nur
noch mit einem beobachtenden Auge auf und notierten und
notierten.

Das Verfahren ist im Grund einfach. Jeder erkennbare Entwick-
lungsfortschritt wurde datiert, d. h. mit dem jeweiligen Lebensalter des Kindes versehen. So entstand eine große Fülle von Daten
über die Entwicklung der Motorik, Wahrnehmung, des Umgangs
mit Objekten, des Sprechens, des Denkens usf. Es versteht sich
von selbst, daß man die Beobachtungen zusammenfaßte und
durchschnittliche Altersangaben für alle möglichen Entwicklungsfortschritte festlegte.

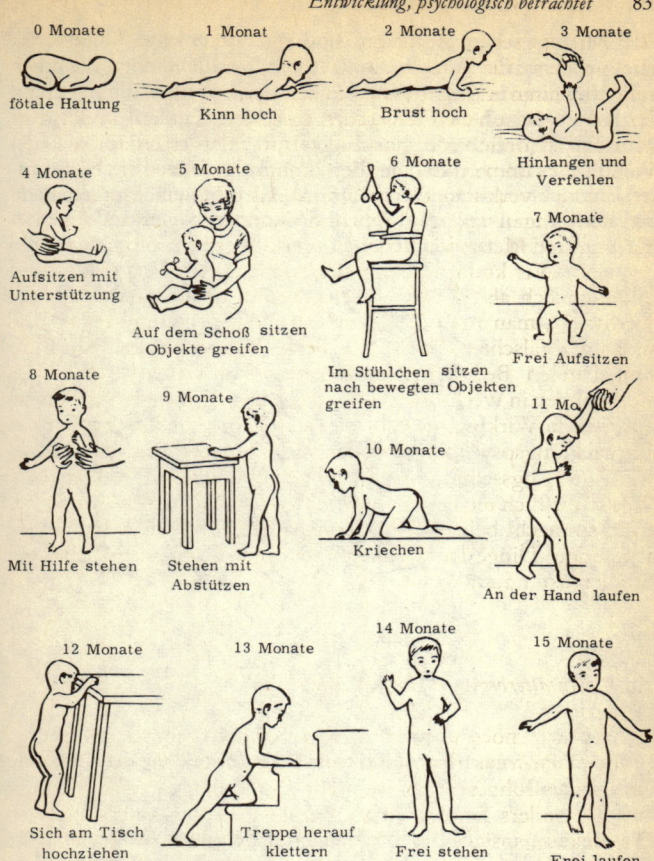

*Abb. 3:* Die Entwicklung von Aufrichtung und Fortbewegung. (Nach M. M. SHIRLEY.)

Abb. 3 gibt ein Beispiel für eine solche lebensalterbezogene Entwicklungsreihe. Es handelt sich um die Entwicklungsreihe der Körperhaltung und Fortbewegung, und zwar von der zusammengezogenen Körperhaltung des Neugeborenen bis zum selbständigen Laufen des 15 Monate alten Kindes. Die Bilderreihe zeigt nur wenige markante Zwischenstadien in einer Zeitrafferfolge. In der dritten Reihe zeigt das dritte Bild: 10 Monate, *Kriechen.* Dies ist nur *ein* Stadium aus der komplizierten Entwicklungsfolge des Kriechens. Was hier zu sehen ist, ist das 11. von insgesamt 14 Stadien, die man beim Kriechen hat voneinander unterscheiden können (sie sind in Abb. 4 dargestellt).

Die Altersangaben in Abb. 3 sind nur allgemeine Richtwerte. Hier geben sie das Alter an, in welchem fast alle Kinder, die unter einigermaßen »normalen« Umständen groß werden, die einzelnen Stadien erreicht haben. Zwischen einzelnen Kindern findet man natürlich Unterschiede, so daß es zu einer charakteristischen Variationsbreite von Lebensaltern kommt, zu denen ein bestimmter Entwicklungsstand erreicht wird. Es gibt auch Unterschiede zwischen Bevölkerungsgruppen. So können Negerkinder schon mit 8 bis 10 Monaten laufen.

*Abb. 4:* Die 14 Stadien der Aufrichtung in der Entwicklung des Kriechens. (Nach L. B. AMES.)

Die detailliertesten Beschreibungen lebensalterbezogener Entwicklungsreihen verdanken wir dem amerikanischen Kinderbeobachtungslaboratorium von Arnold GESELL. Sein Interesse galt nicht nur reiner Bestandsaufnahme, sondern darüber hinaus der Feststellung von Entwicklungsverzögerungen und damit der Diagnose von Entwicklungsstörungen zu therapeutischen Zwecken. Aus den gleichen Gründen haben in den 20er Jahren die beiden großen deutschen Entwicklungspsychologinnen Charlotte BÜHLER und Hildegard HETZER die *Kleinkindertests* entwickelt (BÜHLER & HETZER 1932). Darin finden sich altersabgestufte Aufgabenreihen zu den folgenden Entwicklungsbereichen: sinnliche Rezeption, Körperbeherrschung, soziale Kontaktfähigkeit, Lernfähigkeit und Sprachfähigkeit (vgl. Studientext 1.3.3.).

1.10. *Phasenlehren*

Es ist gut verständlich, daß bald Versuche unternommen wurden, die große Fülle der Erscheinungen zu ordnen und den gesamten Entwicklungsablauf in aufeinanderfolgende Abschnitte aufzuteilen. So entstanden die verschiedenen sog. *Phasenlehren*, merkwürdigerweise nur in der deutsch- und französischsprachigen Psychologie. Die englischsprachige Forschung unter Führung GESELLS hatte offenbar schon zuviel Befunde gesammelt, die zu sehr für einen ununterbrochenen Entwicklungswandel sprachen, um noch Einschnitte im Entwicklungsverlauf zu sehen, die eine Phaseneinteilung nahelegten.

Phasenlehren gehören inzwischen zu den veralteten, ja überholten Beständen der Entwicklungspsychologie. Wenn wir sie dennoch hier kurz erörtern, so aus zwei Gründen. Einmal spielen sie heute immer noch eine Rolle in der Lehrerausbildung und in der Schulpraxis. Zum andern lassen sich an ihrer Problematik ein paar wichtige Punkte aufzeigen (vgl. Studientext 1.3.4.).

Die einflußreichste Phasenlehre ist die von Oswald KROH (1958) gewesen. Sie sei nur in einigen Teilen skizziert. KROH unterscheidet 3 große Stufen:

Die frühe Kindheit. Von der Geburt bis zu $2\,{}^1/_2$ Jahren. Die eigentliche oder schulfähige Kindheit bis etwa 12 Jahre. Die Reifezeit, bis zur Volljährigkeit.

Zwischen diesen drei Stufen sieht KROH als Einschnitte krisenhafte Übergangserscheinungen, nämlich das sog. 1. *Trotzalter* zwischen $2\,{}^1/_2$ und $3\,{}^1/_2$ Jahren und das 2. Trotzalter im 12. und 13. Lebensjahr. Jede der drei Stufen ist wieder in drei Phasen eingeteilt. Dies sind in Kurzfassung die drei Phasen der 2. Stufe, der eigentlichen Kindheit:

1. Phase: von der 1. Trotzperiode bis zum Übergang zur vorwiegend analysierenden Wahrnehmung, der eigentlichen Schulfähigkeit im 7. Lebensjahr. *Phantastisch analogisierender Realismus.*

2. Phase: vom Übergang zur analysierenden Auffassung, die mit dem 1. Gestaltwandel auftritt, bis zum Beginn einer mehr kritischbewußten Haltung etwa im 10. Lebensjahr. *Naiver Realismus.*

3. Phase: vom Beginn einer kritisch-bewußten Haltung bis zum sog. 2. Trotzalter und einer Wendung nach innen. *Kritischer Realismus.*

Phasenlehren wie diese haben durchaus ihre Verdienste. Abgesehen davon, daß sie die Erscheinungsfülle des Entwicklungsverlaufs etwas übersichtlicher machen, befriedigen sie praktische Interessen. Sie haben vor allem dazu beigetragen, dem Lehrer ein besseres Verständnis zu geben für die Kinder verschiedener Altersstufen, ihrer Art, zu erleben, zu denken, die Welt aufzufassen. Das alles ist wichtig für die Gestaltung des Unterrichtsangebots und angemessene erzieherische Erwartungen.

1.11. *Täuschungen der Phasenlehren*

Natürlich war Phasentheoretikern wie KROH klar, daß Einschnitte
der Entwicklung relativ, daß Altersabgrenzungen gewagt sind.
Sie leugneten auch nicht, daß die Lebensaltergebundenheit des
Entwicklungsablaufs durch Umwelteinflüsse beeinflußt werden
kann. Bei allen Bedenken erschienen ihnen die Vorteile, die in
einer praktischen Orientierung durch die Phaseneinteilung liegen,
zu überwiegen. Rückblickend ist jedoch zu sagen, daß die Phasenlehren eine naive Entwicklungspsychologie befestigt haben, die
in einer Reihe von Punkten falsch oder zumindest irreführend ist.
Im einzelnen:
1. Punkt: Innerhalb der einzelnen Phasenabschnitte erscheint das
Entwicklungsgeschehen weit einheitlicher, als es tatsächlich ist.
Der Phasentheoretiker muß notgedrungen immer Leitgesichtspunkte zur Unterscheidung herausgreifen. Das läßt die Vielfältig-
keit anderer Entwicklungsvorgänge im gleichen Zeitraum unbeachtet und täuscht Einheitlichkeit vor.
Wie in jeder Typologie wird von einem Leitsymptom auf andere
Merkmale geschlossen, ohne sich näher zu vergewissern.
Da man sich bei der Phaseneinteilung immer auf einzelne Leitgesichtspunkte beschränken muß, bleibt ihre Auswahl immer
zu einem guten Teil beliebig. Verschiedene Phasentheoretiker
wählen denn auch verschiedene Leitgesichtspunkte und kommen zu anderen Einschnitten und Phasen. BERGIUS (1959) hat
die bekanntesten Phaseneinteilungen verglichen und stellte insgesamt 107 Einschnitte bis zur Volljährigkeit fest (wobei die
Übereinstimmung in den ersten Lebensjahren noch am größten
war).
2. Punkt: Phasenlehren täuschen einheitliche Entwicklungsstände
bei altersgleichen Kindern vor. Ausmaß und Häufigkeit von Abweichungen verschwinden hinter einem vermeintlichen Durch-
schnittsbild.
Wie groß die Unterschiede zwischen Altersgleichen tatsächlich
sein können, haben PRINGLE et al. (1966) in einer Vergleichsstudie
über den kognitiven Entwicklungsstand von elftausend 7jährigen
gezeigt. Schon in den ersten beiden Lebensjahren deuten sich
Persönlichkeitsunterschiede an, die erhalten bleiben. So legte die
amerikanische Psychologin P. NEILON (1948) mehreren Beurteilern Verhaltensbeschreibungen von 16 Kindern aus zwei Entwicklungsperioden vor, als die Kinder 2 (SHIRLEY 1933) und als sie 17
Jahre alt waren. Es gelang den Beurteilern überraschend gut, die
jeweils ein Kind betreffenden Beschreibungen richtig zuzuordnen.
3. Punkt: Phasenlehren lösen einzelne Entwicklungsvorgänge so
sehr aus dem weiteren Zusammenhang, daß sie Einschnitte im
Entwicklungsverlauf vortäuschen, die jedoch bei umfassenderer

Betrachtung verschwinden und einem eher kontinuierlichen Entwicklungsstrom Platz machen.

Hier ist ein Exkurs über die sog. 1. Trotzperiode angebracht. Für KROH bedeutet sie den Einschnitt zwischen der ersten und zweiten Stufe, der frühen und der eigentlichen Kindheit. Dabei kann er sich jedoch nur auf Beobachtungen in drei Psychologenfamilien, nämlich der STERNS, der BÜHLERS und der SCUPINS, stützen, die von insgesamt 6 Kindern einige wenige Trotzanfälle aufgezeichnet haben. Das Trotzalter wurde zu einer typisch deutschen Variante naiver Entwicklungspsychologie hochstilisiert. Es wurde in der Öffentlichkeit populär gemacht als eine Periode, in der das heranwachsende Kind sein »Ich entdeckt« und das »reine Wollen«, das »Wollenwollen« übt; ja, es wurde in Analogie zur *Pubertät* sogar als »erste Pubertät« bezeichnet.

Erst 1957 lag die erste Studie vor, in der das Auftreten von Trotzverhalten systematisch in 8 Familien und 4 Heimen über längere Zeit beobachtet wurde. Die Autorin, Lilly KEMMLER, kommt zu folgenden Ergebnissen: 1. Trotzanfälle treten 1 Jahr früher als angenommen, nämlich ab $1\,^1/_2$ Jahren auf. 2. Sie treten keineswegs bei allen Kindern auf und sind kein notwendiges Durchgangsstadium einer »normalen« Entwicklung. 3. Sie entstehen dann, wenn der Erwachsene unvermittelt Tätigkeitsbedürfnisse des Kindes blockiert und das Kind zwar schon eigene Tätigkeitsabsichten länger verfolgen, aber gleichzeitig noch nicht genügend zeitlich vorausplanen und sich sprachlich verständlich machen kann, um Unterbrechungen durch Eingriffe Erwachsener hinnehmen oder seine eigenen Absichten verdeutlichen zu können. 4. Liegt diese Entwicklungsdiskrepanz nicht vor, kommt es nicht zum Trotz. 5. Liegt sie vorübergehend vor, so verschwinden die Trotzanfälle, etwa ab $2\,^1/_2$ Jahren. 6. Einige Kinder zeigen danach noch »fixierten Trotz«, keine Trotzanfälle, sondern Widerständigkeit, wenn sie vorher erfahren haben, daß sie mit Trotzanfällen den Erwachsenen ihren Wünschen gefügig machen können.

Abb. 5 zeigt einen typisch frühen Trotzanfall KEMMLERscher Prägung, den Rembrandt in einer Zeichnung festgehalten hat.

4. Punkt: Phasenlehren bleiben in bloßer Beschreibung hängen. Man nimmt die Entwicklungsphänomene so, wie sie erscheinen, und prüft nicht im einzelnen die Bedingungen ihres Auftretens.

Das aber hat KEMMLER (1957) in ihrer Untersuchung getan. Der frühkindliche Trotz ist kein notwendiges Durchgangsstadium der sog. »Ich-Entwicklung«. Er tritt nur unter bestimmten Bedingungen auf, nämlich wenn und solange ein äußerer Eingriff wegen einer vorübergehenden Entwicklungsdiskrepanz zwischen verschiedenen Fähigkeiten noch nicht verstanden werden kann.

5. Punkt: Phasenlehren führen zu Zirkelschlüssen über die Lebensaltergebundenheit von Entwicklungsständen, weil sie die Anregungsseite der Entwicklung übersehen; d. h. die Tatsache, daß

*Abb. 5:* Rembrandt »Der ungezogene Knabe«. Typisch früher Trotzanfall KEMMLERscher Prägung. (Staatliche Museen Preußischer Kulturbesitz Kupferstichkabinett Berlin [West] KdZ 3771.)

die Entwicklungsanreize für alle Kinder in einer gegebenen Kultur nach Lebensalternormen standardisiert sind.

An der Schulreife läßt sich das gut verdeutlichen. In unserer Kultur ist gesetzlich geregelt, daß Kinder mit 6 Jahren schulpflichtig werden, weil man davon überzeugt war, daß Kinder erst dann »schulreif« sind, d. h. etwa erst dann in der optischen Wahrnehmung graphische Gebilde, wie Buchstabenfolgen, auflösen könnten. Wir haben schon gesehen, daß man die Schulreife auch noch mit dem 1. Gestaltwandel verband, der in der Regel um die Zeit des gesetzlichen Einschulungstermins, nämlich mit 6 Jahren, zu beobachten ist. Wir haben heute allen Grund anzunehmen, daß die Kinder »schulreif« werden, weil man sie für »schulreif« hält und mit Lesen und Schreiben beschäftigt. Es hat sich nämlich gezeigt, daß Kinder, die bei Schuleintritt noch nicht über die erforderliche *optische Durchgliederungsfähigkeit* verfügen, sie nach kurzer Übungszeit gewinnen.

6. Punkt: Alles in allem vermitteln die Phasenlehren den fälschlichen Eindruck, Entwicklung sei bereits in allen einzelnen Schritten vorprogrammiert und vollziehe sich planmäßig und zeitgerecht als ein quasi-biologisches Wachstum, wie man es auch am Körperwuchs von Monat zu Monat und Jahr zu Jahr beobachten könne.

Eine solche Auffassung wird nahegelegt durch die bloße Beschreibung von Entwicklungsfortschritten, ohne ihre vorausgehenden Bedingungen zu analysieren und durch die feste Bindung von Entwicklungsfortschritten an durchschnittliche *Lebensalternormen*. Das führte KROH dazu, »innere Entwicklungsantriebe« anzunehmen. GESELL, der selbst keine Phasentheorie entwickelt hat, weil er den Entwicklungswandel viel zu detailliert erfaßte, sprach in ähnlicher Weise von dem Sichtbarwerden einer »Folge von Verhaltensweisen, die von der Reifung des Nervensystems abhängen, das seinerseits wieder mit der ganzen Geschichte und Architektur des Körpers verknüpft ist«. (GESELL 1931)

KROH und GESELL führen Entwicklung auf innere Reifungsvorgänge im Kind zurück, wobei GESELL sich expliziter auf Reifungen im Nervensystem bezieht.

Man muß jedoch hinzufügen, daß sie Umwelteinflüsse keineswegs leugnen. Aber diese können die vorgezeichnete Entwicklung nur in gewissen Grenzen beschleunigen oder verlangsamen. Übersehen wird, daß die sensorische, motorische und kognitive Entwicklung nur durch ständige Interaktion des Kindes mit seiner Nahumwelt möglich ist. Was dabei unter Reifung zu verstehen ist und welche Bedeutung sie hat, werden wir im nächsten Kapitel erörtern.

1.12. *Lebensalter ist keine psychologische Variable*

Bisher ist so lange über die alte Entwicklungspsychologie berichtet worden, damit die neue um so deutlicher erkennbar wird. Die moderne entwicklungspsychologische Forschung ist davon abgekommen, Entwicklungsphänomene zu beobachten, nur um sie auf der Skala des Lebensalters zu inventarisieren. Man hat inzwischen erkannt, daß Lebensalter überhaupt keine psychologische Variable ist. Lebensalter ist eine physikalische Variable; ist chronologische Zeit, gemessen nach Kalendertagen, die sich aus dem Umlauf der Erde um die Sonne ergeben. In diesen Zeiteinheiten findet Entwicklung statt, psychologische, aber auch biologische. Es hängt von vielerlei Faktoren ab, welcher Entwicklungswandel in den Einheiten der Zeit stattfindet oder nicht stattfindet, in welcher Richtung und mit welcher Beschleunigung.

Moderne Entwicklungspsychologie fragt nach den Verlaufsformen des Entwicklungswandels für umschriebene, beobachtbare Erscheinungen und sucht nach den Faktoren, die ihn bedingen. Die Verlaufsform eines gegebenen Entwicklungsmerkmals nennt man seine »*Wachstumsfunktion*«.

Ein Versuch von LEVINSON & REESE (1967) kann das deutlich machen.

> Wir stellen uns vor, wir hätten 3 Altersgruppen zusammengestellt, 6-, 12- und 18jährige, und gäben jeder Versuchsperson 10 Aufgaben, bei denen es darauf ankommt, Problemlösungsstrategien zu entwickeln, um einen bestimmten Unterschied zwischen je zwei Gegenständen herauszufinden.[1] Man nennt das »*Lernen des Lernens*«. (Näheres dazu finden Sie im Studientext.) Nun stellen wir fest, daß von den 6jährigen nur 30% das festgesetzte Gütekriterium von Aufgabenlösungen erreichen, von den 12jährigen 50% und von den 18jährigen 80%. Für die 6jährigen ist diese Aufgabe offenbar noch zu schwer. Aber warum?

[1] Es ist eine Aufgabe zum sog. *Unterscheidungslernen.* Die Versuchsperson (Vp) bekommt immer ein Paar von Objekten vorgelegt und muß entscheiden, welches der beiden Objekte das »richtige« ist. Das kann sie nicht von vornherein mit Sicherheit herausfinden, sondern muß dazu *Vermutungen* anstellen und überprüfen. Denn der Versuchsleiter (Vl) hat vorher bei sich festgelegt, wodurch ein »richtiges« Objekt charakterisiert ist. Nehmen wir an, unsere Vp ist ein 5jähriges Kind und der Vl hat ihm einen roten und einen gelben Würfel vorgelegt und hat für sich bestimmt, daß in jedem weiteren vorgelegten Paar von Würfeln, deren Lage und Größe wechseln kann, jeweils der gelbe der »richtige« sei. Wählt das Kind den roten Würfel, sagt der Vl: »Falsch«, wählt es den gelben, sagt er: »Richtig«. Danach werden zwei Würfel wieder zur Wahl gestellt, aber nun mit *vertauschten Seitenpositionen* oder anderer Größe. Hat das Kind vorher den gelben Würfel gewählt, weil es vermutete, daß immer das rechts liegende Objekt »richtig« sei, so sieht es seine Vermutung nicht bestätigt, wenn es den roten Würfel gewählt hat, weil er rechts liegt. Sobald das Kind das *Unterscheidungsmerkmal* erkannt hat (in diesem Fall gelb), wird ein anderes Problem gestellt. Jetzt gilt es etwa zwischen zwei abgebildeten Tieren zu unterscheiden, das eine ist immer ein Vogel und das andere ein Säugetier und »richtig« ist stets das Tier mit zwei Beinen, nicht das mit vier Beinen. Größe und Farbe beider Tiere können in jedem weiteren dargebotenen Paar wechseln. Nachdem dieses Problem gelöst wurde, kommt ein anderes an die Reihe usf. In der Regel *löst* das Kind die folgenden *Probleme schneller.* Es hat inzwischen gelernt, daß es darauf ankommt, anfänglich bevorzugte oder aufgestellte Hypothesen zu prüfen und nach Nicht-Bestätigung sofort aufzugeben, und daß es zugleich wichtig ist, Unterscheidungsaspekte einzeln herauszulösen und planmäßig durchzugehen. So lernt das Kind eine *Problemlösungsstrategie*, die das *Unterscheidungslernen* vereinfacht und beschleunigt. Man kann deshalb ein solches Lernen als einen besonderen Fall des »*Lernens zu lernen*« bezeichnen.

Man kann diese Ergebnisse nur konstatieren, aber nicht erklären. Denn wir haben Lebensalter als *unabhängige* Variable angesetzt. Das ist unbefriedigend, weil sie uns keinerlei psychologischen Aufschluß über die gefundenen Leistungsunterschiede gibt. Denn hinter verschiedenen Lebensaltern können sich viele verschiedene Erklärungsfaktoren verbergen, z. B.:

1. Ältere Kinder haben schon länger Übung mit ähnlichen Aufgaben gehabt.
2. Ältere Kinder haben schon besondere Teilfähigkeiten entwickelt, die die Lösung dieser Aufgabe erleichtern.
3. In älteren Kindern haben innere Reifungsvorgänge stattgefunden, die eine günstige Voraussetzung für die Lösung dieser Aufgaben sind.
4. Falls wir nicht darauf geachtet haben, könnte jede der 3 Altersgruppen vornehmlich aus einer von mehreren Bevölkerungsgruppen kommen, in denen unterschiedliche Erbanlagen oder unterschiedliche Lernanregungen zu vermuten sind.
5. Ja, es könnte sogar sein, daß jede der 3 Altersgruppen in ihrer Vorschulzeit andere kulturgeschichtliche Anregungsbedingungen vorgefunden hat. Als die 18jährigen jung waren, war viel-

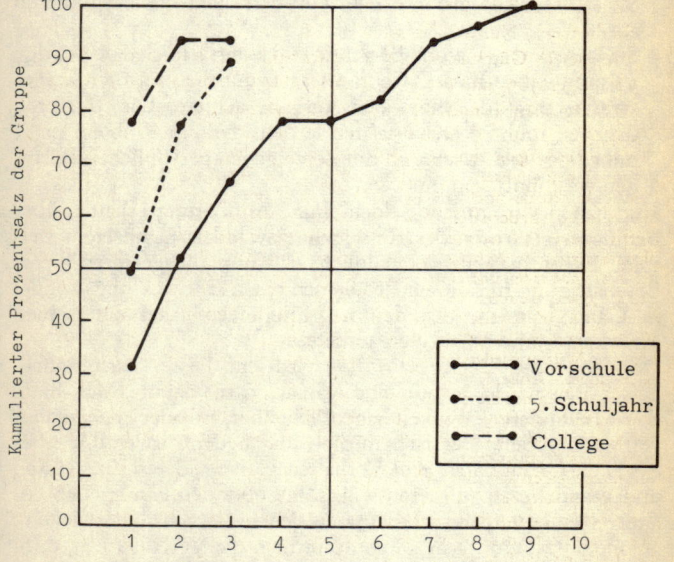

*Abb. 6:* Kumulierte Prozentsätze verschiedener Altersgruppen, die in aufeinanderfolgenden Prüfungstagen das gesetzte Leistungskriterium in einer Aufgabe des Unterscheidungslernens (»Lernen des Lernens«) erreichen. (Nach B. Levinson & H. W. Reese.)

leicht ein Gesellschaftsspiel vorübergehend in Mode und weit verbreitet, das unseren Aufgaben sehr nahekommt. Sie haben dann nicht länger geübt als die beiden übrigen Altersgruppen, sondern intensiver während einer bestimmten Entwicklungszeit.

Zwischen diesen verschiedenen Möglichkeiten können wir nicht entscheiden. Wir tappen im dunkeln. Wie kann man mehr Klarheit gewinnen? Die beiden Autoren führten den Versuch weiter und machten Lebensalter zu einer *abhängigen* Variablen. Jede Gruppe hatte so lange an jedem nachfolgenden Tag erneut 10 Aufgaben zu lösen, bis nahezu alle Versuchspersonen das Gütekriterium erreicht hatten.

Abb. 6 zeigt das Ergebnis: 18jährige brauchten 2 Tage, 12jährige 3 Tage und 6jährige 9 Tage, bis alle die gleiche Vollendung in der Problemlösungsstrategie erreicht hatten. Jetzt, mit Lebensalter als abhängiger Variablen, wurde schon in wenigen Tagen klarer, warum es anfänglich die drastischen Lebensaltersunterschiede gegeben hatte. Es ließ sich beobachten:

1. den Älteren fiel es schon zu Anfang leichter, falsche Hypothesen auszuscheiden.
2. Sie stellten eine größere Zahl von verschiedenen Hypothesen auf.
3. Sie waren mehr davon überzeugt, daß es tatsächlich eine richtige Lösung geben müsse, wenn man nur auf die künstlich hergestellten Besonderheiten der Aufgabe achtete. Die Jüngeren dagegen mußten erst erfahren lernen, daß ein Problem nicht unbedingt realistisch und mit den eigenen persönlichen Belangen verknüpft sein muß.

Nun haben wir am Ende doch einige Aufklärung erhalten über Bedingungsfaktoren des Entwicklungswandels in unserem Beispiel. Es ist sicherlich erstaunlich, daß nur 9 Tage intensiverer Beschäftigung mit diesen Problemen einen Entwicklungswandel in Gang bringen, der den ursprünglichen Altersunterschied zwischen 6- und 18jährigen aufhebt.

Der Sinn von *Längsschnittstudien* wird jetzt besser verständlich. Unser Beispiel ist ja nur eine Miniaturform davon. Man hätte diese besondere Fähigkeit eigentlich über 10 oder mehr Jahre verfolgen sollen. Das ist natürlich ungeheuer aufwendig. Aber es gilt die Grundregel: Eine Verhaltensvariable, deren Entstehung und Wandel man aufklären will, sollte über den ganzen Lebensalterzeitraum verfolgt werden, in welchem sie sich zu entwickeln, zu ändern scheint. Nur so entdeckt man die Verlaufsform, d. h. die Wachstumsfunktion und die Bedingungsfaktoren, von denen sie beeinflußt wird.

Dafür gibt es kein einfacheres und klareres Beispiel als das Körperwachstum. Die Veränderung des Längenwachstums ist eine biologische Entwicklung, die von der Hirnanhangdrüse, der

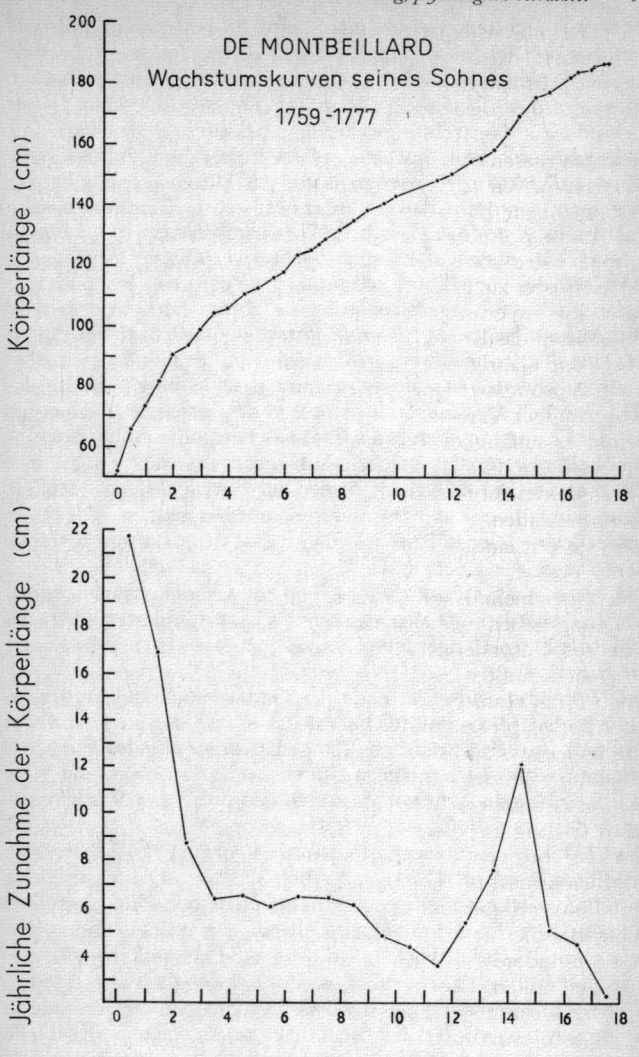

*Abb. 7:* Wachstumskurve der Körperlänge, die der französische Graf DE MONTBEILLARD von 1759 bis 1777 an seinem Sohn erhoben hat. Die untere Kurve gibt die jährliche Zunahme der Körperlänge des Sohnes für die einzelnen Lebensjahre wieder. (Aus: J. M. TANNER *Wachstum und Reifung des Menschen.* Stuttgart: Thieme 1962, S. 2.)

Hypophyse, gesteuert wird und mit etwa 18 Jahren zum Stillstand kommt. Wie wir noch sehen werden, ist diese biologische Entwicklung nicht ausschließlich endogen vorprogrammiert, sondern unterliegt auch gewissen äußeren Einflüssen. Deshalb ist sie auch im Grunde psychologischer Entwicklung vergleichbar.

Fragt man jemanden, in welchem Lebensalter das Kind die Hälfte seiner endgültigen Körperlänge von 18 Jahren erreicht hat, so kann man sicher sein, daß das Alter der Halbwertzeit des Längenwachstums überschätzt wird. Es liegt nämlich bei gut 2 Lebensjahren. Man übersieht nämlich leicht zwei Dinge: einmal, daß das Kind bei der Geburt schon etwa 50 cm groß ist, und zum andern, daß die Längenzunahme von Jahr zu Jahr geringer wird (mit Ausnahme des sog. *puberalen Wachstumsschubs* nach der Pubertät). Die Wachstumskurve wird zunehmend flacher (oder mathematisch ausgedrückt: Sie ist negativ beschleunigt). Würde das Kind nämlich so weiterwachsen wie in den ersten neun Monaten vor der Geburt, so wäre es als Erwachsener gut 11 Meter hoch.

Die Fehlschätzungen machen auf drastische Weise klar, wie fremd es uns ist, in Verlaufsformen der Entwicklung zu denken. Denn wir können sie nicht unmittelbar wahrnehmen. Wir sehen immer nur fixierte Entwicklungsstände, die an ein fixiertes Lebensalter gekoppelt sind.

Die erste Wachstumskurve verdanken wir dem französischen Grafen de MONTBEILLARD, der vor zwei Jahrhunderten alle halbe Jahre die Körperlänge seines Sohnes gemessen hat. Abb. 7 zeigt das Ergebnis.

Die Wachstumskurve ist nach der Geburt noch steil und wird dann flacher. Aufschlußreicher ist die Kurve darunter. Auf der Ordinate ist hier die jährliche Längenzunahme abgetragen. Nach den ersten zwei Lebensjahren fällt sie von 22 bis 12 cm auf 7 bis 4 cm herab. Man sieht auch deutlich den puberalen Wachstumsschub nach 12 Jahren.

Das Lebensalter seines Einsetzens schwankt zwischen den einzelnen Kindern. Das zeigt Abb. 8, oben. Die gestrichelte Durchschnittskurve gibt ein völlig verflachtes Bild von dem dramatischen Wachstumsschub bei jedem einzelnen Kind. Das liegt daran, daß die Wachstumskurve auf Lebensalter – also auf eine bloß chronologische, aber weder psychologische noch biologische Variable – abgetragen wurde. Ändert man die Abszisse in biologisch sinnvolle Zeitabschnitte, indem man individuelle Kurven in ihren Gipfelpunkten auf einen Nullpunkt der Abszisse zusammenfallen läßt, so zeigt die Durchschnittskurve erst den wahren Sachverhalt. Das ist auf der unteren Abbildung zu sehen.

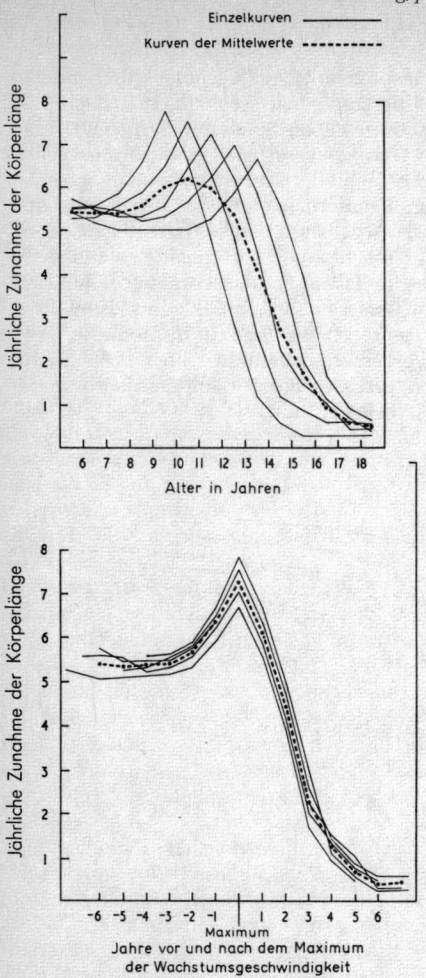

*Abb. 8:* Puberaler Wachstumsschub einiger Kinder, der in verschiedenen Lebensalter-Zeitpunkten einsetzt und seinen Höhepunkt erreicht (oben). Mittelt man die Kurven nach dem chronologischen Lebensalter, so gewinnt man ein falsches Bild. Der Durchschnittsverlauf ist zu niedrig und zu abgestumpft (gestrichelte Kurve rechts). Ordnet man die Kurvenschar jedoch nach den individuellen Gipfelpunkten der jährlichen Zunahme der Körperlänge, erhält man auf der Abszisse eine entwicklungsmäßig sinnvollere Jahreseinteilung. Der puberale Wachstumsschub wird nun in aller Schärfe deutlich (unten). (Aus: J. M. TANNER *Wachstum und Reifung des Menschen.* Stuttgart: Thieme 1962, S. 10.)

### 1.13. *Säkulare Akzeleration*

Wie gesagt unterliegt selbst die biologische Entwicklung äußeren Einflüssen. Welche Körperlänge man schließlich erreicht, ist anlagemäßig nur in einem gewissen Spielraum festgelegt. Man erreicht nicht die obere Grenze, wenn der Entwicklungsverlauf behindert wurde. Solche Behinderungen sind unzureichende, vitaminarme Ernährung, Unterernährung oder Infektions- und andere Krankheiten, die das Wachstum vorübergehend blockieren. Solche Wirkungen sind dann besonders nachhaltig, wenn sie in frühe Wachstumsabschnitte fallen, in die vorgeburtliche Entwicklung oder die ersten 3 bis 4 Lebensjahre. Da hier das Wachstum besonders schnell ist, setzt eine Wachstumsblockade, etwa durch eine zweimonatige Infektionskrankheit im 1. Lebensjahr, die letztlich mit 18 Jahren erreichte Körperlänge stärker herunter als eine 2-Monats-Blockade im 7. Lebensjahr.

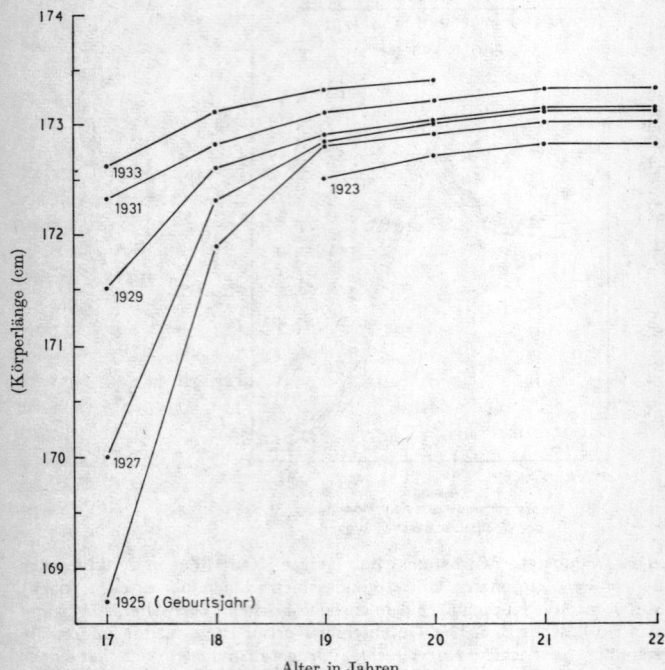

*Abb. 9:* Säkulare Akzeleration der Körperlänge, dargestellt an der Körperlänge, die französische Studenten der Geburtsjahrgänge von 1925 bis 1933 zwischen 17 und 18 Jahren erreichten. (Aus: J. M. TANNER *Wachstum und Reifung des Menschen.* Stuttgart: Thieme 1962, S. 164.)

Manchem ist schon mal bei einer Schloßbesichtigung aufgefallen, wie klein die mittelalterlichen Ritterrüstungen sind. Man hat festgestellt, daß über die Jahrhunderte eine Beschleunigung des Wachstums festzustellen ist. Pro Jahrzehnt fand man zwischen 1760 und 1830 keine Zunahme, dagegen 0,3 cm zwischen 1830 und 1860 und 0,6 cm von 1880 bis 1960. Man nennt dies *säkulare Akzeleration*.

Abb. 9 zeigt diesen Trend für die Geburtsjahrgänge 1923 bis 1933 unter französischen Studenten. Am größten sind die Wachstumsunterschiede mit 17 Jahren, verringern sich stark bis 19, bleiben jedoch erhalten.

Man hat inzwischen viele Körpermerkmale entdeckt (vgl. TANNER 1962), die einer säkularen Akzeleration unterliegen. Die naheliegende Erklärung dafür sind fortschreitende bessere Entwicklungsbedingungen, wie reichhaltigere Ernährung, verbesserte Bekämpfung von Infektionskrankheiten u. ä. Ein anderes biologisches Wachstumsdatum, das zugleich eine hohe entwicklungspsychologische Bedeutung hat, ist der Eintritt der Pubertät. So hat sich etwa das Auftreten der ersten Monatsblutung beim Mädchen ständig vorverlegt, und zwar von 17 auf 13 Jahre in dem Zeitraum von 1830 bis 1960, wie Erhebungen in westeuropäischen Ländern zeigen. Das ist eine Vorverlegung von durchschnittlich 4 Monaten in jedem Jahrzehnt.

Gibt es Vorverlegungen auch in der psychologischen Entwicklung? Durchaus. Ein Beispiel ist die Sprachentwicklung. Zwischen 1930 und 1957 hat in den USA z. B. die Länge der von 3- und 4jährigen gesprochenen Sätze zugenommen: Bei den 3jährigen von 3,4 auf 4 Worte; bei den 4jährigen von 4,3 auf 5,3 Worte (MCCARTHY 1959). Dafür läßt sich eine Reihe von Erklärungen anführen: der zunehmende Einfluß von Radio und Fernsehen (schon mit 2 bis 3 Jahren sehen heute in den USA Kinder täglich etwa 2 Stunden fern). Ausbau des Kindergartensystems, mehr Freizeit der Eltern und deshalb mehr Zeit für ihre Kinder, höheres Einkommen und deshalb anregendere Umwelt u. ä. Gelegentlich hört man die Meinung, daß die körperliche Akzeleration mit einem Rückstand der seelisch-geistigen Entwicklung verbunden sei. Das ist in aller Regel nicht der Fall (zu den Gründen vgl. Studientext 1.4.1.).

1.14. *Eine verführerische Analogie*

Ein amerikanischer Psychologe, Benjamin BLOOM, hat 1964 in Analogie zur Wachstumskurve der Körperlänge nachzuweisen versucht, daß auch die Entwicklung der Intelligenz einen negativ beschleunigten Verlauf zeigt. Allerdings läßt sich Intelligenz nicht wie Körperlänge in Zentimetern messen. BLOOM stützt seine Kurvenverlaufsschätzung auf Intelligenztestwerte, die in älteren Längsschnittstudien über die ersten 17 Lebensjahre erhoben wurden.

Die Analogie zum Längenwachstum ist verführerisch. Wenn die Entwicklungsgeschwindigkeit der Intelligenz in den vorschulischen Jahren am schnellsten wäre, so müßten sich hier entwicklungsfördernde oder -behindernde Umweltbedingungen in gleichen Zeiteinheiten stärker auswirken und so die Höhe der später erreichten Intelligenz mehr beeinflussen.

Es gibt kaum eine entwicklungspsychologische Aussage, die so sehr die gegenwärtige Bildungspolitik beeinflußt hat, wie diese von BLOOM aus dem Jahre 1964; nämlich in dem Bemühen, die Anregungsbedingungen für die Intelligenzentwicklung durch vorschulische Einrichtungen zu verbessern. Aber die Aussage BLOOMs hat sich wissenschaftlich nicht erhärten lassen.

Was wir mit den »Intelligenztests« messen, sind letztlich Leistungen bei einigen Aufgaben, die man jeweils für die einzelnen Altersgruppen zusammengestellt hat. Es sind nicht immer die gleichen Aufgaben, die für die nächstfolgenden Altersgruppen bloß schwieriger werden. Es treten neue und ganz andere Aufgabenanforderungen hinzu. Aufgaben für jüngere Altersgruppen verschwinden. Hinter den festgestellten Leistungsergebnissen bei dieser bunten Aufgabenfolge verbergen sich recht komplexe und in verschiedene Richtungen laufende Entwicklungsprozesse, die man nicht auf eine eindimensionale Wachstumsskala *der* Intelligenz bringen kann. In den Studientexten 1.4.2. und 11 wird näher gezeigt, warum der Versuch BLOOMs, die Wachstumsfunktion der Intelligenz zu bestimmen, unzulänglich bleiben mußte.

*Literatur*

AMES, L. B. ›The sequential patterning of prone progression in the human infant‹. In: *Genetic Psychol. Monogr.*, 1937, *19*.

ARIÉS, P. *L'enfant et la vie familiale sous l'ancien régime*. Paris: Librairie Plon 1960; engl.: *Centuries of childhood. A social history of family life*. New York: Knopf 1962.

BERGIUS, R. ›Entwicklung als Stufenfolge‹. In: H. THOMAE (Hrsg.) *Handbuch der Psychologie*. Bd. 3: Entwicklungspsychologie. Göttingen: Hogrefe 1959, S. 104–195.

BLOOM, B. *Stability and change in human characteristics*. New York: Wiley 1964; deutsch: *Stabilität und Veränderung menschlicher Merkmale*. Weinheim: Beltz 1971.

BÜHLER, C. & HETZER, H. *Kleinkindertests*. Leipzig: Barth 1932.

DARWIN, C. ›A biographical sketch of an infant‹. In: *Mind*, 1877, *2*, 286–294.

GESELL, A. *Körperseelische Entwicklung in der frühen Kindheit*. Halle 1931.

HARLOW, H. F. ›The nature of love‹. In: *American Psychologist*, 1958, *13*, 673–685; deutsch in: O. EWERT (Hrsg.) *Entwicklungspsychologie*. Bd. I. Köln: Kiepenheuer & Witsch 1972, S. 128–138.

HARLOW, H. F. & ZIMMERMANN, R. R. ›Affectional responses in the infant monkey‹. In: *Science*, 1959, *130*, 421–432.

HEINSTEIN, M. I. ›Behavior correlates of breast-bottle regimes under varying parent-infant relationships‹. In: *Monographs of the Society for Research in Child Development*, 1963, *28*, Serial No. 88.

HETZER, H. & ZELLER, W. *Die seelischen Veränderungen des Kindes beim ersten Gestaltwandel.* Leipzig: Barth 1936.

JACKSON, C. M. et al. (Hrsg.) *Growth.* New Haven: Yale Univ. Pr. 1929.

KEMMLER, L. ›Untersuchung über den frühkindlichen Trotz‹. In: *Psychologische Forschung*, 1957, *25*, 279–338.

KROH, O. *Entwicklungspsychologie des Grundschulkindes.* Weinheim: Beetz 1958.

LEVINSON, B. & REESE, H. W. ›Patterns of discrimination learning set in preschool children, fifth graders, college freshmen and the aged‹. In: *Monographs of the Society for Research in Child Development*, 1967, *32*, No. 7 (Serial No. 115).

McCARTHY, D. ›Research in language development: Retrospect and prospect‹. In: *Monographs of the Society for Research in Child Development*, 1959, *24*, 3–24.

MUSSEN, P. H., CONGER, J. J. & KAGAN, J. (Hrsg.) *Child development and personality.* New York: Harper & Row ³1969.

NEILON, P. ›Shirley's babies after fifteen years: A personality study‹. In: *Journal of Genetic Psychology*, 1948, *73*, 175–186.

PREYER, W. *Die Seele des Kindes.* Leipzig: Grieben 1881.

PRINGLE, M. L. K., BUTLER, N. R. & DAVIE, R. *Eleven thousand seven-year olds.* London: Longmans 1966.

REMPLEIN, H. *Die seelische Entwicklung des Menschen im Kindes- und Jugendalter.* München: Reinhardt ¹⁴1966.

ROUSSEAU, J. J. (1762) *Emile oder über die Erziehung.* Hrsg. von J. ESTERHUES. Paderborn: Schöningh ³1963.

SEARS, R. R., MACCOBY, E. E. & LEVIN, H. *Patterns of child rearing.* New York: Harper & Row 1957.

SHIRLEY, M. M. *The first two years: A study of twenty five babies.* Bd. 1: Postural and locomotor development. Minneapolis: University of Minnesota Pr. 1933 (= *Institute of Child Welfare Monographs*, Series No. *6*).

TANNER, J. M. *Wachstum und Reifung des Menschen.* Stuttgart: Thieme 1962.

TIEDEMANN, D. *Beobachtungen über die Entwickelung der Seelenfähigkeiten bei Kindern.* Altenburg: Bonde 1787.

WATSON, J. B. (1925) *Behaviorismus.* Köln: Kiepenheuer & Witsch 1968.

WENTZE, H. *Niederdeutsche Madonnen.* Hamburg: Ellermann 1940.

Heinz Heckhausen

## 2.  Faktoren des Entwicklungsprozesses

# 2. Faktoren des Entwicklungsprozesses

## 2.1. *Allgemeine Einführung*

Entwicklung kann man nicht mit Entwicklung erklären, die wie von selbst abläuft. Sie ist vielmehr ein komplexes Wechselwirkungsprodukt von Organismus und Nahumwelt, von Fremdsteuerung und zunehmender Selbststeuerung einer funktionstüchtig werdenden, sich herausbildenden Persönlichkeit. In diesem Kapitel soll ein wenig in das verwickelte Wirkungsgefüge, das die Entwicklung in Gang hält, eingedrungen werden.

Erst in neuerer Zeit hat man in der Entwicklungspsychologie zu fragen begonnen, was die Entwicklung eigentlich in Gang hält. Solange man sich noch vornehmlich damit beschäftigte, lebensaltersbezogene Entwicklungsreihen zu beschreiben, lag eine solche Frage nicht nahe. Es erschien selbstverständlich, daß mit zunehmendem Lebensalter die Entwicklung weitergeht, wie es selbstverständlich ist, daß Kinder körperlich wachsen. Je genauer man jedoch hinschaut, um so mehr lösen sich individuelle Wandlungsprozesse, die wir als »Entwicklung« bezeichnen, von ihrer Lebensaltersgebundenheit ab, um so mehr werden auch Einflüsse und Anregungswirkungen der jeweiligen Umwelt sichtbar, um so mehr ist das unter entwicklungspsychologischer Sichtweite Beobachtete zugleich auch etwas, das aus allgemein psychologischer Sicht interessiert, um Prozesse und Funktionen des »bereits entwickelten« Individuums, des Erwachsenen, zu erklären.

So ist es zu erklären, daß in neueren Handbüchern der Entwicklungspsychologie (z. B. MUSSEN 1970) eine lebensaltersbezogene Einteilung der entwicklungspsychologischen Forschung im Vergleich zu früher kaum noch anzutreffen ist. Die Entwicklung der entwicklungspsychologischen Forschung charakterisiert EWERT (1972) wie folgt:

> »Das gute theoretische Niveau entwicklungspsychologischer Forschung hat zur Definition von Konstrukten und zur Kenntnis von regelhaften Zusammenhängen geführt, die nicht auf ein einziges Forschungsfeld beschränkt sind und ›fachübergreifend‹ assimiliert wurden – mit dem paradoxen Effekt, daß das Fortschreiten entwicklungspsychologischer Forschung selbst die Ursache dafür ist, daß Entwicklungspsychologie dank ihrer verallgemeinerungsfähigen Aussagen sich immer weniger als ein klar umschreibbarer regionaler Forschungsbereich darstellt. Andererseits ist die Allgemeine Psychologie ›entwicklungspsychologischer‹ geworden und rückt zunehmend von naiven Versuchsplänen ab, in denen der Versuchsleiter ein identitäts- und geschlechtsloses Wesen ist, während einige

wenige studentische Versuchspersonen die Spezies Homo sapiens repräsentieren.« (S. 12)

So ist die entwicklungspsychologische Frage nach dem, was die
Entwicklung in Gang hält, zugleich eine allgemeinpsychologische
Frage; nämlich, was die Aufmerksamkeit eines menschlichen
Lebewesens erregt, wie Lernen zustande kommt, Erfahrungs-
bildung vor sich geht, wodurch Handlungsaktivitäten motiviert werden. Was also die Entwicklung in Gang hält, kann
im Grunde nicht sehr verschieden sein von dem, was auch die
alltäglichen Aktivitäten von Erwachsenen in Gang setzt und beeinflußt.

## 2.2. Unterschiedliche Auffassungen

Die summarische Frage, was die Entwicklung in Gang hält, ist
also so gut wie gleichbedeutend mit der Frage, was Verhalten in
Gang hält. Könnte man sie beantworten, hätte man der Entwicklung oder dem Verhalten eines seiner bedeutendsten Geheimnisse abgerungen. Natürlich gibt es bis heute nur summarische
Antwortversuche darauf, und zwar verschiedene. Im vorigen
Kapitel wurde ein Antwortversuch in die Form einer Alternative
gekleidet: »Ist das Kind ein aktiver Erkunder oder ein passiver
Empfänger?« Eine dritte Möglichkeit ist noch hinzuzufügen:
»oder ein vorprogrammiertes Reifungsprodukt?« Die Frage ist
nicht damit erledigt, daß man nachschaut, für welche der drei
Möglichkeiten sich die überzeugendsten Befunde beibringen
lassen. Das Kind ist sowohl rezeptiv wie aktiv, wie es auch Belege
dafür gibt, daß irgend etwas in ihm heranreift. Aber es kommt
auf eine bedachtsame Analyse, auf Eingrenzung und Abwägung
an. Wie es in solcher Lage immer geht, unterscheiden sich Forscher
mit ihren Fragestellungen und Theorien nach ihren favorisierten
Vorannahmen.

Ganz einseitige Vorannahmen haben ihre lange geschichtliche
Tradition. John LOCKE (1693) sah im Kind den passiven Empfänger, den man sanft, aber ohne Nachlassen im Gebrauch der
Vernunft unterweisen müsse. Jean Jacques ROUSSEAU (1762)
betonte demgegenüber die Notwendigkeit, das Kind seiner Reifung zu überlassen. So scheiden sich bis heute die Geister, die auf
den dominanten Einfluß der Umwelt oder der Anlage hinweisen;
eine Gegenüberstellung, die die Pädagogik in die einprägsame
Entscheidungsformel vom »Führen oder Wachsenlassen« (LITT
1927) gebracht hat. Ein extremer Vertreter der Losung des »Reifen-
–Wachsenlassens« ist gegenwärtig z. B. Alexander O'NEILL (1965),
über dessen Schule in Summerhill in letzter Zeit viel in den Massenmedien berichtet wurde. Die Entwicklungspsychologie ist in-

zwischen jedoch an einem Punkt angelangt, wo sich die verschiedenen Annahmen durchdringen und Befunde vorliegen, die besonnenere Antworten möglich machen.

So verrät BLOOMS (1964) Schätzung des Entwicklungsverlaufs der Intelligenz (vgl. auch Studientext 1.4.2.) nicht nur die Neigung, die Anregungswirkung des Milieus hoch einzuschätzen. Darin steckt zugleich auch die Annahme einer vorprogrammierten Wachstumskurve, die in den vorschulischen Jahren steiler ist als in den schulischen. Sie führt zu zwei anderen Annahmen. Erstens, daß es so etwas wie eine *sensible Phase* gibt, in der der weitere Entwicklungsverlauf mehr beeinflußt wird als in den übrigen Altersabschnitten. Zweitens, daß ein Defizit der Milieuanregung das Endergebnis des Entwicklungsverlaufs beeinträchtigt. Beide Theorien, die von der sensiblen Phase und die vom Defizit, haben sich in der entwicklungspsychologischen Forschung noch nicht sehr überzeugend bestätigen lassen. Im 11. Kap. über vorschulische Förderung wird näher davon die Rede sein. Zur *Defizittheorie* ist allerdings anzumerken, daß man unter schwerwiegenden und langdauernden Umweltverarmungen Entwicklungsbeeinträchtigungen gefunden hat. Man hat dies etwa in einigen, für uns kaum vorstellbar geführten Kinderheimen beobachtet und bezeichnet solche Sonderfälle als *Hospitalismus*.

Im folgenden werden die verschiedenen Positionen zu der Frage, was die Entwicklung in Gang hält, der Reihe nach entfaltet, um ein abgewogenes Bild zu gewinnen. Wir werden sehen, daß es dabei vor allem darauf ankommt, was in den verschiedenen Positionen unter »Lernen« verstanden wird. Denn Entwicklung, wie wir sie beobachten, ist immer auch Änderung des Verhaltens. Und Verhaltensänderungen gehen mit vielfältigen Formen des Lernens einher.

Die Erörterung gliedert sich nach drei Antwortalternativen auf die Frage, was die Entwicklung in Gang hält:

1. Die reifungstheoretische Erklärung – das Kind als vorprogrammiertes Reifungsprodukt.
2. Die milieutheoretische Erklärung – das Kind als passiver Empfänger.
3. Die interaktionstheoretische Erklärung – das Kind als aktiver Erkunder.

## 2.3. *Die reifungstheoretische Erklärung*

Die überzeugendste Erscheinung für eine reifungstheoretische Erklärung ist die zunehmende Aufrichtung des Säuglings in seiner Haltungs- und Bewegungsregelung, vom ersten Aufheben des Kopfes in Bauchlage bis zum freien Laufen. Auf GESELL und seine

Mitarbeiter wurde bereits in Kap. 1 hingewiesen. Sie haben diese Entwicklungsvorgänge minutiös dokumentiert und auf eine zunehmende Ausreifung von Nervenbahnen, die sog. Markscheidenreifung, zurückgeführt. Eine reifungstheoretische Erklärung ist immer dann naheliegend, wenn nicht unabweisbar, wenn die Beobachtungen vier Bedingungen erfüllen:

1. Universales Auftreten. Bei allen Kindern sind die gleichen Verhaltensleistungen zu beobachten.
2. Auftreten in einem zeitlich eng begrenzten Lebensalter. Von einem bestimmten Alter ab ist ein steiler Anstieg der Häufigkeit des Vorkommens zu beobachten.
3. Nachholbarkeit. Wird der Fortschritt im Verhalten von außen unterbunden, kann er nach Fortfall der Behinderung in kurzer Zeit nachgeholt werden.
4. Nichtumkehrbarkeit. Der Fortschritt kann nicht mehr verlorengehen, nicht mehr »verlernt« werden.

Das erste Aufsitzen des Kindes ist ein Beispiel. Aus einer untersuchten Gruppe von Kindern taten dies am 205. Tag nach der Geburt 25 % und 45 Tage später bereits 75 %. Ein Zwillingspaar, das die ersten 9 Monate festgeschnürt auf dem Rücken gehalten wurde, holte mit wenigen Wochen Verspätung die gesamte motorische Entwicklung bis zum Aufsitzen nach (DENNIS 1941). Nach dem Sitzen folgen Hochziehen und Stehen, frei Stehen und schließlich Laufen.

Das Laufenlernen ist aus reifungstheoretischen Gründen häufig untersucht worden. Bei den Hopi-Indianern findet man noch die alte Sitte, während des 1. Lebensjahres die Kinder mit Tüchern fest auf ein Wiegenbrett zu binden. Sie können nur den Kopf bewegen. Nur zum Säubern werden sie pro Tag 1- bis 3mal losgebunden, nicht aber zum Saugen. Vergleicht man diese Kinder mit Kindern aufgeklärter Hopi-Mütter, die diese Praxis aufgegeben haben, so zeigt sich kein Unterschied im Zeitpunkt des Laufenlernens (DENNIS & DENNIS 1940).

Diese Beobachtung spricht für einen rein biologischen Reifungsvorgang. Eine solche Erklärung ist jedoch nicht ganz korrekt. Laufen erfordert eine so hochkomplexe Koordination sensorischer und motorischer Hirnzentren miteinander, daß erst ein übendes Lernen – wenn auch noch so kurzfristig – einen erreichten neuromuskulären und anatomischen Reifestand funktionsfähig macht. Dies gilt für das gesamte Bewegungsrepertoire des Menschen, wie es nach und nach in Erscheinung tritt. Selbst in unserem Beispiel ist die Bewegungseinschränkung nicht total. Die Kinder konnten sich täglich während des Losbindens bewegen. Außerdem konnten sie nach einem Jahr die verhinderten Haltungs- und Bewegungsmöglichkeiten kurzfristig nachholen. Offensichtlich ist die Aktivität des unbehinderten Kindes reiner Überschuß, der für das Laufenlernen nicht benötigt wird. Das kritische Minimum an

Funktionsübung ist selbst bei den behinderten Kindern nicht unterschritten.

Die besondere Art dieses Lernens werden wir gleich mit dem interaktionstheoretischen Ansatz erörtern. Entwicklungsphänomene, die wie die geschilderten Beispiele biologische Reifungsvorgänge voraussetzen, lassen sich im 1. Lebensjahr gehäuft finden, dann zunehmend seltener und immer fragwürdiger. Die Schulreife gehört, wie wir gesehen haben, nicht dazu; aber wohl die Reifung der Geschlechtsorgane, die zu Beginn der Pubertät dem Jugendlichen neue und intensive Empfindungen eröffnet, die ihre psychologischen Folgen haben.

Zusammenfassend: Reifung ist ein biologischer Wachstumsvorgang. Die Funktionsvoraussetzung für ein bestimmtes Verhalten ist fertig geworden. Nun erst ist das betreffende Verhalten möglich, aber noch nicht gleich vorhanden. Dazu bedarf es des übenden Lernens, so kurzfristig es auch sein mag (vgl. HECKHAUSEN 1965). Ein letztes und einfaches Beispiel betrifft anatomische Funktionsvoraussetzungen. Das Kind kann bei seinen *Lallmonologen* (»Babbeln«) in der 2. Hälfte des 1. Jahres erst dann Dentallaute entwickeln, wenn die Schneidezähne durchgebrochen sind. Man versuche einmal, einen t-Laut zu bilden, ohne mit der Zunge an die oberen Schneidezähne oder die von ihnen gebildete Gaumenfront zu kommen!

### 2.4. *Die milieutheoretische Erklärung*

Die milieutheoretische Erklärung betrachtet das Kind eher als einen passiven Empfänger, dessen Verhalten durch äußere Einflüsse in spezifischen Situationen geändert wird. Im Grunde handelt es sich dabei immer um ein verknüpfendes Lernen. Situationsgegebenheiten und Reaktionen darauf werden neu miteinander verknüpft. Die verschiedenen Formen eines solchen Lernens sind sehr intensiv erforscht. In den Kap. 18 u. 19 werden sie genauer erörtert. Hier seien nur an Beispielen die drei Hauptformen des verknüpfenden Lernens dargestellt: (1) Klassisches Konditionieren, (2) Instrumentelles Konditionieren und (3) Beobachtungslernen (vgl. Studientext 2.3.).

Geradezu enthusiastische Erwartungen hatte (wie schon im 1. Kap. erwähnt) John WATSON von den Möglichkeiten, die Entwicklung zu beeinflussen, und zwar mit Hilfe des *Klassischen Konditionierens*. Berühmt geworden ist seine Demonstration an einem 9 Monate alten Kind namens Albert (vgl. Studientext 19).

Albert hatte schon öfter mit freudiger Zuwendung auf eine weiße Ratte reagiert. Dann wurde ihm die gleiche weiße Ratte präsentiert und eine halbe Sekunde später ein plötzliches und lautes Geräusch erzeugt, das eine Schreckreaktion auslöste. Schon nach 7maliger Darbietung des schreckerregenden Geräusches, nachdem jedesmal das Tier gerade erschienen war, zeigte Albert eine heftige Furchtreaktion, wenn er bloß die weiße Ratte sah, ohne daß noch das Geräusch auftreten mußte. Diese Furcht generalisierte sich dann auch auf ähnliche Objekte wie weiße Kaninchen, ein Stück Pelz und schließlich sogar auf eine Nikolausmaske mit Bart.

Es war der russische Physiologe Iwan PAWLOW (1849–1936), der das Klassische Konditionieren erforscht und als Technik eingeführt hat. Er sah in der Herstellung von sog. *konditionierten* (oder bedingten) *Reflexen* das Grundprinzip jeder seelischen Tätigkeit.

An WATSONS wenig menschenfreundlichem, aber historischem Beispiel kann man die wichtigsten Bedingungen des Klassischen Konditionierens schnell erläutern. Man geht zunächst immer von einer rein reflektorischen Reiz-Reaktions-Verbindung aus. In unserem Beispiel von einer übermäßigen Reizintensität, die reflektorisch eine Schreckreaktion auslöst. Paart man zeitlich den reflexauslösenden Reiz mit einem bis dahin neutralen, so wird nach einiger Zeit der neutrale Reiz zu einem *konditionierten Reiz*, d. h. er übernimmt die reflexauslösende Wirkung. Sie kann lange vorhalten und sich sogar auf andere ähnliche Reizgegebenheiten ausbreiten. Es kommt zu einer sog. *Reizgeneralisierung*. Man kann diese auch wieder eingrenzen (man nennt dies *Diskriminationslernen*) oder ganz verschwinden lassen durch anschließendes *Gegenkonditionieren*, indem man die furchtauslösenden Gegebenheiten zeitlich mit der Auslösung positiver Reflexe paart, z. B. mit Hungerstillung.

Übrigens hat schon 1931 Dorothy MARQUIS nachgewiesen, daß Neugeborene bereits innerhalb der ersten 10 Lebenstage nach dem Muster des Klassischen Konditionierens auf bislang neutrale Reize mit einem bestimmten Verhalten zu reagieren lernen können. Sie ließ 5 Sekunden vor der Fütterung des hungrigen Säuglings einen Summer tönen. Schon nach 3 bis 6 Tagen war zu beobachten, daß mit dem Summerton allgemeine Unruhe und Schreien, die mit dem Hungerzustand einhergehen, aufhören und Saugbewegungen beginnen. Derselbe Summerton hatte diese Wirkung nicht, wenn ihm vorher nicht das Füttern folgte. Abb. 1 zeigt, wie die neue Reiz-Reaktion-Verknüpfung von Tag zu Tag häufiger auftritt.

Die zweite Hauptform des verknüpfenden Lernens ist das *Instrumentelle* oder *Operante Konditionieren*. Man kann auch einfach von Lernen durch *Bekräftigung*[1] sprechen. Hier muß zu einer bestimmten Situationsgegebenheit erst noch eine bisher gar nicht vorhandene Reaktion herausgebildet werden. Jede auftretende Reaktion, die schon in die gewünschte Richtung zeigt, wird bekräftigt, belohnt, d. h. unmittelbar mit einer Folge versehen, die dem Kind

---

[1] Statt Bekräftigung (engl.: reinforcement) wird in der deutschsprachigen Literatur häufig auch noch der Terminus »Verstärkung« verwendet.

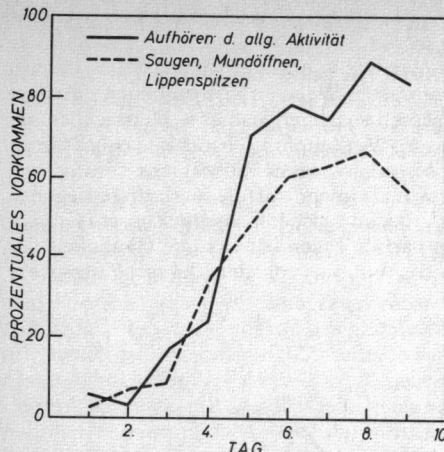

*Abb. 1:* Klassisches Konditionieren der Saugreaktion Neugeborener auf einen Summerton. Durchschnittskurven für 7 Säuglinge. (Nach D. MARQUIS.)

angenehm ist, sei es Nahrung, soziale Zuwendung, Lob usf. – und zwar so lange, bis das gewünschte Verhalten vollständig und ausgeprägt ist. Weicht auf diesem Wege das Verhalten des Kindes einmal von der beabsichtigten Richtung ab, so wird die Belohnung entzogen, wenn nicht gar gelegentlich gestraft wird (vgl. Studientexte 2; 16; 18; 19).

Weil das Kind schließlich der Belohnung oder Bestrafung wegen sich das vom Erwachsenen gewünschte Verhalten aneignet, spricht man von instrumentellem oder operantem Konditionieren (vgl. ANGERMEIER 1972). Die Schwierigkeit besteht darin, das Kind überhaupt erst in die gewünschte Verhaltensrichtung zu bringen, wenn es ganz neue Verhaltensweisen lernen soll. Dabei hilft man, soweit es geht, nach. Soll ein Kind z. B. lernen, die Hand zu geben, so ergreift man seine Hand, schüttelt sie und lobt das Kind. Der amerikanische Psychologe SKINNER (1938) hat in Versuchen mit Tieren einfallsreiche Techniken der Verhaltensdressur mit Hilfe des operanten Lernens entwickelt. Er hat Tauben sogar dazu gebracht, Pingpong zu spielen; oder Katzen, auf dem Klavier »Happy birthday to you!« anzuschlagen.

So sehr diese Beispiele befremden mögen, die Kindererziehung, ja auch der Umgang zwischen Erwachsenen steckt voll davon – und häufig ganz unbeabsichtigt. Ein Beispiel:

Beim Wickeln ihres 3 Monate alten Säuglings bemerkt die Mutter zum erstenmal eine deutliche Lautäußerung. Sie ist, wie es Mütter typischerweise sein können, beglückt darüber, beugt sich über das Kind, lächelt oder hebt es hoch oder sagt etwas zurück, z. B. »Tock«, oder tippt das Kind auf den Bauch. Das alles sind für ein dreimonatiges Kind Belohnungen, und schon bald steigt die Häufigkeit der Lautäußerungen in Gegenwart der Mutter rapide an.

Das Beispiel ist einem Versuch von RHEINGOLD et al. (1959) entnommen, den man in ähnlicher Weise an 11 Säuglingen durchgeführt hat. Um experimentell zu prüfen, daß es sich tatsächlich um eine neue Reiz-Reaktions-Verknüpfung handelt, schließt man eine sog. *Auslöschungsphase* an. In diesem Fall reagierte vom 3. Tage ab die Versuchsleiterin nicht mehr auf die stark angestiegenen Lautäußerungen, sondern lehnte sich mit ausdruckslosem Gesicht über das Kind. Schon nach 2 Tagen hat sich die Häufigkeit der Lautäußerungen auf das Niveau vor der Bekräftigungsphase verringert.

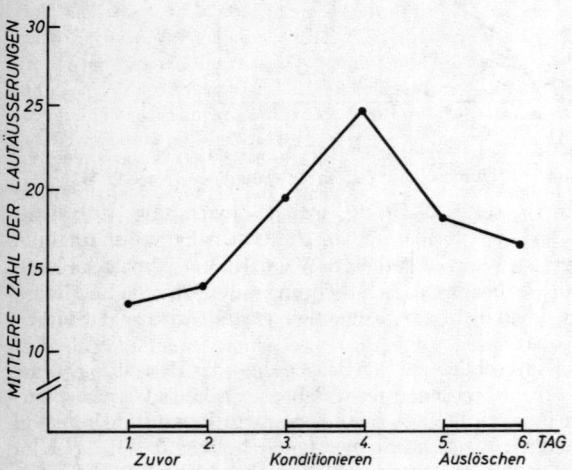

*Abb. 2:* Mittlere Anzahl von Lautäußerungen von 11 Säuglingen an 6 aufeinanderfolgenden Versuchstagen. Am 3. und 4. Tag wurden spontane Lautäußerungen des Säuglings positiv bekräftigt, am 5. und 6. Tag nicht mehr (Auslöschungsphase). (Nach H. L. RHEINGOLD, J. L. GEWIRTZ & H. W. ROSS.)

Was hier mit einem Säugling geschieht, kann man übrigens selbst in analoger Weise einmal mit guten Bekannten anstellen. Sagen wir, man kommt dazu, wie zwei gute Bekannte sich angeregt unterhalten. Man gesellt sich dazu, redet aber nur das Notwendigste. In der ersten Viertelstunde schaut man den Bekannten A immer an, wenn er redet, nickt häufig zustimmend und lächelt gelegentlich verständnissinnig. Dem Bekannten B hört man dagegen wie geistesabwesend und mit weggewandtem Blick zu. Und nach einer Viertelstunde kehrt man sein Verhalten gegenüber jedem der beiden um. Wenn man es richtig dosiert, es nicht zu unauffällig und nicht zu auffällig macht, kann man erstaunt feststellen, wie man durch diese subtile Bekräftigung den Redefluß des einen oder des anderen anregen bzw. dämpfen kann.

Die Befunde von RHEINGOLD et al. stammen von 3 Monate alten Säuglingen. Lange hat man vergeblich versucht, Effekte eines operanten Konditionierens auch schon bei Neugeborenen nachzuweisen. Erst einem tschechischen Kinderarzt gelang dies Anfang der 60er Jahre mit 3 Tage alten Säuglingen (PAPOUŠEK 1967).

> Wenn das Neugeborene auf ein Tonsignal hin den Kopf nach links wendete, erhielt es Milch. Wenn es nicht reagierte, wurde der linke Mundwinkel mit dem Flaschenschnuller berührt, und wenn auch dies zu keiner Kopfwendung führte, wurde der Kopf des Kindes nach links gedreht und dann der Schnuller in den Mund gesteckt. Täglich wurden 10 solcher Versuche gemacht, bis das Neugeborene in einer täglichen Sitzung fünfmal hintereinander auf das Tonsignal (den konditionierten Reiz) hin seinen Kopf in die richtige Richtung drehte. Das war im Durchschnitt bereits am 18. Tag der Fall, wobei die individuellen Unterschiede allerdings beträchtlich sind. Einige lernten die Kopfwendung schon nach bloß 3 Tagen, andere brauchten einen ganzen Monat dafür. Die von PAPOUŠEK erfolgreich verwendete Methode ist im übrigen eine Mischung von Klassischem Konditionieren (Ton als konditionierter Reiz, der Nahrungsaufnahme ankündigt) und von Operantem Konditionieren (Kopfwenden, um Nahrung zu erhalten).

Eltern und Lehrer suchen täglich das Verhalten ihrer Kinder bzw. Schüler durch *Bekräftigung* zu ändern, durch Zuwendung oder Abwendung, durch Zustimmung oder Mißbilligung, durch Belohnung oder Strafe. Man mag vielleicht einwenden, daß dies nicht selten ohne Wirkung bleibt. Richtig. Aber darauf sagt der Psychologe schlicht: Dann war es eben keine Bekräftigung, und definiert gelassen: Bekräftigung liegt nur dann vor, wenn sich nachträglich eine Verhaltensänderung feststellen läßt. Die Schwierigkeit mit Bekräftigungen ist, daß sie für den Empfänger auch wirklich Bekräftigungen sein müssen. Nicht alles, was der Erzieher dafür hält, ist für jeden Zögling eine Bekräftigung. Da kann man mit SKINNER nur raten, sich etwas Wirksameres einfallen zu lassen.

Die dritte Form des verknüpfenden Lernens ist das *Beobachtungslernen*. Man kann sich leicht vorstellen, daß es sehr mühsam wäre, mittels des Bekräftigungslernens einem Kind das Aus- und Ankleiden oder das Schreiben beizubringen; ganz zu schweigen von noch komplexeren Fertigkeiten wie Geigespielen oder Autofahren bei einem Jugendlichen. Im letzteren Fall wäre schon der Versuch lebensgefährlich für Fahrschüler und Fahrlehrer, wenn man es dabei auf Versuch und Irrtum ankommen ließe und sich zunächst darauf beschränkte, Probierbewegungen, die schon irgendwie in die gewünschte Richtung zielen, zu bekräftigen. So merkwürdig es klingt: Es ist erst gut 10 Jahre her, daß Psychologen intensiver untersucht haben, wie man durch bloße Beobachtung des Ver-

haltens eines anderen recht komplexe Verhaltensfolgen sich an-
eignen kann. Häufig genügt schon ein einmaliges Beobachten des
Vorbildes, um es komplett nachahmen zu können. Unter welchen
Bedingungen dies geschieht, darüber verdanken wir dem Ameri-
kaner Albert BANDURA (1962; 1969) und seinen Mitarbeitern eine
Fülle von Forschungsergebnissen.
Ein Versuch von BANDURA et al. (1963) ist ein klassisches Beispiel
für die experimentelle Erforschung des Beobachtungslernens.

> Eine Kindergruppe wird zu einem Film eingeladen. Der Film zeigt, wie
> eine Frau recht aggressiv mit einer etwa 1 Meter hohen, aufgeblasenen
> Gummipuppe umgeht, sie beschmiert, in die Luft wirft, mit einem Ham-
> mer traktiert und tritt. Später werden die Kinder einzeln in die Situation
> gebracht, daß sie sich mit einer gleichen Puppe allein in einem Raum
> befinden. Ihr Verhalten wird unbemerkt beobachtet und danach ausge-
> wertet, wie genau die aggressiven Akte des erwachsenen Vorbildes nach-
> geahmt werden.

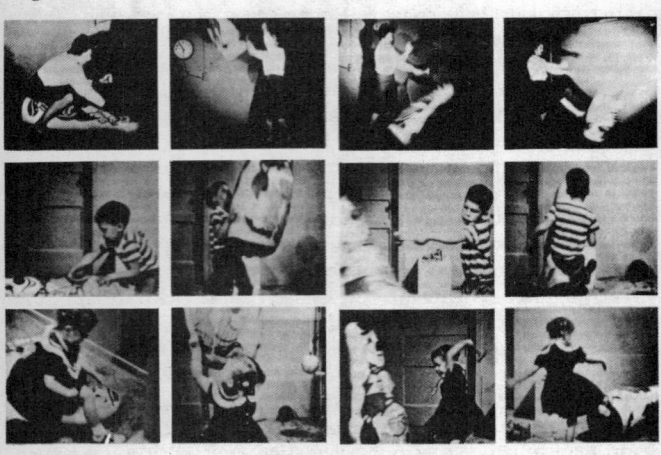

*Abb. 3:* Fotografien von Kindern, die das Aggressionsverhalten eines Er-
wachsenenvorbildes (obere Zeile) nachahmen, das sie zuvor im Film gesehen
haben. (Aus: A. BANDURA, D. ROSS & S. A. ROSS ›Imitation of film mediated
aggressive models‹. In: *Journal of Abnormal and Social Psychology*, 1963, 66,
3–11, S. 8.)

Die obere Bildreihe zeigt Ausschnitte aus dem Verhalten der Frau.
Die mittlere und die untere Bildzeile zeigen, wie ein Junge und
ein Mädchen die einzelnen Verhaltensweisen des Vorbildes nach-
machen. Nicht bei allen Kindern war es so heftig wie bei diesen.
Einige Kinder sind zurückhaltender. Sie schienen aggressions-
gehemmt zu sein. Ganz entscheidend ist aber, was dem Vorbild
nach seinem aggressiven Verhalten widerfahren ist. Beobachtet
das Kind, daß das Vorbild bestraft wurde, so zeigt es später – in

dieselbe Situation versetzt – weit weniger Aggression, als wenn das Vorbild vorher ohne Strafe ausging oder gar noch belohnt wurde. Diese Unterschiede in spontaner Nachahmung schwinden aber völlig, wenn der Versuchsleiter den Kindern in jeder Versuchsgruppe – also mit negativem, neutralem oder positivem Ausgang für das Vorbild – eine attraktive Belohnung verspricht, wenn sie das Beobachtete nachahmen. Da nun alle Kinder das aggressive Vorbildverhalten an den Tag legten, wird deutlich, daß alle es gelernt, erworben hatten, auch wenn sie es vorher (ohne die ausgesetzte Belohnung) nicht alle gezeigt, an den Tag gelegt hatten. Wir müssen also unterscheiden zwischen dem *Erwerb* (*acquisition*) neuer Verhaltensweisen und ihrer tatsächlichen *Ausführung* (*performance*). Zum Erwerb genügt allein schon aufmerksame Beobachtung. Bedingungen für die Ausführung sind motivationaler Natur, d. h. entscheidend ist die Erwartung, ob die Ausführung zu negativen, zu neutralen oder positiven Folgen führen wird.

Entsprechende Lernergebnisse hat man z. B. für soziales Verhalten, für ganz bizarre Verhaltensweisen (die die Kinder vorher noch nie erlebt haben konnten), für Änderungen ihres moralischen Urteils (BANDURA & McDONALD 1963) ja, für grammatikalische Umstellungen ihrer gesprochenen Sprache, nachgewiesen. Das neue Verhalten hat man gelegentlich noch nach einem halben Jahr feststellen können, obwohl es in der Zwischenzeit nicht geübt werden konnte (vgl. Studientext 19).

Aber nicht alles beobachtete Verhalten wird nachgeahmt. Es muß an Vorbildern beobachtet werden. Welche Erwachsene oder Altersgenossen Vorbildcharakteristika aufweisen, hängt vom Entwicklungsstand des Kindes ab. Für jüngere Kinder spielt persönliche Zuneigung von seiten des Vorbildes, äußere Ähnlichkeit, Überlegenheit an Kraft, Tüchtigkeit und Machtvollkommenheit in der Zuteilung von Bekräftigungen eine große Rolle. Bei Jugendlichen und Erwachsenen sind es weniger äußerliche als innere Persönlichkeitseigenschaften, die den eigenen persönlichen Wertidealen entgegenkommen (vgl. Studientext 2.3.3.).

Damit sind die drei Grundformen des verknüpfenden Lernens dargestellt. Es wird deutlich geworden sein, daß Beobachtungslernen ein Lernen ohne äußere Bekräftigung ist, daß es komplexe Verhaltensfolgen durch bloße Beobachtung auf Anhieb sich aneignen kann. Sofern das Vorbild bekräftigt wird, so hat diese Bekräftigung sozusagen den Wert einer *stellvertretenden Bekräftigung* für den Beobachter. Im übrigen sind bei Kindern Beobachtungslernen und Bekräftigungslernen häufig miteinander verbunden. Denn Kinder, die erwünschtes Vorbildverhalten nachahmen, werden von ihren Eltern dafür gern belohnt.

## 2.5. *Die interaktionstheoretische Erklärung*

Mancher mag überrascht sein, wie massiv und unablässig die Entwicklung des Kindes von äußeren Erziehungseinflüssen, seien sie beabsichtigt oder unbeabsichtigt, geprägt zu werden scheint. Er wird vielleicht besorgt sein, wie hilflos die Entwicklung des Kindes diesen Einflüssen, im Guten oder Schlechten, ausgeliefert zu sein scheint. Aber damit ist die Frage, was die Entwicklung in Gang hält, noch längst nicht voll beantwortet. Das Bemerkenswerteste kommt noch. Es ist die interaktionstheoretische Sicht auf ein Kind, das sich von seiner Geburt an unablässig, sofern es wach ist, mit seiner Umwelt auseinandersetzt, sie aktiv erkundet. Was dabei herauskommt, ist ein Lernen in einem ganz anderen, viel weiteren Sinne, als wir es bislang erörtert haben. Es ist ein *strukturierendes Lernen*, ein strukturdifferenzierendes Lernen. Das Kind besorgt es selbst. Kein Erwachsener ist vonnöten, ja, er kann dem Kinde überhaupt nicht direkt dabei helfen. Dieses Lernen folgt einer sachimmanenten Logik in der Entfaltung von universalen Strukturen und Systemen. Es greift Regelhaftigkeiten im Kontakt mit der Umwelt auf. Regelhafte Strukturen der uns alle umgebenden Welt werden Schritt für Schritt in eine Fortstrukturierung des eigenen Verhaltensrepertoires aufgenommen; im Handeln, Unterscheiden, Zeichnen, Denken und vielen anderen Tätigkeitsformen.

Das klingt geheimnisvoll. Was soll man darunter verstehen? Es sei zunächst ein ebenso einfaches wie anschauliches Beispiel für eine sachimmanente Entfaltungslogik gewählt: die Kinderzeichnung. Bei allen Kindern der Welt kann man beobachten, daß ihre erste Menschzeichnung ein sog. Kopffüßler ist. Abb. 4 zeigt ein typisches Exemplar. Psychologen und Pädagogen haben den Kopffüßler mit onkelhafter Wissenschaftlichkeit einen typischen »Kinderfehler« (LUKENS 1897) genannt, weil noch der Rumpf fehle. In Wirklichkeit ist es jedoch ein typischer Erwachsenenfehler, hier von einem Kinderfehler zu sprechen. Denn ein geschlossenes Gebilde bedeutet auf dieser Stufe der Entwicklung

*Abb. 4:* Ein sog. »Kopffüßler«, ein erstes Stadium in der Entwicklung der Menschzeichnung. In Wahrheit ist es kein »Kopffüßler«. Es handelt sich auch nicht um einen sog. »Kinderfehler«. Die Bezeichnung »Kopffüßler« verrät vielmehr einen Erwachsenenfehler.

von Darstellungsstrukturen: Gegenstand schlechthin; in unserem Beispiel das Gemeinte, nämlich ein Mensch. Also noch nicht ein Kopf im Unterschied zum Körper schlechthin, vielmehr der Körper in allen seinen massiven Teilen: Rumpf und Kopf.

Es ließen sich mindestens 10 weitere so benannte »Kinderfehler« aufzeigen, die eigentlich naive Erwachsenenfehler sind, weil der Erwachsene einfach nicht mehr versteht, welche Darstellungsstrukturen das Kind auf einer gegebenen Stufe seiner zeichnerischen Entwicklung jeweils gerade herausdifferenziert hat und welche es noch nicht herausdifferenzieren kann. Ein weiteres Beispiel gibt Abb. 5. Hier sprach man vom Kinderfehler der sog. »Röntgenkleidung«. Das ist wieder ein Mißverständnis, ein Erwachsenenfehler. Das Kind löst auf seine Weise ein ganz schwieriges Problem: Wie kann man überhaupt auf einer zweidimensionalen Zeichenfläche darstellen, daß etwas innen drin ist und etwas anderes außen darum ist, wie bei Arm und Ärmel. Die geniale Lösung: Was außen herum gezeichnet ist, geht ganz um das herum, was innen drin gezeichnet ist.

*Abb. 5:* Sog. »Röntgenkleidung«. Wieder ein Erwachsenenfehler und kein Kinderfehler. Das Kind versucht, ein schwieriges zeichnerisches Problem zu lösen: Wie kann man auf einer zweidimensionalen Zeichenfläche darstellen, daß etwas innen drin und etwas anderes außen darum ist? Siehe Arm und Ärmel.

Die Lösung dieses Darstellungsproblems kann noch nicht die endgültige sein, denn sie führt noch zu Widersprüchen, zu Mißverständnissen. So müßten z. B. mit der gleichen Logik Auge und Ohr innen im Kopf liegen und nicht an seiner Oberfläche. Im weiteren Verlauf der Entwicklung begreift das Kind solche Unstimmigkeiten, bildet – um sie zu beseitigen – seine Darstellungsstrukturen um, nicht selten ganz radikal. So nähern sich seine Darstellungsstrukturen über viele Jahre und in aufeinander folgenden Entwicklungssprüngen den tatsächlichen Strukturen an, die es täglich um sich herum wahrnimmt und erfährt: Körper und Flächen, Außen und Innen, Oben und Unten, Groß und Klein, Abzweigungen, Konturen und vieles andere mehr (vgl. ARNHEIM 1965).

Man muß verstehen, was hier geschieht. Alles, was uns Erwachsenen so selbstverständlich erscheint, muß in jeder individuellen Entwicklung (Ontogenese) immer neu und ganz von vorn anfangen. Jedes Kind entdeckt nach und nach durch eigenes Erkunden und Probieren die Strukturlogik unserer Welt, die uns Erwachsenen so selbstverständlich ist, als hätten wir sie immer schon gekannt: die naiv-wissenschaftlichen Grundlagen der Geometrie, der Physik, der Optik, der Mathematik, der Logik, der Psychologie, die Auffassung von Zeit, Raum und Kausalität und vieles andere mehr – alles Dinge, ohne die sich keiner von uns täglich zurechtfinden könnte.

Um es abstrakt zu sagen: In den Erscheinungsformen der Welt der Dinge stecken regelhafte Strukturen. Nennen wir sie kurz »Umweltstruktur«. Der Erwachsene hat dafür in grob angenäherter Weise eine Auffassungsstruktur, nennen wir sie »geistige Struktur«. Das kleine Kind besitzt diese geistige Struktur noch nicht. Sie entfaltet sich auch nicht in ihm wie ein vorprogrammierter und organismischer Reifungsprozeß. Sie kann auch nicht durch Unterricht in es hineingetrichtert werden. Das Kind entwickelt selbst durch ständigen Umgang mit den Dingen seine geistige Struktur nach den Anforderungen der Umweltstruktur, und zwar so weit, daß schließlich eine relative Widerspruchsfreiheit der täglichen Lebensvollzüge erreicht ist.

Anfangs, so muß man aus dem Verhalten des Neugeborenen schließen, kann es nicht einmal zwischen sich und seiner Nahumwelt unterscheiden. Später bestehen für es Objekte, und noch später hören diese Objekte für es nicht auf zu existieren, sobald sie aus seiner Wahrnehmung verschwinden, sondern bestehen fort. Das Kind kann jeweils nur *das* und nur *so* weit auffassen, wie die Möglichkeiten seiner jeweiligen geistigen Struktur reichen. Es paßt sozusagen die Umweltstruktur dem Stand seiner geistigen Struktur an (wie wir es beim »Kopffüßler« gesehen haben). Das nennt man *Assimilation*, Angleichung. Gleichzeitig ergeben sich damit jedoch Unstimmigkeiten, Konflikte, nicht voll erfolgreiches Handeln. Das Kind erweitert seine geistige Struktur, baut sie um, um eine bessere Anpassung zu erreichen. Das nennt man *Akkommodation*, Anpassung. Die Interaktion des Kindes mit seiner Umwelt wogt zwischen beiden Vorgängen hin und her. Unstimmigkeiten und Konflikte fordern ständig zu neuer, besserer Abstimmung zwischen Umweltstruktur und geistiger Struktur heraus. Das hält die Entwicklung in Gang. Aber nicht nur das. Veränderte, verbesserte Teilstrukturen können übergreifende

Strukturen, die zunächst nicht betroffen waren, ändern und verbessern, indem sie insgesamt eine ausgewogenere Organisation der bisher entwickelten geistigen Struktur herbeiführen, alles mehr ins Gleichgewicht bringen (sog. *Äquilibration*; vgl. ausführlichere Darstellung in Kap. 5).

Anfänge einer interaktionistischen Sichtweite gehen schon auf die Jahrhundertwende, auf James BALDWIN (1895) zurück, neben Stanley HALL, dem Pionier der amerikanischen Entwicklungspsychologie. Entwickelt und ausgebaut zu einem imponierenden Theoriesystem, das hat ein einziger Mann gemacht: Jean PIAGET (1936) aus Genf, nun über 70 Jahre alt und unbestritten der bedeutendste Entwicklungspsychologe unserer Zeit. Von ihm stammen die Begriffe Assimilation, Akkommodation und Äquilibration. Es begann damit, daß er sich die Antworten anschaute, die Kinder auf Intelligenztestfragen gaben. Aber ihn interessierten nicht die Antworten, die die Psychologen für richtig halten und mit einem Pluszeichen versehen, sondern die sog. falschen Antworten. Wie in unserem Beispiel vom Kinderzeichnen fand er die »Kinderfehler« weit aufschlußreicher. Er beobachtete zudem seine eigenen Kinder und entdeckte nach und nach eine eigene Welt der kognitiven Entwicklung des Kindes, von der sich die Erwachsenen bislang nichts hatten träumen lassen.

Oder wer hätte gedacht, daß es für einen 4jährigen noch ganz normal ist, einem Tisch Schmerzempfindungen zuzuschreiben, wenn man die Tischplatte zu kneifen versucht? Oder wer würde vermuten haben, daß sich für das Kind die Menge einer gleichen Anzahl von Objekten verändern kann, wenn sich die räumliche Anordnung der Objekte ändert? Legt man zwei Reihen von je 5 Kastanien in Reih und Glied, so urteilt das Kind, daß in beiden Reihen gleichviel Kastanien sind. Schiebt man dann die Kastanien in einer Reihe weiter auseinander und fragt, ob in beiden Reihen gleichviel Kastanien sind oder in einer Reihe mehr, so urteilt noch das 5jährige Kind, daß in der weiter auseinandergezogenen mehr Kastanien sind.

PIAGET hat vor allem die *kognitive Entwicklung* verfolgt und analysiert; etwa wie sich die Erfahrung mit einzelnen Eigenschaften von Dingen, wie ihre Masse, ihr Gewicht, ihr Volumen, ihre Zahl in der Konstruktion von entsprechenden Begriffen niederschlägt. Dazu auch das zunehmende begriffliche Verständnis für Zeit, Raum, Wahrscheinlichkeit, Kausalität u. a., das sich Schritt für Schritt herausbildet. Er hat eine Phasenabfolge der kognitiven Entwicklungsstränge entdeckt, die man bei allen Kindern finden kann, gleichgültig ob bei uns oder an der afrikanischen Elfenbeinküste. Das ganze 5. Kap. dieses Taschenbuchs wie der Studientexte ist PIAGETS Theorie der kognitiven Entwicklung gewidmet. Hier seien deshalb nur die besonderen Punkte der Phasenlehre PIAGETS aufgezeigt. Seine kognitiven Phasen dürfen nicht mit den üblichen, schon besprochenen Phasenlehren verwechselt werden. Denn:

1. Diese Phasen stellen deutliche Unterschiede in der Art und Weise dar, wie Kinder mit verschiedenem Alter das *gleiche* Problem lösen oder darüber denken.

2. Die verschiedenen Denkweisen bilden eine nichtumkehrbare Abfolge in der individuellen Entwicklung. Anregungseinwirkungen des Milieus können die Abfolge ein wenig beschleunigen oder verlangsamen, aber nicht aus ihrer Reihenfolge bringen.

3. Die Denkweise jeder Phase stellt ein strukturiertes Ganzes mit einer zugrundeliegenden Denkorganisation dar. Sie ist nicht an einzelne besondere Objekte gebunden, sondern eine generelle Art, Dinge aufzufassen.

4. Die aufeinanderfolgenden Denkweisen der einzelnen Phasen stellen zunehmend höhere Ebenen der kognitiven Organisationsstrukturen dar. Frühere Strukturierungsebenen verschwinden nicht, sondern bilden einen hierarchischen Aufbau. Auf sie kann zurückgegriffen werden, wenn es angemessen erscheint oder wenn ein Problem auf der höheren Ebene nicht bewältigt werden kann.

5. Es besteht ein Drang, ein Problem jeweils auf der höchsten Strukturierungsebene, die dem Kind jeweils zur Verfügung steht, zu lösen. Dahinter vermutet PIAGET eine allgemeine Anpassungsfunktion an die Umwelt.

## 2.6. *Ein Beispiel – wie Kinder ihre Träume erleben*

Damit einzelne dieser Punkte konkret werden, wollen wir eine konkrete Entwicklungsfolge heranziehen, nämlich wie Kinder ihre eigenen Träume erleben. Träume gehören ja schon zur Erlebniswelt recht junger Kinder. Lawrence KOHLBERG (1968), ein amerikanischer Psychologe, hat das Traumverständnis von amerikanischen und von Atayal-Kindern untersucht. Die Atayal sind malaiische Ureinwohner auf Taiwan, die als Erwachsene daran glauben, daß Träume durch Geister verursacht werden und daß während des Traumes die Seele den Körper verläßt und an entlegenen Plätzen merkwürdige Dinge erlebt.

Man mag zunächst vermuten, daß Kinder keine oder höchst vage Vorstellungen über das Träumen haben und allmählich die Meinung der Erwachsenen darüber übernehmen, daß also verschiedene Formen des verknüpfenden Lernens die Kinder allmählich aufklären. Dem ist nicht so. Tab. 1 enthält die stufenweise Entwicklungsabfolge. Aufgeführt sind die einzelnen Stufen des Traumverständnisses, nachdem das Kind nicht mehr glaubt, der Traum sei etwas Reales. Die erste Stufe besteht darin, daß das Kind die Träume nicht mehr für etwas Wirkliches hält, es erkennt, daß Dinge und Aktionen im Traum nicht wirklich so sind oder nicht wirklich im Raum stattfinden. Über andere Zwischenphasen erreicht das Kind die sechste und letzte Stufe, auf der es die Träume für selbst verursacht hält; d. h. es erkennt, daß Träume nicht von Gott oder anderen Instanzen, sondern aus seinen eigenen Gedankenprozessen stammen.

*Tab. 1:* Abfolge der Entwicklungsstufen des Traumverständnisses bei amerikanischen und Atayal-Kindern. (Aus: L. Kohlberg ›Early Education: a cognitive-developmental view‹. In: *Child Development*, 1968, 39, 1013–1062.) Anmerkung: Von 90 amerikanischen Kindern zeigten 72 eine regelmäßige Abfolge der Entwicklungsstufen, 18 dagegen nicht. Bei den 15 Atayal-Kindern war dieses Verhältnis 12 zu 3.

| Stufe | Erreichte Entwicklungsstufen | | | | | | |
|---|---|---|---|---|---|---|---|
| | 0 | 1 | 2 | 3 | 4 | 5 | 6 |
| 1: *Nicht wirklich* – Kind erkennt, daß Dinge und Aktionen im Traum nicht wirklich so sind oder nicht wirklich im Raum stattfinden . . . . . . . . . | — | + | + | + | + | + | + |
| 2: *Unsichtbar* – Kind erkennt, daß andere Leute seine Träume nicht sehen können | — | — | + | + | + | + | + |
| 3: *Innerer Ursprung* – Kind erkennt, daß Träume aus ihm selbst kommen . . . . . | — | — | — | + | + | + | + |
| 4: *Innere Lokalisierung* – Kind erkennt, daß Träume in ihm selber vor sich gehen . . . | — | — | — | — | + | + | + |
| 5: *Immateriell* – Kind erkennt, daß Träume nicht von dinglicher Substanz, sondern Gedankengebilde sind . . . . | — | — | — | — | — | + | + |
| 6: *Selbst verursacht* – Kind erkennt, daß Träume nicht von Gott oder anderen Instanzen, sondern von seinen eigenen Gedankenprozessen verursacht sind . . . . . | — | — | — | — | — | — | + |
| Durchschnittliches Alter, in dem amerikanische Kinder die einzelnen Entwicklungsstufen erreichen (4 bis 8 Jahre alt) . . . . . . . | 4,6 | 4,10 | 5,0 | 5,4 | 6,4 | 6,5 | 7,10 |
| Das gleiche für die Atayal-Kinder (7–18 Jahre alt) . . | 8 | 8 | 10 | 16 | 12 | 11 | . . . |

Durch diese 6 Phasen laufen 4- bis 8jährige Kinder in allen z. Z. zivilisatorisch hoch entwickelten Ländern, und zwar fast ohne Ausnahme in der strengen Abfolge der 6 Phasen. Wer z. B. die 2. Stufe erreicht hat (daß andere Leute die eigenen Träume nicht sehen können), ist auch bereits davon überzeugt, daß Träume nicht real sind (die 1. Stufe). Die Plus- und Minuszeichen in der Tabelle bezeichnen, ob eine Stufe schon erreicht oder noch nicht erreicht ist. Die mittleren Altersangaben findet man für beide Kindergruppen in den beiden unteren Zeilen.

Es wäre unsinnig anzunehmen, daß etwa amerikanische Mittel-standseltern ihre Kinder in der geschilderten Lebensalter-Abfolge über das Wesen der Träume aufklärten. Es handelt sich vielmehr um eine konsequente sachimmanente Entfaltungslogik, die das sich entwickelnde Kind auf eigene Faust betreibt. Die Diskrepanz zwischen Traum und späterem Wacherlebnis ist eine häufige Erfahrung auch schon des jungen Kindes. Sie schafft Ungleich-gewicht, Konflikt, womit das Kind selber fertig werden muß. Akkommodation ist notwendig. Das ist der Motor, der die Ent-wicklung des Traumverständnisses weitertreibt. In Abb. 6 ist die logische Struktur der Phasenfolge analysiert. Sie entwickelt sich in 4 grundlegenden Differenzierungen. Jede Differenzierung besteht in einer grundlegenden Unterscheidung, nämlich in der Alternativ-Erklärung für einen wichtigen Aspekt des Traum-erlebens. Erst die Entscheidung für eine Alternative führt dann zur nächsten Unterscheidung. Erst wenn klar ist, daß Träume bildhafte und keine wirklichen Ereignisse sind, kann eine weitere Unterscheidung getroffen und als Alternativ-Erklärung gedacht, gefragt und beantwortet werden: ob nämlich, wenn Träume Bilder sind, diese Bilder nur für mich allein und nicht auch für andere Menschen sichtbar sind. Und wenn die Traumbilder nur für mich sichtbar sind, von wo nehmen sie dann ihren Ursprung, aus mir selber oder von außen? Ist diese Alternativ-Erklärung im Sinne des Ursprungs aus dem eigenen Inneren entschieden, eröff-net sich schon die nächste Alternativ-Möglichkeit: Haben die Scheingebilde des Traums ihren Ursprung in der eigenen Ge-dankenwelt oder in physischen Vorgängen des eigenen Körpers? Auf diese Weise läßt sich die Entwicklungsabfolge als ein Differen-zierungsstammbaum beschreiben, dem eine sachimmanente Ent-faltungslogik zugrunde liegt.

Unser Beispiel ist wegen der Atayal-Kinder besonders aufschluß-reich. Sie zeigen bis zum 12. Lebensjahr dieselbe Phasenabfolge wie die amerikanischen Kinder, nur später und verzögerter. Das läßt sich damit erklären, daß ihre kulturelle Umwelt vergleichs-weise weniger allgemeine Erfahrungen freistellt. Beachtung verdient vor allem, daß sie mit 11 Jahren im Gegensatz zum magischen Glauben ihrer Eltern Träume für subjektiv halten, sie erreichen die 5. Stufe. Aber die letzte Stufe erreichen sie nicht

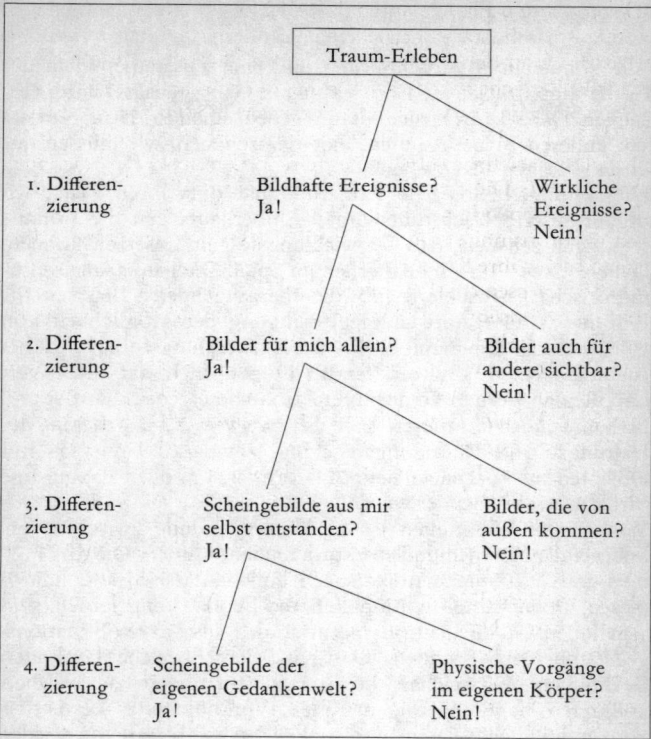

Traum-Erleben

1. Differen-      Bildhafte Ereignisse?      Wirkliche
    zierung      Ja!      Ereignisse?
                                                                       Nein!

2. Differen-      Bilder für mich allein?      Bilder auch für
    zierung      Ja!      andere sichtbar?
                                                                       Nein!

3. Differen-      Scheingebilde aus mir      Bilder, die von
    zierung      selbst entstanden?      außen kommen?
                         Ja!                                       Nein!

4. Differen-      Scheingebilde der      Physische Vorgänge
    zierung      eigenen Gedankenwelt?      im eigenen Körper?
                         Ja!                                       Nein!

*Abb. 6:* Differenzierungsstammbaum, der die sachimmanente Entfaltungslogik im Verständnis des eigenen Traumerlebnisses verdeutlicht. Das Kind
kann auf jeder Stufe eine neue und weitere Unterscheidung machen und
verwirft jedesmal eine der beiden Erklärungsalternativen.

mehr. In dem Maße, wie sie in der Pubertät in die Erwachsenenwelt
hineinwachsen, tritt ein Rückschritt ein, der sie zurück in die
Übereinstimmung mit dem magischen Glauben der Erwachsenen
bringt. Verkürzt kann man sagen: Hier wird die Realitätserfahrung
blockiert und wieder zurückgedrängt vom Überzeugungswissen
der Kultur, in die man hineinwächst. Hier gewinnt das verknüpfende Lernen in der Vermittlung religiös-kultureller Inhalte die
Oberhand über selbstbetriebenes strukturierendes Lernen.

## 2.7. Rückblickende Zusammenschau

Wir können nun zurückblicken und eine Zusammenschau der Erklärungsansätze, wie Entwicklung in Gang gehalten wird, versuchen. Dabei kann es nicht darum gehen, einen Erklärungsansatz vor anderen zu bevorzugen. Sie ergänzen sich, wir müssen nur ihren richtigen Platz sehen.

Die reifungstheoretische Erklärung hat dort ihren Platz, wo organismische Wachstumsvorgänge überhaupt erst die Voraussetzungen schaffen, daß Entwicklungsfolgen einsetzen können. Dabei ist von Anfang an Lernen im Spiel. Die ganz frühe sensumotorische Entwicklung gibt die überzeugendsten Beispiele für Reifung als eine notwendige Bedingung der Möglichkeit von Entwicklung. Die damit eröffneten Entwicklungsfortschritte beruhen auf einem strukturierenden Lernen, nicht auf einem verknüpfenden Lernen. In der Interaktion von eigenem Körper und Nahumwelt strukturieren sich die *sensumotorischen Schemata* der Haltungs- und Bewegungsregelung sowie des Umgangs mit Objekten aus. (Schemata nennt PIAGET das, was oben als »geistige Strukturen« bezeichnet wurde.)

Von großer Wichtigkeit ist die Unterscheidung zwischen verknüpfendem Lernen und strukturierendem Lernen. Die drei Formen des verknüpfenden Lernens, nämlich Klassisches Konditionieren, Operantes Konditionieren und Beobachtungslernen, sind 1. in hohem Grade situationsspezifisch, d. h. an konkrete Situationsgegebenheiten gebunden. Das Kind lernt, welche konkreten Reaktionen in welchen konkreten Situationen zu welchen konkreten Handlungsfolgen führen. Verknüpfendes Lernen ist 2. grundsätzlich beliebig und umkehrbar, d. h. es kann wieder verlernt, ausgelöscht werden. Verknüpfendes Lernen liegt 3. dem zugrunde, was man *Sozialisation* nennt, d. h. das allmähliche Hineinfinden in die verhaltenssteuernden soziokulturellen Überzeugungen, Normen und Wertinhalte seiner sozialen Umwelt, durch ungeplante und geplante Erziehung, durch soziale Kommunikation und die Medien der soziokulturellen Gehalte seines Kulturzeitraums.

Auf diesen dritten Aspekt wird in Kap. 4 näher eingegangen, wenn die Entwicklung von Motivsystemen dargestellt wird. Noch ein Wort zur grundsätzlichen Umkehrbarkeit des verknüpfenden Lernens. Dies muß nicht bedeuten, daß die Entwicklungsergebnisse des verknüpfenden Lernens, des Konditionierens und des Beobachtungslernens, unstabil und leicht veränderlich sein müßten. Sie werden einmal stabilisiert durch die relative Konstanz der bekräftigenden Umweltinstanzen in Gestalt von Eltern, Lehrern und Erziehungsinstitutionen. Sie werden, wie wir in den nächsten beiden Kapiteln sehen können, zum andern aber auch stabilisiert durch das heranwachsende Kind selbst. Es baut nämlich Systeme der Selbstbewertung und Selbstbekräftigung – Motivsysteme – auf, nach denen es sein eigenes Verhalten konsistent reguliert und zunehmend unabhängiger wird vom Bekräftigungsdruck erziehender Erwachsener.

Im Unterschied zum verknüpfenden Lernen ist das strukturierende Lernen 1. situations*un*spezifisch. Es ist in hohem Maße allgemein und beruht auf erfahrungshäufender Interaktion des Kindes mit seiner Nahumwelt; in ständigen Prozessen der Assimilation und Akkommodation zur Gleichgewichtsherstellung zwischen den jeweiligen Handlungs- und Denkmöglichkeiten des Kindes und den Rückwirkungen der Umwelt. Strukturierendes Lernen ist 2. nicht umkehrbar. Die sich herausdifferenzierenden kognitiven Strukturen nähern sich von Stufe zu Stufe der Umweltstruktur an und können, da sie im Person-Umwelt-Kontakt immer bessere Passungen ermöglichen, nicht mehr verlernt werden. Die Ergebnisse des strukturierenden Lernens stellen sich 3. als Stufen einer sachimmanenten Entfaltungslogik in fester Phasenabfolge dar. Die Phasenabfolge kann etwas schneller oder langsamer ablaufen, aber nicht einzelne Schritte vertauschen. Strukturierendes Lernen kann 4. kaum durch direkte Einwirkungen des verknüpfenden Lernens beschleunigt oder beeinflußt werden. Es ist unter den allgemeinen Erfahrungsbedingungen, die für das Kind in einem gegebenen soziokulturellen Entwicklungsraum bestehen, scheinbar an feste Lebensaltersabschnitte gebunden; genauer betrachtet, werden die einzelnen Phasen in bestimmten Lebensaltersabschnitten erreicht, und zwar nach Maßgabe der allgemeinen Erfahrungsmöglichkeiten des kulturellen Entwicklungsmilieus. Strukturierendes Lernen schafft 5. die Grundlagen dafür, daß das Kind sich zunehmend angemessener in der Welt zurechtfindet als ein handelndes, denkendes und sprechendes Wesen.

Das Zusammenspiel von verknüpfendem Lernen und strukturierendem Lernen beim Vorantreiben der Entwicklung ist noch kaum geklärt. Einzelne Beispiele werden in späteren Kapiteln noch erörtert. Kap. 19 wird sich ausschließlich mit Grundbegriffen der Lernpsychologie beschäftigen.

## 2.8. *Was den Entwicklungsprozeß motiviert*

Erklärungsbedürftig bleibt noch, was eigentlich das Kind so sehr motiviert, im strukturierenden Lernen selbst seine Entwicklung zu betreiben, sich als ein aktiver Erkunder unablässig mit seiner Nahumwelt auseinanderzusetzen. Wieso im verknüpfenden Lernen das Kind sein Verhalten ändert, bedarf keiner solchen Erörterung. Es liegt auf der Hand, daß die erfahrenen Verhaltensfolgen im Konditionieren und Beobachtungslernen willkommen oder unwillkommen sein können und daß entsprechende Reiz-Reaktions-Verknüpfungen aufgebaut oder abgebaut werden.

Strukturierendes Lernen scheint demgegenüber so gut wie ständig von einem spontanen und aktiven Kleinkind auszugehen, sofern es wach ist, seine biologischen Bedürfnisse befriedigt und der jeweilige Handlungsraum seiner Nahumwelt ein gewisses Minimum von Stimulation besitzt. Diese Auffassung ist noch nicht alt. Wie die meisten Väter noch heute, betrachteten vor 50 und mehr Jahren noch viele Psychologen das Baby wie einen gemüseartigen Organismus, der völlig hilflos ist, Nahrung aufnimmt, wächst und wächst und allenfalls noch von dem Sinneseinstrom überwältigt wird.

Der Amerikaner William JAMES (1890) brachte vor der Jahrhundertwende diese Auffassung auf eine berühmt gewordene Formel vom Kind, das »attackiert über Augen, Ohren, Nase, Haut und Eingeweide fühlt, daß alles eine einzige große blühende und summende Verwirrung ist«.

Aber wir wissen inzwischen, daß die Wahrnehmungswelt des Säuglings so chaotisch nicht sein kann. Jean PIAGET (1936) machte bei seinem Sohn Laurent die folgenden Beobachtungen im 3. Lebensmonat:

»4. Tag. Laurent entdeckt zufällig seinen rechten Zeigefinger und schaut ihn kurz an. 11. Tag. Er inspiziert für einen Moment seine rechte Hand, die ihm zufällig in den Blick kam. 14. Tag. Er schaut dreimal nacheinander seine linke Hand an, hauptsächlich den gestreckten Zeigefinger. 17. Tag. Er folgt der spontanen Bewegung seiner Hand für einen Augenblick, schaut sie mehrmals prüfend an, während sie seine Nase sucht oder sein Auge reibt. Nächster Tag, dieselbe Beobachtung. 19. Tag. Er lächelt seine Hand an, nachdem er sie elfmal nacheinander betrachtet hat. Am selben Tag schaut er sehr aufmerksam seine beiden zusammengehaltenen Hände an. 21. Tag. Er hält seine beiden Fäuste in die Luft und schaut auf die linke. Danach bringt er sie langsam zum Gesicht, reibt die Nase damit, dann ein Auge. Einen Moment später nähert sich die linke Hand wieder dem Gesicht. Er schaut sie an und berührt seine Nase. Er beginnt wieder von neuem und lächelt fünf- bis sechsmal nacheinander, während er die linke Hand zum Gesicht bewegt. Er scheint zu lächeln, bevor er die Hand bewegt. Aber Schauen hat keinen Einfluß auf die Bewegung der Hand. In einem bestimmten Moment bewegt er den Kopf nach links, aber Schauen hat keinen Effekt auf die Richtung. 23. Tag. Er schaut seine rechte Hand an, dann auf die zusammengehaltenen Hände, sehr lange . . .« (vgl. deutsche Ausgabe 1969, S. 105–106).

Das ist aktive Erkundung im 3. Lebensmonat! Man spürt förmlich, wie aufmerksam das Kind Interaktion mit der Umwelt herstellt und durchzuspielen versucht. In diesem Stadium gehört die eigene Hand noch zur Umwelt. Sie macht, was sie will und läßt sich noch nicht durch den Blick führen. Es besteht noch keine Augen-Hand-Koordination. Konkret kann man es so ausdrücken:

Laurents Blick sucht zu verfolgen, was die Hand tut. Aber die Hand nimmt in keiner Weise Notiz davon, was der Blick sieht. Sie bringt es noch nicht einmal fertig, im Blickfeld zu bleiben. Später jedoch wird die Hand durch den Blick geführt und umgekehrt, der Blick durch die Hand. Dann hat das Kind durch sog. Kreisreaktionen sich das sensumotorische Schema einer funktionierenden Augen-Hand-Koordination selbst aufgebaut, die wir Erwachsene als so etwas Selbstverständliches, ja »Angeborenes« ansehen. Bemerkenswert ist Laurents Lächeln zwischendurch. Man kann nicht umhin, darin so etwas wie die Befriedigung des aktiven Erkunders zu vermuten, der das erste Mal entdeckt, wie etwas zusammenpaßt, sich entspricht, was bislang getrennt und außer Kontrolle war.

Obwohl PIAGET sich nie sehr um die Frage gekümmert hat, welche Motivation hinter dem spontanen und entwicklungsfördernden Verhalten des Kindes stehen mag, hat er darauf hingewiesen, daß die *Kreisreaktionen*[2] – also die Wiederholungsfolgen von eigener Handlung, Wahrnehmung der Handlungswirkung, erneute Handlung, Handlungswirkung usf. – »in sich interessant« seien; und zwar so lange, wie die Objekte oder die Handlungswirkungen weder zu fremdartig (und damit erschreckend) noch zu vertraut (und damit langweilig) seien. PIAGET spricht von Handlungen, »um interessante Schauspiele in Gang zu halten«.

Heute liegt bereits eine Fülle von Untersuchungen vor, die alle zeigen, daß das Motivierende eine dosierte Abweichung vom bereits Vertrauten ist (vgl. BERLYNE 1960; HUNT 1965). Man spricht von dosierten *Diskrepanzerlebnissen,* oder kurz vom *Inkongruenzprinzip.* Inkongruenz heißt Unverträglichkeit. Man kann dabei, übersichtshalber, vier Fälle unterscheiden (HECK-HAUSEN 1965):

1. Zwischen aufeinanderfolgenden Wahrnehmungen; d. h. Neuigkeit oder Wechsel.
2. Zwischen Erwartungen und gegenwärtigen Wahrnehmungen; das führt zur Überraschung.
3. Zwischen verschiedenen Teilen des gegenwärtigen Erlebnisfeldes; das bedeutet unterschiedliche Komplexität.
4. Zwischen verschiedenen Erwartungen oder Tendenzen; das ist Ungewißheit oder Konflikt.

In all diesen Fällen von Abweichung kommt es zu Spannung und Konflikt. Handelt es sich um milde Grade, so zieht es die Aufmerksamkeit auf sich, aktiviert den Organismus und ist lustvoll. Darin kann man das Motivierungsgeschehen sehen, das die Interaktion mit der Nahumwelt so unablässig in Gang hält. Sie führt so lange zu einem Wechselspiel zwischen Assimilations- und Akkommodationsprozessen, bis die Nahumwelt völlig vertraut, vorhersagbar, verfügbar geworden ist; d. h. über die ganze Entwick-

[2] Vgl. Kap. 5.

lungszeit hinweg, bis die aus allen Erscheinungen der Umwelt herauslösbaren Strukturen angeeignet sind; ja über das ganze Leben hinweg, da auch der Erwachsene noch Inkongruenzen begegnet oder sie gar aufsucht – zur Unterhaltung, zur Spannungserhöhung, zum »Nervenkitzel«. Das ist ein langdauernder Prozeß, und es ist angebracht, auf eine leicht übersehene Perspektive des Entwicklungsverlaufes hinzuweisen. Entwicklung ist nicht nur am Kind, sondern auch an seiner Umwelt zu beschreiben. Einmal ändert sich der gleiche Nahraum mit seinen Dingen und Personen durch die sich ändernden Auffassungsweisen des Kindes und außerdem weitet er sich mit dessen Entwicklungsfortschritten in Stufen immer mehr aus. Während der anfängliche Nahraum auf den Haut- und Lippenkontakt beschränkt ist, weitet er sich schon nach Tagen zunehmend in einen Blickraum aus; ein Greifraum tritt hinzu, die motorische Entwicklung schafft einen Fortbewegungsraum mit wachsendem Aktionsradius. Man kann diese Perspektive über den gesamten menschlichen Lebenslauf fortsetzen. Zu jedem der vier aufgezählten Fälle von Inkongruenz sei noch ein Beispiel gegeben.

(1) Neuigkeit und Wechsel im Wahrnehmungseinstrom

Kinder beginnen etwa mit 6 Monaten, gehäuft und länger zu babbeln. Dabei nimmt der Variationsumfang und die Kombinationsvielfalt des produzierten Lautmaterials – zuerst bei den Vokalen, später bei den Konsonanten – rapide zu (IRWIN 1947). Man war lange der Meinung, daß die Entwicklung der Lautproduktion eine bloße und unmittelbare Folge anatomischer und physiologischer Reifung der Sprachwerkzeuge ist (MCCARTHY 1954). Das sind notwendige, aber keine hinreichenden Bedingungen für die ausgedehnten Lallmonologe, mit denen sich Kinder in der zweiten Hälfte des 1. Lebensjahres minutenlang beschäftigen, auch wenn sie allein und von einem Erwachsenen gar nicht angeregt sind. In diesen Lallmonologen hören sie aufmerksam auf die selbstproduzierten Laute und wiederholen sie. Zufällige Lautabweichungen werden gleich weiterverfolgt. Man hat den Eindruck, daß das Kind von seiner variierenden Lautproduktion fasziniert ist. Dieses »spontane« und hingegebene Vokalisieren scheint durch die Inkongruenzen motiviert, die zwischen der bisherigen Lautproduktion (Erwartungsschema) und dem rückmeldenden Wahrnehmungseinstrom einer neuen und wechselnden Lautproduktion entsteht. Durch dieses Experimentieren, das mehrere Monate anhält, entwickelt das Kind ein weit größeres Lautmaterial, als es zu Beginn des 2. Lebensjahres beim Erlernen der Muttersprache benötigt. Mit dem entwickelten Lautmaterial könnte es jede Sprache auf dieser Erde sprechen lernen. Bevor die eigentliche Sprachentwicklung im 2. Lebensjahr einsetzt, läßt sich sagen: »Kinder, die nur Englisch hören, benutzen deutsche

Vokallaute, ein französisches gutturales r sowie eine breite Vielfalt von Lauten, die sie später als englischsprechende Erwachsene nicht mehr hervorbringen können« (MILLER 1951, S. 146).

(2) Überraschende Abweichungen zwischen Erwartung und Wahrnehmung

Eine alte Untersuchung von BÜHLER et al. (1928) unter dem Titel *Zur Affektwirksamkeit von Fremdheitseindrücken im ersten Lebensjahr* macht die Wirkung einer zu großen Abweichung des Wahrgenommenen vom Erwarteten, Vertrauten deutlich. Die Kinder waren 2,5 bis 8,5 Monate alt. In einer Versuchsanordnung stand neben dem Bettchen des Kindes ein Wandschirm, hinter dem für 30 Sekunden eine hohe Fistelstimme ertönte, eine Stimmlage, die das Kind bisher noch nie gehört hatte. Hier ist das Versuchsprotokoll von einem 6monatigem Kind für aufeinanderfolgende Darbietungen der hohen Fistelstimme:

Reaktion auf erste Darbietung: Angstschreien, unmutige Bewegung. Reaktionsdauer 35 Sekunden.

Zweite Darbietung: Unmutige Bewegung, Unmutsausdruck. Dauer 20 Sekunden.

Dritte Darbietung: Hinhorchen, kein Unmutsausdruck, leichte Zeichen von Aufmerksamkeit. Dauer 15 Sekunden.

Vierte Darbietung: Interessiertes Blicken in der Schallrichtung. Dauer 15 Sekunden.

Die erste Darbietung war offensichtlich zuviel der Abweichung vom Vertrauten. Danach ist die Fistelstimme nicht mehr so ganz unerwartet, schließlich, beim viertenmal, wendet sich das Kind interessiert zur verborgenen Schallquelle. Jetzt offensichtlich hat die Inkongruenz zwischen erneuter Wahrnehmung und der inzwischen veränderten Erwartung für Tonhöhe menschlicher Stimme jenen Grad dosierter Abweichung erreicht, der Zuwendung und Interaktion stimuliert.

Die negativen Reaktionen waren übrigens noch ausgeprägter, d. h. fanden sich bei *mehr* Kindern, wenn die vertraute Pflegeperson vor das Bettchen trat, vom Kind gesehen wurde und dann mit hoher Fistelstimme sprach; und noch ausgeprägter, wenn sie zuvor noch in ihrer normalen Stimmlage gesprochen hatte. Hier ist die Inkongruenz noch verschärft: Vertrautes und Fremdes treten zusammen am gleichen Objekt auf und – im zweiten Fall – zusätzlich noch in einem drastischen Wandel.

(3) Unterschiedliche Komplexität zwischen verschiedenen Teilen des Wahrnehmungsfeldes

In der Regel ist das umgebende Wahrnehmungsfeld nicht gleichförmig, einige Teile sind »komplexer« als die anderen, sie enthalten mehr »Information«. Sie sind es, die die Aufmerksamkeit des Kindes (aber auch der Erwachsenen) auf sich ziehen. In den letzten

15 Jahren hat man die Aufmerksamkeitszuwendung von Säuglingen intensiv erforscht und dabei in der Regel die Bevorzugung komplexerer visueller Reizvorlagen vor weniger komplexen festgestellt. Man legt dazu das Kind in eine »Guckkammer« (vgl. Studientext 2.6.2.), an deren Decke man nebeneinander zwei visuelle Muster darbietet. Man registriert die Häufigkeit, mit der das eine und das andere Muster angeblickt wird. Geometrisch-abstrakte Figurenmuster von unterschiedlichem Komplexitätsgrad wurden paarweise dargeboten. Figuren, die mehr an Binnengliederung, an Konturen, an Schwarz-Weiß-Kontrasten aufweisen, werden länger fixiert; so etwa eine zielscheibenähnliche Figur mit abwechselnd weißen und schwarzen Ringen oder ein kariertes Muster mit schwarzen Balken werden etwa doppelt so lang betrachtet wie ein homogen schwarzes Quadrat oder ein Muster

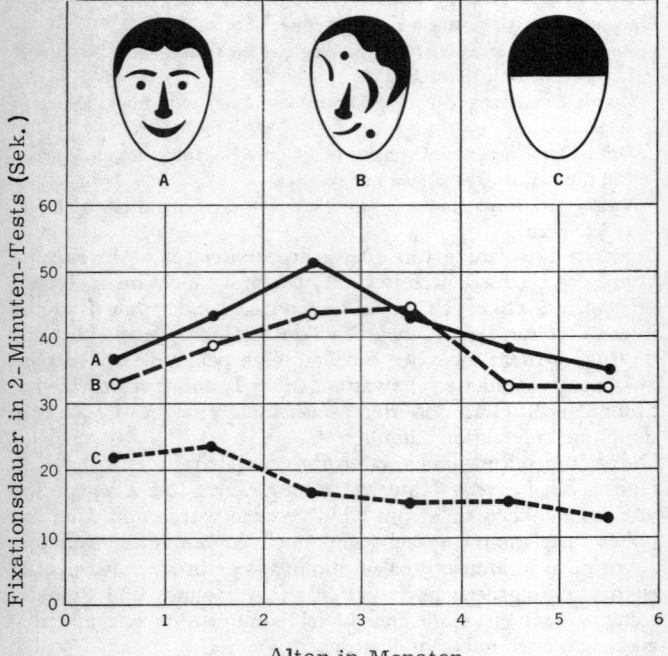

*Abb. 7:* Fixationsdauer bei 1–6 Monate alten Säuglingen, wenn ihnen drei verschiedene visuelle Muster dargeboten werden: ein Schemagesicht, ein unregelmäßiges und ein ganz regelmäßiges Muster in Kopfkontur. Die Kurven zeigen den Entwicklungsverlauf der bevorzugten Blickzuwendung, wenn die drei Muster in allen möglichen Paarkombinationen abwechselnd in 2-Minutentests dargeboten werden. (Aus: R. L. Fantz ›The Origin of form perception‹. In: *Scientific American*, 1961, 204, 5, 66–72.)

mit waagrechten schwarzen Balken (FANTZ 1961). In vielen Untersuchungen sind auch »Gesichts-« oder gesichtsähnliche Muster gegenübergestellt worden, weil das menschliche Gesicht wie kaum ein anderes visuelles Muster zu den täglichen Wahrnehmungen des Säuglings gehört.

Abb. 7 zeigt drei visuelle Muster, die in einer früheren Studie von FANTZ (1961) darauf untersucht wurden, in welch unterschiedlichem Maße sie die Aufmerksamkeit von 1 bis 6 Monate alten Säuglingen auf sich ziehen. Es handelt sich um Kopfformen von unterschiedlicher Komplexität der Binnengliederung: ein Schemagesicht, ein durcheinandergewürfeltes Gesicht und ein ganz regelmäßiges Muster. Die schwarzen Flächenanteile sind in allen drei Mustern gleich. Die Muster wurden in allen Paar-Kombinationen abwechselnd in 2-Minuten-Tests an der Decke der Guckkammer dargeboten. Die Kurven zeigen die durchschnittliche Fixationsdauer in Sekunden während der 2-Minuten-Tests, und zwar für jedes der drei Muster in den aufeinanderfolgenden Lebensmonaten. Regelmäßiges und durcheinandergewürfeltes Gesichtsschema ziehen weit mehr Aufmerksamkeit an als das einfache Muster. Es wird also größere Komplexität bevorzugt, wenn man die Wahl zwischen zwei Teilen des Wahrnehmungsfeldes hat.

Aber wie nach dem Inkongruenzprinzip theoretisch zu fordern ist und wie auch viele Befunde zeigen, wird nicht das im absoluten Sinne Komplexe oder Komplexere, d. h. gemessen an objektiven und vom einzelnen Betrachter unabhängigen Kriterien, schlechthin bevorzugt. Der Komplexitätseindruck ist vielmehr davon abhängig, wieweit die Reizvorlage vom bisher im Betrachter aufgebauten Erwartungsschema für ähnliche Gebilde im Hinblick auf Komplexität abweicht. Solche Inkongruenzen und nicht vom Betrachter losgelöste, objektivierbare Besonderheiten von Reizvorlagen sind verhaltenswirksam. (Dazu Näheres im Studientext 2.6.1.)

(4) Ungewißheit, ob eine Erwartung eintritt, und Konflikt zwischen gegensätzlichen Tendenzen

Jede Mutter hat erfahren, daß das Sprichwort »Gebranntes Kind scheut Feuer«, eine Volksweisheit über das verknüpfende Lernen, sich keineswegs immer bestätigt. Ein 4jähriger verbrennt sich leicht, wenn er das erste Mal das Anbrennen von Streichhölzern probiert. Die Faszination des Ausprobierens wird dadurch aber nur noch weiter gesteigert und er fährt fort. Erwartungsungewißheit treibt wie nichts anderes das Kind an, neue Fertigkeiten zu erwerben und zu festigen. Löffelführen, Tassehalten, Licht anknipsen: Sobald dies nicht mehr zu schwierig und solange es noch nicht zu leicht geworden ist, bestehen Kinder auf dem Selbermachenwollen, oft zur Verzweiflung der Eltern. Alles, was gerade einen mittleren Schwierigkeitsgrad für das Kind besitzt, weckt uner-

müdliche Funktionslust. Wir kommen im nächsten Kapitel darauf
zurück.

Wenn diese Beispiele auch aus den ersten Lebensjahren stammen,
sie ließen sich mühelos für alle Entwicklungsabschnitte, auch für
das Erwachsenenalter, vermehren. Die motivierende Wirkung des
Inkongruenzprinzips mit seinen verschiedenen Formen findet sich
z. B. in den vielerlei Spielaktivitäten des Kindes. Auch im Unterricht ist es von Bedeutung. Ein Unterrichtsangebot, das in leicht
dosiertem Maße den erreichten Kenntnisstand überfordert, fesselt
die Aufmerksamkeit. Suchen Sie einmal selbst in Ihrem Erfah-
rungsschatz nach Wirkungen des Inkongruenzprinzips.

## 2.9. *Eine naive Gleichsetzung*

Dieses Kapitel hat Vorgänge zu klären versucht, die dem beobachtbaren Entwicklungsgeschehen zugrunde liegen; nämlich
Reifen und Lernen. Im alltagspsychologischen Überzeugungswissen, ja selbst noch in Lehrbüchern findet man eine Gleichsetzung von Reifen mit Anlage und von Lernen mit Umwelt.
Deshalb sei abschließend die Beziehung und Unterschiedlichkeit
zwischen beiden Begriffspaaren angedeutet.
Reifen und Lernen sind gerichtete Änderungsprozesse, die an
oder in einem Menschen (seinem Organismus) vor sich gehen. Mit
Reifen und Lernen erklären wir die beobachtbare Entwicklung,
die in Form eines Wachstums, einer zunehmenden Differenzierung,
Integration und Effektivität verschiedener Funktionen und Fähigkeiten in Erscheinung tritt.
Anlage und Umwelt sind demgegenüber keine gerichteten Änderungsprozesse. Sie bezeichnen vielmehr zwei verschiedene Arten
zeitlich überdauernder Bedingungsfaktoren. Durch die Interaktion
beider Arten von Faktoren werden einerseits die Entwicklungsprozesse des Reifens und des Lernens erst ermöglicht, andererseits
werden durch sie die Grenzen möglicher Entwicklungen festgelegt. Die Anlage eines Menschen liegt dabei als gleichbleibende
Bedingung ein für allemal fest (sofern man darunter letztlich die
sog. Gene, die Erbträger, versteht). Die Umwelt, in die der
Mensch »hineingeboren« wird, kann relativ gleich bleiben, sich
verändern oder verändert werden. Sie kann außerdem für die
jeweils gegebenen Anlagen mehr oder weniger entwicklungs-
fördernd sein.

# Literatur

ANGERMEIER, W. F. *Kontrolle des Verhaltens.* Berlin: Springer 1972.

ARNHEIM, R. *Art and Visual Perception.* Berkeley: University of California Pr. 1965; deutsch: *Kunst und Sehen.* Berlin: de Gruyter 1965.

BALDWIN, J. M. *Mental Development in the Child and in the Race. Methods and Processes.* New York: Macmillan 1895.

BANDURA, A. ›Social learning through imitation‹. In: M. R. JONES (Hrsg.) *Nebraska Symposium on Motivation 1962.* Lincoln: Nebraska University Pr. 1962, S. 211–269.

– ›Social learning theory of identificatory process‹. In: D. A. GOSLIN (Hrsg.) *Handbook of Socialization Theory and Research.* Chicago: Rand McNally 1969, S. 213–262.

BANDURA, A. & MCDONALD, F. J. ›The influence of social reinforcement and the behavior of models in shaping children's moral judgements‹. In: *Journal of Abnormal and Social Psychology,* 1963, *67,* 274–281.

BANDURA, A., ROSS, D. & ROSS, S. A. ›Imitation of film-mediated aggressive models‹. In: *Journal of Abnormal and Social Psychology,* 1963, *66,* 3–11.

BERLYNE, D. E. *Conflict, Arousal and Curiosity.* New York: McGraw-Hill 1960.

BLOOM, B. *Stability and change in human characteristics.* New York: Wiley 1964; deutsch: *Stabilität und Veränderung menschlicher Merkmale.* Weinheim: Beltz 1971.

BÜHLER, C., HETZER, H. & MABEL, F. ›Zur Affektwirksamkeit von Fremdheitseindrücken im ersten Lebensjahr‹. In: *Zeitschrift für Psychologie,* 1928, *107,* 1. Abt., 30–40.

DENNIS, W. ›Infant development under conditions of restricted practice and of minimum social stimulation‹. In: *Genetic Psychological Monographs,* 1941, *23,* 143–191.

DENNIS, W. & DENNIS, M. G. ›The effect of cradling practices upon the onset of walking in Hopi children‹. In: *Journal of Genetic Psychology,* 1940, *56,* 77–86.

EWERT, O. (Hrsg.) *Entwicklungspsychologie.* Bd. I. Köln: Kiepenheuer & Witsch 1972.

FANTZ, R. L. ›The origin of form perception‹. In: *Scientific American,* 1961, *204, 5,* 66–72; deutsch in: O. EWERT (Hrsg.) *Entwicklungspsychologie.* Bd. I. Köln: Kiepenheuer & Witsch 1972, S. 244–252.

HECKHAUSEN, H. ›Entwurf einer Psychologie des Spielens‹. In: *Psychologische Forschung,* 1964, *27,* 225–243. (Auch in: C. F. GRAUMANN & H. HECKHAUSEN (Hrsg.) *Reader zum Funk-Kolleg Pädagogische Psychologie 1:* Entwicklung und Sozialisation. Frankfurt a. M.: Fischer Taschenbuch (Bd. 6113). 1974, S. 155–174.)

– ›Wachsen und Lernen in der Genese von Persönlichkeitseigenschaften‹. In: H. HECKHAUSEN (Hrsg.) *Bericht über den 24. Kongreß der Deutschen Gesellschaft für Psychologie.* Göttingen: Hogrefe 1965, S. 125–132.

HUNT, J. McV. ›Intrinsic motivation and its role in psychological development‹. In: D. LEVINE (Hrsg.) *Nebraska Symposium on Motivation 1965.* Lincoln: Nebraska University Pr. 1965, S. 189–282.

IRWIN, O. C. ›Development of speech during infancy: Curve of phonemic frequencies‹. In: *Journal of Experimental Psychology,* 1947, *37,* 187–193.

JAMES, W. *Principles of Psychology.* Vol. 1 u. 2. New York: Holt 1895.

KOHLBERG, L. ›Early Education: a cognitive-developmental view‹. In: *Child Development,* 1968, *39,* 1013–1062.

LITT, TH. *Führen oder Wachsenlassen. Eine Erörterung des pädagogischen Grund-problems.* Stuttgart: Klett 1927.

LOCKE, J. (1693) *Some Thoughts Concerning Education.* London: Churchill 1963.

LUKENS, H. ›Die Entwicklungsstufen beim Zeichnen. II. Die Kinderfehler‹. In: *Zeitschrift für Kinderforschung*, 1897.

MARQUIS, D. ›Can conditioned responses be established in the newborn infant?‹ In: *Journal of Genetic Psychology*, 1931, *39*, 479–492.

MCCARTHY, D. ›Language development in children‹. In: L. CARMICHAEL (Hrsg.) *Manual of Child Psychology.* New York: Wiley ²1954, Kap. 9.

MILLER, G. A. *Language and Communication.* New York: McGraw-Hill 1951.

MUSSEN, P. H. (Hrsg.) *Handbook of Research methods in Child development.* New York: Wiley 1960.

O'NEILL, A. S. *Erziehung in Summerhill. Das revolutionäre Beispiel einer freien Schule.* München: Szczesny 1965.

PAPOUŠEK H. ›Conditioning during early postnatal development‹. In: Y. BRACKBILL & G. G. THOMPSON (Hrsg.) *Behavior in Infancy and early Childhood.* New York: Free Pr. 1967.

PIAGET, J. (1936) *Das Erwachen der Intelligenz.* Stuttgart: Klett 1969.

RHEINGOLD, H. L., GEWIRTZ, J. L. & ROSS, H. W. ›Social conditioning of vocalizations in the infant‹. In: *Journal of Comparative and Physiological Psychology*, 1959, *52*, 68–73.

SKINNER, B. F. *The Behavior of Organisms. An Experimental Aanalysis.* New York: Appleton Century Crofts 1938.

Heinz Heckhausen

# 3. Motive und ihre Entstehung

# 3. Motive und ihre Entstehung

## 3.1. *Allgemeine Einführung*

Warum verhält sich ein Mensch so, wie er sich verhält? Das ist keine Frage, die erst die Psychologie stellt. Jeder Mensch stellt sie, hat sie gestellt, solange es Menschen gibt. Aber er fragt nicht nur, er gibt sich auch selbst Antworten, er bekommt Antworten von anderen. In all diesen Antworten steckt eine Theorie über die Gründe des Verhaltens, eine naiv-psychologische Motivationstheorie, über die wir alle verfügen. Sie ist über die Jahrtausende und Jahrhunderte nicht völlig gleich geblieben. So haben sich etwa die theologischen und philosophischen Überzeugungen, die mit Erklärungsversuchen des menschlichen Verhaltens immer eng verbunden waren, gewandelt. Eine Fülle von Begriffen, wie Leidenschaft, Begierde, Beweggrund, Instinkt, Interesse, Neigung, Triebfeder, Wille, Wunsch – um nur einige zu nennen, haben in vorpsychologischen Erklärungssystemen eine Rolle gespielt, wie sie auch heute noch in der Alltagssprache vielfältige Bedeutungsnuancen in der Beschreibung und Erklärung menschlicher Handlungsweisen anklingen lassen.

## 3.1.1. *Was am Verhalten Erklärungen herausfordert*

Schon die Fülle der Bezeichnungen ist ein Indiz dafür, daß an menschlichen Handlungen eine Fülle von Merkwürdigkeiten zu beobachten sein muß, die nicht als selbstverständlich erscheinen, sondern nach Erklärung verlangen. Unter diesen erklärenswerten Merkwürdigkeiten kann man mindestens drei Arten unterscheiden.

Erstens: Handlungen sind immer auf ein bestimmtes Ziel gerichtet, häufig über weite Zeitstrecken. Wenn wir nur Teilabschnitte des Verhaltens anderer beobachten, so bleibt uns nicht selten verborgen, was sie eigentlich »beabsichtigen«. Das macht uns aufmerksam. Wenn wir dahinter kommen, haben wir gelegentlich Grund, über die ausdauernde Zielgerichtetheit von wiederkehrenden Handlungen zu staunen; etwa wenn ein verschmähter Liebhaber nicht abläßt, seiner Schönen den Hof zu machen. So etwas verlangt Erklärung, und man spricht etwa von »Leidenschaft«. Aber genaugenommen benennt »Leidenschaft« nur das zu Erklärende. »Leidenschaft« als Erklärung ist zirkulär, d. h. wir drehen uns im Kreise.

Zweitens: Die Vielfalt der konkret verfolgten Handlungsziele ist
schier unübersehbar; auch in gleicher Lebenslage. Diese Vielfalt
nach allgemeineren Klassen von Handlungszielen zu gruppieren
würde alles viel geordneter und einfacher und damit erklärlicher
machen. Eine Erklärung muß das zu Erklärende geordneter und
einfacher machen. So hat man Kataloge von »Grundtendenzen«,
»Trieben«, »Bedürfnissen« aufgestellt. Wie viele Grundtendenzen,
Triebe oder Bedürfnisse soll man unterscheiden? Offensichtlich
hängt dies von dem bevorzugten Verallgemeinerungsniveau ab
und ist deshalb beliebig und nicht zu entscheiden. FREUD glaubte
mit zwei Trieben auszukommen, dem *Sexualtrieb* und dem *Todestrieb*. Sein Schüler ADLER hat alles auf den *Machttrieb* zurückzuführen versucht. McDOUGALL (1932) hat 18 Haupttendenzen
unterschieden.

> Darunter z. B. Nr. 11 »Laut um Hilfe zu schreien, wenn unsere Anstrengungen letzten Endes umsonst sind (Appelltendenz)«; Nr. 12 »Unterkünfte und Werkzeuge herzustellen (Herstellungstendenz)«; Nr. 14 »Über
> die Fehlerhaftigkeiten und Mißerfolge unserer Mitgeschöpfe zu lachen
> (Lachtendenz)« (S. 97–98).

MURRAY (1938) hat eine Liste von 27 Bedürfnissen aufgestellt.
Darunter das Leistungsbedürfnis (*need Achievement*, abgekürzt:
*n Ach*). Die mit ihm verbundenen Wünsche werden wie folgt
charakterisiert:

> »Etwas Schwieriges zustande zu bringen. Physische Objekte, menschliche
> Wesen oder Ideen zu meistern, manipulieren oder organisieren. Dies möglichst schnell oder möglichst unabhängig zu tun. Hindernisse zu überwinden und einen hohen Standard zu erreichen. Sich selbst zu übertreffen.
> Mit anderen zu wetteifern und sie zu überflügeln. Die Selbstachtung zu
> steigern durch erfolgreiche Entfaltung eigener Talente« (S. 164).

Man kann nun alle möglichen Handlungen nach einer bestimmten
Liste von Trieben, Tendenzen, Bedürfnissen oder Motiven klassifizieren – Spielhandlungen von Kindern und Erwachsenen können
wir nun z. B. auf den »Spieltrieb« zurückführen. Aber genaugenommen benennt »Spieltrieb« nur das zu Erklärende. »Spieltrieb«
als Erklärung ist zirkulär. Wir drehen uns wieder im Kreise.
Drittens: Nicht jeder Mensch verhält sich vom Beobachterstandpunkt aus erwartungsgemäß, situationsangemessen oder überhaupt verständlich. Jemand äußert seine abweichende Überzeugung, obwohl ihm das schwere persönliche Nachteile einbringt.
Ein Kind lacht vor Freude, wenn der Wolf im Weihnachtsmärchen
die Großmutter frißt. Ein eifrig löschender Feuerwehrmann entpuppt sich später als der Brandstifter. Hier wird unser Erklärungsbedürfnis geradezu herausgefordert, und jeder wird zum Motivationspsychologen. Die Suche nach dem »Tatmotiv« macht den
Reiz der Kriminalberichterstattung aus. Aber schon weniger krasse
Abweichungen vom Üblichen geben zu denken. Die Menschen
müssen sich inwendig danach unterscheiden, was sie bei gleich

erscheinendem Situationsanlaß zu verschiedenen Handlungen treibt. Dem Nonkonformisten schreiben wir etwa ein ausgeprägtes »Unabhängigkeitsstreben«, dem Kind im Weihnachtsmärchen »aggressive Tendenzen«, dem Feuerwehrmann »pyromane Neigungen« zu. Aber wiederum benennt all dies nur das zu Erklärende. Die erklärenden Zuschreibungen sind zirkulär. Wir drehen uns im Kreise.

### 3.1.2. *Verhaltenserklärung auf den ersten Blick: Eigenschaftspsychologie*

Welchen Erklärungswert soll es dann in einer wissenschaftlich betriebenen Psychologie noch haben, Individuen mit »Trieben«, »Bedürfnissen« oder – wie man es heute nennt – mit »Motiven« auszustatten? Die Psychologie war lange, und ist in Teilbereichen bis heute, eine Eigenschaftspsychologie. Individuelle Unterschiede werden auf feste Eigenschaften von Personen zurückgeführt. Motive sind eine Gruppe solcher Eigenschaften. Nichts erscheint natürlicher, als Unterschiede im Verhalten auf solche Motiv-Eigenschaften zurückzuführen, wenn man sich die drei folgenden Grunderfahrungen vergegenwärtigt, die wir täglich und unbezweifelbar machen:

1. In gleichen Situationen verhalten sich verschiedene Personen nie alle gleich (individuelle Unterschiede).
2. In ähnlichen Situationen verhalten sich dieselben Personen auch gleich oder ähnlich (Konsistenz über Situationen).
3. In gleichen Situationen verhalten dieselben Personen sich so, wie sie sich früher schon in der gleichen Situation verhalten haben (Stabilität über Zeit).

Wo sich diese drei Eindrucksperspektiven miteinander verbinden, nämlich individuelle Unterschiede, die sowohl über Situationen wie über Zeit hinweg erhalten bleiben, schließen wir zwingend auf überdauernde individuelle Eigenschaften, auf »Wesenseigenschaften«.

Natürlich werden Situationsfaktoren bei der Erklärung des Verhaltens nicht ganz übersehen. In ähnlichen Situationen handelt dieselbe Person auch unähnlich oder verschieden. Auch gibt die Situation in der Regel erst zum Handeln Anlaß, regt es an. Situationen werden deshalb als Anregungsbedingungen aufgefaßt. Sie sind nötig, damit unter den vielen Besonderheiten – den Eigenschaften – einer Person jene zum Zuge kommen, die für die gegebene Situation bereitstehen. So kann man in einer einfachen Redeweise von einer gewissen Interaktion zwischen Motiven (als Persönlichkeitseigenschaften) und Situationsfaktoren sprechen.

### 3.1.3. *Verhaltenserklärung auf den zweiten Blick: Reiz-Reaktions-Psychologie*

So erscheint es auf den ersten Blick. Wir richten unsere Aufmerksamkeit auf Personen als Handlungsträger. Situationen dagegen bleiben bei der Verhaltenserklärung blaß und ihre Besonderheiten unanalysiert. Bei genauerem Hinsehen jedoch – und seit Anfang des Jahrhunderts begann die vor allem an Tieren betriebene Lernpsychologie genauer hinzusehen – läßt sich die Erklärungslast vom Individuum wegverlagern auf die besonderen Situationsumstände. Was bislang durch die jeweiligen Besonderheiten einer gegebenen Person verursacht war, ist auf den zweiten Blick auf die jeweiligen Besonderheiten einer gegebenen Situation zurückzuführen. Eine solche Sichtweise liegt unserer naiven alltäglichen Fremdbeurteilung beobachteten Verhaltens keineswegs nahe. Sie ist das Verdienst sog. Reiz-Reaktions-Theorien (*S-R-Theorien*: stimulus – response) zur Erklärung von Änderungen des individuellen Verhaltens unter detaillierter Situations-(Reiz-)Kontrolle, die wir gewöhnlich als »Lernen« bezeichnen.

Wir sind also offensichtlich immer voreilig, wenn wir dazu neigen, beobachtete Verhaltensunterschiede auf Personeigenschaften wie Motive zurückzuführen. Die drei Eindrucksperspektiven, die dies so zwingend nahelegen, müßten uns irregeführt haben. Wenn wir die Situationen genauer betrachten, kommen wir zu revidierten Urteilen.

1. *Individuelle Unterschiede.* Wenn sich verschiedene Personen in gleichen Situationen nie alle gleich verhalten, so sind eben die »gleichen« Situationen in Wirklichkeit nicht für alle gleich. Die Gleichheit der Situation erscheint nur von außen so, sie kann von verschiedenen Personen verschieden aufgefaßt werden. Deshalb handeln sie auch konsequent verschieden auf eigentlich Verschiedenes. Damit verschiedene Personen gleich handeln, muß die Situation für sie alle auch wirklich gleich sein, d. h. im gleichen Sinne wahrgenommen und beurteilt werden. Es wäre also genau entgegengesetzt zu formulieren: In wirklich gleichen Situationen verhalten sich verschiedene Personen auch gleich. Man muß nur wissen, was »wirklich« gleich und verschieden an den Situationen – und nicht an den Personen – ist.

2. *Konsistenz über Situationen.* In ähnlichen Situationen verhält sich dieselbe Person gar nicht so gleich. Wenn man jemanden einmal beim Schwindeln ertappt hat, so muß er noch kein Schwindler sein. Schon vor über 40 Jahren haben HARTSHORNE & MAY (1928 bis 1930) die Eigenschaftspsychologie einer Prüfung unterzogen.

In großangelegten Studien über Charakterbildung brachten sie Tausende von Kindern in Situationen, in denen es nahelag zu mogeln, zu lügen und zu stehlen. Die Situationen waren in verschiedene Situationen eingebettet, wie Elternhaus, Schulklasse, Jugendclub, Wettkampf auf dem Sportplatz,

Katechismusunterricht in der Kirche, Gesellschaftsspiele auf einer Party. Die vielfältigen Befunde zeigen klar, daß das Verhalten in einem unerwartet hohen Maße situationsspezifisch ist. Wer z. B. in einem Unterrichtsfach den Lehrer beschwindelt, tut es nicht bei anderen Lehrern, und ob er außerhalb der Schule häufig oder nicht häufig schwindelt, läßt sich aus seinem Schwindeln in der Schule nicht schließen.

Die Besonderheit der Situation macht eine Menge aus. Man reagiert nicht global in gleicher Weise auf breite Abwandlungsreihen anscheinend ähnlicher Situationen. Und Situationen, die gleiches Verhalten auslösen, brauchen sich äußerlich nicht sehr zu gleichen. Es kommt auf die eigentliche Ähnlichkeit an, nämlich auf ähnliche Handlungsfolgen in den einzelnen Situationen; und zwar auf Handlungsfolgen, die der Handelnde in den einzelnen Situationen vorwegnimmt, erwartet. Sie stecken in der gegenwärtigen Situation, sind aber noch nicht eingetreten. Als Erwartungen des Handelnden sind sie für den außenstehenden Beobachter nicht sichtbar.

*3. Stabilität über Zeit.* Sie gehört zu dem Überzeugendsten, das uns dafür einnimmt, Verhalten auf Persönlichkeitseigenschaften zurückzuführen. Wie will man hier überhaupt Situationsfaktoren als Erklärung für die Stabilität des individuellen Verhaltens plausibel machen?!

Wenn wir unsere Aufmerksamkeit vom Handelnden lösen und auf die Sequenzen von Situationen richten, die wir in unserer Umwelt vorfinden, sind wir sicher überrascht, wieviel Stabilität in der regelmäßigen Wiederkehr gleicher Situationen steckt, und zwar in den Konsequenzen unserer Handlungen, in den Handlungsfolgen. Was im einzelnen auf welche Handlungen folgen wird, ist häufig geradezu institutionalisiert. In welchen Lebensräumen wir uns auch befinden, als Kind in einer Familie, als Schüler oder Studenten in Einrichtungen des Bildungswesens, als Berufstätige in einem Bereich des Beschäftigungssystems, als Patienten in Einrichtungen des Heil- und Pflegewesens, als Mitglieder in einem Verein oder einer Partei – überall liegen Normen fest, an denen unser Verhalten beurteilt, sanktioniert, belohnt oder bestraft wird. Sofern wir nicht gerade dabei sind, in einen ganz neuen Lebensraum einzutreten, kennen wir diese Normen recht genau und sehen uns einem stabilisierten Gefüge von Handlungsfolgen gegenüber. So richten wir unser Verhalten an den leicht vorhersagbaren Handlungsfolgen aus. Es ist deren Stabilisiertheit, die unser Handeln über Zeit hinweg so stabil macht, und es sind nicht so sehr fixierte Persönlichkeitszüge, die in wiederkehrenden ähnlichen Situationen zum gleichen Verhalten führen.

3.1.4. *Verhaltenserklärung auf den dritten Blick:*
*moderne Motivationspsychologie*

Aber zufrieden können wir mit der bisherigen Analyse der Erklärung des individuellen Verhaltens noch nicht sein. Es bleibt nach allem ein ungeklärter Rest. Auf den dritten Blick müssen wir feststellen, daß es ja die einzelnen Personen sind, die in Situationen, die nach aller Umweltstabilisierung der Handlungsfolgen zu den gleichen Ergebnissen führen können, dennoch unterschiedliche Handlungsfolgen erwarten können und deshalb verschieden handeln. Individuelle Unterschiede in der Wahrnehmung von Situationen mit gleichen Handlungsausgängen und ihren umweltstabilisierten Folgen lassen sich nicht auflösen, sondern bleiben bestehen.

So kann bei einer Aufgabe, deren Lösung noch im Bereich der eigenen Möglichkeiten zu liegen scheint, der eine von einer allgemeinen Erfolgszuversichtlichkeit und der andere von Mißerfolgsbefürchtung erfüllt sein. Entsprechend unterschiedlich ist ihr Verhalten. Der eine geht unbelastet und ausdauernd an die Aufgabenlösung, der andere besorgt und gespannt und erliegt eher der Versuchung zu mogeln, weil er so seine Mißerfolgsbefürchtung beschwichtigen kann. Die unterschiedlichen Erwartungen in gleicher Situation (bei gleicher Fähigkeit, die Aufgabe zu lösen und bei gleichem Wissen um die Folgen eines Erfolgs- und eines Mißerfolgsausganges) beruhen auf unterschiedlichen Erfahrungsbildungen in der bisherigen Lebensgeschichte.

Das gleiche gilt noch für einen anderen Fall. Zwei Personen können in gleicher Weise die verschiedenen möglichen Handlungsausgänge und ihre Folgen sehen, aber sich darin unterscheiden, daß sie die einzelnen Handlungsfolgen unterschiedlich werten und gewichten. So ist der eine mehr besorgt über die Folgen eines Mißerfolgs als der andere. Oder der eine bewertet unter den Folgen eines Erfolgs soziale Anerkennung besonders hoch, während einen anderen die bloße Lösung der Aufgabe am meisten befriedigt.

Wir können also wenigstens zwei Fälle anführen, in denen zwar einerseits eine gegebene Situation von verschiedenen Personen gleich aufgefaßt wird; d. h. in denen erstens die gleichen möglichen Handlungsausgänge und zweitens in Abhängigkeit davon die gleichen umweltstabilisierten Handlungsfolgen erwartet werden. Andererseits wird aber im Rahmen dieser situationsspezifischen Übereinstimmungen individuell verschieden wahrgenommen und bewertet. Der erste Fall ist unterschiedliche Wahrnehmung. Unter den Alternativen möglicher Handlungsausgänge hält die eine Person unter sonst gleichen Bedingungen den Handlungsausgang A für wahrscheinlicher als den Handlungsausgang B. Bei einer anderen Person mag es umgekehrt sein. Der zweite Fall ist unterschiedliche Bewertung. Die Folgen der erwarteten gleichen Handlungsausgänge werden von verschiedenen Personen unterschiedlich bewertet und gewichtet.

Solche individuellen Unterschiede, die man nicht mehr für alle Personen auf Situationsfaktoren zurückführen kann, werden als überdauernde Motive zu fassen gesucht, in denen sich Personen unterscheiden. Die individuellen Unterschiede solcher Motive haben ihre entwicklungspsychologische Genese, vor allem in den ersten Lebensjahren. Neben Motiven hat man auch andere Personfaktoren konzipiert, um individuelle Unterschiede des Verhaltens, die nicht auf Situationsfaktoren allein zurückgeführt werden können, zu erklären. Dazu gehören u. a. Fähigkeiten, Interessen, Gewohnheiten (Habits), Einstellungen, persönliche Konstrukte.

Alle diese Erklärungsbegriffe sind letztlich gebildet worden, um die individuellen Unterschiede des Verhaltens, die Konsistenz des individuellen Verhaltens in ähnlichen Situationen und die Stabilität des individuellen Verhaltens über Zeit zu erklären. Sie entstammen samt und sonders der Verhaltenserklärung »auf den ersten Blick«. Sie erklären deshalb gewöhnlich auch mehr, als »auf den zweiten Blick« nötig wäre. Berücksichtigt man die situationsspezifische Abhängigkeit des Verhaltens und reduziert so die Erklärungslast der aufgezählten Personfaktoren, so bleibt »auf den dritten Blick« ein Erklärungsrest übrig, für den wir Personfaktoren als Erklärungsbegriffe benötigen.[1] Gleichzeitig erhält unsere Frage nach den Ursachen des Verhaltens eine neue Dimension, nämlich die individuelle Entwicklung, in der sich die individuellen Unterschiede herausgebildet haben müssen, sofern sich nicht nachweisen läßt, daß sie ganz oder teilweise angeboren sind.

### 3.1.5. *Motiv und Motivation*

Wir können nun den gegenwärtigen Stand der Motivationsforschung in einer allgemeinen Weise wie folgt umreißen. Wie verschiedene Personen sich in einer gegebenen Situation verhalten, ist zu einem guten Teil von den besonderen Anregungsbedingungen eben dieser Situation abhängig. Es sind die erlebten Wahrscheinlichkeiten der möglichen Handlungsausgänge sowie die Erwartung der daran geknüpften weiteren Folgen, die zu einem situationsangemessenen Verhalten motivieren; und zwar werden solche Handlungen gewählt und ausgeführt, die zu möglichst

---

[1] Es gibt schließlich noch eine Verhaltenserklärung »auf den vierten Blick«. Nie sind alle denkbaren Verhaltensalternativen in gleichem Maße realisierbar. Gesellschaftliche Realisierungsmöglichkeiten, die sich über Ort und Zeit wandeln, grenzen die Verhaltensalternativen von vornherein ein (vgl. Studientext 4.1. und 4.5.).

positiven (erwünschten) oder zu möglichst geringen negativen (unerwünschten) Folgen zu führen versprechen. Soweit brauchte man überhaupt keine »Motive« einzuführen, nach welchen sich die einzelnen Personen unterscheiden. Reiz-Reaktions-Psychologien »auf den zweiten Blick« oder – noch besser – kognitive, sog. soziale Lerntheorien (BANDURA 1971; MISCHEL 1973) haben einen erheblichen Erklärungswert.

Es sind jedoch selbst in »gleichen« Situationen darüber hinaus auch immer noch individuelle Unterschiede des Verhaltens zu beobachten. Die individuellen Unterschiede sind nicht zufällig, sie zeigen lebensgeschichtlich eine gewisse Stabilität. Um diese verbleibenden individuellen Unterschiede des Verhaltens bei sonst gleichen Anregungsbedingungen der Situation zu erklären, verwendet man in der neueren Motivationspsychologie den Erklärungsbegriff *Motiv*. Er soll auf überdauernde Voreingenommenheiten kognitiver Prozesse verweisen, mit der die einzelnen Individuen die gleiche Situation verschieden auffassen und den Ausgang ihres Handelns und dessen Folgen verschieden bewerten (vgl. HECKHAUSEN 1973).

Motiv in diesem Sinne – d. h. als Erklärungsbegriff – kann man nicht beobachten. Es ist ein sog. *hypothetisches Konstrukt* (vgl. Studientext 3.1.). Ein hypothetisches Konstrukt ist eine gedankliche Hilfskonstruktion, die zwischen beobachtbaren Gegebenheiten, die aufeinander folgen, erklärend vermitteln soll; und zwar zwischen den beobachtbaren Situationsgegebenheiten einerseits und den dadurch veranlaßten beobachtbaren Verhaltensweisen andererseits. Wir bieten z. B. zwei Personen von gleicher Fähigkeit eine leichte und eine mittelschwere Aufgabe an. Person A wählt die leichte und Person B die mittelschwere Aufgabe. Der Motivbegriff soll erklären, warum dies so ist. Und das heißt auch, er soll voraussagen lassen, daß die eine Person so und die andere anders wählen wird. Der Motivbegriff macht Aussagen etwa darüber, daß Personen sich in den allgemeinen Erwartungen über Erfolg und Mißerfolg ihrer Handlungen unterscheiden; desgleichen in den für sie verbindlichen Normwerten, die sie zu erreichen oder aufrechtzuerhalten suchen; desgleichen in den bevorzugten Ursachenfaktoren, mit denen sie ihre Handlungsergebnisse zu erklären geneigt sind.

Es gibt nicht für jede konkrete Situation ein eigenes Motiv. Dann gäbe es unzählige Motive. Motive sind vielmehr hochgeneralisierte Wertungsdispositionen für einzelne »Grundsituationen«, die letztlich in der menschlichen Existenzweise, in den Notwendigkeiten der Daseinsfristung und Daseinsvorsorge unter den gegebenen Lebensbedingungen, begründet sind. In diesen Grundsituationen findet sich jeder Mensch im Laufe seines Lebens immer wieder vor. Man kann deshalb Motive auch als wiederkehrende Anliegen bezeichnen. Ein solches wiederkehrendes

Anliegen ist z. B. das *Leistungsmotiv*, das sich in wiederkehrenden leistungsthematischen Grundsituationen herausgebildet hat und die Selbstregulation leistungsbezogenen Handelns ermöglicht. Motive sind also nicht angeboren, sondern erlernte Dispositionen. Das gilt in gewisser Weise selbst für leibliche Motive, d. h. für die Befriedigung organismischer Bedürfnisse wie Hunger und Durst.

Motive bezeichnen also Unterschiede zwischen überdauernden individuellen Besonderheiten, die sich in einer bestimmten Grundsituation im Laufe der Entwicklungszeit (Ontogenese) herausgebildet haben. Demgegenüber ist Motivation situationsabhängig und ein kurzfristiges Geschehen. Man bezeichnet damit alle aktuellen Faktoren und Prozesse, die unter gegebenen situativen Anregungsbedingungen zu Handlungen führen und diese bis zu ihrem Abschluß in Gang halten. In der Motivation treten Situationsfaktoren und Motivfaktoren miteinander in Wechselwirkung. Motivfaktoren machen nur einen Teil des Motivationsgeschehens aus. Darüber wird noch Näheres in einem Prozeßmodell der Motivation dargestellt werden (vgl. Kap.3.5.).

### 3.1.6. *Inhaltsübersicht über das weitere Kapitel*

Die Abschnitte 3.2. bis 3.5. beschäftigen sich noch weiter mit Motiven, in den Abschnitten 3.6. bis 3.8. geht es um die Entstehung von Motiven. Zunächst wird an der Entwicklungsabfolge des Selbständigwerdens vom Säuglings- bis zum Jugendalter die rapide Zunahme der Selbstregulationsfähigkeit der motivationalen Selbststeuerung verdeutlicht. Sodann werden einige Motive als wiederkehrende Anliegen, die aus bestimmten Grundsituationen erwachsen, vorgestellt und abgegrenzt gegen spontane zweckfreie Motivation und gegen leibliche Bedürfnisse. Am Beispiel des Leistungsmotivs werden die Bedingungen für das Vorliegen einer leistungsthematischen Grundsituation skizziert und der Begriff des *Gütemaßstabs*, ein wichtiges Bestimmungsstück des Leistungsmotivs, eingeführt. Anhand eines Beispiels, das einen Motivierungsvorgang schildert, wird ein allgemeines Prozeßmodell der Motivation entwickelt, das mit einer Reihe motivationspsychologischer Erklärungsbegriffe (Konstrukte) vertraut macht.

In der zweiten Hälfte dieses Kapitels wird zunächst das erste Auftreten leistungsmotivierten Verhaltens analysiert. Anhand einer einfachen Tätigkeitssituation hat sich gezeigt, wann Kinder zum erstenmal die Grundsituation Leistung auffassen können und welche kognitiven Voraussetzungen dafür erforderlich sind. Es gibt aber auch schon Vorläuferbedingungen der Motiventstehung. So beeinflußt die Entwicklungsangemessenheit der mütterlichen Selbständigkeitserwartungen die Ausprägung des kindlichen

Leistungsmotivs, was das Überwiegen einer Erwartungstendenz (Erfolgszuversicht oder Mißerfolgsängstlichkeit) und bestimmte Voreingenommenheiten der Ursachenerklärung von Erfolg und Mißerfolg angeht. Auch unterschiedlich angeborene Temperamentsanlagen scheinen eine Rolle zu spielen, weil sie Kinder in unterschiedlicher Weise in entwicklungsfördernden Kontakt mit der Nahumwelt bringen. Ist das Leistungsmotiv erst einmal entstanden, so beeinflußt es seinerseits andere Entwicklungsbereiche, wie am Beispiel der Intelligenzentwicklung zwischen $2\,^1/_2$ und 10 Jahren aufgezeigt wird.

In den Studientexten befaßt sich das entsprechende Kap. 3 mit dem Motivbegriff als hypothetischem Konstrukt, mit Verfahren der Motivmessung am Beispiel des Leistungsmotivs, mit dem *Aggressionsmotiv* und mit Entwicklungseinflüssen auf die Motivgenese.

## 3.2. Selbständigwerden – zunehmende Selbstregulation

Alltagspsychologisch schreibt man um so mehr jemandem »Persönlichkeit« zu, je mehr sein Handeln Selbstregulation erkennen läßt und sich dabei gegen Einflußnahmen von außen behaupten kann. So gesehen, muß man dem Kleinkind schon früh »Persönlichkeit« zugestehen, oder zumindest Anfänge davon. Nach den ersten Lebensjahren wird es zunehmend unabhängiger gegen einfaches Bekräftigungslernen wie Klassisches Konditionieren; ja selbst gezielte Erziehungssanktionen der Eltern verfehlen nicht selten ihre instrumentelle Konditionierungswirkung. In dem gleichen Maße entstehen Motive, die das Kind zu eigenständiger Verhaltenssteuerung befähigen.

Recht anschaulich zeigt sich die Persönlichkeitsentwicklung am Unabhängigwerden von den Erwachsenen und der zunehmenden Selbständigkeit des eigenen Handelns. Lassen wir einmal das Unabhängigwerden Revue passieren, indem wir ein paar Entwicklungsstadien herausgreifen.

In den ersten Lebenswochen findet das Neugeborene Entspannung und Befriedigung in engem Hautkontakt und Sich-Anklammern-Können, besonders während der Fütterungssituation.

Ab der zweiten Hälfte des 1. Lebensjahres beginnt das Kind, seine Mutter von anderen Erwachsenen zu unterscheiden und zu bevorzugen (sofern die eigene Mutter bislang die alleinige Pflegeperson war). Das zeigt sich in zweierlei Hinsicht. Einmal in der Reaktion des Kindes auf kurzzeitige Trennungen, wie Vom-Arm-Absetzen oder Allein-im-Zimmer-Zurücklassen. Es protestiert jetzt häufiger, wenn die Mutter als wenn ein anderer Erwachsener oder Fremder dies tut. Stellt die Mutter den Kontakt wieder her, so zeigt sich eine freudige Anhänglichkeit. Zum andern beginnt jetzt das *Fremdeln*. Ein Fremder wird abwartend betrachtet, und es braucht einige Zeit, bis er freundliche Zuwendung findet. Stellt er sogleich Kontakt her, und dies gar, wenn die Mutter entfernt oder abwesend ist, so wendet sich das Kind ab und schreit. (Vgl. AINSWORTH & WITTIG 1969)

Wie wir bereits im letzten Kapitel gesehen haben, läßt sich das Fremdeln mit Hilfe des Inkongruenzprinzips erklären. Nach etwa 6 Monaten hat das Kind ein kognitives Schema von der äußeren Erscheinung der Hauptpflegeperson aufgebaut. Alles, was zu abrupt und stark von dem vertrauten Schema abweicht, kann nicht mehr verarbeitet werden und überwältigt. Es resultiert Furcht. Übrigens hängt das Fremdeln auch davon ab, wie befriedigend die Mutter-Kind-Beziehung bislang war. Entsprach die Mutter häufig nicht den Kontaktbedürfnissen des Kindes, so ist es Fremden gegenüber weniger alarmiert, meidet aber auch länger von sich aus eine Kontaktaufnahme.

Zwischen 1 und 3 Jahren reagieren Kinder mit starker Ängstlichkeit, wenn sie in fremder Umgebung allein gelassen werden. Setzt man sie in ein fremdes Zimmer, brauchen sie die Nähe der Mutter, um aktiv zu erkunden. So genügt es, wenn sie sich bei offener Tür ab und zu vergewissern können, daß die Mutter im Nebenzimmer ist.

Diese Trennungsängstlichkeit verschwindet in den weiteren Vorschuljahren und macht der eigenständigen Erkundung außerhalb des Hauses Platz. Es werden Kontakte mit Fremden, insbesondere Gleichaltrigen aufgenommen.

Mit dem Eintritt in den Kindergarten und vor allem in die Schule verbringt das Kind schon viele Stunden täglich außerhalb des Familienraums. Einzelne andere Erwachsene gewinnen nun zunehmende Bedeutung als Bezugspersonen und Vorbilder.

Mit Beginn des 2. Lebensjahrzehnts beginnt das Kind, seine Eltern und Lehrer zunehmend kritischer zu betrachten und psychologisch zu beurteilen. Es orientiert sich mehr und mehr an den Gleichaltrigen.

Nach der Pubertät wird alles mögliche zum Problem, was letztlich das endgültige Selbständigsein der eigenen Persönlichkeit betrifft: Wer man eigentlich ist und sein könnte; wie man von anderen gesehen wird, insbesondere von Gleichaltrigen des anderen Geschlechts; wie man schon ganz erwachsen sein könnte; welche Überzeugungen noch tragfähig sind; welchen Beruf man einmal ergreifen möchte.

3.3. *Motive sind wiederkehrende Anliegen*

Soweit eine stückhafte Revue des Selbständigerwerdens. Wenn wir den Entwicklungsverlauf näher betrachten, entdecken wir dahinter wiederkehrende Anliegen, die den Menschen über sein ganzes Leben begleiten. Sie treten nicht alle zugleich hervor, sondern nach und nach. Versuchen wir, uns einmal in die Situation des Säuglings zu versetzen. Er ist völlig abhängig von der Pflegeperson in der Befriedigung seiner leiblichen Bedürfnisse und der sozialen Zuwendung. Auf die völlige Abhängigkeit antwortet er mit starker Anhänglichkeit an die individuelle Pflegeperson. Sie gewährt ihm Vertrautheit, Sicherheit und Bedürfnisstillung. Während das Kind selbständiger wird, wandelt sich die so ausschließliche Anhänglichkeit an die Pflegeperson in soziale Bindungen an weitere und alle jene Personen, die Vertrautheit, Sicherheit und Bedürfnisstillung gewähren, soweit dies dem jeweilig erreichten Entwicklungsstand angemessen ist.

Wie sehr sich dabei das Gesuchte und das Erhaltene allmählich wandelt, dahinter steht ein wiederkehrendes Anliegen, das man als »sozialen Anschluß« bezeichnen kann. So betrachtet, läßt sich auch schon vermuten, daß frühere Stufen in späteren aufgehen. Die frühe Anhänglichkeit an die Pflegeperson strukturiert wie ein Grundmuster spätere soziale Anschlüsse bereits vorweg, aber legt sie nicht unumstößlich fest. Welche Erfahrungen mit einem wiederkehrenden Anliegen, wie sozialem Anschluß, gemacht werden, führt zu individuellen Besonderheiten, die man unter dem Erklärungsbegriff *Anschlußmotiv* auf wenige Grundzüge zusammenfassen kann. So kann z. B. ein in der sozialen Zuwendung vernachlässigtes Kind eine generalisierte Erwartung entwickeln, von anderen Menschen zurückgewiesen zu werden. Man sagt dann, »Furcht vor Zurückweisung« bestimme sein Verhalten in allen Situationen, in denen sozialer Anschluß gefordert ist oder nahegelegt wird.[2] Es gibt weitere wiederkehrende Anliegen. Sie stecken in den Grundsituationen, mit denen jeder Mensch, wann und wo er auch auf diesem Planeten gelebt hat und leben wird, unausweichlich zurechtkommen muß. Kann man solche wiederkehrende Anliegen vollständig und abschließend katalogisieren? Es sei nicht versucht, zumal auch vieles davon abhängt, welche Höhe der Abstraktion man dabei bevorzugt. Nur die folgenden Arten menschlicher Grundsituationen seien genannt, weil sie in letzter Zeit viel motivationspsychologische Forschung auf sich gezogen haben.

Aggression: Verursacher von eigenen Behinderungen und kränkenden Erfahrungen attackieren, es ihnen heimzahlen; andere verletzen oder ihre Interessen schädigen.

Macht: Unter Ausschöpfung eigener Kontrollmöglichkeiten das

[2] Zum Anschlußmotiv vgl. WALKER & HEYNS 1962; HECKHAUSEN 1973.

Verhalten und das Schicksal anderer nach eigenen Absichten lenken und beeinflussen.

Hilfe: Anderen beistehen, wenn sie Hilfe benötigen, ohne dafür Entgelt oder Entschädigung zu erwarten.

Leistung: Sich bei der Bewältigung von Aufgaben an Gütemaßstäben orientieren und es möglichst gut machen wollen.

Da niemand den aufgezählten Grundsituationen ausweichen kann, so verschieden für ihn auch die konkreten und wiederkehrenden Anlässe sein mögen, entwickelt er zu jeder Grundsituation verallgemeinerte Zielvorstellungen und Handlungserwartungen. Diese wollen wir in erster Annäherung als Motive bezeichnen.

Da die aufgezählten Arten von Grundsituationen im Laufe der Entwicklung sich häufen, macht *jeder* Mensch seine wiederholten Erfahrungen, die sich in Motiven verdichten. Daraus folgt:

1. Motive sind nicht angeboren, sondern erlernt.
2. Motive sind Niederschläge langdauernder Erfahrungen und bestehen deshalb aus hoch verallgemeinerten Zielvorstellungen und Handlungserwartungen.
3. Motive führen nie unmittelbar zu Handlungen. Sie müssen erst durch ihnen entsprechende Situationsbedingungen wachgerufen und angeregt werden. Sie beeinflussen damit die momentane Motivierung. Die Motivierung wiederum steuert das Verhalten.
4. Motive beginnen sich schon während der frühen Entwicklung herauszubilden. Sie verfestigen sich zunehmend und werden so zu relativ überdauernden Systemen, die das Verhalten des einzelnen steuern.
5. Jeder Mensch hat zu jeder Art der aufgezählten Grundsituationen mit ihren wiederkehrenden Anliegen ein entsprechendes Motivsystem. Das Verhalten jedes Menschen ist zuweilen anschlußmotiviert, aggressionsmotiviert, machtmotiviert, hilfemotiviert oder leistungsmotiviert. Nur: in welcher Ausprägung und Gerichtetheit dies beim einzelnen der Fall zu sein pflegt, hängt von den Besonderheiten der individuellen Motkentwicklung ab.

Wir sahen ja bereits, daß das Kontaktverhalten des noch nicht einjährigen Kindes gegenüber Fremden davon abhängt, welche Kontaktbefriedigung von seiten der Mutter das Kind in seinen ersten 6 Lebensmonaten erfahren hat.

6. Je nach der individuellen Erfahrungshäufigkeit ist das individuelle Motivsystem mehr aufsuchend oder mehr meidend orientiert, stärker durch Hoffnung auf Befriedigung oder Furcht vor Nichtbefriedigung bestimmt. So läßt sich jedes Motiv grob in zwei Teiltendenzen gliedern: Aggression und Aggressionshemmung, Hoffnung auf Anschluß und Furcht vor Zurückweisung, Hoffnung auf Machtgewinn und Furcht vor Machtverlust, Hoffnung auf Erfolg und Furcht vor Mißerfolg.

Individuen unterscheiden sich danach, welche der jeweiligen Teiltendenzen überwiegt.

Wir haben bis jetzt über die sog. *erlernten Motive* gesprochen. Wie wir noch sehen werden, sind an ihrer Entwicklung sowohl strukturierendes Lernen wie verknüpfendes Lernen beteiligt. Erlernte Motive sind von zwei anderen Formen der Motivation, die ebenfalls verhaltenswirksam sind, zu unterscheiden.

Eine Form davon ist die spontane *zweckfreie Motivation.* Sie wurde bereits im vorigen Kapitel beschrieben und mit Hilfe des Inkongruenzprinzips erklärt. Der Ursprung dieser Motivation kann nicht auf Erfahrung, auf Lernen zurückgeführt werden. Sobald der Säugling die ersten Schemata aufgebaut hat, sobald also überhaupt Abweichungen davon auftreten können, wird das Verhalten dadurch motiviert. Motivierungen dieser Art sind also angeboren, sie müssen unmittelbar im Organismus angelegt sein. Lernen ist hier in einem anderen Sinne von Bedeutung. Von ihm hängt es ab, zu welchen Abweichungen vom Gewohnten und Erwarteten es kommt, d. h. worin jeweils die motivierenden Inkongruenzen bestehen. Diese Motivation ist »spontan«, weil Inkongruenz nicht nur bemerkt, sondern auch aufgesucht und ihr das eigene Verhalten zugewendet wird. Typische Fälle sind die beschriebenen *Kreisreaktionen* (vgl. Kap. 5.6.1.), die vielen Formen spielerischer Tätigkeiten, die Funktionslust, mit der noch nicht voll gemeisterte Tätigkeiten immer wieder durchprobiert werden. Hier ist die Motivation »zweckfrei«, weil die Tätigkeiten offenbar in sich selbst anregend sind. Sie werden um ihrer selbst willen und nicht deshalb verfolgt, um ein bestimmtes Ziel zu erreichen oder eine bestimmte Bekräftigung zu erhalten. (Vgl. HECKHAUSEN 1963a; 1964)

Schließlich sind noch die erlernten Motive von den *leiblichen Bedürfnissen* abzugrenzen. Diese sind teils zyklischer, teils regulativer Natur. So stellen Hunger und Durst im täglichen Zyklus das Stoffwechsel-Gleichgewicht des Körpers wieder her, indem sie uns zum Essen und Trinken motivieren. Noch rätselhaft sind die Ursachen des Schlafbedürfnisses. Es scheint der physiologischen Erholung, insbesondere des Zentralnervensystems zu dienen. Regulative Bedürfnisse sind Meidungstendenzen, etwa gegenüber Schmerz oder extremen Temperaturen. Sie schützen den Organismus vor Schaden. Eine organismische Verankerung hat schließlich noch die Sexualität, ein sehr komplexes Bedürfnis. Noch mehr als die anderen leiblichen Bedürfnisse ist es von erlernten Verhaltenssteuerungen überformt. Sexualität entwickelt sich sehr verzögert und wird erst sehr spät funktionsreif. Sie unterliegt in hohem Maße der Sozialisation und kann schließlich in enge Beziehung zu erlernten Motiven, insbesondere zum Anschlußmotiv, treten.

3.4. *Die leistungsthematische Grundsituation als Beispiel*

Im folgenden und im nächsten Kapitel sei ein Motiv herausgegriffen und in seiner Entwicklung näher dargestellt: das Leistungsmotiv. Es spielt im Erziehungs- und Bildungsprozeß eine nicht
unwichtige Rolle. Seine Entwicklung ist in den letzten 10 Jahren
intensiv erforscht worden.

Die eigene Leistungstüchtigkeit ist in der einen oder anderen
Form, sei es zentral oder nebensächlich, ein wiederkehrendes
Anliegen in jedem Menschenleben. Was ist dabei unter Leistung
zu verstehen? Da dieser Begriff in letzter Zeit sowohl mit positiver
wie mit negativer Wertschätzung verwendet und teils unkritisch,
teils mit kritischer Absicht diskutiert wird, sei zunächst die
leistungsthematische Grundsituation psychologisch herausgearbeitet. Genauer: Unter welchen Bedingungen werden Handlungsergebnisse als Leistung angesehen? Nehmen wir ein Beispiel.
Ein Lehrer vergewissert sich über die Erledigung einer Hausaufgabe. Ob und wieweit dabei die erledigte Hausaufgabe als
eine Leistung angesehen wird, hängt von einer ganzen Reihe von
Bedingungen ab:

1. Bedingung: Es muß ein Handlungsresultat erzielt worden sein,
das objektivierbar ist.

Das heißt in unserem Beispiel, der Schüler muß zunächst etwas
vorweisen können.

2. Bedingung: Das Handlungsergebnis muß auf einen Schwierigkeitsmaßstab beziehbar sein, so daß daran beurteilt werden kann,
welche Schwierigkeitsgrade bewältigt wurden und welche nicht.
Schwierigkeitsmaßstäbe sind Gradmesser der individuellen Fähigkeit. (Statt oder in Ergänzung eines Schwierigkeitsmaßstabes kann
auch ein Maßstab des eingesetzten Kraftaufwandes von Belang
sein. Er ist ein Gradmesser der Anstrengung, die individuell auf-
gewendet wurde.)

Der einfachste Fall für eine Beurteilung ist der, wenn etwas entweder gelingen oder mißlingen kann; gewöhnlich kann etwas
aber mehr oder weniger gut gelingen, so daß sich das Handlungsergebnis nach einem differenzierteren Gütemaßstab und/oder
Anstrengungsmaßstab beurteilen läßt.[3]

Müßten die Schüler z. B. etwas zeichnen oder einen Besinnungs-
aufsatz schreiben, so ist die Beurteilung der Hausaufgabe als

---

[3] Die Maßstäbe können übrigens einen verschiedenen Ursprung haben, z. B. auf
einem Vergleich mit eigenen früheren Handlungsergebnissen basieren oder auf
einem Vergleich mit anderen Personen oder auf Anforderungen Bezug nehmen,
die in der Natur der Aufgabe liegen. Das alles sind verschiedene *Bezugsnormen*, in
denen ein Gütemaßstab oder Anstrengungsmaßstab verankert sein kann. Bezugsnormen sind von großer Bedeutung für jede Leistungsbeurteilung; schon weil sie
in aller Regel gar nicht reflektiert werden. (Näheres darüber in Kap. 18 der Studientexte – Lernzielkanon zur leistungsthematischen Persönlichkeitsbildung – sowie
in Kap. 29 des Taschenbuchs.)

Leistung weitaus schwieriger und problematischer, als wenn es sich um die Lösung mathematischer Aufgaben handelt.

3. Bedingung: Es muß überhaupt die Möglichkeit bestehen, daß Handlungen in ihren Ergebnissen gelingen oder mißlingen können. Die Aufgabenanforderungen müssen zwischen den Randbereichen des Zu-Leichten und des Zu-Schweren, des Zu-Mühelosen und des Zu-Anstrengenden liegen.

D. h. die Hausaufgabe dürfte für den Schüler weder zu schwer noch zu leicht, weder bloße Routinefähigkeit noch ein unlösbares Problem sein. Sie dürfte seinen Anstrengungsaufwand und die ihm zur Verfügung stehende Zeit weder unterfordern noch überfordern.

4. Bedingung: Dem Schwierigkeitsmaßstab (und/oder Kraftaufwandsmaßstab) muß ein Gütemaßstab (bzw. Anstrengungsmaßstab) entsprechen, den man zur Beurteilung des Handlungsergebnisses für verbindlich hält, d. h. als einen Fähigkeitsindikator ansieht.

Für die gleiche Hausaufgabe können Lehrer und Schüler verschiedene Gütemaßstäbe für verbindlich halten, so daß das gleiche Handlungsresultat für den einen Mißerfolg und für den anderen Erfolg bedeutet. Im Extremfall kann ein Schüler auch ein ganzes Unterrichtsfach ablehnen. Damit lehnt er die betreffenden Gütemaßstäbe ab. Sie sind für ihn nicht verbindlich. Seine Handlungsresultate verlieren für ihn den Charakter von Leistungen.

5. Bedingung: Die Anerkennung eines Handlungsresultats als Leistung setzt voraus, daß sie einem Urheber zugeschrieben werden kann, der das Resultat sowohl selber beabsichtigt wie zustande gebracht hat.

Handlungsresultate, die sich unbeabsichtigt einstellen oder von anderen erzwungen werden oder – falls beabsichtigt – sich zufällig einstellen oder von anderen zustande gebracht werden, werden nicht als Leistung angesehen. So kann der Schüler die Hausaufgabe, Schritt für Schritt unter elterlicher Aufsicht geführt, gemacht oder von einem Mitschüler abgeschrieben haben. Der Lehrer, der nichts davon weiß, wertet sie als Leistung, nicht aber der Schüler. Schließlich gibt es noch eine weitere Bedingung, die zwar nicht grundsätzlicher Natur, aber doch entscheidend dafür ist, wie ausgeprägt ein Handlungsergebnis als Leistung beurteilt wird.

6. Bedingung: Je mehr man die Ursache eines Handlungsresultates nicht nur der Fähigkeit des Urhebers, sondern auch seiner Anstrengung zuschreibt, um so mehr wertet man das Resultat als Leistung.

Erreichen zwei Schüler mit unterschiedlicher Befähigung das gleiche Resultat, so schreibt der Lehrer dem weniger Befähigten eine größere Leistung zu, weil er sich vergleichsweise mehr anstrengen mußte und mehr angestrengt hat. Für ihn war die gestellte Aufgabe schwieriger.

Es hängt also von einer ganzen Reihe von Bedingungen ab, ob und wieweit ein Handlungsresultat als Leistung angesehen wird. Man kann es auch so formulieren: Es müssen Bedingungen sowohl auf seiten der Umwelt, d. h. hier der Aufgabenstellung, wie auf seiten der Person erfüllt sein, damit eine gegebene Situation als leistungsthematisch aufgefaßt wird. Nur innerhalb dieser Randbedingungen kommt es zur Leistungsmotivierung, zum leistungsmotivierten Handeln und einer entsprechenden Leistungsbeurteilung in der Selbst- und Fremdbeobachtung, zu Erfolg und zu Mißerfolg. (Eine ausführliche Darlegung der Bedingungen für das Vorliegen von Leistung und deren Beurteilung findet sich in HECKHAUSEN 1974, Kap. 1 u. 2.)

### 3.5. *Ein Prozeßmodell der Motivation*

Bevor wir die Entstehung dieser Motivierungsbedingungen erörtern, wollen wir zunächst ein späteres Entwicklungsprodukt von Motivierungsbedingungen betrachten. Versetzen wir uns in einen Schüler, der sich mehr für Deutsch als für andere Fächer interessiert und an einem schönen Sommernachmittag überlegt, ob er jetzt oder am Abend seinen Hausaufsatz schreiben soll. Das gestellte Thema reizt ihn, aber er sieht noch nicht recht, ob und wie er damit fertig wird. Er wird sich schon anstrengen müssen. Andererseits ist er eher zuversichtlich und stellt sich schon vor, wie er von dem erzielten Ergebnis angetan sein wird; wenn es nur schon vorläge! Er erinnert sich an die Befriedigung, die er nach dem letzten Aufsatz empfunden hat. Der wurde auch gut benotet. Aber die Anerkennung des Lehrers war ihm fast weniger wichtig als der Eindruck, den dies auf eine bestimmte Mitschülerin machte. Seine Gedanken kehren darauf zurück, daß ihm der Aufsatz schon in ein paar Stunden gelungen sein könnte und wie er dann mit sich zufrieden wäre. Andererseits macht es aber bei diesem Wetter mehr Spaß, auszugehen und mit Freunden zusammen zu sein. Vielleicht könnte er den Aufsatz noch heute abend spät machen, wenn ihm sein älterer Bruder dabei hülfe. Der hat gute Ideen. Aber dann wäre es hinterher nicht ganz sein eigener Aufsatz, und eine gute Note, mit der er auf jeden Fall rechnet, würde ihm nicht soviel Spaß machen. Dann fällt ihm ein, daß diese Note vielleicht schon die Abiturnote beeinflussen könnte. Endlich entschließt er sich und fängt an, den Aufsatz zu schreiben. Nach einigen Stunden angestrengter Arbeit ist er fertig. Er liest seinen Aufsatz durch und findet ihn eigentlich nicht so gut, wie er erwartet hatte. Er ist unzufrieden mit sich und legt die Arbeit beiseite, nachdem er sich vorgenommen hat, daran abends noch einmal zu arbeiten.

Anhand dieses Beispiels sei ein Prozeßmodell der Motivation veranschaulicht. Die geschilderte Episode läßt sich zeitlich in fünf
Abschnitte unterteilen. Abb. 1 gibt dazu eine schematische Darstellung. Die einzelnen Abschnitte sind: Aufforderung, Motivierung, Ausführung, Selbstbewertung und weitere Folgen.

*Abb. 1:* Die 5 Abschnitte eines Handlungsverlaufs.

Gehen wir die einzelnen Abschnitte durch und folgen den entsprechenden Schritten, wie sie auch in den weiteren Abbildungen
dargestellt sind.
Im Aufforderungsabschnitt kommen die Anregungsbedingungen
der vorliegenden Situation zur Geltung. In unserem Beispiel sind
es vier einzelne *Aufforderungsgehalte*: Aufsatz muß geschrieben
werden, Thema ist interessant, mittlerer Schwierigkeitsgrad,
Anstrengung ist erforderlich. Alle diese Aufforderungsgehalte
sind geeignet, einen Motivierungsvorgang in Gang zu setzen
(Abb. 2).

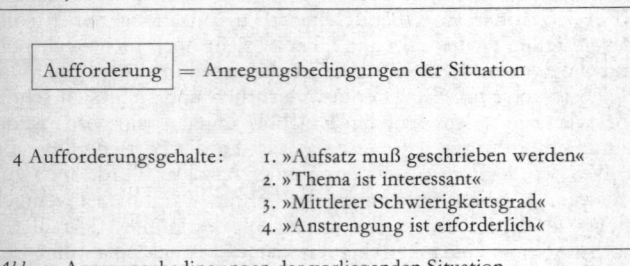

*Abb. 2:* Anregungsbedingungen der vorliegenden Situation.

Damit wird im Motivierungsvorgang das überdauernde Leistungsmotiv unseres Schülers angeregt (Abb. 3). Es besteht vorwiegend
in einer generalisierten Hoffnung auf Erfolg. So ist die allgemeine
Zielvorstellung, daß es zu einem erfolgreichen Handlungsausgang
kommen wird. Außerdem werden schon eine ganze Reihe von
konkreten Folgen des Handlungsausgangs vorweggenommen,
unmittelbare und weitere Folgen.
Die unmittelbare Folge ist die erwartete *Selbstbekräftigung*: Er
wird mit sich zufrieden sein. Die weiteren Folgen sind *Fremdbekräftigung*: erhält eine gute Note, die künftige Abiturnote wird
vielleicht günstig beeinflußt, Anerkennung von seiten des Lehrers, Eindruck auf die Mitschülerin. Die erwarteten weiteren
Folgen haben instrumentellen Wert für die Erreichung weitergehender Ziele, ja sie können sogar im Dienst anderer Motive

Aufforderung → Motiv →  | Motivierung | = Erwartungen

a) erfolgreicher Handlungsausgang (allgemein)

                                    unmittelbare Folgen -

b) Folgen des Handlungsausgangs (konkret) ⟨

                                      weitere Folgen

*Abb. 3:* Anregung einer Motivierung, d. h. der Erwartung möglicher Handlungsausgänge.

stehen. So in unserem Beispiel die Erwartung, die Mitschülerin zu beeindrucken. Ein zusätzliches, ein Nicht-Leistungsmotiv wird angeregt und verstärkt noch die Tendenz, den Aufsatz jetzt zu schreiben (Abb. 4).

Vorweggenommene *unmittelbare* Folge = Selbstbekräftigung

                                (»wird mit sich zufrieden sein«)

Vorweggenommene *weitere* Folgen = Fremdbekräftigungen

1. »erhält eine gute Note«
2. »die künftige Abiturnote wird vielleicht günstig beeinflußt«
3. »Anerkennung von seiten des Lehrers«
4. »Eindruck auf die Mitschülerin«

Zum Teil haben sie instrumentellen Wert für die Erreichung weitergehender Ziele, ja selbst für die Befriedigung anderer Motive.

*Abb. 4:* Die vorweggenommenen Folgen der eigenen Handlung.

Aber gleichzeitig fordert das schöne Wetter zum Nichtstun auf und regt das Anschlußmotiv an: mit Freunden zusammenzusein. Eine Kompromißlösung des auftauchenden Konflikts wird erwogen und verworfen, weil die Hilfe des Bruders die Möglichkeit zu positiver Selbstbekräftigung einschränkt. Der Motivierungsverlauf führt zu einer resultierenden Tendenz, in unserem Fall zu einem Entschluß, nämlich den Aufsatz selbst zu schreiben. Damit beginnt der nächste Abschnitt, die Ausführung, das eigentliche Handeln (Abb. 5).

| Motivierung | → resultierende Handlungstendenz (Entschluß)

resultierende Handlungstendenz →  | Ausführung |

*Abb. 5:* Die resultierende Handlungstendenz leitet über von der Motivierung zur Ausführung.

Bleiben wir noch bei der Motivierung. Alle in ihr vorweggenommenen späteren Handlungsfolgen bezeichnen wir als *Anreize*. So gibt es zwei Klassen von Anregungsbedingungen, die in der Motivierung wirksam werden: Aufforderungsgehalte der bereits bestehenden Situation und Anreize der erwarteten künftigen Handlungsfolgen (Abb. 6).

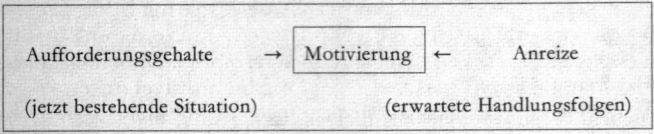

*Abb. 6:* Aufforderungsgehalte und Anreize.

Wir können uns nun in einem weiteren Schritt das Motivierungsgeschehen noch etwas deutlicher machen. Aufforderungsgehalte führen über eine erste Anregung des Motivs zu allgemeinen Erwartungen des Handlungsausgangs. Diese wiederum führen zu konkretisierten Anreizen, nämlich der Vorwegnahme *unmittelbarer* und *weiterer Folgen* des *Handlungsausgangs*. Diese schließlich führen zu einer weiteren Anregung des Motivs (Abb. 7).

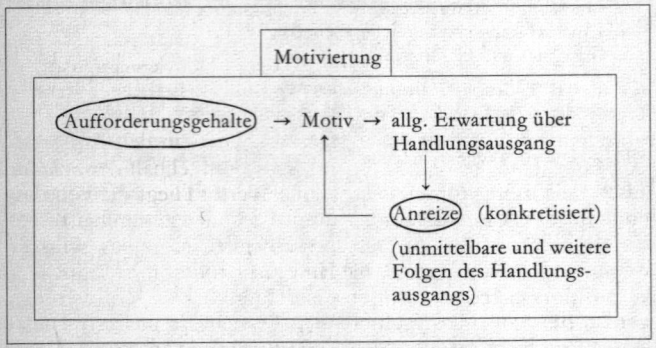

*Abb. 7:* Das Motivierungsgeschehen, angeregt durch Aufforderungsgehalte und Anreize.

Im Motivierungsabschnitt werden somit alle weiter folgenden Abschnitte vorweggenommen, wie Abb. 8 andeutet.

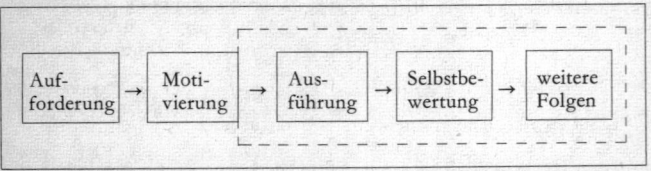

*Abb. 8:* In der Motivierung werden die weiteren Abschnitte der Handlungseinheit vorweggenommen.

Aber nicht jede Motivierung führt zur Ausführung von Handlungen. Unser Schüler hätte sich ja auch entscheiden können, den Aufsatz am Abend zu schreiben. Ob eine Handlung ausgeführt wird, hängt zunächst einmal von der Bilanzabwägung aller positiven und negativen Anreizwerte ab, die nach Ausführung der Handlung eintreten oder nicht eintreten können. Unser Schüler kann nicht gleichzeitig die positiven Anreize, die mit baldiger Fertigstellung des Aufsatzes und jene positiven Anreize, die im Zusammensein mit Freunden enthalten sind, auskosten. Die erste Handlungsmöglichkeit bietet eine größere Summe positiver Anreizwerte als die zweite. Deshalb entscheidet er sich für die erste.

Aber der pure Anreizwert kann nicht allein maßgebend sein. Es ist ja nicht immer gewiß, ob die vorweggenommene Handlungsfolge auch tatsächlich eintritt und damit der entsprechende Anreizwert. Es kommt auch auf die vermutete Eintretenswahrscheinlichkeit an. Ein gleicher Anreizwert verliert mit abnehmender Eintretenswahrscheinlichkeit an Gewicht. Wir wollen diese Beziehung zwischen Anreizwert und Eintretenswahrscheinlichkeit der Einfachheit halber als multiplikative Verknüpfung darstellen und das Produkt als Motivierungsstärke bezeichnen. Diese »Motivierungsformel« liegt modernen Motivationstheorien zugrunde[4] (Abb. 9).

---

Anreizwert × Eintretenswahrscheinlichkeit = Motivierungsstärke

---

*Abb. 9:* Motivierungsformel.

Eintretenswahrscheinlichkeiten stecken bereits in den Aufforderungsgehalten der Situation. In unserem Beispiel hält der Schüler den Aufsatz für mittelschwierig. Entsprechend liegt die von ihm

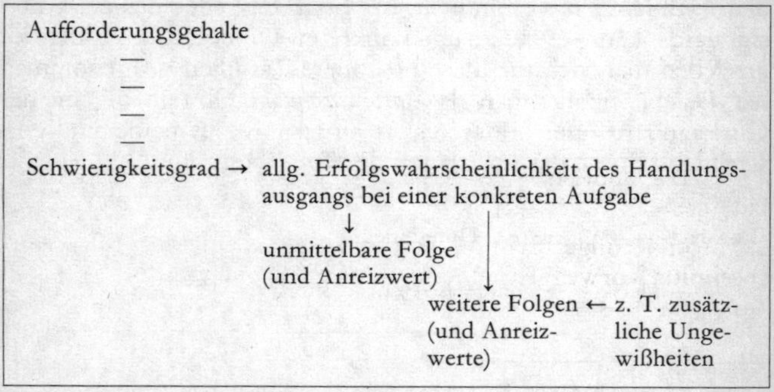

---

Aufforderungsgehalte
—
—
—

Schwierigkeitsgrad → allg. Erfolgswahrscheinlichkeit des Handlungsausgangs bei einer konkreten Aufgabe
↓
unmittelbare Folge
(und Anreizwert)

weitere Folgen ← z. T. zusätz-
(und Anreiz-     liche Unge-
werte)           wißheiten

---

*Abb. 10:* Unter den Aufforderungsgehalten legt der wahrgenommene Schwierigkeitsgrad die Eintretenswahrscheinlichkeiten vorweggenommener Handlungsfolgen fest.

[4] Etwa dem sog. Risikowahlmodell von ATKINSON (1957), das im Kap. 4.3. der Studientexte behandelt wird. (ATKINSON, J. W. ›Motivational determinants of risk-taking behavior‹. In: *Psychological Review*, 1957, *64*, 359–372.)

wahrgenommene *Erfolgswahrscheinlichkeit*, das gewünschte Handlungsziel zu erreichen, im mittleren Bereich. Vom Erreichen des Handlungsziels sind im weiteren die Eintretenswahrscheinlichkeiten aller Handlungsfolgen mit ihren besonderen Anreizwerten abhängig. Manche der weiteren Folgen unterliegen noch weiteren Ungewißheiten. So etwa, ob die gute Aufsatznote schon auf die Abiturnote angerechnet wird (Abb. 10).

Wie man sieht, ist die Motivierung mit allerlei kognitiven Zwischenprozessen ausgefüllt. Das gleiche muß man vom Abschnitt der Selbstbewertung sagen. In Ab. 11 werden diese beiden Abschnitte des Motivationsprozesses herausgehoben.

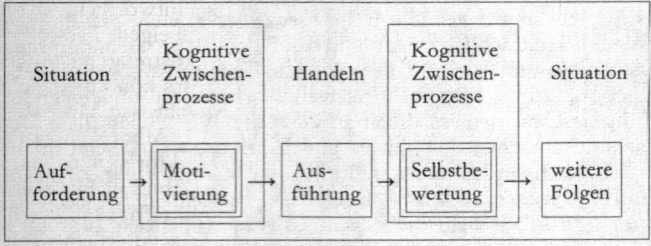

*Abb. 11:* Zwei Abschnitte des Handlungsverlaufs, die sich besonders durch kognitive Zwischenprozesse auszeichnen.

Der *Selbstbewertung* liegen zwei Prozesse zugrunde. Von ihnen ist die Selbstbekräftigung abhängig. Der erste Prozeß ist ein Vergleich des tatsächlichen Handlungsausgangs mit einem allgemeinen *Gütestandard*, der im Falle leistungsmotivierter Tätigkeiten für den Handelnden verbindlich ist. Statt des allgemeinen Gütestandards kann es auch ein konkreter Gütegrad sein, den zu erreichen man sich für diese besondere Tätigkeit vorgenommen hat. Das bezeichnet man als *Anspruchsniveau*. Ob nun allgemeiner Gütestandard oder konkretes Anspruchsniveau: beide sind entscheidend durch das überdauernde Motiv bestimmt (Abb. 12).

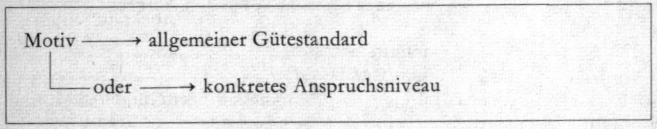

*Abb. 12:* Motiv und Gütestandard.

Unser Schüler legt aufgrund seines Leistungsmotivs einen anspruchsvollen Gütestandard an seine Schulleistungen. Sein konkretes Anspruchsniveau für den Hausaufsatz ist die Note »Gut«. Die Beurteilung seines geschriebenen Aufsatzes macht ihm klar, daß er den erstrebten Gütegrad verfehlt hat (Abb. 13).

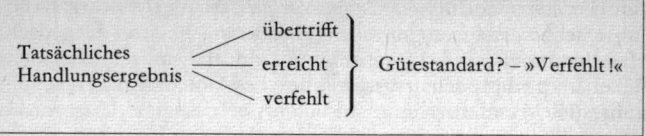

*Abb. 13:* Vergleich des Handlungsergebnisses mit dem Gütestandard.

Damit ist die Selbstbekräftigung negativ: er ist mit sich unzufrieden. Der Vergleich von Handlungsergebnis und Gütestandard führt jedoch nicht automatisch zur Selbstbekräftigung. Ein anderer Prozeß ist noch dazwischen geschaltet, nämlich die Prüfung, ob man für das erzielte Ergebnis auch selbst verantwortlich – d. h. der eigentliche Urheber – ist, ob es ursächlich auf eigene Fähigkeit (oder Mangel an Fähigkeit) und auf eigene Anstrengung (oder Mangel an Anstrengung) zurückzuführen ist. Es könnte ja auch sein, daß äußere Umstände, die man nicht beeinflussen kann, das Ergebnis verursacht haben, etwa Pech, Glück, Müdigkeit oder Eingriff eines anderen. Bei solchen äußeren Faktoren wird man sich für ein gutes oder schlechtes Handlungsergebnis nicht – oder nur abgeschwächt – positiv bzw. negativ bekräftigen. Diesen Prozeß nennt man *Kausalattribuierung.* Abb. 14 zeigt schematisch den zur Selbstbekräftigung führenden doppelten Bewertungsprozeß.

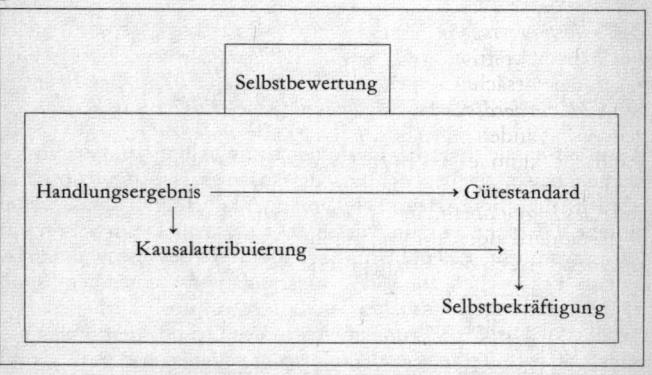

*Abb. 14:* Die Selbstbekräftigung in Abhängigkeit von Gütestandard und Kausalattribuierung.

In unserem Beispiel ist es für den Schüler keine Frage, daß er das unzureichende Ergebnis sich selbst zuschreiben muß. Deshalb läßt sich die negative Selbstbekräftigung nicht abschwächen. Das wäre möglich gewesen, wenn er sich hätte von seinem Bruder helfen lassen.

Machen wir hier halt! Die fachterminologische Aufgliederung

des Handlungsablaufs zeigt, wie komplex die motivationspsychologische Analyse einer simplen Episode ist, die bloß ausgedacht
und beschreibend nachgezeichnet wurde. Es sind schon manche
Theorien und Modelle zur Erklärung des Motivationsgeschehens
aufgestellt worden. Keines bisher ist befriedigend. Es werden
immer nur einzelne Faktoren herausgegriffen und andere vernachlässigt. Das hat einen einfachen Grund: Die Faktoren, die in den
kognitiven Zwischenprozessen eine Rolle spielen, kann man gar
nicht unmittelbar fassen. Erinnern wir uns an die Erörterungen
zum Motivbegriff im ersten Abschnitt dieses Kapitels. Kontrolliert
hat man in der Regel die Aufforderungsgehalte der Situation,
seltener schon die Anreizwerte der weiteren Handlungsfolgen.
Ein großer Fortschritt wurde erzielt, als vor gut 20 Jahren eine
Gruppe amerikanischer Psychologen, vor allem David McClelland und John Atkinson begannen, die Ausprägung des individuellen Motivs zu bestimmen (McClelland et al. 1953). Dadurch
wurde die Forschung außerordentlich angeregt und weiterge-
bracht (vgl. Atkinson 1958a, b; Heckhausen 1963b; 1965; 1967;
Atkinson & Feather 1966; Birney et al. 1969). Neuerdings
versucht man, den Einfluß von Kausalattribuierung und Selbstbekräftigung in den Griff zu bekommen (vgl. Weiner et al. 1971;
Heckhausen & Weiner 1972; Meyer 1973; Heckhausen 1974).
Die Studientexte geben in Kap. 4 und 17 ein paar Beispiele zum
Forschungsstand.

### 3.6. *Erstes Auftreten leistungsmotivierten Verhaltens*

Wann lassen sich nun im Laufe der Entwicklung zum erstenmal
Verhaltensweisen beobachten, die man als leistungsmotiviert
bezeichnen könnte? Beim Schulanfänger kann daran kein Zweifel
bestehen. Einem Säugling dagegen wird man kaum schon ein
Leistungsmotiv zuschreiben. Irgendwo in der Entwicklungs-
spanne dazwischen muß das Leistungsmotiv entstehen, muß
leitungsmotiviertes Verhalten zum erstenmal beobachtbar sein.
Unsere Analyse der leistungsthematischen Grundsituation hat gezeigt, daß eine Reihe von Bedingungen gegeben sein muß, damit
man sein Handlungsresultat überhaupt als Leistung auffassen
kann.
  1. Die betreffende Tätigkeit muß gelingen oder mißlingen kön-
     nen.
Die Tätigkeit muß also einen Effekt haben, den zu erzielen weder
zu leicht noch zu schwer ist. So etwas können wir schon im 1. Lebensjahr beobachten. Kinder sind ja ständig von Tätigkeiten
angezogen, die jeweils in der Randzone des erreichten Könnens
angesiedelt sind. Ein Beispiel sind die ersten Versuche, Auge und

Hand zu koordinieren, wie es PIAGET beschrieben hat. Oder später, wenn ein 1jähriges darauf besteht, den Löffel selbst zu führen, noch ziemlich ungelenk und mit manchen Entgleisungen. Sind Kreisreaktionen und Selbermachenwollen mit ihrer nicht übersehbaren Funktionslust schon leistungsmotiviert? Wir haben sie als spontane, zweckfreie Motivation bezeichnet und mit dem Inkongruenzprinzip erklärt. Sehen wir weiter!

2. Tätigkeiten müssen nach ihrem Schwierigkeitsgrad unterschieden werden können.

Diese Fähigkeit muß man schon im 1. Lebensjahr unterstellen, da Kinder ja so unablässig jene Tätigkeiten bevorzugen, die für sie gerade im mittleren Schwierigkeitsbereich liegen.

3. Es muß ein Gütemaßstab vorliegen, der für das Kind verbindlich ist.

4. Das Kind muß einen Tätigkeitseffekt auf sich selbst als Urheber zurückführen.

Das letztere erscheint auf den ersten Blick selbstverständlich, ist es aber, wie wir sehen werden, gar nicht. Um es mit den eingeführten motivationspsychologischen Begriffen auszudrücken: das Kind muß zur Kausalattribuierung fähig sein. Denn wenn es das Zustandekommen eines Handlungsresultats sich nicht selbst zuschreibt, kann es auch weder Erfolgsfreude noch Mißerfolgsbeschämung empfinden. Sobald wir aber Erfolgs- und Mißerfolgserleben im Ausdrucksverhalten des Kindes beobachten können, muß es das erzielte Handlungsresultat sich selbst als Urheber zugeschrieben haben. Noch mehr, die erkennbaren Reaktionen der Freude oder der Beschämung sind Zeichen einer positiven bzw. negativen Selbstbekräftigung für Erfolg und Mißerfolg. Denn Selbstbekräftigung, so definieren wir mit SKINNER (1953) »setzt voraus, daß es das Individuum in seiner Hand hat, sich eine Bekräftigung zu verschaffen, aber dies nicht eher tut, bis ein besonderes Verhalten zustande gekommen ist« (S. 237–238).

Auf unseren Fall angewandt, die Bekräftigungen bestehen in positiven oder negativen Gefühlsregungen, die grundsätzlich jederzeit im eigenen Organismus auslösbar sind. Das Kind verabreicht sie sich gewissermaßen aber nur dann, wenn sein Handlungsresultat einen besonderen Gütegrad erreicht hat.

Wie kann man Erfolgs- und Mißerfolgsgefühle bis zu ihrem frühesten Auftreten zurückverfolgen? Ab wann etwa können wir unterstellen, daß das Kind über die Fähigkeit zu einer internalen Kausalattribuierung und zur Selbstbekräftigung verfügt. Vor etwa 10 Jahren bin ich mit einigen Mitarbeiterinnen dieser Frage nachgegangen. In einer ersten Untersuchung (HECKHAUSEN & ROELOFSEN 1962) wurde eine möglichst einfache, aber für 2- bis 7jährige anregende Aufgabe entwickelt: Um einen senkrecht stehenden Pflock sind Holzringe zu einem Turm aufzustapeln. Auch der Versuchsleiter baut für sich einen Turm, und es kommt darauf an, wer zuerst fertig ist. Das Zuerstfertigwerden ist ein denkbar einfacher Gütemaßstab, der über Erfolg und Mißerfolg entscheidet. In einigen Versuchen baut der erwachsene Versuchsleiter langsamer, in anderen schneller als das Kind. Es durchschaut nicht, daß auf diese Weise sein Erfolg oder Mißerfolg manipuliert wird.

Die Kleinsten, unter $2\,^1/_2$ Jahren – und noch etwa die Hälfte der $2\,^1/_2$- und $3\,^1/_2$jährigen – verstehen noch nicht, worauf es ankommt. Sie bauen mit allerlei Unterbrechungen ihren Turm, achten aber nicht darauf, ob der Versuchsleiter früher oder später fertig wird. Mit dessen Frage, wer zuerst fertig war, können sie noch gar nichts anfangen. Sie freuen sich über das eigene Bauwerk und sind kaum zu bewegen, es wieder abzubauen. An dem gesamten Verhalten wird aber überdeutlich, daß ihre Freude noch keine Erfolgsfreude im Sinne einer Selbstbekräftigung ist. Es ist Freude über den Effekt, den aufgebauten Turm, aber noch nicht über die eigene Urheberschaft, die eigene Tüchtigkeit. Abb. 15 zeigt ein typisches Ausdrucksverhalten der Freude über den Effekt.

*Abb. 15:* Wolfgang (2 Jahre und 10 Monate) bewundert erfreut das von ihm fertiggestellte Bauwerk: »Putzkedi, jetzt sind se alle wieder voll!«

Sobald Kinder jedoch den Gütemaßstab verstehen, d. h. den zeitlichen Vergleich des Früher- oder Späterfertigwerdens anstellen können, wetteifern sie auch und reagieren erstaunlich heftig auf Erfolg und Mißerfolg. Nach Erfolg richtet sich der Blick triumphierend auf den Verlierer. Der Körper strafft sich, die Hände werden hochgeworfen, so als sollte das eigene Ich stolz vergrößert werden. Nach Mißerfolg sackt das Kind förmlich zusammen, der Kopf ist zur Seite geneigt und der Blick verlegen gesenkt. Abb. 16 zeigt den Gegensatz von Erfolgs- und Mißerfolgsreaktion bei einem 4jährigen Mädchen.[5]

[5] Zu der berichteten Wetteifer-Untersuchung von HECKHAUSEN & ROELOFSEN (1962) über das erste Auftreten von Erfolgs- und Mißerfolgsreaktionen im Ausdrucksverhalten des Kleinkindes gibt es einen halbstündigen Tonfilm, den man kostenlos unter der Katalognummer C 900/1966 beim Institut für den Wissenschaftlichen Film in Göttingen, Nonnenstieg, ausleihen kann: HECKHAUSEN, H., ERTEL, S. & KIEKHEBEN-ROELOFSEN, I.: *Anfänge der Leistungsmotivation im Wetteifer des Kleinkindes.* Tonfilm, 16 mm, schwarzweiß, 306 m, 28 Min. Dazu eine Begleitveröffentlichung derselben Autoren mit demselben Titel. Göttingen: Inst. f. d. Wiss. Film, 1971.

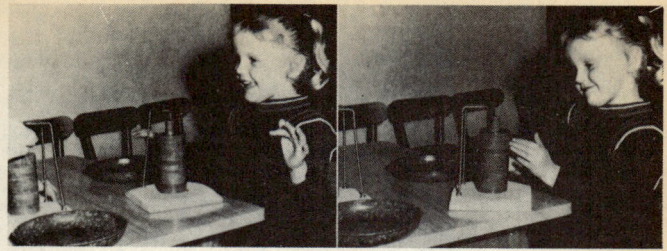

*Abb. 16:* Maria (4 Jahre und 3 Monate). *Links:* nach Erfolg – sie hat ihren Turm als erste fertiggestellt – ruft sie spontan: »Ich!« Aufrichten, Straffen und »Sich-Vergrößern«. *Rechts:* nach Mißerfolg schweigt sie auf die Frage, wer zuerst fertig gewesen sei. »Geknickt«, verdeckendes Mißerfolgslächeln, keine Ablösung vom eigenen Werk, konflikttypisches Verlegenheitshantieren.

Die Befunde zeigen, daß das erste Auftreten von Leistungsmotivation einen bestimmten kognitiven Entwicklungsstand voraussetzt. Das Kind muß erstens schon einen Gütemaßstab erkennen können; in unserem Versuch den Vergleich zwischen Früher- oder Späterfertigwerden anstellen können. Zweitens muß es internal attribuieren, d. h. einen zustandegebrachten Effekt auf sich selbst, den Urheber, zurückbeziehen können. Beides kann man einem Kind, das noch nicht wetteifert und noch keine Erfolgs- und Mißerfolgsreaktion zeigt, nicht beibringen. Es ist ein typisches Ergebnis des strukturierenden Lernens, wie es der gesamten kognitiven Entwicklung zugrunde liegt. Bei sich normal entwickelnden Kindern ist es gegen Ende des 3. Lebensjahres erreicht.
Abb. 17 zeigt eine Lebensalter-Skala, die den kritischen Übergangsbereich veranschaulicht. Er ist chronologisch so zusammengedrängt, daß man meinen könnte, es handle sich um einen organismischen Reifungsschritt. Aber auch hier würde uns die enge Bindung eines Entwicklungsfortschritts an das Lebensalter zu einem Fehlschluß führen. Die gleichen Versuche wurden mit schwachsinnigen Kindern zwischen 6 und 15 Jahren gemacht (HECKHAUSEN & WASNA 1965). Je nach dem Ausmaß ihres kognitiven Entwicklungsrückstandes zeigen sie erst dann Erfolgs- und Mißerfolgsreaktionen, wenn ihr sog. Intelligenzalter, gemessen mit einem Intelligenztest, die Stufe des normalen 3jährigen erreicht hat. Ist das der Fall, auch wenn sie chronologisch schon über 10 Jahre alt sind, reagieren sie in unserem Versuch wie die normalen 3jährigen.
Man darf die berichteten Befunde übrigens nicht so verstehen, als neigten Kinder ab 3 Jahren schon zu Wetteifer und zeigten bereits viel leistungsmotiviertes Verhalten. Im Versuch wurden die Kinder zum Wetteifer angehalten, mit einer attraktiven Tätigkeit und

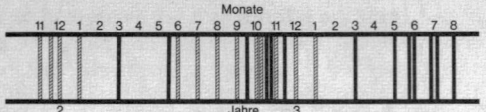

*Abb. 17:* Der kritische Altersbereich für das Erfassen eines einfachen Güte-
maßstabes (früher oder später Fertigwerden als ein Mitspieler) liegt im dritten
und Anfang des vierten Lebensjahres. Schraffierte Balken: Kinder, die den
Gütemaßstab noch nicht verstehen und für sich allein arbeiten. Schwarze
Balken: Kinder, die den Gütemaßstab aufgreifen und mit dem Versuchsleiter wetteifern. Das jüngste Kind aus dieser Stichprobe, das den Gütemaßstab aufgreift und dementsprechend Erfolgs- und Mißerfolgsausdruck
zeigt, ist 2 Jahre und 3 Monate alt. Das älteste Kind, bei dem dies noch nicht
der Fall ist, ist 3 Jahre und 1 Monat alt.

mit Worten. Alles, was man sagen kann, ist: Ab 3 Jahren sind
Kinder zum leistungsthematischen Erleben fähig. Nun ist eine
lebenslange Geschichte eröffnet, in der sich das Individuum in
mancherlei Situationen mit Gütemaßstäben (und mit Anstren-
gungsmaßstäben) auseinandersetzen kann und auch auseinandersetzt; teils, weil es dazu sich angehalten sieht, teils aus eigenem
Antrieb, weil sich zunehmend unter mancherlei Einflüssen, die
wir noch erörtern werden, ein individuelles Leistungsmotiv als
Selbstbekräftigungssystem herausbildet.
Denn schon bei den 4jährigen geben sich individuelle Motivausprägungen zu erkennen, wenn wir sie zwischen verschiedenen
schwierigen Aufgaben wählen lassen, etwa verschieden schwere
Gewichte an einer Schnur hochziehen (HECKHAUSEN & WAGNER
1965). Einige sind offensiv in ihrem Anspruchsniveau und suchen
ihre Leistung zu steigern; andere sind defensiv und gehen möglichen Mißerfolgen von vornherein aus dem Wege.

### 3.7. *Selbständigkeit – Vorläufer des Leistungsmotivs*

Offensichtlich deuten sich in diesem frühen Alter schon die Unterschiede zwischen den beiden Haupttendenzen des Leistungsmotivs an, zwischen Hoffnung auf Erfolg und Furcht vor Mißerfolg
(oder kurz zwischen Erfolgs- und Mißerfolgsmotiv). Zunächst
wollen wir das Leistungsmotiv definieren. Man kann es als das
Bestreben bezeichnen, »die persönliche Tüchtigkeit in allen jenen
Tätigkeiten zu steigern oder möglichst hoch zu halten, in denen
man einen Gütemaßstab für verbindlich hält und deren Ausführung deshalb gelingen oder mißlingen kann« (HECKHAUSEN 1965,
S. 604).
In dieser Definition ist Raum gelassen für beide Tendenzen. Die
eigene Tüchtigkeit zu steigern trifft eher auf das Erfolgsmotiv
zu, sie möglichst hoch zu halten auf das mehr defensive Miß-

erfolgsmotiv. Aber wie können sich schon so früh, nämlich bei den 4jährigen, solche Unterschiede zeigen? Nun, wie so häufig, wenn etwas im Entwicklungsvorgang neu hervortritt, baut es auf früheren Erfahrungen auf und bleibt nicht unbeeinflußt davon. Was ja auf den ersten Blick so leistungsthematisch aussah, aber im eigentlichen Sinne noch nicht ist, war das Selbständigsein, das Unabhängigwerden in der Verfolgung selbstgesetzter Handlungsziele, wie im Selbermachenwollen. Wir haben es bereits erörtert. Es liegt nahe anzunehmen, daß die *Selbständigkeit* ein Vorläufer oder gar ein Vorläufermotiv des Leistungsmotivs ist (vgl. HECKHAUSEN 1966a). Marian WINTERBOTTOM (1958), eine amerikanische Psychologin, hat dazu eine vielbeachtete Untersuchung gemacht. Sie suchte zwei Gruppen 8- bis 10jähriger Jungen mit einem hoch und einem schwach ausgeprägten Leistungsmotiv aus. Jede Mutter dieser Jungen befragte sie dann, ab wann sie von ihrem Sohn Selbständigkeit in verschiedenen Dingen erwartet. Die Mütter hochmotivierter Söhne bestehen in den ersten 8 Jahren auf mehr Selbständigkeit, und dies vor allem zu einem früheren Zeitpunkt als die Mütter der niedrigmotivierten Söhne. Bemerkenswerterweise tritt der Unterschied nicht bei allen Fragen hervor. Fragen, in denen sich die Mütter hochmotivierter Söhne von den Müttern niedrigmotivierter unterscheiden, zielen auf eine kindzentrierte Selbständigkeit und Entscheidungsfreiheit, z. B.:

allein außerhalb des Hauses spielen;
sich seine Freunde selbst aussuchen.

Dagegen unterscheiden sich die Mütter beider Gruppen nicht, wenn es um Selbständigkeit in Routinefertigkeiten geht, die die Mutter entlasten (z. B. allein essen können oder ohne fremde Hilfe sich an- und ausziehen).

Natürlich kann man die mütterlichen Altersangaben nicht im chronologischen Sinne genau nehmen. Sie deuten aber doch an, daß Mütter sich in dem Wert unterscheiden, den sie auf eine kindzentrierte Selbständigkeit ihres Kindes legen. Mit Unterschieden in dieser Erziehungseinstellung fördern oder behindern Mütter das spontane Selbermachenwollen des Kindes. Bekräftigungslernen greift hier schon früh, und zwar noch bevor sich das Leistungsmotiv selbst entwickeln kann, in die spontane zweckfreie Motivation ein, mit welcher das Kind die vielfältigen Interaktionen mit seiner Umwelt herstellt und seine eigene Fähigkeitsentwicklung vorantreibt. Eine Mutter, die frühe Selbständigkeit wünscht und fördert, stellt dem Kind auch mehr Handlungsräume frei, um seine Fähigkeiten zu erfahren und dabei Vertrauen in die eigene Selbständigkeit zu steigern. Entsprechend werden dann auch die Entwicklungsmöglichkeiten des Leistungsmotivs vielfältiger sein, wenn das Kind später in der Lage ist, seine Aktivitäten leistungsthematisch aufzufassen (vgl. auch Studientext 4.6.). So berechtigt diese Erklärung für die leistungsmotivfördernde

Wirkung früher Selbständigkeitserziehung ist, so haben doch viele Nachuntersuchungen die Befunde WINTERBOTTOMS nicht oder nicht voll bestätigt. Wieder einmal hat sich herausgestellt, daß bloßes Lebensalter keine psychologische Variable ist. Einen ersten Hinweis darauf gab eine japanische Untersuchung (HAYASHI & YAMAUCHI 1964), in der frühe Selbständigkeitserziehung gerade umgekehrt mit schwachem Leistungsmotiv einhergeht. Die japanischen Mütter in dieser Untersuchung erwarteten aber gewisse Selbständigkeiten schon sehr viel früher als amerikanische und deutsche. Sie erwarteten etwa bereits von den 3- bis 4jährigen, daß sie sich außerhalb des Hauses zurechtfinden und einkaufen, was in den amerikanischen und deutschen Stichproben erst mit 6 und 7 Jahren der Fall war.

Diese und ähnliche Befunde führten zu der Einsicht, daß eine bloß chronologisch definierte Frühzeitigkeit, psychologisch gesehen, eine Überforderung des kindlichen Entwicklungsstandes bedeuten kann. Ein Kind, von dem die Mutter zu früh zu viel erwartet, muß – sobald es mit 3 Jahren Handlungssituationen leistungsthematisch auffassen kann – gehäuft Mißerfolg erleben. Das hat Folgen für einen wichtigen Teil des sich heranbildenden Motivsystems, nämlich für die Kausalattribuierung eigener Handlungsresultate. (Vgl. HECKHAUSEN 1972, S. 971–980)

In der Kausalattribuierung sieht es sich selbst als den Urheber des Mißerfolgs. Und da Mißerfolg bei ständiger Entwicklungsüberforderung gehäuft auftritt, ist er auch eine ziemlich konstante Erfahrung. Das Kind schreibt den Mißerfolg damit auch einem konstanten Faktor bei sich selbst zu. So bildet sich die Vorstellung der eigenen Unfähigkeit heraus. Denn Fähigkeit oder Unfähigkeit ist ein *konstanter* Faktor der Person im Vergleich zu dem *variablen* Faktor der Anstrengung oder mangelnden Anstrengung. Auf mangelnde Anstrengung oder Pech führen *erfolgs*motivierte Kinder ihre Mißerfolge zurück. Dies ist nämlich dann eine naheliegende Kausalattribuierung, wenn Mißerfolg variabel auftritt, nicht zu häufig und auch nicht zu selten.

W.-U. MEYER (1973) hat zeigen können, daß die Kausalattribuierung, dieser wichtige Bestandteil des Leistungsmotivs (vgl. Kap. 17), mit der Selbständigkeitserziehung zusammenhängt. Lag sie weder zu früh noch zu spät, so empfinden 8- bis 12jährige Jungen sich bedeutsam stärker für ihre Erfolge und Mißerfolge selbst verantwortlich, d. h. schreiben die Ursache sich selbst zu und nicht äußeren Faktoren, wie etwa Glück oder Pech.

Damit in dieser Hinsicht die Selbständigkeitserziehung günstig ist, muß sie nicht unbedingt chronologisch frühzeitig, sondern psychologisch dem jeweiligen Entwicklungsstand des Kindes angemessen sein, d. h. weder überfordernd noch unterfordernd. Eine solche Selbständigkeitserziehung ist wohl eher früh als spät, aber auf keinen Fall zu früh. Sie setzt voraus, daß die Mutter ein sensibles Gespür für die Entwicklungsfortschritte in ihrem Kinde hat und ein Interesse, der jeweiligen Entwicklung angemessen Raum zur Entfaltung freizustellen.

Daß entwicklungsangemessene Selbständigkeitserwartungen die Entwicklung eines erfolgszuversichtlichen Leistungsmotivs am besten fördern, hat sich an 3- bis 5jährigen Kindergartenkindern nachweisen lassen. Standen die Mütter zu Hause den Leistungsbemühungen des Kindes aufgeschlossen gegenüber und ignorierten sie zugleich direkte Aufforderungen des Kindes, ihm zu helfen, so zeigten diese Kinder auch in den Aktivitäten des Kindergartens die größere Leistungsinitiative im Vergleich zu anderen Kindern (CRANDALL et al. 1960). Weitere Untersuchungen sind im Studientext 3.4. dargestellt.

### 3.8. *Temperamentsanlagen und Frühökologie*

Die Entstehung des Leistungsmotivs beruht, wie wir gesehen haben, auf bestimmten kognitiven Entwicklungsschritten, die sich nur mit einem allgemeinen strukturierenden Lernen erklären lassen. Wir sahen aber auch, daß in der Selbständigkeitserziehung spezifisches Bekräftigungslernen schon früh in die Motivgenese eingreift, ja schon vorher den Interaktionsraum absteckt und später die Häufigkeit von Erfolg und Mißerfolg beeinflussen kann. Gibt es nun nicht auch angeborene Faktoren, die ins Spiel kommen? Eine reifungstheoretische Erklärung der entscheidenden kognitiven Entwicklungsschritte haben wir zurückweisen müssen. Aber es gibt in der Tat angeborene Unterschiede, die, wenn man Gleichaltrige miteinander vergleicht, nicht zu übersehen sind. Es ist die besondere Art und Weise, wie ein Kind mit der Umwelt interagiert, wie es Informationen und sozialen Kontakt aufnimmt und verarbeitet. Man nennt solche Verhaltensstile seit altersher *Temperament*. Solche Verhaltensstile scheinen erbmäßig angelegt zu sein.

Richard MEILI (1957), ein Schweizer Psychologe, hat bei Säuglingen schon nach 10 Wochen einen charakteristischen Unterschied festgestellt, der sich in Längsschnittbeobachtungen über viele Jahre als persönlichkeitsspezifisch erwies. Er zeigt sich an der Art der Erregungsverarbeitung, wenn man plötzlich einen neuen Gegenstand ins Blickfeld des Kindes bringt, etwa eine sich bewegende Kugel. Die Kinder zeigen entweder eine mehr gelöste und schnell verarbeitende Zuwendung oder eine starke Spannung mit Blockierung und schließlich ängstlicher Abwendung. Abb. 18 zeigt einen Reaktionsverlauf, der nach anfänglicher Gespanntheit in gelöste Zuwendung übergeht. Der Grad der Irritierbarkeit ist ein durchgehendes individuelles Merkmal. Jahre später, etwa beim

4jährigen, zeigt er sich in analoger Weise, wenn man das Kind mit einem fremden Menschen zusammenbringt. Übrigens zeigen beide Temperamentstypen keine Intelligenzunterschiede.

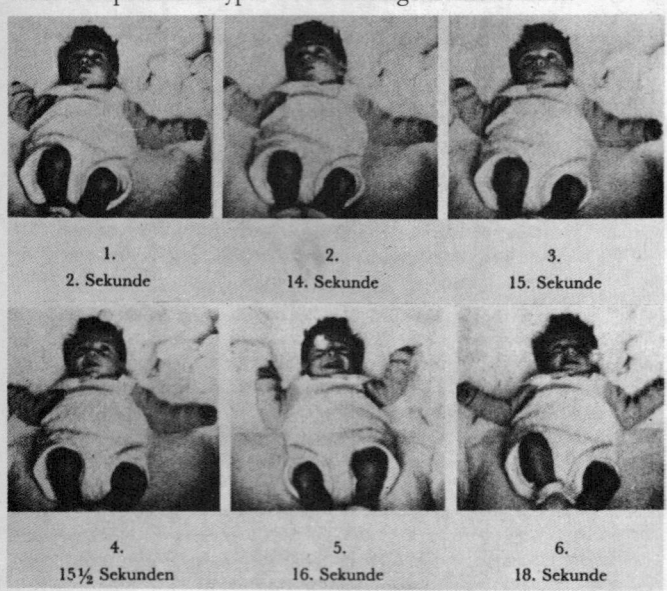

|  |  |  |
|:---:|:---:|:---:|
| 1. | 2. | 3. |
| 2. Sekunde | 14. Sekunde | 15. Sekunde |
| 4. | 5. | 6. |
| 15½ Sekunden | 16. Sekunde | 18. Sekunde |

*Abb. 18:* Felix (68 Tage alt). Über dem Bettchen wird ein kleines, an einer Schnur aufgehängtes Entchen langsam von der Mitte zur einen Seite, wieder zur Mitte, dann zur andern Seite bewegt. Der Blick des Kindes folgt aufmerksam (Bild 1, 2 und 3). Nachdem sich das Entchen zum zweitenmal der Mitte genähert hat, nach 15½ Sekunden, entspannt sich die Mimik, ohne daß schon Bewegungen erfolgen (Bild 4). Sofort darauf beginnt das Kind zu lächeln und sich zugleich zu bewegen (Bild 5). (Aus: R. Meili *Anfänge der Charakterentwicklung.* Bern: Huber 1957, S. 58–59.)

Drei amerikanische Kinderärzte haben an 141 Kindern aus 85 Familien schon vom 2. Lebensmonat an Längsschnittbeobachtungen über viele Jahre gemacht (Thomas et al. 1970). In regelmäßigen Abständen haben sie den Verhaltensstil der Kinder auf Punktschätzskalen festgehalten. Hier sind ein paar solcher Skalen:
Stärke und Ausmaß der motorischen Aktivität; Regelmäßigkeit der Körperfunktionen des Stoffwechsels, des Schlafens und Wachens; Anpassung an Umgebungsänderungen; Stimmungslage, wie fröhlich oder quengelig; Ablenkbarkeit von der jeweiligen Beschäftigung und anderes.
Die so gewonnenen Verhaltensprofile für jedes Kind zeigten relativ konstante individuelle Unterschiede. Über Donald z. B. ist in aller Kürze im Längsschnitt zu berichten:

»Nach der Geburt: hohe Aktivität – 3 Monate: unruhiger Schlaf – 6 Monate: schwimmt fast wie ein Fisch beim Baden – 12 Monate: beim Anziehen und Waschen ständig in Bewegung – 15 Monate: jagt herum, Eltern müssen immer hinter ihm herrennen – 2 Jahre: ständig in Bewegung, springt und klettert – 3 Jahre: klettert auf alles herauf – 5 Jahre: Kindergärtnerin formuliert wörtlich: ›Hängt von den Wänden herunter, klettert an die Zimmerdecke‹ – 7 Jahre: Schulschwierigkeiten, weil er nicht lange still sitzen kann, rennt in der Klasse herum.«

Die Autoren können zwei Drittel aller beobachteten Kinder einem von drei Temperamentstypen zuordnen. Der Rest sind Mischtypen. Hier sind die drei Typen.

1. Typ: Die »leichten Kinder«. 40% der Stichprobe. Sind fast immer positiv gestimmt, regelmäßige Körperfunktionen, mäßige Reaktionsbereitschaft, suchen neue Situationen auf und finden sich schnell zurecht.

2. Typ: Die »schwierigen Kinder«. 10% der Stichprobe. Schreien viel, wenig anpassungsfähig, Eßschwierigkeiten, brauchen viel Geduld.

3. Typ: Die »Langsam-warm-Werdenden«. Niedriges Aktivitätsniveau, meiden zunächst neue Situationen, passen sich aber langsam an, etwas negative Stimmungslage.

Wichtig sind nun die Beobachtungen, wie solche Verhaltensstile der Kinder sich mit den Erziehungsstilen der Eltern vertragen. »Leichte Kinder« reagieren günstig auf alle möglichen Erziehungsstile und übernehmen die elterlichen Erwartungen schnell, haben dann allerdings später einige Schwierigkeiten, sich in der Schulzeit auf die Altersgruppe einzustellen. Mit den »schwierigen Kindern« kommen Eltern nur schwer zurecht. Viel Geduld und Verständnis sind erforderlich. Das ist von Eltern besonders dann nicht leicht zu begreifen, wenn sich unter ihren Kindern nur *ein* schwieriges befindet. Die »Langsam-warm-Werdenden« schließlich brauchen geduldige Ermutigung und Gelegenheiten, um mit neuen Situationen fertig zu werden.

Wir können daraus eine bedeutsame Schlußfolgerung ableiten: Es gibt keinen optimalen Erziehungsstil für *alle* Kinder. Die Nahumwelt des Kindes, soweit sie für es entwicklungsbedeutsam wird, kann diesen Temperamentsunterschieden gerecht werden oder nicht. Das ist ein entscheidendes Charakteristikum der sog. *Frühökologie*. So bezeichnen wir das Insgesamt aller Entwicklungseinflüsse in der Umwelt des Kindes. Es ist z. B. frühökologisch ungünstig, wenn ein bewegungshungriges Kind häufig stundenlang im Auto mitgenommen wird und stillsitzen muß oder wenn man einem nur langsam warm werdenden und etwas trägen Kind mit viel Geduld und einem Laissez-faire-Erziehungsstil begegnet, es viel sich selbst überläßt, statt es gelegentlich »heranzunehmen«.

Es gibt bislang noch keine Untersuchungen darüber, wie die günstige oder ungünstige Beziehung der Temperamentsanlage zur individuellen Frühökologie die Entstehung des Leistungsmotivs beeinflußt. Es liegt jedoch auf der Hand, daß es hier zu Wechselwirkungen kommt, die ähnlich wie in der Selbständigkeitserziehung den Erfahrungsraum des Kindes vorstrukturieren. Sie beeinflussen damit indirekt die individuellen Entwicklungsmöglichkeiten des Leistungsmotivs, sobald das Kind leistungsmotiviert handeln kann.

### 3.9. *Einfluß des Leistungsmotivs auf die Intelligenzentwicklung*

Je nachdem wieweit die frühökologischen Bedingungen des Entwicklungsraumes der Initiative eines Kindes angemessen sind und seine Selbständigkeit fördern, wird es ab 3 Jahren tägliche Situationen häufiger oder seltener, mehr oder weniger als Gelegenheiten auffassen, das eigene Können zu erproben; d. h. Gütemaßstäbe an seine Handlungsresultate anlegen, sich selbst als Urheber zunehmender Fertigkeiten und Kenntnisse erleben und dementsprechend seine Umwelt in mehr oder weniger großen Aktionsradien kognitiv zu bemeistern suchen. Aus dieser Überlegung heraus sollte man erwarten, daß die frühe Ausprägung des Leistungsmotivs die spätere Intelligenzentwicklung beeinflußt.

Solche Zusammenhänge haben sich tatsächlich finden lassen. In einer großen amerikanischen Längsschnittstudie (vgl. KAGAN & MOSS 1962) hat man ab $2^1/_2$ Jahren viele Beobachtungs- und Befragungsdaten gesammelt sowie alle halbe Jahre den sog. *Intelligenzquotienten* (vgl. Kap. 7.2.) gemessen. In diesem Quotienten wird der erreichte Testwert auf das Lebensalter bezogen. Ein Intelligenzquotient von 100 entspricht dem durchschnittlichen Entwicklungsstand in der gesamten Altersgruppe. Quotienten darüber oder darunter stellen entsprechend Entwicklungsvorsprünge oder -rückstände dar.

SONTAG et al. (1958) haben aus dieser Längsschnittstudie jene Kinder herausgesucht, die von $4^1/_2$ bis 6 Jahren und von 6 bis 10 Jahren einen Anstieg des Intelligenzquotienten, d. h. einen zunehmenden Vorsprung in der Intelligenzentwicklung aufweisen. Von jedem Kind lag ein Entwicklungsbericht vor, eine Beobachtungsakte von über 100 Seiten. Beurteiler, ohne von der Kenntnis des jeweiligen Intelligenzquotienten beeinflußt zu sein, gaben aufgrund der Berichtslektüre Punktzahlen für die Ausprägung verschiedener Verhaltensmerkmale. Es zeigte sich, daß mit dem Anstieg des Intelligenzquotienten zwischen $4^1/_2$ und 6 Jahren nur ein Merkmal korreliert: Selbständigkeit und selbstmotiviertes Lernen, d. h. ein Lernen aus eigenem Interesse und nicht um elterlicher Zustimmung willen. Bei den 6- bis 10jährigen bestand der gleiche Zusammenhang. Hier traten auch noch weitere Verhaltensmerkmale hinzu, wie Problemlösungsverhalten, Freude an intellektuellem Wettstreit in der Schule.

Eine weitere Studie von KAGAN et al. (1958) an denselben Kindern stellte zwei Teilgruppen einander gegenüber, die mit 6 Jahren noch den gleichen durchschnittlichen Intelligenzquotienten hatten, der aber dann bis zu 10 Jahren bei der einen Gruppe stark anstieg (von 119 auf 129) und bei der anderen leicht abfiel (von 116 auf 111). Beide Gruppen hatten zwischen 11 und 12 Jahren zu Bildern des sog. *Thematischen Auffassungstests*, des *TAT*, Geschichten zu erzählen. Die Bilder stellen Situationen dar, die man in ganz verschiedener Weise interpretieren kann. (Z. B. ist ein Junge abgebildet, der vor einer Geige sitzt und den Kopf auf seine Hände stützt.) Mit dieser Methode mißt man die individuelle Stärke des Motivs (vgl. Studientext 3.4.2.). Die Befunde zeigen klar, daß die Kinder mit ansteigendem Intelligenzquotienten auch höher leistungsmotiviert sind, d. h. vorgelegte Bildsituationen weit stärker leistungsthematisch auffassen und ausgestalten in ihren Geschichten als die Kinder mit absteigenden Intelligenzquotienten.

Diese Ergebnisse bestätigen unsere Vermutung. Die Entstehung des Leistungsmotivs ist einerseits eine Folge von kognitiven Entwicklungsschritten, die jedes Kind macht. Sobald das Motiv aber da ist, prägt es sich individuell verschieden aus und wirkt andererseits wieder zurück auf die kognitive Entwicklung.

*Literatur*

AINSWORTH, M. D. & WITTIG, B. A. ›Attachment and exploratory behavior of one-year-olds in a strange situation‹. In: B. M. Foss (Hrsg.) *Determinants in infant behavior*. Vol. 4. New York: Wiley 1969, S. 111–136.

ATKINSON, J. W. ›Motivational determinants of risk-taking behavior‹. In: *Psychological Review*, 1957, *64*, 359–372. (Auch in: J. W. ATKINSON (Hrsg.) *Motives in fantasy, action and society*. Princeton, N. J.: Van Nostrand 1958, S. 322–339.)

– (Hrsg.) *Motives in fantasy, action and society*. Princeton, N. J.: Van Nostrand 1958.

ATKINSON, J. W. & FEATHER, N. T. (Hrsg.) *A theory of achievement motivation*. New York: Wiley 1966.

BANDURA, A. *Social learning theory*. New York: General Learning Pr. 1971.

BIRNEY, R. C., BURDICK, H. & TEEVAN, R. C. *Fear of failure*. New York: Van Nostrand-Reinhold 1969.

CRANDALL, V. J., PRESTON, A. & RABSON, A. ›Maternal reactions and the development of independence and achievement behavior in young children‹. In: *Child Development*, 1960, *31*, 243–251.

HARTSHORNE, H. & MAY, M. A. *Studies in the nature of character*. New York: Macmillan 1928.

HAYASHI, T. & YAMAUCHI, K. ›The relation of children's need for achievement to their parents' home discipline in regard to independence and mastery‹. In: *Bulletin of Kyoto Kakugei University*, A, 1964, *25*, 31–40.

HECKHAUSEN, H. ›Eine Rahmentheorie der Motivation in zehn Thesen‹. In: *Zeitschrift für experimentelle und angewandte Psychologie*, 1963a, *10*, 604–626.
– *Hoffnung und Furcht in der Leistungsmotivation*. Meisenheim, Glan: Hain 1963b.
– ›Entwurf einer Psychologie des Spielens‹. In: *Psychologische Forschung*, 1964, *27*, 225–243. (Auch in: C. F. GRAUMANN & H. HECKHAUSEN (Hrsg.) *Reader zum Funk-Kolleg Pädagogische Psychologie 1:* Entwicklung und Sozialisation. Frankfurt a. M.: Fischer Taschenbuch (Bd. 6113) 1974, S. 155 bis 174.
– ›Leistungsmotivation‹. In: H. THOMAE (Hrsg.) *Handbuch der Psychologie*. Bd. 2: Motivation. Göttingen: Hogrefe 1965, S. 602–702.
– ›Einflüsse der Erziehung auf die Motivgenese‹. In: TH. HERRMANN (Hrsg.) *Psychologie der Erziehungsstile*, Göttingen: Hogrefe 1966a, S. 139–169.
– ›Die Entwicklung des Erlebens von Erfolg und Mißerfolg‹. In: *Bild der Wissenschaften*, 1966b, 546–553.
– *The anatomy of achievement motivation*. New York: Academic Pr. 1967.
– ›Die Interaktion von Sozialisationsvariablen in der Genese des Leistungsmotivs‹. In: C. F. GRAUMANN (Hrsg.) *Handbuch der Psychologie*. Bd. 7/2: Sozialpsychologie. Göttingen: Hogrefe 1972, S. 955–1019.
– ›Intervening cognitions in motivation‹. In: D. E. BERLYNE & K. B. MADSEN (Hrsg.) *Pleasure, reward, preference*. New York: Academic Pr. 1973, S. 217–242.
– *Leistung und Chancengleichheit*. Göttingen: Hogrefe 1974.

HECKHAUSEN, H., ERTEL, S. & KIEKHEBEN-ROELOFSEN, I. *Die Anfänge der Leistungsmotivation im Wetteifer des Kleinkindes*. Film Nr. C 900/1966. Göttingen: Institut für den Wissenschaftlichen Film 1966.

HECKHAUSEN, H. & ROELOFSEN, I. ›Anfänge und Entwicklung der Leistungsmotivation: (I.) Im Wetteifer des Kleinkindes‹. In: *Psychologische Forschung*, 1962, *26*, 313–397. (Auch in: H. HECKHAUSEN *Motivationsanalysen*. Berlin: Springer 1974.)

HECKHAUSEN, H. & WAGNER, I. ›Anfänge und Entwicklung der Leistungsmotivation: (II.) In der Zielsetzung des Kleinkindes‹. In: *Psychologische Forschung*, 1965, *28*, 179–245. (Auch in: H. HECKHAUSEN *Motivationsanalysen*. Berlin: Springer 1974.)

HECKHAUSEN, H. & WASNA, M. ›Erfolg und Mißerfolg im Leistungswetteifer des imbezillen Kindes‹. In: *Psychologische Forschung*, 1965, *28*, 391 bis 421.

HECKHAUSEN, H. & WEINER, B. ›The emergence of a cognitive psychology of motivation‹. In: C. P. DODWELL (Hrsg.) *New horizons in psychology 2*. Harmondworth (England): Penguin 1972, S. 126–147.

KAGAN, J. & MOSS, H. A. *Birth to maturity*. New York: Wiley 1962.

KAGAN, J., SONTAG, L. W., BAKER, C. T. & NELSON, V. L. ›Personality and IQ change‹. In: *Journal of Abnormal and Social Psychology*, 1958, *56*, 261–266.

MCCLELLAND, D. C., ATKINSON, J. W., CLARK, R. W. & LOWELL, E. L. *The achievement motive*. New York: Appleton Century Crofts 1953.

MCDOUGALL, W. *The energies of man*. London: Methuen 1932.

MEILI, R. *Anfänge der Charakterentwicklung*. Bern: Huber 1957.

MEYER, W.-U. *Leistungsmotiv und Ursachenerklärung von Erfolg und Mißerfolg*. Stuttgart: Klett 1973.

MISCHEL, W. ›Toward a cognitive social learning reconceptualization of personality‹. In: *Psychological Review*, 1973, *80*, 252–283.

MURRAY, H. A. *Explorations in personality*. New York: Oxford Univ. Pr. 1938.

SKINNER, B. F. *Science and human behavior*. New York: Macmillan 1953.

SONTAG, L. W., BAKER, C. T. & NELSON, V. L. ›Mental growth and personality development: A longitudinal study‹. In: *Monographs of the Society for Research in Child Development*, 1958, *23*, No. 2 (Serial No. 68).

THOMAS, A., CHESS, S. & BIRCH, A. G. ›The origin of personality‹. In: *Scientific American*, August 1970, 102–109.

WALKER, E. L. & HEYNS, R. W. ›Conformity and conflict of needs‹. In: E. L. WALKER & R. W. HEYNS *An anatomy for conformity*. Belmont, Calif.: Wadsworth 1962, 1967, S. 54–68; deutsch in: C. F. GRAUMANN & H. HECKHAUSEN (Hrsg.) *Reader zum Funk-Kolleg Pädagogische Psychologie 1: Entwicklung und Sozialisation*. Frankfurt a. M.: Fischer Taschenbuch (Bd. 6113) 1974, S. 123–137.

WEINER, B., FRIEZE, I., KUKLA, A., REED, L., REST, S. & ROSENBAUM, R. M. *Perceiving the causes of success and failure*. New York: General Learning Pr. 1971.

WINTERBOTTOM, M. R. ›The relation of need for achievement to learning experiences in independence and mastery‹. In: J. W. ATKINSON (Hrsg.) *Motives in fantasy, action and society*. Princeton, N. J.: van Nostrand 1958, S. 453–478.

Heinz Heckhausen

# 4. Einflußfaktoren der Motiventwicklung

# 4. Einflußfaktoren der Motiventwicklung

## 4.1. *Allgemeine Einführung*

Bislang wurde stark die Spontaneität des Kindes in der *Interaktion* mit seiner Umwelt betont. Vielleicht haben Sie schon den Eindruck gewonnen, das Kind betreibe seine Entwicklung ganz allein. Das wäre natürlich eine Übertreibung und würde den Erziehungseinfluß der Erwachsenen in Familie und Schule verkennen. Er besteht keineswegs nur im Eingreifen in die Aktivitäten des Kindes, um dessen spontanes Verhalten zu sanktionieren, um durch *Bekräftigungen* die *Sozialisation* des Kindes zu betreiben. Schon die gesamte *kognitive* Entwicklung wäre ohne Beteiligung des Erwachsenen nicht zu denken. Das Kind fragt, die Mutter antwortet. Das Kind sagt oder tut etwas, die Mutter nimmt es auf, korrigiert, erweitert, regt das Kind zu weiterführender Aktivität an, stellt Aufgaben usw. In ganz hohem Maße findet später im Schulunterricht ein von Erwachsenen angeleitetes *strukturierendes Lernen* statt. *Strukturierendes* und *verknüpfendes Lernen* sind eng benachbart und durchdringen sich. Der Einfluß der Selbständigkeitserziehung ist ein Beispiel. Die Mutter ermuntert nicht nur zu bestimmten Selbständigkeiten, sie erläutert etwa auch den Umgang mit dafür nötigen Gegenständen, macht ihn dem Kind vor. In all diesen Interaktionen werden auch die Wertgehalte des jeweiligen *soziokulturellen* Lebensraums, in dem das Kind heranwächst, übermittelt. Durch die Eltern, aber auch durch die im Elternhaus zugänglichen Kulturgüter (wie Geschichten, Spiele, Spielzeug, Bücher) und nicht zuletzt durch den Einfluß von Massenmedien (insbesondere des Fernsehens) macht sich ein kaum absehbarer Hintergrund von Überzeugungen, Ansichten und Werten geltend; ein Hintergrund, der bestimmt ist durch die jeweiligen Zugehörigkeiten zu einer Sozialschicht, einer Konfession, einer Nation, einer geschichtlichen Periode. In diesem Kapitel werden wir die komplexe Vielfalt von Faktoren, die die *Motiventwicklung* beeinflußt, ein wenig zu entwirren versuchen. Als Beispiel wird wieder das Leistungsmotiv herangezogen.

## 4.2. *Kognitive Entwicklung der Leistungsbeurteilung*

Bevor wir auf Einflußfaktoren der Sozialisation in der weiteren Motiventwicklung zu sprechen kommen, ist es angebracht, den

Hintergrund einer allgemeinen kognitiven Entwicklung im Sinne einer sachlogischen Entfaltung anzudeuten. Das ist um so nötiger, als man in der gebildeten Öffentlichkeit heute Entwicklung – und hier insbesondere die Entwicklung von Motiven oder Werthaltungen – häufig allein mit Sozialisation, also mit prägenden Einflüssen der unmittelbaren sozialen Umgebung gleichsetzt. Dabei wird die Rolle eines fortschreitenden strukturierenden Lernens, einer kognitiven Entfaltung von Begriffen und Konzepten, wie es auch in der Motiventwicklung von Bedeutung ist, übersehen. Allerdings trägt dazu auch der Umstand bei, daß die Forschung bislang der »sachimmanenten Entfaltungslogik« von Motiventwicklung wenig Aufmerksamkeit geschenkt hat, im Unterschied etwa zur Entwicklung mathematischer und physikalischer Begriffe wie Menge, Masse oder Schwerkraft (vgl. Kap. 5).

Wir haben bereits gesehen, daß das erste Auftreten von Erfolgs- und Mißerfolgserlebnissen als Auftakt der Genese des Leistungsmotivs einen kognitiven Entwicklungsschritt voraussetzt, nämlich die Fähigkeit, ein erzieltes Handlungsresultat auf sich selbst als Verursacher zurückzubeziehen und die eigene Tüchtigkeit oder Untüchtigkeit dafür verantwortlich zu machen (vgl. Kap. 3.6.). Die Ursachenerklärung von Erfolg und Mißerfolg spielt in der Leistungsmotivierung eine wichtige Rolle, und zwar im Prozeß der Selbstbewertung (vgl. Kap. 3.5., Abb. 14). Bei der Beurteilung eigener und fremder Leistungen ist es in der weiteren Entwicklung nicht nur von Bedeutung, ob das Handlungsergebnis selbst verursacht wurde (und nicht vom Zufall oder zu hoher oder zu geringer Aufgabenschwierigkeit), sondern auch, wieweit es auf eigene Fähigkeit und wieweit auf Anstrengung zurückgeführt wird (vgl. WEINER et al. 1971; MEYER 1973; HECKHAUSEN 1974; vgl. Kap. 17). Mit der Motiventwicklung müssen sich also auch die Ursachenfaktoren Fähigkeit und Anstrengung entfalten, muß sich ein Konzept der eigenen Fähigkeit und des Anstrengungsaufwandes herausbilden. Aber darüber wissen wir bis heute (September 1973) so gut wie nichts.

Allerdings liegt eine erste Studie (WEINER & PETER 1973) vor, die zwar nicht direkt die Begriffsentwicklung von Fähigkeit und Anstregung zu fassen versucht hat, beide Ursachenfaktoren jedoch im Spiegel der Fremdbeurteilung von leistungsthematischen Geschichten durch Kinder verschiedener Altersstufen verfolgt hat. Die Untersucher verwendeten eine Methode, die PIAGET (1954) entwickelt hat, um die Entwicklung des moralischen Urteils, die Entfaltung von Moralbegriffen zu erfassen. Dem Kind wird eine Geschichte in verschiedenen Abwandlungen vorgelegt, und jedesmal wird es zur Stellungnahme veranlaßt. Die Leistungsgeschichte der beiden amerikanischen Untersucher WEINER & PETER lautet wie folgt:

»Die Kinder sind in der Schule und die Lehrerin hat ihnen ein Bilder-
puzzle zum Zusammensetzen gegeben. Von jedem Kind wird erwartet,
daß es das Bild zusammensetzt, bevor die Pausenklingel ertönt.« Die Fort-
setzung variiert nun nach 8 verschiedenen Versionen. Eine Version lautet
z. B.: »Paul ist gut in Puzzleaufgaben. Er strengt sich nicht an, dieses
Puzzle zu lösen. Er kriegt es nicht zusammen. Wieviel Farbkärtchen willst
du Paul geben?« Die Kinder sind vorher instruiert worden, daß sie das
Kind in jeder Geschichte belohnen oder bestrafen können, indem sie
ihm entweder bis zu 5 goldene oder bis zu 5 rote Kärtchen gegen können.

In den Geschichten werden systematisch drei Dinge variiert:
Fähigkeit oder geringe Fähigkeit (F oder –F), Anstrengung oder
Mangel an Anstrengung (A oder –A), Erfolg oder Mißerfolg
(E oder –E). So gibt es insgesamt 8 verschiedene Kombinationen; darunter auch zwei paradoxe: Fähigkeit, Anstrengung und
Mißerfolg (FA–E) und geringe Fähigkeit, Mangel an Anstrengung, Erfolg (–F –AE). Die oben angeführte Geschichte enthält
die Kombination: F–A–E. Versuchspersonen waren 300 Kinder
der unteren Mittelschicht aus Los Angeles, aufgeteilt in fünf
Altersgruppen: 4–6, 7–9, 10–12, 13–15 und 16–18 Jahre. Sie
stammten je zur Hälfte aus der weißen und der schwarzen Bevölkerung, gehörten also zwei verschiedenen soziokulturellen Milieus
an. Jedes Kind beurteilte alle 8 Geschichten, d. h. verteilte anhand
der goldenen und roten Farbkärtchen Lob und Tadel.

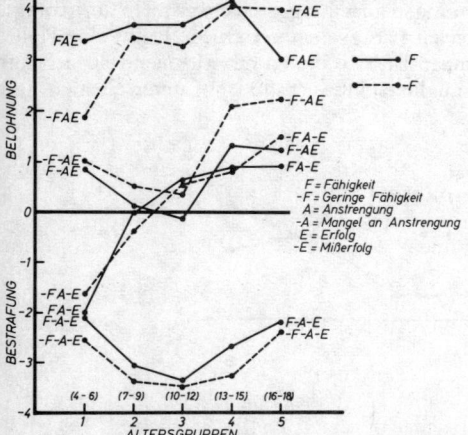

*Abb. 1:* Belohnung und Bestrafung für Leistungsergebnisse bei verschie-
denen Kombinationen von Erfolg oder Mißerfolg, Fähigkeit oder geringe
Fähigkeit, Anstrengung oder Mangel an Anstrengung in Abhängigkeit vom
Lebensalter. (Nach B. WEINER, persönliche Mitteilung.)

Abb. 1 enthält die zunächst etwas verwirrend aussehenden Befunde, nämlich wie jede der 8 Geschichtenversionen in den aufeinanderfolgenden Altersgruppen beurteilt wird, d. h. wie das

in der Geschichte auftretende Kind mit Belohnung oder Bestrafung bedacht wird. Wenn wir zunächst die Gruppe der 4- bis 6jährigen betrachten, so fällt auf, daß für sie im wesentlichen der Ausgang der Geschichte maßgebend ist: Erfolg (E) wird belohnt, Mißerfolg (–E) wird bestraft. Das entspricht übrigens dem moralischen Urteil auf dieser Altersstufe; so ist für die Bestrafung allein der angerichtete objektive Schaden (analog zum Mißerfolg hier) maßgebend, gleichgültig, ob der Verursacher den Schaden mutwillig herbeigeführt oder gar nicht beabsichtigt hatte (Absicht des Handelnden entspricht in unserem leistungsthematischen Zusammenhang der Anstrengung). Allerdings können wir bei 4- bis 6jährigen schon einen gewissen Einfluß der Anstrengung entdecken. Erfolg wird weniger stark belohnt, wenn er aufgrund mangelnder Anstrengung (–A) zustande kommt. Und Mißerfolg wird andeutungsweise entsprechend dann weniger bestraft, wenn sich das Kind angestrengt hat (A).

Bei den 7- bis 9jährigen hat sich das Gewicht der Beurteilungsfaktoren dramatisch verändert. Noch maßgeblicher als der pure Erfolgs- oder Mißerfolgsausgang ist nun der Anstrengungsfaktor. Lag Anstrengung vor, so wird ein Mißerfolg nicht mehr bestraft (FA–E; –FA–E). Kam ein Erfolg trotz mangelnder Anstrengung zustande, so wird kaum noch belohnt (F–AE; –F–AE). Auf der nächsten Altersstufe hat sich das Gewicht des Anstrengungsfaktors für die Leistungsbeurteilung noch etwas mehr ausgeprägt. Demgegenüber spielen Fähigkeitsunterschiede kaum eine Rolle, wie daran zu erkennen ist, daß die Kombinationen, die sich nur hinsichtlich des Fähigkeitsgrades (F und –F) unterscheiden, fast

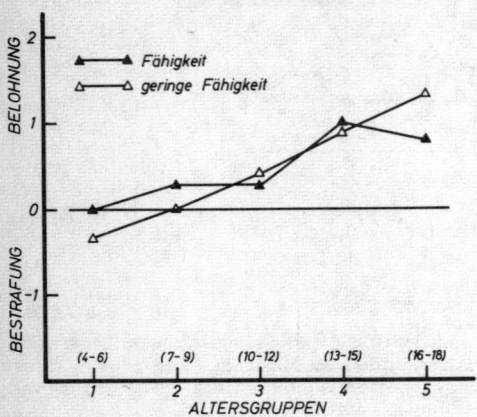

*Abb. 2:* Belohnung und Bestrafung für Leistungsergebnisse, die auf Fähigkeit oder auf geringe Fähigkeit beruhen, in Abhängigkeit vom Lebensalter. (Nach B. Weiner & N. V. Peter.)

alle nahe beieinander liegen. (Die übrigen Änderungen, die sich ab 13 Jahren abzeichnen, sollen hier nicht interpretiert werden, da sie z. Z. noch Rätsel aufgeben.)

Die folgenden Abbildungen sollen das Wichtigste noch verdeutlichen. Sie enthalten nur einen Faktor, Fähigkeit oder Anstrengung; und zwar gemittelt über alle Kombinationen der beiden übrigen Faktoren, so daß deren moderierender Einfluß außer Betracht bleibt. Abb. 2 zeigt den Entwicklungsverlauf für Fähigkeit und geringe Fähigkeit. Beides spielt für Lob und Tadel kaum eine Rolle, ja weicht nicht einmal voneinander ab. Ganz anders steht es dagegen mit Anstrengung und Anstrengungsmangel (vgl. Abb. 3). Anstrengung gewinnt als positiver Beurteilungsfaktor nach 6 Jahren und bis 15 Jahre zunehmend an Bedeutung, während Mangel an Anstrengung nur bis zu 12 Jahren an Gewicht gewinnt und danach wieder rapide verliert. Die Entwicklungskurve für »resultierende Anstrengung« veranschaulicht die Bewertungsdifferenz für vorhandene und fehlende Anstrengung (A– [–A]). Danach erreicht die Anstrengungsbeurteilung bei den 10- bis 12jährigen ihr maximales Gewicht für Belohnung und Bestrafung.

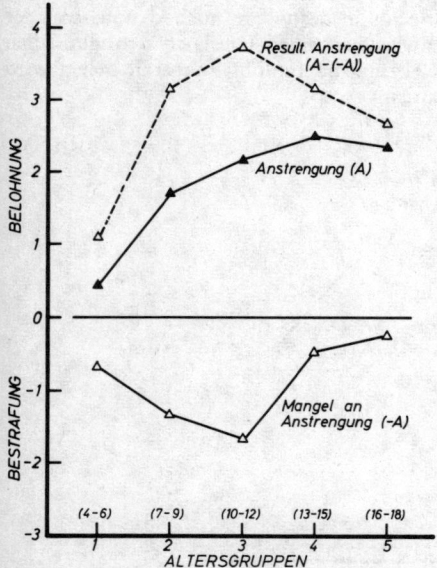

*Abb. 3:* Belohnung für Anstrengung, Bestrafung für Mangel an Anstrengung sowie die resultierende Differenz der Belohnung für Anstrengung minus Bestrafung für Mangel an Anstrengung, in Abhängigkeit vom Lebensalter. (Nach B. WEINER & N. V. PETER.)

Kann man nun sagen, daß der beschriebene Entwicklungsverlauf der Leistungsbeurteilung eine »sachimmanente Entfaltungslogik« erkennen läßt? Diese Frage ist zu bejahen, da die Kinder zunehmend ein motivationspsychologisches Begriffskonzept für das Zustandekommen von Leistungsergebnissen entfalten: Die anfängliche Abhängigkeit vom bloßen Erfolgs- und Mißerfolgsausgang verliert sich bald. Sie macht einer wachsenden Bedeutung dessen Platz, was der Handelnde wirklich in der Hand hat, über das er verfügen kann, aber nicht muß, für das er persönlich verantwortlich ist und verantwortlich gemacht werden kann: die Anstrengung, die Handlungsabsicht, die Motivierung. Demgegenüber gewinnt der Ursachenfaktor Fähigkeit, über den der Handelnde nicht frei verfügen kann, keine Beurteilungsrelevanz. Das entspricht der Entwicklung des moralischen Urteils, das sich ebenfalls zunehmend weniger vom Handlungsergebnis als von der Handlungsintention, von der Absicht des Handelnden leiten läßt. Es entspricht auch ganz Tendenzen der Leistungsbeurteilung, die man bei Lehrern in ganz verschiedenen Ländern gefunden hat (WEINER & KUKLA 1970; REST et al. 1973; vgl. Kap. 17). Natürlich sind diese Ergebnisse noch weit von einer Aufklärung der tatsächlichen Entfaltung von Ursachenbegriffen wie Fähigkeit und Anstrengung entfernt, insbesondere auch davon, welcher Verknüpfungsmodus zwischen beiden Ursachen sich allmählich herausbildet und der Leistungsbeurteilung zugrunde gelegt wird (vgl. Kap. 17; HECKHAUSEN 1974).

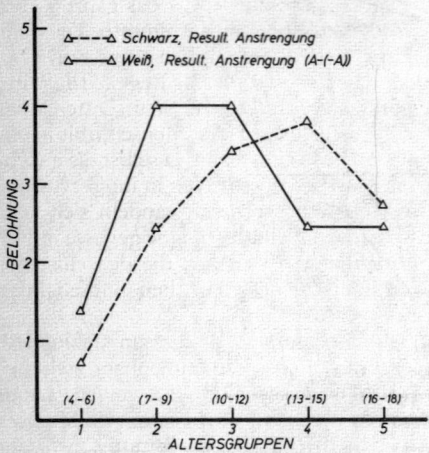

*Abb. 4:* Resultierende Beurteilung der Anstrengung bei schwarzen und weißen Versuchspersonen in Abhängigkeit vom Lebensalter. (Nach B. WEINER & N. V. PETER.)

Für eine sachlogische Entfaltung, die auf strukturierendem Lernen beruht, spricht schließlich auch, daß Kinder aus ganz unterschiedlichen Sozialisationsmilieus den gleichen Entwicklungsverlauf aufweisen, wenn er auch lebensaltermäßig verschoben sein kann. Abb. 4 zeigt die Entwicklungsverläufe für die resultierende Anstrengungsbeurteilung bei weißen und schwarzen Kindern der unteren Mittelschicht aus Los Angeles. Bei den schwarzen Kindern ist der Entwicklungsverlauf verzögerter und erreicht erst drei Jahre später, zwischen 13 und 15 Jahren, sein Maximum. Offensichtlich ist ihr leistungsthematisches Anregungsmilieu ärmer als das ihrer weißen Altersgenossen, so daß ein strukturierendes Lernen weniger »Nahrung« findet, weniger herausgefordert wird und deshalb langsamer abläuft. Diese Vermutung macht deutlich, daß die »sachimmanente Entfaltungslogik« des strukturierenden Lernens nicht im luftleeren Raum und wie von selbst stattfindet, sondern der Anregungen bedarf, die selbst wieder vom umgebenden Sozialisationsmilieu beeinflußt werden; von Faktoren also, denen wir im folgenden unsere Aufmerksamkeit zuwenden wollen.

## 4.3. *Konstanz und Wandel des Motivs im Lebenslauf*

Ein Motiv ist ein wiederkehrendes Anliegen, wie wir gesehen haben. Wir dürfen es aber nicht als etwas betrachten, das, wenn es einmal da ist, dem Menschen unverändert über das ganze Leben anhaftet – wie etwa die Augenfarbe oder ein bestimmtes Temperament. Der Motivbegriff soll nicht am Menschen – nur isoliert an ihm gesehen – etwas erklären. Er soll vielmehr Regelhaftigkeiten in der Mensch-Umwelt-Interaktion erklären. Beim Durchlaufen seines Lebens entwickelt sich nicht nur der Mensch, mit seiner Entwicklung gerät er auch in neue Umwelten, ja selbst die gleiche Umwelt ändert sich, immer neue Aspekte treten in ihr hervor und werden für ihn vordringlich. Entsprechend wandeln sich auch seine einzelnen Motive. Dennoch bleibt darin eine gewisse individuelle Konstanz lebensüberdauernd sichtbar, die den einzelnen Menschen von anderen unterscheidet. Sprechen wir zunächst über Konstanz und dann über Wandel.

An den Befunden der Längsschnittstudie, die am Schluß des letzten Kapitels erwähnt wurde, um den Zusammenhang zwischen Leistungsmotiv und Intelligenzentwicklung zu zeigen, haben zwei Autoren, KAGAN und Moss, auch die Konstanz von Motiven überprüft.[1] Dabei ergab sich für das Leistungsmotiv zwischen

---

[1] Die Längsschnittstudie wurde vom amerikanischen ›Fels Research Institute‹ durchgeführt. Eine Stichprobe der Bevölkerung des Ortes Yellow Springs (Ohio) wurde in regelmäßigen Zeitabständen von der frühen Kindheit bis ins Erwachsenen-

früher Kindheit und Erwachsenenalter eine bemerkenswertere
Konstanz als für andere Motive wie Aggression und sozialer
Anschluß (KAGAN & MOSS 1962). Individuelle Unterschiede in
der Ausprägung des Leistungsverhaltens blieben vom 6. Lebensjahr bis ins Erwachsenenalter erkennbar erhalten. Motiv-Kenn-
werte, die mittels der TAT-Methode (vgl. Studientext 3.2.3.)
erhoben wurden, zeigten eine mäßige, aber statistisch signifikante
Konstanz zwischen 8 und 11 sowie zwischen 14 und 25 Jahren
(KAGAN & MOSS 1959; MOSS & KAGAN 1961). Da Längsschnittuntersuchungen wegen ihres Aufwandes selten sind, wissen wir
heute noch nicht genauer, wann die Heranbildung des Leistungsmotivs im wesentlichen abgeschlossen ist. Die eigentliche Entwicklung findet bereits in den vorschulischen Jahren statt. Nach
Schuleintritt scheint das Leistungsmotiv jedoch noch nicht so
gefestigt zu sein, daß es nicht noch Änderungen unterliegen
könnte.

Nun zum Wandel. Mit den aufeinanderfolgenden Abschnitten des
Lebenslaufs bleiben zwar alle Besonderheiten der leistungsthematischen Grundsituation erhalten. Immer geht es um die
Auseinandersetzung mit einem Gütemaßstab, in der einen oder
anderen Weise. Aber die Inhalte wandeln sich, die konkreten Ziele.
Mit den Lebenslaufabschnitten ändert sich auch die Häufigkeit,
mit der sich täglich das Individuum Leistungssituationen gegenübersieht. Mit dem Schuleintritt nimmt die Häufigkeit sprunghaft
zu, kann mit dem Übergang in den Beruf, je nachdem, um welchen
Beruf es sich handelt, weiter ansteigen oder auch rapide abfallen.
Sie nimmt in der zweiten Lebenshälfte im Durchschnitt ab und
kann schließlich nach dem Ausscheiden aus dem Beruf sich fast
ganz auflösen.

Über Konstanz und Wandel im weiteren Lebenslauf liegen bislang
nur Befunde aus einer großen Repräsentativerhebung an der
gesämten weißen US-Bevölkerung vor (VEROFF et al. 1960). Als
Methode der Motivmessung wurden einige ausgewählte Bilder
aus dem Thematischen Auffassungstest (TAT) verwendet, die
jedem Befragten während eines Haustürinterviews vorgelegt
wurden. Die Geschichten, die zu den vorgelegten Bildern erzählt
wurden, stenographierte der Interviewer mit. Wie die Ergebnisse
zeigen, ist das Leistungsmotiv der 50- bis 60jährigen deutlich

---

alter beobachtet und getestet. Das für 71 männliche und weibliche Erwachsene
angesammelte Material wurde von einem Psychologen daraufhin beurteilt, welchen
Grad von Leistungsmotiviertheit das protokollierte Verhalten aus der Kindheit
erkennen läßt, und zwar noch bevor entsprechende Befunde für das Erwachsenenalter hinzugezogen wurden. Ein zweiter Psychologe interviewte die gleichen
Personen, die nun zwischen 20 und 29 Jahre alt waren. Er schätzte ebenfalls den
Grad des leistungsorientierten Verhaltens bei den Erwachsenen, ohne die Kind-
heitsbefunde zu kennen. Auch Geschichten, die in verschiedenen Lebensaltern zu
TAT-Bildern geschrieben worden waren, wurden herangezogen, um die Ausprägung des Leistungsmotivs zu bestimmen.

schwächer ausgeprägt als im frühen Erwachsenenalter, insbesondere gegenüber den 20- bis 25jährigen.

Die gefundenen Unterschiede der Motivausprägung in verschiedenen Lebensalterabschnitten müssen aber nicht ausschließlich auf die im Lebenslauf sich wandelnde Bedeutung von Leistungssituationen zurückgehen. Darin könnte vielleicht auch – wenigstens teilweise – ein epochalpsychologischer Wandel der frühkindlichen Umweltanregungen, die für die Motivgenese bedeutsam sind, zum Ausdruck kommen. Denn die 50- bis 60jährigen der Erhebung von VEROFF et. al (1960) hatten ihre motivationsgenetisch entscheidenden Entwicklungsjahre zwischen der Jahrhundertwende und dem Ersten Weltkrieg, die 20- bis 25jährigen dagegen kurz vor und während des Zweiten Weltkriegs. Um solche Generationseffekte von Lebenslaufeffekten zu scheiden, sind entwicklungspsychologische Methoden erarbeitet worden, die Längsschnitterhebungen (an denselben Individuen zu aufeinanderfolgenden Zeitpunkten ihres Lebenslaufs) mit Querschnitterhebungen (an verschiedenen Individuen verschiedenen Alters zum gleichen Zeitpunkt) kombinieren. (Vgl. BALTES 1968; BALTES & NESSELROADE 1970)

Im einzelnen unterliegen dem Umweltwandel im Zuge des Lebenslaufs vor allem drei Dinge, die wir in Kap. 3.5. (Prozeßmodell der Motivation) bereits erörtert haben: die Aufforderungsgehalte der Situation, die Handlungsfolgen und ihre Anreizwerte sowie die verbindlichen Gütemaßstäbe zur Selbstbekräftigung. Zu jedem der drei Aspekte nur ein Hinweis.

Wandel der Aufforderungsgehalte. Das Kleinkind entdeckt weitgehend selbst und spontan Aufforderungsgehalte in der noch unbemeisterten Nahumwelt. Dem Schulkind werden im Unterricht Aufforderungsgehalte präsentiert und zudem Forderungen gestellt, auch wenn es der Sache selbst nichts abgewinnen kann.

Wandel der Handlungsfolgen und ihrer Anreizwerte. Zu den unmittelbaren Folgen der Selbstbekräftigung treten zunehmend weitere Folgen der Fremdbekräftigung und zeitlich verzögerter sachlicher Konsequenzen. Auf eine schlechte Klassenarbeit reagieren zuerst der Lehrer, später die Eltern, schließlich kann man sitzenbleiben, den Zugang für eine weiterführende Ausbildung verpassen; ein bestimmter Beruf kann unzugänglich bleiben. Im 2. Lebensjahrzehnt treten weitere Handlungsfolgen mit ihren Anreizwerten hinzu. Sie staffeln sich in größeren Spannweiten der Zeitperspektive. Zugleich liegt ein Teil der Folgen auch zunehmend in anderen Motivbereichen. So entscheiden Ausbildungsabschlüsse und Berufsleistungen zu einem nicht geringen Teil über Verdienstmöglichkeiten, Lebensumstände und persönliches Ansehen.

Wandel der verbindlichen Gütemaßstäbe. In der Vorschulzeit baut das Kind seine individuellen Gütemaßstäbe auf, wenn auch beeinflußt durch die Eltern. Vom ersten Schultag ab findet es sich in einer Gruppe Gleichaltriger. Es sieht nun seine Handlungsresultate unablässig mit denen anderer verglichen. Der Gütemaßstab – zunächst in der Fremdbeurteilung durch den Lehrer und schließlich auch in der Selbstbeurteilung des Kindes – wird im sozialen Vergleich verankert. Der individuelle Gütemaßstab wird von einem sozialen zurückgedrängt. Nach den ersten Schuljahren ist es entscheidend für das Schicksal der Motiventwicklung, wieweit individuelle und soziale Gütemaßstäbe miteinander in Einklang gebracht werden können (VEROFF 1969). Eine dramatische Umorientierung des Gütemaßstabs ist häufig bei Eltern zu beobachten, wenn ihr Kind in der Schule nicht mehr mitkommt. Die Eltern orientieren sich am Erwartungsstandard der Schule und suchen ihr Kind durch einen entsprechenden Leistungsdruck an den schulischen Erwartungsstand heranzubringen (TRUDEWIND 1972).

Den Wandel der drei Aspekte – nämlich der Aufforderungsgehalte, der Handlungsfolgen mit ihren Anreizwerten und der Gütemaßstäbe – können wir als Herausforderungen betrachten, denen sich der Einzelne von Lebensabschnitt zu Lebensabschnitt gegenübersieht. Wie wir schon bei der Selbständigkeitserziehung gesehen haben, kann die jeweilige Herausforderung an den Heranwachsenden »gerade richtig« sein, ihn aber auch überfordern oder unterfordern (vgl. auch Studientexte 3.4.2. u. 3.4.3.). Und dies nicht nur im Hinblick auf seine Fähigkeiten, sondern auch gerade im Hinblick auf sein individuelles Leistungsmotiv, das er inzwischen entwickelt hat.

Heranwachsende verhalten sich in der Regel solchen Herausforderungen gegenüber nicht durchweg passiv. Je mehr sie sich aus überkommenen Bindungen lösen und eigenständig werden, um so mehr tendieren sie dazu, Bereiche mit solchen thematischen Herausforderungen aufzusuchen, die ihren individuellen Motivausprägungen entgegenkommen. Allerdings sind die Möglichkeiten hierzu überall eingeschränkt und sozial ungleich verteilt, etwa für die beiden Geschlechter oder zwischen Sozialschichten. Hier findet ja die Kritik an Gesellschafts- und Bildungssystemen ihre Ausgangspunkte. Immerhin eröffnet die Berufswahl gewisse Möglichkeiten, jene Lebenssphäre aufzusuchen, von der man sich die Befriedigung seiner dominanten Motive und damit Erfüllung dominanter individueller Werte erwartet (MCCLELLAND 1961; KLEINBECK 1974).

Das hat man in Längsschnittstudien um so mehr beobachtet, je stärker ein einzelnes Motiv vor anderen ausgeprägt ist und sofern die erzielten Bildungsabschlüsse Wahlmöglichkeiten eröffnen. So zieht es hochleistungsmotivierte Studenten weniger in Verwaltungs-, Lehr- oder Rechtsberufe als in unternehmerische Positionen der Wirtschaft (MCCLELLAND 1965). Was anzieht, sind einmal Risiken mit mittlerer Erfolgswahrscheinlichkeit, d. h. das Handlungsresultat ist maximal von persönlicher Tüchtigkeit und weder von Zufall abhängig noch von vornherein gesichert. Zum andern gibt es hier unmißverständliche Rückmeldungen über Erfolg und Mißerfolg des eigenen Handelns, was in so vielen anderen Berufen völlig oder fast völlig fehlt. Stark Machtmotivierte streben demgegenüber in Berufe, in denen sie andere Menschen beeinflussen können. Wir finden sie gehäuft unter Lehrern, Geistlichen, Psychologen oder Journalisten (WINTER 1973).

Noch viele andere Erscheinungen zeugen vom Aufsuchen motivangemessener Umweltherausforderungen; z. B. Abwandern in städtische Regionen, Mobilität in andere Sozialschichten, Konversionen und nicht zuletzt die Geschichte der Auswanderungen (vgl. McCLELLAND 1961; CROCKETT 1962; LITTIG & YERACARIS 1965).

Nachdem die Entwicklungsdynamik von Motiven im Hinblick auf die Herausforderungen der Lebensalterabschnitte und besonderer Lebensumwelten deutlicher geworden ist, seien nun einzelne Einflußfaktoren der Motiventwicklung erörtert.

### 4.4. *Bekräftigungslernen durch erzieherische Sanktionen*

Kehren wir in die Kindheit zurück. Nichts beeinflußt so nachhaltig die Motiventwicklung wie das Bekräftigungslernen in der elterlichen Erziehung. Betrachten wir es zunächst nach dem Grundmuster des *Instrumentellen Konditionierens*.

Die elterliche Bekräftigung wird durch vier kindliche Verhaltenstypen herausgefordert: (1) intensive Anstrengung, (2) mangelnde Anstrengung, (3) Erfolg, (4) Mißerfolg. Was dabei im konkreten Falle intensive oder mangelnde Anstrengung und Erfolg oder Mißerfolg heißt, hängt von dem Gütemaßstab ab, den die Eltern an die Tätigkeiten ihres Kindes anlegen. Mütter unterscheiden sich, welches Bekräftigungsmuster sie für die vier Grundtypen anwenden. Tendiert eine Mutter etwa dazu, Erfolg positiv zu bekräftigen, Mißerfolg aber neutral zu übergehen, so fördert dies Erfolgszuversichtlichkeit. Wenn dagegen umgekehrt Mißerfolg immer getadelt und Erfolg wie etwas Selbstverständliches übergangen wird, so resultiert Mißerfolgsängstlichkeit. Kinder mit solchen Bekräftigungserfahrungen zeigen z. B. später das größte Lampenfieber, wenn sie vor der Klasse etwas vortragen sollen (PAIVIO 1964).

Eltern, die positive gegenüber negativen Bekräftigungsmustern bevorzugen, haben in der Regel auch anspruchsvollere Gütestandards für ihre Kinder. Sie gewähren auch mehr Selbständigkeit. Es gibt noch andere und komplexere Bekräftigungsstrategien. So hat man gefunden, daß stark prüfungsängstliche Schüler häufig Eltern haben, die zwar durchaus positiv auf Erfolge ihres Kindes reagieren, aber dabei gleichzeitig deutlich gemacht haben, daß die Leistung hätte noch besser ausfallen müssen (SMITH 1969). Daran wird auch deutlich, daß durch Bekräftigung die Eltern ihren Kindern *den* Gütemaßstab übermitteln, den sie erfüllt sehen möchten.

In der schon erwähnten Längsschnittstudie haben KAGAN & MOSS (1962) bei einem Teil der Mütter eine Erziehungseinstellung gefunden, die man als »Entwicklungsbeschleunigung« bezeichnen kann. Solche Mütter wollen bei ihren Kindern die einzelnen Entwicklungsschritte möglichst früh gemeistert sehen; sie sind in der Regel nicht zufrieden mit dem Erreichten und ermuntern das Kind ständig zu neuen Fortschritten. Eine solche Erziehungshaltung zwischen 3 und 6 Lebensjahren des Kindes (also unmittelbar, nachdem das Leistungsmotiv entstanden ist), aber auch noch bis zu 10 Jahren, korreliert mit ausgeprägtem Leistungsverhalten des Kindes während des gleichen Altersabschnittes, ja noch bis ins Erwachsenenalter.

Es ist im übrigen zu warnen, aus Ergebnissen wie den gerade berichteten positive oder negative Anregungen für das eigene Erziehungsverhalten zu ziehen. Für diese Warnung seien nur zwei Gründe angeführt. Steht man z. B. den berichteten Erziehungsfolgen positiv gegenüber, so kann die Kurzbezeichnung »Entwicklungsbeschleunigung« leicht mißverstanden werden und statt dessen in Überforderung ausarten, was – wie wir gesehen haben – den gegenteiligen Effekt haben kann, nämlich Mißerfolgsängstlichkeit. Zum andern sind solche Erziehungseinstellungen wie die berichteten immer nur Einzeltatbestände, die – wenn man sie unter veränderten Randbedingungen zur Richtschnur nimmt – ganz andere Wirkungen haben können. So hat man gefunden, daß das Bekräftigungsverhalten der Mutter nicht isoliert gesehen werden darf. Vor dem Hintergrund eines verschiedenen Familienklimas kann das gleiche Bekräftigungsmuster unterschiedliche Wirkungen haben. Ein positives Bekräftigungsmuster verliert in einem strengen und kontrollierenden Erziehungsklima seine sonst Erfolgszuversicht fördernde Wirkung. Umgekehrt verliert ein negatives Bekräftigungsmuster seine die Mißerfolgsängstlichkeit fördernde Wirkung, wenn es in einem Erziehungsumfeld praktiziert wird, das dem Kind Selbständigkeit und Unabhängigkeit gewährt.

Es gibt eine klassisch gewordene Untersuchung von ROSEN & D'ANDRADE (1959), zwei Amerikanern. Sie hat in einer lebensnahen Experimentsituation die Wirkungen unterschiedlicher Erziehungsverhaltens auf die Motiventwicklung erkennen lassen. Von 9- bis 11jährigen Jungen der gleichen Sozialschicht wurden 20 hochleistungsmotivierte und 20 niedrigleistungsmotivierte ausgesucht. Jeder Junge wurde zu Hause im Beisein beider Eltern in verschiedene Leistungssituationen gebracht. Er hatte z. B. mit verbundenen Augen und unter Benutzung nur einer Hand einen möglichst hohen Turm mit unregelmäßig geformten Klötzen zu bauen. Die Eltern wurden mit in die Situation einbezogen, sie durften nur nicht selber bauen. Vor jedem Versuch hatten die Eltern still für sich zu schätzen, wie gut ihr Sohn wohl abschneiden würde.

Ohne es zu bemerken, waren hier die Eltern die eigentlichen Versuchspersonen. Die Eltern hochmotivierter Söhne unterschieden sich in mehrfacher Hinsicht von jenen der niedrigmotivierten:

1. Vater wie Mutter setzen übereinstimmend ein hohes Anspruchsniveau für die Leistungstüchtigkeit ihres Sohnes.
2. Sie zeigen mehr Wärme, freudige Gelöstheit und lobende Anerkennung; und zwar die Mutter noch mehr als der Vater.
3. Im Gegensatz zum Vater kann die Mutter auf Mißerfolg aber auch verärgert tadeln und den Sohn zu besseren Leistungen antreiben.

Bei den niedrigmotivierten Söhnen verhielten sich die Eltern umgekehrt: geringe Leistungsanforderungen von Mutter und Vater; wenig Wärme und Anteilnahme; die Mutter war distanziert und gewährenlassend, der Vater dagegen dominant, bei Mißerfolg verärgert und antreibend.

Abb. 5 zeigt die Verhaltensunterschiede von Müttern und Vätern hoch- und niedrigmotivierter Söhne. Die Rohdaten für die einzelnen Variablen zum Anspruchsniveau, zur elterlichen Wärme und zu strengem erziehlichen Eingreifen sind in Standardabweichungen vom jeweiligen Mittelwert ausgedrückt, um die einzelnen Variablen vergleichbar zu machen.

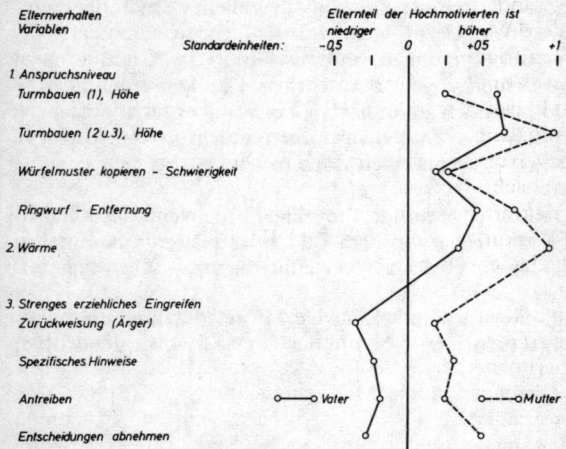

*Abb. 5:* Verhaltensunterschiede von Müttern und Vätern hoch und niedrig motivierter Söhne, während der 9- bis 11jährige mit Leistungsaufgaben beschäftigt ist (Nach B. C. ROSEN & D'ANDRADE.)

Man beachte die Rollenteilung zwischen beiden Eltern hochmotivierter Söhne, was die Strenge des erziehlichen Eingreifens betrifft. Es gibt eine Reihe anderer Beobachtungen, die bestätigen, daß ein dominant eingreifender Vater die Entwicklung eines ausgeprägten und erfolgszuversichtlichen Leistungsmotivs beim Sohn unterbindet (STRODTBECK 1958; BRADBURN 1963).

HECKHAUSEN & OSWALD (1969) haben eine ähnliche Untersuchung durchgeführt, nur an jüngeren Kindern, nämlich 4- und 5jährigen und ohne Beisein des Vaters. Als Motivindex wurde die Höhe des kindlichen Anspruchsniveaus herangezogen; nämlich ob das Kind eine Aufgabe auswählt, die es bereits vorher gelöst oder noch nicht gelöst hat. Es ergaben sich ganz ähnliche Befunde wie bei ROSEN & D'ANDRADE. Nur mit einem Unterschied: Ein hohes und erfolgszuversichtliches Leistungsmotiv ging mit einem mütterlichen Bekräftigungsmuster zusammen, das nicht positiv *und* negativ, sondern überwiegend *nur* positiv bekräftigt. (Vgl. Studientext 4)

Um schließlich noch einen Eindruck von dem konkreten Erziehungsverhalten in solchen Situationen zu geben, sollen ein paar Beispiele für positive und negative Bekräftigungen sowie für Eingriffe folgen, die man als selbständigkeitsfördernd oder abhängigkeitsfördernd bezeichnen kann.

1. Positive Bekräftigungen. Mutter ist zärtlich, zeigt Zuneigung, spendet Trost. Beurteilt das Tätigkeitsergebnis positiv. (»Das hast du gut gemacht! – Gut so!«)

2. Mutter spornt das Kind an, ist aber dabei freundlich. Versucht, das Kind bei Laune zu halten. (»Nun wollen wir mal anfangen. – Das wäre doch gelacht, wenn wir das nicht schafften.«)

3. Negative Bekräftigungen. Mutter schimpft das Kind aus, macht abfällige Bemerkungen. Beurteilt das Tätigkeitsergebnis negativ. (»Du bist doch zu dumm! – Das war aber nicht gut!«)

4. Mutter sucht das Kind anzuspornen, indem sie ihre Unzufriedenheit zeigt. (»Nun mach doch mal los! – So geht das aber nicht!«)

5. Selbständigkeitsfördernde Eingriffe. Z. B. wenn das Kind die Aufgabe hat, Teile von dem Bild eines Hauses zusammenzusetzen. (»Irgend etwas paßt doch nicht ganz. – Wie sehen denn die Fenster aus?«)

6. Abhängigkeitsfördernde Eingriffe. Mutter gibt direkte Hinweise zur Aufgabenlösung. (»Nimm die Tür da fort, sie gehört hierher!«)

## 4.5. *Beobachtungslernen an Vorbildern*

Aber das Kind muß keineswegs nur in das gewünschte Verhalten hineingetrieben werden, durch ständiges Bekräftigen und Eingreifen. Mütter, Väter und Lehrer sind in diesem Sinne nicht rund um die Uhr Erzieher. Ja, sie fühlen sich auch eher selten als Erzieher in diesem engeren Sinne. Gottlob brauchen sie sich auch gar nicht ständig »im Dienst« zu fühlen. Das Kind besorgt gewissermaßen einen Teil seiner Erziehung selbst. Es neigt nämlich dazu, Erwachsene, die gewisse Vorbild-Besonderheiten aufweisen, genauer zu beobachten und nachzuahmen. Wir haben bereits gesehen, daß dieses Beobachtungslernen ein verknüpfendes Lernen ohne äußere Bekräftigung ist; daß sich das Kind durch bloße Beobachtung komplexe Verhaltensfolgen auf Anhieb aneignen kann. Hinter den so übernommenen Verhaltensfolgen stecken aber auch Bedeutungen, die sich das Kind zugleich mit aneignet. Dadurch wird die Motiventwicklung ebenfalls entscheidend beeinflußt, wie wir sofort sehen werden.

Beschreiben wir noch kurz das Beobachtungslernen mit motivationspsychologischen Begriffen. Das Vorbild muß für das Kind besondere Aufforderungsgehalte besitzen, wie z. B. Zuneigung, Ähnlichkeit, aber auch begehrenswerte Eigenschaften, wie Tüchtigkeit oder Machtvollkommenheit im Belohnen wie im Bestrafen. Das erhöht die Aufmerksamkeit in der Beobachtung. Die andere motivierende Anregungsbedingung ist offenbar die Vorwegnahme weiterer Folgen, wenn man das Vorbild nachahmt, nämlich dann auch selbst so zu sein wie das Vorbild, mit all den begehrenswerten Eigenschaften.

Zwei Experimente seien herausgegriffen, in denen zwei wichtige Bestandteile des Leistungsmotivs geändert werden, einmal der Gütestandard, zum andern die Spannweite der Zeitperspektive für die Anreizwirkung weiterer Handlungsfolgen.

Das erste Experiment weist die Änderung kindlicher Gütestandards nach. Es ist von MISCHEL & LIEBERT (1966). 10jährige Kinder beschäftigen sich einzeln mit einem Kegelspiel. Sie wechseln sich darin nach jedem Wurf mit einem Erwachsenen-Vorbild ab. Die nacheinander erzielten Trefferzahlen sind unbemerkt für das Kind vom Versuchsleiter nach einem festen Plan vorwegmanipuliert. Der Erwachsene schneidet im Durchschnitt besser ab. Kind und Erwachsener können sich nach jedem Wurf nach Belieben aus einer großen Bonbonschale selbst belohnen. Die Kinder waren in 3 Gruppen eingeteilt, von denen jede einem anderen Vorbildeinfluß ausgesetzt wurde. In der ersten Gruppe gab es für Vorbild und Kind nur bei hoher Leistung eine Belohnung. Das ist die Gruppe »strenger Gütestandard«. In der zweiten Gruppe belohnte sich das Vorbild nur bei hoher, das Kind aber schon bei mittlerer Leistung. Das ist die Gruppe »kindangemessener Gütestandard«. In der dritten Gruppe ist es umgekehrt, das leistungstüchtigere Vorbild belohnt sich selbst schon bei mittlerer, das Kind aber erst bei hoher Leistung. Das ist die Gruppe »unfairer Gütestandard«.

Danach folgen später zwei weitere Versuchssituationen ohne Erwachsenen-Vorbild. In der ersten ist das Kind ganz mit sich allein und kann sich nach Belieben für weitere Kegelwürfe belohnen. In der zweiten übernimmt es die Rolle eines Versuchsleiters gegenüber einer gleichaltrigen Versuchsperson. Es steht ihm nun frei, sich selbst und das andere Kind nach Gutdünken zu belohnen.

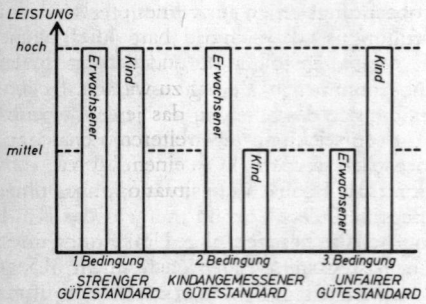

*Abb. 6:* Drei Versuchsbedingungen von MISCHEL & LIEBERT (1966) zur Beeinflussung des Gütestandards, nach welchem ein Kind sich selbst belohnt. In der ersten Bedingung legt das erwachsene Vorbild den gleichen strengen Gütestandard an die eigene wie an die Leistung des Kindes. In der zweiten Bedingung ist der Gütestandard kindangemessen, in der dritten unfair. (Nach W. MISCHEL & R. M. LIEBERT.)

Abb. 6 zeigt noch einmal die Bedingungen in den 3 Gruppen. Die Ergebnisse fallen klar aus. War der Gütestandard des Vorbilds streng, so behalten ihn alle Kinder später für sich und den Altersgenossen bei. War der Gütestandard kindangemessen, so behalten fast alle Kinder später das weniger strenge und ihrer Leistung angemessene Kriterium bei. War der Gütestandard aber unfair, so scheiden sich die Geister. Die eine Hälfte der Kinder wählt den niedrigen Gütestandard, den der Erwachsene vorher für sich in Anspruch nahm; die andere Hälfte behält den unfair hohen Gütemaßstab bei, den ihm der Erwachsene vorher auferlegt hatte. Das letzte Ergebnis ist interessant. Es zeigt, daß die Motiventwicklung bei der Hälfte dieser 10jährigen noch nicht das Stadium erreicht hat, in dem individuelle Gütemaßstäbe sich wieder gegenüber jenen durchsetzen, die von anderen auferlegt werden.

Nun zum zweiten Experiment: Wieweit läßt sich die Anreizwirkung zeitlich naher oder ferner Handlungsfolgen verändern? Man nennt dies kurz die Fähigkeit zum Belohnungsaufschub.

Wir wissen aus anderen Untersuchungen, daß ein starkes und erfolgszuversichtliches Leistungsmotiv sich durch eine hohe Fähigkeit zum Belohnungsaufschub (MISCHEL 1961), wie überhaupt durch eine große Spannweite der Zukunftsperspektive auszeichnet (HECKHAUSEN 1963). BANDURA & MISCHEL (1965) haben nun den folgenden Versuch durchgeführt.

10- bis 11jährige Kinder konnten nach einer Tätigkeit wählen, ob sie dafür lieber sofort eine etwas kleinere Belohnung oder in ein paar Tagen eine größere erhalten möchten. Kinder, die sich nur für das erste, und solche, die sich nur für das zweite entschieden, wurden 4 Wochen später mit einem Erwachsenen zusammengebracht, dem der Versuchsleiter das Prestige eines erfolgreichen Studenten gab. Dieses Erwachsenen-Vorbild hatte die gleiche Tätigkeit zu erledigen wie vorher die Kinder und auch zwischen unmittelbarer und aufgeschobener Belohnung zu wählen. Er entschied sich aber immer genau anders, als es das jeweilig beobachtende Kind vorher getan hatte. In zwei weiteren Versuchen, einer sofort anschließend und der andere nach einem Monat, kam das Kind wieder in die ursprüngliche Wahlsituation, aber ohne Anwesenheit des Erwachsenen-Vorbildes.

Jetzt zeigten 50 bis 60% aller Kinder eine völlige Umkehrung ihrer ursprünglichen Wahlbevorzugung, die auch nach einem Monat erhalten blieb. Daran wird wieder deutlich, wie wirksam pures Beobachtungslernen in diesem Alter ist, wie es noch wichtige Bestandteile des Motivsystems beeinflussen kann.

## 4.6. *Aufforderungsgehalte der Sachumwelt*

Nicht nur die nahestehenden Menschen des kindlichen Entwicklungsraumes, auch die Sachumwelt mit ihren Aufforderungsgehalten beeinflussen die Motivgenese. Diese Frage ist bislang vernachlässigt worden, zieht aber zunehmendes Forschungsinteresse auf sich. Größe und Einrichtung der Wohnung, des Kinderzimmers, Spielzeug, Bücher, Fernsehen, Hof und Garten – all das kann zur Interaktion herausfordern, wenn es vorhanden und in entwicklungsangemessener Form verfügbar ist. Daran hängt zu einem guten Teil das Ausmaß an Inkongruenz, die das Kind erfahren kann. Die durch dosierte Diskrepanzerlebnisse in einer so vielfältigen Sachumwelt erregten zweckfreien Motivationen führen leicht zu leistungsmotivierten Handlungsfolgen (vgl. HECKHAUSEN 1972, S. 997f).

Nehmen wir ein Beispiel. Manche Eltern stecken ihr Kind in ein Laufställchen, sobald es krabbeln oder laufen kann. Die Interaktionsmöglichkeiten werden so in einem entscheidenden Entwicklungsabschnitt eingeschränkt. In einer Stichprobe von 76

9- bis 11jährigen waren jene mit Laufställchen-Erfahrung statistisch signifikant weniger erfolgsmotiviert als die übrigen (TRUDE-WIND 1972; vgl. auch WENDT et al. 1971). Natürlich ist es ganz fraglich, ob das Laufställchen selbst diesen Unterschied bewirkt hat. Denn die Sachumwelt selbst ist ja zu einem Teil auch Ausdruck der elterlichen Erziehungshaltung. Sie äußert sich nicht nur in einem Ding, sondern in vielen Dingen.

Der berichtete Sachverhalt ist nur ein kleiner Nebenbefund aus einer großangelegten Untersuchung, die TRUDEWIND (1972) angestellt hat. Unter anderem hat er die Aufforderungsgehalte der nicht-schulischen Sachumwelt zu erfassen gesucht: z. B. Dinge wie Fahrrad und seine Benutzung, Wohnungsgröße, Spielzimmer, Spielmöglichkeiten in der Umgebung des Hauses, Ausflüge, Reisen, Tierhaltung, Basteln, Fernsehen, Bücher und manches andere mehr.

Prüft man diese Aufforderungsgehalte auf ihre Zusammenhänge mit der individuellen Ausprägung des Leistungsmotivs mit 9 bis 11 Jahren, so zeigen sich häufig keine einfachen, d. h. linearen Beziehungen nach dem Motto »je mehr, desto besser«. Vielmehr ist es immer so, daß ein ausgewogenes Mittelmaß die günstigsten Wirkungen und ein Zuwenig oder Zuviel ungünstigere Wirkungen zu haben scheint.

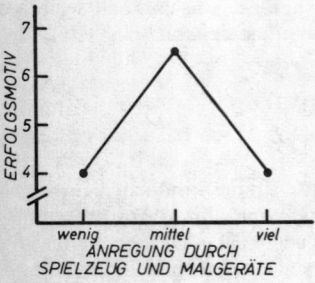 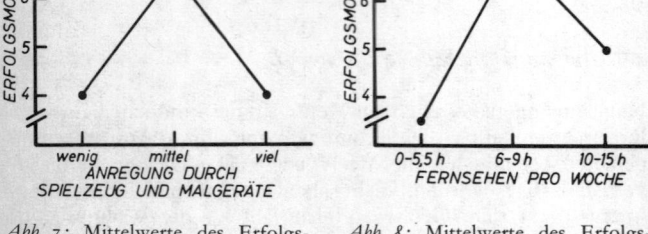

*Abb. 7:* Mittelwerte des Erfolgs-
motivs (NH) von Schülern des 4.
Schuljahres bei wenig, mittel und
viel Anregung durch Spielzeug und
Malgeräte. (Nach C. TRUDEWIND.)

*Abb. 8:* Mittelwerte des Erfolgs-
motivs (NH) von Schülern des 4.
Schuljahres bei unterschiedlicher
Fernsehdauer pro Woche. (Nach
C. TRUDEWIND.)

Betrachten wir Abb. 7 und 8. Jeweils auf der Ordinate ist die Motivstärke abgetragen, und zwar der resultierende Wert für das Erfolgsmotiv, wenn man das Mißerfolgsmotiv abgezogen hat. Auf der Abszisse der Abb. 7 ist die Anregung durch Spielzeug und Malgeräte in drei Stufen angeordnet: wenig, mittel und viel. Kinder mit einem mittleren Maß von verfügbarem Spielzeug erreichen die höchste Motivstärke. Entsprechendes zeigt Abb. 8 für die Dauer des Fernsehens in Stunden pro Woche. 6–9 Stunden pro Woche scheinen günstiger zu sein als 0–5, 5 oder 10–15. In beiden Extremen scheint zum Ausdruck zu kommen, daß die Eltern das Kind entweder zu stark kontrollieren oder sich ganz selbst überlassen, während das Mittelmaß eher eine Erziehung erkennen läßt, die den Wünschen des Kindes innerhalb gesetzter Grenzen Raum gibt.

Jedoch auch hier: Diese einzelnen Variablen werden kaum das Leistungsmotiv direkt beeinflussen. Die Zusammenhänge sind viel komplexer, wie wir gleich sehen werden.

4.7. *Wechselwirkung zwischen direktem Erziehungseinfluß und dem Anregungsgehalt der Nahumwelt*

Man hat bislang eine große Zahl von Variablen auf ihren Zusammenhang mit der Motiventwicklung überprüft. Die Variablen sind teils psychologischer Natur, wie das Bekräftigungsverhalten der Mutter oder die Schulbildungsambitionen der Eltern für ihr Kind, teils soziologischer Natur, wie die Sozialschichtzugehörigkeit oder die Stellung des Kindes in der Geschwisterreihe, teils ökologischer Natur, wie Ausstattung der Wohnung oder Erfahrungsmöglichkeiten der näheren und weiteren Umgebung. So hat sich eine Fülle einzelner Befunde angesammelt, die hier nicht aufgezählt werden sollen.

Eine bloße Aufzählung einzelner Zusammenhänge wirft zudem die bereits gestellte Frage nur erneut auf, ob ein direkter Einfluß einzelner herausgegriffener Variablen auf die Motiventwicklung plausibel ist. Statt dessen sollen zunächst Beispiele für drei wichtige Verfahrensweisen gegeben werden, die komplexere Zusammenhänge erschlossen haben. Es sind dies (1) die *Taxonomie* von Variablen, (2) die Wechselwirkungsanalyse von Variablen und (3) die Korrelationsanalyse von Variablen.

Der Begriff der Taxonomie ist in der Biologie entwickelt worden. Man versteht darunter ein Klassifikationsschema für eine Phänomenvielfalt. Aber das Klassifikationsschema ist nicht beliebig. Eine Taxonomie soll eine Ordnung der betreffenden Phänomenvielfalt aufgrund von theoretischen Prinzipien darstellen, die für eben diese Phänomenvielfalt zu gelten scheinen. Damit soll sie natürlich zugleich umfassend, logisch und in sich stimmig sein.

Aufgrund der bisherigen Befunde und Theorieansätze hat TRUDE-WIND (1972) eine Taxonomie für die Umwelteinflüsse auf die Entwicklung des Leistungsmotivs aufgestellt. Die Grobeinteilung besteht in drei Hauptdimensionen:

1. Dimension: Anregungsgehalt der nicht-schulischen Umwelt. Dazu gehören alle die ökologischen Variablengruppen der Sach-

umwelt, die bereits früher genannt wurden; aber auch soziale
Variablen wie Hilfe und Förderung bei den Schularbeiten, soziale
Kontaktmöglichkeiten und die Qualität der Spracherziehung.
2. Dimension: Leistungsdruck. Darunter werden alle Leistungsanforderungen von seiten der Eltern zusammengefaßt: ihr Anspruchsniveau für die Schulleistungen des Kindes, ihre Maßnahmen zur Kontrolle und Förderung, ihr Bekräftigungsverhalten,
ihr Drängen auf eine die Eltern entlastende Selbständigkeit des
Kindes.
3. Dimension: Kumulierte Erfolgs- und Mißerfolgserfahrungen.
Hinweise hierauf sind Intelligenztestwerte und Schulleistungen,
die die Position des Kindes im Klassenverband angeben; aber
auch besondere Erfahrungen in altersgleichen Gruppen, körperliche Behinderungen und dergleichen.
Insgesamt wurden so 31 verschiedene Variablen auf die drei
Dimensionen aufgeteilt. Da die meisten Variablen innerhalb jeder
Dimension hoch miteinander korrelieren, erlaubt es die Taxonomie, die Anzahl der Variablen zu reduzieren und dennoch eine
gute Aussicht zu behalten, mit Hilfe der verbliebenen Variablen
die Ausprägung des Leistungsmotivs vorherzusagen.
Wie hoch ist nun der Zusammenhang mit dem Leistungsmotiv
der 76 Schüler des 4. Schuljahres in dieser Untersuchung? Die
Korrelation der einzelnen Variablen ist niedrig. Die höchste ist .33.
Eine ganze Reihe von Variablen korreliert um null mit dem
Leistungsmotiv, weil der Zusammenhang nicht-linear ist, wie
wir es bereits bei der Menge des Spielzeugs oder bei der Dauer
des Fernsehens gesehen haben. Nimmt man jedoch die Korrelation
aller Variablen zusammen, so erhält man einen sog. multiplen
Korrelationskoeffizienten von .71 mit dem Erfolgsmotiv und .58
mit dem Mißerfolgsmotiv. Das ist schon beträchtlich und ein
Zeichen, daß die ausgewählten Variablen der Taxonomie Aspekte
der kindlichen Umwelt bezeichnen, die für die Ausprägung des
Leistungsmotivs entscheidend sind.
Dabei ist es nun nicht so, daß sich der Einfluß jeder der drei
Variablendimensionen einfach addiert in der Wirkung auf das
Leistungsmotiv. Es ist nicht so, daß das Leistungsmotiv um so
ausgeprägter ist, je höher der häusliche Anregungsgehalt, je
stärker der elterliche Leistungsdruck ist und je mehr Erfolgs-
erfahrungen solche des Mißerfolgs überwiegen. Vielmehr zeichnen sich Wechselwirkungen zwischen den drei Dimensionen ab.
Ein hoher Anregungsgehalt kann z. B. einen ganz verschiedenen
Einfluß haben, je nachdem ob gleichzeitig ein starker oder schwacher Leistungsdruck vorliegt.
Betrachten wir Abb. 9. Hier ist die Stärke des Mißerfolgsmotivs
von 4 Teilgruppen der Schüler abgetragen. Die Teilgruppen sind
danach zusammengestellt, ob der Leistungsdruck stark oder
schwach und gleichzeitig der Anregungsgehalt hoch oder niedrig

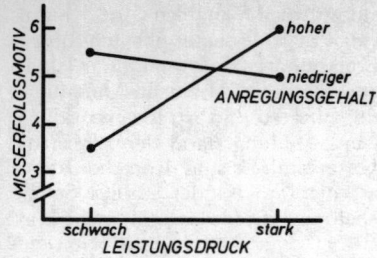

*Abb. 9:* Mittelwerte des Mißerfolgsmotivs von Schülern
des 4. Schuljahres bei niedrigem und hohem Anregungsgehalt der Umwelt und
schwachem oder starkem
Leistungsdruck der Eltern.
(Nach C. TRUDEWIND.)

ist. Ist der Anregungsgehalt niedrig, so macht es für die Ausprägung des Mißerfolgsmotivs nichts aus, ob der Leistungsdruck
schwach oder stark ist. Das ist aber nicht so, wenn der Anregungsgehalt hoch ist. Hier macht es eine Menge aus, ob gleichzeitig der
Leistungsdruck schwach oder stark ist. Ist er schwach, so sind die
Kinder am wenigsten mißerfolgsängstlich; ist er dagegen stark,
dann sind sie es am ausgeprägtesten. Das ist eine Wechselwirkung
zweier Umweltvariablen, nämlich Anregungsgehalt und Leistungsdruck, auf eine Entwicklungsvariable des Kindes, nämlich sein
Mißerfolgsmotiv.
Wie kann man diese Wechselwirkung psychologisch verstehen?
Sie war aufgrund theoretischer Überlegungen in dieser Form
vorhergesagt worden, und zwar wie folgt: Ein hoher elterlicher
Leistungsdruck drängt das Kind auf Übernahme hoher Gütestandards für seine eigenen Leistungsfähigkeiten. In einem
anregungsarmen Milieu kann es sich auf vergleichsweise wenig
Leistungsfähigkeiten konzentrieren und spezialisieren und den
geforderten Gütestandard erreichen. In einem anregungsreichen
Milieu mit vielen diversen Herausforderungen ist es jedoch überfordert, überall den hohen Gütestandard zu erreichen; was zudem
dann auch die Eltern zu vermehrtem Eingreifen und zur Konstatierung von Mißerfolgen veranlassen könnte.
Schließlich sei an einem weiteren Beispiel gezeigt, wie voreilig
man die Korrelation zwischen zwei einzelnen Variablen interpretieren kann. So gibt es eine bedeutsame Korrelation zwischen
Leistungsdruck und Sozialschichtzugehörigkeit, gemessen am
Beruf des Vaters und der Schulbildung beider Eltern. Eine Reihe
einzelner Variablen des Leistungsdrucks ist um so stärker, je
niedriger die Sozialschicht, der die Eltern angehören, ist: z. B.
Unzufriedenheit der Eltern mit den Schulleistungen, Intensität
der Leistungskontrolle und Bestrafung für schlechte Schulleistungen. Gleichzeitig zeigt sich aber auch, daß ein solcher elterlicher
Leistungsdruck um so höher ist, je niedriger die Schulleistungen
ihres Kindes sind. Schaltet man nun statistisch den Einfluß von
Schulleistungsunterschieden durch eine Korrelationsanalyse aus,
die man Partialkorrelation nennt, so verschwindet die anfängliche

Korrelation zwischen Leistungsdruck-Variablen und Sozialschichtzugehörigkeit vollständig. Statt dessen ergibt sich folgendes Bild: Mit steigendem Berufs- und Bildungsstand der Eltern
steigt der Anregungsgehalt der Umwelt. Mit dem Anregungsgehalt steigen auch die Intelligenzwerte. So ist es verständlich,
wenn mit höherem Berufs- und Bildungsstand der Eltern die
Schulleistungen des Kindes besser sind. Es sind dann eher Eltern
mit niedrigerem Sozialstatus, die ihre Kinder in der Schule
zurückbleiben sehen und deshalb unzufriedener sind, mehr kontrollieren und bestrafen.

Wir sehen hier, wie ein von der Schule definierter Gütestandard
das Erziehungsverhalten der Eltern beeinflußt, je nachdem ob die
Schulleistungen des Kindes diesem Gütestandard entsprechen
oder nicht.

### 4.8. *Soziokultureller Lebensraum und historischer Wandel*

Es wurde schon eingangs erwähnt, daß die Entwicklung eines
Motivs davon abhängt, wieweit die Umwelt dafür »gerade richtige«
Herausforderungen bereitstellt. Und daß andererseits, wenn ein
Motiv sich dominant ausgeprägt hat, Individuen, soweit sie überhaupt Wahlmöglichkeiten haben, dahin tendieren, solche Lebensräume aufzusuchen, die motiventsprechend herausfordern. Wie
sieht nun der Lebensraum aus, der die Entwicklung des Leistungsmotivs begünstigt oder Menschen, die bereits hochmotiviert sind,
anzieht? Aus einer Fülle von Befunden aus verschiedenen Erd-
teilen, Kulturen und Zeitepochen lassen sich die folgenden allgemeinen Charakteristika herausziehen (McCLELLAND 1961; 1971).
Es sind Lebensräume:

Wo 1. ein individualistisches und kein kollektivistisches Ethos
herrscht. Die Notwendigkeit individueller Selbsterfüllung sticht
hervor. Sie kann durchaus im Dienste anderer stehen. Die Bindung
an eine soziale Gruppe braucht nicht zu stark zu sein, man muß
nicht in ihr aufgehen.

Wo 2. Selbstverantwortlichkeit gefordert ist und keine allgemeine
Verhaltensnormierung besteht. Man kann die Folgen des eigenen
Handelns auf eigene Fähigkeiten und Anstrengungen zurück-
führen.

Wo 3. Erfolg und Mißerfolg des eigenen Handelns nach einiger
Zeit klar erkennbar werden.

Wo 4. eine aktivistische und keine fatalistische Lebenseinstellung
vorherrscht. Man nimmt die bestehenden Verhältnisse nicht hin,
sondern sucht sie zu verbessern.

Wo 5. anspruchsvolle Leistungsziele gesetzt werden können. Die
bestehenden Verhältnisse eröffnen realistische Möglichkeiten zur

Änderung und damit zur Bewährung der eigenen Tüchtigkeit. Die sich stellenden Aufgaben sind weder zu leicht noch zu schwierig. Die wirtschaftlichen Lebensumstände sind nicht durch die Extreme von Überfluß und Armut bestimmt.

Wo 6. eine weite Zukunftsorientierung besteht und Verzicht auf unmittelbare Belohnung gefordert ist.

Wo 7. schließlich Mobilität möglich ist. Die sozialen, wirtschaftlichen und geographischen Beschränkungen der eigenen Herkunft können überwunden werden.

In den meisten dieser Lebensraum-Charakteristika wird man leicht die Bestimmungsstücke des Motivsystems wiederentdecken können, die wir im vorigen Kapitel erörtert haben (Prozeßmodell der Motivation). Leicht läßt sich nun eine Zuordnung herstellen zu Aufforderungsgehalten, Gütestandards, Kausalattribuierung, unmittelbare und weitere Folgen und deren Anreizwerte.

Hier sei jedoch weiter gefragt: Wo gibt es Lebensräume, die in etwa den sieben Punkten entsprechen und damit die Entwicklung des Leistungsmotivs fördern? Wir finden sie in einigen Familien mehr als in anderen. Das gleiche gilt für übergreifende Sozialgebilde, in die die einzelne Familie wiederum eingebettet ist, für verschiedene weltanschauliche Gruppierungen, religiöse und politische, für verschiedene Sozialschichten, für verschiedene Gesellschaften, Nationen und Kulturen und letztlich für verschiedene historische Perioden.

Nehmen wir als Beispiel die Sozialschichten. In den westlichen Industrienationen sind gegenwärtig mittelständische Sozialschichten stärker durch leistungsthematische Gehalte geprägt als untere Sozialschichten. In den letzteren sind etwa leistungsbezogene Wertungen enger an materielle Belohnungen geknüpft, die unmittelbar erwartet werden. Die Bildungsziele für die eigenen Kinder sind weniger weit gesteckt. (Vgl. Übersicht in HECKHAUSEN 1972, S. 1000f)

Ein Schweizer Soziologe, Jaques VONTOBEL (1970), hat an einer repräsentativen Stichprobe von 539 deutschschweizerischen Rekruten die schichtspezifische Ausprägung des Leistungsmotivs erhoben. Er findet einen fast linearen Zusammenhang mit ansteigender Sozialschicht, und zwar ausgeprägter in städtischer als in ländlicher Bevölkerung. Innerhalb der Mittelschicht sind die Söhne von unselbständigen Vätern, also etwa Angestellten, höhermotiviert als die Söhne selbständiger Väter, also etwa von Handwerkern und Einzelhändlern.

Bei deutschen Müttern der mittleren und unteren Sozialschichten hat Wulf-Uwe MEYER einen Unterschied festgestellt (noch nicht veröffentlicht), der auf den ersten Blick überrascht. Mütter der oberen Mittelschicht neigen dazu, Mißerfolge ihres Kindes bei Aufgaben, die unter ihren Augen im Elternhaus ausgeführt wurden, auf mangelnde Fähigkeit des Kindes zurückzuführen.

Da man Fähigkeiten nicht unmittelbar beeinflussen kann, sind sie auch eher zurückhaltend und greifen nicht massiv in die Leistungsbemühungen ihres Kindes ein. Das tun aber ausgesprochen Unterschichtsmütter, die Mißerfolg ihres Kindes weniger von mangelnder Fähigkeit als von mangelnder Anstrengung abhängig sehen. Sie üben deshalb einen stärkeren Leistungsdruck aus, überfordern das Kind und machen es abhängig. Unter diesen Bedingungen kommt es zu einer Mißerfolgshäufung, die das Kind selbst auf die Dauer nur auf einen konstanten Faktor zurückführen kann, d. h. auf mangelnde Fähigkeit. Demgegenüber führt die größere Zurückhaltung der Mütter aus der oberen Mittelschicht zu einer ausgewogeneren Erfolgs-Mißerfolgs-Bilanz in den selbständigeren Leistungsbemühungen ihres Kindes. Und damit eröffnet sich diesem mehr die Möglichkeit, seine Leistungen auf eigene Anstrengung zurückzuführen. Diese Unterschiede zeigen sich in der Ursachenerklärung des Kindes für Mißerfolg in Schulsituationen. Kinder der oberen Mittelschicht führen ihn eher auf mangelnde Anstrengung und Kinder der Unterschicht eher auf mangelnde Fähigkeit zurück.

Man sieht hier, wie zwei soziale Lebensräume zu unterschiedlichen Kausalattribuierungen tendieren; und wie dies den Kindern gegensätzliche Attribuierungen nahelegt, die in einem Falle Erfolgszuversichtlichkeit und im andern Falle Mißerfolgsängstlichkeit fördern (und damit vermutlich auch die Schullaufbahn beeinflussen).

Aus den berichteten Befunden darf man keinesfalls den Schluß ziehen, daß die leistungsthematischen Lebensraumgehalte für immer fest an Sozialschichtzugehörigkeit gebunden seien. Das erste ist eine psychologische, das zweite eine soziologische Variable. Beide können miteinander korreliert sein, sie können sich entsprechen, sind aber zwei ganz verschiedene Dinge, von denen sich keines in das andere überführen läßt.

Einmal gibt es innerhalb jeder Sozialschicht eine beträchtliche Variation der psychologischen Lebensraumgehalte in den einzelnen Familien. Zum andern sind die Beziehungen auch von gesellschaftlichen Rahmenbedingungen abhängig. In nicht-industrialisierten Ländern wie Indien und Brasilien besitzen die einzelnen Sozialschichten ganz andere Lebensraum-Charakteristika und damit andere Motivausprägungen. In Indien sind die Söhne der untersten und der obersten Sozialschicht weit stärker motiviert als die Söhne von Beamten, Verwaltungsangestellten und kleinen Ladenbesitzern (MEHTA 1967; 1969). Gerade die mittelständische Mentalität wird in diesem Entwicklungsland von einem Inder wie folgt charakterisiert: verantwortungsscheu, Aufschieben von Entscheidungen, unnötige Selbstbehinderung bei der Aufgabenerledigung (OHJA 1969). In Brasilien sind Söhne der besitzenden Oberschicht geringer leistungsmotiviert als Kinder der untersten

Sozialschicht. Sie wachsen in einem feudalen Lebensrahmen des Überflusses auf, der sie verwöhnt und keine Leistungsbewährung herausfordert (ROSEN 1962).

Die Aufforderungsgehalte sozialer und nationaler Lebensräume unterliegen einem ständigen historischen Wandel. Eine rapide Zuspitzung leistungsthematischer Aufforderungsgehalte ist in der Geschichte regelmäßig mit religiösen und gesellschaftlichen Erneuerungsbewegungen in kleinen Minoritäten-Gruppen verbunden gewesen. Sie bildeten Lebensraum-Keimzellen, die über die Kindererziehung einen hochmotivierten Nachwuchs heranzogen. Dadurch erfuhr vor allem das wirtschaftliche Geschick ganzer Landstriche und Nationen einen ungeahnten Aufstieg. Es wurde ja schon erwähnt, daß die Wirtschaft zu Bewährungen herausfordert, die Hochmotivierte anziehen. Auf ein solches Beispiel hat als erster der deutsche Soziologe Max WEBER 1904 in seinem berühmten Werk *Die protestantische Ethik und der Geist des Kapitalismus* hingewiesen. Ihm waren einige Dinge aufgefallen, die wir heute als typisch für den hoch Leistungsmotivierten ansehen: Im Vergleich zu Katholiken arbeiteten protestantische Arbeiterinnen intensiver und sparten ihren Lohn für langfristige Ziele; protestantische Unternehmer erzielten einen größeren wirtschaftlichen Erfolg, sie schickten ihre Kinder eher in moderne und technische Bildungsanstalten; protestantische Handwerker wanderten häufiger in städtische Fabriken ab.

Eine eigenartige neue Berufsethik war vor allem in den nachreformatorischen Sekten zu beobachten. Ein religiös begründeter, asketischer Sparzwang hemmte den unmittelbaren Genuß des wirtschaftlichen Gewinns. Er wurde statt dessen investiert, um das eigene Unternehmen wachsen zu lassen. Diese Geisteshaltung hat entscheidenden Anteil an der Industrialisierung des 18. und 19. Jahrhunderts und dem aufkommenden Kapitalismus. Sie hat das klassische Bild des Unternehmers geprägt.

Auch diese religiösen Einflüsse unterliegen einem historischen Wandel. Heute läßt sich nicht mehr feststellen, daß ein protestantischer Lebensraum die Ausprägung des Leistungsmotivs mehr fördert als ein katholischer. (Vgl. Überblick in HECKHAUSEN 1972)

David McCLELLAND (1961) hat für verschiedene Nationen und verschiedene Geschichtsperioden der letzten 3000 Jahre nachgewiesen, daß Anstieg und Abfall des Leistungsmotivs einem wirtschaftlichen Aufschwung bzw. Abstieg vorausgehen. Aber wie kann man »das« Leistungsmotiv einer Nation zu einer gegebenen historischen Periode feststellen? Vielleicht ist mancher überrascht, daß ausgerechnet Lesebücher, etwa des 3. Schuljahres, einen ausgezeichneten Aufschluß dafür geben. Offenbar sind Pädagogen zu allen Zeiten darum bemüht, bei der Auswahl von Lesebuchgeschichten das jeweilig vorherrschende gesell-

schaftliche Wertungsklima an die junge Generation heranzubringen.
Ein einfaches Beispiel gibt Abb. 10. Hier hat man die Ausprägung
des Leistungsmotivs in den USA mit einem Index der wirtschaftlichen Entwicklung verglichen, nämlich mit der Anzahl der
Patentanmeldungen pro 1 Million Einwohner, und zwar alle
20 Jahre zwischen 1800 und 1950. Von jeder Periode hat man
4 seinerzeit weitverbreitete Lesebücher ausgesucht und darin jede
3. Seite auf ihren leistungsthematischen Gehalt ausgewertet. Wie
zu sehen ist, steigt das Leistungsmotiv bis 1890 an und fällt dann
wieder ab. Die Patentanmeldungen folgen zeitlich verzögert dieser
Entwicklung (deCHARMS & MOELLER 1962).

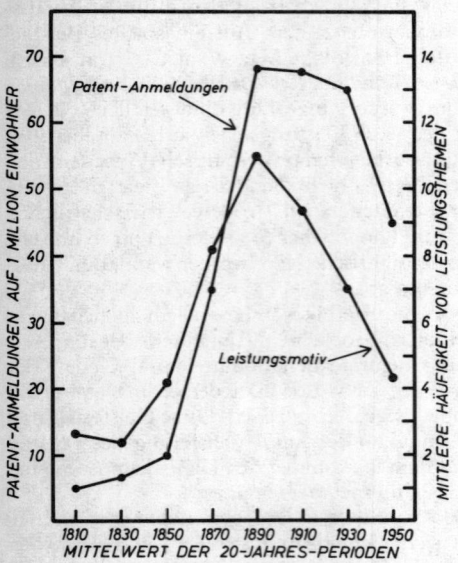

*Abb. 10:* Mittlere Häufigkeiten von Leistungsthemen in Lesebüchern und
von Patent-Anmeldungen in den USA von 1800 bis 1950. (Nach R. DE-
CHARMS & G. H. MOELLER.)

In ähnlicher Weise und mit interessanten Ergebnissen hat McCLEL-
LAND (1961) auch Entwicklungen in kapitalistischen, kommunisti-
schen und Entwicklungsländern während der letzten 50 Jahre
festgestellt.

## 4.9. *Wertfragen und ein übliches Mißverständnis*

Aber kehren wir zurück zu Schulen und Klassenräumen. Vielleicht haben sich, nachdem soviel über das Leistungsmotiv berichtet wurde, Einwände zu Wort gemeldet. Sie betreffen wohl vor allem Wertfragen wie: »Ist denn Leistung die Hauptsache im Leben?« oder »Ist denn ein ausgeprägtes Leistungsmotiv überhaupt etwas durch und durch Wertvolles und deshalb wünschenswert?« Fragen wie diese lassen sich letztlich nur aufgrund persönlicher Wertüberzeugungen beantworten. Die Psychologie kann nur psychologische Aussagen darüber machen, d. h. Entstehungsbedingungen und Folgen von Wertnormen klären. Leistung ist dabei nur eine unter manchen anderen Grundsituationen, in denen Menschen Befriedigung suchen und Selbsterfüllung finden oder nicht finden.

Nimmt man das Gefühl persönlicher Befriedigung als Wertkriterium, so kann man in typologischer Verkürzung auf das Folgende hinweisen. Es gibt Menschen, die in ihrer eigenen Leistung ihre größte persönliche Beglückung und Selbsterfüllung finden; nicht weniger als andere Menschen, die dies im Bereich eines ganz anderen Motivs finden, etwa in der Bindung an andere Menschen. Aber dazu genügt es nicht, ein starkes und erfolgszuversichtliches Leistungsmotiv zu besitzen. Man muß auch Realisierungsmöglichkeiten zu seiner Befriedigung zur Verfügung haben, wie entwickelte Fähigkeiten und entsprechende Chancen und Herausforderungen im eigenen gesellschaftlichen Lebensraum. Andererseits gibt es Menschen, für die Leistung zur Last, zur Qual wird, ja bis zum neurotischen Zusammenbruch führen kann. Dazu genügt es ebenfalls nicht, ein in hohem Maße mißerfolgsängstliches Leistungsmotiv zu besitzen. Es muß zusätzlich dadurch charakterisiert sein, daß es zu sehr von fremdgesetzten Gütestandards abhängig ist, und außerdem müssen sich Situationen ständiger Überforderung häufen. Schließlich gibt es Menschen, die so extensiv leistungsmotiviert sind, daß sie fast alle Grundsituationen ihres Lebens leistungsthematisch auffassen. Das wirkt auf den Beobachter unangemessen, einseitig, ja zwanghaft, weil solche Menschen den Anforderungen nicht-leistungsthematischer Situationen nicht mehr gerecht werden können. Schwinden plötzlich die Realisierungsmöglichkeiten einer so extensiven Leistungsorientierung, so verliert das Leben plötzlich jeden Sinn; ein Gefühl, das bis in den Selbstmord treiben kann. Hier ist das Ausscheiden aus dem Beruf eine besonders kritische Lebenslaufphase. Psychiater haben krasse Fälle eines sog. »Pensionierungsbankrotts« beschrieben (STAUDER 1955).

Ein übliches Mißverständnis über den Motivbegriff ist auszuräumen: daß Hochmotivierte außerordentliche Leistungen zustande bringen müßten und daß, umgekehrt, außerordentliche

Leistungen auf ein ausgeprägtes Erfolgsmotiv schließen ließen. Wäre das so, dann wäre der Motivbegriff zirkulär und damit überflüssig. Nehmen wir die Schulleistung. Der Zusammenhang zwischen ihr und dem Leistungsmotiv hängt entscheidend von den Aufforderungsgehalten der Lernsituation ab. Sie sind für Hochmotivierte keineswegs von vornherein attraktiv – und das scheint gegenwärtig an unseren Schulen und Universitäten eher die Regel zu sein. In vielen Einzeluntersuchungen ist es das Mißerfolgsmotiv, das mit Schul- und Studienleistungen positiv korreliert; aber im übrigen nur selten über .40 hinaus (HECKHAUSEN 1967; BIRNEY et al. 1969). Berücksichtigt man dazu noch Intelligenzunterschiede, die natürlich in diesen Zusammenhang hineinspielen, so erhält man multiple Korrelationen bis etwa .60 zwischen der Motivstärke und Intelligenz einerseits und der Schul- oder Studienleistung andererseits.

Um von einer voreiligen Gleichsetzung von Leistungsmotiv und Leistung abzuhalten, enthält der Studientext 4.8. zwei paradox erscheinende Beispiele, nämlich Motivdaten von Nobelpreisträgern und radikalen Studentengruppen.

### 4.10. *Furcht vor Erfolg – ein geschlechtsspezifischer Sonderfall*

Bislang ist etwas Wichtiges beiseite gelassen worden. Die Motiventwicklung verläuft für beide Geschlechter in der Regel nicht gleich. Eltern stellen meistens höhere Anforderungen an Selbständigkeit, intellektuelle Tüchtigkeit und Schulerfolg bei ihren Söhnen als bei ihren Töchtern. Geschlechtsrollennormen sind überlieferte Gehalte des Überzeugungswissens, die das elterliche Erziehungsverhalten in vielerlei Hinsicht leiten (MACCOBY 1966). Sie stecken die Leitlinien ab, innerhalb derer auch die Entwicklung des Leistungsmotivs erfolgt. Allerdings ist nicht zu übersehen, daß sich in mancher Hinsicht die Rollennormen für beide Geschlechter zunehmend angenähert haben. Das gilt insbesondere für Leistungstüchtigkeit in Schule und Beruf.

Zu welchen Motivkonflikten es dabei jedoch kommen kann, hat eine amerikanische Psychologin, M. HORNER (1972), an Studentinnen gezeigt. Einige von ihnen haben nicht nur – wie auch ihre männlichen Kommilitonen – Furcht vor Mißerfolg; nein, unter besonderen Umständen haben viele eine paradox erscheinende Motivierung, nämlich »Furcht vor Erfolg«. HORNER ließ Studentinnen den folgenden Satz zu einer Geschichte ausspinnen:

»Nach der medizinischen Zwischenprüfung sieht sich Barbara an der Spitze ihres Studienjahrgangs.«

Studenten schrieben zu dem gleichen Satz Geschichten, nur war es bei ihnen nicht Barbara, sondern Hans, der sich an der Spitze befand. Im Unterschied zu ihnen ließen zwei Drittel aller Studentinnen in ihren Geschichten auf die eine oder andere Weise eine Besorgnis erkennen, die man als Furcht vor Erfolg bezeichnen muß. Hier ist eine solche Geschichte:

»Barbara will nicht Nummer eins in ihrem Studienjahrgang sein. Sie findet, daß sie aus sozialen Gründen nicht so gut stehen sollte. Sie verschlechtert sich auf den neunten Platz, bricht später ihr Studium ab und heiratet dann den Studenten, der das beste Doktorexamen macht.«

Eine intellektuelle Konkurrenzsituation mit männlichen Altersgenossen bringt diese Mädchen in eine Zwickmühle. Sie sind einerseits ausgesprochen befähigt und hochmotiviert – so wollen sie den besten Studienerfolg. Gleichzeitig bedeutet dieser aber, daß sie nicht den gesellschaftlichen Erwartungen an die weibliche Geschlechtsrolle entsprechen. Und sie fürchten, daß die weitere Folge ihres Erfolges Unbeliebtheit und Verlust an Weiblichkeit sein wird, daß die Heiratschancen schwinden. Die Erwartung dieser Folge vermindert ihre Motivierung und hemmt tatsächlich ihre Leistungsbemühungen, obwohl sie ein ausgeprägtes Leistungsmotiv besitzen.

Das zeigt sich in einem anschließenden Experiment, in dem sprachliche und mathematische Aufgaben einmal in Einzelarbeit und zum andern im Wetteifer mit den männlichen Kommilitonen zu lösen waren. Während diese unter Wetteifer ihre Leistung in der Regel steigerten, sank sie bei den meisten Mädchen erheblich unter das Niveau ab, das sie in Einzelarbeit erreicht hatten; am häufigsten bei jenen Studentinnen, deren Geschichten zuvor »Furcht vor Erfolg« hatten erkennen lassen (vgl. Tab. 1). Gerade diese Mädchen zeichneten sich im übrigen häufig durch blendende Studienleistungen aus, die sie aber nicht davon abhielten, nicht den Beruf der Ärztin, sondern traditionell weibliche Berufe wie Hausfrau, Krankenschwester und Lehrerin anzustreben.

*Tab. 1:* Studentinnen mit und ohne Furcht vor Erfolg, die unter Bedingungen der Alleinarbeit oder des Wetteifers (mit männlichen Kommilitonen) bessere Leistungsergebnisse erzielen. (Aus: M. HORNER ›Toward an understanding of achievement-related conflicts in women‹. In: *Journal of Social Issues*, 1972, 28, 157–175; S. 165.)

|                           | Bessere Leistungsergebnisse | |
|                           | Alleinarbeit | Wetteifer |
|---------------------------|:---:|:---:|
| Hohe Furcht vor Erfolg    | 13  | 4   |
| Niedrige Furcht vor Erfolg | 1  | 12  |

Man kann diese Befunde keineswegs auf alle Mädchen und Frauen verallgemeinern. In 7 Stichproben amerikanischer Studentinnen, die zwischen 1964 und 1970 erhoben wurden, ließen 65 bis 88%

in ihren Geschichten Furcht vor Erfolg erkennen. Abschließend sei die Geschichte einer Studentin mitgeteilt, die sich nicht im geringsten vor Erfolg fürchtet und zugleich etwas mit der weiblichen Geschlechtsrolle anzufangen weiß.

> »Barbara ist ganz eine Dame. Sie steht nicht nur in ihren Studienleistungen obenan, sie ist auch beliebt und wird bewundert von ihren Kommilitonen – was schon was heißen will in einem so von Männern beherrschten Feld. Sie ist brillant, aber sie ist auch eine Frau. Sie wird weiterhin an der Spitze bleiben und immer – eine Dame.«

### 4.11. *Zusammenfassender Rückblick*

(1) *Kognitive Entwicklung der Leistungsbeurteilung.* Die weitere Entwicklung von Motiven unterliegt nicht nur Sozialisationsfaktoren der näheren sozialen Umwelt und der durch sie vermittelten gesellschaftlichen Normen. Auch ein fortschreitendes strukturierendes Lernen, eine kognitive Entfaltung von Begriffen und Konzepten ist von Bedeutung. Das wurde am Beispiel der Ursachenerklärung von Handlungsergebnissen verdeutlicht. Das erste Auftreten von Erfolgs- und Mißerfolgserlebnissen setzt beim Kleinkind die kognitive Fähigkeit voraus, Ergebnisse des eigenen Handelns auf sich selbst zurückzubeziehen und die eigene Tüchtigkeit oder Untüchtigkeit dafür verantwortlich zu machen. Das Tüchtigkeitskonzept hat sich beim Erwachsenen in Fähigkeit und Anstrengung, d. h. in einen stabilen und einen variablen Ursachenfaktor differenziert. Der Entwicklungsverlauf, der dahin führt, ist noch unerforscht. Eine erste Untersuchung über Beurteilung fremder Leistungen durch Kinder verschiedener Altersstufen zeigt bemerkenswerte Parallelen zur Entwicklung des moralischen Urteils. Bloßer Erfolgs- oder Mißerfolgsausgang geben nur bei den 4- bis 6jährigen den Ausschlag. Später orientiert sich die Leistungsbeurteilung zunehmend an der aufgewendeten Anstrengung, was bei der moralischen Beurteilung der Intention des Handelnden entspricht. Fähigkeit, als konstanter Faktor, bleibt demgegenüber bedeutungslos. Die unterschiedliche Gewichtung beider Faktoren besitzt motivationstheoretische Logik. Sie findet sich auch in der Bewertung von Schülerleistungen durch Lehrer. Unterschiede des soziokulturellen Anregungsmilieus können die beobachtete Entwicklung schneller oder verzögerter ablaufen lassen. Richtung und Verlaufsform bleiben jedoch die gleichen.

(2) *Konstanz und Wandel des Motivs im Lebenslauf.* Im Laufe der Entwicklung zeigt ein Motiv als wiederkehrendes Anliegen sowohl Konstanz wie Wandel. Man darf die Entwicklung nicht

so sehen, als durcheile die Person als ein isoliertes Etwas ihren Lebenslauf. Die Person bildet vielmehr mit ihrer jeweiligen Umwelt eine Interaktionseinheit. Da sich mit den Lebenslaufabschnitten auch die Umwelten und ihre »Herausforderungen« ändern, wandelt sich auch die Person und ihr Verhalten. Aber in diesem Wandel bleibt das sich entwickelnde Motiv als ein überdauernder, individuell ausgeprägter Kern sichtbar.

Mit dem Eintritt in neue Lebensabschnitte können sich die Bezugsnormen für die Handlungsstandards eines bereits entwickelten Motivs ändern. Damit steht die weitere Entwicklung vor Forderungen nach Integration von alt und neu, denen das Kind mehr oder weniger genügen kann.

Sind die Motive entwickelt, so tendieren Jugendliche und Erwachsene dazu, nach Möglichkeit jene Lebensräume aufzusuchen, deren Herausforderungen ihrer individuellen Motivausprägung am ehesten entsprechen. Das läßt sich besonders dann beobachten, wenn ein Motiv sehr dominant ausgeprägt ist. Aber solche Mobilitätstendenzen stoßen auf Realisierungsmöglichkeiten, die in vielerlei Hinsicht Schranken setzen.

(3) *Bekräftigungslernen durch erzieherische Sanktionen.* Jede Entwicklung ist zu einem Teil Sozialisationsprozeß, d. h. sie besteht in der Übermittlung soziokultureller Wertgehalte von den Erziehenden auf das Kind. Die Vermittlung vollzieht sich vornehmlich in der frühen und mittleren Kindheit (*primäre Sozialisation*). Sie wird nicht ausschließlich, sondern nur zu einem Teil von den Erziehenden selbst in Gang gesetzt, indem sie das Verhalten des Kindes unmittelbar durch Bekräftigungen zu beeinflussen suchen. Sie lassen auf erwünschtes und unerwünschtes Verhalten des Kindes Konsequenzen folgen, die für es angenehm oder unangenehm sind. Das führt beim Kind zu festen Erwartungen über handlungsabhängige positive bzw. negative Anreize. Solche erwarteten Handlungsfolgen (*Anreize*) beeinflussen die Motiventwicklung hauptsächlich über die Herausbildung generalisierter Erwartungen (Hoffnung oder Furcht) und über die *Normen* zur Bewertung eigener Handlungsergebnisse.

(4) *Beobachtungslernen an Vorbildern.* Die Vermittlung der soziokulturellen Wertgehalte und komplexer Verhaltensweisen geht zu einem weiteren Teil vom Kinde selbst aus. Es neigt dazu, Erwachsene, die bestimmte Vorbild-Charakteristika aufweisen, aufmerksam zu beobachten und nachzuahmen. Das wurde an zwei experimentellen Beispielen gezeigt: Übernahme neuer Gütestandards und Fähigkeit zum Aufschub von Belohnungen.

(5) *Aufforderungsgehalte der Sachumwelt.* Auch die Sachumwelt des Entwicklungsraumes trägt zur Übernahme von Wertgehalten bei und beeinflußt so die *Motivgenese*, wenn auch auf recht verwickelte Weise. Die Sachumwelt ist zu einem Teil mit motivrelevantem Kulturgut angereichert und nicht ohne Erziehungsabsichten ge-

staltet. So stellt die Sachumwelt in geringerem oder höherem Maße auch Realisierungsmöglichkeiten zu motivrelevantem Handeln bereit.

(6) *Wechselwirkung zwischen direktem Erziehungseinfluß und dem Anregungsgehalt der Nahumwelt*. Die gesamten Einwirkungen des soziokulturellen Lebensraumes auf die Motiventwicklung sind so komplex, daß wir sie nur in ersten und groben Umrissen überblicken können. Eine *Taxonomie* der vielen Einflußvariablen dient der theoretischen Gliederung, besseren Überschaubarkeit und Reduktion der *Variablen*anzahl. Ein solcher Versuch hat komplexe Wechselwirkungen zwischen verschiedenen Haupteinflüssen auf die Motiventwicklung aufgedeckt; insbesondere zwischen dem direkten Erziehungseinfluß (»Leistungsdruck«) und dem Anregungsgehalt der Nahumwelt.

(7) *Soziokultureller Lebensraum und historischer Wandel*. Es gibt unmittelbare Zusammenhänge zwischen den verschiedenen Wertgehalten der einzelnen soziokulturellen Lebensräume in einer Gesellschaft und den Motivausprägungen. Es wurden Wertgehalte von Lebensräumen charakterisiert, die ein hohes und erfolgszuversichtliches Leistungsmotiv fördern oder Personen mit dieser Motivausprägung anziehen. Dies wurde an Unterschieden der sozialen Schichten erörtert.

Soziokulturelle Wertgehalte und die ihnen entsprechenden Motivausprägungen unterliegen historischen Wandlungen, einem langfristigen Auf und Ab. Solche epochalen Schwankungen in der durchschnittlichen Ausprägung eines Motivs werden durch die Kindererziehung vermittelt. In einigen Fällen hat man ihre Auslösung auf religiöse und weltanschauliche Erneuerungsbewegungen in Minoritätsgruppen zurückführen können.

Der Zusammenhang zwischen Leistungsmotiv und Schullernen kann nicht so direkt sein, wie man auf den ersten Blick annehmen möchte. Von den *Aufforderungsgehalten* der Lernsituation hängt es ab, ob das Motiv überhaupt und wie stark es angeregt wird. Es müssen auch unterschiedliche Lernfähigkeiten in Betracht gezogen werden.

(8) *Wertfragen und ein übliches Mißverständnis*. Leistung und Leistungsmotiv enthalten – wie jedes andere Motiv mit seinen Verhaltenszielen – Wertnormen. Sie werfen deshalb Wertfragen auf, die nicht von der Psychologie (oder anderen empirischen Wissenschaften), sondern nur aufgrund persönlicher Wertentscheidungen entschieden werden können. Wertnormen und Wertentscheidungen sind natürlich selbst psychologisch, d. h. verhaltensbestimmende Phänomene. Die Psychologie versucht zu zeigen, in welchen Bedingungszusammenhängen sie auftreten und welche (psychologischen) Folgen sie haben. Drei Typen extremer Motivausprägung werden skizziert. Dabei wurde auch das übliche Mißverständnis, Leistung und Leistungsmotiv seien fest mitein-

ander verkoppelt, abzubauen versucht. Ob überhaupt und inwieweit beide einander entsprechen, hängt von den Anregungsbedingungen der Situation und den objektiven Realisierungsmöglichkeiten ab.

(9) *Furcht vor Erfolg – ein geschlechtsspezifischer Sonderfall.* Verhalten wird nicht immer durch ein einzelnes Motiv gesteuert. Situationen sind häufig komplex. Ihre Aufforderungsgehalte lassen verschiedene Handlungsfolgen erwarten, die einander widerstreitende Anreize haben. Das führt zum *Motivkonflikt.* Er kann sich auch in der Entwicklung verfestigen und zu einem besonderen Teilmotivsystem werden, das in hohem Maße situationsspezifisch ist. »Furcht vor Erfolg« bei Mädchen im Leistungswettbewerb mit männlichen Altersgenossen ist ein Beispiel dafür. *Geschlechtsrollennormen* sind einflußreiche Leitlinien für die Motiventwicklung.

## Literatur

BALTES, P. B. ›Longitudinal and cross-sectional sequences in the study of age and generation effects‹. In: *Human Development*, 1968, *11*, 145–171.

BALTES, P. B. & NESSELROADE, J. R. ›Multivariate longitudinal and cross-sectional sequences for analyzing ontogenetic and generational change: A methodological note‹. In: *Developmental Psychology*, 1970, *2*, 163–168.

BANDURA, A. & MISCHEL, W. ›Modification of self-imposed delay of reward through exposure to live and symbolic models‹. In: *Journal of Personality and Social Psychology*, 1965, *2*, 698–705.

BIRNEY, R. C., BURDICK, H. & TEEVAN, R. C. *Fear of failure.* New York: van Nostrand/Reinhold 1969.

BRADBURN, N. M. ›n achievement and father dominance in Turkey‹. In: *Journal of Abnormal and Social Psychology*, 1963, *67*, 464–468.

deCHARMS, R. & MOELLER, G. H. ›Values expressed in American children's readers: 1800–1950‹. In: *Journal of Abnormal and Social Psychology*, 1962, *64*, 136–142.

CROCKETT, H. J. ›The achievement motive and differential occupational mobility in the United States‹. In: *American Sociological Review*, 1962, *27*, 191–204.

HECKHAUSEN, H. *Hoffnung und Furcht in der Leistungsmotivation.* Meisenheim, Glan: Hain 1963.

– *The anatomy of achievement motivation.* New York: Academic Pr. 1967.

– ›Die Interaktion der Sozialisationsvariablen in der Genese des Leistungsmotivs‹. In C. F. GRAUMANN (Hrsg.) *Handbuch der Psychologie.* Bd. 7/2: Sozialpsychologie. Göttingen: Hogrefe 1972, S. 955–1019.

– *Leistung und Chancengleichheit.* Göttingen: Hogrefe 1974.

HECKHAUSEN, H. & OSWALD, A. ›Erziehungspraktiken der Mutter und Leistungsverhalten des normalen und des gliedmaßengeschädigten Kindes‹. In: *Archiv für die gesamte Psychologie*, 1969, *121*, 1–30. (Auch in: O. EWERT (Hrsg.) *Entwicklungspsychologie*. B. I. Köln: Kiepenheuer & Witsch 1972, S. 201–217.)

HORNER, M. ›Toward an understanding of achievement-related conflicts in women‹. In: *Journal of Social Issues*, 1972, *28*, 157–175.

KAGAN, J. & MOSS, H. A. ›Stability and validity of achievement fantasy‹. In: *Journal of Abnormal and Social Psychology*, 1959, *58*, 357–364.

– *Birth to maturity*. New York: Wiley 1962.

KLEINBECK, U. *Motivation und Berufswahl*. Göttingen: Hogrefe 1974.

LITTIG, L. W. & YERACARIS, C. A. ›Academic achievement correlates of achievement and affiliation motivations‹. In: *Journal of Psychology*, 1963, *55*, 115–119.

MACCOBY, E. (Hrsg.) *The development of sex differences*. Stanford, Calif.: Stanford Univ. Pr. 1966.

MCCLELLAND, D. C. *The achieving society*. Princeton, N. J.: van Nostrand 1961; deutsch: *Die Leistungsgesellschaft*. Stuttgart: Kohlhammer 1966 (gekürzt).

– ›n achievement and entrepreneurship: A longitudinal study‹. In: *Journal of Personality and Social Psychology*, 1965, *1*, 389–392.

– ›Leistungsantrieb und wirtschaftliches Wachstum‹. In: D. C. MCCLELLAND (Hrsg.) *Motivation und Kultur*. Bern: Huber 1967, S. 33–69.

– *Motivational trends in society*. New York: General Learning Pr. 1971.

MEHTA, P. ›Level of an achievement in high school boys‹. In: *Indian Educational Review*, 1967, *2*, 36–70.

– *The achievement motive in high school boys*. New Delhi: National Council of Educational Research and Training 1969.

MEYER, W.-U. *Leistungsmotivation und Ursachenerklärung von Erfolg und Mißerfolg*. Stuttgart: Klett 1973.

MISCHEL, W. ›Delay of gratification, need for achievement, and acquiescence in another culture‹. In: *Journal of Abnormal and Social Psychology*, 1961, *62*, 543–552.

MISCHEL, W. & LIEBERT, R. M. ›Effects of discrepancies between observed and imposed reward criteria on their acquisition and transmission‹. In: *Journal of Personality and Social Psychology*, 1966, *3*, 45–53.

MOSS, H. A. & KAGAN, J. ›Stability of achievement and recognition seeking behaviors from early childhood through adulthood‹. In: *Journal of Abnormal and Social Psychology*, 1961, *62*, 504–513.

OHJA, J. M. *Training for the development of achievement motivation*. Vortrag auf dem Symposium über ›Changing motivation for socio-economic development‹, 56th Session of the Indian Science Congress. Bombay 1969.

PAIVIO, A. ›Childrearing antecedents of audience sensitivity‹. In: *Child Development*, 1964, *35*, 397–416.

PIAGET, J. *Das moralische Urteil beim Kinde*. Zürich: Rascher 1954.

REST, S., NIERENBERG, R., WEINER, B. & HECKHAUSEN, H. ›Further evidence concerning the effects of perceptions of effort and ability on achievement evaluation‹. In: *Journal of Personality and Social Psychology*, 1973, *28*, 187–191.

ROSEN, B. C. ›Socialization and the achievement motivation in Brazil‹. In: *American Sociological Review*, 1962, *27*, 612–624.

ROSEN, B. C. & D'ANDRADE, R. ›The psychosocial origins of achievement motivation‹. In: *Sociometry*, 1959, *22*, 185–218; deutsch in: C. F. GRAUMANN & H. HECKHAUSEN (Hrsg.) *Reader zum Funk-Kolleg Pädagogische Psychologie 1*: Entwicklung und Sozialisation. Frankfurt a. M.: Fischer Taschenbuch (Bd. 6113) 1974, S. 106–122.

SMITH, C. P. ›The origin and expression of achievement-related motives in children‹. In: C. P. Smith (Hrsg.) *Achievement-related motives in children.* New York: Russel Sage Found. 1969, S. 102–150.

Stauder, K. H. ›Über den Pensionierungsbankrott‹. In: *Psyche*, 1955, *9*, 481–497.

Strodtbeck, F. L. ›Family interaction, values, and achievement‹. In: D. C. McClelland et al. (Hrsg.) *Talent and society*. Princeton, N. J.: van Nostrand 1958, S. 135–194.

Trudewind, C. *Versuch einer Taxonomie von leistungsmotivationsgenetisch relevanten Bedingungen des nicht-schulischen Lebensraums.* Bochum, Diss. 1972. (In Vorbereitung unter dem Titel: *Häusliche Umwelt und Motiventwicklung.* Göttingen: Hogrefe 1974.)

Veroff, J. ›Sozial comparison and the development of achievement motivation‹. In: C. P. Smith (Hrsg.) *Achievement-related motives in children.* New York: Russel Sage Found. 1969, S. 46–101.

Veroff, J., Atkinson, J. W., Field, S. C. & Gurin, G. ›The use of thematic apperception to assess motivation in a nationwide interview study‹. In: *Psychological Monographs*, 1960, *74*, No. 12.

Vontobel, J. *Leistungsbedürfnis und soziale Umwelt. Zur soziokulturellen Determination der Leistungsmotivation.* Bern: Huber 1970.

Weber, M. ›Die protestantische Ethik und der Geist des Kapitalismus‹. In: *Archiv für Sozialwissenschaften und Sozialpolitik*, 1904, *20*, 1–54; 1905, *21*, 1–110.

Weiner, B., Frieze, I., Kukla, A., Reed, L., Rest, S. & Rosenbaum, R. M. *Perceiving the causes of success and failure.* New York: General Learning Pr. 1971.

Weiner, B. & Kukla, A. ›An attributional analysis of achievement motivation‹. In: *Journal of Personality and Social Psychology*, 1970, *15*, 1–20.

Weiner, B. & Peter, N. V. ›A cognitive-developmental analysis of achievement and moral judgments‹. In: *Developmental Psychology*, 1973, *9*, 290–309.

Wendt, H. W., Ewert, O. M. & Ewert, U. ›Die vorsprachliche Umwelt aus einiger Entfernung betrachtet: Kinderpflegeartikel, Konfession und Risikoverhalten‹. In: *Archiv für Psychologie*, 1971, *123*, 17–34. (Auch in: O. Ewert (Hrsg.) *Entwicklungspsychologie*. Bd. I. Köln: Kiepenheuer & Witsch 1972, S. 94–107.)

Winter, D. G. The power motive. New York: Free Press 1973.

Hellgard Rauh

# 5. Entwicklung des Denkens

# 5. Entwicklung des Denkens

## 5.1. *Allgemeine Einführung*

Bei der Erforschung des Denkens geht es um die Frage:
> Wie kommt ein Mensch zu neuen Einsichten und Erkenntnissen? Welcher Art sind die geistigen Vorgänge, die das Erkennen, Begreifen, Folgern, Hypothesenbilden und Urteilen ausmachen?

Jahrhundertelang war dies ein ausschließlich philosophisch-erkenntnistheoretisches Problem. Um die Jahrhundertwende jedoch begannen Psychologen, Denkvorgänge experimentell zu untersuchen. Ihre »Versuchspersonen« waren jedoch zumeist – gebildete – Erwachsene oder Jugendliche.

Aus der Überzeugung heraus, daß das Denken des Erwachsenen nur aus seiner *Genese*, d. h. seiner Entstehungs- und Entwicklungsgeschichte heraus zu verstehen sei, begann man in Genf seit den 20er Jahren, die Erkenntnisprozesse und das Denken von Kindern zu untersuchen. Diese Forschungen sind eng mit dem Namen Jean PIAGET verbunden. Verstärktes Interesse fand die entwicklungspsychologische Erforschung kindlichen Denkens seit dem Beginn der 60er Jahre, vor allem in den USA. Dieses erneute Interesse ist jedoch stärker pädagogisch als erkenntnistheoretisch geleitet und hat die Diskussion um Vorschulerziehung, um neuen naturwissenschaftlichen Unterricht in den Grundschulen und um die ethisch-soziale Erziehung von Jugendlichen stark beeinflußt.

Die entwicklungspsychologische Erforschung des Denkens befaßt sich mit den von HECKHAUSEN im 1. Kap. genannten 4 Grundfragen der Entwicklungspsychologie und den im 2. Kap. dargestellten Erklärungsversuchen durch Entwicklungstheorien. An den folgenden Leitfragen läßt sich das leicht erkennen:

1. Ist vernünftiges, d. h. logisches Denken dem Menschen von Geburt an mitgegeben oder wird es erst im Laufe des Lebens erworben?
2. Unterscheiden sich Kinder und Erwachsene nur durch die *Menge* ihrer Denkinhalte, durch ihr *Wissen*? Sind die Fehler im kindlichen Denken *nur* Wissensfehler? Oder sind sie Anzeichen für eine Denkweise, die anders ist als die von Erwachsenen?
3. Wenn das Denken in logischen Beziehungen eine charakteristische Entwicklung durchmacht, sind dies dann notwendige Reifungsschritte im engeren biologischen Sinne oder vermeidbare Ergebnisse unvollkommenen Lernens?

4. Welche Bedeutungen haben spezifische Erfahrungen und gezieltes Lernen, vor allem aber anschauliche Erfahrung und der Umgang mit sprachlichen Bezeichnungen und Beziehungen für die Denkentwicklung?

Je nachdem wie die Antworten auf diese Fragen ausfallen, wird unsere Einstellung gegenüber kindlichem Verhalten und unsere Erziehungspraxis beeinflußt.

Für die Schule sind dabei zwei Fragen besonders wichtig:

(a) Wieweit muß schulische Unterweisung, um wirkungsvoll zu sein, auf den jeweiligen Stand in der Denkentwicklung bei den Schülern Rücksicht nehmen, und (b) läßt sich die Denkfähigkeit durch Schule fördern? Eng verwandt hiermit ist die Frage, ob das Denken in den herkömmlichen Intelligenztests ausreichend erfaßt ist oder ob die Kenntnis über die Denkentwicklung und den Entwicklungsstand eines Kindes eine zusätzliche wichtige Informationsquelle für den Lehrer darstellt.

Auch außerhalb der Schule kann eine ausreichende Kenntnis über die Denkweise von Kindern pädagogisch hilfreich sein. Denn die Art und Weise, wie Kinder (und auch Erwachsene) sich die ihnen begegnenden Phänomene erklären, bestimmt wesentlich ihr Erleben. Man denke nur an die unterschiedlichen Reaktionen von kleineren und größeren Kindern bei Alpträumen, Gewitter, Ankunft eines neuen Geschwisters oder Einweisung in ein Krankenhaus in Abhängigkeit davon, wie sie sich diese Geschehnisse selbst erklären.

Innerhalb der Entwicklungspsychologie hat die Denkentwicklung aber auch deshalb einen besonderen Stellenwert, weil sie einen wesentlichen Beitrag zu anderen Teilbereichen, z. B. zur motivationalen Entwicklung, zur Entwicklung von Sozialverhalten und zum Kommunikationsverhalten usw. leisten kann. Immer wieder hat sich nämlich gezeigt, daß Verhaltensmerkmale den eindeutigsten Entwicklungsverlauf in ihrer *kognitiven* Komponente aufweisen.

Mit der *kognitiven* Komponente ist der Verhaltensaspekt gemeint, der mit der Aufnahme und Verarbeitung von Informationen oder, anders ausgedrückt, mit Wissen, Erkenntnissen und Einsichten zu tun hat.

Im weiteren Verlauf dieses Kapitels wird zunächst auf die Besonderheiten kindlichen Denkens eingegangen und die Beziehung zwischen Intelligenz und Denkentwicklung diskutiert. Anschließend werden die wesentlichsten Merkmale des Denkentwicklungsprozesses im Rahmen der Theorie Jean PIAGETs dargestellt und die Strukturniveaus der Hauptperioden in der Denkentwicklung charakterisiert. Zum Abschluß wird auf einige pädagogische Konsequenzen aus der Erforschung der Denkentwicklung hingewiesen.

## 5.2. *Kinder denken anders*

Stellen Sie sich einmal vor, Sie sollten mit Zahlen logisch umgehen; aber
die Zahlen ändern plötzlich dadurch, daß Sie mit ihnen umgehen, ihre
absolute Wertigkeit: 3 ist nicht mehr drei, wenn es Teil der Menge 6 ist;
3 ist mehr, wenn es aus einer großen Menge stammt, als wenn es aus einer
kleinen Menge stammt. – Ein Viereck ist nicht mehr ein Viereck, sondern
ein ganz anderer Gegenstand, wenn es auf der Spitze steht. – Ein Draht
ist nicht mehr derselbe, wenn er verbogen wird, und zwar vor Ihren
Augen! – Eine Katze kann sich ohne weiteres in ein Kaninchen verwandeln oder in einen Hund. – Sogar für Sie selbst steht nicht fest, ob Sie
Ihre Geschlechtszugehörigkeit stets behalten. – Und Altern tun Sie nach
ganz individuellem Tempo. – Möglicherweise existieren für Sie Menschen
und Dinge nur solange, wie Sie sie wahrnehmen, und lösen sich z. B.
hinter einem Schirm oder unter einer Decke auf bzw. verlieren ihre Identität bei kleinen äußeren Veränderungen.

Das klingt wie ein utopischer Gruselroman. In einer solchen Welt,
in der nichts sicher, nichts vorhersagbar ist, könnten wir auf die
Dauer nicht leben. Ständig müßten wir mit Überraschungen
rechnen. Dabei könnten wir Überraschungen als solche gar nicht
erkennen, weil wir ja auch keine Regeln haben, von denen sie sich
als Ausnahmen unterscheiden.

Mit großer Sicherheit war aber auch Ihr Denken einmal so oder
ähnlich. Denn die aufgezählten Beispiele stammten aus Untersuchungen mit Kindern und charakterisieren kindliches Denken
auf verschiedenen Entwicklungsniveaus. *Permanenzen* – d. h.
Dauerhaftigkeit des Vorhandenseins von Gegenständen und
Eigenschaften auch unabhängig davon, ob ich sie gerade wahr-
nehme – und *Identitäten* – d. h. das Mit-sich-identisch-Bleiben von
Gegenständen und Eigenschaften, wenn ich wieder (wahrneh-
mend oder denkend) auf sie treffe – sind wichtige Errungenschaf-
ten im Verlaufe der Denkentwicklung. Sie sind die notwendigen
Fixpunkte für den Aufbau eines logischen Systems. Permanenzen
und Identitäten sowie logische Denkoperationen sind der Nieder-
schlag kognitiver Aktivität in langen Jahren der Entwicklung.

Zur Veranschaulichung folgen noch ein paar Beispiele aus verschiedenen Etappen der geistigen Entwicklung. Zunächst ein
Beispiel aus dem Frühstadium der Denkentwicklung zum Aufbau
der *Objektpermanenz*:

6monatige Babies greifen gewöhnlich nach einem Gegenstand, den sie
sehen und der sie interessiert. Deckt man den Gegenstand, z. B. ein rotes
Gummitier, halb mit einer Windel zu, ist das Interesse am Tier plötzlich
verschwunden; das Kind erkennt es nicht mehr, begrüßt es aber freudig,
wenn es wieder ganz zum Vorschein kommt. Erst mit 8 Monaten beginnen
viele Kinder, nach einem Tier zu suchen, das vor ihren Augen mit einem
Tuch verdeckt wurde, und häufig auch nur dann, wenn sie es schon vorm
Verdecken gegriffen haben. Versteckt man den Gegenstand nacheinander

unter mehreren Tüchern und Kissen, dann suchen 1jährige Kinder häufig noch am ersten Versteck, obgleich sie hatten sehen können, wie man das Tier unter das zweite Kissen steckte. Legt man das Tier in eine Schachtel und transportiert es darin von Versteck zu Versteck, um es irgendwo zu lassen, dann kommen oft erst 2jährige auf die Idee, beim letzten Versteck mit der Suche zu beginnen.[1]

Als nächstes ein Beispiel zur *Vorstellung von Zeit und Alter*, wie die 4¹/₂jährige Rose sie äußerte:

E: »Wie alt ist deine Schwester Erika?«

R: »Weiß ich nicht.«

E: »Ist sie noch ein Baby?«

R: »Nein, sie kann schon laufen.«

E: »Wer ist denn älter von euch beiden?«

R: »Ich.«

E: »Warum meinst du das?«

R: »Weil ich größer bin.«

E: »Und wenn Erika einmal in die Schule geht, wer von euch beiden wird dann älter sein?«

R: »Weiß ich nicht?«

E: »Und wenn ihr einmal beide große Fräulein seid, wird dann eine älter sein als die andere?«

R: »Ja.«

E: »Wer von euch beiden?«

R: »Weiß nicht.«

E: »Ist deine Mama älter als du?«

R: »Ja.«

E: »Ist deine Großmutter älter als deine Mama?«

R: »Nein.«

E: »Sind sie gleichaltrig?«

R: »Ich glaube ja.«

E: »Ist denn deine Großmutter nicht älter als deine Mama?«

R: »Oh nein!«

E: »Wird deine Großmutter jedes Jahr älter?«

R: »Sie bleibt immer gleich.«

E: »Und deine Mama?«

R: »Auch gleich.«

E: »Und du?«

R: »Ich? Nein, ich werde älter.«

E: »Und deine Schwester?«

R: »Sie auch.«[2]

Für Rose hängen Körpergröße und Alter eng zusammen. Die Körpergröße ist der Haupthinweis für das Alter. Eine einheitliche Zeitdimension existiert für sie noch nicht. Was gleich bleibt und was sich verändert, ist ihr nicht immer klar. Weil jeder seine

[1] Nach PIAGET (1969).
[2] Aus PETTER (1966, S. 171), mit leichter Verbesserung der Übersetzung.

individuelle Zeit hat, bleiben sogar Altersabstände nicht unbedingt erhalten.
In dem folgenden Beispiel wird die *Eingleisigkeit kindlichen Denkens*
besonders deutlich:

> Wenn Sie Kindergartenkindern 3 verschiedenfarbige Kugeln zeigen, die
> auf einen Stab aufgereiht sind, und führen diesen Stab nun durch ein Rohr
> wie durch einen Tunnel, dann werden Ihnen die Kinder auf die Frage,
> welche Kugel am anderen Ende herauskommen wird, vermutlich noch
> die richtige Antwort geben. Lassen Sie die Kugeln aber wieder rückwärts
> aus dem Tunnel herauskommen oder drehen Sie den »Tunnel« um 180°,
> dann werden die Vorhersagen bei den meisten Kindern nicht mehr zu-
> treffen: entweder halten sie starr die Reihenfolge der Kugeln bei und
> können sie nicht in Gedanken umkehren, oder aber sie verlegen sich aufs
> Raten – in der vagen Ahnung, daß sich jetzt etwas verändern wird.[3]

Die uns so selbstverständlichen logischen Gesetze stehen Kindern
im Vorschulalter keineswegs zur sicheren Verfügung. Das zeigt
auch die folgende kleine logische Aufgabe: Wenn Sie etwa
6jährige Kinder fragen:
»Hans ist größer als Elke, und Elke ist größer als Fritz, wer von
den dreien ist am größten?«
dann können Sie feststellen, daß viele Kinder den logischen Schluß
– man nennt ihn einen *Transitivitätsschluß* – nicht ohne weiteres
ziehen können.
Am beliebtesten bei der Untersuchung logischen Denkens von
Kindern sind die sog. *Invarianzprobleme*. Abb. 1 zeigt das typische
Grundschema für solche Aufgaben.

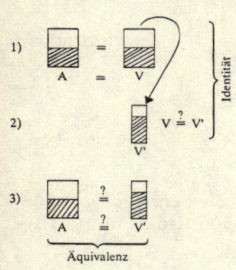

*Abb. 1:* Schema für Varianzaufgaben. (Nach
einem Vorschlag von D. Elkind: Piaget's
conservation problems. In: *Child Development* 1967, 38, 15–28.)
A = Vergleichsmenge, die unverändert
     bleibt.
V = Menge im variablen Maß vor der Trans-
     formation.
V' = Menge im variablen Maß nach der
     Transformation.

Zunächst wird die Ausgangsgleichheit von zwei Mengen bzw.
quantitativen Größen festgestellt (durch Wahrnehmungsvergleich
bzw. eindeutige Zuordnung oder Zählen, z. B. bei der Anzahlinvarianz). Dann wird vor den Augen des Kindes mit einer der
beiden Quantitäten eine Transformation (Formveränderung, Veränderung der Anordnung oder Aufgliederung) vorgenommen
und schließlich das Kind zu einem Vergleich der transformierten
Größe mit der Vergleichsgröße aufgefordert. Der Schluß auf die

---

[3] Nach Petter (1966, S. 179).

Äquivalenz beider Größen schließt die Annahme der Identität der transformierten Größe vor und nach der Transformation notwendig mit ein.

Definition: *Invarianz* bezieht sich also auf das Gleichbleiben (die *Erhaltung*, das *Konservieren*) einer quantitativen Größe trotz realer Veränderungen z. B. der Form oder der räumlichen Anordnung. Der Schluß auf die Invarianz von Quantitäten ist ein komplizierter logischer Schluß, der durch die anschaulichen Gegebenheiten nicht ohne weiteres gestützt wird.

Beispiel zur Anzahlinvarianz:

Legt man zwei Reihen von je 7 Stäbchen schön parallel nebeneinander und läßt sie überdies noch zählen, dann geben die meisten 5jährigen schon ohne weiteres zu, daß es gleich viele Stäbchen seien. Verändert man jedoch die Zwischenräume zwischen den Stäbchen der einen Reihe, wie Sie es in Abb. 2 sehen können, oder teilt man eine Reihe, oder stellt man die Stäbchen einer Reihe quer, dann sind die meisten 5jährigen fest davon überzeugt, daß es bei der ersten Transformation in der unteren Reihe »mehr« Stäbchen (oder Eisenbahnwagen), bei der zweiten und dritten Transformation in der unteren bzw. oberen Reihe »weniger« Stäbchen geworden seien. Selbst wiederholtes Zählen kann nur wenige von dieser Meinung

Ausgangsstellung

Transformation 1

Transformation 2

Transformation 3

*Abb. 2:* Versuchsanordnung mit 2 × 7 Stäbchen zur Feststellung der Anzahlvarianz. Vor jeder Transformation wird jedesmal die Ausgangslage wiederhergestellt.

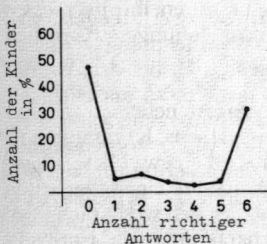

*Abb. 3:* Anzahl der Invarianzantworten zu 6 Aufgaben zum Zahlbegriff bei 251 4- bis 7jährigen Kindern.

abbringen. Abb. 3 gibt die Ergebnisse bei 251 Kindern im Alter von 4 bis 7 Jahren wieder, denen die drei in Abb. 2 dargestellten Aufgaben zweimal gegeben wurden, wobei abwechselnd die obere und die untere Stäbchenreihe verändert wurde. Sie konnten also maximal 6 im Sinne der Erwachsenenlogik »richtige« Antworten geben. 47% der untersuchten Kinder waren bei allen 6 Aufgaben von der Veränderung der Anzahl überzeugt; 31% der Kinder gaben ausschließlich »richtige« Antworten. Diese Kinder, für die die Anzahl trotz Anordnungsveränderung gleich blieb, waren im allgemeinen älter (durchschnittlich 6 Jahre) oder intelligenter (entsprechend einem Intelligenztest) bzw. älter und intelligenter als die Kinder, für die sich die Anzahl ständig änderte.

Der Begriff der Anzahlinvarianz ist für die meisten Kinder eine der frühesten Invarianzerwerbungen. Schwieriger ist für sie die Überzeugung von der Invarianz des Gewichts, des Volumens, der Fläche und der Zeiteinheit. Selbst am Ende der Grundschulzeit verfügen nicht alle Kinder sicher über diese Begriffe. Haben sie diese Begriffe aber einmal erfaßt, dann verbinden sie mit ihnen – wie die Erwachsenen – das Gefühl, daß es zwingend notwendig so sein müsse; sie können sich dann kaum noch vorstellen, daß man auch anderer Ansicht sein kann.

Ich habe immer vorsichtig »im Sinne der Erwachsenenlogik richtig« geschrieben. Es soll damit ausgedrückt werden, daß es hier nicht um »richtiges« und »falsches« Denken geht, denn auch unser Denken, das der Erwachsenen, ist nicht notwendigerweise »richtig«. Wenn wir stets davon ausgehen, daß ein Gegenstand sich nicht schon dadurch verändert, daß man ihn an eine andere Stelle im Raum legt; daß wir alle in einer einheitlichen Zeit mit gleichen Zeitintervallen leben usf., dann kann uns die neuere Geometrie und Physik eines Besseren belehren. Die Begrenztheit unserer Welterkenntnis und Einsicht durch die Gebundenheit an unsere Denkstruktur ist ein unerschöpfliches Thema für Erkenntnistheoretiker und Philosophen. Gegenüber kindlichem Denken ist das Denken der Erwachsenen allerdings effizienter. Oft können wir Erwachsene schon mit einem Minimum an Informationen zu logisch »wahren« Schlüssen kommen, dank unseres zwar komplizierten, aber wirksamen und flexiblen Denksystems. Im Unterschied zu Kindern können Erwachsene auch große Mengen an Wissen neu aufnehmen, ohne ihre Denkstrukturen, ihre bisherigen Vorstellungen von der Welt und ihre Sinnbeziehungen wesentlich ändern zu müssen.

Fassen wir zusammen:
Unter Denken verstehen wir das Gewinnen neuer Einsichten durch Operationen des Einordnens, Vergleichens, Kombinierens, Rückschließens, Folgerns, Hypothesenbildens usw. Diese *Denkoperationen* zeigen keineswegs von Anfang an einen logischen Charakter. Kindliches Denken unterscheidet sich wesentlich vom Denken Erwachsener und macht eine charakteristische Entwick-

lung durch, von der Konstruktion von Permanenzen, Identitäten und Invarianzen bis hin zu einem in sich logisch schlüssigen und flexiblen Operationssystem.

## 5.3. *Universalität der Denkentwicklung*

Kann man eigentlich so allgemein von *den* Erwachsenen und *den* Kindern sprechen, wie es im ersten Teil dieses Kapitels getan wurde? Dies würde voraussetzen, daß *alle* Kinder, unabhängig von sozialer Herkunft und kulturellem Milieu, sehr ähnliche Denkweisen zeigen und andererseits alle Erwachsenen auch.

Man bezeichnet in der Psychologie ein Merkmal als *universell*, wenn es mit hoher Wahrscheinlichkeit bei allen Menschen anzutreffen ist.[4]

Sind also die Merkmale der Denkentwicklung *universell*? Greifen wir die Beispiele des vorigen Abschnittes wieder auf. Zunächst die Entwicklung der *Objektpermanenz* bei Kleinstkindern.

Die dargestellte Entwicklungsabfolge zeigten in verschiedenen Untersuchungen sowohl Professorenkinder in Genf als auch amerikanische Kinder aus sehr verschiedenem Milieu; griechische Kinder, die zu Hause oder in Heimen aufwuchsen, und schwachbegabte Kinder, z. B. in England. Nur das Alter, auf dem die einzelnen Stufen erreicht wurden, variierte erheblich, je nach Milieubedingungen und Intelligenzhöhe der Kinder mitunter um Jahre.[5]

Noch umfangreicher ist die Zahl der Untersuchungen, die eine universelle Entwicklungsabfolge für den *Zahlbegriff* bestätigen. Eine Phase fehlender Invarianz der Anzahl mit ihren Merkmalen der Wahrnehmungsabhängigkeit und Eingleisigkeit des Denkens konnte bei den verschiedensten Kindergruppen zwischen etwa dem 5. und 10. Lebensjahr angetroffen werden. Deutsche, amerikanische, französische, algerische, indische, japanische Kinder, sogar Ureinwohner auf Neuguinea geben fast wörtlich die gleichen Antworten und Begründungen.[6] Es scheint für die Entwicklung des Zahlbegriffs kaum von großer Bedeutung zu sein, ob die Kinder das Glück hatten, eine Schule besuchen zu können oder

---

[4] Mitunter wurde hierfür auch der Begriff »Generalität« verwendet. In jüngster Zeit neigt man aber in der Entwicklungspsychologie dazu, den Begriff der Generalität für solche Merkmale zu reservieren, die *innerhalb* eines Individuums eine große Breite von Verhaltensweisen charakterisieren. Ängstlichkeit kann z. B. sehr *spezifisch* auf bestimmte Situationen bezogen sein oder aber einen Menschen in einer Vielzahl von Situationen kennzeichnen. Im letzteren Falle wäre es ein *generelles* Merkmal dieses Menschen.

[5] Nach PIAGET (1969); BELL (1970); WOODWARD (1959); PARASKEVOPOULOS & HUNT (1971).

[6] Ausführliche Literaturangaben s. RAUH (1972).

nicht, sofern ein Minimum an Zivilisation und Technisierung in der betreffenden Kultur anzutreffen ist.[7] Bei komplizierteren Invarianzbegriffen (z. B. Gewicht, Volumen) scheint die Beschulung allerdings einigen Einfluß zu haben.[8]

Kinder mit mindestens normaler Intelligenz, Kinder aus anregendem Milieu und Kinder mit günstigen Schulbedingungen können jedoch gewöhnlich etwas eher über einen sicheren Zahlbegriff verfügen als minderbegabte Kinder, Kinder aus z. B. dem afrikanischen Busch oder Kinder aus extrem schlechtem Milieu.[9] Ähnliches gilt auch für die anderen Invarianzbegriffe und auch für die Entwicklung des Begriffs einer einheitlichen, metrischen Zeitdimension.[10] Bei Obdachlosenkindern fanden wir in Deutschland eine Verzögerung des Erwerbs des Zahlbegriffes um mindestens 2 Jahre. In anderen Ländern trifft für diskriminierte Randgruppen ähnliches zu.

Kinder, die wegen niedriger Intelligenz eine Sonderschule für Lernbehinderte besuchen, brauchen mitunter bis zur Pubertät, bis sie den Zahlbegriff als unabhängig von der Anordnung der Gegenstände begreifen. Bei noch schwächer begabten Jugendlichen muß man evtl. bis ins Erwachsenenalter hinein damit rechnen, daß für sie 5 nicht gleich 5 ist.[11]

Während es relativ einsichtig ist, daß Objektpermanenz und Zahlbegriff universelle Entwicklungserrungenschaften darstellen, soll ein weiteres Beispiel die Universalität der Denkentwicklung in einem Bereich veranschaulichen, in dem Sie sicher nicht mit einer universellen Entwicklungsabfolge sogar bis ins Erwachsenenalter hinein gerechnet hätten. Die Ergebnisse stammen von KOHLBERG (1969) und seinem Arbeitskreis, demselben, von dem die Untersuchung zur Vorstellung vom Traum stammte, die im 2. Kap. dargestellt wurde. Auch hinsichtlich der Entwicklung des Gewissens und des *moralischen Urteilens* entwickelte KOHLBERG PIAGETS Gedankengänge weiter.

KOHLBERG erzählte seinen Versuchspersonen Konfliktgeschichten, für die es keine eindeutigen und allgemein anerkannten »richtigen« Antworten gibt, und forderte seine Versuchspersonen zu Urteilen, Stellungnahmen und Begründungen auf. In einer der Geschichten steht z. B. ein Ehemann vor dem Dilemma, daß seine todkranke Frau nur durch eine Arznei zu retten ist, die ein Apotheker in derselben Stadt zusammengestellt und patentiert hat, die aber von dem Ehemann einfach nicht bezahlt werden kann. Diese Geschichte geht noch weiter und weist eine Reihe weiterer Dilemmas auf. In einer anderen Geschichte steht ein Kompaniechef im Krieg vor dem Problem, daß seine ganze Kompanie in die Hände der

[7] PRINCE (1968).
[8] PAPALIA (1972).
[9] RAUH (1972); GAUDIA (1972).
[10] MIAO et al. (1972).
[11] STEPHENS (1972).

Feinde fällt, wenn nicht einer seiner Soldaten oder er selbst sich opfert und unter Einsatz des eigenen Lebens die Brücke sprengt, über die die Feinde kommen werden. – Die Antworten der Versuchspersonen und vor allem ihre Begründungen wurden ausgewertet und nach allgemeinen Kriterien kategorisiert.

KOHLBERG fand drei Strukturniveaus des moralischen Urteilens, die sich in jeweils zwei Stufen untergliedern ließen und sich als Entwicklungsabfolge bestätigten. Das Auswertungsschema von KOHLBERG ist sehr komplex und die Beschreibung seiner Stufen sehr differenziert. Die folgende Kurzbeschreibung der Stufen kann davon nur einen knappen Eindruck geben.

Stufen des moralischen Urteilens nach KOHLBERG[12]:

A *Vormoralisches Niveau:* Orientierung an äußerlichen Normen und Machtmitteln.

    1. Orientierung am angerichteten Schaden; Gehorsam gegenüber Mächtigen und Orientierung an Strafvermeidung ist »richtig«.

    2. Naiver Hedonismus. Richtig ist, was mir nützt und meinen Wünschen (und evtl. denen anderer) entspricht. Wie-du-mir-so-ich-dir-Haltung.

B *Rollenkonformität und Pflichterfüllung:* Orientierung an der Erwartung und der guten Meinung anderer (bes. persönlicher Vorbilder).

    3. »Braves-Kind«-Mentalität. Orientierung an Lob und Zustimmung. Wunsch, zu gefallen, zu helfen und gute soziale Kontakte zu erhalten. Ein guter Mensch ist einer mit guten Eigenschaften.

    4. Achtung vor Autorität und Aufrechterhaltung der sozialen Ordnung. Orientierung an Pflichterfüllung. Allgemeine Verhaltensregeln und legitimes Recht haben Vorrang vor persönlichen, wenn auch verständlichen Motiven. Tugendhaftigkeit wird sich letzten Endes auszahlen.

C *Persönliche und moralische Prinzipien:* Persönlich akzeptierte moralische und ethische Prinzipien bilden die Richtschnur für Urteile. Konflikte werden nach rationalem Abwägen der zugrundeliegenden Prinzipien entschieden.

    5. Im Konfliktfalle wird den rational begründeten Gesetzen vor individuellen Bedürfnissen der Vorrang gegeben, da die Erhaltung des sozialen Ganzen und die Einhaltung allgemeiner sozialer Vereinbarungen aus grundsätzlichen Erwägungen für wichtiger gehalten werden.

    6. Die persönlichen ethischen Ideale und Prinzipien, denen universeller Charakter zugesprochen wird, bestimmen die Entscheidungen, u. U. auch unabhängig von den Reaktionen der unmittelbaren Umwelt. Diese persönlichen Prinzipien können u. U. auch in Gegensatz zu bestehenden Gesetzen geraten, werden aber im Zweifelsfall – bei aller Beachtung der Bedeutung von Gesetzen – über diese gestellt.

---

[12] Nach HOFFMAN (1970, S. 276–278).

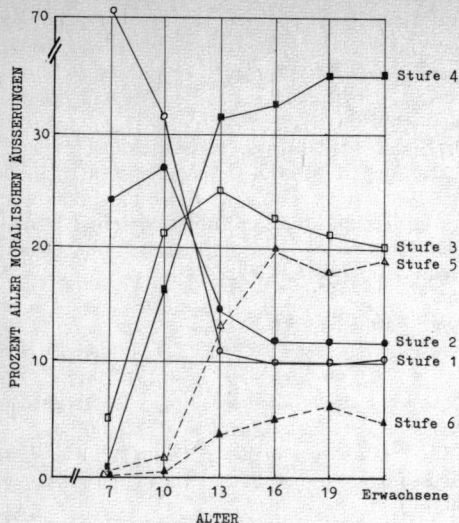

*Abb. 4:* Stufen der moralischen Entwicklung bei einer amerikanischen Stichprobe. Die Abszisse gibt die untersuchten Altersgruppen an. Auf der Ordinate ist jeweils abgetragen, wieviel Prozent *aller* Aussagen der betreffenden Altersgruppe den jeweiligen Stufen zuzuordnen waren. (Nach L. Kohlberg.)

Abb. 4 zeigt die Zuordnung der Antworten einer amerikanischen Stichprobe zu den 6 Stufen des moralischen Urteilens. Die Abbildung liest sich folgendermaßen: Mehr als 70 % der moralischen Entscheidungen und Begründungen der untersuchten 7jährigen entsprachen der Stufe 1, 24 % der Stufe 2 (also ca. 95 % dem »vormoralischen Niveau«) und etwa 5 % der Stufe 3. Bei den Erwachsenen herrscht mit etwa 35 % die 4. Stufe vor. Ca. 5 % der Entscheidungen wurden entsprechend der 6. Stufe gerechtfertigt, knapp 20 % entsprechend der 5. Stufe. Aber auch vormoralische Entscheidungen wurden noch mit jeweils 10 % bei Erwachsenen angetroffen. Allerdings nehmen die ersten beiden Stufen deutlich mit dem Alter ab, auch die 3. Stufe nach ihrem Höhepunkt bei den 13jährigen, während die 4. bis 6. Stufe noch anzusteigen scheinen.

Abb. 5 a–d zeigt die Ergebnisse bei den gleichen Dilemma-Geschichten bei Jugendlichen in isolierten Dörfern in der Türkei und auf der Halbinsel Yucatan/Mexiko sowie einer eher städtischen Umgebung in Mexiko und auf Taiwan (Nationalchina). Auffallend ist, daß die Antworten in allen kulturellen Umwelten den 6 Stufen zugeordnet werden konnten. Der Entwicklungsverlauf scheint überall prinzipiell ähnlich zu sein, wenn auch in städtischem

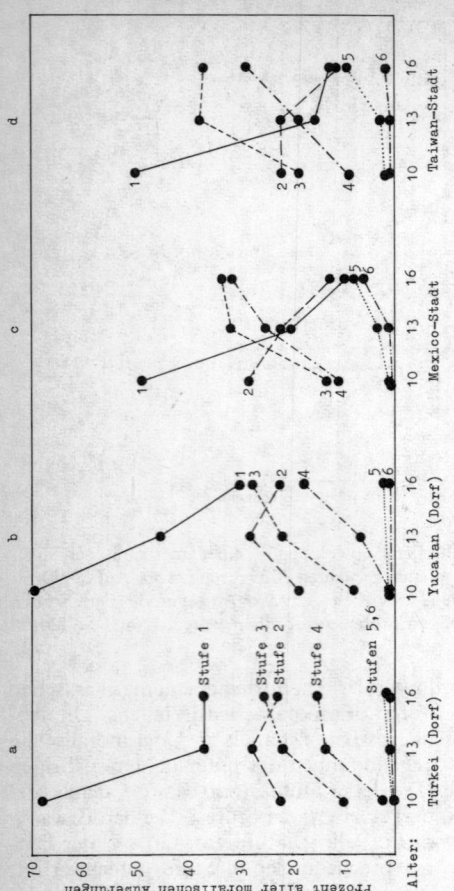

*Abb. 5:* Stufen der moralischen Entwicklung bei männlichen Jugendlichen in verschiedenen Ländern mit unterschiedlichen sozialen und kulturellen Verhältnissen. (Nach L. KOHLBERG.)

Milieu beschleunigt. Auch zwischen verschiedenen religiösen Gruppen gab es keine grundsätzlichen Unterschiede in den *formalen* Merkmalen der Antworten, wohl natürlich in den jeweiligen Inhalten.

Die Abb. 4 und 5 zeigen nur Querschnittsergebnisse, d. h. die 10-, 13- und 16jährigen sind jeweils andere Personen. Die Prozentzahlen beziehen sich auf die Gesamtzahl aller Äußerungen, nicht auf die Gesamtzahl der Versuchspersonen. Nach KOHLBERG lassen sich aber die Äußerungen derselben Versuchsperson überwiegend *einer* Stufe zuordnen, mit leichten Abweichungen nach oben und unten. Konfrontation mit abweichenden Urteilen anderer (ganz gleich auf welchem Niveau) führte bevorzugt zur Festigung des bereits erreichten Niveaus bzw. zum Fortschreiten auf die nächste Stufe, kaum jemals zu einem Rückschritt. Längsschnittergebnisse legen allerdings – wie auch bei den Traumvorstellungen – kulturbedingte »Pseudo-Rückschritte« nahe.

Solche *Regressionen* unterscheiden sich jedoch vom maximalen Entwicklungsniveau dadurch, daß die »Regredierten« prinzipiell in der Lage sind, auf dem entwicklungsmäßig höheren Niveau zu denken und zu argumentieren, während das einer, der dieses Niveau noch nie erreicht hat, nicht kann.

Die Frage nach der Universalität der Denkentwicklung können wir nun beantworten. Die meisten Ergebnisse sprechen dafür, daß die Art der Entwicklungsstufen und die Aufeinanderfolge der Entwicklungsschritte bei allen Menschen in sehr ähnlicher Weise zu erwarten sind. Das gilt sowohl für den Vergleich verschiedener Kulturen, verschiedenen sozialen Milieus, verschiedener Intelligenzhöhe. Um Mißverständnissen vorzubeugen: Mit Stufen sind hier nur die Schritte in jeweils eng umschriebenen Bereichen gemeint, nicht die gesamte Persönlichkeitsentwicklung. Und keineswegs universell ist das exakte Alter, in dem die jeweiligen Entwicklungsniveaus erreicht werden.

Wie kommt es zu so erstaunlichen Ähnlichkeiten? Liegt hier doch ein Reifungsprozeß vor? Oder zeigt die Lernumwelt bei Menschen verschiedenster Kulturen soviel grundsätzliche Ähnlichkeit, daß die Lernerfahrungen im Prinzip gleich sind?

### 5.4. *Denken und Intelligenz*

Viele wissenschaftliche Probleme ließen sich vereinfachen, wenn die Denkentwicklung auf die Intelligenzentwicklung zurückgeführt werden könnte und die PIAGET-Aufgaben nur eine andere Art der üblichen Intelligenzaufgaben wären. Intelligenz wollen wir zunächst ganz pragmatisch mit dem Ergebnis in einem Intelligenztest gleichsetzen, ausgedrückt im *Intelligenzquotienten*, dem IQ.

In einer Reihe von Untersuchungen hat man diverse Aufgaben zur Überprüfung der Denkentwicklung mit dem IQ korreliert (vgl. HATHAWAY 1972; RAUH 1972). Die Ergebnisse sind zwar durchweg positiv, aber mäßig im Ausprägungsgrad. Man muß davon ausgehen, daß Intelligenztests und Denkaufgaben i. S. von PIAGET zwar einiges gemeinsam haben, aber trotzdem weitgehend unterschiedliche Aspekte der kognitiven Fähigkeiten erfassen.

Kinder mit einem sehr niedrigen IQ sind im allgemeinen auch in ihrer Denkentwicklung nicht sehr fortgeschritten; aber ein hoher IQ garantiert keineswegs ein hohes Niveau in den verschiedenen Bereichen der Denkentwicklung.

In vier Untersuchungen ging man einer feineren Analyse nach. Fast jeder Intelligenztest besteht aus einer Reihe verschiedener Untertests. Abb. 6 gibt Aufgabenbeispiele für die 10 Untertests eines Intelligenztests für 4;0- bis 6;6jährige Kinder (WPPSI = *W*echsler *P*reschool and *P*rimary *S*cale of *I*ntelligence; WECHSLER 1967). Korreliert man jeden Untertest mit jedem anderen, dann erhält man eine Korrelationsmatrix mit meist mittelhohen bis hohen Korrelationen. Durch ein weiteres statistisches Verfahren, die *Faktorenanalyse*, kann man errechnen, wieweit diese Korrelationen durch wenige, übergreifende *Faktoren* erklärt werden können. Bei den meisten Intelligenztests ergibt sich *ein* kräftiger Faktor, der mit dem Namen »Allgemeinfaktor der Intelligenz« bezeichnet wurde und die Berechnung eines Gesamttestwerts über die verschiedenen Untertests eigentlich erst rechtfertigt. Bei Intelligenztests mit sprachlichen und nichtsprachgebundenen Untertests lassen sich die Zusammenhänge besser durch zwei Faktoren erklären, die diesen beiden Untertestarten weitgehend entsprechen. Schulleistungen »laden« im allgemeinen auf dem sprachlichen Faktor von Intelligenztests. Korrelierte man nun zusätzlich eine Reihe von Denkaufgaben mit den Untertests, dann ergaben sich übereinstimmend folgende Ergebnisse[13]: Die Denkaufgaben »laden« nicht auf den Intelligenzfaktoren, sondern bilden mindestens einen bzw. meist mehrere weitere Faktoren (Invarianzaufgaben einen eigenen, Klassifikation und Reihenbildung einen weiteren, Erfassen von Raumbeziehungen und formale Denkoperationen evtl. weitere). Schulleistungen werden außer durch den sprachlichen Intelligenzfaktor am ehesten durch Klassifikation und Reihenbildung mitrepräsentiert.

Wir können also feststellen: Durch die Denkaufgaben werden kognitive Bereiche erfaßt, die in herkömmlichen Intelligenztests nicht ausreichend repräsentiert sind. Intelligenztestleistungen und Schulleistungen zeigen mehr Gemeinsamkeiten als Schulleistungen und Aufgaben zur Erfassung des Denkniveaus und der Denkstruktur. Repräsentiert also der IQ verallgemeinerte Schulleistungsfähigkeit? (Intelligenztests wurden ja auch ursprünglich zur Vorhersage von Schulerfolg konstruiert!) Oder bieten die schulischen Anforderungen zu wenig Anregung zum Denken? Was mißt der IQ, und was erfassen die Denkaufgaben?

Um dieser Frage genauer nachzugehen, sehen Sie sich bitte die in Abb. 6 wiedergegebenen Beispielaufgaben für einen Intelligenztest einmal genau an.

---

[13] STEPHENS (1972); DE VRIES & KOHLBERG (1969); HATHAWAY (1972); RAUH (1972).

### 1. Allgemeines Wissen

Aufgabe 4: Was kommt alles in eine Pfanne?
Aufgabe 23: Wo geht die Sonne auf?
Bewertung: Pro Aufgabe 0 oder 1 Punkt

### 2. Tierhaus

Aufgabe: 4 Tieren sind farbige Holzklötze zugeordnet (Beispielreihe), 20 weiteren
Abbildungen mit diesen Tieren soll das Kind die richtigen Klötzchen zuordnen.
Bewertung: nach Fehlerzahl, Mengenleistung und Zeit

Beispielreihe

schwarz — weiß — blau — gelb

### 3. Wortschatztest

Aufgabe 4: Was ist eine Mütze?
Aufgabe 14: Was ist freundlich?
Bewertung: mit 0, 1 oder 2 Punkten, je nach Qualität der Antworten

### 4. Bilderergänzen

2.

8.

Bewertung: 0 oder 1 Punkt pro Aufgabe

### 5. Rechnerisches Denken

Aufgabe 4: Hier sind Schüsseln mit Äpfeln. In welchen Schüsseln sind gleich viele
Äpfel?

Aufgabe 18: Wenn 1 Apfelsine 3 Pfennig kostet, was kosten dann 2 Apfelsinen?

### 6. Labyrinthtest

Aufgabe 3: Der Weg des Kükens zur Henne soll eingezeichnet werden.

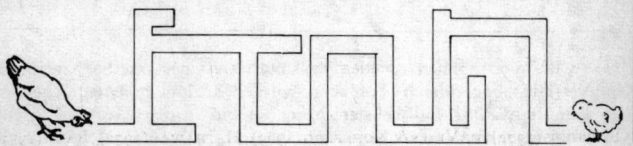

Aufgabe 8: Der Weg des Kindes aus dem Garten soll eingezeichnet werden.

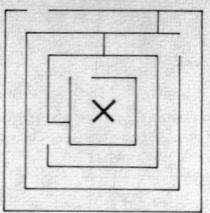

Bewertung: je nach Fehlerzahl innerhalb einer vorgegebenen Zeitgrenze und je nach
Schwierigkeitsgrad der Aufgabe 0 bis 4 Punkte pro Aufgabe

### 7. Gemeinsamkeiten finden
Aufgabe 5: Kuchen und Wurst, beides kann man . . . ?
Aufgabe 13: Was ist gleich bei einer Kirsche und einer Aprikose?
Bewertung: mit 0, 1 oder 2 Punkten, je nach Abstraktionsgrad

### 8. Figuren abzeichnen

Aufgabe 2                                     Aufgabe 9

                          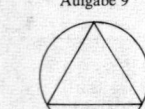

Bewertung: je nach Qualität und Schwierigkeitsgrad der Zeichnung 0 bis 2, 3 oder
4 Punkte

### 9. Mosaiktest
Aufgabe 3: Nachbauen eines vom Versuchsleiter vorgebauten Musters aus 2 flachen
rot-weißen Klötzchen

1. Versuch: 30″ mit Demonstration
2. Versuch: 30″ mit Demonstration

Aufgabe 7: Nachbauen eines Musters aus 4 Klötzchen

1. Versuch: 60″ ohne Demonstration
2. Versuch: 60″ mit Demonstration

Bewertung: Bei Einhaltung der Zeitgrenzen je nach Richtigkeit und benötigten Hilfen 0—2 Punkte pro Aufgabe

### 10. Allgemeines Verständnis
Aufgabe 2: Warum mußt du dir die Zähne putzen?
Aufgabe 7: Warum haben Zimmer Fenster?
Bewertung: je nach Anzahl der genannten wichtigen Gründe verschiedener Art 0 bis
2 Punkte pro Aufgabe

*Abb. 6:* Beispielaufgaben aus den 10 Untertests eines Intelligenztests für
Kinder. (Die abgebildeten Aufgaben wurden analog zu entsprechenden
Aufgaben im WPPSI – »*W*echsler *P*reschool and *P*rimary *S*cale of *I*ntelli-
gence« – formuliert.)

Sie werden festgestellt haben, daß sehr unterschiedliche Arten von Aufgaben in einem Intelligenztest zu finden sind. Viele von ihnen haben den Charakter von Wissensfragen. Nur richtige Antworten werden gezählt. Bei einigen Untertests werden innerhalb der richtigen Lösungen Qualitätsunterschiede mitunter durch Zusatzpunkte honoriert. Wie jemand aber auf seine richtige oder falsche Antwort kam, wird im Intelligenztest nicht berücksichtigt. Dabei geben gerade falsche Antworten oft besonders interessante Hinweise auf die Denkweise.

Auf die Frage in einem Intelligenztest:

»Weißt du, wo die Sonne untergeht?«

gaben z. B. 5- bis 6jährige Kinder 1972 u. a. folgende »falsche« Antworten:

»Hinter den Häusern.«

»An den Wolken.«

»Im Mond.«

»Unter den Bergen.«

»Das Christkind tut die Sonne immer runter.«

Man kann diese Antworten als pure Raterei abtun. Man kann ihnen aber auch, wie PIAGET und sein Genfer Arbeitskreis es taten, genauer nachgehen. Daraus könnte sich folgendes Gespräch ergeben:

E: »Sag mal, Ronald, wie kommt es eigentlich, daß die Sonne am Himmel wandert?«

K: »Die Wolken machen das, weil die Wolken wandern.«

E: »Wie meinst du das?«

K: »Weil sie wandern, und sie ziehen die Sonne mit sich.«

E: »Berühren sie die Sonne?«

K: »Nein.«

E: »Wo ist die Sonne denn heute?«

K: »Hinter den Bergen.«

E: »Warum?«

K: »Weil es heute regnet.«

E: »Und warum kommt sie dann nicht?«

K: »Weil sie sonst naß wird.«[14]

Ein solches Gespräch offenbart dann eine durchaus ernstzunehmende kindliche Vorstellungswelt und die Art und Weise, wie die Kinder sich die Umweltphänomene erklären. Zu einem bestimmten Zeitpunkt ihrer Entwicklung scheinen Kinder Dingen menschliche Eigenschaften und Absichten zuzusprechen, – z. B. daß der Mond uns folgt, um auf uns aufzupassen. Dingen, die sich bewegen können, wird Leben zugesprochen usf. Bei vielen Kindern könnte diese Eigenart festgestellt werden.

Die Eigenart des Denkens der Frau im folgenden Beispiel würde durch einen vermutlich niedrigen IQ (zumindest im Bereich »Rechnerisches Denken«) kaum ausreichend charakterisiert:

[14] Collage aus zwei Gesprächen mit Kindern aus PIAGET (1965, S. 76–77).

In der Nachkriegszeit kauft ein Student regelmäßig in einem nahe der Universität gelegenen Bäckerladen ein. Da es damals noch kein abgepacktes Schnittbrot gab, holte er sich meistens einen halben Laib Brot. Zwei Frauen bedienten gewöhnlich in diesem Laden. Die eine machte einen recht gewandten Eindruck. Von ihr war der Student bisher stets bedient worden. Eines Tages war aber die andere Frau allein im Laden. Der Student fragte nach einem halben Brot und löste bei der Verkäuferin damit echtes Entsetzen aus. »Was stellen Sie sich überhaupt vor«, schimpfte sie, »wenn jeder Kunde, wie Sie, immer nur ein halbes Brot haben wollte, dann hätte ich ja bald im Laden lauter angeschnittenes Brot rumliegen. Was soll ich denn dann damit machen?«[15]

Bei einer Kennzeichnung ihrer Denkstruktur käme jedoch die Handlungsgebundenheit im Denken dieser Frau zum Ausdruck: Sie kann sich ein halbes Brot nur als die Hälfte eines ganzen Brotes vorstellen, das sie gerade mittendurch schneidet.

Sicherlich ist es leichter zu sagen, ein Mensch ist dumm, als diese »Dummheit« zu charakterisieren, etwa in folgender Weise: Er verstößt regelmäßig gegen die Regeln der Logik und ist nicht in der Lage, diese Fehler zu bemerken; außerdem verlaufen die Denkabläufe sehr langsam, sind an Anschauungshilfen gebunden und folgen einem starren Schema ohne Rücksicht auf wichtige, modifizierende Aspekte. Dies könnte einen Menschen beschreiben, dessen Denkstruktur noch voroperativ ist. Bei einem 4- bis 5jährigen wäre das durchaus normal, bei einem 15jährigen oder gar Erwachsenen jedoch meist mit einem ziemlich niedrigen IQ verbunden.

Der IQ ist aber ein verführerisches Maß. Er suggeriert die Exaktheit eines Zentimetermaßes. Kann ich aber von einem Menschen mit einem IQ von 120 sagen, daß er doppelt so intelligent ist wie ein anderer Mensch mit einem IQ von 60? Und wenn ich es könnte, was wüßte ich dann über diese beiden? Der IQ suggeriert weiterhin eine einheitliche Dimension, wie Länge oder Gewicht. Dabei liefern verschiedene Intelligenztests beim selben Menschen durchaus differierende Werte. Auch Untertests desselben Intelligenztests geben keineswegs ein einheitliches Leistungsbild bzw. den Hinweis, daß hier eine klar definierte Fähigkeit eindeutig quantitativ gemessen wurde. Der Durchschnitt der Ergebnisse in verschiedenen Untertests, die alle in verschiedener Weise intelligentes Verhalten erfassen sollen, liefert schließlich, nach einer weiteren statistischen Skalentransformation, den IQ.

Der IQ ist also ein Schätzmaß für eine vermutete Fähigkeit, die wir nicht genau definieren können.

Im Unterschied zum Längenmaß, mit dem man zwei verschiedene Menschen ebensogut wie denselben Menschen zu verschiedenen Zeiten seiner Entwicklung hinsichtlich der Körpergröße vergleichen kann, läßt sich der IQ nur als Vergleichsmaß *zwischen*

[15] Mündliche Mitteilung von Herrn Heckhausen.

verschiedenen Menschen verwenden, die derselben Population, d. h. im allgemeinen derselben Altersgruppe, entstammen. Nur in diesem Fall gibt der IQ tatsächliche Leistungsunterschiede – und mögliche Fähigkeitsunterschiede – an. Ein 5jähriger mit einem IQ von 100 und ein 10jähriger mit einem IQ von 100 sind also durchschnittlich intelligent im Vergleich zu ihren Altersgenossen. Der 10jährige verhält sich aber sicherlich »intelligenter« als der 5jährige; auch kann man von ihm erwarten, daß er kompliziertere Sachverhalte versteht als der Jüngere.

Strenggenommen erlaubt also ein Intelligenztest, dessen Ergebnisse in IQ-Werten ausgedrückt werden, nur einen Vergleich mit Gleichaltrigen und gibt die Position eines Individuums innerhalb seiner Standardvergleichsgruppe, der jeweiligen Altersgruppe, an. IQ-Konstanz heißt dann also, daß jemand über Jahre hinweg denselben relativen Platz in der jeweiligen Altersvergleichsgruppe einnahm. IQ-Veränderungen bedeuten Positionswechsel.

Selbst wenn ein Kind über Jahre hinweg den gleichen IQ besitzt, hat sich seine Intelligenz selbstverständlich weiterentwickelt, wie auch das Beispiel von dem 5jährigen und dem 10jährigen mit gleichem IQ bereits andeutete. Ein Absinken des IQ ist auch selten gleichbedeutend mit einer Abnahme der geistigen Fähigkeiten: das Kind hat sich nur nicht im erwarteten Tempo weiterentwickelt und daher seinen Rangplatz gegen einen schlechteren eingebüßt.

Es gibt auch Verfahren der Intelligenzmessung, die nicht von einem globalen Intelligenzbegriff ausgehen, sondern von mehreren, voneinander relativ unabhängigen *Intelligenzfaktoren*. THURSTONE und GUILFORD sind z. B. Autoren solcher Verfahren und stützen sie auf eigene, komplizierte Theorien. Aus dem Ausprägungsgrad der einzelnen Faktoren beim einzelnen Menschen entwickeln sie ein *Intelligenzprofil*, das Hinweise auf die geistige Struktur geben soll. Im Unterschied zu PIAGETS Theorie und Methode treffen auch sie im Grunde nur quantitative Aussagen über die Intensität der Ausprägung der verschiedenen Intelligenzfaktoren. Auch entwickeln sie ihre Modelle am Beispiel der Intelligenz des Erwachsenen ohne Berücksichtigung der Entwicklung dieser Intelligenzfaktoren von der frühen Kindheit an. Wie bei der IQ-Messung liegt ihr Schwergewicht auf der Aufdeckung individueller Unterschiede, während PIAGET gerade die *genetisch* erklärbaren Gemeinsamkeiten in der Denkentwicklung bei Kindern und Jugendlichen generell erforschen will und sie durch eine entwicklungspsychologisch fundierte Theorie zu stützen versucht.

In den folgenden Abschnitten sollen nun einige wesentliche Aspekte aus dieser Theorie herausgegriffen und die Aufeinanderfolge von Strukturniveaus im Denken in groben Umrissen dargestellt werden.

## 5.5. *Merkmale des Denkentwicklungsprozesses*

### 5.5.1. *Denken als aktiver Interaktionsprozeß*

Aus dem bisher Gesagten können wir feststellen, daß der Intelligenzbegriff, wie er sich in herkömmlichen Intelligenztests niederschlägt, wesentliche Merkmale des Denkprozesses nicht ausreichend erfaßt und daß Kinder nicht nur weniger wissen als Erwachsene, sondern vermutlich auch anders denken als Erwachsene.

Um diese Unterschiede verstehen zu können, reicht aber die *Beschreibung* von Denkeigentümlichkeiten bei Kindern und Erwachsenen allein nicht aus. Es bedarf theoretischer Überlegungen, um einer *Erklärung* der Unterschiede und der Veränderungen näher zu kommen. Die Theorie, auf die ich hier zurückgreifen möchte, stammt von dem Genfer Biologen, Logiker, Erkenntnistheoretiker, Entwicklungspsychologen und Pädagogen Jean Piaget, der sie seit den 20er Jahren entwickelte und heute noch verfeinert. Sie erscheint mir beim gegenwärtigen Forschungsstand die wichtigste – wenn man Wichtigkeit daran mißt, wie viele Anstöße für weitere Forschungen und Erkenntnisse eine Theorie gab. Auch die meisten anderen theoretischen Ansätze in diesem Bereich beziehen sich deutlich auf ihn.

Anhand eines alltäglichen Beispiels will ich zunächst einige wichtige Bestandteile eines Denkprozesses im Sinne der Piagetschen Theorie beschreiben, um dann der Frage nachzugehen, welche dieser Merkmale angeboren sind und was sich im Laufe der Entwicklung ändert und was nicht.

Einsichten und Erkenntnisse gewinnen wir nicht als einfache Widerspiegelung der physikalischen Wirklichkeit. Die Wissenschaftsgeschichte mit ihren immer neuen Theorien für dieselben Phänomene (z. B. die Wanderung der Gestirne) ist hierfür ein deutlicher Beleg. Aber auch an einem Alltagsbeispiel läßt sich das verdeutlichen.

Beispiel:

Sie schalten Ihren Mixer ein: Er tut's nur schwach und versagt dann ganz. Sie schütteln den Mixer: nichts. Sie sehen nach, ob er richtig in der Steckdose steckt: keine Veränderung. Sie schalten nochmals ein und aus: nichts.

Sie *ordnen* nun diese Phänomene, *setzen* sie *in Beziehung zueinander* und *schließen*: der Mixer ist kaputt.

Etwas später nehmen Sie den Tauchsieder und stecken ihn zufällig in dieselbe Steckdose: Er wird nicht heiß. Ihre *alte Hypothese gerät ins Wanken durch* diese *neue Information*: Sie erweitern den möglichen Radius an beteiligten Gegenständen. Zunächst *überprüfen* Sie, ob die Sicherung noch eingeschaltet ist. Hierzu reicht Ihnen u. U. die Tatsache, daß die Deckenleuchte beim Einschalten brennt. Dann überprüfen Sie die ursprünglich für defekt gehaltenen Apparate an einer anderen Steckdose: Sie funktionieren. Evtl. *prüfen* Sie dann zusätzlich noch mit einer Lampe oder einem Stromanzeiger, ob die *neue Hypothese*, daß die Steckdose defekt ist, wirklich stimmt ... usw. ...

Dies Beispiel zeigt, daß Denken durch eine Reihe von Handlungen und Denkhandlungen (*Operationen*) charakterisiert ist.

*Denken* ist ein aktiver Annäherungsprozeß an das Problem und endet erst dann, wenn alle Operationen und Operationswirkungen ein in sich schlüssiges System bilden.

Dies wird in einem zweiten Beispiel noch deutlicher:

Sie kaufen einen neuen Staubsauger oder Rasierapparat. Zunächst werden Sie so mit ihm umgehen wie mit Ihrem alten Apparat, sofern er mit diesem einige äußere Ähnlichkeiten hat. Dann tauchen Schwierigkeiten auf: Der Apparat reagiert anders als erwartet und hat sonst noch einige Ihnen nicht vertraute Merkmale. Entweder lesen Sie jetzt ausführlich die Betriebsanleitung und/oder probieren nacheinander die Knöpfe, Schalter und Zusatzteile durch, bis Sie das System des Apparates »begriffen« haben und ohne viel zusätzlichen Denkaufwand sehr effektiv mit ihm umgehen können.

Diese Beispiele verdeutlichen, daß dieser Annäherungsprozeß zwei Aspekte hat: mühelose Anwendung vertrauter Denk- und Handlungsweisen einerseits, Veränderung dieser Denk- und Handlungsweisen in Hinblick auf die Andersartigkeit der Situation andererseits.

Diese beiden Merkmale hält PIAGET für das Denken für charakteristisch. Er bezeichnet sie in Analogie zu biologischen Begriffen als *Assimilation* und *Akkommodation*.

*Assimilation* bedeutet also die Anwendung gewohnter Denk- und Handlungsweisen auf ein vertrautes oder neues Problem.

*Akkommodation* bedeutet die Veränderung der bisherigen Handlungs- und Denkweisen, um dem neuen Problem gerecht zu werden.

Beide Prozesse sind am Denkvorgang beteiligt und ergänzen sich gegenseitig (wirken »komplementär«). Sie machen gemeinsam den oben beschriebenen Annäherungsprozeß aus, den PIAGET als *Adaptation* (Anpassung) bezeichnet.

Die Denk- und Handlungsweisen, auf die die Assimilation stabilisierend, die Akkommodation verändernd wirkt, sind Ausdruck von Strukturbestandteilen, den *Schemata*.

*Schemata* sind Abstraktionen von Handlungen und Denkweisen und repräsentieren deren formale Gemeinsamkeiten.

Das heißt, nicht jedes Ein- und Ausschalten eines Schalters bildet ein eigenes »Schema«, sondern das Ein- und Ausschalten von Schaltern allgemein. Nicht jeder einzelne Sortiervorgang bildet ein Schema, sondern das Klassifizieren nach Farbe bzw. nach Form allgemein.

Die Beziehung der Schemata untereinander, ihre Einordnung

in das übergreifende Operationssystem macht dann die jeweilige
Handlungs- oder Denk*struktur* aus.
Unter *Struktur* wird z. B. verstanden, welche Kombinationen
von Schemata zum gleichen Ergebnis führen, welche sich gegenseitig aufheben. Es sind also die vorlogischen oder logischen
Verknüpfungsregeln gemeint. Durch die Adaptation werden also
Schemata und Strukturen ständig verändert. Diese Veränderung
verläuft aber nicht willkürlich, sondern gehorcht einem allgemeinen *Organisationsprinzip*. Dieses Organisationsprinzip wirkt in
Richtung auf eine größtmögliche Ausgewogenheit und Widerspruchslosigkeit des gesamten Systems, das in seinem optimal
erreichbaren Entwicklungszustand am besten durch die Regeln
der formalen Logik abgebildet werden kann. Adaptation und
Organisation sind also wiederum zwei einander ergänzende Prozesse. PIAGET bezeichnet sie beide als *Funktionen*.

$$\text{Funktionen}$$

$$\text{Adaptation} \longleftarrow\cdots\cdots\longrightarrow \text{Organisation}$$

$$\text{Assimilation} \longleftarrow\cdots\cdots\longrightarrow \text{Akkommodation}$$

Beim Denkvorgang bzw. der Intelligenz im weitesten Sinne
wirken diese *Funktionen* auf die Schemata und *Strukturen* und verändern diese. Die eigentlichen, spezifischen Denk*inhalte* hängen
dann jeweils von den situativen Gegebenheiten ab.
*Was* verändert sich nun im Laufe der Entwicklung, *in welcher Weise*
verändert es sich, und *warum*?

### 5.5.2. *Entwicklungsverlauf des Denkens als Abfolge von Strukturniveaus*

Ein Neugeborenes kommt nicht als »nur ein Häuflein Leben« zur
Welt, das hilflos dieser neuen Welt ausgeliefert ist. Es verfügt
bereits von Anfang an über ein recht beachtliches Repertoire an
Verhaltensweisen: Es kann z. B. hören, schmecken, sehen,
schreien, saugen; seine Hand schließt sich, wenn man die Hand-
fläche berührt; es zeigt Schreitbewegungen auf einer festen Unter-
lage; es liegt in einer bevorzugten Haltung usf. Diese Verhaltensweisen zeigt es zumeist nur, wenn Umweltbedingungen sie auslösen, später in zunehmendem Maße auch aktiv aus reiner Freude
an ihrer Anwendung. Da z. B. das Saugen, das Greifen, das
Gucken usf. in nie ganz identischen Situationen sehr ähnlich
abläuft, vermutet PIAGET dahinter ein formales Strukturprinzip,
die oben erwähnten »Handlungsschemata«. Das Baby bringt also
einige Ausgangsschemata mit auf die Welt.
Dennoch können wir mit großer Sicherheit davon ausgehen, daß
das Neugeborene noch nicht »denken« kann, wenn man unter
Denken Kombinieren und Schlußfolgern versteht. Seine Sche-

mata stehen noch recht unverbunden nebeneinander und bilden noch keine »Struktur«. Bei einem 1jährigen kann man denkähnliche Vorgänge nicht so eindeutig abstreiten, wenn es z. B. an der Tischdecke zieht, um an ein auf dem Tisch liegendes Spielzeug zu gelangen; oder wenn es aus der Küche einen Putzlappen holt, um Papierschnitzel, die es auf dem Fußboden verstreut hat, fortzuschaffen. Bei ihm ist das Denken sicher noch nicht sprachlich gestützt; es zeigt sich im ganz konkreten Handeln und ist mit diesem Handeln gleichzusetzen. PIAGET bezeichnet es daher als *sensumotorische Intelligenz.*

Für PIAGET sind Denken und Intelligenz übrigens nicht völlig neue und besondere Fähigkeiten des Menschen; sie sind vielmehr Fortentwicklungen und Ergebnisse von Merkmalen, wie wir sie bei allen Lebewesen finden können und die charakteristisch für Leben überhaupt sind. Hiermit sind in erster Linie die Anpassungsprozesse, die Adaptation, gemeint.

> Ein Hund z. B. verhält sich einem Stück Holz gegenüber so, als sei dies ein Knochen, Menschen gegenüber, als seien sie »Mithunde« –, d. h. er bezieht sie in sein artmäßig spezifisches »Hundeweltbild« ein, er »assimiliert« sie, indem er sie passend macht, er kategorisiert sie – durch sein Verhalten – nach seinen Hundekategorien. Andererseits muß sich ein Hund, vor allem wenn er mit Menschen zusammenwohnt, auch an diese an sich hundefremde Umwelt anpassen, »akkommodieren«, indem er neue Verhaltensweisen entwickelt, z. B. Pfötchen geben, sich melden.

Assimilations- und Akkommodationsprozesse zeigen sich also bei Tieren wie beim Menschen, und zwar von Geburt an.

Unter dem Einfluß von Akkommodation und Assimilation verändern sich bald die angeborenen, noch recht isolierten Handlungsschemata und *differenzieren* sich.

> Das Baby wird z. B. immer geschickter im Saugen. Es unterscheidet bald zwischen assimilierbaren und nicht assimilierbaren Gegenständen (z. B. Flasche und Stück Holz) und wendet das Saugschema nur bei den assimilierbaren an. Andererseits differenziert es auch bald sein Saugschema: Es saugt an der Flasche anders als am Bettzipfel oder bei Saugspielen ohne Gegenstand.

PIAGET bezeichnet diese Verhaltensweisen jedoch noch nicht als »Denken«; nach seiner Theorie sind es aber wichtige Vorläufer hierfür. Erst mit der Entstehung der ersten Symbole im 2. Lebensjahr und der damit verbundenen allmählichen Loslösung von der völligen Handlungs- und Wahrnehmungsgebundenheit beginnt nach PIAGET die eigentliche Entwicklung des Denkens als verinnerlichtes und abstraktes Handeln. Assimilation und Akkommodation wirken nun auf die Vorstellungs- und Denkschemata in analoger Weise wie auf die sensumotorischen Schemata.

2jährige bezeichnen z. B. alle vierbeinigen großen Lebewesen unterschiedslos als »Wauwau« oder alle Männer als »Papa«. Da sie nur über so wenige symbolisch-sprachliche Schemata verfügen, wird alles daran assimiliert. Mit zunehmender Erfahrung differenzieren sie dann verschiedene Tiergruppen und unterscheiden zwischen »dem« Papa, anderen ihnen bekannten Männern und Fremden, lernen begreifen, daß der Papa nur für sie »Papa« ist, für andere aber »Onkel Hans« oder »Herr Müller«.

Die beiden Teilfunktionen der Adaptation wirken also von Anfang an, und zwar auf die Handlungsschemata genauso wie auf die Vorstellungs- und Denkschemata. In diesem Sinne sind sie *invariant*. Was sich bei ihnen jedoch ständig verändert, ist die Ausgewogenheit ihres Zusammenspiels. Ähnliches gilt auch für die *Organisation*. Auch sie ist eine *invariante Funktion* und wirkt von Anfang an.

> Im Kleinstkindalter sind z. B. Greifen und Sehen zwei isolierte Schemata. In einer nächsten Struktur werden sie miteinander koordiniert, und zwar in so flexibler Weise, daß das Kind schließlich betrachtet, was es gegriffen hat; daß es nach dem greift, was es sieht; daß es seinen Greifakt kontinuierlich durch das Sehen steuert. Ein Klavierspieler lernt schwierige Stücke zunächst für beide Hände getrennt, um das getrennt Gelernte dann in flexibler Weise miteinander zu koordinieren.
>
> Unser Wissen besteht im allgemeinen nicht aus isolierten Wissensbrocken. Was wir nicht »verdauen«, also nicht in unsere Wissensstruktur integrieren können, wird meist auch rasch vergessen. In der Tendenz zur Systematisierung unseres Wissens und Könnens, in der motivierenden Tendenz zur Aufhebung von Konflikten, Widersprüchen und Ungereimtheiten zeigt sich diese Organisationstendenz.

Die Organisationstendenz als solche ändert sich nicht, jedoch die Ausgewogenheit des Zusammenspiels mit der Adaptation. Unter der Wirkung von beiden, der Adaptation und der Organisation, verändern sich jedoch die Schemata und Strukturen.

Denken, und in diesem weiteren Sinne Intelligenz, sind somit nach PIAGET Fortentwicklungen aus den biologischen Anpassungsprozessen, die ebenfalls durch Adaptation und Organisation gekennzeichnet sind. Aber erst, wenn diese Funktionen auf *symbolische Handlungen* wirken, spricht PIAGET von ersten Anfängen des »Denkens«. Die Wirkung der beiden Funktionen, Adaptation und Organisation, bleibt das Leben hindurch invariant. Einem eindeutigen Entwicklungsprozeß unterliegen allerdings die Schemata und ihr Beziehungssystem in Strukturen. Die Denkvorgänge verlaufen im Laufe der Entwicklung zunehmend rascher. Einzelheiten können genauer berücksichtigt, verschiedene Aspekte miteinander kombiniert werden. Die gesamte Denkstruktur gewinnt an Differenziertheit und innerem Zusammenhalt, an Flexibilität und Effizienz und wird zunehmend unabhängiger von Anschauungs- und Situationsgebundenheit. Wir können z. B. über eine Situation nachdenken, die längst vergangen bzw. noch gar nicht eingetreten ist. Weiterhin unterliegt die Ausgewogenheit des Zusammenspiels der Funktionen und Teilfunktionen einem Entwicklungswandel.

In dem Prinzip der Gleichgewichtsherstellung, der *Äquilibration*, sieht PIAGET neben der biologischen Reifung und dem Lernen ein weiteres wichtiges Entwicklungsprinzip. Jede Strukturart beginnt zunächst mit einem relativen Disäquilibrium und strebt in einer langen Aufbauphase einem optimalen Gleichgewicht zu. Nach diesen optimalen Gleichgewichtsphasen bezeichnet PIAGET die drei übergreifenden Perioden der Denkentwicklung, die er in seinen Untersuchungen immer wieder bestätigt fand: den Aufbau und Ausbau

1. der sensumotorischen Intelligenz (etwa 0–2 J.),
2. der konkreten Operationen (etwa 2–12 J.),
3. der formalen Operationen (etwa ab 11 Jahren).

Die Aufeinanderfolge der Entwicklungsperioden und auch der kleineren Entwicklungsschritte in Teilbereichen unterliegt also nach PIAGET nicht einfach einem Reifungsprinzip, wie es andere Stufen- und Phasentheorien annahmen. Seiner Ansicht nach ist sie das Ergebnis einer aktiven Auseinandersetzung des einzelnen mit seiner Umwelt (Adaptation) und seinen bisherigen Handlungs- und Denkmöglichkeiten (Organisation). Die neuen Strukturen sind jeweils die wahrscheinlichsten, gegeben die bisherigen Strukturen, die invarianten Funktionen und das Äquilibrationsprinzip (statistische Kausalität). Ein Schritt folgt also nicht dem anderen, weil es biologisch so vorprogrammiert ist, sondern weil Schritt 2 die nächstgünstigere und flexiblere Strukturform darstellt, gegeben Schritt 1. Ein solcher theoretischer Ansatz läßt zugleich die Möglichkeit offen, daß unter unüblichen Bedingungen auch Schritt 2 b oder 3 dem Schritt 1 folgen könnten. Dies dürfte sich dann aber in eher eng umschriebenen Bereichen auswirken und die übergreifenden Organisationsphasen in ihrer Abfolge kaum beeinflussen.

## 5.6. *Hauptperioden der Denkentwicklung*

PIAGET unterteilt also den gesamten Entwicklungsablauf in drei große Perioden, die er nach den Gleichgewichtsformen benennt, die in diesen Perioden aufgebaut, ausgebaut – und bereits überwunden werden. Jedes erreichte Gleichgewicht ist damit sowohl das Ergebnis seines Aufbaus als auch die Grundlage seiner Überwindung. Ein solches Vorgehen birgt stets die Gefahr in sich, daß solche Einteilungen ein gewisses Eigenleben beginnen, zeitweilige Entwicklungssprünge oder gar Entwicklungsstillstand suggerieren. In Wirklichkeit ist Entwicklung wohl eher ein kontinuierlich verlaufender Prozeß, der jedoch durch Zeiten größerer oder geringerer Ausgewogenheit der Strukturen gekennzeichnet werden kann.

An einigen Beispielen will ich nun versuchen, diese drei Perioden und die in ihnen erreichten Gleichgewichtniveaus zu beschreiben.

### 5.6.1. *Periode der sensumotorischen Intelligenz*

Das Neugeborene bringt zwar bereits einige globale Handlungsschemata mit; doch bedürfen sie zu ihrer wirksamen Anwendung sowohl der *Differenzierung* als auch der *Koordination* untereinander.

> Wer z. B. etwa 3- bis 4monatige Babies genau beobachtet, kann feststellen, daß sie noch nicht nach dem greifen, was sie sehen; sie schauen aber auch nicht an, was sie zufällig mit den Händen ergriffen haben. Erst relativ spät wenden sie den Kopf nach der gehörten Geräuschquelle. Ihre eigene Hand betrachten sie oft mit größtem Erstaunen wie einen fremden Gegenstand.

Sie verhalten sich also so, als gäbe es für sie keine einheitlichen Gegenstände in einem einheitlichen Raum, der durch verschiedene Informationskanäle gleichwertig und z. T. gleichzeitig erkundet werden kann. Vielmehr scheint es für die Babies in den ersten Lebensmonaten so viele verschiedene Räume oder Welten zu geben, wie sie Handlungsschemata, also Erkundungsweisen besitzen. Es besteht also ein Hörraum neben einem Sehraum und einem Tastraum usf. Erst allmählich und mühsam koordinieren sich die Schemata. Das Kind guckt nach dem Gegriffenen, greift nach Gegenständen. Allmählich entsteht so eine einheitliche Welt für das Kind, in der es Gegenstände gibt, mit denen man verschiedene Dinge tun kann.

Wie schwierig die Koordination von Schemata ist, kann man besonders deutlich bei der Entwicklung des Greifens beobachten. Zu Beginn des Koordinationsprozesses laufen die Schemata stereotyp und nacheinander ab: Das Kind sieht ein Gummitier; die Händchen bewegen sich auf das Tier zu. Aber bei dieser Bewegung scheint das Sehen überhaupt keine Rolle mehr zu spielen. Das Kind ist nicht in der Lage, die Bewegungsrichtung seiner Arme während der Bewegung zu korrigieren. Im nächsten Entwicklungsschritt werden schrittweise Korrekturen bei der Bewegung vorgenommen – Piaget nennt sie *Regulationen*. Erst bei völliger Verschmelzung der beteiligten Schemata ist eine harmonische, durch das Sehen kontinuierlich gesteuerte, rasch und sicher ablaufende Greifbewegung möglich. Wie schwer ist sogar das Erlernen des Greifens!

Die hier am Beispiel des Greifens dargestellte Entwicklungsabfolge: isolierte Schemata, Nacheinander der Schemata, sukzessive Regulationen und vollständige Verschmelzung und Koordination, gilt allgemein für die Koordination von Handlungsschemata, aber auch für die Vorstellungs- und Denkschemata in den späteren Perioden.

Die Koordination von Schemata ist von großer Bedeutung für das Verhalten der Kinder. Die Welt wird für sie allein schon dadurch einheitlicher, überschaubarer, handhabbarer, daß die verschiedenen Sinnesinformationen miteinander koordiniert werden. Das Kind gewinnt aber auch neue Handlungsmöglichkeiten, indem es verschiedene Schemata aneinanderreiht oder miteinander verschmilzt. Über die Aneinanderreihung von Schemata entdeckt es allmählich die Bedeutung von praktischen Zeitabfolgen, und es beginnt ansatzweise, Ursache- und Folgebeziehungen zu erfassen.

Das Verhaltensrepertoire und damit die Erkenntnismöglichkeiten des Kindes erweitern sich aber nicht nur durch die vielfältigen Kombinationen von bereits vorhandenen Schemata. Die Schemata selbst verändern sich. Die folgenden Beobachtungen können diesen Vorgang veranschaulichen:

> Etwa ab dem 4. Lebensmonat kann man bei Kindern feststellen, daß sie z. B. nicht nur strampeln, weil ihnen das Strampeln selbst Freude macht, daß sie also das Handlungsschema nicht nur aus reiner Funktionslust anwenden. Zufällig stellen sie einen Effekt ihrer Handlung fest, z. B. das Klingeln von Glöckchen am Bett, und wiederholen daraufhin ihre Handlung, um den Effekt noch einmal auszulösen oder zumindest andauern zu lassen. Handlung und Effekt werden miteinander verbunden; doch bleibt es manchen Babies lange unklar, was zuerst kommen muß, die Handlung oder die Wirkung. Sie strampeln nicht nur, um das Glöckchen in Bewegung zu setzen, sondern das Klingeln der Glöckchen löst auch ihr Strampeln aus. In einem dritten Entwicklungsschritt variiert es sein Strampeln: Es strampelt mal heftig, mal sachte, nur mit einem oder mit beiden Beinen und beobachtet dabei fasziniert die Variationen in den Wirkungen, dem Klingeln der Glöckchen.

Auch die an diesem Beispiel dargestellte Entwicklungsabfolge findet sich im Prinzip auf allen Entwicklungsniveaus wieder: Wiederholung und stereotype Anwendung des gerade neu erworbenen Schemas aus Freude an der Anwendung, an der Tätigkeit selbst. PIAGET bezeichnet dies als *primäre Kreisreaktionen*. Beherrscht das Kind das Schema in ausreichendem Maße, dann beginnt es sich für die Handlungs*folgen* zu interessieren und wiederholt seine Handlung des interessanten Effektes wegen. PIAGET nennt diese Art von Wiederholungen *sekundäre Kreisreaktionen*. Schließlich variiert das Kind das Schema selbst in mehr oder minder systematischer Weise und beobachtet die Wirkungen dieses Experimentierens. Dieses Verhalten bezeichnet PIAGET mit *tertiären Kreisreaktionen*. Über die tertiären Kreisreaktionen entdeckt das Kind u. U. ganz neue Handlungsweisen; sein ursprüngliches Schema differenziert sich in verschiedene, verfeinerte Schemata mit neuen Handlungsmöglichkeiten.

Außer der Koordination und der Differenzierung der Handlungsschemata, die es dem Kinde in zunehmendem Maße ermöglichen,
sich praktisch handelnd in seiner Welt zurechtzufinden, ist noch
eine weitere wichtige Errungenschaft dieser ersten Entwicklungsperiode bedeutsam; denn sie gibt einen wichtigen Ansatzpunkt
für die Weiterentwicklung und macht gleichzeitig manches Verhalten von Babies verständlicher. Es ist der schon mehrmals
erwähnte *Begriff des permanenten Gegenstandes*. Etwa um den
8. Lebensmonat herum, manchmal etwas früher, häufig etwas
später, entdecken die Kinder, daß ein Gegenstand auch dann
noch weiterexistiert, wenn man ihn nicht mehr sieht. Wie aufregend diese Entdeckung für die Kinder ist, merkt man an ihrer
kaum ermüdenden Begeisterung am Guck-Guck-Spielen, aber
auch an ihrem heftigen Weinen und verzweifelten Suchen, wenn
man sie in fremder Umgebung, etwa im Kinderwagen vorm
Geschäft oder bei Einweisung in ein Krankenhaus, allein läßt.
Mit der Entstehung eines einheitlichen Handlungsraumes, einer
einheitlichen praktischen Zeit und der Differenzierung von permanenten Objekten im Raum beginnt das Kind, auch sich selbst
von anderen zu unterscheiden, seine Handlungen und Wünsche
von denen der anderen – was sich u. U. in den bekannten heftigen
Trotzreaktionen äußern kann.
Das Denken des Kindes besteht in dieser ersten Entwicklungsperiode im Grunde in seinen tatsächlich ausgeführten Handlungen. Hierin erlangt es gegen Ende des 2. Lebensjahres eine
erstaunliche Kompetenz. Auch Gegenstände werden vom Kind
dadurch »erkannt«, daß es mit ihnen in typischer Weise handelnd
umgeht: es rollt den Ball, es zieht den Kamm eben rasch durchs
Haar. Diese Erkennenshandlungen lösen sich schließlich vom
Objekt, repräsentieren es in seiner Abwesenheit. Die Vorstellung
vom permanenten Gegenstand und die symbolische Handlung
leiten zur zweiten großen Entwicklungsperiode über, in der die
Konstruktion von Symbolen ganz neue Denkmöglichkeiten auf
höherer Ebene ermöglicht.

### 5.6.2. *Periode der konkreten Operationen*

Im Normalfalle nimmt diese Periode die lange Zeit vom 3. bis
12. Lebensjahr in Anspruch. Eine im Grunde ähnliche Entwick-
lungssequenz wie während der sensumotorischen Periode wiederholt sich nun auf der Ebene der Vorstellungen und der konkreten
Denkoperationen. Man darf sich das aber nicht so vorstellen, als
böte z. B. die Sprache ganz andere, eigene und vom Denkhandeln
verschiedene Möglichkeiten des symbolischen Umgangs mit der
Welt. Vielmehr differenzieren sich die neuen Denkmöglichkeiten
aus dem Handeln heraus, zeigen anfangs noch alle Merkmale –

und damit Schwächen – des konkreten Handelns und lösen sich
erst allmählich aus dieser Verquickung.

Dies wird deutlicher, wenn wir uns klarmachen, was Symbole,
diese wichtige Errungenschaft des Kindes gegen Ende der ersten
Periode, sind und wie sie entstehen.

Unter *symbolischer Aktivität* versteht PIAGET die Fähigkeit, etwas
z. B. durch eine nachahmende Bewegung, einen Laut, einen
anderen Gegenstand, ein Wort oder eine bildhafte Vorstellung
zu repräsentieren.

Die folgenden Beispiele zeigen frühe Erscheinungsformen symbolischer Tätigkeit bei solchen Kindern, die das, was sie symbo-
lisch-denkerisch ausdrücken, noch nicht in Sprache fassen können.

Ein knapp zjähriger Junge holte sich z. B. nach einem Spaziergang, bei
dem er die Müllabfuhr gesehen hatte, zu Hause alle Papierkörbe und
schüttete sie um, wobei er die Geräusche des Müllautos nachahmte. Ein
andermal verwendete er eine Küchenrolle in ähnlicher Weise als Preß-
lufthammer. Ein anderes Kind lief auf allen Vieren herum und spielte
»Hund«. Andere Kinder erinnern sich mit dem Ausruf »da, da« an ein
Flugzeug, das sie vor einiger Zeit gesehen haben.

Symbole ermöglichen dem Kinde ganz neue Handlungs- und
Denkmöglichkeiten. Es kann sich nun mit Gegenständen und
Ereignissen auch dann auseinandersetzen, wenn die Gegenstände
nicht mehr zu sehen und räumlich entfernt und die Ereignisse
bereits vergangen sind. Andererseits kann es Ereignisse vorweg-
nehmend denkerisch-symbolisch durchproben, antizipieren. Symbole ermöglichen also eine von den zeitlichen und räumlichen
Gegebenheiten unabhängig denkerische Aktivität.

Wie sehr jedoch anfangs dieser symbolisch-denkerischen Aktivität
noch alle Merkmale des konkreten Handelns anhaften, zeigen die
folgenden Beispiele:

Ein Kind beguckt sich einen Bilderbogen, zeigt auf jeden Gegenstand,
benennt ihn, geht zum nächsten weiter. Am Ende ruft es begeistert aus:
»Jetzt ist nichts mehr da, jetzt habe ich sie alle weggelesen!« – Ein zjähriges
Kind soll bei einem Tierlotto auf seiner Karte das Tier finden, das genannt
wird, z. B. eine Katze. Statt nun auf der Karte zu suchen, schaut es herum
und ruft: »Katze, Katze, wo bist du?« – Zeigt man etwa zjährigen Kindern
braune und weiße Holzperlen, und zwar mehr braune als weiße, dann
sagen sie auf eine entsprechende Frage richtig, daß man aus den braunen
Perlen eine längere Kette machen kann. Fragt man sie aber, welche Kette
länger wird, eine aus braunen oder eine aus allen Holzperlen, dann antworten sie meistens: »Die aus braunen Perlen. Denn wenn man eine Kette
aus braunen Perlen macht, dann bleiben nur noch die weißen übrig, und
die sind weniger.«

Auch das vorn berichtete Beispiel von der Frau im Bäckerladen zeigt
solche Merkmale der Handlungsgebundenheit.

Handlungen können nur nacheinander ablaufen, sie stehen dem
Kind nachher nicht mehr zum anschaulichen Vergleich zur Ver-

fügung. Die Möglichkeiten, die das Denken in Symbolen und Operationen bietet, werden vom kleinen Kinde anfangs nicht ausgeschöpft, sondern erst nach und nach entdeckt. Es denkt so, als würde es die Handlungen tatsächlich ausführen, und es behandelt die Symbole so, als wären sie die Dinge selbst.

Symbole entstehen nicht plötzlich. Sie werden bereits in der sensumotorischen Periode durch die Nachahmungstätigkeit des Kindes vorbereitet. Hierzu ein Beispiel von Jean PIAGET.

> Jacqueline war 1 Jahr, 3 Monate alt. Sie spielte mit einem Clown, dessen lange Füße sich in ihrem Halsausschnitt verfangen hatten. Nur mit Mühe bekam sie sie heraus, versuchte dann aber gleich wieder, die Füße in den Ausschnitt zu stecken. Als ihr das nicht gelang, schaute sie ihre Hand an und bog den Zeigefinger so, als wollte sie die Form des Fußes nachmachen. Dann bewegte sie die Hand genau in derselben Richtung wie vorher das Bein des Clowns und konnte so den Finger in den Halsausschnitt stecken.[16]

Zwei Aspekte des Symbols werden hier deutlich. Das Kind repräsentiert im Symbol die wesentlichen Merkmale der *Form* des Gegenstandes oder den *figurativen* Aspekt der Situation.

Gleichzeitig ist dieser Formaspekt aber in eine Handlung, in eine *Operation* eingebettet. Jacqueline ging mit ihrem gekrümmten Finger so um wie mit dem Fuß des Clowns. Dadurch erhielt der Finger als Symbol erst seine eigentliche Bedeutung. Der figurative Aspekt des Symbols ist ein Ergebnis eines Akkommodationsvorganges: das Kind ahmt die Form der Konfiguration nach. Der *operative* Aspekt entspricht einem Assimilationsvorgang: das Symbol erhält dadurch seine jeweilige Bedeutung. Die Handlung oder Operation drückt das Wissen des Kindes über das repräsentierte Ding aus.

Der figurative Aspekt des Symbols kann auch mit der Zeit intern repräsentiert werden, z. B. in bildhaften Vorstellungen, Wörtern usf. Ähnliches gilt für die Handlung: auch sie verinnerlicht sich mit der Zeit als nicht mehr sichtbarer Denkakt oder Operation. Figurativer und operativer Aspekt differenzieren sich mit der Zeit voneinander und gehen vielfältige Kombinationen ein: Ein Fahrrad kann so in ganz verschiedenen Bedeutungszusammenhängen symbolisiert werden. Anfangs sind jedoch operativer und figurativer Aspekt des Denkens so vermengt, daß eine Formveränderung eine völlige Bedeutungsveränderung nach sich zieht und die Einbettung in ein neues Bedeutungsfeld die Identität des Gegenstandes auflöst.

> So glauben nach einer Untersuchung eines Mitarbeiters von PIAGET viele 4jährige, daß ein Draht nicht mehr derselbe Draht ist, wenn er verbogen wurde, daß eine »Alge« – als solche wurde den Kindern das »Wachstum« der kristallinen Formen von Kalium-Eisencyanid in einer Kupfersulfatlösung vorgestellt – in verschiedenen Stadien ihres Wachstums nicht mehr

[16] Aus GINSBURG & OPPER (1969, S. 75–76).

dieselbe ist. Auch schienen einige sich nicht ganz sicher, ob sie selbst,
wenn sie einmal erwachsen sind, noch dieselbe Person sind.[17]

In einem nächsten Schritt ändert sich zwar nicht die Identität mit
der Form, wohl aber die Klassenzugehörigkeit. Die zahme Katze,
der ein Hundekopf aufgesetzt wurde, ist zwar noch dasselbe Tier
wie vorhin, kann jetzt aber bellen und frißt Knochen.[18] Für 6- bis
8jährige besteht das auf die Spitze gestellte Quadrat zwar noch
aus derselben Pappe, aber es ist kein Quadrat mehr.[19]

Im Laufe ihrer weiteren Entwicklung entdecken die Kinder, daß
Gegenstände nach mehr als einem Merkmal charakterisiert werden
können; sie differenzieren also den figurativen Aspekt des Symbols.
Anfangs, mit etwa 3 bis 5 Jahren, gelingt es ihnen nicht, diese
Merkmale als Klassifikationskriterien zu abstrahieren. Bei der
Zuordnung zu einer Klasse beachten sie mal das eine Merkmal,
mal ein anderes und vergessen dabei anscheinend das erstere. Das
Ergebnis ist eine bunte Kollektion, aber keine Klasse, wie sie
Abb. 7 zeigt.

*Abb. 7:* Klassifikation bei Kindern: eine figurale Kollektion. (Nach PIAGET
& PETTER.)

Schließlich gelingt es ihnen zwar, stets dasselbe Merkmal bei der
Klassenbildung zu beachten, aber es fällt ihnen schwer zu begreifen, daß derselbe Gegenstand gleichzeitig in zwei Klassen vertreten sein kann, z. B. sowohl bei den runden wie bei den roten
Gegenständen oder sowohl bei allen runden Gegenständen wie
bei der Teilklasse der roten runden Gegenstände. Ein Merkmal
kann für sie nicht zugleich zwei Bedeutungen haben. In einer
Übergangsphase kann ein Ding nur nacheinander, nicht gleichzeitig verschiedenen Klassen angehören – ähnlich wie in der
sensumotorischen Periode zunächst zwei Schemata nur nacheinander Anwendung finden konnten, bevor sie sich koordinier-
ten.

Diese Schwierigkeit der doppelten oder mehrfachen Zuordnung zeigt
sich in vielen Bereichen. PIAGETS Genfer Versuchspersonen hatten mit
4 bis 5 Jahren oft Schwierigkeiten einzusehen, daß ihr Vater zugleich
Vater und Schweizer sein könne. Oft dauert es lange, bis Kinder begreifen, daß ihre Mutter zugleich das Kind der Großmutter ist. Der Glaube
an den Nikolaus beruht oft darauf, daß Kinder gar nicht auf die Idee
kommen, der eigene Vater oder ein Onkel spiele diese Rolle. Und wenn
sie noch sehr klein sind, dann wird der Mann auch tatsächlich zum wirklichen Nikolaus, selbst wenn er sich vor den Augen der Kinder verkleidet:
er verliert dadurch seine ehemalige Identität.

[17] PIAGET & VOYAT (1968), zitiert nach RAUH (1972, S. 93 f).
[18] DE VRIES (1969).
[19] SINCLAIR, PIAGET & MAIER (1968), zitiert nach RAUH (1972, S. 94).

Bei der Zuordnung von Gegenständen zu Klassen gehen Kinder nach ganz äußerlichen, auffälligen und sichtbaren Merkmalen vor, ganz gleich, ob diese Merkmale auch den Klassifikationsmerkmalen der Erwachsenen entsprechen. Dabei fällt es ihnen außerdem sehr schwer, Anschein von Wirklichkeit zu unterscheiden: d. h. alles ist für sie wirklich: sie trauen uneingeschränkt ihren Augen.

> Steckt man einen Löffel in ein Wasserglas, dann wird für viele 4jährige der Löffel tatsächlich größer, und der Stiel ist tatsächlich gebrochen. Im Radio sitzen tatsächlich kleine Männchen und machen Musik, das Flugzeug wird tatsächlich kleiner, wenn es aufsteigt.

Sie können noch nicht die Bedingungen unterscheiden, unter denen sich Merkmale tatsächlich verändern und unter welchen nicht.

Eine weitere wichtige Errungenschaft der Periode der konkreten Operationen ist das Denken in quantitativen Bezügen. Die Aufbau- und Ausbauzeit nimmt etwa die Jahre von 5 bis 10 in Anspruch. Der Zahlbegriff (*Invarianzbegriff der Anzahl*) wird im allgemeinen zuerst aufgebaut, Begriffe des Gewichts, des Volumens, der Zeit, des Tempos folgen erst viel später, obgleich die formalen Merkmale ihres Aufbaus sehr ähnlich sind. Am Ende dieser Periode ist das Kind in den meisten Bereichen in der Lage, am konkreten Beispiel entsprechend den Gesetzen der Logik zu denken und diese Gesetze auch als zwingend zu erleben.

### 5.6.3. *Periode der formalen Operationen*

Während die Periode der konkreten Operationen intensiv erforscht wurde und hierzu viele andere interessante Ergebnisse vorliegen, ist die Periode der formalen Operationen, wie das Jugendalter überhaupt, ein Stiefkind der Forschung geblieben.

Die wichtigste Errungenschaft dieser Periode wird, daß das eigene Denken selbst – und auch das der anderen – zum Gegenstand des Denkens werden kann. Der Jugendliche lernt, den Wahrheitsgehalt seiner eigenen Denkoperationen zu überprüfen, sei es, daß er Hypothesen bildet, und zwar recht systematisch, die er dann bewahrheiten oder verwerfen kann, sei es, daß er die Kombinatorik der logischen »Wahrheitstafeln« auf seine Denkoperationen anwendet – ohne sie vielleicht je systematisch gelernt zu haben –, oder sei es die Fähigkeit zur Introspektion, zum Nachdenken über sich selbst, die schon SPRANGER und KROH als wichtige Kennzeichen des Jugendalters darstellten. – Das Denken löst sich von seiner Gebundenheit an die konkrete Wirklichkeit. Während das jüngere Kind noch das konkrete Beispiel: Hans ist größer als Ilse, Ilse ist kleiner als Ute, benötigt, um diese Transitivitätsaufgabe zu lösen, gelingt dies nun rein formal anhand der logischen Regeln und wird damit auch generalisierbar auf alle möglichen ähnlichen Aufgaben. Während das konkret-operational denkende Kind noch Mühe hatte, die Zeit überhaupt als einheitliche und meßbare zu begreifen, desgleichen auch den Raum, und zwar entsprechend der euklidischen Geometrie, kann der formal-operatorisch denkende Jugendliche und Erwachsene mit Raum *und* Zeit als vier Dimensionen rechnen, andere Zeiten hypostasieren und sogar Einsteins Relativitätstheorie begreifen. Das Denken in ganzen Systemen, das Beachten formaler und moralischer Prinzipien kann manche Jugendlichen so engagieren, daß sie gar nicht begreifen können, daß andere von diesen Ideen nicht so gepackt sind wie sie selbst.

Stärker als beim Aufbau z. B. der konkreten Operationen erwartet PIAGET (1972 a) deutliche kulturspezifische und erfahrungsspezifische Unterschiede in den Inhaltsbereichen, in denen sich formales operatives Denken ausbildet. Bei jüngeren Kindern scheint der entwicklungswirksame Erfahrungsraum weitgehend vergleichbar zu sein. Bei Jugendlichen und Erwachsenen ist er sehr abhängig von Spezialisierungen durch Ausbildung, Beruf und Interessen. Das optimale Denkniveau eines Jugendlichen und Erwachsenen kann man also nur in den Bereichen erkunden, in denen er seine größten Erfahrungen und Fähigkeiten hat. Auch erreicht offenbar nicht jeder Jugendliche und Erwachsene das Niveau formaler Operationen. Welches die Bedingungen und Gründe hierfür sind, muß noch genauer erforscht werden.

### 5.6.4. *Zusammenfassung*

Nach der Äquilibrationstheorie von Jean PIAGET stellt die Entwicklung des Denkens einen aktiven Interaktionsprozeß des Kindes mit seiner physikalischen und sozialen Umwelt dar. Einfache, angeborene Handlungsschemata – Gucken und Lauschen werden dabei ebenfalls als »Handlungen« verstanden – sind das Ausgangs»material« des Neugeborenen. Diese ersten globalen Schemata stabilisieren sich durch ihre Anwendung (Assimilation) und differenzieren und verändern sich aufgrund nicht-assimilierbarer Umweltgegebenheiten (Akkommodation). Diese Interaktion mit der Umwelt zum Ziele immer besserer Beherrschung und Anpassung nennt PIAGET Adaptation. Die Schemata selbst stellen Strukturelemente dar. Wie die Schemata selbst so wandelt sich unter dem Einfluß der Adaptationsfunktion auch die kognitive Gesamtstruktur, und zwar jeweils in Richtung auf größere Widerspruchslosigkeit, Ausgewogenheit und Flexibilität (Funktion der Organisation). Die beiden Prinzipien der Adaptation und der Organisation wirken das ganze Leben lang und im Idealfall

komplementär. PIAGET bezeichnet sie als invariant. Unter ihrem
Einfluß wandeln sich Schemata und Strukturen.

Die Aufeinanderfolge der Entwicklungsschritte wird nicht als
genetisch vorprogrammiert angesehen, sondern als aufeinanderfolgende Strukturen, die dem Gesetz der größten Wahrscheinlichkeit, d. h. der statistischen Kausalität, folgen. In verschiedenen
Kulturen und soziokulturellen Gruppen, bei sich normal entwickelnden Kindern wie auch bei Kindern mit Sinnesschäden
oder erheblichen Beeinträchtigungen der Hirnfunktion ist die
Aufeinanderfolge der Entwicklungsschritte im Bereich der Denkentwicklung so ähnlich, daß man von einer weitgehenden Universalität dieser Entwicklung sprechen kann. Diese Universalität
bezieht sich vor allem auf die formalen Merkmale der Entwicklungsschritte in enger umschriebenen Teilbereichen, z. B. der
Vorstellung von Traum und Wirklichkeit, der Zeitvorstellung,
dem Zahlbegriff und anderen Quantitätsbegriffen und dem moralischen Urteilen.

In der normalen Entwicklung des Kindes und Jugendlichen lassen
sich größere Abschnitte des Auf- und Ausbaus von kognitiven
Gesamtstrukturen erkennen, wobei ähnliche Inhalte (z. B. Objekt-
begriff, Zeitvorstellung, Raumvorstellung, Kausalität) auf jeweils
höheren Strukturniveaus erneut erarbeitet werden. Die großen
Abschnitte bezeichnet PIAGET als

1. die Periode der sensumotorischen Intelligenz
   (o bis 2 Jahre),
2. die Periode der konkreten Operationen
   (2 bis 11 Jahre),
3. die Periode der formalen Operationen
   (ab ca. 11 Jahren).

Im Laufe der *sensumotorischen* Periode entwickelt sich denk-
ähnliches Verhalten, wobei Denken und Handeln noch eine enge
Einheit bilden. – Am Beispiel der Greifentwicklung wurde die
Koordination der Handlungsschemata sowie von Schemata allgemein erklärt, an verschiedenen anderen Beispielen die Differenzierung von Schemata und die wesentlichen Begriffe der primären,
sekundären und tertiären Kreisreaktionen eingeführt. Unter Kreisreaktionen versteht PIAGET die Wiederholung von Handlungen
entweder aus Freude an der Handlung selbst oder aus Interesse
am Handlungseffekt bzw. die Wiederholung von Handlungen
mit Variationen, aus Interesse an der Variation der Wirkungen.

Für die Periode der *konkreten logischen Operation* wurde die Konstruktion des Symbols mit seinem abbildenden oder figurativen
Aspekt und seinem operativen oder Bedeutung verleihenden
Aspekt hervorgehoben und die Differenzierung dieser Aspekte
im Laufe der Entwicklung verfolgt. Das Erfassen von Identitäten
und Invarianzen qualitativer und quantitativer Merkmale als
beispielsweise unabhängig von ihrer räumlichen Anordnung,

Klassenzuordnung und einer Reihe von Denkoperationen, die man mit ihnen durchführen kann, löst das logische Denken allmählich aus der Handlungs- und Anschauungsgebundenheit und stellt eine wesentliche Errungenschaft in dieser Periode dar.

Nach dem Ausbau eines logischen, an konkreten Gegebenheiten orientierten Denksystems folgt der nicht weniger komplizierte Aufbau *formaler Denkoperationen*, das hypothetisch-deduktive Denken in Möglichkeiten, das Nachdenken über das Denken selbst und die bewußte Kontrolle der logischen »Richtigkeit« des eigenen Denkens.

## 5.7. Einige pädagogische Folgerungen aus der Erforschung der Denkentwicklung

Denkschulung und Denkförderung ist ein legitimes Bildungsziel der Schule. PIAGET selbst hat sich zu dieser Frage ausführlich geäußert. Das Bildungsziel, das hinter seiner Theorie steht, ist der »schöpferische«, selbständig denkende Mensch.
Er schreibt:

> »Will man schöpferische Menschen formen, dann liegt es auf der Hand, daß eine Erziehung, die auf aktiver Erarbeitung des Wissens beruht, einer solchen überlegen ist, die sich darauf beschränkt, den zu Erziehenden dahin zu bringen, mit einem vorfabrizierten Willen zu wollen und auf Grund von schlichtweg akzeptierten Wahrheiten zu wissen.« (1972b)

Aktive Erarbeitung, Experimentieren, Überprüfen der eigenen Fragen und Hypothesen hält er daher für besonders wichtig. Das Vorführen von Versuchen reicht seiner Meinung nach allein nicht aus, da man z. B. auch das Schwimmen nicht durch Zusehen lerne. Daraus ergibt sich auch seine Kritik am Anschauungsunterricht. Hier und auch bei mancher PIAGET-Rezeption im Ausland zeigen sich seiner Meinung nach mindestens zwei Mißverständnisse:

1. PIAGET plädiert für eine aktive Unterrichtsmethode.

   Er versteht darunter aber nicht eine »Handarbeitsschule« (1972 b, S. 76) oder das Gleichsetzen von Aktivität mit Manipulieren von Gegenständen. Nur auf den frühen Entwicklungsstufen sei die aktiv handelnde Manipulation von Objekten notwendig,

   > »nicht jedoch in den höheren Stufen, wo ein Schüler durchaus ›aktiv‹ im Sinne einer persönlichen Wiederentdeckung der zu begreifenden Wahrheiten sein kann, während sich die Aktivität auf innerliche und abstrakte Überlegungen beschränkt.« (1972b, S. 80)

2. Er ordnet den figurativen Aspekt in seiner Bedeutung für die Denkentwicklung dem operativen unter:

   > »Man vergißt hier zunächst, daß Erkenntnis (bzw. Wissen) nicht im entferntesten bedeutet, sich eine figurative Kopie der Realität zu schaffen; vielmehr beruht sie stets auf operativen Vorgängen, die durch

Aktionen oder Gedanken das Reale transformieren, um den Mechanismus dieser Transformationen zu erfassen und so die Ereignisse und Objekte in Operationssysteme ... einzugliedern.« (1972b, S. 80)

Insofern sind zwar Bild, Film u. a. wertvolle Hilfsmittel und Zusatzmaßnahmen, ersetzen aber nicht die Forderung nach einem aktiven Unterricht.

Aktive Unterrichtsmethodik ist aber schwierig. Sie verlangt vom Lehrer hinlängliche Kenntnisse in Kinderpsychologie, gute Fachkenntnisse in seinem Unterrichtsfach, aber auch aufmerksame und differenzierte Beachtung der spontanen Handlungen seiner Schüler, die er aufgreift und weiterführt. Einer solchen Methode stehen jedoch große Schülerzahlen, Lehrermangel und unzureichende Ausrüstung mit Lernmitteln entgegen.

## Literatur

BELL, S. M. ›The development of the concept of object as related to mother–infant attachment‹. In: *Child Development*, 1970, *41*, 291–311.

ELKIND, D. ›Egocentrism in adolescence‹. In: *Child Development*, 1967, *38*, 1025–1034.

– ›Piaget's conservation problems‹. In: *Child Development*, 1967, *38*, 15–28.

FLAVELL, J. H. *The Developmental Psychology of Jean Piaget*. Princeton, N. J.: van Nostrand 1963.

FURTH, H. G. *Piaget and Knowledge – Theoretical Foundations*. Englewood Cliffs, N. J.: Prentice Hall 1969; deutsch: *Intelligenz und Erkennen*. Frankfurt a. M.: Suhrkamp 1972.

– *Piaget for Teachers*. London: Prentice Hall 1970; deutsch: *Piaget für Lehrer*. Düsseldorf: Schwann 1973.

– ›Piaget, IQ, and the nature–nurture controversy‹. In: *Human Development*, 1973, *16*, 61–73.

GAUDIA, G. ›Race, social class, and age of achievement of conservation on Piaget's tasks‹. In: *Developmental Psychology*, 1972, *6*, 158–165.

GINSBURG, H. & OPPER, S. *Piaget's Theory of Intellectual Development – An Introduction*. London: Prentice Hall 1969.

HATHAWAY, W. E. *The Degree, Nature, and Temporal Stability of the Relations Between Traditional Psychometric and Piagetian Developmental Measures of Mental Development*. University of Pennsylvania, unveröffentl. Diss. 1972.

HOFFMAN, M. L. ›Moral Development‹. In: P. H. MUSSEN (Hrsg.) *Carmichael's Manual of Child Psychology*. Vol. II. New York–London: Wiley 1970.

KOHLBERG, L. ›Stage and Sequence: The Cognitive Developmental Approach to Socialization‹. In D. A. GOSLIN *Handbook of Socialization Theory and Research*. Chicago: Rand McNally 1969.

KOHLBERG, L. & KRAMER, R. ›Continuities and discontinuities in childhood and adult moral development‹. In: *Human Development*, 1969, *12*, 93–120.

MIAO, E. et al. *Development of the concept of time in some Filipino elementary school children*. Unveröffentl. Vortragsmanuskript. First national Conference on Children and Youth, Manila, Philippinen, 4.–8. Dez. 1972.

MONTADA, L. *Die Lernpsychologie Jean Piagets*. Stuttgart: Klett 1970.

PAPALIA, D. E. ›The status of several conservation abilities across the life span‹. In: *Human Development*, 1972, *15*, 229–243.

PARASKEVOPOULOS, J. & HUNT, McV. *Object construction and imitation under differing conditions of rearing*. Unveröffentl. Manuskript. University of Illinois 1971.

PETTER, G. *Die geistige Entwicklung des Kindes im Werk von Jean Piaget*. Bern: Huber 1966.

PIAGET, J. *La représentation du monde chez l'enfant*; engl.: *The Child's Conception of the World*. Paterson, N. J.: Littlefield, Adams & Co 1963.

– *La causalité physique chez l'enfant*. Paris: Alcon 1927; engl.: *The Child's Conception of Physical Causality*. Totowa, N. J.: Littlefield, Adams & Co 1965.

(1936) *Das Erwachen der Intelligenz*. Stuttgart: Klett 1969.

– (1947) *Psychologie der Intelligenz*. Zürich: Rascher ⁵1972a.

– *Theorien und Methoden der modernen Erziehung*. München: Molden 1972b (Frankfurt a. M.: Fischer Taschenbuch (Bd. 6263) 1974).

PIAGET, J. & INHELDER, B. (1966) *Die Psychologie des Kindes*. Freiburg: Walter 1972.

– ›Intellectual evolution from adolescence to adulthood‹. In: *Human Development*, 1972, *15*, 1–12.

PRINCE, J. R. ›The effect of Western education of science conceptualization in New Guinea‹. In: *British Journal of Educational Psychology*, 1968, *38*, 64–73.

RAUH, H. *Entwicklungspsychologische Analyse kognitiver Prozesse*. Weinheim: Beltz 1972.

STEPHENS, B. *The Development of Reasoning, Moral Judgment, and Moral Conduct in Retardates and Normals*. Phase II. Unveröffentl. Forschungsbericht. Philadelphia: Temple University 1972.

DEVRIES, R. ›Constancy of generic identity in the years three to six‹. In: *Monographs of the Society for Research in Child Development*, 1969, *34 (3)*, Serial No. 127.

DEVRIES, R. & KOHLBERG, L. ›The Concept Assessment Kit Conservation‹. In: *Journal of Educational Measurement*, 1969, *6*, 263–269.

WECHSLER, D. *The Wechsler Preschool and Primary Scale of Intelligence*. New York: The Psychological Corporation 1967.

WOODWARD, M. ›The behavior of idiots interpreted by Piaget's theory of sensorimotor development‹. In: *British Journal of Educational Psychology*, 1959, *29*, 60–71.

Carl F. Graumann

# 6. Sprache und Sprachentwicklung

# 6. Sprache und Sprachentwicklung

## 6.1. *Allgemeine Einführung*

Das folgende Kapitel soll in die psychologische, speziell *psycholinguistische* Beschäftigung mit der Sprache einführen:
*Sprache und Sprechen* werden als angeborenes Vermögen und als zu erlernende Fertigkeit angesehen. Zwei theoretische Positionen, die jenem bzw. dieser größere Bedeutung zumessen, werden – als Nativismus und Empirismus – vorgestellt.
Auf *biologische Grundlagen des Spracherwerbs* wird anhand weniger Beispiele verwiesen, die die Annahme einer artspezifischen, d. h. hier spezifisch menschlichen Anlage zum Spracherwerb stützen können.
Die *Psychologie des Spracherwerbs* wird auf verschiedenen analytischen Ebenen betrieben:
Einmal wird Sprachlernen primär als *Lernen von Wörtern* aufgefaßt und empirisch untersucht. Hierbei findet vor allem das Lernen von Wortbedeutungen Interesse.
Da gesprochene wie gehörte Sprache ein zeitliches (sequentielles) Phänomen ist, wird des weiteren Sprachlernen als *Lernen von Wortfolgen (Sequenzen)* untersucht. Wesentlich geht es dabei um die sogenannte *Wahrscheinlichkeitsstruktur* der Sprache.
Im Abschnitt über Spracherwerb als *Bekräftigung von Äußerungen* soll mit der radikalen Vereinfachung der Analyse »verbalen Verhaltens« durch SKINNER bekannt gemacht werden, ehe dann näher auf die Gegenposition, Spracherwerb als *Regellernen*, eingegangen wird, die den Kern der modernen *Entwicklungspsycholinguistik* bildet. An den Beispielen des *Einwort-, Zweiwort-* und *Dreiwortsatzes* wird die Arbeitsweise dieser neuen Forschungsrichtung verdeutlicht.

## 6.2. *Sprache und Sprechen: angeborenes Vermögen und erlernte Fertigkeit*

Hier – wie auch im Kap. 8 – befaßt sich das Funkkolleg mit dem Thema Sprache, genauer mit pädagogisch-psychologischen Aspekten der Sprache, der Sprachentwicklung, des Sprachlernens, der sozial-kommunikativen Funktion der Sprache. Die Bedeutung des Themas Sprache und ihrer wissenschaftlichen Analyse ist unverkennbar für eine Wissenschaft, die die Entwicklung des

Menschen, sein Lernen und seine Belehrbarkeit, vor allem in Hinblick auf deren soziale Bedingungen zum Gegenstand hat.

Sprache: das ist, als »Wesenszug« interpretiert, die Grundfähigkeit des Menschen, nach der er allzugerne bemessen, sozial beurteilt wird. Das erste Wort des Kindes, das Eltern entzückt, die »richtige« Antwort des Schülers, die allein den Lehrer zufriedenstellt, die erste Liebeserklärung, die eine zarte Bindung beginnen läßt, das Jawort, das eine auf Dauer gemeinte Verbindung bestätigt, das letzte Wort, das dem Angeklagten zusteht, das erlösende Wort, das eine Spannung beendet – alle diese Worte und Wörter markieren Abschnitte unserer menschlichen Existenz, die zu einem großen, vor allem aber wesentlichen Teil Sprache ist. Rede und Gegenrede, Frage und Antwort, Zustimmung, Ablehnung und Kritik, Bitte und Dank, Willkommen und Abschied, Übereinstimmung und Streit sind nicht nur Grundformen und -arten zwischenmenschlicher Existenz. Sie vollziehen sich wesentlich im Medium der Sprache.

Menschliches Zusammenleben – es ist ohne Sprache nicht denkbar, auch wenn wir uns angesichts allzuvielen Geredes oft nach mehr Schweigen und Stille sehnen. Doch auch das Schweigen und Verstummen »sagt« noch etwas, hat »Bedeutung«: der Psychologe bezieht es in seine Analyse der Sprache voll mit ein.

Sprache: Medium aller und Thema vieler verschiedener Wissenschaften, hat für die Pädagogische Psychologie die doppelte Bedeutung, die dem Namen dieser Disziplin entspricht. Als eine ausgezeichnete Modalität menschlichen Verhaltens ist Sprache wesentliches Thema jeder Psychologie. Pädagogik aber, als Erziehung, als Instruktion, als Sozialisation, vollzieht sich wesentlich im Medium der Sprache und ist damit den Möglichkeiten und Grenzen menschlicher Sprache unterworfen. Zudem stellt Sprache als etwas, das sich im Verlaufe der Kindheit entwickelt, zugleich aber auch gelernt wird, gerade der Pädagogischen Psychologie ein Problem, an dem Voraussetzungen wie Grenzen von Lehren und Lernen erkennbar werden.

Kindersprache: Ist das die Sprache des Erwachsenen, nur noch unvollkommen in der Aussprache und – vor allem – in der Beherrschung grammatischer Regeln? Oder ist die Sprache selbst des 12–15 Monate alten Kindes eine Art eigener Sprache mit einer eigenen Syntax, d. h. mit einer Grammatik, die keineswegs eine fehlerhafte Erwachsenen-Grammatik ist?

Liegt der Unterschied zwischen Kinder- und Erwachsenen-Sprache in einer Verschiedenheit der *Sprachkompetenz* oder nur der *Sprachperformanz*? Nach Noam CHOMSKY, der diese Begriffskoppel in die neuere Linguistik eingeführt hat, bezeichnet Sprachkompetenz »die Kenntnis des Sprecher-Hörers von seiner Sprache«, Sprachperformanz (oder -verwendung) den aktuellen

Gebrauch der Sprache in konkreten Situationen (CHOMSKY 1970, S. 14).

Diese, zwar linguistisch gemeinte Unterscheidung hat jedoch auch für die neuere Sprachpsychologie, die *Psycholinguistik*, Bedeutung. Zwar würde der empirisch arbeitende Psychologe, der es gewohnt ist, sich am beobachtbaren *Verhalten* zu orientieren, auf den ersten Blick die Performanz, also die Sprachverwendung, zu seinem alleinigen Thema erklären. Doch muß er, will er die Bedingungen dieses wie jedes Verhaltens erforschen, das Regelsystem, dem Sprachverhalten unterworfen ist, in seine Analyse einbeziehen. Und in irgendeiner Weise *muß* das für eine Sprache gültige Regelsystem, kurz: deren Grammatik, vom Einzelnen erworben werden und internalisiert sein. Die Frage allerdings bleibt, wieviel von dieser Sprachkompetenz oder ihr noch zugrunde liegenden allgemeineren Fähigkeit angeboren ist, wieviel davon reines Lernprodukt ist. Diese Frage mag manchem, der mit der modernen Psychologie oder auch mit der neueren Wissenschaftstheorie vertraut ist, überholt erscheinen, liegen doch die Zeiten des mehr leidenschaftlichen als wissenschaftlichen Streites zwischen Anlage- und Umwelt-Theoretikern hinter uns. Tatsächlich aber bieten uns die heutigen Wissenschaften von der Sprache, speziell Linguistik, Psychologie und Biologie der Sprache, das Schauspiel der Wiederauferstehung einer uralten, ungelösten und wohl nur scheintoten Kontroverse zwischen zwei theoretischen Positionen, nämlich zwischen *Nativismus* und *Empirismus*. Dem Psychologen sind beide Positionen wohlvertraut, etwa aus der Wahrnehmungslehre, wo es darum geht, den Charakter der Tiefe, also der dreidimensionalen Räumlichkeit unserer Wahrnehmungen, zu erklären, da schließlich die anschauliche Welt doch nur zweidimensional auf unserer Netzhaut abgebildet wird. Auch hier die Frage: Ist die unseren Wahrnehmungen Tiefe gebende Leistung angeboren oder wird sie erst allmählich erlernt?

Ähnlich stellt sich für die Sprachpsychologie, durch CHOMSKY (1957, 1969, 1970) erneut ausgelöst, die konkrete Frage, ob das den Menschen auszeichnende Sprachvermögen eine allgemeinmenschliche Erbanlage, also angeboren ist (die nativistische Konzeption), oder ob jeder sprachliche Akt, sei es der Sprachproduktion oder der Sprachrezeption, sozusagen von Null an erworben, d. h. innerhalb einer konkreten Sprachgemeinschaft im Vollzug der Sozialisation gelernt werden muß (die empiristische Konzeption).

Wie gesagt, CHOMSKY hat diese Streitfrage nur erneut ausgelöst und für seine Person zugunsten eines Nativismus beantwortet. Sie ist im Grunde so alt wie das Nachdenken über den Ursprung der Sprache. Zu allen Zeiten hat es, wie Otto MARX es kürzlich dargestellt hat (MARX 1972), die Vorstellung gegeben, »daß

Sprache – wie Sehen oder Hören – zu den angeborenen Merkmalen des Menschen gehört« (S. 541). Schon Mythen über die Erschaffung des Menschen spiegeln diese Vorstellung wider. Diese nativistische Konzeption impliziert in ihrer reinsten Form, daß jeder Mensch die Sprachfähigkeit entwickelt, auch dann, wenn die sozialen Anregungs- bzw. Lernbedingungen schlecht sind oder im Extremfall gar fehlen mögen.

Eines der ersten Experimente im wissenschaftlichen Sinne des Wortes, über das Herodot, der griechische Geschichtsschreiber im 5. vorchristlichen Jahrhundert berichtet, geht von dieser nativistischen Grundannahme aus. Der im 7. vorchristlichen Jahrhundert lebende ägyptische König Psammeticos »soll versucht haben, zwei Kinder von Schäfern aufziehen zu lassen, die niemals zu ihnen sprachen, um zu sehen, welche Sprache die Kinder schließlich sprechen würden« (MARX 1972, S. 541). Zwei sehr viel später lebende Herrscher, Kaiser Friedrich II. im 13. und König James IV. von Schottland um die Wende zum 16. Jahrhundert, sollen das Experiment des Psammeticos wiederholt haben, beide doch wohl nur in der Annahme, »daß auch sich selbst überlassene Kinder Sprache entwickeln werden« (S. 542), eine Auffassung, die auch noch der Philosoph Descartes teilte.

Die konträre Position, die des Empirismus, hat die Aufgabe, nicht nur zu erklären, daß und wie der Heranwachsende einzelne Wörter und Bedeutungen sowie gewisse Wortfolgen lernt. Sie muß vor allem verständlich machen, wieso wir, schon beim Eintritt ins Schulalter, in ganzen und richtigen Sätzen sprechen, also bereits die wichtigsten Regeln unserer Grammatik beherrschen, d. h. *nicht kennen, aber können.*

Hier, im Erwerb der Grammatik, der sich so selbstverständlich vollzieht wie das Gehen- und Laufenlernen, spitzt sich die Frage entscheidend zu, ob bei den Kindern, wie es Wilhelm von HUMBOLDT kontrastierend formuliert hat, »ein mechanisches Lernen der Sprache« oder »eine Entwicklung der Sprachkraft« vorgeht (von HUMBOLDT 1915, S. 177).

Nun wäre es falsch, Lernen und Entwicklung in dieser allgemeinen Form zu kontrastieren. Angesichts des heutigen Forschungsstandes müssen und können wir präzisieren. Wenn Kinder, die unter ganz verschiedenen Verhältnissen groß werden, dennoch im etwa gleichen Alter Sprache – und d. h. hier immer auch: Grammatik – erwerben, wieviel dieses Erwerbs ist Zeichen und Folge eines *Reifungsprozesses?* Und wenn hier der Begriff der Reifung angemessen ist, dann stellt sich auch die Frage nach den *biologischen Grundlagen des Spracherwerbs,* bevor wir uns der Psychologie der Sprachentwicklung zuwenden.

6.3. *Biologische Grundlagen des Spracherwerbs*

Es ist vor allem dem in Deutschland geborenen, jetzt an der Universität Michigan Psychologie lehrenden Eric LENNEBERG zu verdanken, daß wir heute ein systematisches Wissen über die biologischen Bedingungen der Sprache haben (LENNEBERG 1972).

LENNEBERG geht als Verhaltenswissenschaftler davon aus, daß Sprechen, ein hochspezifisches Verhalten, ebenso wie andere Verhaltensweisen in einem hohen Grade von biologischen Möglichkeiten abhängt. Ein neugeborenes Lebewesen, Mensch oder anderes Säugetier, ist »weder ein passives Werkzeug, das zu allen möglichen Zwecken gebraucht werden kann, noch eine tabula rasa, der Verhalten willkürlich eingeprägt werden kann.

Seinem künftigen Verhaltensrepertoire sind biologische Grenzen gesetzt, die sich als Artspezifitäten äußern ... und es gibt kein Verhalten (Sprache eingeschlossen), das davon ausgenommen wäre« (LENNEBERG 1972, S. 44).

Wohlgemerkt, nicht die einzelnen Verhaltensweisen, die beispielsweise der Psychologe untersucht, werden als artspezifisch bezeichnet, lediglich die ein Verhaltensrepertoire begrenzenden biologischen Randbedingungen. Hierzu einige Beispiele aus der Anatomie und Physiologie menschlicher Sprache.

Ohne Zweifel hängen Art und Anzahl der Sprachlaute, die wir sprechend hervorbringen, mit der Anatomie bzw. Morphologie des sog. Stimmtraktes zusammen. Und manche Besonderheit der menschlichen Morphologie (die sich also bei den uns nächst verwandten Säugetieren, den Menschenaffen, nicht findet) vermag Besonderheiten universaler Merkmale menschlicher Sprache zu erklären.

So ist die dem Menschen eigentümliche Form und Muskulatur des Gesichts, vor allem der Mundpartie, nach LENNEBERG für die Bildung der folgenden Sprachlaute relevant:

> »der relativ kleine Mund und die sehr beweglichen, kräftigen Lippen erlauben, einen Luftdruck blitzschnell zu erzeugen und anschließend plötzlich abzulassen, was zur Bildung der Lippenverschlußlaute *p* und *b* erforderlich ist, die bekanntlich zu den frühesten Lauten gehören, die ein Kind hervorbringt. Wenn die Lippen weniger abrupt entspannt werden und bei gleichzeitiger Vokalisierung geschlossen bleiben, wird der Laut *m* erzeugt. Die komplizierte Muskelanatomie um und in den Mundwinkeln ist auch bei der Bildung aller Vokale und der Lippenzahnlaute wie *f, s, w* und *wh* immer beteiligt.« (1972, S. 55 f)

Ähnliche artspezifische Besonderheiten erkennen wir in der Morphologie des Mundraumes und der Zahnstellung, die die Bildung der Reibelaute wie *f, v, s, sch* und das englische *th* ermöglichen, und in der inneren Anatomie des Kehlkopfes, speziell der für die Vokalbildung wichtigen Stimmbänder.

Ein besonderes Interesse als anatomisches Substrat der Sprache
hat naturgemäß das Gehirn gefunden. Doch hat der anfängliche
Optimismus, etwa in der relativen Hirngröße (im Vergleich zum
Körpergewicht) oder in sog. »Zentren« morphologische Korre-
late der menschlichen Sprachfähigkeit entdeckt zu haben, heute
einer vorsichtigeren Einschätzung Platz gemacht. Weniger eine
besondere neuro-anatomische Struktur können wir der Sprachfähigkeit zuordnen als das funktionale Zusammenwirken verschiedener Hirnstrukturen. Ein gegenüber anderen Säugetieren
auffälliger Unterschied des menschlichen Gehirns dürfte jedoch
in enger Beziehung zur menschlichen Sprachfähigkeit stehen:
die *Lateralisation* bzw. Dominanz einer Hirnhälfte, denn die Sprachfähigkeit ist vorwiegend in der *linken Großhirn-Hemisphäre* lokalisiert. Diese Dominanz der linken Hemisphäre ist jedoch nicht
von Geburt an gegeben, geschweige denn unumkehrbar festgelegt.
Vielmehr bildet sie sich erst im Verlauf eines allgemeinen Hirn-
reifungsprozesses heraus. Dieser Reifungsprozeß vollzieht sich
anfangs, vor allem im 1. Lebensjahr, sehr rasch. Das gilt vor allem
für die Zunahme des Hirngewichts, die in den beiden ersten Lebensjahren ca. 350% beträgt, in den nächsten 10 Jahren nur noch
35%. Etwa ab dem 14. Lebensjahr nimmt das Hirngewicht nicht
mehr zu. Ähnliche Wachstumsdaten für die Größe und die Ver-
zweigung der Nervenzellen im Gehirn, für deren biochemische
Zusammensetzung wie auch elektro-physiologische Veränderungen zeigen, daß um die Zeit des Sprachbeginns im 2. Lebensjahr bereits 60% der Reifungswerte des Erwachsenen erreicht
sind (Lenneberg 1972, S. 208).
Dann verlangsamt sich die Reifung zur Pubertät hin von Jahr zu
Jahr mehr, bis schließlich mit Erreichen des Reifezustandes auch
die Lateralisation unumkehrbar festgelegt ist.
Faßt man alle verfügbaren Daten der Hirnreifung zu einem Wert
zusammen und legt diesen auf die Ordinate, wie es auf der von
Lenneberg stammenden Abb. 1 (Hirnreifung und sensumotorische Entwicklung) zu sehen ist, dann wird deutlich, daß die
allgemeinen Stufen der Hirnreifung »Vorbedingungen und be-
grenzende Faktoren für die Sprachentwicklung darstellen« (Lenneberg 1972, S. 208); nicht aber können sie als ihre spezifischen
Ursachen aufgefaßt werden.
Lenneberg, der die Entwicklung der Sprache »im Kontext von
Wachstum und Reife« zu bestimmen sucht, kommt zu der Schlußfolgerung, die er gleichwohl als Hypothese behandelt wissen
möchte, »daß das Vermögen zum Spracherwerb eng mit der
eigentümlichen Reifungsgeschichte des Menschen und dem
einzigartigen Grad der Lateralisation der Funktion zusammenhängt« (1972, S. 221).
Ehe wir uns aber dem Spracherwerb selber zuwenden, bleibt zu
überlegen, wie nun der *Psychologe* sich dem Phänomen Sprache

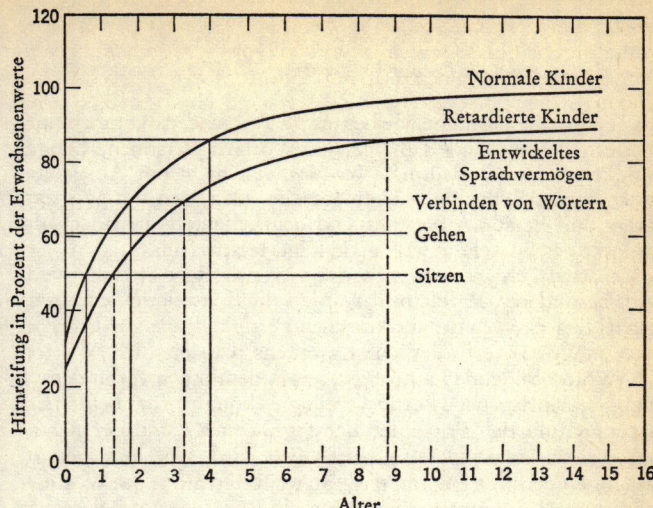

*Abb. 1:* Hirnreifung und sensumotorische Entwicklung. (Aus: E. H. Len-neberg *Biologische Grundlagen der Sprache*. Frankfurt a. M.: Suhrkamp 1972, S. 209.)

nähert. Eine Antwort haben wir bereits vorweggenommen. Sofern er sich als Verhaltenswissenschaftler versteht, interessiert ihn primär das Sprachverhalten. Das Problem, das sich ihm dann, wie bei der Analyse jedes Verhaltens stellt, liegt in der Wahl der *Analyseeinheit*[1]. Diese Einheit soll weniger aus theoretischen als aus methodischen Gründen so klein, d. h. so kontrollierbar wie möglich gehalten werden. Das ist entweder die kleinste sprachliche Einheit, die noch eine relative Selbständigkeit, etwa als Bedeutungseinheit, aufweist. Oder es handelt sich um diejenigen Sequenzen gesprochener oder geschriebener Sprache, die – wie man es nennt – »unter der Kontrolle« eines bekannten oder gesetzten Sprach-Reizes stehen.

Im einen Fall werden Wörter die analytische Einheit, im zweiten Fall Wortsequenzen oder ganze Äußerungen. Drei verschiedene, aber doch gemeinsam der Lerntheorie verpflichtete Forschungsansätze haben sich schwerpunktmäßig dem Lernen von Wörtern und Wortbedeutungen, dem Lernen von Wortsequenzen und dem Lernen von sprachlichen Äußerungen als Forschungsthemen zugewandt. Wir haben in Kap. 2 diese drei Lernarten als *Verknüpfungslernen* kennengelernt. Sehen wir, was ihre Theorien zum Verständnis des Spracherwerbs beigetragen haben.

[1] Zum Problem der Analyseeinheiten in der Psychologie vgl. auch die Ausführungen über Beobachtungseinheiten im Studientext 16.20.

6.4. *Spracherwerb*

6.4.1. *Sprachlernen als Lernen von Wörtern*

Die ebenso offenkundige wie begrenzte Tatsache, daß Sprache aus
Wörtern besteht und daß wir mit Wörtern Personen, Dinge,
Tätigkeiten und Verhältnisse *benennen*, war nicht nur Ausgangs-
punkt älterer Reflexionen über Sprache. Daß man mit Wörtern
Dinge und Personen benennt und gegebenenfalls herbeischafft,
entdeckt das Sprache erwerbende Kind relativ früh.

Wissenschaftlich gesehen, stellt der so verstandene Spracherwerb
kein besonderes Problem dar. Man muß zweierlei erklären:
erstens den Erwerb der motorischen Fertigkeit, die zur Produktion von Wörtern erforderlich ist, zweitens, wie sich solche Wörter,
d. h. Wörter bildende Lautfolgen, mit Bedeutungen verbinden.

Die behavioristische Lernpsychologie kommt für beide Erklärungen mit den Prinzipien der *Instrumentellen* und der *Klassischen Konditionierung aus*[2]. Im ersten Fall wird, sehr kurz gesagt,
dasjenige Verhalten gelernt, das – im weitesten Sinne des Wortes –
belohnt wird. Im zweiten Fall kann ein Reiz, der normalerweise
eine bestimmte Reaktion nach sich zieht, in dieser Funktion durch
einen anderen Reiz vertreten werden, wenn die beiden Reize, der
ursprüngliche oder unbedingte und der neue (bedingte), lange
genug oder oft genug zusammen vorgekommen und wahrgenommen worden waren. In beiden Fällen wird also, wenngleich auf
verschiedenen Wegen, eine neue dauerhafte Verbindung einer
Reaktion mit einem Reiz hergestellt, eine Gewohnheit bildet sich,
d. h. es wird etwas gelernt. Auf den Spracherwerb als Worterwerb
angewendet, bedeutet das, zuerst einmal für die Sprechfertigkeit,
folgendes: Zu den natürlichen Lebensäußerungen eines normalen Säuglings und Kleinkindes gehört die Produktion aller
möglichen, d. h. durch die Morphologie des Stimmtraktes ermög-
lichten Laute. Geraten einige dieser zufällig produzierten Laute
in die Nähe von Phonemen der Erwachsenensprache, so beeilen
sich die Eltern oder andere Erzieher, diese Laute zu »bekräftigen«.

An die Stelle solcher primären Bekräftigung wie Süßigkeiten,
Nahrung überhaupt, Zärtlichkeiten treten nach dieser Theorie
später sekundäre; d. h. das Kind erfährt auch die Worte derer,
die es belohnten, ja seine eigenen Wörter, die belohnt worden
waren, als Bekräftigung. Mit *Fremd-* und *Selbstbekräftigung* nähert
sich so das heranwachsende Kind der Sprache der Erwachsenen.
Das Nichtbekräftigte, d. h. sinnlose und unübliche Laute, fällt
nach dem gleichen Prinzip weg; es wird – in der Sprache der
Lerntheorie – »gelöscht«.

---

[2] Zum Begriff der Konditionierung vgl. die Kap. 2 und 19.

Unerklärt bleibt nach diesem Prinzip allerdings noch der Erwerb von *Bedeutungen* der nachgesprochenen Laute und Wörter. Hierzu bedient sich der behavioristische Psychologe des Konditionierungsmodells. WATSON, der Begründer der behavioristischen Psychologie, wählt das Beispiel, wie die Bedeutung »Flasche« gelernt wird:

> »Meine Frau und ich versuchten, eine einfache verbale Gewohnheit bei einem sehr kleinen Kind auszubilden. Das Experiment wurde mit B, dem Kind, dessen eifersüchtiges Verhalten wir auf S. 198 behandelten, durchgeführt. Er wurde am 21. November 1921 geboren. Gegen Ende des 5. Monats zeigte er lediglich ein Repertoire wie fast jedes andere Kind dieses Alters. Die Gurgellaute ›ah goo‹ und Variationen von ›a‹ und ›ah‹ waren ziemlich ausgeprägt. Am 12. Mai begannen wir, diesen Laut mit der Flasche zu verbinden (das Baby wurde vom Ende des 2. Monats an mit der Flasche gefüttert). Wir gingen folgendermaßen vor: Wir gaben ihm die Flasche und ließen ihn einen Augenblick lang saugen, dann nahmen wir sie fort und hielten sie vor ihn hin. Er begann zu strampeln, herumzurutschen und danach zu greifen. Dann gaben wir laut den Reizton ›da‹. Wir wiederholten diese Prozedur drei Wochen lang, jeweils einmal am Tag. Wenn er anfing zu wimmern und zu weinen, gaben wir ihm immer die Flasche. Am 5. Juni 1922 sagte er das Wort ›dada‹, als wir das Reizwort gaben und ihm die Flasche vorhielten. Die Flasche wurde ihm sofort gegeben. Die Prozedur wurde bei dieser Gelegenheit dreimal mit Erfolg wiederholt, und zwar jedesmal, wenn wir das Reizwort gaben. Dann nahmen wir fünfmal hintereinander die Flasche weg, und ohne daß wir das Reizwort gaben, sagte er ›dada‹ zu der Flasche. Bei einem der Versuche sagte er mehrmals ›dada‹, ›dada‹, ›dada‹, ohne daß wir das Reizwort gaben. Danach konnten wir mehrere Wochen diese Reaktion genauso leicht hervorrufen wie jeden anderen körperlichen Reflex auch.« (WATSON 1968, S. 230)

Nach diesem Modell wird das Wort als Substitut, als Ersatz für das Objekt, gelernt. Doch wir pflegen auf Zeichen nicht so zu reagieren wie auf das durch sie Bezeichnete. Das gesprochene Wort »Flasche« kann ich nicht in die Hände nehmen, an den Mund führen, noch – was lerntheoretisch wichtiger ist – löscht es je meinen Durst. Unser so andersgeartetes Verhalten gegenüber Zeichen bedarf einer anderen Erklärung als durch eine *Substitutionstheorie*. Eine solche Erklärung hat Charles E. OSGOOD mit seiner sog. *Mediationstheorie* versucht (1957; vgl. hierzu unsere Ausführungen über »Wortlernen als Konditionierung« im Studientext 6). Hier genüge der Hinweis, daß mit diesem Mediationsmodell erklärt werden kann, warum die Reaktion auf ein Zeichen anders ausfällt als auf das Bezeichnete. Andererseits macht ein Mediationsmodell klar, warum auch noch in unsere Reaktionen auf Zeichen Momente eingehen, die aus unseren ursprünglichen Reaktionen gegenüber den bezeichneten Objekten stammen. Das hat seine besondere psychologische Bedeutung im Fall der sog. *gefühls-*

*mäßigen Bedeutung*, die manche Wörter für uns haben können. OSGOOD vermag zu zeigen, wie Reaktionen des Abscheus oder des Ekels gegenüber einem »Objekt« wie einer Spinne sich mit der Benennung dieses Objekts, also dem Wort »Spinne«, assoziieren. Dabei spielt es keine Rolle, ob dieser Abscheu spontan entstanden oder durch ein entsprechendes ablehnendes Verhalten eines Erwachsenen vermittelt worden ist (OSGOOD 1957).

Sprache primär hinsichtlich ihrer Wörter angehen hat zur Folge, Spracherwerb als Wachstum des Wortschatzes zu verstehen. Wortzählung ist denn auch ein wichtiges Werkzeug der an Sprache interessierten Entwicklungspsychologen und Pädagogen geworden. Die Zahl der Wörter, die man im Sprechen verwendet, der aktive Wortschatz, die Zahl der Wörter, die man insgesamt kennt, der passive Wortschatz – sie steigen vom ersten gesprochenen Wort des Kleinkindes über die gesamte Entwicklung hin an. Ähnlich steigt die durchschnittliche Anzahl der Wörter pro Satzeinheit bis zur Adoleszenz hin an. Es bilden sich im Laufe der Entwicklung verschiedenartige Wortschätze heraus. Der Heranwachsende spricht mit der Zeit mit verschiedenen Gesprächspartnern auch in verschiedenem Vokabular, anders mit dem Klassenkameraden als mit dem Lehrer, anders mit der Schwester als mit der Tante. Doch Sprache im sozialen Kontext soll Thema des 8. Kapitels sein.

Ohne Zweifel ist die Analyse der Sprache nach Wörtern einseitig. Sie ist geradezu unzulänglich, wenn es sich um Fragen der Sprachentwicklung handelt; denn Spracherwerb vollzieht sich *nicht* vom Wort zum Satz. Andererseits ist die psychologische Beschäftigung mit dem Wörter- und Bedeutungslernen leicht zu rechtfertigen angesichts einer weitverbreiteten pädagogischen Praxis, die John B. CARROLL wie folgt beschreibt:

> »Das Lehren von Wörtern und der Bedeutungen und Begriffe, die sie vermitteln, ist eine der Hauptaufgaben von Lehrern auf allen Bildungsebenen. Sowohl Lehrbuchverfasser wie Programmierer von Material für den Selbstunterricht kümmern sich darum. Studenten muß man die Bedeutungen unbekannter Wörter und Redewendungen beibringen ... und man muß sie auf die Möglichkeit der Mehrdeutigkeit und ihrer Auflösung durch den Kontext aufmerksam machen.« (CARROLL 1964, S. 178)

Der Hinweis auf den Kontext sei aufgegriffen und Kontext in seiner Minimalform behandelt, wenn wir Sprache als Sequenz, als Folge von Wörtern, in den Blick nehmen.

### 6.4.2. *Sprachlernen als Lernen von Wortfolgen*

Wenn der Versuch gemacht wird, auch das Sprachlernen als den Erwerb von Verbindungen einzelner Sprachelemente zu interpretieren, so entspricht dies der die Psychologie lange be-

herrschenden Assoziationstheorie, wonach wir vor allem Ver-
knüpfungen lernen.

Vorgegeben, daß nicht jedes Element auf jedes folgen kann, daß
innerhalb einer gegebenen Sprache manche Kombinationen unzu-
lässig oder sinnlos, manche von hoher, andere von sehr geringer
Wahrscheinlichkeit sind, lernen wir also bestimmte Sequenzen
eher, rascher, leichter als andere.

Das gilt schon auf der Buchstaben-Ebene. Auf ein *q* muß im
Deutschen ein *u* folgen, auf dieses kann wieder nur ein anderer
Vokal folgen. QUA, QUE, QUI, QUO sind zulässige Verbindungen: QUU ist es nicht, QUÄ, QUÖ, QUÜ sind denkbar,
aber nur QUÄ kommt vor.

Wiederum, wenn QUA einmal gegeben ist, sind aus der Fülle
theoretisch möglicher Kombinationen nur noch wenige zulässig
wie Quark, Quatsch, quasseln, Quant, Quadrat, Quacksalber.
Noch stärker ist die Kontextdeterminiertheit, wenn wir Lücken
*innerhalb* von Sequenzen auszufüllen haben. Schon bei Trigrammen, also dreibuchstabigen Wörtern, sind der Beliebigkeit enge
Grenzen gezogen, wie ein Blick in die lückenhafte Trigrammliste
lehrt (Abb. 2).

| | |
|---|---|
| A . F | B . D |
| A . L | D . S |
| E . N | F . R |
| E . E | G . T |
| I . R | H . T |
| I . M | K . M |
| O . R | L . S |
| U . S | N . T |
| U . U | R . D |

*Abb. 2:* Hochdeterminierte Lücken in Trigrammen bzw. dreibuchstabigen
Wörtern der deutschen Sprache.

Wenn sich bei den darunterstehenden Beispielen (Abb. 3) – zur
Abwechslung nehmen wir einmal Tetragramme, also vierbuchstabige Wörter – zwei oder mehr Möglichkeiten der Ergänzung

K . MM?

K . MM MAL HER!

GIB MIR DEN K . MM MAL HER!

P . ST?

IST P . ST FÜR MICH DA?

SIE MEIDEN IHN WIE DIE P . ST

*Abb. 3:* Durch den Kontext determinierte einbuchstabige Lücken in Tetra-
grammen bzw. vierbuchstabigen Wörtern der deutschen Sprache.

anbieten, so dürfen wir darauf vertrauen, aus dem weiteren Kontext oft schon durch das vorangehende oder nachfolgende Wort volle Klarheit über den fehlenden Buchstaben zu erhalten.

Einige unserer Beispiele, etwa die in Abb. 4, könnten sogar richtig ergänzt werden, wenn mehr als ein Buchstabe, u. U. das ganze Wort, wegfiele. Soviel Information holen wir aus dem – hier nur bruchstückhaften – Kontext.

> WAS .... DU GESAGT?
>
> DIE BLUMEN .... VERWELKT.
>
> WIR ERWARTEN EIN GEWITTER, .... ES SO SCHWÜL IST.

*Abb. 4:* Ergänzbare vierbuchstabige Lücken in deutschen Texten.

Die für diese Theorie des Spracherwerbs wichtige Annahme läßt sich nun allgemeiner formulieren: Sprachlernen ist weitgehend ein Wahrscheinlichkeitslernen, wobei Aufeinanderfolgen hoher Wahrscheinlichkeit leichter erfaßt, behalten und besser reproduziert werden als solche geringer Wahrscheinlichkeit. Experimentelle Untersuchungen, die mit Texten verschieden hoher Übergangswahrscheinlichkeit zwischen Buchstaben wie zwischen Wörtern operierten, haben diese Annahme bestätigen können (vgl. hierzu HÖRMANN 1970, Kap. V; WETTLER 1960).

Die Einseitigkeit jedoch auch dieses Ansatzes liegt auf der Hand. Er ist ganz am Hören von Sprache orientiert, in Grenzen vielleicht noch am Lesen sprachlicher Texte. Sprache kommt eben nacheinander beim Hörer an, aber der Hörer wäre in einer schwierigen Lage, hätte jede Spracheinheit, die er aufnimmt, die gleiche Auftretenswahrscheinlichkeit. Unsere Fähigkeit, Sprache, quasi gleichzeitig, wie sie gesprochen wird, auch zu verstehen, hängt wesentlich davon ab, daß wir aus dem sich bildenden Kontext heraus das noch zu Sagende in Grenzen vorwegnehmen können.

Völlig unangemessen erscheint jedoch dieses probabilistische oder Wahrscheinlichkeitsmodell zur Erklärung der Sprach*produktion*. Als Sprecher weiß ich ja im vorhinein, was ich sagen will, und im Sprechen führe ich lediglich diesen Entwurf oder Plan im einzelnen aus. So ist das zweite Wort dieses Satzes, den ich gerade schreibe, nicht als »response« aufzufassen, das unter der Kontrolle des »Stimulus« des erstes Wortes (»So«) steht und seinerseits das dritte Wort (»das«) kontrolliert. Das Strukturierungsprinzip, nach dem wir Sätze hervorbringen, ist nicht auf »von links nach rechts« verlaufende Übergangswahrscheinlichkeiten zu reduzieren, sondern ist syntaktischer Natur, d. h. ein Regelsystem.

Der Sprachwissenschaftler Roman JAKOBSON hat auf den großen psychologischen Unterschied zwischen Sprache hören und Sprache sprechen aufmerksam gemacht: Der Hörer nimmt die einzelnen Elemente der gesprochenen Sprache nacheinander auf, identifiziert sie, erkennt ihre grammatische Form und versteht schließlich die Bedeutung des Gesprochenen. »Hier spielt der Wahrscheinlichkeitsfaktor eine gewaltige Rolle, und was uns einen Text wahrzunehmen hilft, ... sind vor allem die Übergangswahrscheinlichkeiten ... Für den Sprecher ist die Reihenfolge der einzelnen Sprachstufen gerade umgekehrt.« (JAKOBSON 1962, Bd. 2, S. 55f)

Hier steht am Anfang die Bedeutung, die der Sprecher vermitteln will, die er als Satz entwirft, der in Satzteilen nacheinander realisiert werden muß, wozu Wörter gewählt und schließlich ausgesprochen, d. h. in eine Lautform gebracht werden müssen.

Noch einmal: So wertvoll der assoziationstheoretische Ansatz im einzelnen sein mag, er vermag ein Phänomen nicht zu erklären, ohne das Sprache nicht erklärt ist: die fortwährende Strukturierung oder, allgemein gesprochen, Ordnungsleistung, die wir im Sprechen vollbringen. Diesem Struktur-Aspekt der Sprache wird auch derjenige Verhaltensanalytiker nicht gerecht, der aus einer streng behavioristischen Tradition heraus dem Sprachverhalten eine eigene Monographie gewidmet hat: B. F. SKINNER (1957).

### 6.4.3. *Spracherwerb durch Bekräftigung von Äußerungen*

In gewisser Hinsicht ist SKINNERS Analyse des »verbalen Verhaltens« die radikalste Vereinfachung, die dem so komplexen und komplizierten Phänomen Sprache von seiten der Psychologie zuteil wurde. Lediglich von verbalem Verhalten sprechend, interessiert sich SKINNER in erster Linie für die Stimuli, die dieses Verhalten dadurch »kontrollieren«, daß sie es bekräftigen. SKINNER überträgt also ohne weitere Zusatzannahmen die Prinzipien des instrumentellen Lernens auf die Analyse des verbalen Verhaltens. Dieses unterscheidet sich vom nichtverbalen Verhalten lediglich dadurch, daß es sein jeweiliges Ziel nur durch die Vermittlung anderer erreicht.

Das Kind, das den Apfel vom Baum haben will, ihn aber im direkten nichtverbalen Verhalten, Pflücken, nicht erreicht, weil es zu klein ist, kommt durch verbales Verhalten in seinen Besitz, wenn es dem Größeren sagt: »Bitte, pflück mir den Apfel!«

Eine solche Bitte verdeutlicht zugleich eine der beiden großen funktionalen Klassen verbalen Verhaltens, die SKINNER unterscheidet: die sog. »mands«. *Mands* (abgeleitet von de*mand*, com*mand* = fordern, befehlen) sind verbale Verhaltensweisen, deren Funktion darin besteht, einem Organismus eine bestimmte Bekräftigung zu verschaffen, und die in der Regel unter der

Kontrolle von Bedürfnissen stehen (SKINNER 1957, S. 35 ff). Zweitens gibt es *tacts* (abgeleitet von con*tact*, hier als Kontakt des Organismus mit der Außenwelt zu verstehen), d. h. verbale Verhaltensweisen, die etwas über die Verfassung der Welt aussagen, wie z. B. »Es ist Post da«, »Die Sonne scheint«, »Das Telefon hat geklingelt« (S. 81 ff). Der Erwerb von *mands* kann leicht mit den Bekräftigungen erklärt werden, um derentwillen sie ja eigentlich geäußert werden, so wenn auf die Äußerung »Gib mir bitte eine Zigarette!« diese Bitte erfüllt, auf die Frage »Wie spät ist es?« die Uhrzeit genannt wird, auf die Aufforderung »Nun mach schon voran!« der andere sich sichtlich beeilt.

Nicht ganz so leicht ist der Erwerb von *tacts* zu erklären. Das Kind, das die Äußerung tut: »Mutti, die Sonne scheint«, kann in der Regel nicht mit einer Bonbon- oder Eis-Belohnung rechnen, noch dürfte, ganz allgemein, der *tacts* äußernde Zeitgenosse zum gleichen Zeitpunkt auch nahrungs- oder flüssigkeitsbedürftig sein. Wo überhaupt liegt der Vorteil für den Sprecher, wenn er mitteilt, die Sonne schiene: Hier, argumentiert SKINNER, liegt der Vorteil, prinzipiell wenigstens, beim Hörer, und dieser verfügt über ein ganzes Arsenal von sekundären Bekräftigungen wie freundliches Lächeln, Lob, Dank, Ermunterung usw. Sie können wegen ihrer allgemeinen Verwendbarkeit ihre Bekräftigungsfunktion ohne rasche Abnutzung bewahren. Da ein großer Teil dieser verallgemeinerten oder sekundären Bekräftiger selbst wieder »verbal« ist, wird hier die *bekräftigende Funktion des verbalen Verhaltens* deutlich. Auf die weiteren Funktionsklassen, die SKINNER neben *mands* und *tacts* herausgearbeitet hat, sei hier nicht eingegangen. Lediglich die für den kindlichen Spracherwerb wichtigen *Echo*-Reaktionen seien noch erwähnt, die einfach soeben gehörte Sprache imitieren (SKINNER 1957, S. 55 f). Selbstverständlich können auch sie durch Lob, Anerkennung bekräftigt und damit im Sprachunterricht sinnvoll eingesetzt werden. Nicht unwesentliche Momente des auf SKINNER zurückgehenden programmierten Unterrichts sind auf die Auslösung von Echo-Reaktionen gerichtet, zumindest im Sprachlabor.

Empirische Untersuchungen, die auf SKINNERS Ansatz zurückgehen, waren im wesentlichen auf den Nachweis beschränkt, daß die Produktion bestimmter Äußerungen bzw. Klassen von Äußerungen durch hochgradig verallgemeinerte Bekräftiger gesteigert werden kann. Ganz allgemein interessiert den Skinnerianer mehr, welches Verhalten bekräftigt und durch entsprechende Techniken modifiziert werden kann, als daß ihn die Frage beschäftigt, wie denn nun eigentlich Sprache produziert und wie Gesprochenes verstanden wird und wie beide Fertigkeiten vom Kind erworben werden.

Daß SKINNERS Analyse an den Struktureigentümlichkeiten von Sprache, Sprechen und Sprachverstehen völlig vorbeigeht – wenn

auch bewußt vorbeigeht –, hat den Sprachwissenschaftler CHOM-
SKY zu einer Kritik an SKINNERS *Verbal behavior* herausgefordert
(CHOMSKY 1972), die heute fast bekannter ist als das kritisierte
Buch. Mit der Nennung CHOMSKYs an dieser Stelle führen wir die
letzte und heute vielleicht wichtigste Art der psychologischen
Sprachanalyse ein, die mit den drei vorhergenannten in Ausein-
andersetzung steht. Wir stellen sie unter den Titel:

### 6.4.4. *Spracherwerb als Erwerb von Regeln (Grammatik)*

CHOMSKYS und das der meisten neueren Psycholinguisten Unbehagen an der behavioristischen Analyse der Sprache in Termini
von »Reizen« und »Reaktionen« ist in der Auffassung begründet,
daß eines der wesentlichen und sicher auch auffallendsten Merkmale der Sprache ihre *Kreativität* ist. Diese äußert sich vor allem
in der Tatsache, daß Kinder bereits beim Eintritt in die Grundschule in der Lage sind, eine unbegrenzte Menge von sprachlichen Äußerungen zu verstehen und selber hervorzubringen,
Äußerungen, die sie vorher nicht gehört noch getan, geschweige
denn über Bekräftigung durch andere gelernt haben. Diese
Leistung läßt sich in ihrem entscheidenden Kern, nämlich der
Beherrschung von Regeln, nicht durch die Bildung von Assozia-
tionen und Gewohnheiten erklären. Auch die behavioristische
Bedeutungs-Analyse, die sich auf die Referenzbeziehung zwischen
Zeichen und bezeichnetem Objekt konzentriert, vermag zwar das
Lernen von Wörtern wie »Papa«, »Mama«, »Hund«, »Ball« usw.
zu erklären, kaum aber den Erwerb von Wörtern wie »vielleicht«,
»aber«, »wenn« und »um zu«. Hier muß eine völlig neue Art
der Analyse einsetzen, die nicht vom Laut über das Wort und
die Wortsequenz zum Satz vorstößt, sondern umgekehrt beim
Satz und der ihm zugrundeliegenden Struktur ansetzt.
Diese von der strukturalen Linguistik angeregte Vorgehensweise
charakterisiert denn auch die moderne *Entwicklungspsycholinguistik*,
die die ältere Psychologie der Kindersprache abgelöst hat.
Auch hier kann wieder nur an einigen wenigen Beispielen die
Arbeitsrichtung und deren theoretische Konzeption deutlich gemacht werden.

Wenden wir uns der ersten i.o.S. sprachlichen Äußerung des
Kindes zu, lassen also die Phase des Gurrens und Lallens beiseite!
Um die Vollendung des 1. Lebensjahres herum vermögen Eltern
in den lautlichen Äußerungen ihres Kindes erste Wörter zu
erkennen. Diese ersten Wörter haben, seit es eine empirische
Sprachpsychologie gibt, die besondere Aufmerksamkeit der
Forscher gefunden. Seit Clara und William STERN im Jahre 1907
hat eine Reihe von Sprachpsychologen diese ersten Wörter als

Sätze, sogenannte *Einwort-Sätze*, charakterisiert. Zumindest, lautet die Behauptung, sind diese Wörter ganzen Sätzen von Erwachsenen gleichwertig. Inwiefern? Um die Frage der Gleichwertigkeit zu klären, müssen wir uns der Funktion dieser ersten Wörter innerhalb des Gesamtverhaltens versichern.

Übereinstimmung herrscht wohl darüber, daß Einwort-Sätze in der Regel nicht eindeutig sind, ihre Eindeutigkeit wohl aber aus der Gesamtsituation beziehen. So formuliert LEOPOLD:

> »... das Wort hat zuerst eine nur schwer zu bestimmende Bedeutung und einen nur unklar zu fassenden Wert: es bezieht sich, sachlich und gefühlsmäßig, auf einen nebelhaften Komplex; erst allmählich werden seine sachlichen und gefühlsmäßigen Komponenten klarer und führen zu lexikalischen und syntaktischen Unterscheidungen« (1949, S. 5).

So läßt sich eine imperativische Funktion, einschließlich des Imperativs an sich selbst, erkennen, wenn etwa ein Kind mit dem Wort »Laufen« aus dem Wagen klettert; eine expressive Funktion, wenn es mit »Nein!« etwas ablehnt; eine Benennungsfunktion, wenn es mit »mamam« sein Essen oder auch – oft erst später – seine Mutter bezeichnet (McNEILL 1970, S. 21). Immer aber bleibt die Beziehung zur Gesamtsituation und damit zu anderen Aspekten gewahrt. Die Beziehung zwischen Sprechen und Tun scheint unlösbar in den Einwort-Sätzen enthalten zu sein. So schreibt Grace DE LAGUNA 1927:

> »Gerade weil die Wörter des Kindes eine so unbestimmte Bedeutung haben, können sie so verschiedenartigen Zwecken dienen. Und aus dem gleichen Grunde sind diese Wörter – obwohl das paradox klingt – so geeignet, als vollständige rudimentäre Sätze zu fungieren. Das Wort eines Kindes ... bezeichnet nicht einen Gegenstand oder eine Eigenschaft oder eine Handlung. Vielmehr bezeichnet es, lose und unbestimmt, den Gegenstand mit seinen interessierenden Eigenschaften und den Handlungen, mit denen er normalerweise im Leben des Kindes verbunden ist. Gerade weil die Einheiten der Kindersprache in sich so unbestimmt sind, bestimmt sich die genaue Bedeutung im Einzelfall aus der besonderen Situation und dem Zusammenhang; um zu verstehen, was das Baby gerade sagt, muß man sehen, was es gerade tut.« (1927, S. 90–91; zit. nach Mc-NEILL 1970, S. 23; übers. v. Verf.)

Mehr expressiv und handlungsbezogen als rein objektbezeichnend, läßt sich der Einwortsatz als prädikativ charakterisieren; er ist – in einem begrenzten Sinne, sofern ihm Prädikatfunktion zukommt – grammatische Rede. Sorgfältige Beobachtung der Reihenfolge und der Funktion, in der die ersten Wörter des Kindes auftreten, legen den Schluß nahe, daß, »wenn die ersten Wörter miteinander verbunden werden, eine Reihe grammatischer Beziehungen bereits existiert« (McNEILL 1970, S. 25).

*Angelpunkt-Grammatik*

Tatsächlich sind die ersten Verbindungen von zwei Wörtern

alles andere als die beliebige Verknüpfung von vorher erworbenen Einzelwörtern. Schauen wir uns eine kleine Stichprobe an:

da Nana –
da Wauwau –
da Balla –

mehr Nana –
mehr Tata –
mehr Milli.

Eines der beiden Wörter kehrt in derselben Position häufiger wieder, scheint eine grammatische *Funktion* zu erfüllen; an die zweite Position rückt eine größere Klasse von Wörtern, die im Gegensatz zum voranstehenden Wort Gegenstände oder Handlungen zu bezeichnen scheint. M. D. S. Braine hat 1963 über einige Wochen hin die sprachlichen Äußerungen eines 23monatigen Jungen aufgezeichnet und dabei diese beiden Wortklassen gefunden: die *Angelpunkte* oder *pivots* (in unserem Beispiel »da« bzw. »mehr«), so genannt, weil sich der Satz um sie zu drehen scheint, und eine große offene Klasse aller übrigen Wörter. Die meisten Angelpunktwörter, die Braine fand, standen an erster Stelle. Im Deutschen, häufiger als im Englischen, finden wir Angelpunkte auch an zweiter Stelle:

Nana ham –
Hotta ham –
Balla ham –

Nana alle –
Tata alle –
Mimi alle.

Die syntaktische oder grammatische Struktur dieses Sprachgebrauchs ist demnach klar und eindeutig. Bezeichnen wir einen Satz mit S, Angelpunktwörter mit A, die der offenen Klasse mit O und geben der Position den Index 1 bzw. 2, dann sprechen Kinder dieses Alters Zweiwort-Sätze nach folgenden grammatischen Regeln, die Sie in Abb. 5 zusammen mit Braines Originalbeispielen finden:

Den Regelcharakter bestätigen wir uns, indem wir nach Ausnahmen suchen; doch ist es unwahrscheinlich, statt »Balla ham« »Ham Balla« o. ä. zu finden; noch finden wir in der Regel den nach unserer Mini-Grammatik nicht »zugelassenen« Fall der Kombination von zwei Angelpunkt-Wörtern.

Werfen wir rasch noch einen Blick auf die Weiterentwicklung zum Dreiwort-Satz. Wir finden bald Äußerungen wie die folgenden:

da böser Wauwau
da liebe Pussi

oder  meine Balla ham
Pussi Milli alle.

```
        „da Nana                mehr Nana
         da Wauwau              mehr Tata
         da Balla               mehr Milli"

        „Nana ham               Nana alle
         Hotta ham              Tata alle
         Balla ham              Milli alle"

    (a) S → A₁ + O₂
        S → O₁ + A₂
        S → O₁ + O₂

    (b) A                       O
        allgone                 boy
        byebye                  sock
        big                     boat
        more                    fan
        pretty                  milk
        my                      plane
        see                     shoe
        night-                  vitamins
        night                   hot
        hi                      Mommy
                                Daddy
                                (usw.)
```

(a) Regeln der *Angelpunkt-Grammatik*, (b) Beispielwörter aus der Originaluntersuchung von BRAINE (1963).

*Abb. 5:* S = Satz; A = Angelpunkt-Wort, O = Wort der offenen Klasse. (Nach D. McNELL.)

Auch die Struktur dieser Sätze läßt sich noch mit Hilfe der Angelpunkt-Kategorie beschreiben. Wie man sich in Abb. 6 überzeugen kann, steht bei den beiden ersten Beispielen wieder der Angelpunkt (A₁) vorne, die offene Klasse (O₂) umfaßt jetzt zwei Wörter, deutlich erkennbar ein Adjektiv und ein Substantiv.

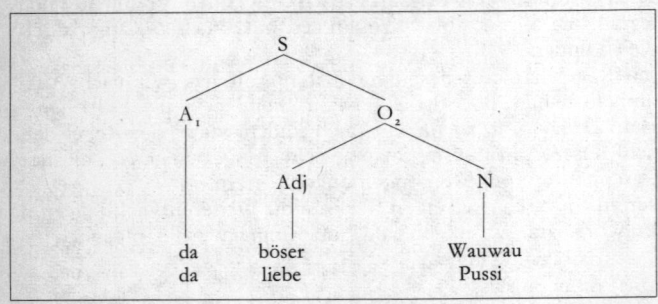

*Abb. 6: Baumdiagramm* der grammatischen Struktur eines Dreiwortsatzes (Angelpunkt Grammatik).

Wir gewinnen so ein *Baum-Diagramm*, das bereits drei Ebenen aufweist. Derartige Baum-Diagramme differenzieren sich im Laufe der Sprachentwicklung immer weiter aus.

Wir können den Weg der sprachlichen Entwicklung über diese ersten Anfänge hinaus nicht weiterverfolgen. Doch sollte aus den obigen Beispielen zur Angelpunkt-Grammatik schon das Prinzip erkennbar sein, nach dem die neuere Entwicklungspsycholinguistik arbeitet: nämlich für jeden natürlichen Sprachschatz, den wir bei Kindern registrieren, nach Möglichkeit die Regeln zu bestimmen, die Stellung, Funktion und Art der vorkommenden Wörter festlegen.

Diese von der strukturalen Linguistik angeregte Vorgehensweise hat für alle Entwicklungsstufen kindlicher Sprache bereits deutlich gemacht und hinreichend dokumentiert, daß der kindliche Spracherwerb in einer sehr systematischen Weise vor sich geht. Dabei kann es sein, daß das Kind, wie Jenkins (1969, S. 679) zusammenfaßt, »von einem System auf ein anderes überwechselt, prüfend, ändernd, prüfend, erneut probierend, oder aber es wählt ein System aus, um es fortlaufend in immer feinere Unterteilungen zu differenzieren. Der Beweis jedoch, daß das Kind *etwas* Systematisches tut, ist überwältigend.«

Zwar wissen wir noch recht wenig, wie der Erwerb der Sprachregeln vor sich geht. Und angesichts der Geschwindigkeit und Flexibilität, mit der dieser Erwerb vor sich geht, ist die Annahme nicht von der Hand zu weisen, daß – wie moderne Linguisten, Biologen und Psychologen behaupten – das Kind über sehr potente Mechanismen verfügt, die – so wiederum Jenkins (1969, S. 679) – seine Wahl von Verhaltensregeln determinieren, sobald es Sprachstichproben ausgesetzt ist. Nicht nur Biologen wie Lenneberg glauben deshalb, ohne die Annahme angeborener Komponenten solcher Spracherwerbsmechanismen nicht mehr auskommen zu können.

Zu den Argumenten, die für einen angeborenen »Spracherwerbs-Mechanismus« (Chomsky 1957, 1969) angeführt werden, gehören u. a. folgende Tatsachen:

1. Sprache entwickelt sich gesetzmäßig und in relativer Unabhängigkeit vom Intelligenzniveau. Selbst: »Die Sprachentwicklung bei den Retardierten scheint vor allem vom Grad der biologischen Reifung und der Entwicklung der Organisationsprinzipien abzuhängen, nicht so sehr von intelligenter Einsicht.« (Lenneberg 1972, S. 397f)

2. »Trotz offenkundig überwältigender Behinderung erreichen die von Geburt an Gehörlosen einen bemerkenswerten Grad von Sprachkompetenz. Sprache kann sich also noch unter sehr abnormen Bedingungen entwickeln. Ein besonderer Unterricht in grammatischen Regeln ... scheint den Kindern in ihrer Sprachentwicklung nicht wesentlich zu helfen.« (S. 397f)

3. Auch im transkulturellen Vergleich stellen sich der Einsatz und die

Stufenfolge des Sprach- und Sprechverhaltens als von verschiedenartigen Umweltbedingungen unberührt dar. Davon abgesehen ist der
Einfluß der Umwelt auf das Sprachverhalten unbestreitbar; er soll uns
in Kap. 8 ausführlicher beschäftigen.

Vor allem das erste und dritte dieser drei wichtigen Argumente
werfen ein Licht auf die uralte Frage nach der Beziehung zwischen
Sprache und Denken, hier genauer: zwischen sprachlicher und
kognitiver Entwicklung. Die empirischen Untersuchungen, die
zu diesen Aussagen geführt haben, zeigen, daß zumindest die
bisher untersuchten kognitiven Prozesse und Leistungen von der
besonderen Struktur irgendeiner natürlichen Sprache doch weitgehend unabhängig sind, ja daß sich kognitive Fähigkeiten bis
zu einem gewissen Niveau auch ohne Sprachkenntnisse entwickeln
können. Umgekehrt scheint die Sprachentwicklung ein »Minimum an Reife und Spezifität der Kognition« zur Voraussetzung
zu haben. Und ohne Zweifel sind Sprachinhalte, der Wortschatz
und seine Differenziertheit, von der geistigen Entwicklung und
Bildung eines Menschen abhängig. Die entscheidende Frage
bleibt jedoch, ob die Fähigkeit zur sprachlichen Strukturierung,
etwa zur Bildung von Konstanten und Klassen, sich autonom
oder nur in Abhängigkeit von der Fähigkeit zur kognitiven
Strukturierung entwickelt. Verschiedene Positionen, das Verhältnis von Denken und Sprechen, stehen nach wie vor im Wettstreit. Wenn diese Frage nicht eindeutig beantwortet werden
kann, dann nicht zuletzt, weil sie auch nicht eindeutig gestellt
werden kann. Jede Aussage über unser Denken, jeder methodische
Zugang zum Denken führt über die Sprache. Sie ist der Schatten,
den wir nicht überspringen können.

*Literatur*

BRAINE, M. D. S. ›The ontogeny of English phrase structure – The first phase‹.
    In: *Language*, 1963, *39*, 1–13.
CARROLL, J. B. *Language and thought*. Englewood Cliffs, N. J.: Prentice Hall
    1964.
CHOMSKY, N. *Syntactic structure*. Den Haag: Mouton 1957.
– *Aspekte der Syntax-Theorie*. Frankfurt a. M.: Suhrkamp 1969.
– *Sprache und Geist*. Frankfurt a. M.: Suhrkamp 1970.
– Rezension von Skinners ›Verbal behavior‹. In: H. HOLZER & K. STEIN-
    BACHER (Hrsg.) *Sprache und Gesellschaft*. Hamburg: Hoffmann & Campe
    1972, S. 60–85.
HÖRMANN, H. *Psychologie der Sprache*. Berlin: Springer ²1970.
HUMBOLDT, W. v. *Werke*. Bd. 6 (1827–1829). Berlin: Behr 1915.
JAKOBSON, R. (ohne Titel). In: *Zeichen und System der Sprache*. Bd. 2. Berlin:
    Akademie-Verlag 1962, S. 50–56.
JENKINS, J. D. ›The acquisition of language‹. In: D. A. GOSLIN (Hrsg.)

*Handbook of socialization – Theory and research*. Chicago: Rand McNally 1969, S. 661–686.

LAGUNA, G. A. DE (1927) *Speech: its function and development*. Bloomington: Indiana Univ. Pr. 1963.

LENNEBERG, E. H. *Biologische Grundlagen der Sprache*. Frankfurt a. M.: Suhrkamp 1972.

LEOPOLD, W. F. *Speech development of a bilingual child – A linguist's record*. Vol. III. Evanston, Ill.: Northwestern Univ. Pr. 1949.

MARX, O. ›Die Geschichte der Ansichten über die biologische Grundlage der Sprache‹. In: E. H. LENNEBERG *Biologische Grundlagen der Sprache*. Frankfurt a. M.: Suhrkamp 1972, Anhang B, S. 541–574.

MCNEILL, D. *The acquisition of language – The study of developmental psycholinguistics*. New York: Harper & Row 1970.

OSGOOD, C. E., SUCI, G. J. & TANNENBAUM, P. H. *The measurement of meaning*. Urbana, Ill.: Univ. of Ill. Pr. 1957.

SKINNER, B. F. *Verbal behavior*. New York: Appleton Century Crofts 1957.

SMITH, F. S. & MILLER, G. A. (Hrsg.) *The genesis of language – A psycholinguistic approach*. Cambridge, Mass: MIT Pr. 1966.

STERN, C. & STERN, W. (1907) *Kindersprache*. Darmstadt: Wiss. Buchgesellschaft 1965 (Nachdruck d. 4. Aufl. 1928).

WATSON, J. B. *Behaviorismus*. Köln: Kiepenheuer & Witsch 1968.

WETTLER, M. *Syntaktische Faktoren im verbalen Lernen*. Bern: Huber 1970.

Heinz Heckhausen

# 7. Anlage und Umwelt als Ursache von Intelligenzunterschieden

# 7. Anlage und Umwelt als Ursache von Intelligenzunterschieden

## 7.1. *Allgemeine Einführung*

Wer, wo auch immer, andere Menschen beobachtet, die sich um Erledigung gleicher – nicht allzu anspruchsloser – Aufgaben bemühen, wird immer Leistungsunterschiede zwischen ihnen feststellen. Diese Grunderfahrung macht wohl niemand so gehäuft wie der Lehrer, der täglich Klassen gleichaltriger Schüler unterrichtet. Versetzen wir uns in einen Lehrer, der eine neue Klasse übernimmt. In der ersten Stunde stellt er fest, daß ein Schüler eine Aufgabe nicht lösen kann, die fast alle anderen Mitschüler lösen können. Was mag die Ursache sein? Dieses ist eine typische Situation, die den Lehrer zur Erklärung, zur *Kausalattribuierung* herausfordert.

Unser Lehrer kann zunächst mehrere Ursachen als Erklärungsmöglichkeiten in der Schwebe halten. Vielleicht beruht das Versagen auf einem Zufall, der Schüler war gerade schlecht disponiert, war abgelenkt, hat die Frage nicht verstanden. Oder aber der Schüler war nicht motiviert, nicht bereit sich anzustrengen. Schließlich könnte es ihm auch an Fähigkeit mangeln. Ein Fähigkeitsmangel könnte wiederum zwei Ursachen haben. Vielleicht ist der Schüler ganz allgemein unbegabter als die übrigen, oder aber er hat nicht genügend Gelegenheit gehabt, die besondere Fähigkeit zum Lösen gerade dieser Aufgabe zu erlernen, weil er etwa in den entscheidenden Unterrichtsstunden gefehlt und zu Hause niemand mit ihm das Versäumte nachgeholt hat.

Man wird einwenden, der Lehrer habe kaum Zeit, sich soviel Gedanken um einen einzelnen Schüler zu machen. Nun, das braucht er auch nicht. Mit jeder weiteren Beobachtung und Unterrichtsstunde engt sich die große Zahl anfänglicher Erklärungsmöglichkeiten ein, und eine einzelne bleibt übrig. Denn derselbe Schüler kann nicht andauernd vom Pech verfolgt, indisponiert und abgelenkt sein. Macht der Lehrer zudem noch die weiteren Beobachtungen, daß der Schüler sich anstrengt und auch nach Wiederholung des Unterrichtsstoffes versagt – und dies ebenfalls bei anderen Aufgaben – so schreibt er ihm mangelnde Fähigkeit, mangelnde Begabung, mangelnde *Intelligenz* zu.

Ein Schulpsychologe kann dies noch bestätigen, indem er einen Intelligenztest anwendet und feststellt, daß der Intelligenzquotient dieses Schülers unter dem Mittelwert seiner Altersgruppe liegt. Damit ist die Frage für unseren Lehrer geklärt, und er zieht daraus die eine oder andere pädagogische Schlußfolgerung.

Für die Wissenschaft ist damit jedoch die Frage noch keineswegs geklärt. Warum hat dieser Schüler einen niedrigeren *Intelligenz-quotienten* als die meisten übrigen, warum gibt es überhaupt so deutliche Intelligenzunterschiede?

Wieweit gehen sie auf Vererbung, wieweit auf die Umwelt zurück? Unter Umwelt sind hierbei alle bisherigen Einflüsse der individuellen Lebensgeschichte zu verstehen, die die kognitive Entwicklung gefördert oder behindert haben können und es verständlich machen, daß das, was von den Erbanlagen her möglich wäre, sich nur mehr oder weniger hat realisieren lassen. Diese Frage ist nicht nur wissenschaftlich interessant, sondern hat auch pädagogische und bildungspolitische Bedeutung. Von ihrer Klärung hängt es ab, ob man differenzierte Vorstellungen über die Ursachen von Intelligenzunterschieden gewinnt; und damit nicht zuletzt auch über eine einzelne, allerdings wichtige Voraussetzung für den Schulerfolg. Und differenziertere Vorstellungen über Ursachen sind erforderlich, wenn man realistische Erwartungen über Möglichkeiten, Intelligenzunterschiede zu beeinflussen, hegen und dazu angemessene Maßnahmen treffen will.

In der pädagogischen Öffentlichkeit und in der gegenwärtigen bildungspolitischen Diskussion begegnet man eher selten differenzierteren Vorstellungen, realistischen Erwartungen und angemessenen Maßnahmen oder Programmen. Das ist nicht verwunderlich. Denn die Ursachenerklärung von Intelligenzunterschieden ist recht verwickelt und nicht auf eine kurze und bündige Antwort zu bringen. Da wir Menschen zudem am liebsten in Gegensätzen denken, verwandelt sich die Frage »Wieweit Vererbung, wieweit Umwelt« noch immer leicht in die Primitivformel »Vererbung oder Umwelt«, während die Wissenschaft sich längst mit zwei Fragen auseinandersetzt: 1. Zu welchen Anteilen lassen sich Unterschiede der Intelligenz und der Schulleistung zwischen Individuen auf Erbfaktoren und auf Umweltfaktoren zurückführen (vgl. JENSEN 1969 und die von ihm in Gang gesetzte Kontroverse; Studientext 7.2.); 2. in welcher Wechselwirkung stehen Vererbungs- und Umweltfaktoren in der *individuellen* Entwicklung (vgl. ANASTASI 1958).

Bildungspolitik und pädagogische Praxis in Deutschland neigten bis vor einigen Jahren vorwiegend zu einem Begabungsbegriff, nach welchem man schnell bereit war, Schulleistungsunterschiede unmittelbar und fast ausschließlich auf vererbte Intelligenzunterschiede zurückzuführen. Diese Kausalattribuierung ist so unlogisch nicht. Denn dahinter steht die Schlußfolgerung: Wenn bei gleicher Lernumwelt in der Schule sich Unterschiede in der Lernleistung ergeben, dann können sie nur auf Unterschiede zwischen den Schülern zurückgeführt werden, und die konstantesten Unterschiede zwischen Individuen sind letzten Endes ihre Erbanlagen.

In einem Gutachtenband *Begabung und Lernen,* den der Deutsche
Bildungsrat 1968 herausgab (ROTH 1969), wurde dieser Begabungsbegriff kritisiert und differenziert. Vor allem wird auf
dreierlei hingewiesen:

1. Die Wissenschaft ist noch weit davon entfernt, Zusammenhänge
   zwischen Erbanlagen und Intelligenzleistungen direkt fassen
   zu können;
2. die Zusammenhänge dürften äußerst verwickelt sein;
3. ein Einflußspielraum durch Umweltunterschiede ist unbestreitbar.

Seither wird in der bildungspolitischen Diskussion gern von einem
neuen, sog. »dynamischen« Begabungsbegriff geredet, und zwar
nicht selten mit einem kritischen, aufklärerischen Pathos gegenüber dem alten, dem »statischen« Begabungsbegriff. Man sagt,
daß der Mensch nicht »begabt ist«, sondern »begabt wird«. Dahinter verbirgt sich aber häufig nichts anderes als die Neigung,
Intelligenzunterschiede zur Abwechslung nun weitgehend auf
unterschiedliche Umwelteinflüsse zurückzuführen. Insofern ist
der dynamische Begabungsbegriff nicht kritischer als der statische,
sondern ebenso voreingenommen. Das Pendel ist lediglich zur
anderen Seite ausgeschlagen.

Für beide Seiten läßt sich zugleich feststellen, daß unter dem einen
Wort Begabung nicht das gleiche verstanden wird. Während die
Vererbungsanhänger eher eine allgemeine, grundlegende Fähigkeit wie »Intelligenz« meinen, verstehen die Umweltanhänger
Begabung mehr in Richtung auf besondere einzelne Fähigkeiten
und Fertigkeiten. Von diesen lassen sich wohl viel mehr, als man
gemeinhin annimmt, über das ganze Leben hinweg und – in
Grenzen – von fast allen Menschen erwerben. Die Frage ist dabei
nur, mit welchem Aufwand an Lernzeit und Lernmühe. Und hierin
unterscheiden sich Menschen wiederum außerordentlich. Diese
Unterschiede aber machen das aus, was mit Begabung als einer
allgemeinen Lernfähigkeit gemeint ist.

Es ist ratsam, allen Aussagen, in denen von einem »statischen«
und »dynamischen« Begabungskonzept die Rede ist, mit Skepsis
zu begegnen. In der Regel läßt sich leicht erkennen, daß sie auf
Unkenntnis der Probleme und des wissenschaftlichen Forschungsstandes beruhen oder daß Teilergebnisse mißverstanden und im
Sinne eigener bildungspolitischer Voreingenommenheiten aufgefaßt werden. Ob man mehr zu der einen oder anderen Seite neigt,
ist für viele mit einer Entscheidung für einen pädagogischen Pessimismus oder Optimismus verknüpft. Nur wenn Intelligenzunterschiede in einem erheblichen Maße beeinflußbar sind, so meinen sie,
sei ein pädagogischer Optimismus gerechtfertigt; andernfalls
würde man dem Lehrer den nötigen pädagogischen Schwung für
seine Berufsarbeit nehmen. Hinter diesem pädagogischen Anliegen klingt nicht selten auch ein gesellschaftspolitisches an. Nur

bei starker Umweltabhängigkeit der Intelligenz kann man hoffen, Fähigkeitsunterschiede zwischen Menschen wenn nicht auszugleichen, so doch zu verringern. Da Fähigkeitsunterschiede zu soviel gesellschaftlichen Statusunterschieden führen, würde uns ihre Verringerung auch ein gutes Stück weiter von der Ungleichheit weg und näher an das Gleichheitsideal heranbringen.

Genauer betrachtet ist diese Besorgnis im Grunde kurzsichtig und oberflächlich, ja pädagogisch und bildungspolitisch gefährlich, da sie zu unrealistischen Erwartungen und unangemessenen Maßnahmen führen können, für die später die Betroffenen dann selbst zu zahlen haben. Wie auch die Antwort auf die Frage von Vererbung und Umwelt ausfallen mag, in keinem Fall ist Pessimismus angebracht oder auch nur nahegelegt. Selbst wenn Fähigkeitsunterschiede – normale Entwicklung, Erziehung und Unterricht vorausgesetzt – völlig auf Unterschiede der Erbanlagen zurückgingen (die gesicherten Tatbestände sprechen alle dagegen), wäre pädagogisch und gesellschaftspolitisch noch weit mehr zu tun möglich, als wir bis heute vermögen und optimistischerweise anzielen.

Denn erstens sind Fähigkeiten noch nicht mit den Erbanlagen gegeben. Sie müssen in jedem Menschen immer wieder erst durch Erziehung und Bildung entwickelt werden. Zweitens ist es naheliegend, daß unterschiedliche Anlagen zum Teil auch unterschiedlicher pädagogischer Anregung bedürfen, wenn man sie besser als bisher entwickeln will. Drittens kommt es pädagogisch ja nicht so sehr auf Fähigkeitsunterschiede, sondern auf die Fähigkeitsniveaus an, die vom einzelnen Schüler erreicht werden. Wir können nie sagen, daß das Erreichbare schon erreicht worden sei, daß das von den Erbanlagen her Mögliche schon ausgeschöpft wäre. Viertens geht es in Erziehung und Bildung nicht lediglich um intellektuelle Tüchtigkeit. Es gibt eine Fülle anderer Bildungsziele, deren Erreichung nur in geringerem Maße bzw. kaum oder gar nicht von Vererbung abhängig ist.

Schließlich wäre auch der gesellschaftspolitischen Forderung nach der Gleichheit der Bildungschancen kein Abbruch getan. Im Gegenteil! Die Ungleichheit besteht noch immer darin, daß die individuellen Entwicklungsmöglichkeiten ungleich gefördert werden. Je mehr jeder Schüler seinen individuellen Entwicklungsmöglichkeiten entsprechend gefördert würde, desto stärker verringerte sich die Ungleichheit der Bildungschancen zwischen den einzelnen und den sozialen Gruppen (vgl. HECKHAUSEN 1974). In diesem Kapitel wird die Vererblichkeit von Intelligenzunterschieden genauer erörtert, um statt der alten Streitfrage »Vererbung oder Umwelt« differenzierte Vorstellungen zu gewinnen. Als Beispiel werden Intelligenzunterschiede zwischen sozialen Gruppen herangezogen.

## 7.2. »Intelligenz« und Intelligenzquotient

Über Intelligenzmessung ist bereits in Kap. 5 berichtet worden. Ehe wir die Ursachen von Unterschieden der Intelligenz näher erörtern, sei zunächst darauf eingegangen, was unter »Intelligenz« verstanden wurde und zu verstehen ist (vgl. auch HOFSTÄTTER 1971).

Eine genauere Definition, was Intelligenz sei, läßt sich nicht geben. Das muß auf den ersten Blick seltsam erscheinen, wenn man bedenkt, daß Psychologen seit 70 Jahren emsig mit der Konstruktion und der ständigen Verbesserung von Intelligenztests beschäftigt sind. Die vielen Versuche während dieser Zeit zu bestimmen, was Intelligenz sei, lassen sich in drei Perioden gliedern.

Die erste Periode besteht aus *verbalistischen* Definitionen. Man sieht in der Intelligenz etwas Reales, eine Art Eigenschaftssubstanz, von der jeder Mensch mehr oder weniger viel besitzt. So definiert der Engländer SPEARMAN (1927) Intelligenz als eine Fähigkeit, Beziehungen und Zusammenhänge zu erkennen. Nach William STERN (1935) handelt es sich um die Fähigkeit, sich auf rationales Denken zu verlassen, um sich auf angemessene Weise neuen Situationen anzupassen. WECHSLER (1956) schließlich, ein Testautor selbst, sah in der Intelligenz die Fähigkeit, zweckdienliche Mittel einzusetzen, zweckvoll zu handeln, rational zu denken und sich wirkungsvoll mit der Umwelt auseinanderzusetzen. Diese und viele andere Definitionen sind Variationen über die recht allgemeine Aussage, daß jemand irgendwie abstrakt und angemessen denken können müsse, um ihm Intelligenz zuzuschreiben. Worin aber Intelligenz eigentlich im Unterschied zu vielen anderen Leistungsfähigkeiten zum Ausdruck kommt, bleibt unklar. Was mit »abstrakt«, »angemessen«, »zweckmäßig« oder »wirkungsvoll« gemeint ist, wirft Wertfragen auf, auf die keine bestimmten Antworten gegeben werden.

Die zweite Periode ersetzt diese durch *operationale* Definitionen. Unbefriedigt von allen bloß verbalen Bestimmungsbemühungen hatte der amerikanische Experimentalpsychologe BORING schon 1923 kurz und bündig vorgeschlagen, Intelligenz sei, was der Intelligenztest messe. Diese Definition hatte zwar den Vorzug, exakt oder, genauer, »operational« zu sein, weil sie Intelligenz als hypothetisches Konstrukt (vgl. Studientext 3) an eine Meßoperation band. Viel weiter war man aber nicht gekommen, da es nun so viele »Intelligenzen« gab, wie es Intelligenztests gibt. So drängte sich die Frage verschärft auf, was all diesen Tests gemeinsam sei. Darauf kann man zunächst nur sagen, daß alle Intelligenztests ein Umgehen mit Symbolen verlangen, nämlich mit Wörtern und Zahlen. Was mit solchen Tests gemessen wird, hat also offensichtlich damit zu tun, wie gut jemand mit Symbolen, d. h. mit Repräsentationen für die Erscheinungswelt, umgehen kann.

Es lag nahe, genauer zu bestimmen, was allen Tests gemeinsam war und was nicht, welche Testaufgaben etwas Besonderes, von anderen Testaufgaben Abweichendes erforderten. Diese Aufgabe hat THURSTONE (1938), ein amerikanischer Psychometriker, mit der statistischen Methode der sog. *Faktorenanalyse*, die er selbst entwickelt hatte, zu lösen versucht. Er gab Oberschülern ganze Batterien von Intelligenztests und berechnete die Korrelationen zwischen den Ergebnissen aller einzelnen Testaufgaben. Auf diese Weise ließen sich die vielen verschiedenen Testaufgaben danach gruppieren, ob sie miteinander eng oder nur schwach korrelieren, d. h. wieweit die Probanden bei den verschiedenen Aufgaben ähnliche oder verschiedene Ergebnisse erzielt hatten. Es ergaben sich mehrere Aufgabengruppen, die sich – grob gesagt – etwa dadurch unterschieden, ob sie eher mit Wörtern und Sprachverständnis oder mit Zahlen und Zahlenbeziehungen oder mit räumlichen Beziehungen zu tun hatten. Was bei jeder Gruppe von Tests als das Gemeinsame erschien und benannt wurde (z. B.: »verbal«, »number«, »space«) wurde als eine primäre Intelligenzfähigkeit (»primary mental ability«) bezeichnet und als ein Gruppenfaktor angesehen. Da aber auch zwischen allen so gruppierten Testaufgaben niedrige bis mittlere Korrelationen bestehen, kommt in den Testergebnissen auch ein »Faktor« zum Ausdruck, der allen Testaufgaben gemeinsam ist: eine »allgemeine Intelligenz« (general intelligence), die als »g-Faktor« bezeichnet wurde.

Natürlich war es voreilig, den einzelnen Korrelationsbündeln von Testaufgaben »Faktoren« zuzuordnen, als seien sie »Bewirker« von Intelligenzleistungen. Denn einmal führt die »Faktorenanalyse« zu nichts anderem als zu einem möglichst sparsamen Beschreibungs- oder Klassifikationssystem aller jener Leistungsdaten, die unter den einbezogenen Testbedingungen erhoben worden waren. Deshalb spricht man heute auch vorsichtiger von »Dimensionen der Intelligenz« (vgl. JÄGER 1967). Zum andern muß, operational gesehen, die gefundene Klassifikation auf die in sie eingegangenen Testergebnisse, d. h. auf die einbezogenen Testinstrumente, beschränkt bleiben. Die herangezogenen Tests können immer nur eine ausgelesene Stichprobe aller denkbar möglichen »intelligenten« Verhaltensweisen sein, und es ist wenig wahrscheinlich (und übrigens auch kaum zu prüfen), ob die jeweilige Teststichprobe überhaupt repräsentativ ist für alle möglichen Verhaltensleistungen, die als »intelligent« zu bezeichnen wären, weil sie unter den verschiedensten Lebens- und Umweltbedingungen eine erfolgreiche Auseinandersetzung mit Situationen und die Lösung darin enthaltener Aufgaben bedeuten. Wir haben allen Grund zu der Annahme, daß die bislang entwickelten Testaufgaben eine hochausgelesene, d. h. einseitige Auslese von Bewährungssituationen herausgreifen, die man unter den besonderen gesellschaftlichen (wirtschaftlichen und kulturellen) Anforderungen in hochindustrialisierten Ländern ohne weitere Frage für »selbstverständlich« und entscheidend gehalten hat und noch hält.

Denn seit 70 Jahren sind die Testaufgaben immer wieder so konstruiert, zusammengestellt und abgewandelt worden, daß sie möglichst gut den Lernerfolg der einzelnen Schüler in den etablierten Schulsystemen vorhersagen lassen. Oder anders ausgedrückt: Sie sollen Unterschiede in solchen Lernfähigkeiten möglichst stark hervortreten lassen, die entscheidend sind, um die Unterrichtsprogramme in den zeitgenössischen Schulen erfolgreich zu absolvieren. Was man dafür im einzelnen auch an Testaufgaben herangezogen hat – Wortschatz, allgemeines Wissen, Rechnen, Figuren nachzeichnen oder nachbauen, Ziffernfolgen behalten und anderes – fast immer korrelierten die verschiedenen Aufgabenleistungen doch so hoch miteinander, daß man häufig 50% (oder sogar mehr) der Unterschiedlichkeit (Varianz) zwischen den Probanden auf den »gemeinsamen Faktor« (g-Faktor) zurückführen konnte. Die darin zum Ausdruck kommende Art der *Lernfähigkeit* läßt sich grob wie folgt umschreiben: Regelhaftigkeiten zu erkennen, aus dem Besonderen das Allgemeine herauszuziehen und das Besondere als die Konkretisierung des Allgemeinen zu erkennen. Das ist gewiß eine zentrale und grundlegende Fähigkeit »intelligenter« Informationsverarbeitung, wie sehr wir auch die Leistungen in den gebräuchlichen Intelligenztests auf die besonderen Schulerfordernisse in zeitgenössischen Gesellschaften relativieren mögen.

Mit diesen Erörterungen sind wir schon in der dritten und gegenwärtigen Periode von Versuchen, die Intelligenz zu bestimmen: der Periode der *kriteriumsbezogenen* Definitionen. Man fragt, zu welchem Zwecke ist es »gut«, einen hohen Testwert in einem bestimmten Intelligenztest zu haben? Was kann man damit voraussagen? Wenn man auf diese Frage etwa die Antwort geben muß, daß hohe Testwerte gut sind, um in der Schule gute Abschlußnoten zu erzielen, so werden damit auch die bisher verborgen gebliebenen Wertungen ans Tageslicht gebracht, die ganz selbstverständlich guten Testleistungen zugeschrieben wurden. So ist es auch gut verständlich, wenn Intelligenztestleistungen weit enger mit Schulleistungen, ihrem Kriterium, als mit Berufs- und Lebenserfolg korrelieren (vgl. etwa McClelland 1967; 1973). Intelligenztests sind ja immer an Schulnoten validiert worden, an Leistungen des sprachlichen Ausdrucks, des Rechnens, des Wissenserwerbs in mancherlei Stoffgebieten, wie sie unter den Bedingungen des täglichen Schulunterrichts zustande kommen.

Im allgemeinen liegen die Korrelationen mit den Schulleistungen zwischen .50 und .60. Was besagt das? Quadriert man einen Korrelationskoeffizienten, so erhält man die Prozentzahl, mit

welcher die eine Meßwertreihe die Variation der anderen Meßwertreihe aufklärt. In unserem Fall heißt das, .50 mal .50 gibt
25 % (und für .60 entsprechend 36 %) der Varianz von Schulleistungen, die aufgeklärt wird. Man kann also etwa 25–36 % der
Unterschiede zwischen Schulleistungen aufklären, wenn man
Intelligenztestwerte zu Rate zieht. Mit anderen Worten: Um
25–36 % verringert sich die Varianz der Schulleistungen, wenn
man nur solche Schüler in Betracht zieht, die ungefähr den gleichen
Intelligenztestwert haben.

Man mag sich darüber wundern, daß der Intelligenztest nicht
noch besser Schulleistungen voraussagt, d. h. deren Varianz
nicht noch mehr als bloß zu einem Viertel bis Drittel durch
»allgemeine Intelligenz« aufklärt. Es ist jedoch zu bedenken,
daß Schulleistungen in komplexer Weise auch noch von manchen
anderen »Faktoren« abhängen, wie Lernmotivation, Interessen,
außerschulische Förderung. Hält man sich die implizite Kriteriums-
bezogenheit in der bisherigen Konstruktion von Intelligenztests
vor Augen, so wird man auch nicht erstaunt sein, wenn, wie gesagt, die Intelligenztestwerte weit geringer mit Berufsleistungen
als mit Schulleistungen korrelieren. Test- und Schulleistungen
kommen in Abfragesituationen zustande, die in hohem Maße vor-
strukturiert sind, wo das erworbene Wissen und die angeeigneten
Fertigkeiten leicht nach richtig und falsch, nach mehr oder weniger
»gut« beurteilt werden können. Solche Leistungen sind für die
Berufsleistung in hochindustrialisierten Ländern sicher grundlegende Voraussetzung, aber Fähigkeiten ganz anderer Art können
zusätzlich von Belang oder vielleicht gar entscheidend sein: so
etwa Einfallsreichtum, Ideen zu produzieren, die nicht naheliegen
und vom Üblichen abweichen (»Kreativität«) oder die Fähigkeit,
zwischenmenschliche Beziehungen sensibel und schnell erfassen
und gestalten zu können. Diese Fähigkeiten spielen in den üblichen
Intelligenztests noch keine Rolle. Sie könnten es aber, wenn man
davon überzeugt wäre, daß »Kreativität« oder »soziale Intelligenz«
etwa für beruflichen Erfolg unter unseren gesellschaftlichen
Bedingungen entscheidend sei; so wie dies z. Z. uneingeschränkt
hinsichtlich sprachlicher Ausdrucksfähigkeit, dem Gebrauch von
Worten, dem Umgang mit Symbolen, dem sprachlichen Aufzeigen von Bedeutungen und Zusammenhängen gilt.

So hat die Periode der kriteriumsbezogenen Intelligenzdefini-
tionen die Abhängigkeit des Intelligenzbegriffs von soziokulturellen Wertungen und Anforderungen gesellschaftlicher
Lebenspraxis, die einem gewissen historischen Wandel unterliegt,
hervortreten lassen. Ein Intelligenztest mißt nicht »Intelligenz«
wie ein verborgenes Ding im Menschen und schon gar nicht –
wie wir sehen werden – so etwas wie eine Erbanlage. Womit man
es zu tun hat, sind vielmehr stets Leistungsresultate, die ein
Proband zu einem gegebenen Zeitpunkt seiner Entwicklung und

in einer besonderen Testsituation erzielt. Die Leistungsresultate sagen auch nichts darüber aus, wie sie zustande gekommen sind, welche kognitiven Prozesse im einzelnen beim Lösen der Aufgabe abgelaufen sind (vgl. Kap. 5). Die einzelnen Testaufgaben sind konkret eingekleidet und sind Stichproben dafür, was der Proband bislang sich aus dem Grundbestand der ihn umgebenden Kultur angeeignet hat. Deshalb können Intelligenztests auch nicht ohne weiteres von einem Kultur- und Sprachgebiet auf andere übertragen werden. Man muß sie hierzu neu einrichten und eichen. Versuche, einen »kulturfreien« (»kulturfairen«) Intelligenztest zu konstruieren, haben sich als Fehlschlag erwiesen. Sie stammen noch aus der zweiten Periode der Intelligenzbestimmung, in der man noch hoffte, Faktoren »der« Intelligenz etwa in »sprachfreien« Tests (um die Rolle von Unterschieden der Sprachgebiete und der sprachlichen Schulung auszuschalten) möglichst unmittelbar zu fassen. Sprachfreie Testaufgaben kann es aber schon deshalb nie geben, weil der Proband immer vorher über seine Aufgabe instruiert werden muß.

Gewöhnlich wird das Ergebnis eines Intelligenztests, d. h. die Summe aller erzielten Einzelergebnisse, auf Normwerte für die betreffende Altersgruppe des Probanden in einer Bezugsbevölkerung umgerechnet und dann als Intelligenzquotient, als IQ, bezeichnet. Dem liegt ein ursprünglich von William STERN (1920) gemachter Vorschlag zugrunde, das »Intelligenzalter« durch das chronologische Lebensalter des Probanden zu teilen. Das »Intelligenzalter« bestimmt sich nach der Summe aller gelösten Testaufgaben, die nach Schwierigkeitsgrad für die aufeinanderfolgenden Entwicklungsalter gestaffelt sind. Löst ein Proband z. B. mehr Aufgaben als es seine Altersgenossen im Durchschnitt tun, so liegt sein Intelligenzalter entsprechend über seinem Lebensalter. Der Quotient wird mit 100 multipliziert, so daß

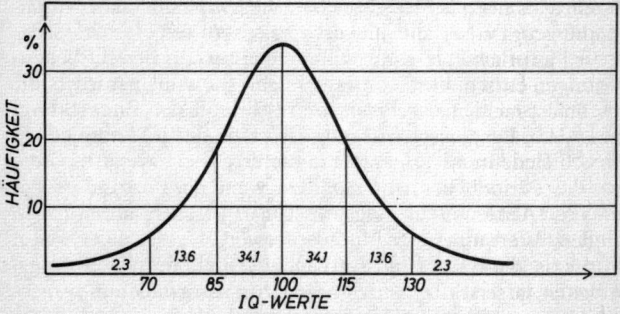

*Abb. 1:* Normalverteilung der IQ-Werte für eine Bevölkerung. Der Mittelwert liegt bei 100 Punkten. Jede Standardabweichung umfaßt 15 IQ-Punkte. Etwa 34% der Bevölkerung haben IQ-Punkte zwischen 100 und 85 oder zwischen 100 und 115.

100 Punkte die Durchschnittsleistung der jeweiligen Altersgruppe bedeuten.

IQs sind also standardisiert, d. h. sie beziehen sich auf bei der Konstruktion des Tests vorweg geeichte Skalen, in welchen der Mittelwert für die jeweilige Bezugsgruppe (in der Regel Altersgruppe) in der Bevölkerung bei dem Wert von 100 Punkten liegt. Abb. 1 zeigt die Verteilung von IQs. Die Verteilung ist »normal«, d. h., die Häufigkeit der einzelnen IQ-Werte nimmt in dem Maße ab, wie diese sich vom Mittelwert entfernen. Eine wichtige Besonderheit jeder Verteilung ist ihre Streuung. Ihr Maß ist die Standardabweichung. 6 Standardabweichungen, 3 über und 3 unter dem Mittelwert, umfassen fast 100% der Verteilung. Einer Standardabweichung der IQ-Verteilung läßt man 15 Punkte entsprechen. So haben ungefähr 34% der Bevölkerung einen IQ zwischen 85 und 100 Punkten, und weitere 34% zwischen 100 und 115 Punkten. Einen IQ von unter 70 oder über 130 Punkten haben nur je etwa 2% der Bevölkerung.

Der bekannteste und am häufigsten verwendete Intelligenztest ist der *Stanford-Binet*, benannt nach dem Franzosen Alfred BINET (1905), der um die Jahrhundertwende im Auftrag des französischen Kultusministers den ersten Test entwickelte, um künftige Schulversager schon vorweg zu erkennen. Benannt außerdem nach der amerikanischen Stanford-Universität, wo das Verfahren von BINET weiterentwickelt wurde.

Zur Zuverlässigkeit des Stanford-Binet als Meßinstrument ist das Folgende wissenswert. Wiederholt man den Test kurzfristig oder vergleicht man Ergebnisse zweier Testhälften miteinander, so findet man Abweichungen in den IQ-Werten. Sie korrelieren mit der Höhe des IQ und betragen durchschnittlich 5,9 Punkte bei einem so hohen IQ wie 130, dagegen nur 2,5 Punkte bei einem IQ unter 70. Man nennt dies kurzfristige Zuverlässigkeit oder Konsistenz des Tests. Liegt mehr Zeit zwischen beiden Testanwendungen, so ist die Zuverlässigkeit (oder Stabilität) des Tests viel geringer. Sie wäre vollkommen, wenn der IQ bei zunehmendem Lebensalter konstant bliebe (obwohl natürlich die Intelligenzleistungen der Probanden während der Entwicklung von Jahr zu Jahr anwachsen). Die Differenz des IQ kann jedoch in Einzelfällen bis zu 20, ja 30 Punkte erreichen, wenn mehrere Jahre dazwischen liegen, insbesondere, wenn der Proband bei der ersten Testung noch sehr jung war. Unter 3 Lebensjahren haben Intelligenztests kaum einen Voraussagewert. Das ist nicht weiter verwunderlich, weil die frühe Entwicklung mehr durch Leistungsfortschritte auf sensorischem und motorischem als auf sprachlichem und symbolischem Gebiet zu charakterisieren ist.

## 7.3. *IQ-Unterschiede in einer Bevölkerung*

Betrachten wir noch IQ-Unterschiede, und zwar zwischen sozialen Gruppen einer Bevölkerung. Das ist in gesellschaftspolitischer Hinsicht weit anstößiger als IQ-Unterschiede zwischen einzelnen Menschen. Schon jetzt sei ein Beispiel eingeführt, an dem wir später die Frage, wie es zu den IQ-Unterschieden kommt, aufrollen können.

Das Beispiel betrifft Unterschiede zwischen sozialen Schichten. Bestimmt man sozioökonomisch die Schichtzugehörigkeit von Familien nach dem Beruf des Vaters, so zeigt sich in den Industriegesellschaften mit zunehmendem sozioökonomischen Status ein Anstieg des IQ. Eine der sorgfältigsten Erhebungen ist in den 50er Jahren in einem typischen Londoner Stadtteil von BURT (1961) gemacht worden. Abb. 2 zeigt die Ergebnisse, von denen uns im Augenblick nur die schraffierten Säulen interessieren. Sie geben die durchschnittlichen IQs der Väter für die einzelnen Sozialschichten an; von Akademikern in gehobenen Positionen

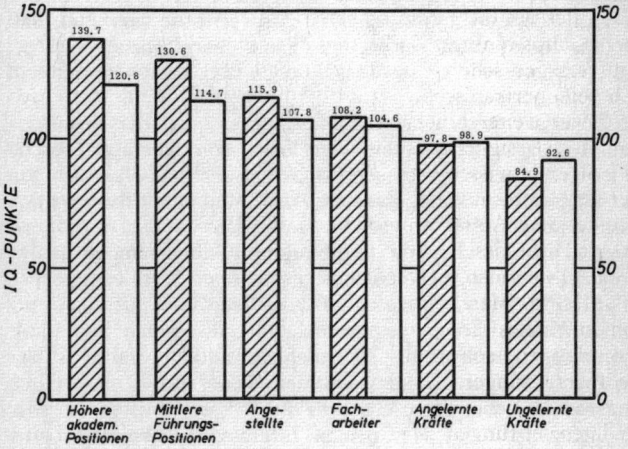

*Abb. 2:* Durchschnittlicher IQ der Väter (schraffiert) und der Kinder in 6 Sozialschichten eines sozial gemischten Londoner Stadtteils. IQs der Mütter korrelieren mit den IQs der Väter in allen Schichten mit etwa .40. In allen Sozialschichten zeigen die IQs der Kinder eine Regression zum Mittelwert der Bevölkerung (100 Punkte). (Nach C. BURT.)

ganz links bis zu ungelernten Arbeitern ganz rechts. Der Unterschied zwischen der obersten und untersten dieser sechs Sozialschichten ist beträchtlich. Er beträgt über 50 IQ-Punkte und damit über 3 Standardabweichungen zu 15 Punkten. Es darf aber nicht übersehen werden, daß dies Mittelwerte sind und daß

288    *Entwicklung und Sozialisation*

innerhalb jeder Schicht die mittlere Standardabweichung nicht weniger als 8,6 Punkte beträgt, also $^3/_5$ der Standardabweichung für die Gesamtbevölkerung. Aus den Mittelwertunterschieden läßt sich vermuten, daß das, was der IQ mißt, ein bedeutsamer Faktor für die Schichtzugehörigkeit sein könnte. Auf diese Frage kommen wir noch zurück. Zunächst wollen wir erörtern, was unter Vererbung zu verstehen ist.

## 7.4. *Vererbung*

Erblichkeit wird jenen Merkmalen eines Individuums zugesprochen, die ihm nachweislich von seinen Vorfahren überkommen sind. Erbträger sind die Gene. Beim Menschen schätzt man ihre Anzahl auf etwa 10 Millionen. Sie sind in 23 fädenartigen Chromosomenpaaren angeordnet. Bis heute ist es gelungen, einige Gene und ihre Wirksamkeit biochemisch zu analysieren. Gene, die für den Erbgang eines bestimmten Merkmals maßgeblich sind, nennt man *Genotyp*. Das entsprechende Merkmal, das man am Individuum beobachten kann, nennt man *Phänotyp*. Intelligenz, wie wir sie im Test erheben und als IQ messen, ist ein solcher Phänotyp.

Die Genetiker wissen heute mit Sicherheit, daß der Phänotyp Intelligenz nicht von einem Gen oder von wenigen Genen, sondern von vielen verschiedenen Genen, die man alle noch gar nicht identifizieren kann, gesteuert wird. Man nennt das *Polygenie* eines Merkmals. Bei polygenen Merkmalen müssen komplexe Zusammenhänge vielfältig kombinierter Genwirkungen analysiert werden. Dazu ist die Genetik bis heute noch außerstande.

Aufschlußreich sind einige aufgeklärte Fälle von extremen und seltenen Abweichungen vom normalen Phänotyp, wie besondere Formen des Schwachsinns. Sie ließen sich aufklären, weil sie gerade auf der Wirkung eines einzelnen Gens oder ganz weniger Gene beruhen. Ein Beispiel ist die sog. *Phenylketonurie*. Sie tritt auf, wenn ein Kind von beiden Eltern die veränderte (man sagt mutierte) Form von jenem Gen ererbt, das einen einzelnen Stoffwechselprozeß steuert, nämlich die Umwandlung einer Aminosäure in eine andere. Daraus resultiert die Ansammlung einer nicht abgebauten Aminosäure im Blut, was schließlich zu einer Hirnschädigung führt. Der Genotyp der Phenylketonurie tritt übrigens selten auf, unter 10000 Menschen einmal. Man kann seine Wirkung auf den Stoffwechsel früh erkennen und durch eine geeignete Diät die Hirnschädigung verhindern.

Was für verschiedene Wirkungen ein einzelnes Gen, nämlich das Phenylketonurie-Gen ausüben kann, zeigt Abb. 3.

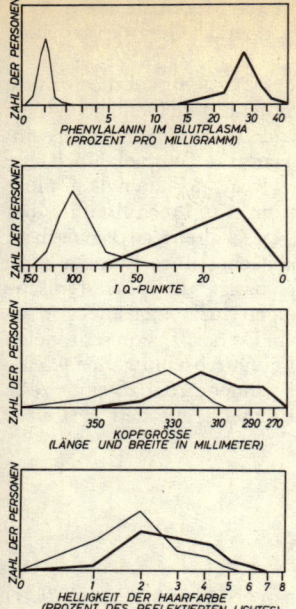

*Abb. 3:* Polymorphe Wirkungen des Zusammentreffens eines defekten Gens von beiden Eltern, das Phenylketonurie verursacht. Die oberste Abbildung zeigt die unmittelbarste Wirkung, den hohen Phenylanin-Gehalt im Blut. Die zweite Abbildung zeigt die Folgen des dadurch verursachten Hirnschadens in niedrigeren IQ-Werten. Die dritte und vierte Abbildung zeigen weitere Wirkungen auf Kopfgröße und Haarfarbe. Die Unterschiede zwischen gesunden und kranken Kindern sind hier jedoch so schwach, daß man an ihnen Phenylketonurie nicht mehr erschließen kann. An der Ausprägung dieser Merkmale sind offensichtlich viele andere Gene beteiligt (Polygenie). (Nach W. F. BODMER & L. L. CAVALLI-SFORZA.)

Teil a) oben zeigt rechts die Stoffwechselwirkung des Genotyps. Die Ansammlung der bedrohlichen Aminosäure (sie heißt Phenylalanin) im Blut ist um ein Mehrfaches höher als im Normalfall. Darunter sind die entsprechenden IQ-Werte abgebildet, wenn es zur Hirnschädigung gekommen ist. Man beachte, daß die IQ-Skala hier von rechts nach links läuft, um die Vergleichbarkeit mit den anderen Abbildungen herzustellen. Die Stoffwechsel-Abweichung hat einen unmittelbar erkennbaren Einfluß auf die Intelligenz. Sie beeinflußt aber auch noch andere Merkmale. In der nächsten Abbildung ist zu sehen, daß auch die Kopfgröße etwas kleiner ist. (Die Skala läuft hier wieder von rechts nach links.) Und schließlich ist auch, wie die Abbildung ganz unten zeigt, die Haarfarbe im Durchschnitt ein wenig heller.

Wenn man alle vier Abbildungen miteinander vergleicht, kann man zwei wichtige Schlußfolgerungen anschaulich fassen. Erstens, das Gen wirkt sich auf *verschiedene* Merkmale aus; man sagt, es ist *polymorph.* Zweitens, der Einfluß eines Gens auf einzelne Merkmale kann ganz verschieden weit reichen. So beeinflußt das Gen den Stoffwechsel so stark, daß der normale und der nichtnormale Phenylalanin-Gehalt sich kraß unterscheiden. Die Verteilungen des IQ überschneiden sich noch kaum. Aber die Unterschiede der Kopfgröße und Haarfarbe sind zwischen beiden Gruppen so

schwach, daß man aufgrund dieser letzten Merkmale allein überhaupt nicht mehr auf diesen besonderen Genotyp zurück-
schließen könnte.

Ähnlich muß man sich die Wirkung des Genotyps auf die normale
Intelligenz vorstellen. Es muß viele polymorphe Gene geben, die
nur in einem vergleichbar geringen Maße die Intelligenz beeinflussen, wie unser Kopfgröße- und Haarfarbe-Beispiel. Noch eine
letzte und wichtige Einsicht können wir aus der Phenylketonurie
ziehen. Ob es zum Schwachsinn kommt, hängt nicht unmittelbar
vom Genotyp ab. Umwelteinwirkungen schalten sich dazwischen.
Eine Diät kann die bedrohliche Stoffwechselabweichung auf ein
unschädliches Maß reduzieren. So hängt die phänotypische
Merkmalsausprägung von dem jeweiligen Zusammenspiel von genetischen und von Umweltfaktoren ab. Da der IQ von sehr vielen
Genen beeinflußt wird und jedes im Durchschnitt eine kleine
Wirkung hat, müssen wir um so mehr annehmen, daß eine große
Fülle von Umweltfaktoren mitbestimmend auf den Phänotyp
Intelligenz wirkt.

### 7.5. *Ein aufschlußreiches Tierexperiment*

Dieses Zusammenspiel bezeichnet man als *Genotyp-Umwelt-Interaktion*. Eine solche Interaktion kompliziert die Vererblichkeitsschätzung eines Merkmals wie IQ. Es kann ja sein, daß ein bestimmter Genotyp in der gleichen Umwelt besser als ein anderer
zum Ausdruck kommt. Selbst wenn wir alle für die IQs maßgebenden Genotypen kennten und bestimmen könnten, müßte
man noch die Reaktion jedes einzelnen Genotyps auf die verschiedenen Umwelten prüfen. Da es praktisch eine unübersehbare
Vielfalt von Genotypen und von Umwelten gibt, läßt sich die
Frage nie vollständig beantworten.

Aber stellen wir uns dennoch einmal vor, wir könnten die Aufgabe
lösen; wir seien in der Lage, alle einzelnen Genotypen und alle
einzelnen Umwelttypen zu bestimmen und alle Interaktionen
zwischen ihnen zu prüfen. Eines wird man schon jetzt über die
Ergebnisse sagen können: In jeder gewählten Stichprobe kommt
es je nach einer größeren oder geringeren Variationsbreite von
Genotypen und von Umwelttypen zu einer größeren oder geringeren Vielfalt von Interaktionen. Da die Merkmalsverteilung
aber von der Größe der Vielfalt von Genotyp-Umwelt-Interaktion
beeinflußt wird, kann man eine Vererblichkeitsschätzung immer
nur für eine gegebene Stichprobe machen, d. h. für die Bevölkerung, aus der sie gezogen wurde. Und auch nur für eine gegenwärtige Periode, da sich ja die Umwelttypen mit der Zeit ändern.
Eine experimentelle Analyse der Genotyp-Umwelt-Interaktion

ist beim Menschen unmöglich, weil man aus begreiflichen Gründen weder seine Umwelten durch Einweisung in bestimmte Lebensräume noch seine Genotypen durch Züchtung variieren und kontrollieren kann und darf. Man kann dies jedoch mit Tieren tun. Hier ist ein aufschlußreiches Experiment von zwei amerikanischen Psychologen, COOPER & ZUBEK (1958):

> Sie haben zwei Stämme von Ratten gezüchtet, indem sie in einem Labyrinthversuch jene Tiere auslasen, die sehr schnell und die sehr langsam das Futter am Ende des Labyrinths fanden. In bezug auf diese umschriebene Leistung erhielten sie also einen Stamm »kluger« und einen Stamm »dummer« Tiere. Wurde nun eine neue Generation beider Stämme in einer stark anregungsverarmten Umwelt aufgezogen, fand man bei der späteren Labyrinth-Prüfung keinen Unterschied zwischen den Stämmen. Die Leistungen genetisch »kluger« und »dummer« Ratten waren gleich niedrig. Wurde eine Nachwuchsgeneration jedoch in einer anregungsangereicherten Umwelt aufgezogen, so waren die Leistungen beider Stämme ungefähr gleich gut.

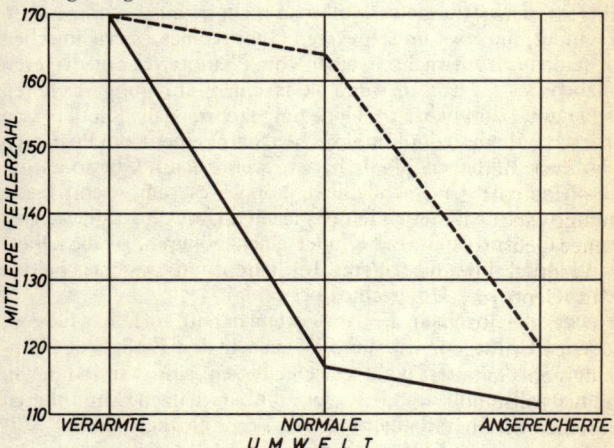

*Abb. 4:* Genotyp-Umwelt-Interaktion bei zwei Rattenstämmen, die aufgrund hoher oder niedriger Fehlerzahlen im Labyrinth zu »klugen« oder »dummen« (gestrichelt) Tieren über mehrere Generationen hinweg gezüchtet worden waren. Der genotypische Unterschied zeigt sich nur, wenn die Nachwuchsgeneration beider Stämme in »normaler« Umwelt aufwächst. Verbrachte sie dagegen ihre Kindheit in einer verarmten oder angereicherten Umwelt, so verschwindet der Unterschied. Im ersten Fall ist die Leistung gleich schlecht, im zweiten Fall fast gleich gut. (Nach R. COOPER & J. P. ZUBEK.)

Abb. 4 faßt die Ergebnisse zusammen. Die durchgezogene Linie gibt die mittlere Fehlerzahl der »klugen«, die gestrichelte Linie die der »dummen« Tiere wieder. Der krasse Unterschied zwischen beiden unter normalen Umweltbedingungen des Laboratoriums ist in der Mitte des Diagramms abgetragen. Links sind die gleich schlechten Leistungen nach umweltverarmter Kindheit und rechts ungefähr gleich gute Leistungen nach umweltangereicherter Umwelt abgetragen.

Da der Unterschied zwischen beiden Tiergruppen genetisch fixiert ist, zeigt sich eindrucksvoll, welchen Einfluß Umweltunterschiede in der Genotyp-Umwelt-Interaktion auf ein Verhaltensmerkmal haben können. Die kritische Wende in der Interaktion liegt in einer verschiedenen Umweltbedingung; für »kluge« Tiere bei anregungsverarmter und für »dumme« Tiere bei anregungsangereicherter Kindheit. In jeder neuen Generation läßt sich nach entsprechender Umweltmanipulation der Einfluß beider Genotypen auf das Verhalten nach Belieben wieder umkehren.

Natürlich kann man die Ergebnisse dieses Tierexperiments nicht unmittelbar auf den Menschen übertragen. Aber sie werfen doch die Frage auf, ob nicht eine Analogie zu Umweltunterschieden in der Gesellschaft besteht. Muß man nicht zwingend annehmen, daß Kinder, die etwa im schwarzen Ghetto eines amerikanischen Großstadtslums aufwachsen, einen vom Phänotyp her niedrigeren IQ haben, als sie hätten, wenn sie in einem anregungsreicheren Lebensraum aufwüchsen? Und umgekehrt, daß Kinder von Eltern mit hohem sozioökonomischen Status einen vom Phänotyp her höheren IQ haben, als sie hätten, wenn sie im Ghetto aufgewachsen wären? Und schließlich, könnte es sein, wenn beide Kindergruppen zusammen in der gleichen Umwelt aufgewachsen wären, daß dann schwarze Kinder einen höheren, weiße Oberschichtkinder einen niedrigeren IQ hätten und zwischen beiden kaum ein oder kein Unterschied bestünde?

Wie auch im einzelnen die Antworten darauf ausfallen mögen, eines wird schon jetzt deutlich: Wenn wir den Einfluß der Umwelt auf den Genotyp nicht genauer fassen, sind wir ständig in Gefahr, den Einfluß des Genotyps zu überschätzen. Mit anderen Worten: Dann überschätzen wir die Vererblichkeit des IQ. Wir führen dann die IQ-Unterschiede zwischen verschiedenen Bevölkerungsgruppen, etwa zwischen schwarzer und weißer US-Bevölkerung oder zwischen Sozialschichten in London, zu stark auf genetische Unterschiede zurück.

### 7.6. *Vererblichkeitsschätzung: ein erster vorläufiger Versuch*

Der einzig sichere Weg gegen diese Gefahr der Überschätzung ist es, wenn man gleiche oder ähnliche Genotypen in verschiedenen Umwelten untersucht. Beim Menschen kann man diesen Weg nur gehen, weil uns ein Experiment der Natur entgegenkommt. Es gibt nämlich einige Menschen mit identischem Genotyp: eineiige Zwillinge, die aus einer einzigen befruchteten Eizelle entstehen. Auf 1000 Lebendgeburten kommen etwa 3 bis 4 eineiige Zwillinge und 6 bis 7 zweieiige Zwillinge. Die zweiigen sind in ihrem Genotyp genauso voneinander verschieden wie einzeln geborene Geschwister. Des weiteren kommt uns bei unserer Frage noch zu Hilfe, daß Kinder manchmal und schon im frühen Alter aus verschiedenen Gründen von ihren leiblichen Eltern getrennt und von anderen Familien adoptiert werden. So wachsen eineiige Zwillinge manchmal in verschiedenen Umwelten auf.

Abb. 5 zeigt, welche IQ-Unterschiede man bei 50 eineiigen und 45 zweieiigen Zwillingen gefunden hat. Jeder Zwilling in beiden Stichproben wurde getrennt von seinem Zwillingsgeschwister in einer anderen Familie aufgezogen. Die Befunde stammen von den amerikanischen Genetikern NEWMAN et al. (1937).

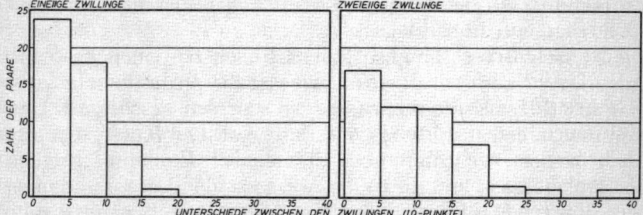

*Abb. 5:* Unterschiede des IQ innerhalb eineiiger und zweieiiger Zwillingspaare, wenn die Zwillinge jedes Paares getrennt in verschiedener Umwelt aufwachsen. 50 eineiige Zwillingspaare (links) zeigen einen durchschnittlichen Unterschied von 5,9 Punkten. Die andere Stichprobe mit 45 zweieiigen Zwillingspaaren zeigt demgegenüber einen durchschnittlichen Unterschied von 10 Punkten. Darin zeigt sich ein erheblicher Einfluß der Vererbung gegenüber verschiedenen Umwelten. (Nach H. H. NEWMAN, F. N. FREEMAN & K. J. HOLZINGER.)

Wie man sieht, liegen die IQ-Werte bei den getrennt aufwachsenden eineiigen Zwillingen viel enger beieinander als bei den getrennt aufwachsenden zweieiigen Zwillingen. Der maximale Unterschied innerhalb eines Paares liegt bei den Eineiigen zwischen zwischen 15 und 20 IQ-Punkten, im Durchschnitt nur bei 5,9 Punkten. Der Einfluß verschiedener Umwelten macht sich nur wenig bemerkbar. Bei den zweieiigen Zwillingen kommt einmal ein Unterschied bis zu 35 bis 40 Punkten vor, der durchschnittliche Unterschied beträgt hier 10 IQ-Punkte. Man kann aber nicht sagen, daß hier die Umweltverschiedenheiten einen größeren Einfluß auf den IQ haben, weil ja in der Gruppe der Zweieiigen gleichzeitig auch der Genotyp variiert.

Eine weitgehende Analyse haben NEWMAN et al. (1937) mit 19 eineiigen und getrennt aufgewachsenen Zwillingen angestellt. Fünf Beurteiler hatten für jede Adoptionsfamilie deren erzieherischen

Anregungsgrad auf die Entwicklung des Kindes zu schätzen. So erhielt man für jedes Zwillingspaar ein Maß für die Umweltverschiedenheit, in der die beiden eineiigen Geschwister aufgewachsen sind. Diesen Umweltdifferenzwert für jedes Paar kann man mit dem Differenzwert der beiden IQs korrelieren. Der Korrelationskoeffizient betrug .79. Er besagt, daß bei identischem Genotyp der IQ mit besserer Umweltanregung ansteigt. Allerdings ist die Umweltwirkung wiederum begrenzt. Die IQ-Unterschiede betragen im Mittel 8 Punkte. Nur bei einem Paar lag der Unterschied bei 24 Punkten. Aber hier handelte es sich um einen extremen Fall:

> Fall 11. Weibliches Paar. Die Schwestern wurden mit 18 Monaten voneinander getrennt. Die eine wurde von einer Familie in einem weit abgeschiedenen Waldgebiet adoptiert und erhielt nur 2 Jahre Schulbildung. Die andere geriet in eine moderne Farmsiedlung und schloß eine College-Ausbildung ab. Die Intelligenz beider Zwillingsschwestern wurde getestet, als sie 35 Jahre alt waren.

Die Höhe solcher Intrapaar-Korrelationen bei eineiigen Zwillingen gibt einen Anhalt dafür, wieweit die phänotypische Ausprägung (IQ) bei gleichem Genotyp von den geschätzten Umweltunterschieden abhängig zu sein scheint. Der Koeffizient gibt allein keinen Aufschluß über die relative Einflußmächtigkeit von Anlage und Umwelt, da die Anlage ja identisch ist und nicht variiert wird. Der Koeffizient hängt von vielerlei Besonderheiten der Daten-Stichproben ab. Zunächst einmal macht es etwas aus, ab wann die Zwillinge getrennt und in welchem Alter ihre IQs erhoben wurden. Entscheidend ist aber vor allem, wieweit die Daten repräsentativ für die betreffende Gesamtbevölkerung sind. Das heißt einmal: Verteilen sich die IQs in der Stichprobe genauso wie in der Bevölkerung (also gleicher Mittel- und Streuungswert)? Und zum andern: wieweit die Adoptionsmilieus eine repräsentative Stichprobe der gesamten Umweltvariation in der Bevölkerung darstellen und wieweit sich dabei die Intrapaar-Unterschiede normal verteilen. Wie zu erwarten, traf das letztere für die 19 Zwillinge von NEWMAN et al. (1937) nicht zu. Die meisten Zwillinge wurden in einander ähnliche Milieus vermittelt, es gab nur einzelne Fälle (wie der berichtete), in denen es zu krassen Umweltunterschieden kam. Dadurch kann der Korrelationskoeffizient u. U. künstlich erhöht werden und eine Überschätzung des Umwelteinflusses nahelegen. Eine neuere und methodisch bessere Untersuchung von BURT (1966) zeigt einen weniger starken Umwelteinfluß. BURT fand, daß die IQ-Differenz mit der Umweltdifferenz nur .26 korreliert.

Wir können nun auf eine erste und vorläufige Weise eine Erblichkeitsschätzung des IQ versuchen. Denn IQ-Unterschiede zwischen zusammen und getrennt aufwachsenden eineiigen und zweieiigen Zwillingen erlauben uns, die Wirkungen von Genotyp und Umwelt je für sich zu isolieren. Im einzelnen: Die Eineiigen lassen den Umwelteinfluß bei konstantem Genotyp erkennen. Der mittlere IQ-Unterschied ist in verschiedener Umwelt größer als in gemeinsamer. Die Differenz beider Unterschiede geht allein auf die Umwelt zurück. Auf der anderen Seite lassen die Zweieiigen, die in »gleicher« Umwelt aufwachsen, den Einfluß eines zu 50% verschiedenen Genotyps (zweieiige Zwillinge) erkennen. Von dem IQ-Unterschied, der zwischen Zweieiigen festzustellen ist, ist ebenfalls der IQ-Unterschied abzuziehen, der auch bei Eineiigen in »gleicher« Umwelt auftritt.[1] Die Differenz dieser beiden Unterschiede geht allein auf den Genotyp zurück.

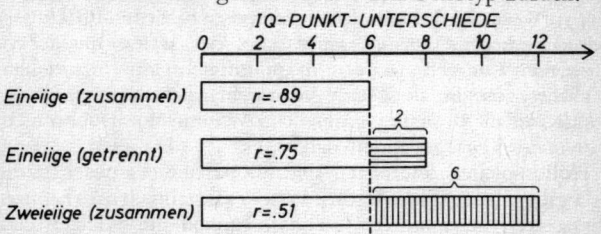

*Abb. 6:* Abschätzung des Vererbungseinflusses durch Vergleich der IQ-Punkt-Unterschiede innerhalb der zusammen und getrennt aufwachsenden eineiigen und zweieiigen Zwillingspaare. Der Einfluß des verschiedenen Genotyps (unterer Balken) ist hier dreimal stärker als der Einfluß einer unterschiedlichen Umwelt (mittlerer Balken): ein Unterschied von 6 IQ-Punkten gegen 2. Die angegebenen IQ-Punkte sind willkürlich gewählt und sollen nur die Logik der Verhältnisschätzung der Wirkung beider Einflüsse darlegen.

Abb. 6 macht dies graphisch an einem vereinfachten Beispiel mit willkürlichen IQ-Angaben deutlich. Der obere Balken zeigt die mittlere IQ-Differenz für Eineiige in gleicher Umwelt: 6 Punkte. Das ist ein Grundbetrag an IQ-Fluktuation, den wir schon wegen der Ungenauigkeit des Testinstruments bei identischer Genotyp-Umweltinteraktion in Kauf nehmen müssen. Der mittlere Balken macht die Zunahme der mittleren IQ-Unterschiede deutlich, wenn Eineiige in verschiedenen Umwelten aufwachsen: die Zunahme beträgt 2 Punkte. Der untere Balken zeigt die Zunahme der mittleren IQ-Unterschiede, wenn nur unterschiedliche Genotypen von Geschwistern zur Wirkung kommen, wenn also Zweieiige in der »gleichen« Umwelt aufwachsen. Die Zunahme ist größer, sie beträgt 6 Punkte. Der Einfluß des Genotyps wäre also in unserem Beispiel dreimal stärker als der der Umwelt, nämlich 6 zu 2. (Eine solche Aussage beruht übrigens auf einer nicht gegebenen Voraussetzung, daß nämlich IQ-Punkte sich auf einer

---

[1] Denn in ihm können eine Ungenauigkeit, ein Meßfehler, des IQ-Tests oder auch tatsächliche Unterschiede innerhalb einer »gleichen« Umwelt, d. h. verschiedene Umwelten für einzelne Kinder der gleichen Familie zum Ausdruck kommen.

Verhältnisskala anordneten, wie etwa eine physikalische Längen-
messung in Zentimetern.) In den Balken sind auch die Intrapaar-
Korrelationen für die verschiedenen Gruppen angegeben. Die
Korrelation der IQs in jedem Paar ist am höchsten, wenn für jedes
Paar Genotyp und Umwelt gleich sind. Sie wird etwas geringer,
wenn bei gleichem Genotyp die Umwelt verschieden ist. Und sie
fällt stärker ab, wenn bei gleicher Umwelt der Genotyp verschieden ist.

Unser vorläufiger und stark vereinfachter Berechnungsversuch
stellt das Grundmodell der Schätzung dar. In der Genetik drückt
man solche Schätzungen varianzanalytisch aus (CATTELL 1960;
BURT 1958). Man nimmt die Varianz der verschiedenen IQ-Unterschiede als Anteile der Gesamtvarianz der unterschiedlichen
IQs, die sich auf genetische und auf umweltbedingte Quellen
zurückführen lassen, und setzt sie miteinander ins Verhältnis,
d. h. bildet einen Quotienten. Für solche Zwillingsuntersuchungen
hat man in der Regel gefunden, daß 60 bis 65 % der Gesamtvarianz
auf Vererbung zurückzuführen sind. Die Höhe der geschätzten
Vererblichkeit hängt jedoch stark von Vorannahmen ab, die man
der Schätzung zugrunde legt. So schwanken die Schätzungen
zwischen 45 und 85 % (BURT 1966; JENSEN 1969; SCHACHT-
BRELAND 1971). Wir werden aber gleich sehen, daß der Verer-
bungseinfluß eher überschätzt wird; ganz davon abgesehen, daß
das Schätzmodell noch viel zu einfach ist.

## 7.7. *Ein genauerer Schätzversuch der IQ-Vererblichkeit*

Unser bisheriger Versuch, die Erblichkeit des IQ zu schätzen,
ist noch ungenügend. Wir haben einiges unberücksichtigt gelassen. Machen wir uns noch einmal unsere Grundfrage klar:
Worauf lassen sich IQ-Unterschiede zurückführen? Mit anderen
Worten und statistisch formuliert: In welche einzelnen Anteile
läßt sich die Gesamtvarianz des IQ in einer Bevölkerung auf-
teilen, wieviel davon geht auf den Genotyp und wieviel auf Umweltfaktoren zurück? Die Antwort darauf, nämlich eine Vererblichkeitsschätzung, ist ein statistischer Wert für eine ganze Bevölkerung. Wir müssen deshalb zunächst einmal auch die ganze
Streubreite an verschiedenen Genotypen und an verschiedenen
Umwelten in einer gegebenen Bevölkerung in Betracht ziehen.
Tun wir das nicht und ziehen wir eine IQ-Stichprobe, die nur
einen Teil der gesamten genotypischen Variation berücksichtigt,
zugleich aber eine größere Variationsbreite an Umweltunterschieden repräsentiert, heran, so unterschätzen wir den Varianzanteil des Genotyps gegenüber der Umwelt. Repräsentiert
unsere Stichprobe dagegen mehr genotypische Variation als Um-

weltvariation in einer Bevölkerung, so unterschätzen wir umgekehrt den Varianzanteil der Umwelt gegenüber dem Genotyp.
Das letztere ist z. B. gewöhnlich der Fall, wenn man getrennt aufwachsende Zwillinge mit zusammen aufwachsenden Zwillingen vergleicht. Denn getrennt Aufwachsen bedeutet immer, daß man diese Kinder nicht einer zufälligen Stichprobe von Adoptiveltern überläßt. Adoptiveltern werden vielmehr von den zuständigen Behörden nach ihrer Eignung für diese Aufgabe ausgewählt und stellen deshalb eine ausgewählte Stichprobe der Gesamtbevölkerung dar. Das ist noch ausgeprägter der Fall, wenn – wie es häufig vorkommt – die Kinder von den Verwandten der leiblichen Eltern adoptiert werden. Mit anderen Worten: Die Streubreite der möglichen Umweltunterschiede ist bei adoptierten Kindern von vornherein stärker eingegrenzt. Das gilt im Grunde für jeden Vergleich zwischen getrennt lebenden Verwandten. Dagegen kann die erhobene Stichprobe der zusammen aufwachsenden Zwillinge viel eher die gesamte Streubreite der Umweltunterschiede einer Bevölkerung repräsentieren. Beide Stichproben repräsentieren also verschieden große Grundgesamtheiten an Umweltunterschieden. Vergleicht man nun die Umweltunterschiede zwischen den Zwillingen, indem man die Adoptions-Stichprobe getrennt aufwachsender eineiiger Zwillinge der Familien-Stichprobe zusammen aufwachsender eineiiger Zwillinge gegenüberstellt, so muß man zwangsläufig den Variationsanteil des Genotyps auf Kosten der Umwelt überschätzen. Es ist deshalb angebracht, in den vorliegenden Zwillingsuntersuchungen eine gewisse Überschätzung des genotypischen Einflusses zu vermuten.
Die Varianzschätzung sei in einem Gedankenexperiment von BODMER & CAVALLI-SFORZA (1970) verdeutlicht. In Abb. 7 zeigt die große Kurve die Gesamtverteilung des IQ in einer Bevölkerung. Ihre Basisbreite unten bestimmt die Gesamtvarianz aller IQs. Stellen wir uns nun vor, wir könnten bei jedem Individuum den Genotyp, der den IQ beeinflußt, feststellen und daß es in der Bevölkerung verschiedene Einzelgruppen mit gleichem Genotyp gibt. Diese einzelnen Genotypgruppen sind durch die kleinen Kurven dargestellt. Die Varianz, d. h. die Basisbreite, die wir hier in jeder Einzelgruppe finden, kann nur durch Umweltunterschiede verursacht sein. Berechnen wir den Mittelwert der IQ-Varianzen in all diesen Einzelgruppen mit gleichem Genotyp, so erhalten wir den Umweltanteil an der Gesamtvarianz. Der dann noch übrigbleibende Anteil an der Gesamtvarianz muß auf Unterschiede des Genotyps zurückgehen. Drücken wir diesen Anteil als Bruchteil an der Gesamtvarianz aus, so haben wir ein Maß für die Vererblichkeit des IQ.
Jetzt lassen sich leicht weitere Gründe einsehen, warum unsere bisherigen Schätzversuche anhand von Zwillingen unzureichend

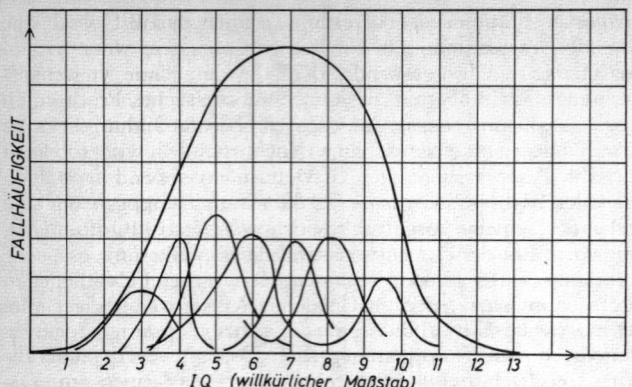

*Abb. 7:* Verdeutlichung, wie man bei einer Vererblichkeitsschätzung vorgeht. Die Erblichkeitsschätzung geht davon aus, daß eine Bevölkerung aus mehreren Teilgruppen besteht, von denen jede einen bestimmten Genotyp und eine gewisse IQ-Streubreite besitzt (kleine Kurven). Alle diese IQ-Verteilungen der genotypischen Teilgruppen machen gemeinsam die Gesamtverteilung der IQs über die gesamte Bevölkerung aus (große Kurve). Die IQ-Variation in den genotypischen Teilgruppen kann allein nur durch Umweltunterschiede verursacht sein. Die Wirkung der Vererbung auf die Gesamtverteilung des IQ erhält man, wenn die mittlere IQ-Streubreite aller genotypischen Teilgruppen von der Streubreite der Gesamtverteilung abgezogen wird. Was übrigbleibt ist die Variationsbreite, die auf genetische Faktoren zurückgeführt werden muß. Vererblichkeit ist ein Maß der relativen Wirkungen von Vererbung und Umwelt auf ein Merkmal wie den IQ. (Nach W. F. BODMER & L. L. CAVALLI-SFORZA.)

sind. Zwillingspaare können unmöglich die ganze Variationsbreite an Unterschieden des Genotyps und der Umwelt in einer Bevölkerung darstellen. Eineiige Zwillinge in der gleichen Familie haben gleiche oder fast gleiche Umwelten. Zweieiige Zwillinge haben wie alle Geschwister zur Hälfte das gleiche Erbgut von beiden Eltern. Sie sind also noch weit davon entfernt, repräsentativ für die genotypische Gesamtvarianz in einer Bevölkerung zu sein. Dazu müßte man den IQ-Unterschied innerhalb der Zwillingspaare mindestens mit 2 multiplizieren. Die genotypische Ähnlichkeit zwischen Geschwistern wird nämlich im Vergleich zu nicht-verwandten Altersgenossen in der Bevölkerung durch die sog. *Homogamie* ihrer Eltern erhöht.

Homogamie besagt, daß Eltern sich nicht zufällig zum Zwecke der Fortpflanzung paaren. Sie finden sich vielmehr in der Regel aufgrund ähnlicher Merkmale zusammen, nach dem Grundsatz: »Gleich zu gleich gesellt sich gern.« So beträgt die Korrelation der IQs innerhalb von Elternpaaren etwa .60 und liegt damit noch über der IQ-Ähnlichkeit ihrer Kinder, deren IQ-Korrelation .50 beträgt! Intelligenz ist also ein wichtiges Leitmerkmal bei der

Partnerwahl. Daraus ist aber nicht zu schließen, daß Erwachsene gute IQ-Diagnostiker sein müßten, insbesondere wenn sie im Begriff sind, sich zu verlieben. Die IQ-Homogamie ist weniger eine individuelle Leistung als ein gesellschaftliches Produkt. In industrialisierten Gesellschaften sind nämlich die Bildungssysteme und Bildungshierarchien so eingerichtet, daß sie – wie grob auch immer – die heranwachsende Generation zunehmend nach intellektueller Tüchtigkeit auslesen. So ist die Sozialgruppe, in der man schließlich seinen Ehepartner finden kann, relativ IQ-homogen, verglichen mit der Gesamtvarianz in der Bevölkerung.

Stützen wir unsere Vererblichkeitsschätzungen auf Zwillinge, so gibt es noch einen anderen Umstand, der sie weniger geeignet macht, repräsentative IQs für die Gesamtbevölkerung zu liefern. Sie werden nämlich durchschnittlich zu früh geboren, haben ein geringeres Geburtsgewicht und durchschnittlich einen um etwa 4 bis 7 Punkte niedrigeren IQ als ihre einzeln geborenen Geschwister (vgl. HUSÉN 1959; 1960). Dies ist übrigens in allen Sozialschichten der Fall und macht deutlich, daß die vorgeburtlichen Entwicklungsbedingungen zu den wichtigsten Umweltfaktoren gehören, die den Phänotyp IQ beeinflussen. Der zuerst geborene Zwilling ist in der Regel von Anfang an weiter entwickelt und bleibt dem anderen gegenüber im Vorsprung. Man kann schon daran sehen, daß Geschwister innerhalb derselben Familie keineswegs die völlig gleiche Umwelt vorfinden. Die Stellung in der Geschwisterreihe, das Geschlecht und sonstige Besonderheiten sind mit unterschiedlichen Erfahrungen verknüpft, z. T. weil die

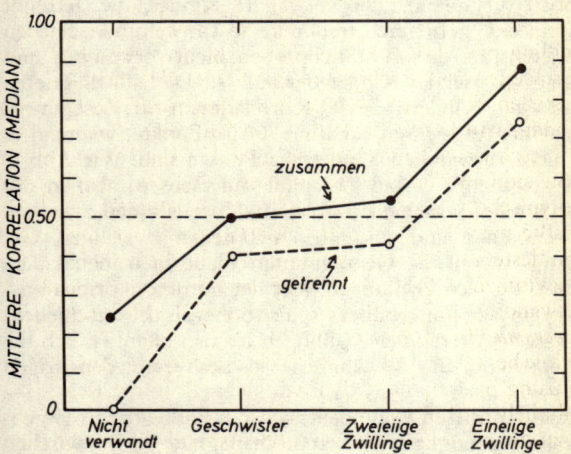

*Abb. 8:* Mittlere IQ-Korrelationen zwischen getrennt und zusammen aufgewachsenen Personen verschiedenen Verwandtschaftsgrades. (Nach A. R. JENSEN.)

Eltern ihre einzelnen Kinder entsprechend verschieden behandeln. Zwillinge sind in der elterlichen Entwicklungsanregung offensichtlich benachteiligt, da die Mutter ihre Aufmerksamkeit und Zuwendung zwischen ihnen teilen muß.

Aus all diesen Unzulänglichkeiten gibt es nur letztlich den einen Ausweg, die IQ-Korrelation zwischen allen möglichen Verwandtschaftsgraden für die Vererblichkeitsschätzung heranzuziehen und dabei die gesamte IQ-Variation einer Bevölkerung mit ihrer gesamten Umweltvariation zu berücksichtigen. Nur so kann man damit rechnen, eine repräsentative Stichprobe der gesamten Genotyp- und Umweltvarianz zu ziehen.

Abb. 8 veranschaulicht die Höhe der IQ-Korrelationen für drei verschiedene Verwandtschaftsgrade, wenn die Kinder zusammen oder getrennt aufgezogen wurden. Die Kurvenpunkte stellen die mittleren Korrelationen aus den bisher vorliegenden Untersuchungen dar. Die drei Verwandtschaftsgrade sind 1. ungleiche Genotypen, d. h. nicht-verwandte Kinder; 2. zur Hälfte identische Genotypen, nämlich einzeln geborene Geschwister und zweieiige Zwillinge – und 3. identische Genotypen, nämlich eineiige Zwillinge. Es ist deutlich zu sehen, daß in dieser Reihenfolge die Korrelationen ansteigen und – außerdem – daß sie bei getrenntem Aufwachsen immer um fast den gleichen Betrag niedriger ausfallen. Bei Geschwistern macht der Umwelteinfluß etwa 10 Korrelationspunkte, bei nicht-verwandten Kindern 24 Korrelationspunkte aus.

Aber auch hier müssen wir wieder kritisch einwenden, daß die Stichproben für miteinander verwandte Kinder, die getrennt aufwachsen, eine geringere Streubreite an Umweltunterschieden repräsentieren, als dies für Stichproben nicht-verwandter und getrennt aufwachsender Kinder der Fall ist. Deshalb differieren bei verwandten Kindern die IQ-Korrelationen für Zusammen- und Getrennt-Aufwachsen auch nur um 10 Punkte, während es bei den nicht-verwandten Kindern 24 Punkte sind. Wie Abb. 8 ebenfalls zeigt, gibt es bei Zusammenaufwachsen (also in der gleichen Familie) verschieden hohe IQ-Korrelationen zwischen einzeln geborenen und zusammen geborenen zweieiigen Geschwistern, obwohl die Genotypunterschiede in beiden Fällen gleich sind. Bei den Zwillingen liegt der mittlere Korrelationskoeffizient ein paar Punkte über .50, also höher als bei verschiedenaltrigen Geschwistern. Bei Zwillingen ist also offensichtlich die Familienumwelt noch etwas ähnlicher als bei verschiedenaltrigen Geschwistern.

Nimmt man zu diesen Befunden noch die vorliegenden Ergebnisse für andere mögliche Verwandtschaftsgrade (z. B. zwischen Großeltern und Enkelkindern, zwischen Vettern usw.), so lassen sich viele einzelne Stichproben zusammensetzen, um repräsentative Schätzwerte für die Vererblichkeit des IQ zu gewinnen, obwohl auch sie immer noch weit davon entfernt sind, repräsentativ für eine gegebene Gesamtbevölkerung zu sein. Sie liegen zwischen 45 und 85%, d. h. soviel der Gesamtvarianz des IQ scheint in einzelnen westeuropäischen und nordamerikanischen Untersuchungen auf Erbfaktoren rückführbar zu sein. Die Bedeutung solcher Erblichkeitsschätzungen ist jedoch in hohem Maße durch eine ganze Reihe von Annahmen eingeschränkt, mit denen fehlendes Wissen, kaum vermeidbare Mängel der Stichproben und Unvollkommenheiten der Datenerhebung zu überbrücken versucht werden.

Abgesehen von der jeweiligen Bevölkerung und dem verwendeten Testinstrument hängt die Schätzung von dem genetischen Modell ab, das man der Berechnung zugrunde legt. Berücksichtigt man nur die kleinere Zahl der einflußreichsten Gene und nimmt außerdem einfachheitshalber an, daß diese Gene sich nicht untereinander beeinflussen, sondern alle additiv auf den Phänotyp einwirken, so fallen die Schätzungen niedrig aus. Statt dieses Modells der sog. »Erblichkeit im engen Sinne« ist ein anderes der »Erblichkeit im weiten Sinne« angemessener. Es berücksichtigt neben der Varianz rein additiver Gene drei weitere Varianzanteile, von denen die ersten beiden, *Gen-Dominanz* und *Gen-Interaktion*, die Erblichkeitsvarianz vergrößern, während der dritte Anteil, die Homogamie, sie wieder reduziert. Unter Gen-Dominanz wird verstanden, daß einzelne Gene, die aus dem väterlichen oder mütterlichen Erbsatz stammen, dominant oder rezessiv sein können. Unter Gen-Interaktion wird verstanden, daß die kombinierte Wirkung einzelner Gene stärker oder geringer sein kann als die Summe ihrer isolierten Effekte. Was Homogamie ist, haben wir bereits erörtert. Tab. 1 (nach ERLENMEYER-KIMLING & JARVIK 1963) gibt eine Übersicht über insgesamt 52 Untersuchungen, die aus 8 Ländern in 4 Kontinenten stammen. In diesen Untersuchungen wurden die verschiedensten Intelligenztest-Instrumente verwendet. Die aufgeführten Korrelationen der Intelligenztestwerte sind Mittelwerte (Median) aus allen vorliegenden Befunden, die jeweils auf bestimmten Verwandtschaftsgraden und auf gemeinsamem bzw. getrenntem Aufwachsen basieren. Gesondert sind auch jeweils die theoretischen Korrelationskoeffizienten angegeben, die aufgrund genetischer Modelle zu erwarten sind. In der dritten Spalte sind Erwartungswerte angegeben, die Homogamie der Eltern und eine partielle Gen-Dominanz eines polygenischen Modells berücksichtigen (Erblichkeit im weiten Sinne). Die Erwartungswerte in der letzten Spalte nehmen dagegen bloß eine zufällige Partnerwahl und rein additive Gen-Wirkungen an (Erblichkeit im engen Sinne). Die Abweichungen zwischen empirisch gefundenen und theoretisch aufgrund reiner Vererbungswirkung zu erwartenden Korrelationskoeffizienten lassen umweltbedingte Wirkungen deutlich werden. Dafür zwei

Beispiele: Bei nicht-verwandten, aber zusammen aufgewachsenen Kindern beträgt der Korrelationskoeffizient nicht .00, sondern .24; und bei eineiigen, aber getrennt aufgewachsenen Zwillingen beträgt er nicht + 1.00, sondern + .75. Die Werte in Abb. 8 sind übrigens aus dieser Übersicht von ERLENMEYER-KIMLING & JARVIK entnommen.

*Tab. 1:* Mittlere Korrelationen von Intelligenztestwerten zwischen gemeinsam und getrennt aufgewachsenen Personen verschiedener Verwandtschaftsbeziehungen: Empirische Werte (gemittelt aus 52 Untersuchungen) und theoretische Werte. (Aus: A.R. JENSEN, ›How much can we boost IQ and scholastic achievement?‹ In: *Harvard Educational Review*, 1969, 39, 1–123; S. 49.)

| Korrelationen zwischen | Anzahl der Untersuchungen | Empirischer Median von r[1] | Theoretischer Wert[2] | Theoretischer Wert[3] |
|---|---|---|---|---|
| *Nicht-verwandte Personen* | | | | |
| Getrennt aufgewachsene Kinder | 4 | —.01 | .00 | .00 |
| Pflegeeltern und Kind | 3 | +.20 | .00 | .00 |
| Zusammen aufgewachsene Kinder | 5 | +.24 | .00 | .00 |
| *Verwandte Personen: Seitenlinien* | | | | |
| Vettern ersten Grades | 1 | +.16 | + .14 | + .063 |
| Vettern zweiten Grades | 3 | +.26 | + .18 | + .125 |
| Onkel (Tante) und Neffe (Nichte) | 1 | +.34 | + .31 | + .25 |
| Geschwister, getrennt aufgewachsen | 33 | +.47 | + .52 | + .50 |
| Geschwister, gemeinsam aufgewachsen | 36 | +.55 | + .52 | + .50 |
| Zweieiige Zwillinge, verschiedengeschlechtlich | 9 | +.49 | + .50 | + .50 |
| Zweieiige Zwillinge, gleichgeschlechtlich | 11 | +.56 | + .54 | + .50 |
| Eineiige Zwillinge, getrennt aufgewachsen | 4 | +.75 | +1.00 | +1.00 |
| Eineiige Zwillinge, zusammen aufgewachsen | 14 | +.87 | +1.00 | +1.00 |
| *Verwandte Personen: Direkte Linie* | | | | |
| Großeltern und Enkel | 3 | +.27 | + .31 | + .25 |
| Eltern (als Erwachsene) und Kind | 13 | +.50 | + .49 | + .50 |
| Eltern (als Kind) und Kind | 1 | +.56 | + .49 | + .50 |

[1] Korrelationen nicht korrigiert (für Unzuverlässigkeit).
[2] Unter Zugrundelegung von Homogamie und partieller Gen-Dominanz.
[3] Unter der Annahme fehlender Homogamie (zufälliger Partnerwahl) und bloß rein additiver Gen-Wirkung, d. h. unter Zugrundelegung des einfachst möglichen polygenischen Vererbungsmodells.

Aber auch auf seiten der Umweltvarianz gibt es nicht weniger schwierige Schätzprobleme. Unter »Umwelt« versteht man alles, was sich nicht auf genetische Faktoren oder auf Meßfehler des IQ-Testinstruments zurückführen läßt. Dabei müssen jedoch zwei Komplikationen in der Beziehung zwischen Umwelt und

Genotyp als gesonderte Teilvarianzen in Rechnung gestellt werden: die *Genotyp-Umwelt-Kovarianz* und die *Genotyp-Umwelt-Interaktion*. Die Kovarianz bedeutet, daß eine bessere genetische Ausstattung auch mit einer stärker fördernden Umweltanregung einhergeht. Begabtere Kinder haben eher begabtere Eltern und diese stellen wiederum in der Regel eine anregendere Umwelt für ihre Kinder her. Des weiteren wird ein besonders befähigtes Kind häufig auch außerhalb der Familie stärker gefördert als ein weniger befähigtes. (Es lassen sich allerdings auch außergewöhnliche gesellschaftliche Verhältnisse denken, in denen es umgekehrt ist und befähigtere Kinder vergleichsweise weniger gefördert werden als weniger befähigte.)

Eine Genotyp-Umwelt-Kovarianz vergrößert die Umweltvarianz. Die Schätzung der Kovarianz ist ein schwieriges Unterfangen, denn es bedeutet nicht weniger, als die gegenwärtige Chancenstruktur für Intelligenzentwicklung in einer gegebenen Gesellschaft zu bestimmen, d. h. etwa die unterschiedlichen Bildungschancen in den Sozialschichten und im nationalen Bildungssystem einer gegenwärtigen Bevölkerung auf einen gemeinsamen Nenner zu bringen.

Der andere Varianzanteil, nämlich die Genotyp-Umwelt-Interaktion wurde in dem angeführten Tierexperiment vorgestellt. Verschiedene Genotypen müssen auf gleiche Umwelten keineswegs gleich reagieren, die Wirkungen können ganz unterschiedlich sein. Natürlich ist es völlig unmöglich, alle möglichen Genotyp-Umwelt-Kombinationen aufzufinden oder gar herzustellen, um ihre Interaktionswirkungen empirisch festzustellen. Was wir bis heute von Interaktionseffekten in der Intelligenzentwicklung wissen, ist nicht viel mehr, als daß Kinder mit höherem IQ eine engere Korrelation zwischen IQ und Umweltfaktoren zeigen als Kinder mit niedrigem IQ. D. h. mit anderen Worten, wenn wir beide IQ-Gruppen getrennt einander gegenüberstellten, so fiele die Erblichkeitsschätzung für die Gruppe mit niedrigem IQ höher aus.

Wir sind nun soweit, um die Gesamtvarianz eines Phänotyps (wie IQ) in einer gegebenen Population ($V_P$, Populationsvarianz) in einzelne Teilvarianzen aufzuspalten und zusammenfassend aufzuzählen. Es gibt drei große Varianzquellen: die Anlagevarianz ($V_A$), die Umweltvarianz ($V_U$) und die Fehlervarianz ($V_F$), d. h., die mangelnde Zuverlässigkeit des Meßinstruments für »Intelligenz«. Anlagevarianz und Umweltvarianz lassen sich wiederum in mehrere Komponenten zerlegen:

Anlagevarianz ($V_A$) in

1. Gen-Varianz (rein additive Gen-Wirkung) = $V_G$
2. Homogamie-Varianz (mehr oder weniger gezielte Partnerwahl) = $V_H$
3. Gen-Dominanz-Varianz = $V_{GD}$
4. Gen-Interaktions-Varianz = $V_{GI}$

Umweltvarianz (V$_U$) in

1. Umwelt-Varianz = V$_U$
2. Genotyp-Umwelt-Kovarianz = Kov$_{GU}$
3. Genotyp-Umwelt-Interaktion = V$_I$

Alle diese Teilvarianzen addieren sich, wie die folgende Formel zeigt, zur Gesamtvarianz des Phänotyps:

$$V_P = \underbrace{\frac{(V_G + V_H) + V_{GD} + V_{GI}}{V_A}}_{\text{Anlage}} + \underbrace{\frac{V_U + Kov_{GU} + V_I}{V_U}}_{\text{Umwelt}} + \underbrace{V_F}_{\text{Fehler}}$$

Abgesehen von allen Fragen der Varianzaufspaltung läßt sich bei jeder Vererblichkeitsschätzung das Problem einer repräsentativen Stichproben-Erhebung nie befriedigend lösen. Erinnern wir uns: Erblichkeitsschätzungen sind immer Populationsstatistiken. D. h. sie müssen auf Daten beruhen, die die Verteilungsbesonderheiten in der betreffenden Bevölkerung berücksichtigen. Die IQ-Stichproben müssen also möglichst für alle Genotypen und für alle Umwelten in einer Bevölkerung repräsentativ sein. Die repräsentative Verteilung der Genotypen kann man immer nur indirekt und nur unvollkommen überprüfen, indem man vielerlei Verwandtschaftsgrade in allen verschiedenen IQ-Bereichen berücksichtigt. Zugleich müßte man aber auch eine repräsentative Verteilung aller Umwelten berücksichtigen. Man müßte dazu auch wissen, was es alles an tatsächlich wirksamen Umweltunterschieden gibt. Was man dagegen bislang berücksichtigt hat, ist in der Regel nur die bloße Unterscheidung des Zusammen-oder Getrennt-Aufgewachsenseins, gelegentlich auch der soziologisch definierte Sozialstatus des Elternhauses, und kaum je der geschätzte kulturelle Anregungsgehalt der Familie. Wir sind noch weit davon entfernt, einen präziseren Begriff von Umwelt zu haben, wenn es um deren Wirkungen auf die Intelligenzentwicklung geht. Wir kommen darauf zurück (vgl. auch Studientext 7).

Gehen wir noch auf Schulleistungen ein. Denn man hat auch für sie auf gleiche Weise wie beim IQ Vererblichkeitsschätzungen angestellt. Sie liegen erheblich niedriger als beim IQ, etwa bei 40%. Es ist wichtig zu wissen, daß hier Unterschiede zwischen den familiären Umwelten den größten Anteil an der Gesamtvarianz der Schulleistungen ausmachen, nämlich etwa 50 bis 60%. Wir können daraus ersehen, daß unterschiedliche Schulleistungen mehr als der IQ durch Erziehungsbemühungen und Motivationsfaktoren zustande kommen.

Abschließend sei noch einmal darauf hingewiesen, daß Vererblichkeitsschätzungen Unterschiede des Auftretens eines Phänotyps *in einer* Bevölkerung erklären. Sie erklären nicht den Phänotyp bei einem *einzelnen* Individuum. Wenn jemand einen IQ von 90 hat, so ist es Unsinn zu sagen, dieser beruhe zu -zig % auf seinem Genotyp und zu -zig % auf seiner Umwelt. Denn von dem einzelnen und überdauernden Merkmal eines Individuums können wir keine Statistik aufstellen und deshalb auch keine Varianz-aufteilung vornehmen. Es ist eine ganz andere Frage, warum jemand einen IQ von 90 und nicht von 110 hat. Um ihrer Beant-wortung näher zu kommen, müßten wir IQ-Vergleiche mit seinen Eltern und Geschwistern anstellen und zugleich nach Umwelt-faktoren fahnden, deren Einfluß wir z. Z. bereits kennen. In jedem Falle hat ein individueller Phänotyp keine Anteile von Erb-gut und Umwelt. Er stellt vielmehr den Entwicklungsnieder-schlag einer langen und verwickelten Wechselwirkung zwischen genotypischer Steuerung und Umwelteinflüssen dar.

### 7.8. *IQ-Unterschiede zwischen Sozialschichten und soziale Mobilität*

Jetzt können wir unsere alte Frage, wie es zu IQ-Unterschieden zwischen Gruppen innerhalb der Bevölkerung kommt, wieder aufnehmen. Seitdem es eine IQ-Messung gibt, also seit über 70 Jahren, hat man immer wieder und in vielen Ländern festge-stellt, daß der IQ der Schüler mit der Sozialschichtzugehörigkeit ihres Elternhauses korreliert, und zwar etwa zwischen .25 und .50 (EELLS et al. 1951; ECKLAND 1967). Sozialschichtzugehörigkeit wird gewöhnlich nach 4 bis 8 Klassen des Sozialstatus aufgeteilt, und dieser wird bestimmt nach dem Bildungsgrad des Vaters oder beider Eltern, nach Berufsposition des Vaters und gelegent-lich nach Einkommen und weiteren Statusmerkmalen. Am häufigsten liegen die Korrelationen des Schüler-IQ mit dem elterlichen Sozialstatus zwischen .30 und .40. Sozialstatus klärt also noch etwa 9 bis 16 % der IQ-Varianz bei den Kindern auf. Zwischen Schülern der untersten und obersten Sozialschicht liegt im Mittel eine IQ-Differenz von 1 bis 2 Standardabweichungen, d. h. 15 bis 30 Punkten. Man darf dabei jedoch nicht übersehen, daß in jeder Gruppe die IQ-Streuung beträchtlich ist und etwa bei Einteilung in 6 Statusgruppen noch knapp eine Standardabwei-chung beträgt. So kommt es zu weiter Überlappung der IQ-Ver-teilung der Schüler aus verschiedenen Sozialschichten.

Auf Intelligenzunterschiede zwischen Sozialschichten hinzuwei-sen, verletzt unser Gleichheitsempfinden. Aber es gibt kaum einen Befund der Psychologie, der so gesichert und gleichzeitig so tri-vial ist, wenn man sich die Ursache des Zusammenhangs klar macht. Einfach gesagt: Es ist nicht so, daß Intelligenz zu einem Teil schichtabhängig ist, sondern auch umgekehrt ist Schichtzugehörig-keit zu einem Teil intelligenzabhängig. Diese Abhängigkeit scheint mit der zivilisatorischen und technologischen Entwicklung jeder Bevölkerung zuzunehmen. Je fortgeschrittener in einer Ge-sellschaft das öffentliche Bildungssystem ist, je mehr es Chancen-

gleichheit für alle herzustellen sucht, je mehr die Schuldauer für
alle verlängert wird und die Bildungsziele anspruchsvoller werden,
je differenzierter das Berufssystem ist – um so mehr wird die
heranwachsende Generation auch ausgelesen nach Richtungen
und Niveaus ihrer Fähigkeiten, so unvollkommen dies im einzelnen
auch sein mag. Da Schulleistungen um .50 bis .60 mit IQ korrelieren, ist die Schul- und Berufsauslese auch immer eine, wenn
auch grobe, Vorsortierung nach »allgemeiner Intelligenz«. Und
so muß diese mit dem erreichten Sozialstatus korrelieren. Die
ungleiche Verteilung der Intelligenz über die Sozialschichten wird
in allen gegenwärtigen Gesellschaftssystemen besorgt. Sie ließe
sich nur abschaffen, wenn man das öffentliche Schulwesen bis auf
einen Bildungsstand abbaute, der von allen Schülern mit jedem
IQ mühelos erreicht würde, wenn man alle außerschulischen
Bildungsmöglichkeiten ausschlösse und alle intellektuellen Eingangsvoraussetzungen für jeden Beruf abschaffte.
Andrerseits kommen IQ-Unterschiede zwischen den Sozialschichten auch dadurch zustande, daß mit ansteigender Sozialschicht der intelligenzfördernde Anregungsgehalt der Umwelt
zunimmt. Dies macht im wesentlichen die schon erörterte
Kovarianz zwischen Genotyp und Umwelt aus. Umweltunterschiede reichen jedoch allein nicht aus, um die IQ-Unterschiede
zwischen Sozialschichten zu erklären. So ungenügend die vorliegenden Vererblichkeitsschätzungen auch sind, so unbestreitbar
ist es, daß ein beträchtlicher Anteil der IQ-Unterschiede auf
genotypische Varianz zurückgeht. Deshalb müssen sich die Sozialschichten auch genotypisch unterscheiden. Dafür sprechen auch
alle Befunde der Zwillingsforschung. So sind sich eineiige Zwillinge, die getrennt in verschiedenen Sozialschichtmilieus heran-
wachsen, in ihrem IQ weit ähnlicher als zusammen aufwachsende
zweieiige Zwillinge oder Einzelgeschwister. Oder: Bei Kindern,
die von den ersten Lebensmonaten an im Waisenhaus aufwachsen,
findet man ungefähr dieselbe Korrelation zwischen IQ und dem
Sozialstatus ihrer biologischen Eltern wie bei Kindern, die in
ihrem Elternhaus aufwachsen.
Betrachten wir noch einmal Abb. 2, die die von BURT (1961)
erhobene IQ-Verteilung über 6 Sozialschichten eines Londoner
Stadtteils zeigt. Wir sahen schon, daß der Unterschied zwischen
der obersten und untersten Sozialschicht über 50 Punkte und die
Standardabweichung innerhalb jeder Schicht 8,6 Punkte beträgt.
Sie ist so groß, daß sich die IQ-Verteilungen benachbarter
Schichten weit überlappen. Die Schichteinteilung wurde hier nur
nach dem Beruf des Vaters vorgenommen. Aber da die IQs beider
Eltern ziemlich ähnlich sind – sie korrelieren hier .40 mitein-
ander –, trägt diese Homogamie erheblich zu den Unterschieden
*zwischen* den Schichten bei.
Die nicht-schraffierten Säulen zeigen die IQ-Höhe der Kinder in

jeder Sozialschicht an. Sie liegt für jede Gruppe genau zwischen dem elterlichen IQ und dem Bevölkerungsmittel von 100. Man nennt dieses Phänomen *Regression*, d. h. ein Rückschreiten auf den Mittelwert der Population. Genau dies ist nämlich auch zu erwarten, wenn die Korrelation zwischen dem IQ der Eltern und dem IQ der Kinder .50 beträgt. Die Kinder der untersten Schicht (ganz rechts) haben durchschnittlich einen um 7,5 Punkte höheren IQ als ihre Eltern und die Kinder der höchsten Schicht einen um 19 Punkte niedrigeren. In beiden Fällen beträgt die Regression zum Mittelwert fast perfekt 50%.

Schließlich ist die Standardabweichung der IQ-Verteilung innerhalb der Nachwuchsgeneration jeder Sozialschicht deutlich größer als in der Elterngeneration, nämlich 13,2 statt 8,6 Punkte. Bei dieser weit überlappenden IQ-Verteilung und der Regression zum Mittelwert müßten sich die IQ-Unterschiede zwischen den Sozialschichten schon nach wenigen Generationen nivellieren, wenn sie nicht in jeder folgenden Generation durch soziale Mobilität nach oben und nach unten wieder hergestellt und stabilisiert würden. BURT hat ausgerechnet, daß in jeder Generation, also alle 30 Jahre, 22% der Nachwuchsgeneration die Sozialschicht ihres Elternhauses verlassen und – je nach über- oder unterdurchschnittlichem IQ für die betreffende Gruppe – auf- oder absteigen müssen. Diese Schätzung von 22% liegt noch unter der tatsächlichen sozialen Mobilität in England; sie beträgt 30%.

Wir sehen also, wie sich nach rein genetischen Gesetzen die IQ-Unterschiede zwischen jetzt bestehenden Sozialschichten nach einiger Zeit verwischen müßten – wie aber andererseits gesellschaftliche Prozesse des sozialen Auf- und Abstiegs sie immer wieder herstellen und für schichtspezifische Ungleichheit des IQ sorgen. Daran hat das Bildungssystem – wenn auch nicht allein – einen entscheidenden Anteil.

## 7.9. *Was heißt Umwelt?*

Die Beschäftigung mit Vererblichkeitsschätzungen lenkt unsere Aufmerksamkeit – und das erscheint zunächst paradox – zunehmend vom Genotyp zur Umwelt. An den Genotyp können wir unmittelbar gar nicht herankommen, die Umwelt dagegen liegt sozusagen vor unseren Augen, sie scheint unmittelbar greifbar. Aber was heißt Umwelt? In den Überlegungen zur Vererblichkeit ist sie wie eine Restgröße definiert, die übrig bleibt, wenn man die Varianzteile, die auf Erbfaktoren und auf den Meßfehler des Testinstruments zurückgehen, geschätzt hat. Um ihren Einfluß zu ermessen, ist in der Regel nur die allerdürftigste Minimalinformation herangezogen worden, nämlich ob Kinder in der gleichen oder in verschiedenen Familien aufwachsen. Hier wird Umwelt ganz naiv objektivistisch verstanden, im Sinne physikalischer und geographischer Identität oder Nicht-Identität. Psychologisch gesehen können aber Kinder in der gleichen Familie verschiedene Umwelten vorfinden und wahrnehmen; und Kinder in verschiedenen Familien recht ähnliche oder ganz unähnliche Umwelten.

Dies letztere wäre Umwelt im psychologischen Sinne, d. h. wie sie für den Betroffenen existiert oder – wie man auch sagt – wie sie ihm phänomenal gegeben ist. Eine solche im engeren Sinne psychologische Betrachtung ist jedoch nicht ausreichend. Es gibt ja viele Gegebenheiten der Umwelt, die überhaupt erst den Rahmen von Realisierungsmöglichkeiten für Entwicklung festlegen und so die Möglichkeitsbreite des Verhaltens und Erlebens eingrenzen. Das ist ein ökologischer Begriff von Umwelt, den wir letzten Endes zugrunde legen müssen. Ein Beispiel davon haben wir bereits erörtert, als die TRUDEWINDSche Taxonomie über den Einfluß ökologischer Anregungsgehalte im außerschulischen Lebensraum auf die Genese des Leistungsmotivs dargestellt wurde (Kap. 4). Ein ökologischer Umweltbegriff enthält neben psychologischen auch physikalische Tatbestände (wie etwa Größe und Aufteilung der Wohnung), ja auch biologische Faktoren. Für letztere bietet die Intelligenzentwicklung eindrucksvolle Beispiele. Man denke nur an die Folgen einer Mangelernährung der Mutter während der Schwangerschaft, an die häufig auftretende geringere Blutversorgung eines Zwillings im Mutterleib. Man denke an das Phenylketonurie-Beispiel, wo eine Diäternährung eine biologische Umweltveränderung im Organismus verhindert, die sonst zu schwerer Hirnschädigung und Intelligenzeinbuße führt.

Meistens hat man sich bei der Bestimmung von Unterschieden der Umwelt damit begnügt, sie soziologisch zu fassen, d. h. vor allem durch die Bestimmung der Sozialschichtzugehörigkeit. Das ist weit davon entfernt, den tatsächlichen Wirkungen der Umwelt im ökologischen Sinne gerecht zu werden. Die Forschung ist zunehmend bemüht, davon los- und darüber hinaus zu kommen. Eine Untersuchung von MARJORIBANKS (1972) ist dafür ein ermutigendes Beispiel. Ziel dieser Untersuchung war es, die Umweltwirkung auf die Ausprägung von 4 Intelligenzfaktoren, nämlich sprachliche Fähigkeit, Rechenfähigkeit, schlußfolgerndes Denken und Raumvorstellung, aufzuklären. Dazu wurde ein Verfahren entwickelt, das die wichtigsten Einflußfaktoren der sog. Lernumwelt in ökologischem Sinne messen sollte. Dieses Verfahren konnte die Intelligenzunterschiede bei 11jährigen Schülern weit besser aufklären als soziologische Umweltbestimmungen, wie Bildungsstand der Eltern, Beruf des Vaters, Kinderzahl u. ä. Für die beiden Intelligenzfaktoren der sprachlichen und rechnerischen Fähigkeit konnte die Varianz sogar zu 50% aufgeklärt werden. Für schlußfolgerndes Denken waren es 16%, während nur Raumvorstellung so gut wie unaufgeklärt blieb.

Man darf übrigens diese Prozentangaben nicht mit Vererblichkeitsschätzungen verwechseln, denn in den Berechnungen sind genotypische Faktoren überhaupt nicht berücksichtigt worden. Aber hier haben wir ein Beispiel, wie man Umweltunterschiede künftig bei Vererblichkeitsschätzungen zugrunde legen sollte.

Um den Einfluß der Umwelt besser zu begreifen, ist es notwendig, die Entwicklung der Intelligenz als einen individuellen Prozeß zu verfolgen. Hier stehen sich ja Genotyp und Umwelt nicht wie zwei statische Faktorengruppen gegenüber. Intelligenzentwicklung ist ein ständig von Umweltanregungen gespeistes strukturierendes Lernen im Sinne PIAGETS, das kumulativ verläuft, d. h. zum Erreichten Neues hinzufügt. Während des Tagesablaufs funktionieren Kinder – genau wie wir Erwachsene – aber die meiste Zeit gar nicht auf dem höchsten intellektuellen Strukturierungsniveau, dessen der Einzelne jeweils fähig wäre (vgl. STINCHCOMBE 1969; AEBLI 1970). Das tut man nur bei entsprechenden Umweltherausforderungen. Die zeitliche Dichte solcher Herausforderungen über den Tagesablauf hinweg ist die wohl wichtigste Besonderheit, nach der sich Umwelten im Hinblick auf die Förderung der Intelligenzentwicklung unterscheiden. Denn wo in einer Umwelt sich zeitlich mehr intellektuelle Herausforderung kumuliert, da wird strukturierendes Lernen mehr in Gang gehalten und in gleichen Zeitabschnitten der Entwicklung weiter vorangeführt.

Es sei nur ein Beispiel genannt, wie man Umwelten als Lernumwelten im Sinne der täglichen Herausforderungsdichte unterscheiden kann. Man nehme eine Stichprobe von Familien mit einem 3jährigen Kind und lasse nur beobachten, wie häufig während der täglich wiederkehrenden Situationen der Mahlzeiten, des Zurückkehrens der älteren Geschwister aus der Schule und des Zubettgehens ältere Familienmitglieder in eine intellektuell herausfordernde Interaktion mit dem 3jährigen treten (vgl. HUNT 1969, S. 293f).

Wenn wir ernsthaft beginnen, Umwelt in diesem Sinne zu betrachten, ist sicher viel dazuzulernen, wie man entwicklungsgünstigere Lernumwelten in und außerhalb der Schule fördern kann. Je mehr das gelingt, um so mehr wird der Einfluß ungünstiger Umwelten in der Hervorbringung von Intelligenzunterschieden verringert und damit gleichzeitig der Durchschnittswert an meßbaren Intelligenzleistungen in einer Bevölkerung gesteigert. Denn auch eine hohe Vererblichkeit phänotypischer Intelligenzmerkmale schließt keineswegs aus, daß im Zuge günstigerer Umweltanregungen und besserer Schulsysteme die mittleren Intelligenzwerte einer Bevölkerung allmählich ansteigen. So ließ sich zwischen 1932 und 1947 bei einer Untersuchung von 87% aller jeweils 11jährigen Kinder in Schottland zeigen, daß der durchschnittliche IQ in diesen 15 Jahren statistisch signifikant um 2 Punkte zunahm (SCOTTISH COUNCIL FOR RESEARCH IN EDUCATION 1949).

Im Grunde handelt es sich um den gleichen langfristigen Wandel, wie wir ihn bereits als »säkulare Akzeleration«, etwa der Körperlänge, kennengelernt haben (vgl. Kap. 1.13.; Studientext 1.4.1.). Vor 100 Jahren noch war die Gesamtvarianz der Körperlänge in einer Bevölkerung von einem weit größeren Anteil an Umweltvarianz bestimmt, als das heute der Fall ist. Unzureichende Ernährung und größere Häufigkeit von Infektionskrankheiten in den frühen, wachstumsintensiven Lebensjahren ließen die endgültig erreichten Körperlängen weit mehr hinter dem zurückbleiben, was vom Genotyp her möglich gewesen wäre. Wenn das Längenwachstum im letzten Jahrhundert von Jahrzehnt zu Jahrzehnt um 2 bis 3 Zentimeter zugenommen hat, so ist das eine Folge der ständigen Verbesserung der wachstumskritischen Umweltbedingungen in der Bevölkerung, vor allem auch in jenen Sozialschichten, die hinsichtlich Ernährung, ärztlicher Versorgung, aufgeklärter Kinderpflege (und anderer wachstumskritischer Bedingungen) schlechter gestellt waren.

Durch diese sozialen Fortschritte der Gesellschaft ist das genetisch Mögliche an Längenwachstum stärker ausgeschöpft worden. In der Sprache der Vererblichkeitsschätzung bedeutet dies: Der Varianzanteil der Umwelt ist bei besseren Lebensbedingungen für alle verringert worden und damit zugleich der Varianzanteil der Anlage an der Gesamtvarianz der Körperlänge relativ gesteigert worden.

Das gleiche läßt sich auf die Intelligenzentwicklung übertragen. Es erscheint damit auch nicht mehr auf den ersten Blick paradox, daß die Erblichkeit von Intelligenzunterschieden in dem Maße steigt und die Umweltvarianz abnimmt, wie es im Zuge gesellschaftlichen Wandels gelingt, ungünstige Lernumwelten zu verbessern, d. h. den bildungspolitischen Zielen des Chancenausgleichs und der Chancengleichheit näher zu kommen (vgl. HECK-HAUSEN 1974).

Man kann sich diese Zusammenhänge in einem Gedankenexperiment vor Augen führen, wenn man sich vorstellt, in unserer Gesellschaft gäbe es noch Analphabeten und einen beträchtlichen Prozentsatz von Heranwachsenden mit nur 2 bis 3 Jahren Schulbildung (wie es heute noch in manchen Ländern der Fall ist). Dann würde der Varianzanteil der Umwelt an den Intelligenzunterschieden beträchtlich in die Höhe schnellen und der genotypische Varianzanteil sich entsprechend vermindern. Was andererseits die tatsächlichen Verhältnisse betrifft, die wir inzwischen erreicht haben, so kann man darüber rätseln, wieviel an Umweltvarianz sich durch günstigere Gestaltungen der Umweltanregung noch reduzieren läßt, um weitere Steigerung des allgemeinen

Entwicklungsniveaus zu erreichen. Es ist kaum zu entscheiden, wie groß die Erwartungsspanne sein kann, mit der man realistischerweise in die Zukunft schauen kann. Man kann darüber verschiedener Meinung sein, ohne den Andersdenkenden überzeugen zu können. Gleichwohl können solche Meinungen den bildungspolitischen Elan entscheidend beeinflussen. Gesichert ist aber auf jeden Fall die Zuversicht, daß unter den gegenwärtigen Lebensbedingungen, auch der fortgeschrittensten Länder, die Intelligenzentwicklung in der heranwachsenden Generation noch keineswegs ihr »Plafond«, ihre obere Grenze, d. h. des unter optimalen Anregungsbedingungen der Umwelt genotypisch Mögliches erreicht haben dürfte.

Aus solchen Überlegungen wird noch einmal die Eigenart von Erblichkeitsschätzungen deutlich. Sie betreffen keine feste Besonderheit des beobachteten Phänotyps schlechthin, sondern vielmehr eine Besonderheit, die für eine gegebene Bevölkerung zu einem gegebenen Punkt ihrer historischen Entwicklung gilt, und zwar im Hinblick auf einen bestimmten Phänotyp.

Im Studientext 7 wird näher auf die Umwelteinflüsse eingegangen, die bislang bei Vererblichkeitsschätzungen des IQ immer noch zu pauschal und undifferenziert berücksichtigt werden. Außerdem werden bildungspolitische Implikationen von Erblichkeitsschätzungen anhand der Kontroverse um einen Artikel von JENSEN (1969) sowie anhand eines utopischen Romans von YOUNG (1961) erörtert. Das gibt auch Gelegenheit, die Frage der sog. »Wertfreiheit« der wissenschaftlichen Erkenntnisbemühungen aufzuwerfen.

## Literatur

AEBLI, H. ›Piaget, and beyond‹. In: *Interchange*, 1970, *1*, 12–24.

ANASTASI, A. ›Heredity, environment, and the question 'how?'‹. In: *Psychological Review*, 1958, *65*, 197–208.

BINET, A. ›A propos de la mésure de l'intelligence‹. In: *Année Psychologique* 1905, *11*.

BODMER, W. F. & CAVALLI-SFORZA, L. L. ›Intelligence and race‹. In: *Scientific American*, 1970, *223*, 19–29.

BORING, E. G. ›Intelligence as the tests test it‹. In: *New Republic*, 1923, .

BURT, C. ›The inheritance of mental ability‹. In: *American Psychologist*, 1958, *13*, 1–15.

– ›Intelligence and social mobility‹. In: *British Journal of Statistical Psychology*, 1961, *14*, 3–24.

– ›The genetic determination of differences in intelligence: A study of monozygotic twins reared together and apart‹. In: *British Journal of Psychology*, 1966, *57*, 137–153.

CATTELL, R. B. ›The multiple abstract variance equations and solutions: for nature-nurture research on continous variables‹. In: *Psychological Review*, 1960, *67*, 353–372.

COOPER, C. & ZUBEK, J. ›Effects of enriched and restricted early environments on the learning ability of bright and dull rats‹. In: *Canadian Journal of Psychology*, 1958, *12*, 159–169.

ECKLAND, B. K. ›Genetics and sociology: A reconsideration‹. In: *American Sociological Review*, 1967, *32*, 173–194.

EELLS, K. et al. *Intelligence and cultural differences*. Chicago: Univ. of Chicago Pr. 1951.

ERLENMEYER-KIMLING, L. & JARVIK, L. F. ›Genetics and intelligence: A review‹. In: *Science*, 1963, *142*, 1477–1479.

HECKHAUSEN, H. *Leistung und Chancengleichheit*. Göttingen: Hogrefe 1974.

HOFSTÄTTER, P. R. *Differentielle Psychologie*. Stuttgart: Kröner 1971.

HUNT, J. McV. ›Has compensatory education failed? Has it been attempted?‹. In: *Harvard Educational Review*, 1969, *39*, 278–300.

HUSÉN, T. *Psychological twin research, a methodological study*. Stockholm: Almquist & Wiksell 1959.

– ›Abilities of twins‹. In: *Scandinavian Journal of Psychology*. 1960, *1*, 125–135.

JÄGER, A. O. *Dimensionen der Intelligenz*. Göttingen: Hogrefe 1967.

JENSEN, A. ›How much can we boost IQ and scholastic achievement?‹. In: *Harvard Educational Review*, 1969, *39*, 1–123; deutsch in: H. SKOWRONEK (Hrsg.) *Umwelt und Begabung*. Stuttgart: Klett 1973, S. 63–155.

MARJORIBANKS, K. ›Environment, social class, and mental abilities‹. In: *Journal of Educational Psychology*, 1972, *63*, 103–109; deutsch in: C. F. GRAUMANN & H. HECKHAUSEN (Hrsg.) *Reader zum Funk-Kolleg Pädagogische Psychologie 1:* Entwicklung und Sozialisation. Frankfurt a. M.: Fischer Taschenbuch (Bd. 6113) 1974, S. 190–200.

McCLELLAND, D. C. ›Die Ermutigung zur hervorrangenden Leistung‹. In: D. C. McCLELLAND *Motivation und Kultur*. Bern: Huber 1967, S. 70–91.

– ›Testing for competence rather than for ›intelligence‹‹. In: *American Psychologist*, 1973, *28*, 1–14.

NEWMAN, H. H., FREEMAN, F. N. & HOLZINGER, K. J. *Twins: A study of heredity and environment*. Chicago: Univ. of Chicago Pr. 1937.

ROTH, H. (Hrsg.) *Begabung und Lernen*. Stuttgart: Klett 1969.

SCHACHT-BRELAND, N. *A new approach to estimates of heritability from twin data*. Research Qualifying Paper, Dept. of Educational Psychology, State Univ. of New York, Buffalo 1971.

SCOTTISH COUNCIL FOR RESEARCH IN EDUCATION *The trend of Scottish intelligence*. London 1949.

SPEARMAN, C. *The abilities of man: Their nature and measurement*. London: Macmillan 1927.

STERN, W. *Die Intelligenz der Kinder und Jugendlichen*. Leipzig: Barth 1920.

– *Allgemeine Psychologie auf personalistischer Grundlage*. Den Haag: Martinus Nijhoff 1935.

STINCHCOMBE, A. L. ›Environment: The cumulation of effects is still to be understood‹. In: *Harvard Educational Review*, 1969, *39*, 511–522.

THURSTONE, L. L. ›Primary mental abilities‹. In: *Psychometric Monographs*, 1938, I.

WECHSLER, D. *Die Messung der Intelligenz Erwachsener*. Bern: Huber 1956.

YOUNG, M. *Es lebe die Ungleichheit. Auf dem Wege zur Meritokratie*. Düsseldorf: Econ 1961.

Carl F. Graumann

# 8. Sprache im sozialen Kontext

# 8. Sprache im sozialen Kontext

## 8.1. *Allgemeine Einführung*

Das 6. Kap. hatte sich mit der Entwicklung der Sprache beschäftigt und damit mehr Aufmerksamkeit den allgemeinen Anlage- und Umweltbedingungen von Sprache und Sprachen gewidmet. Wenden wir uns jetzt der Vielfalt der Sprachen und der Sprachbenutzer, der Variation der Sprache als Kommunikationsproblem zu. Sobald wir den Blick auf die Prozesse alltäglicher Kommunikation richten, stoßen wir auf sprachliche Differenzen in verschiedenen dialektal eingefärbten Umgangssprachen und Dialekten, in Berufs- und Fachsprachen und in Codes, die in irgendeiner Weise mit der sozialen Schichtung zusammenhängen. Schließlich variiert Sprache je nach Situation, bzw. ist Kommunikation je nach Situation in verschiedenem Grade von Sprache abhängig.

## 8.2. *Sprache im Plural – Sprachen versus Sprache*

Das 6. Kap. über Sprache und Sprachentwicklung stellte die Erkenntnisse in den Mittelpunkt, daß Kinder aller Kulturen, Rassen, Sprachgemeinschaften und sozialer Schichten etwa im gleichen Alter die Grundregeln ihrer Muttersprache erworben haben. Dieser Spracherwerb, der sich zudem noch in transkulturell vergleichbaren, aufeinanderfolgenden Stufen zu vollziehen scheint, wird auch durch niedere Intelligenzgrade, ja selbst durch Beeinträchtigung der Sinnestüchtigkeit nur unwesentlich beeinflußt. Die Annahme einer für alle Menschen gegebenen, d. h. angeborenen, Sprachkompetenz ist also nicht unbegründet. Doch ist dies nur *ein* Aspekt menschlichen Sprachvermögens. Jeder Laie kennt dessen andere Seite. Denn seit dem Mythos des Turmbaus zu Babel und wohl schon länger beeindruckt die Mannigfaltigkeit der menschlichen Sprachen, die der Mythos als Strafe Gottes interpretiert, der der himmelanstrebenden Hybris des Menschen eine Grenze setzte, indem er ihre Zungen verwirrte. Diese mythologische Szene (Was ist eindrucksvoller als eine »Großbaustelle«?) ist längst dem Mythos entwachsen und alltägliche Wirklichkeit geworden.

Man horche in eine Montagehalle, einen Bautrupp oder irgendeine andere Arbeitsstelle hinein, in der deutschsprachige Vorarbeiter und Meister mit Gastarbeitern der verschiedensten Herkunft radebrechen bzw. in einer Art Mischung aus Basic German und Zeichensprache sich verständlich zu machen suchen. So viele Sprachen, so viele Probleme der Verständigung, so viele Quellen von Mißverständnissen! Auch wer noch nicht in einen modernen Industriebetrieb mit seiner Fülle von Gastarbeitern verschiedener Herkunft hineingehorcht hat, kennt als Tourist das Phänomen des »Kannitverstan«, sobald er, nur mit seiner Muttersprache ausgerüstet, gewisse Staatsgrenzen überquert, deren eigentlicher Grenzcharakter heute weniger darin besteht, daß man in fremder Währung bezahlt. Vielmehr gerät man, der Landessprache unkundig, in Situationen der Ungewißheit, deren Stimmungspalette von heiter über peinlich bis gefährlich reichen kann. Und das kann uns auch noch mit unserem Schulfranzösisch in Südfrankreich, mit unserem Englisch in den USA passieren, ja selbst mit unserem Deutsch in der doch ebenfalls deutschsprachigen Schweiz. Kurz, wir erfahren gerade im alltäglichen, sei es beruflichen oder privaten Umgang mit Menschen anderer Nationalität, daß uns die Mannigfaltigkeit der Sprachen nicht nur den köstlichen Reichtum beschert hat, den wir »die Weltliteratur« nennen. Dieselbe *Differenziertheit*, die wir begrüßen, beschert uns auch die *Differenzen*, die Menschen voneinander trennen. Mit anderen Worten: Sprachwissenschaft – und damit auch Sprachpsychologie – ist notwendig immer auch differentielle Wissenschaft.

Wir stoßen auf sprachliche Differenzen in dem Maße, wie wir uns der kommunikativen Funktion der Sprache zuwenden. Es mag für manchen Sozialpsychologen die selbstverständlichste und vielleicht sogar die einzig sinnvolle Betrachtungsweise sein. Doch haben uns die Themen des 6. Kapitels gezeigt, daß man sehr wohl den Erwerb von Sprache wie auch die Rolle der Sprache für das Denken zum Forschungsproblem machen kann, ohne die kommunikative und soziale Funktion der Sprache mit zu thematisieren. Tatsächlich belehrt uns ein Blick in die sprachwissenschaftliche Literatur bis hin in die moderne Psycholinguistik, daß dem kommunikativen Charakter der Sprache verhältnismäßig wenig Aufmerksamkeit gewidmet worden ist. Dabei dürfen wir doch davon ausgehen, daß zumindest für die zwischenmenschliche Verständigung Sprache das wichtigste Medium darstellt.

Dem für das Verständnis des menschlichen Zusammenlebens so zentralen Thema der Kommunikation wird das nachfolgende 9. Kap. gewidmet sein. Wir beschränken uns deshalb hier auf eine Fragestellung – die der sprachlichen Differenzen. Damit ergänzen wir zugleich die Betrachtungsweise des 6. Kapitels. War dort das allen Menschen unabhängig von ihrer sozialen Zugehörigkeit Gemeinsame und mutmaßlich Angeborene zentrales Thema, so soll uns jetzt die *Wechselwirkung zwischen sprachlicher Performanz und sozialen Bedingungen* beschäftigen. Notwendigerweise rückt damit die sprachliche Sozialisation, rückt sprachliches Lernen in den Mittelpunkt des Interesses.

Greifen wir zu Beginn unsere Grundhypothese auf, daß die auf unserer Welt herrschende sprachliche Differenziertheit uns als sprachliche Differenzen ein Problem zwischenmenschlicher Kommunikation bietet. Zugespitzt formuliert: Das, was Menschen verbindet, als *Sprache*, trennt sie zugleich, als *Sprachen*. Verdeutlichen wir uns am Beispiel der »Nationalsprachen«, was dieses Getrenntsein bedeutet.

> Nehmen wir das Beispiel eines des Neugriechischen Unkundigen, der, ohne von einem Touristikunternehmen aller Probleme enthoben zu sein, mit seinem Auto abends in einem abgelegenen griechischen Dorf landet und Essen und Quartier sucht. Wir dürfen sicher sein, daß er, falls überhaupt ein Gasthof existiert, auch beides bekommen wird. Nicht weil Wirt und Wirtin, an die er schließlich gerät (denn wo führt man einen Fremden abends sonst hin!), deutsche Sprachkenntnisse haben. Es ist die Struktur der *Situation*, die die wichtigsten Informationen bereits enthält. Was kann ein Fremder, der als Tourist erkennbar ist, um diese Zeit in einem Gasthaus schon wollen? Eine Mahlzeit, ein Zimmer, oder beides! Dazu bedarf es eigentlich keiner Worte, es sei denn, man wolle und könne eine Auswahl treffen. Aber auch dazu bedarf es der Sprache eigentlich nicht. Die Wirtin nimmt den Gast mit in die Küche an den rußigen Herd, hebt nacheinander die Deckel von den vielen Töpfen und wartet ab, ob der Gast nickt oder ein begeistertes Gesicht macht. Das ergibt das Menu; die Reihenfolge ist wiederum Sache der »Kompetenz« des Wirts.

Zwar wird in einer solchen Szene auch geredet, doch eigentlich nur, weil es unnatürlich wäre, eine derartige soziale Kommunikation stumm ablaufen zu lassen. Die eigentliche Bedeutungsvermittlung, der Informationsfluß, wird durch die Präsenz der Signifikate, d. h. der zu bezeichnenden Dinge, auf die man zeigen kann, und nicht zuletzt durch ein für spezifische, immer wiederkehrende Situationen tradiertes Verhaltensritual gesichert. Dessen Regeln, etwa für die Aufnahme eines Gastes, stehen transkulturell über weite Strecken relativ fest. Sie werden sprachlich lediglich elaboriert, vor allem zum Zwecke weiterer Differenzierungen, für Sonderwünsche und bei unvorhergesehenen Schwierigkeiten. Denn schon bei Fragen, die über die konkrete Situation hinauszielen, versagt der immer situationsspezifische und deshalb eingeengte Code. Wer – wie es mir in einem kleinen griechischen Gasthof passierte – auf französisch, auf deutsch, auf englisch nacheinander drei Kellner nach der Befahrbarkeit einer bestimmten Straße fragt und jedesmal die Antwort erhält: »Le petit déjeuner à partir de sept heures et demi« bzw. »Frühstück ab halb acht«, merkt, daß er eine in dieser Situation unerwartete und damit unübliche Frage gestellt hat. Und er spürt die Barriere, die sprachliche Verschiedenheit bedeuten kann.

Das Beispiel mag drastisch und selten sein. Was es über Sprachdifferenzen verdeutlichen kann, findet sich als Merkmal sprachlicher Kommunikation bis in unseren Alltag hinein. Volle zwischenmenschliche Kommunikation im Sinne des Einander-Verstehens hat zur Voraussetzung, daß die Kommunikationspartner über eine gemeinsame Sprache verfügen, und sei es nur, um gegebenenfalls darauf zurückgreifen zu können. Diese gemeinsame Sprache muß differenziert (man sagt heute auch gerne »elaboriert«) genug sein, um allen Kommunikationsabsichten gerecht zu werden. Das gilt vor allem für Intentionen, die über die konkrete, d. h. anschauliche Situation hinausführen. Das, worauf nicht mehr gezeigt werden kann, wird nur noch durch sprachliche Zeichen und deren Ordnung repräsentiert.

Umgekehrt gilt für Menschen, die über eine gemeinsame Sprache nicht verfügen, für die also die Fremdheit des anderen eine *Barriere* darstellt, daß sie in Grenzen durchaus kommunizieren können. Diese weitgehend nichtsprachliche Kommunikation gelingt um so eher, als ohnehin gemeinsames Handeln stattfindet, für das von beiden Kommunikationspartnern bestimmte Verhaltensmuster bereits erworben, d. h. gelernt worden sind. Vor allem aber ist es die gemeinsame Situation, die, für beide gleich anschaulich gegeben, ein Mindestmaß an Kommunikation ermöglicht.

Wenn in der heutigen Soziolinguistik – und noch häufiger in der bildungspolitischen Diskussion – so viel von »Sprachbarriere« die Rede ist, so sind damit nicht die Barrieren zwischen Hochsprachen gemeint, auch nicht die Verständigungsgrenzen, auf die wir in jeder sprachlichen Kommunikation stoßen können. Vielmehr ist eine Kommunikations- und vor allem Bildungserschwerung gemeint, die man auf sog. »schichtungsspezifische Formen des Sprachverhaltens« (OEVERMANN 1970) zurückzuführen sucht.

8.3. *Dialekte und dialektal eingefärbte Umgangssprache*

Bevor wir uns dieser speziellen Fragestellung zuwenden, müssen wir uns klarmachen, daß der Plural: Sprachen, mit dessen psychologischer Realität wir uns hier auseinandersetzen, mehr umfaßt als die Mannigfaltigkeit von Hoch- oder Nationalsprachen wie Deutsch, Französisch, Englisch, Russisch usw. Auch innerhalb dieses Deutschen, Französischen usw. gibt es noch Plurale. Deren bekannteste sind vielleicht die *Dialekte*. Aber bieten sie, das Rheinische, das Schwäbische, das Sächsische, das Bairische, überhaupt Kommunikationsprobleme? Können hier Barrieren entstehen? Sicher nicht, wenn die Kommunikationspartner, etwa der Rheinländer und der Bayer, im Zweifelsfalle sich doch wieder der gemeinsamen Hochsprache bedienen können, falls sie es nicht von vornherein vorziehen, einander im Sonntagsdeutsch zu begegnen. Der Rheinländer spricht dann »Hochdeutsch mit Knubbelen«, der Bayer so, wie man sich halt mit Preußen verständigt.

Hier, sicher nicht auf dem Niveau einer gemeinsamen Hochsprache, sondern eher zweier dialektal eingefärbter Umgangssprachen, ist Verständigung möglich, weil beide Sprachen am gleichen (hochdeutschen) Standard orientiert sind. Mißverständnisse kommen auf wegen regional verschiedenen Sprachgebrauchs. Aber sie können überwunden werden durch Umschreibung in anderen Worten.

Was den Sozialpsychologen am Phänomen des Dialekts bzw. der dialektal eingefärbten Umgangssprache fasziniert ist die unterschiedliche Valenz bzw. Präferenz, die dem einzelnen Dialekt innerhalb einer Sprachgemeinschaft zukommt. Schon die Dialektfärbung kann, vor allem wenn sie in offiziellen Reden (z. B. Konrad Adenauers und Walter Ulbrichts) nicht unterdrückt werden kann oder soll, im Hörer sehr verschiedene Anmutungen auslösen.

Selbst wenn jeder von uns genügend Gegenbeispiele bei der Hand hat – die Neigung besteht, solche regionalen Merkmale der Aussprache mit sog. Stammesmerkmalen, eher aber noch mit sozialen Stereotypen zu verbinden. Der Sprecher, was immer er sagt, wird aufgrund seiner Aussprache genommen und evtl. beurteilt als Vertreter seiner »Gruppe«, wenn man die Rheinländer, die Bayern, die Sachsen als Stammes- oder landschaftliche Gruppen bezeichnen kann. Die Sprache, hier vielleicht nur die Aussprache, wird zum Merkmal einer Zugehörigkeit. Unversehens werden dann dem Merkmalsträger auch die Eigenschaften zugeschrieben, die man der Gruppe oder Klasse zuschreibt, für die er nun steht. Welche sozialpsychologischen Trugschlüsse man damit begeht, könnte bereits das Beispiel der »typischen« Aussprache zeigen. Welchen Wert hat überhaupt der Singular »des Rheinländer«, wenn man weiß, wie sehr sich Kölner, Aachener und Düsseldorfer untereinander, wie sehr sich diese – und das nicht nur zur Fastnachtszeit – vom Mainzer unterscheiden und zu unterscheiden wünschen? Und wenn schon Franz-Josef Strauß oder, vorsichtshalber, einer, der so redet wie er, außerhalb Bayerns für einen typischen Bayer gehalten wird, wer teilt diese Meinung zwischen Aschaffenburg, Bamberg, Berchtesgaden und Lindau? Und selbst wenn sie weitgehend geteilt würde, welche sind die nichtsprachlichen Merkmale oder Eigenschaften, die einen Homo sapiens zu einem Bayern machen?

Hier ist nicht der Ort zu definieren, was »bayerisch« oder was »deutsch« heißt. Aber es gilt, eine sozialpsychologisch wichtige Funktion der Sprache festzuhalten, nämlich Merkmal, Kennzeichen zu sein für die Zugehörigkeit zu wirklichen oder vermeintlichen ethnischen oder soziale Einheiten. Über Jahrtausende hin weg diente in kritischen Zeiten die Aussprache als Test zur Unterscheidung von Freund und Feind. So berichtet das *Alte Testament* (Richter 12, 4–6):

> »Und die Gileaditer nahmen ein die Furten des Jordans vor Ephraim. Wenn nun sprachen die Flüchtlinge Ephraims: Laß mich hinübergehen, so sprachen die Männer von Gilead zu ihm: Bist du ein Ephraimiter? Wenn er dann antwortete: Nein, so hießen sie ihn sprechen: Schiboleth; so sprach er: Siboleth, und konnte es nicht recht reden; alsdann griffen sie ihn und schlugen ihn an den Furten des Jordans, daß zu der Zeit von Ephraim fielen 42 000.«

Das, was andere als ein mehr oder minder untrügliches Kennzeichen meiner Zugehörigkeit zu einem Volk, einer ethnischen oder sozialen Gruppe nehmen, kann ich dann selbst, nämlich wenn es mir oder meinesgleichen nützt, wie ein Abzeichen benützen. Mit der bewußten Wahl einer mir wie ein Register zur Verfügung stehenden Sprache oder Aussprache bekenne ich mich zu einer Zugehörigkeit. So mag mancher Politiker im Hinblick auf seine Wähler sein landschaftlich gefärbtes Deutsch bewußt kultivieren; ein zu hohes oder akzentfreies Deutsch möchte ihn der emotionalen Gunst der Wählermassen entfremden. Wer allerdings noch in seinem Englisch verrät, aus welchem Teil z. B. Bayerns er stammt, hat diese Wahl der Register nicht.

Sprache in Hinblick auf Adressaten zu modifizieren, stößt allerdings gelegentlich an die Grenzen der Albernheit. So korrumpieren manche Deutsche ihre eigene Sprache gegenüber radebrechenden Ausländern in einem falsch verstandenen und unsinnigen Annäherungsmanöver:

»Du nix verstehen. Nix capisco. So nix gutt. Du machen kaputt.«

Man kann die Glosse, die einmal in der *Zeit* zu lesen war, gut verstehen, wonach ein Gastarbeiter sich darüber verwunderte, daß die meisten Deutschen, mit denen er sich unterhielt, ihrer eigenen Sprache nicht mächtig waren.

## 8.4. Die Tantensprache des »baby-talk«

Ein ähnliches Manöver ist die international verbreitete Tantensprache des »baby-talk«, eine mit vielen Diminutiven, ei-ei, da-da und Schnalzlauten durchsetzte Pseudo-Kindersprache Erwachsener. Uns ist nicht bekannt, ob kleine Kinder sich über derartige Albernheiten verwundern. Wir wissen allerdings zu unserem Trost aus Untersuchungen der Entwicklungspsycholinguistik über Sprachkorrekturversuche von Erwachsenen, daß der Schaden gering sein dürfte. Die Baby-Sprache von Erwachsenen hat uns auf eine weitere Sprachdifferenz gestoßen; denn *baby-talk* ist ja der Versuch von Erwachsenen, sich der Kindersprache anzunähern, deren Eigengesetzlichkeiten wir im vorigen Kapitel an einigen Beispielen skizziert haben. Auch diese Differenz zwischen Erwachsenen- und Kindersprache kann Barriere werden, erwünschte wie unerwünschte. Erwünscht, wenn Eltern sich in Gegenwart ihres Kindes über Dinge unterhalten, die sie ihm gleichwohl in der Annahme vorenthalten, es verstehe sowieso nichts davon. Umgekehrt steht mancher Erwachsene (und mit ihm mancher Psycholinguist) ratlos vor sprachlichen Äußerungen kleinerer Kinder.

Wiederum kann Kindersprache ab einem bestimmten Alter auch als Mittel zum Zweck eingesetzt werden. So fängt manches Kind, das der Kleinkindersprache bereits entwachsen ist, in bestimmten Situationen wieder an, wie ein Kleines zu reden; etwa wenn ein Geschwisterchen angekommen ist. Die Funktion dieser sprachlichen Regression liegt auf der Hand: wieder ganz klein sein und so die volle Zuwendung der Mutter wiedergewinnen wollen.

Manche weiblichen Wesen erhalten sich dieses Baby-Register zu ähnlichen Zwecken bis in die sog. reiferen Jahre. Zwar kann man auch hier die Wahl eines bestimmten Registers als Merkmal für eine gewollte Zugehörigkeit, etwa zu »den Kleinen«, auffassen. Wesentlicher dürfte jedoch hier Sprache als Ausdruck bzw. als Darstellung einer bestimmten Verfassung zu verstehen sein, zugleich Appell an andere, sich entsprechend zu verhalten. Anknüpfend an die Kindersprache entwickeln manche Familien Idiolekte, d. h. eine Art *Sondersprache*, die nur im Kreis der Familie gesprochen wird. Hier, noch deutlicher aber bei Sondersprachen, die sich in außerfamiliären Gruppen wie Zünften, Korporationen, Polit-Gruppen, unter Schülern und Soldaten, herausbildeten, wird die soziale Doppelfunktion des sprachlichen Merkmals erkennbar, Abgrenzung nach außen, vor allem gegenüber anderen Gruppen, und Erkennungszeichen gegenüber Zugehörigen zu sein. Die Abgrenzung nach außen kann auch eine Schutzfunktion übernehmen, vor allem wenn mit Hilfe einer esoterischen Sprache Vorgänge kaschiert werden, die Außenstehenden verborgen bleiben sollen.

## 8.5. *Berufs- und Fachsprachen*

Man muß nicht unbedingt an sog. Geheimsprachen denken, um die soziale Funktion der esoterischen Sprache zu verdeutlichen. Wer etwa zur Regelung des Verdauungsvorgangs ein Medikament erwirbt, erfährt, was er zu tun hat z. B. in folgenden Worten:
    »Wenn nicht anders verordnet, zu Beginn jeder Mahlzeit 1–2 Bohnen unzerkaut mit etwas Flüssigkeit.«

Das ist so knapp wie klar. Daß das Verbum »einnehmen« gleich weggelassen worden ist, stört nicht; denn das versteht sich aus dem Zusammenhang von selbst. *Was* aber eingenommen wird, steht, gleich daneben, in folgenden Worten:

»Standardisierter Magenextrakt mit peptischer und katheptischer Fermentaktivität und mucingebundener Salzsäure.«

Daraus entnimmt der Laie im Grunde nur, daß er etwas für den Magen bekommen hat, aber das wußte er schon; denn genau das hatte er vom Apotheker verlangt. Doch wäre es falsch zu behaupten, der griechisch-lateinisch-deutsche Text enthielte keine Information. Gerade in seiner esoterischen Fassung vermittelt er die Botschaft der Medizin, die zu heilen und zu helfen da ist und dies nur mit Hilfe wissenschaftlicher Methoden vermag. Zu dieser Methodik gehört auch die Spezialsprache oder Terminologie. Sie steht, quasi selber als Zeichen, für den Gesamtkomplex. »Medizin« steht hier für Heilung. Nicht zufällig ist »Medizin« sowohl eine Wissenschaft als auch etwas, das man einnehmen kann.

Das, was hier über die *Fachsprache* der Medizin gesagt wurde, gilt für jede Fachsprache in bezug auf den Laien. Nur sind dem Laien manche Wissenschaften unheimlicher als die Medizin, die immerhin persönlich in der Gestalt des Arztes in jedes Haus kommt. Die kommunikative Funktion der Fachsprache liegt in erster Linie jedoch in der Kommunikationserleichterung für die Fachleute selbst. Hier besteht kein Unterschied zwischen wissenschaftlichen Fach- und nichtwissenschaftlichen Berufssprachen. Dem Laien mag ein Verzeichnis der Gesichtsmuskeln genauso verschlossen bleiben wie ein Verzeichnis der Bestandteile eines Otto-Motors; für den Chirurgen bzw. Automechaniker sind derartige Inventare unentbehrliche Arbeits- und Verständigungsmittel. Widersinnig wird diese an sich verständliche Entwicklung von Gruppensprachen, wenn die Esoterik gerade in der Wendung nach außen kultiviert wird. Beispiele dafür finden sich innerhalb der institutionsspezifischen Sprachen im sog. *Verwaltungsdeutsch* oder *Beamtendeutsch*. Was für eine verwaltungsinterne, amtsinterne Kommunikation sinnvoll und praktisch sein mag, wird zum völlig ungeeigneten Medium im Verkehr mit dem Kunden oder besser: Opfer. Man lese eine »Richtlinie« oder »Ausführungsbestimmung« zu irgendeinem staatlichen (behördlichen) Erlaß, die in der Regel als Orientierungshilfe für den Nutznießer gedacht ist:

»Eine Frist, die nach Wochen, nach Monaten oder nach einem mehrere Monate umfassenden Zeitraum – Jahr, halbes Jahr, Vierteljahr – bestimmt ist, endigt im Falle des § 187 Abs. 1 mit dem Ablaufe desjenigen Tages der letzten Woche oder des letzten Monats, welcher durch seine Benennung oder seine Zahl dem Tage entspricht, in den das Ereignis oder der Zeitpunkt fällt, im Falle des § 187 Abs. 2 mit dem Ablauf desjenigen Tages der letzten Woche oder des letzten Monats, welcher dem

Tage vorhergeht, der durch seine Benennung oder seine Zahl dem An-
fangstage der Frist entspricht. Fehlt bei einer nach Monaten bestimmten
Frist in dem letzten Monate der für ihren Ablauf maßgebende Tag, so
endigt die Frist mit dem Ablauf des letzten Tages dieses Monats.« (Auszug
aus dem BGB, § 188)

Von der Unverständlichkeit oder Undurchdringlichkeit derartiger
Texte leben bereits wieder Experten wie Steuerberater, Rechts-
anwälte, die in diesen Terminologien zu Hause sind. Sicher sind
manche Auswüchse des Verwaltungsdeutsch vermeidbar; die
Undurchdringlichkeit dieser Sprache für den Laien ist letztlich
jedoch nur Ausdruck der Komplexität und Kompliziertheit einer
hochgradig verwalteten Welt. Allein der Begriff der »verwalteten
Welt« zeigt uns aber, daß Verwaltung nicht nur bestimmte um-
grenzte Bereiche unseres öffentlichen Lebens meint. In dem Maß
aber, in dem Verwaltung um sich greift, dringt auch deren Sprache
vor und in alle möglichen Lebensbereiche ein.

Nicht zuletzt Institutionen und Verwaltungen sind es auch, die
mit dazu beitragen, daß ein DDR-Deutsch sich von einem BRD-
Deutsch zu differenzieren beginnt und damit eine neue sprachliche
Differenz sich auftut. Bereits 1962 konnte Hugo Moser »sprachliche Folgen der politischen Teilung Deutschlands« dokumen-
tieren, die sich in verschiedenartigen Lehnwörtern und Fremd-
wörtern, in bezeichnenden Neuschöpfungen, aber eben auch in
semantischer Differenzierung äußern.

Wieder bei der Hochsprache, hier dem Hochdeutschen, angelangt,
dürfte jetzt deutlicher geworden sein, welche sozialen und psychologischen Implikationen der an den Anfang dieses Kapitels gesetzte Plural *»Sprachen«* hat. Läßt sich Sprache ganz allgemein als
ein Zeichensystem bestimmen, das – in der Formulierung von
Luckmann (1969) – »den Bezug zwischen Lautform und Erfah-
rungstyp als intersubjektiv gültig und als subjektiv ›erlernbar‹
... gesetzt hat« (S. 1061), so verweist die Pluralität der Sprachen
auf einen weiteren Zeichencharakter. Hier ist der Zeichencharakter der jeweils gesprochenen oder geschriebenen Sprache, genauer, der Anzeichencharakter der verschiedenen Performanz-
stile, der Register, gemeint. Daß ich an der Art, wie einer spricht,
ihn als Zugehörigen, als Mitglied, als Vertreter einer Gruppe im
weitesten Sinne erkenne und mich entsprechend zu ihm verhalte,
daß ich mich selbst, bewußt oder unbewußt, in meiner Redepraxis
als so und so zugehörig zu erkennen gebe, zeigt nicht nur an. Es
löst, was sozialpsychologisch entscheidender ist, beim Kommunikationspartner *Einstellungen* aus; das aber heißt immer auch positive
oder negative Stellungnahmen. Sprachen sind in der Sicht der An-
derssprachigen nicht gleichwertig, sondern auch in ihrer Wertigkeit, ihrem Sympathiegrad differenziert. Dem Griechen war jede
nichtgriechische Sprache »barbarisch«; dem Deutschen klingt
Italienisch schöner als z. B. Tschechisch, der sächsische Dialekt

komischer als Hamburger »Platt«. Und manche »volkstümliche« Redeweise gilt andernorts als »ordinär« oder »vulgär«. Obgleich diese beiden Begriffe im Grund nur soviel wie »regelrecht« bzw. »volkstümlich« meinen, ist der Bedeutungswandel eindeutig zum Negativen, Abgewerteten erfolgt.

## 8.6. *Die Beziehung zwischen sozialer Lage und sprachlichem Niveau*

Wir stoßen hiermit auf eine besonders wichtige Differenzierung, die zwischen höherer und niederer Sprache im Sinne sozialer Schichtung. Hier hat, wie wir bereits andeuteten, der Begriff der *Sprachbarriere* seine engere Bedeutung.

Das Problem, das sich oft unter diesem Stich- und Schlagwort verbirgt, betrifft ganz allgemein die *Beziehung zwischen sozialer Lage und sprachlichem Niveau*. Speziell wird oft von einem schichtspezifischen Sprachverhalten gesprochen. Dabei fassen einige Vertreter dieses Forschungsansatzes die Beziehung zwischen Schichtzugehörigkeit und Sprachgebrauch dann als eine zirkuläre Determination auf, wenn es sich um die soziale Unterschicht und den ihr zugeordneten Sprachgebrauch handelt:

### 8.6.1. BERNSTEINS *Theorie zweier sprachlicher Codes*

Die Zugehörigkeit zur sozialen Unterschicht legt weitgehend eine bestimmte Redepraxis fest, die ihrerseits wieder ihren Benutzer an seine Schicht fesselt, indem sie seine Bildungs- und Aufstiegschancen behindert. Verständlich, daß eine derartige These zum Brennpunkt soziolinguistischer und bildungs-, ja gesellschaftspolitischer Kontroversen wurde. Sehen wir zu, welche Probleme sie aufwirft und welcher Forschungsstand ihr entspricht. Den Anstoß, die entscheidenden Grundbegriffe und theoretischen Annahmen gab diesem Forschungsansatz Basil BERNSTEIN. BERNSTEIN, seit 1962 Leiter der Soziologischen Forschungseinheit der Universität London, hat zusammen mit seinen Mitarbeitern Sprachstichproben von Schülern erhoben, deren Eltern teils der Arbeiterschicht (working class), teils der Mittelschicht (middle class) zuzurechnen waren. Aus diesen Sprachstichproben gewann BERNSTEIN zwei *Sprachtypen*, die er als Codes bezeichnete, und zwar den *elaborierten* und den *restringierten Code*, also eine eher differenzierte Sprechweise und eine eingeschränkte. Die eingeschränkte Sprechweise ist dadurch erkennbar, daß ihre lexikalischen wie – vor allem – syntaktischen Elemente hochgradig voraussagbar sind. In Reinform findet sich der restringierte Code etwa im liturgischen Wechselgesang, der im Grunde keine Über-

raschung zuläßt; aber auch der Austausch von Konversations-
floskeln auf einer Cocktailparty kann – nach BERNSTEIN – als solch
ein hochgradig voraussagbarer Code angesehen werden. Individuelles, Persönliches kann innerhalb eines solchen Sprechstils nur
»extraverbal« mitgeteilt werden: »durch Wechsel in der Betonung,
Tonhöhe, (im) Sprachrhythmus, Gesichtsausdruck, Gestik« usw.
(BERNSTEIN 1970a, S. 18).
Wo aber liegen die sozialen Voraussetzungen für einen restringierten Code. BERNSTEIN meint:

> »Die allgemeinste Bedingung für das Hervortreten dieses Codes ist eine
> soziale Beziehung, die auf einer allgemeinen, ausgedehnten Reihe von
> weitgehend geteilten Übereinstimmungen und Erwartungen beruht, an
> denen die Mitglieder dieser sozialen Beziehung unbefragt festhalten. Dar-
> aus folgt, daß diese Sozialbeziehungen inklusiver Art sind. Die Sprache
> wird hier durch die gemeinsame kulturelle Identität gebrochen, die die
> Notwendigkeit, Absichten ausdrücklich zu verbalisieren, einschränkt,
> woraus dann folgt, daß die Struktur der Sprache vereinfacht und das
> Lexikon aus einem begrenzten Bereich bezogen wird. Der extraverbale
> Teil der Kommunikation wird zum hauptsächlichen Übermittler indivi-
> dueller Modifikationen und auf diese Weise auch individueller Unter-
> schiede.« (1970a, S. 19f)

Wie entsteht demgegenüber ein elaborierter Code, also eine
Sprechweise, deren Lexikon und Syntax schwer vorauszusagen
sind? Auch hierzu BERNSTEIN selbst:

> »Ein elaborierter Code ... entsteht wahrscheinlich in einer sozialen Be-
> ziehung, die auf ihre Mitglieder Druck ausübt, aus ihren linguistischen Re-
> serven ein verbales Arrangement auszuwählen, das bestimmten Gegen-
> ständen genau angemessen ist. Diese Situation entsteht dann, wenn die
> Intention der anderen Person nicht als selbstverständlich vorausgesetzt
> werden kann, infolgedessen müssen die Bedeutungen erweitert und auf
> die Ebene *verbaler* Explikation gehoben werden ... Die Vorbereitung und
> Übermittlung verhältnismäßig explizierter Inhalte ist die Hauptfunktion
> dieses Codes ... Der Code fördert die verbale Übermittlung und Heraus-
> arbeitung der einzigartigen Erfahrung des Individuums.« (1970a, S. 20f)

Sprachliche Kommunikation auf der Basis und im Rahmen *gemein-
samer* Überzeugungen und Erwartungen: das wäre also, pointiert
gesagt, der restringierte Code; sprachliche Kommunikation zum
Zwecke der Verdeutlichung *individueller* Absichten und Begründungen wäre wesentlich für den elaborierten Code.
Für uns ist wichtiger, was »Sprache im sozialen Kontext« bei
BERNSTEIN und seinen Nachfolgern heißt.
Für BERNSTEIN sind die Codes linguistische Umsetzungen der
Sinngehalte der Sozialstruktur« (BERNSTEIN 1970a, S. 24). D. h.,
die Sozialstruktur entscheidet über die jeweiligen Formen der
sozialen Bedingungen, die ihrerseits in entsprechenden linguistischen Codes ablaufen. Für die soziale Unterschicht etwa heißt das
in den Worten von BERNSTEIN (1970b, S. 28f):

»Wenn eine soziale Gruppe aufgrund ihrer Schichtzugehörigkeit – d. h. als Ergebnis ihrer gemeinsamen Berufstätigkeit und ihres Sozialstatus – eine stark solidarische Beziehung (communal bonds) entwickelt hat; wenn das Berufsleben dieser Gruppe wenig Abwechslung bietet und wenig Praxis im Fällen von Entscheidungen; wenn, um erfolgreicher zu sein, eine Bemühung eher kollektiv als individuell sein muß, wenn die Arbeit eher körperliche Manipulation und Kontrolle als symbolische Organisation und Kontrolle erfordert; wenn die am Arbeitsplatz reduzierte Autorität des Mannes sich zu Hause in eine entsprechend machtvolle Autorität verwandelt; wenn man zu Hause so eng beieinander wohnt, daß man sich gegenseitig Möglichkeiten beschneidet; wenn die Kinder sich gegenseitig in einer Umgebung sozialisieren, die wenig geistigen Anreiz bietet – wenn sich alle diese Merkmale in einer Umgebung finden, dann darf man annehmen, daß ein derartiges soziales Milieu eine ganz bestimmte Kommunikationsform hervorruft, die ihrerseits die geistige, soziale und emotionale Orientierung der Kinder prägt.«

### 8.6.2. *Kommunikationsstruktur und Rollengefüge der Familie im Hinblick auf* BERNSTEINS *Theorie*

Für BERNSTEIN und andere Soziolinguisten ist also die *Kommunikations-Struktur* das entscheidende und vermittelnde Glied zwischen der Sozialstruktur, so wie sie sich im Rollensystem von Familien spiegelt, und dem linguistischen Code. Die oben charakterisierte soziale Welt der englischen Unterschicht bietet eben nur eingeschränkte Kommunikationsmöglichkeiten. Sie sind schon am Arbeitsplatz mangels sprachlicher Anforderungen reduziert, in der Familie sind sie durch ein starres Rollengefüge beschränkt. Außerhalb reichen sie kaum über einen relativ festen Bestand von Freunden oder Kumpels hinaus. Entsprechend begrenzt ist das sprachliche Niveau.

Und letztlich ist es die Begrenztheit des sprachlichen Niveaus, die als »Sprachbarriere« fungiert. Barriere weniger zwischen den Schichten, als niedergelassen auf dem Weg zur höheren Bildung, vor allem am Zugang »Höhere Schule«. Doch spätestens hier bei der Frage der Bildungsbenachteiligung des »Arbeiterkindes« oder des »Unterschichtkindes« brechen die Kontroversen auf. Eingerahmt finden wir diese Auseinandersetzung in zwei einander widersprechende allgemeine Behauptungen. Die eine: Die kapitalistische Klassengesellschaft verwehrt dem Angehörigen der Arbeiterklasse den sozialen Aufstieg dadurch, daß sie in ihrem Schulsystem die Sprachbarriere zementiert. Die entgegengesetzte erklärt die Geschichte vom »benachteiligten Arbeiterkind« als »modernes Märchen«.

Die Befürworter der Benachteiligungs-These differieren nun sehr stark in der Art der Bedingungsanalyse. Während die einen das

Schulsystem verantwortlich machen, sprechen andere gar von der Bildungsunwilligkeit der Unterschicht-Eltern, manche machen generell die kapitalistische Gesellschaftsform für die ihr wesenhaften Schranken zwischen den Klassen verantwortlich.

Von den Gegnern der hochgeneralisierten These seien nur die genannt, die wissenschaftliche Einwände vorzubringen haben. Da weisen viele mit Recht darauf hin, daß die polarisierende Gegenüberstellung von Mittel- und Unterschicht oder gar von Mittelklasse und Arbeiterklasse der Wirklichkeit nicht gerecht werde. Tatsächlich werden denn auch recht verschiedene Bevölkerungsgruppen zu einer »Schicht« zusammengefaßt, um schichtspezifisches Sprachverhalten als sog. abhängige Variable fassen zu können. Beispielhaft für die Problematik sozialer Zuordnung kann die Untersuchung Regine REICHWEINS über *Sprachstruktur und Sozialschicht* (1970) an Berliner Oberschulen gelten. Sie verzichtet überhaupt auf die Kategorien »Unterschicht« wie »Oberschicht«, sondern vergleicht die Sprache von Kindern der *oberen* mit der der *unteren Mittelschicht.*

Dabei werden zur oberen Mittelschicht gerechnet: »Akademiker, freiberuflich Tätige, Selbständige in Handel und Gewerbe, Beamte im höheren und gehobenen Dienst, leitende Angestellte, Angestellte mit Fachschulstudium« (S. 59). Zur unteren Mittelschicht werden gerechnet: »Sonstige Beamte, nicht leitende Angestellte, Handwerker, Arbeiter, Rentner« (S. 59).

Zwar ergab auch diese Untersuchung, daß sich Schüler der unteren Mittelschicht doppelt so oft des restringierten Codes bedienten wie des elaborierten. Aber es zeigte sich auch, daß von den Schülern der oberen Mittelschicht 55 % Aufsätze im restringierten Code lieferten. Zumindest hier war »keine direkte Abhängigkeit zwischen Sprachtypus und Schichtenzugehörigkeit nachzuweisen« (1970, S. 60). Dies, obwohl die beiden von BERNSTEIN beschriebenen Codes klar reproduzierbar waren.

Mit anderen Worten: So sehr es legitimierbar ist, die Redepraxis im Sinne eines Codes oder eines Sprachstils zu typisieren, so irreführend ist der Typus »Schicht«. Eine Trennung nach Klassen (im Sinne eines antagonistischen Gesellschaftsmodells) steht ohnehin nicht zur Diskussion; denn danach fielen die mittlere und die untere Schicht der Lohnabhängigen weitgehend zusammen. Eine linguistische Differenz zwischen herrschender Klasse und z. B. Angestellten dürfte kaum aufweisbar sein. Vor allem aber ging es selbst BERNSTEIN, der die Diskussion um die Schichtspezifität ausgelöst hat, von Anfang an – wenn auch vielleicht nicht deutlich genug – weniger um die soziale Schicht als unabhängige Variable. Vielmehr ging es ihm um familiale Rollensysteme und die entsprechenden Kommunikationsstrukturen. In den letzten Jahren sagte BERNSTEIN es deutlicher: daß »die soziale Schicht ein höchst grober Index für die Codes« sei (1970a, S. 29); oder noch deutlicher:

»die Beziehung zwischen sozialer Schicht und linguistischen Codes ist zu ungenau« (1970b, S. 37).

Die fehlende Genauigkeit wird nun in einer differenzierten Analyse verschiedener Familienstrukturen gesucht. So unterscheiden BERNSTEIN und andere zwischen einer *positionalen* und einer *person-orientierten* Familie. BERNSTEIN (1970b) gewinnt diese beiden Rollensysteme anhand der verschiedenen *Entscheidungsstrukturen*. In der positionalen Familie fällt durchweg derjenige die Entscheidung, der die entsprechende Position, den entsprechenden Status hat: Vater, Mutter, Großvater, Großmutter, das ältere Kind, der männliche Heranwachsende. Hier liegt eine relativ klare, aber auch ziemlich invariante Rollenverteilung vor. Entsprechend sind die Beziehungen zwischen diesen Rollenträgern klar geregelt, und zwar in allgemeiner Form. Das Kommunikationssystem ist eher ein *geschlossenes* System. In ihm laufen Entscheidungen unter Berufung auf Positionen und Regeln ab.

> »In deinem Alter solltest du das alleine können« (eine Alten-Regel);
> »Jungs flennen nicht« (eine Geschlechts-Regel);
> »Leute wie wir tun so etwas nicht« (eine subkulturelle Regel);
> »So spricht man nicht mit seinem Vater« (eine Generations-Regel).

Demgegenüber sind in einer eher person-orientierten Familie Urteile und Entscheidungsgeschehen durch die psychologischen Qualitäten der Familienangehörigen bestimmt. Das Benehmen des Kindes wird eher innerhalb der Familie, vor allem aber auch mit ihm selbst zur Diskussion gestellt, als daß es starr geregelt wäre. Man läßt individuelle Motive und Absichten gelten. Person-orientierte Familien geben eher *offenen Kommunikationssystemen* Raum.

Ein von BERNSTEIN (1970b, S. 43) übernommenes auf deutsche Verhältnisse übertragenes Beispiel kann die beiden verschiedenen Kommunikationsstile verdeutlichen:

> Mutter und Sohn machen einen Besuch beim kranken Großvater:
>
> *1. Positionales System*
>
> *Mutter:* Kinder geben ihrem Opa einen Kuß.
>
> *Sohn:* Ich mag aber nicht! Warum muß ich ihm immer einen Kuß geben?
>
> *Mutter:* Schließlich ist er krank. Und jetzt kein Widerwort mehr!
>
> *2. Person-orientiertes System*
>
> *Sohn:* Ich mag aber nicht!
>
> *Mutter:* Schau mal, Liebling, ich weiß, daß du Opa nicht so gern einen
>     Kuß gibst; aber es geht ihm doch gar nicht sehr gut, und er hat dich
>     wirklich lieb, und er freut sich immer so, wenn du lieb zu ihm bist . . .
>
> Der zweite Dialog könnte noch weitergehen. Der erste war im Grunde abgeschlossen; denn »Widerworte« könnten »nonverbal« geahndet werden.

BERNSTEIN (1970b), aber auch Ellis OLIM (1970) entnehmen der Fachliteratur, daß die typische Unterschichtfamilie eher positionalen Typs ist, während sozioökonomisch höher einzustufende Familien sowohl positions- wie person-orientierter sein können.

Es gilt nun, ein entscheidendes Argument nachzutragen. Denn die enge Bindung des Kommunikationsstils an die jeweilig vorherrschende Rollenstruktur findet ihre entscheidende Ausprägung im *Erziehungsstil*. Insofern als ein wesentlicher Teil dessen, was wir Erziehung nennen, sprachliches Verhalten ist, findet der *elterliche Sprachstil* denn auch das besondere Interesse der Soziolinguisten und Psycholinguisten.

Zugespitzt macht Ellis OLIM (1970) den *mütterlichen Sprachstil* nicht nur für den Verlauf der kognitiven Entwicklung des Kindes verantwortlich. Er vertritt auch:

»Zu den vielen Variablen, die zur Schaffung und Erhaltung von Armut beitragen, gehört der mütterliche Sprachstil. Die Begründung lautet in Kürze: Das Verhalten, das zur sozialen, Bildungs- und wirtschaftlichen Armut führt, wird gelernt; es wird in der frühen Kindheit sozialisiert. Diese Sozialisation findet größtenteils über die Sprache statt. Da zumeist die Mutter der entscheidende Sozialisationsagent ist, findet Lernen im Kontext des Mutter-Kind-Kommunikationssystems statt. Die Deprivation, die zur Armut führt, ist ein Mangel an kognitiver Bedeutung und an kognitiver und sprachlicher Elaboration innerhalb dieses Kommunikationssystems. Im familialen Kontrollsystem der sozial Benachteiligten überwiegen Appelle an Status und Rolle. Dadurch, daß dieses System dem Kind vorgefertigte Lösungen und nur begrenzte Handlungs- und Denk-Alternativen anbietet, begrenzt es die kognitive Entwicklung des Kindes.« (1970, S. 212; übers. v. Verf.)

OEVERMANN drückt den gleichen Sachverhalt mit folgenden Worten aus:

»In dem Maße, in dem die Vorgänge der Sozialisation im Elternhaus den Erwerb der psychischen Merkmale und Fähigkeiten determinieren, die im gesellschaftlichen Rekrutierungsprozeß zu den entscheidenden Statuszuweisungskriterien erhoben werden, bestimmen sie jeweils auch die künftige Struktur des Systems der *sozialen Ungleichheit*.« (1970, S. 139)

Die weitgehende Übereinstimmung, die sich unter den heutigen Soziolinguisten findet, was den Zusammenhang zwischen Sozialstruktur, Rollenstruktur, Kommunikationsstruktur, Erziehungsstil und Sprachstruktur betrifft, darf nun nicht darüber hinwegtäuschen, daß

1. die Meinungen durchaus geteilt sind, was als Bedingung, was als Folge anzusetzen sei;
2. die verschiedenen Sprach-, Erziehungs- und Kommunikationsstile, ohnehin alles Typen, sich in sozioökonomisch verschiedenartigen Staaten finden; und
3. die empirische Fundierung der verschiedenen sog. Schichtspezifitäten in weiten Bereichen noch aussteht.

Viel ist von Kritikern des Barriere-Konzepts auf die methodischen Mängel und Einseitigkeiten der entsprechenden Untersuchungen hingewiesen worden. Wir wollen diese Kritik nicht im einzelnen aufgreifen: Ohnehin sind Neuansätze in der Forschung oft mit methodischen Kinderkrankheiten und mit einer Tendenz zur vorschnellen Verallgemeinerung behaftet. Lediglich auf zwei Umstände unterschiedlicher Gewichtigkeit sei am Ende verwiesen.

### 8.6.3. *Die Bedeutung der Situation und der Institution Schule*

Der eine führt uns zum Anfang zurück. Die Soziolinguistik neigt dazu, in dem ganzen Bedingungsgefüge das zu unterschätzen, was der Psychologe eher überschätzt: die konkrete *Situation*, in der sprachlich und nicht-sprachlich kommuniziert wird. Wir sahen aber doch gleich zu Anfang, daß es zumindest eine Reihe von sozial und kulturell wichtigen Situationen gibt, die elaborierte Sprache überflüssig machen, ohne dadurch zu verarmen. Schon GOFFMAN hatte 1964 unter dem Titel *Die vernachlässigte Situation* den Sprachforschern einige Fragen vorgelegt:

> »Redet der Sprecher mit jemandem gleichen oder anderen Geschlechts, einem Untergebenen oder Vorgesetzten, mit einem oder mehreren Zuhörern, mit jemandem unmittelbar oder per Telefon? Liest er von einem Skript oder redet er spontan? Ist der Anlaß formell oder informell, Routine oder ein Ernstfall?« (1964, S. 134)

Es läßt sich tatsächlich rasch nachweisen, daß dieser unmittelbare soziale Kontext, für den GOFFMAN (1971) eine Fülle von Analysen vorgelegt hat, in Sprachuntersuchungen sehr vernachlässigt worden ist. So sehr vernachlässigt, daß die Kindersprachforscherin der Harvard Universität, Courtney CAZDEN (1970a; b) erneut über die »vernachlässigte Situation in der Kindersprachforschung und -erziehung« Klage führt. Denn, so zeigt eine genauere Analyse mancher Untersuchungsberichte, ob ein Kind überhaupt eine Antwort gibt oder keine, ob es sich sehr »elaboriert« oder »restringiert« ausdrückt, ob es von sich aus redet oder lediglich Fragen beantwortet, hängt nicht nur (und vielleicht nicht einmal in erster Linie) von dem »Code« ab, den es in seiner »Schicht« gelernt hat. Mindestens gleich wichtig dürften die Charakteristika der jeweiligen Situation sein.

William LABOV, dem wir hervorragende Analysen des amerikanischen Alltagsenglisch, vor allem der Minderheitengruppen, verdanken, hat überzeugend demonstriert, wie das wortkarge, geradezu renitente Sprachverhalten eines farbigen Ghettokinds durch eine geringfügige Änderung der Situation in ein freudiges und ergiebiges Palaver umschlagen kann. Die Änderung: Der Interviewer saß nicht mehr mit dem Kind am Tisch, sondern beide hockten, potato chips futternd, am Boden (LABOV 1970, S. 157ff).

LABOVs eigene Schlußfolgerung mag manchem zu weit gehen, nämlich,

> »daß die soziale Situation die mächtigste Determinante des verbalen Ver-

haltens ist und ein Erwachsener schon in die richtige soziale Beziehung mit einem Kind eintreten muß, wenn er herausfinden will, was ein Kind kann. Gerade das aber schaffen viele Lehrer nicht« (1970, S. 163; übers. v. Verf.).

Mag schon die *Schulsituation,* bei einem noch so »liberalisierten« Lehrer-Schüler-Verhältnis, wenig geeignet sein, die sprachliche wie nichtsprachliche Spontaneität und Kreativität zu erhalten, die Kinder doch außerhalb der Schule zeigen, der Schule als *Bildungsinstitution* werden gerade im Zusammenhang mit unserem Sprachbarriere-Problem sehr viel schwerwiegendere Vorwürfe gemacht. Psychologen, Soziologen und Erziehungswissenschaftler behaupten, daß in unserem »gegenwärtigen Ausbildungssystem den sprachlichen Leistungen eine zu große Ausleserelevanz zukommt, und ... die von der Schule geforderten sprachlichen Leistungen zu sehr am Sprachstil der oberen sozialen Schichten orientiert sind« (OEVERMANN 1970, S. 140).

Wie immer die faktische Korrelation zwischen sprachlichen Anforderungen der Schule und mittelständischem Sprachstil bestimmt werden mag, die Benachteiligung von Arbeiterkindern, gerade im Sprachunterricht, gegenüber bspw. Akademikerkindern ist eine Tatsache, mit der wir uns auseinandersetzen müssen. Statt theoretischer Erörterung zum Abschluß des Themas »Sprache im sozialen Kontext« nur eine kleine empirische Analyse. Heribert SIMONS hat in einer (soeben erschienenen) Untersuchung nachweisen können, daß Arbeiter- und Akademikerkinder, die eine Sekundarschule besuchen, sich in ihren Intelligenzleistungen, ausweislich zweier Intelligenztests, überhaupt nicht unterscheiden und auch in ihren Schulnoten für Deutsch, Englisch und Mathematik anfangs, d. h. in der 5. Klasse, nicht differieren. Dann aber stellt sich, kurz gesagt, heraus:

> »Mit zunehmender Beschulung erhalten Schüler der unteren sozialen
> Schichten in den sprachlichen Fächern, vor allem in den Fremdsprachen,
> wesentlich schlechtere Noten als Schüler der Oberschicht.« (SIMONS 1973,
> S. 271)

Viel spricht für die SIMONSsche Interpretation seiner Befunde, daß nämlich der Unterricht in verschiedenen Fächern in unterschiedlichem Ausmaß auf die unterstützende Funktion der häuslichen (Nach-) Hilfe angewiesen ist. Hierfür aber gilt: »Akademikerkinder erhalten in stärkerem Ausmaß als Arbeiterkinder solche außerschulische, fachspezifische Hilfe.« (1973, S. 272)

Das bedeutet aber, daß Sprache auch als zu lernende Sprache bis hin zur Fremdsprache »im sozialen Kontext« gesehen werden muß. Selbst wenn, was manchen genügend erscheint, alle Schüler gleich behandelt werden, wird Ungleichheit dadurch erzeugt, daß die einen über einen lerngünstigeren sozialen Kontext verfügen als die anderen.

*Literatur*

BERNSTEIN, B. ›Lernen und soziale Struktur‹. In: B. BERNSTEIN, U. OEVER-MANN, R. REICHWEIN & H. ROTH *Lernen und soziale Struktur.* Amsterdam: de Munter 1970a, S. 7–33.

– *Soziale Struktur, Sozialisation und Sprachverhalten.* Aufsätze 1958–1970. Amsterdam: de Munter 1970b.

CAZDEN, C. B. ›The situation: a neglected source of social class differences in language use‹. In: *Journal of social Issues,* 1970a, *26,* 35–60; deutsch in: W. KLEIN & D. WUNDERLICH (Hrsg.) *Aspekte der Soziolinguistik.* Frankfurt a. M.: Athenäum Fischer 1971, S. 267–296.

– ›The neglected situation in child language research and education‹. In: F. WILLIAMS (Hrsg.) *Language and poverty. Perspectives on a theme.* Chicago: Markham Publ. 1970b, S. 81–101.

GOFFMAN, E. ›The neglected situation‹. In: *American Anthropologist,* 1964, *6,* 133–136.

– *Verhalten in sozialen Situationen.* Gütersloh: Bertelsmann 1971.

LABOV, W. ›The logic of nonstandard English‹. In: F. WILLIAMS (Hrsg.) *Language and poverty. Perspectives on a theme.* Chicago: Markham Publ. 1970, S. 153–189.

LUCKMANN, T. L. ›Soziologie der Sprache‹. In: R. KÖNIG (Hrsg.) *Handbuch der Empirischen Sozialforschung.* Bd. 2. Stuttgart: Enke 1969, S. 1050–1101.

MOSER, H. *Sprachliche Folgen der politischen Teilung Deutschlands.* Düsseldorf: Schwann 1962.

OEVERMANN, U. ›Schichtungsspezifische Formen des Sprachverhaltens und ihr Einfluß auf die kognitiven Prozesse‹. In: B. BERNSTEIN et al. *Lernen und soziale Struktur.* Amsterdam: de Munter 1970, S. 138–197.

OLIM, E. G. ›Maternal language styles and cognitive development of children‹. In: F. WILLIAMS (Hrg.) *Language and poverty. Perspectives on a theme.* Chicago: Markham Publ. 1970, S. 212–228.

REICHWEIN, R. ›Sprachstruktur und Sozialschicht‹. In: B. BERNSTEIN et al. *Lernen und soziale Struktur.* Amsterdam: de Munter 1970, S. 48–78.

SIMONS, H. ›Intelligenz- und Schulleistungen bei Arbeiter- und Akademikerkindern auf der Unterstufe des Gymnasiums‹. In: H. NICKEL & E. LANGHORST (Hrsg.) *Brennpunkte der pädagogischen Psychologie.* Bern/Stuttgart: Huber/Klett 1973, S. 260–273.

Carl F. Graumann

## 9. Soziale Interaktion

# 9. Soziale Interaktion

## 9.1. *Allgemeine Einführung*

Das 9. Kap. soll in einige grundlegende Fragestellungen und Begriffe der Sozialpsychologie einführen, und zwar anhand einer Definition G. W. ALLPORTS, nach der die Aufgabe der Sozialpsychologie in dem Versuch besteht,

> »zu verstehen und zu erklären, wie das Denken, Fühlen und Verhalten von Individuen durch die reale, vorgestellte oder implizite Gegenwart Anderer beeinflußt wird« (1968, S. 3; übers. v. Verf.).

Unter sozialpsychologischem Aspekt kann man das Individuum in dreierlei Hinsicht betrachten:
– das Individuum und der Andere,
– das Individuum und die Anderen bzw. die Gesellschaft,
– das Individuum als Anderer.
In diesem Zusammenhang werden grundlegende Konzepte wie *Rolle* und *Interaktion* erläutert.
Als eines der wichtigsten sozialpsychologischen Forschungsthemen wird dann der Prozeß der *sozialen Beeinflussung* dargestellt, und zwar der Definition ALLPORTS folgend als
– soziale Beeinflussung des Denkens,
– soziale Beeinflussung der Gefühle und als
– soziale Beeinflussung des Verhaltens.
Die soziale Bedingtheit des Denkens, oder allgemeiner, des kognitiven Verhaltens, wird zunächst am Beispiel der Bildung und Anwendung von Begriffen erläutert, wobei das Vorurteil, als eine folgenschwere Weise der Begriffs- und Urteilsbildung über den Mitmenschen, besonders herausgestellt wird. Es folgen Beispiele für die Begriffs- und Urteilsbildung unter sozialem Druck. Dabei wird die Angleichung von Urteilen mit Hilfe des *Norm*-begriffs erklärt.
Soziale Beeinflussung nicht nur des Denkens, sondern auch der Gefühle und schließlich des Verhaltens zeigt sich in der Form von *Einstellungen ( Attitüden )*, die als ein zentrales Forschungsthema der Sozialpsychologie vor allem in ihrer Veränderbarkeit von Interesse sind. Von den verschiedenen Bedingungen und Mitteln der Einstellungsänderung werden in diesem Kap. beispielhaft das *Rollenspiel* und die *Erregung von Furcht* herausgegriffen. Weitere Beispiele finden sich in der 9. Studieneinheit des Beltz-Buches.
Die direkte Beeinflussung des Verhaltens verweist auf Vorgänge von *Macht* und *Kontrolle* auf der einen Seite, auf Formen der Abhängigkeit auf der anderen. Hierbei geht es vor allem um zwei

wesentliche Prozesse der Verhaltenssteuerung, der durch *Wirkungsabhängigkeit* (effect dependence) und der durch *Informationsabhängigkeit* (information dependence).

Abschließend soll erläutert werden, wie Individuen durch die »reale, vorgestellte oder implizite Gegenwart Anderer« beeinflußt werden. Bei der Unterscheidung dieser drei Beeinflussungsmöglichkeiten wird vor allem auf die Bedeutung der Rückmeldung *(Feedback)* für die Kommunikation und, ganz allgemein, den Sozialisationsprozeß verwiesen!

## 9.2. *Das Individuum als Gegenstand der Sozialpsychologie*

Dieses Kap. soll in sozialpsychologische Fragestellungen einführen. Nach Gordon W. ALLPORT, dem in Deutschland sehr bekannt gewordenen amerikanischen Persönlichkeits- und Sozialpsychologen, besteht die Aufgabe der Sozialpsychologie in dem Versuch

> »zu verstehen und zu erklären, wie das Denken, Fühlen und Verhalten von Individuen durch die reale, vorgestellte oder implizite Anwesenheit Anderer beeinflußt wird« (1968, S. 3; übers. v. Verf.).

Die Beeinflussung des Individuums durch Andere – was ist damit im einzelnen gemeint? Schon die Beantwortung dieser ersten und für die Sozialpsychologie grundlegende Frage führt in eine Mannigfaltigkeit von Forschungsthemen.

### 9.2.1. *Das Individuum und der Andere*

Dieser Titel könnte, da ja auch der Andere Individuum ist, der Eine und der Andere lauten. Im harmlosen Wörtchen »und« verbirgt sich das Problem der Beziehungen zwischen dem Einen und dem Anderen, zwischen »Ego« und »Alter«, wie die Sozialwissenschaftler gerne sagen. Aber wenn ich schon von mir ausgehe und »meine« Beziehung zum Anderen zum Thema mache, dann wird es entscheidend, in welcher Person der Andere erscheint: Ist der Andere Er oder bist der Andere Du? Oder sind Sie es, beispielsweise, lieber Leser? Schon Umgangssprache und -formen symbolisieren im Duzen und Siezen des Anderen sozial recht unterschiedliche Beziehungen, und Er ist in der Regel noch weiter weg, als Sie als Angeredeter es sind. Doch jenseits entsprechender soziolinguistischer Untersuchungen hat die Verschiedenheit von Ich-Du- und Ich-Er-Beziehungen nur die Philosophie der Begegnung beschäftigt, nicht aber die empirische Sozialpsychologie. Wie es schon in der ALLPORT-Definition deutlich wird, lautet ihr Thema eher:

9.2.2. *Das Individuum und die Anderen*

Damit wird der Einzelne nicht dem einzelnen Anderen, Freund, Gegner, Erzieher, Konkurrent, Ehepartner, Vorgesetzten, Kollegen gegenübergestellt. Vielmehr rückt die Beziehung des Individuums gegenüber sozialen Pluralen in den Mittelpunkt des Interesses: das Individuum in der Gruppe, in der Menge, in der Masse, allgemein: das Individuum in der Gesellschaft.

Dadurch, daß jetzt der Andere in den Plural rückt, verändert sich auch die Frage nach der Beziehung. Zwischen zwei Einzelnen, verwandt oder bekannt, Freund oder Feind, setzen wir eher eine Wechselwirkung an. Der Sozialwissenschaftler spricht hier von *Interaktion* und meint damit, daß das Verhalten des Einen und das des Anderen im Verhältnis wechselseitiger Beeinflussung stehen. Nur in Fällen hierarchischer Strukturen wird die Interaktion zur eher einseitigen Beeinflussung.

Setze ich aber das Individuum von vornherein sozialen Pluralen oder gar *der* Gesellschaft gegenüber, dann legt sich auch der Gedanke der Determiniertheit des Einzelnen durch die Gesellschaft, aber auch schon des einzelnen Gruppenmitgliedes durch die Gesamtgruppe nahe. Weit mehr als beeinflussend wird das Individuum als beeinflußt gesehen, ist es doch der Menge und der Macht der Anderen konfrontiert. Dabei wird leicht zweierlei übersehen; einmal, daß auch die Anderen Individuen sind, für die also prizipiell das gleiche gilt wie für den Einen. Vor allem aber gilt für jedes Individuum, daß es nicht einzeln und für sich existiert, sondern immer, d. h. von Geburt an bis zu seiner Grablegung, mit und unter Anderen, vor allem anderen ein Anderer. Diese dialektische Beziehung zwischen Individuum und Gesellschaft, zwischen dem Individuum und den Anderen wird am deutlichsten beim Thema:

9.2.3. *Das Individuum als Anderer*

Worin auch immer die Einmaligkeit und »Unteilbarkeit« des Individuums bestehen mag (leugnen läßt sie sich angesichts der Unverwechselbarkeit des Einzelnen nicht) – von Geburt an sind wir immer auch Mitmenschen: Eltern ein Sohn, Geschwistern ein (älterer oder jüngerer) Bruder, Gleichaltrigen ein Spiel- und Schulkamerad bis hin zu jenen *Rollen*, in die wir mehr oder minder zwangsläufig hineinwachsen: als Bürger eines Staates, Wehrpflichtiger und Steuerzahler, als einem bestimmten sozial-ökonomischen System zugehörig, Angehöriger der unteren Mittelschicht und unselbständiger Arbeitnehmer usw. Selbst wenn wir uns der einen oder anderen Rolle selbst nicht bewußt sind, wir müssen gewärtigen, vom Anderen solchen Rollen gemäß angesprochen zu werden. Die Anderen tragen *Erwartungen* an uns heran, die wir nur erfüllen oder verfehlen und damit enttäuschen können. Den Schatten der mitmenschlichen Rollen können wir nicht überspringen.

Folgerichtig hat die Sozialwissenschaft der Grundstruktur des Individuums als Mitmensch mit dem Konzept der *Rolle* Rechnung getragen, womit sie die Verhaltensweisen und Einstellungen bezeichnet, die man vom Inhaber einer Position *erwartet*. Wohlgemerkt: Nicht das faktische Verhalten einer Mutter, eines Lehrers oder Vorarbeiters ist mit dem Rollenbegriff gemeint, sondern lediglich das Bündel an Erwartungen, die von verschiedenen Seiten in auch durchaus unterschiedlicher Weise an das Verhalten von Müttern, Lehrern, Vorarbeitern herangetragen werden. Zu beachten ist ferner:

> »Eine Position kann mit verschiedenen Rollen verbunden sein. So erwartet man vom Studienrat respektvolles Verhalten gegenüber dem Direktor, selbstbewußtes und von Autorität geleitetes Verhalten gegenüber den Schülern, sachverständiges und festes Auftreten, dabei aber auch Verständnis und Hilfsbereitschaft gegenüber den Eltern. Diese verschiedenen Rollen sind oft nicht gut auseinanderzuhalten bzw. miteinander zu vereinbaren, Konflikte und gewaltsame Entscheidungen sind oft die Folge.«
> (ULICH 1971, S. 33 f.)

Man muß dem Soziologen und Erziehungswissenschaftler Dieter ULICH, von dem dieses Zitat stammt, zustimmen, wenn er bei derartigen Erwartungen Konflikte heraufziehen sieht. Man stelle sich vor, derselbe Studienrat verwechsle, d. h. mißverstehe die eben zitierten Verhaltenserwartungen und verhielte sich selbstbewußt gegenüber dem Direktor, respektvoll gegenüber den Eltern, aber sachverständig, verständnisvoll und hilfsbereit gegenüber den Schülern! Er würde darüber vielleicht ein besserer Lehrer seinen Schülern, vielleicht ein schwierigerer Beamter gegenüber seinen Vorgesetzten – auf jeden Fall aber erntete er Konflikte aus der Enttäuschung von vielleicht festgelegten Erwartungen. Die für die dialektische Spannung Individuum-Gesellschaft entscheidenden Konflikte rühren aber aus der Tatsache, daß ein und dasselbe Individuum Träger mehrerer Rollen ist: Unser bereits dreifach geforderter Lehrer ist ja u. U. noch Vater von zwei pubertierenden Söhnen, Ehemann einer unzufriedenen Frau, Sohn einer leidenden Mutter, kommunalpolitisch engagiertes Mitglied einer politischen Partei und Philatelist. Die Fülle der Spannungen und Konflikte, die sowohl innerhalb wie zwischen diesen verschiedenen Rollen möglich ist, macht einen wesentlichen Teil des Alltags, d. h. aber immer des sozialen Lebens dieses Individuums aus. Sein *Selbstverständnis* deckt sich nicht notwendig und nie völlig mit der Art, wie Andere ihn sehen und beurteilen. Die Frage der *sozialen Wahrnehmung und Beurteilung* ist mit Recht neben der Rollenanalyse ein wichtiger For-

schungsbereich der Sozialpsychologie geworden. Wir kommen
darauf zurück.

## 9.3. *Soziale Beeinflussung*

Von allen Prozessen, die zwischen dem Einen und den Anderen
spielen mögen, hat, folgt man der Definition von ALLPORT, die
*soziale Beeinflussung* das besondere Interesse der Sozialpsychologen
gefunden. Das hat eine Reihe von Gründen, von denen ich nur
zwei herausheben möchte. Der erste ist der ungleich wichtigere:
Seit Menschengedenken halten Mythos und Geschichte immer
wieder Beispiele dafür parat, wie Menschen das Verhalten ihrer
Mitmenschen so zu bestimmen versuchen, daß es ihren Vorstellungen und Wünschen entspricht. Ob mythologisch Eva Adam
zum Brechen eines Tabus verführt, ob historisch ein Cato in
sprichwörtlich gewordener Hartnäckigkeit den römischen Senat
zur Zerstörung Karthagos zu bewegen versucht, ob psychologisch Eltern ihre Kinder zu den Verhaltensweisen zu sozialisieren
suchen, die sie für die richtigen oder sozial erwünschten halten, ob
Verführung, Überredung oder Überzeugung im Spiel ist, immer
geht es darum, das Verhalten Anderer, zumindest die Einstellungen Anderer, in einem bestimmten Sinne zu beeinflussen. Techniken solcher Beeinflussung in Erotik und Erziehung, in Politik
und Wirtschaft wenden wir immer wieder an und sind ihnen ständig
ausgesetzt. Mehr über sie zu erfahren – und sei es, um besser gegen
sie gewappnet zu sein –, war und ist eines der Hauptmotive für
ihre Erforschung, deren Anfänge in der Rhetorik der Antike lagen,
deren modernes Feld die Sozialpsychologie der Einstellungs- und
Verhaltensänderungen ist (vgl. dazu Studientext 9).
Ein zweiter Grund für das Forschungsinteresse an sozialer Beeinflussung ist methodischer Art. Es gibt hinreichend viele Beispiele
der Verhaltensbeeinflussung durch Andere, die unmittelbar
registrierbar und meßbar sind. So können sich, um nur ein Beispiel
zu nennen, sowohl der Geräuschpegel wie das Bewegungsausmaß
einer Schulklasse abrupt ändern, wenn ein bestimmter Lehrer
die Klasse betritt oder verläßt. Beides ist prinzipiell meßbar. Die
experimentelle Sozialpsychologie ist allerdings bemüht, auch die
weniger augenfälligen Einstellungsänderungen – unter dem Einfluß bestimmter Kommunikationen – meßbar zu machen.
Auch für die Erforschung der sozialen Beeinflussung gilt, was
die ALLPORT-Definition für das Forschungsinteresse der Sozialpsychologie überhaupt deutlich macht: Es geht um die *Beeinflussung des Individuums.* Im Unterschied zur Soziologie, der es primär
um soziale Systeme zu tun ist, bleibt die Psychologie auch als
Sozialpsychologie *individuum-zentriert.* Behält man im Blick, daß

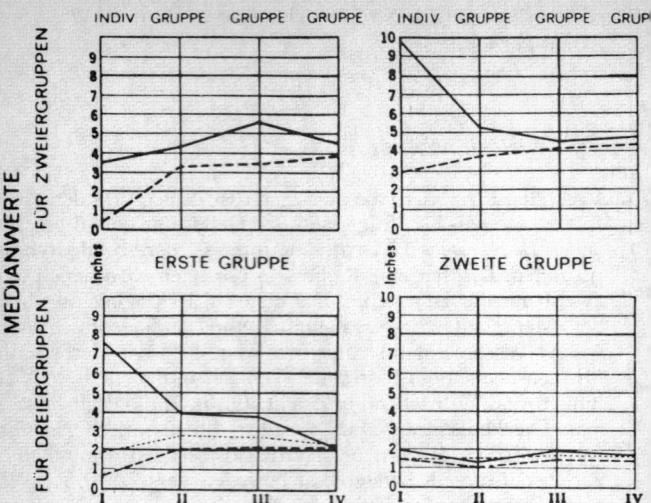

*Abb. 1:* Die Herausbildung von sozialen Normen bei einem Experiment
über Bewegungsschätzung. (Aus: M. SHERIF *Psychology of social norms*. New
York: Harper Torchbooks 1966, S. 102/103.)

auch der beeinflussende Andere in der konkreten Situation als
Individuum auftritt, erscheint die Individuen-Zentrierbarkeit
unproblematisch. Durchweg besteht jedoch die Gefahr der Vernachlässigung der Wechselwirkung.

So ist es durchaus legitim, die Lehrer-Schüler-Beziehung indivi-
duen-zentriert zu behandeln und etwa zu fragen: In welcher Weise
beeinflußt der Lehrer das Schülerverhalten? Welchen Einfluß hat
das Verhalten des Schülers auf das Verhalten des Lehrers? Richten
wir jedoch unser Augenmerk auf die Interaktion zwischen Lehrer
und Schülern, entdecken wir allererst Regeln der sprachlichen und
nichtsprachlichen Kommunikation, die für das Geschehen im
Klassenzimmer u. U. wichtiger sind als die am Individuum zu
erhebenden Eigenschaften.

Gehen wir der ersten Fragestellung nach und schöpfen die
ALLPORTsche Bestimmung des Gegenstandes der Sozialpsychologie aus. Sie führt ja genauer aus, daß Individuen durch Andere
in ihrem »Denken, Fühlen und Verhalten« beeinflußt werden.
Was heißt das im einzelnen? Wie kann überhaupt von einer Beeinflussung des Denkens die Rede sein, gilt doch unser Denken
vielen als unsere unabhängigste Bewußtseinsform, gelten Gedanken doch als frei? Begnügen wir uns mit drei Hinweisen auf
die Sozialpsychologie des Denkens.

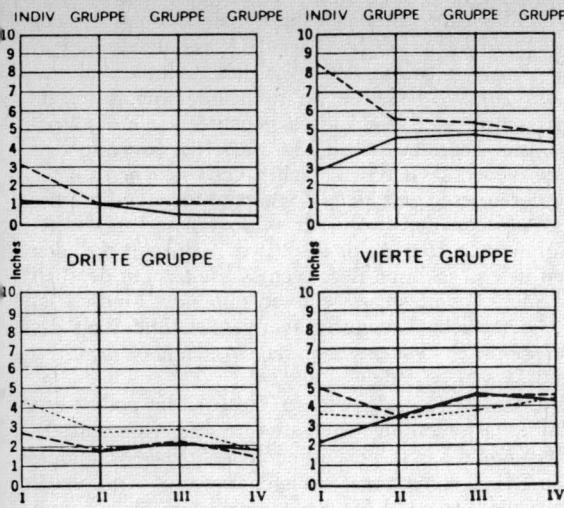

9.3.1. *Soziale Beeinflussung des Denkens bzw. des kognitiven Verhaltens*

(1) Ein wesentlicher Aspekt dessen, was wir in wissenschaftlicher Einstellung Denken nennen, ist die *Bildung und Anwendung von Begriffen*. Es dürfte unbezweifelt sein, daß Kinder in der Regel die Begriffe erwerben, die ihre Kultur, repräsentiert durch Eltern und andere Erzieher, zur Bewältigung typischer Situationen bereithält. So wird das heutige Großstadtkind eher zwischen Autotypen und -marken differenzieren können, d. h. aber ein reichhaltigeres und trennschärferes Kategoriensystem haben als ein Bergbauernkind. Dieses dagegen wird sich innerhalb der Mannigfaltigkeit jagdbarer, eßbarer und sonst den Menschen nützlicher Tiere besser auskennen und begrifflich bewegen können als sein Altersgenosse aus der Stadt.

Die Betrachtung der Sprache im sozialen Kontext, der das 8. Kap. gewidmet war, legte mit der Unterscheidung von elaboriertem und restringiertem Code, aber auch mit der Gegenüberstellung von positions- und person-orientierter Familienstruktur verschiedenartige und verschieden reichhaltige Kategoriensysteme nahe.

In dem Maße, wie kognitive Elaboration der sprachlichen mehr oder minder parallel läuft und als eine Funktion des Kommunikationsstils zwischen Eltern und Kindern angesehen werden darf, müssen auch die Reichhaltigkeit und Differenziertheit der Begriffe, die ein Kind erwirbt, als Funktion des Sozialisationsstils aufgefaßt werden.

Besonders auffällig wird allerdings die soziale Bedingtheit der Begriffsbildung und -verwendung da, wo die Kategorisierung von Mitmenschen sich am primitivsten vollzieht, nämlich in der Form des *Vorurteils*. Wo rassische, politische oder andere soziale Vorurteile herrschen, wird der Andere, gegen den sich das Vorurteil richtet, mit Begriffen belegt, die mehr der abwertenden Abstempelung dienen, als daß sie zwischen verschiedenen Eigenschaften zu differenzieren gestatten. Vor allem sollen die Begriffe, mit denen der Antisemit den Juden, der weiße Rassist den Schwarzen, der Kommunist den Kapitalisten, der Bürgerliche den Bolschewiken belegt, in ihren negativen Wertakzenten deutlich machen, daß der Andere ein irgendwie minderer Mensch ist als derjenige, der solche Kategorien verwendet. Die Welt des rassisch oder politisch Voreingenommenen tendiert dazu, in Schwarz-Weiß-Manier begriffen zu werden.

(2) Die soziale Bedingtheit, die wir am Vorurteil besonders gut studieren können, ist allerdings auch am Urteil überhaupt nachzuweisen. Zumindest hat die experimentelle Sozialpsychologie eine stattliche Reihe von Untersuchungen zur sog. *Konformität* unternommen, die Belege dafür bieten, daß sich Urteile von Individuen über soziale und nichtsoziale Sachverhalte unter bestimmten Bedingungen dem Urteil einer Mehrheit angleichen.

So hat in einem modellbildenden Experiment von 1935 der amerikanische Sozialpsychologe Muzafer SHERIF Versuchspersonen im Dunkelraum das Ausmaß der scheinbaren Bewegung eines Lichtpunkts schätzen lassen. Der Lichtpunkt war objektiv unbewegt, erschien aber vielen in dem sonst total finsteren Raum bewegt.

Das Experiment war nun so angelegt, daß die Versuchspersonen SHERIFS zuerst einmal jede für sich allein das Bewegungsmaß abschätzen und festhalten mußten. Dabei ergaben sich z. T. weit auseinanderliegende Werte. Abb. 1 zeigt Beispiele für solche Alleinschätzungen unter der Ziffer I am linken Rand der Graphiken. Müssen dann dieselben Vpn ihre Schätzungen laut wiederholen, sei es vor einem Anderen oder vor zwei Anderen, dann zeigt sich, daß die zusammen abgegebenen Schätzwerte unter II, III, IV viel enger beieinander lagen. Der Kurvenverlauf tendiert also zu einer Trichterform, was in der Interpretation von SHERIF besagt, daß sich eine soziale *Norm* herausgebildet hat. Für den heutigen Sozialpsychologen meint denn auch die Rede von einem Trichter-Effekt, daß Urteile in Richtung auf Urteils*konformität* beeinflußt worden sind. Ein Teil der Vpn SHERIFS gab seine Schätzungen zuerst zusammen mit anderen ab und dann allein, was in den Kurven unter Abb. 2 wieder links für Zweier-, rechts für Dreier-Gruppen festgehalten ist. Hier zeigt sich, daß jede Gruppe von Anfang an eine Unternorm entwickelt.

## MEDIANWERTE

FÜR ZWEIERGRUPPEN          FÜR DREIERGRUPPEN

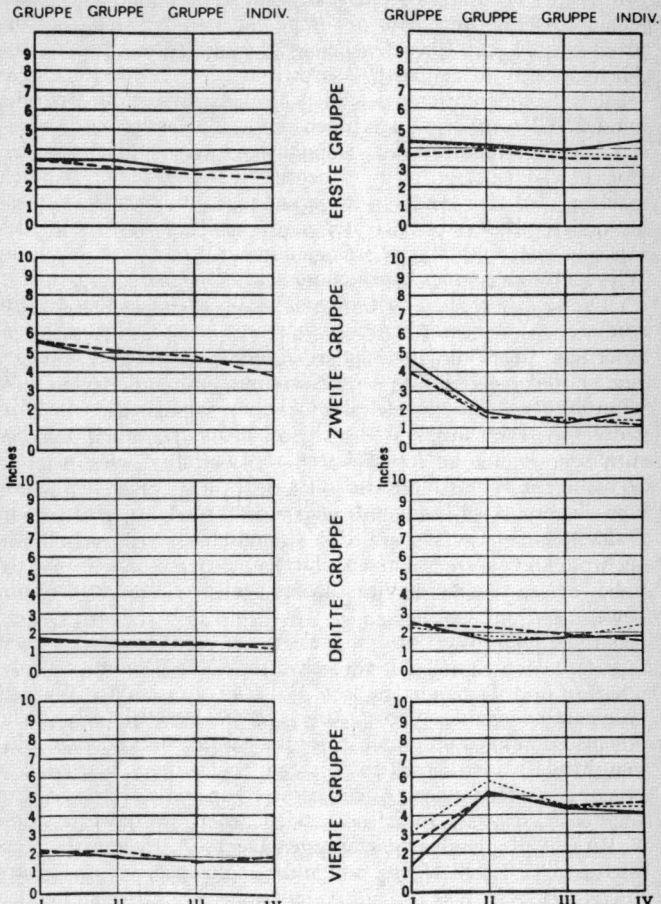

*Abb. 2:* Die Auswirkung von sozialen Normen bei einem Experiment über Bewegungsschätzung. (Aus: M. Sherif *Psychology of social norms.* New York: Harper Torchbooks 1966, S. 102/103.)

Solomon Asch, ein anderer amerikanischer Sozialpsychologe, hat in einem etwas anders gearteten Experiment über die Beeinflussung von Urteilen den Druck der Mehrheit auf eine Einzelperson genauer zu bestimmen versucht. Die Einzelperson, die einzige echte, d. h. nicht instruierte Versuchsperson – es ging um den Vergleich von eindeutig verschieden langen Linien – »erlebte, möglicherweise zum erstenmal, daß eine Gruppe einstimmig dem Zeugnis ihrer Sinne widersprach« (1969, S. 59). Aber sie war gezwungen, Farbe zu bekennen, d. h. ihr Urteil laut gegen die Gruppe zu bekennen. Auch hier sind die quantitativen Ergebnisse klar und eindeutig. So berichtet ASCH:

> »(1) Es zeigt sich eine ausgeprägte Bewegung zur Mehrheit hin. Ein Drittel aller Schätzungen der Versuchsgruppe waren Fehler, die sich mit den verzerrten Schätzungen der Mehrheit deckten oder in dieser Richtung lagen ...
>
> (2) Dennoch war die Wirkung der Mehrheit keineswegs vollständig. Die Mehrzahl (68%) der von den Versuchspersonen abgegebenen Schätzungen war trotz des von der Mehrheit ausgehenden Drucks richtig.
>
> (3) Wir fanden Hinweise auf erhebliche individuelle Unterschiede. In den Versuchsgruppen gab es Versuchspersonen, die durchwegs unbeeinflußt blieben; andere schlossen sich der Mehrheit fast immer an.« (1969, S. 60)

Auch diejenigen, die unverändert ihren Sinnen trauten und auf ihrem Urteil gegen die Mehrheit beharrten, fühlten sich mehr und mehr unbehaglich. Ein charakteristischer Impuls, wie ihn eine Versuchsperson formulierte: »... zum Teufel damit, ich schließe mich den anderen an!« (1969, S. 63) In den ungleich ernsteren und schwerwiegenderen Situationen des Alltags pflegen wir den Widerstand aus Überzeugung gegen den Druck einer Mehrheit als Zivilcourage zu bewerten. Die englische Sozialpsychologin Marie JAHODA entnimmt John F. KENNEDYs Buch *Profiles in Courage* ([8]1968) die Schilderung eines solchen »Mannes mit Grundsätzen«, der sein entscheidendes Urteil stärkstem sozialen Druck ausgesetzt findet:

> »Es handelt sich um Senator Edmund G. Ross aus Kansas. Während der hektischen Nachwirren des Bürgerkrieges wurde das öffentliche Anklageverfahren gegen Präsident Andrew Johnson eingeleitet. Der Anklagebeschluß des Abgeordnetenhauses mußte durch eine Zweidrittelmehrheit des Senats bestätigt werden. Die Republikaner – Ross war Republikaner – hatten die Anklage erhoben. Sie brauchten 36 Stimmen; 35 waren ihnen sicher. Die Stimme von Ross würde entscheidend sein. Jeder erdenkliche Druck wurde auf ihn ausgeübt. Seine Wohnung wurde beobachtet, seine gesellschaftlichen Verbindungen mißtrauisch unter die Lupe genommen; seine politische Karriere stand auf dem Spiel; aus seinem Wahlkreis und dem ganzen Land bombardierte man ihn mit Telegrammen, seine Partei und die Presse schmeichelten, bestachen, drohten. Später schrieb Senator Ross über den Augenblick der Stimmabgabe:
>
> ›Ich hatte das Gefühl, in mein eigenes Grab zu blicken. Freundschaften, Position, Vermögen – alles, was einem ehrgeizigen Mann das Leben wert macht, war im Begriff, durch den Hauch meiner Worte weggefegt zu werden, vielleicht für immer. Es ist kein Wunder, daß meine Stimme zitterte und die letzten Sitze des Auditoriums nicht erreichte oder daß

manche weit weg sitzenden Senatoren nach Wiederholung riefen.‹ Aber
Ross sagte: ›Nicht schuldig.‹ Mehrere andere, die noch schwankten, als
das Anklageverfahren einsetzte, waren auch unter Druck gesetzt worden.
Sie stimmten für ›schuldig‹.« (1969, S. 541f)

Wenn dieser Senator die Nachwelt durch seine Zivilcourage
beeindruckt, dann sicher eher als Ausnahme denn als Regel für
die Festigkeit eines Urteils gegenüber sozialem Druck. In jedem
Fall aber hat die Sozialpsychologie hinreichend Gründe, die
soziale Beeinflussung von Urteilen zu einem sozial relevanten
Forschungsthema zu machen. Denn auch derjenige, der sein
Urteil gegen die Mehrheit abgibt, tut dies oft aus einer Loyalität
Anderen gegenüber oder aber aus einer Überzeugung heraus, die
er für richtig hält. *Überzeugungen* aber und *Einstellungen* – und damit
sind wir bei unserem dritten Beispiel sozialer Bedingtheit kognitiven Verhaltens – sind mit Recht ein zentrales – nach ALLPORT
*das* zentrale – Thema sozialpsychologischer Theorie und Forschung.

(3) *Soziale Einstellungen*, auch *Attitüden* genannt, sind Verhaltensdispositionen, die zur Orientierung des Individuums in seiner
sozialen Umwelt beitragen. Wesentlich für diesen sozialpsychologischen Begriff ist, daß er immer eine *wertende* Stellungnahme gegenüber sozialen Sachverhalten mitmeint, überspitzt formuliert,
eine Pro- oder Kontra-Haltung. Fehlt diese bewertende Komponente, so spricht man von *Überzeugungen* oder *Meinungen*.

Soziale Einstellungen und Überzeugungen sind – sieht man einmal
von den relativ starren und stereotypen Vorurteilen ab – einem
Wandel unterworfen, der immer auch als Wirkung sozialer Beeinflussung aufgefaßt werden muß. Viele Beeinflussungsbemü-
hungen richten sich ja direkt auf die Änderung von Überzeugungen und Einstellungen. Millionenbeträge werden jährlich
ausgegeben, um Hausfrauen oder Raucher oder Kraftfahrer zu
einer bestimmten Konsumhaltung zu bewegen, d. h. ein bestimmtes Produkt zur Kenntnis zu nehmen, es für gut zu finden, um es
schließlich zu erwerben. Sehr viel weniger Mittel stehen leider da
zur Verfügung, wo die Änderung von Meinungen und Haltungen
gesellschaftlich ungleich wichtiger wäre, etwa bei der Neufassung
des § 218 oder in Fragen des Grundeigentums, der Umweltver-
schmutzung, des innerstädtischen Verkehrs. Bei tiefwurzelnden
Überzeugungen und Gewohnheiten, wie wir sie bei derartigen
Problemen ansetzen dürfen, reicht unter Umständen die reine
Werbung oder Propaganda, auch über Massenmedien, nicht aus,
um eine wirkliche Beeinflussung des Verhaltens zu bewirken.
Wiederum hat sich die experimentelle Sozialpsychologie bemüht,
veränderungswirksame Faktoren zu isolieren. Zwei wirksame
Mittel sind hinreichend gut erforscht, nämlich aktive Beteiligung,
etwa durch Rollenspiel, und die Erregung von Sorge oder
Furcht.

Vor allem Psychologen der Yale-Universität waren es, die den Nachweis lieferten, daß Individuen, die gezwungen sind, eine Meinung Anderen gegenüber aktiv zu vertreten, eher geneigt sind, sich dieser Meinung anzuschließen, als Individuen, die die entsprechende Botschaft nur passiv zur Kenntnis nehmen. Janis & King (1954) haben ein und dieselbe Information auf diese beiden verschiedenen Weisen vermittelt: (1) einer Gruppe von aktiv Beteiligten, die also eine Rolle spielen mußten, in der sie eine der Überredung dienende Kommunikation an Andere richten mußten und (2) einer Kontrollgruppe von passiven Versuchspersonen, die dieselbe Kommunikation nur lesend oder hörend aufnahmen.

*Tab. 1:* Vergleich der aktiv Beteiligten mit den passiven Kontrollpersonen: Meinungsänderung nach der überredenden Kommunikation. Experiment von Janis & King. (Aus: C. J. Hovland et al.: ›Überzeugung durch aktive Beteiligung‹. In: M. Irle (Hrsg.): *Texte aus der experimentellen Sozialpsychologie.* Neuwied: Luchterhand 1969, S. 288.)

| Versuchsgruppen | Netto-Meinungsänderung | | Signifikanz des Unterschieds |
|---|---|---|---|
| | gering oder erheblich | erheblich | |
| *Kommunikation a)* | | | |
| Aktiv beteiligte Vpn (N = 31) | 71% | 45% | } p = 0.01 |
| Passive Kontroll-Vpn (N = 57) | 58% | 21% | |
| *Kommunikation b)* | | | |
| Aktiv beteiligte Vpn (N = 29) | 62% | 41,5% | } p = 0.01 |
| Passive Kontroll-Vpn (N = 57) | 52% | 17% | |

Tab. 1 zeigt, wie die Nettomeinungsänderung in den beiden Gruppen bei zwei ganz verschiedenen Kommunikationen deutlich unterschiedlich ausfällt. Vor allem die als erheblich klassifizierte Meinungsänderung fand sich mit 45% gegenüber 21% bzw. 41,5% gegenüber 17% überwiegend auf seiten der *aktiv* in den Kommunikationsprozeß Eingeschalteten. Der Unterschied war bei beiden Kommunikationen sehr signifikant.

Als eine weitere Bedingung für erfolgreiche Einstellungsänderungen ist die Aktualisierung einer *Befürchtung* untersucht worden. Eine leise Furcht liegt da ohnehin nahe, wo wir – wie beim Rauchen – trotz der Gefahr einer gesundheitlichen Schädigung bei unseren Rauchgewohnheiten bleiben. Doch erst wenn diese immer wieder vergessene oder verdrängte Furcht aktualisiert wird, kann es zu einer effektiven Einstellungs- und Verhaltensänderung kommen. Mann & Janis (1968) haben in einer längerfristigen Untersuchung gezeigt, wie tatsächlich zwei verschiedenartige Anlässe, die Krebsbefürchtungen wieder aufleben ließen, auch langfristig den täglichen Zigarettenkonsum zu senken vermochten. Der erste Anlaß war ein experimentell herbeigeführter, ein Rollenspiel, in dem die Versuchspersonen unter anderem Patienten vor der Aufnahme in die Chirurgie spielen mußten; der zweite Anlaß war der Anfang 1964 von der amerikanischen Regierung herausgegebene Raucher-Report.

*Tab. 2:* Auswirkungen des Rollenspiels auf das Zigarettenrauchen. (Aus: L. Mann & J. L. Janis ›A follow-up study on the long-term effects of emotional role playing‹. In: *Journal of Personality and Social Psychology*, 1968, 8, 339–342, S. 340.)

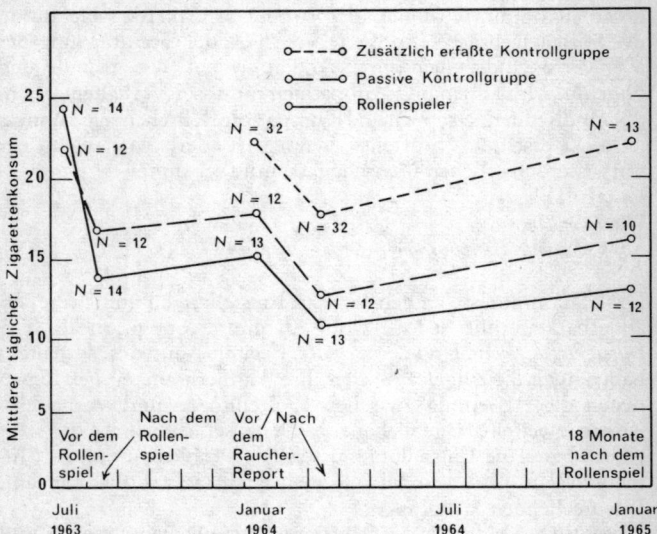

Wie man der Tab. 2 auf einen Blick entnehmen kann, fällt der auf der Ordinate abgetragene durchschnittliche tägliche Zigarettenkonsum zweimal deutlich ab, sowohl für die Experimentalgruppe der Rollenspieler wie auch für die Kontrollgruppe, die nur passiv der über Krebs aufklärenden Information ausgesetzt war, drastischer jedoch für die aktive Gruppe. Wie wenig der Raucher-Report allein vermochte, zeigt die obere Kurve der nicht experimentell erfaßten Kontrollpersonen, die etwa ein Jahr nach dem Report im Durchschnitt wieder die gleiche Menge Zigaretten rauchten wie vor dem Report.

Ein Experiment wie dieses darf nun allerdings nicht zu dem Trugschluß verführen, dem schon manche Pädagogen und Demagogen verfallen sind, nämlich daß die Androhung von Strafe oder, allgemeiner, das Erwecken von Furcht als solche Einstellungen und Haltungen in erwünschter Weise zu ändern vermöchten. Weitere sozialpsychologische Experimente (vgl. dazu Studientext 9) sprechen eine deutliche Sprache gegen diese leider in Politik wie Erziehung immer noch verbreitete Praxis.

### 9.3.2. *Soziale Beeinflussung der Gefühle*

Mit der Darstellung einiger Beispiele der sozialen Beeinflussung von Einstellungen haben wir nicht nur die den Sozialpsychologen interessierende Beeinflussung unseres kognitiven Verhaltens skizziert. Da allen Einstellungen auch eine emotionale Komponente zukommt, wird auch der Aspekt der ALLPORT-Definition der Sozialpsychologie konkreter, der von der Beeinflussung der *Gefühle* von Individuen durch Andere spricht. Wie grundlegend ohnehin Sympathien und Antipathien für unser Verhalten gegenüber Individuen, Gruppen und Klassen von Menschen sein können, ist nicht erst der Vorurteilsforschung, sondern seit langem der vorwissenschaftlichen Menschenkenntnis bekannt.

### 9.3.3. *Soziale Beeinflussung des Verhaltens*

Das Hauptinteresse an den sozialen Einstellungen und ihrer Veränderbarkeit rührt jedoch wohl aus ihrer Konzeption als *Verhaltensdispositionen*. Und der sozialen Beeinflussung des Verhaltens haben auch diejenigen Forscher ihre Aufmerksamkeit gewidmet, denen die Beziehung zwischen Einstellungen und Verhaltensweisen zweifelhaft geblieben ist. Denn schließlich ist das, was einer über seine Einstellung zu sozialen Problemen und zu Mitmenschen zu *sagen* weiß, nicht ohne weiteres verbindlich für seine entsprechenden Handlungen.
Wesentlich mit der direkten Beeinflussung mitmenschlichen Verhaltens verbunden ist die Frage von *Macht* und *Abhängigkeit*. Ohne Zweifel ist die allererste Prägung, die unser Verhalten in der Interaktion zwischen Eltern und Kind erfährt, an die Möglichkeiten der Erwachsenen gebunden, Macht auszuüben. Zwei Möglichkeiten dieser Machtausübung und damit der Verhaltenssteuerung dürften besondere pädagogische Relevanz haben. Sie beruhen auf dem, was JONES & GERARD (1967) einmal die Wirkungsabhängigkeit (effect dependence), zum anderen die Informationsabhängigkeit (information dependence) genannt haben. Dem Konzept der Wirkungsabhängigkeit, die man auch als Bekräftigungsabhängigkeit bezeichnen könnte, liegt die lerntheoretische Annahme zugrunde, wonach diejenigen Verhaltens-

weisen zur Wiederholung tendieren, die bekräftigt werden (vgl. Kap. 4 u. 19). Belohnung als die bekannteste und verbreiteste Form der Bekräftigung wird sicherlich von der frühkindlichen Sozialisation an bis hin zum Entgelt, das Erwachsene für ihre Arbeit erwarten, durchgängig eingesetzt. Derjenige nun, ob klein oder groß, der zur Belohnung eigenen Tuns auf Andere angewiesen ist, dem also eine wesentliche Wirkung seines Verhaltens durch Andere vermittelt wird, ist wirkungsabhängig. Wer andererseits darüber entscheidet, ob das Verhalten eines Mitmenschen die von diesem erwünschte Auswirkung hat oder nicht, übt *Wirkungskontrolle* aus. Ein Kind, das ein vom Erwachsenen erwünschtes Verhalten zeigt, nennen wir bezeichnenderweise lieb oder – noch kurioser – brav. Die Mutter bekräftigt ein derartiges Verhalten durch vermehrte Liebe, durch besondere Zuwendung, aber natürlich auch durch Süßigkeiten und andere kleine Extras. Lob, Anerkennung, Zensuren treten später als pädagogische Bekräftigung hinzu. Zumal in einer an Leistung orientierten Gesellschaft spielt die Prämie i. w. S. eine wichtige soziale Rolle, um sozial erwünschte Verhaltensweisen sicherzustellen. Nicht erwünschte Verhaltensweisen werden nicht bekräftigt; damit nimmt nach der gleichen Theorie die Häufigkeit ihres Vorkommens ab. Der Strafe im Sinne gezielter schmerzhafter Aktionen zur Unterbindung oder Vermeidung unerwünschter Verhaltensweisen geben dagegen die Vertreter der Bekräftigungstheorie keine vergleichbare Chance.

Die Bekräftigungstheorie des Verhaltens ist, insofern Bekräftigungen in vielen Fällen nicht von der Natur, sondern von Mitmenschen gegeben oder doch vermittelt werden, zugleich eine *Theorie der Interaktion*, eine psychologische Theorie des Aufeinanderangewiesenseins von Menschen. Aufeinander-angewiesen-Sein ist aber nur ein anderer Ausdruck für das Voneinanderabhängig-Sein.

Von Anderen bezüglich der Wirkungen oder Folgen des eigenen Handelns abhängig sein ist jedoch nur eine Abhängigkeitsform. Die andere Form, die *Informationsabhängigkeit*, ist eine nicht minder wichtige Bedingung zwischenmenschlicher Interaktion und sozialer Beeinflussungsmöglichkeiten. Die anfangs absolute Überlegenheit des Erwachsenen gegenüber dem Kind beruht zu einem wesentlichen Teil ja auch auf dem Vorsprung an Wissen und Kenntnissen. Manche Information über seine Umwelt vermag der Heranwachsende sich selbst, d. h. aus eigener Aktivität heraus, zu verschaffen; das meiste für ihn Wissenswerte wird ihm jedoch von den »Großen« vermittelt, nicht zuletzt durch die Sprache, die das Kind von den Erwachsenen lernt, um mit ihrer Hilfe die Welt zu begreifen. Wissen aber, das ich weitergeben oder auch denjenigen vorenthalten kann, die darauf angewiesen sind, ist immer auch Macht, zumindest eine Quelle möglicher Machtausübung.

Jede nicht beantwortete oder auf später vertröstete Frage des Kindes läßt es die Überlegenheit des Erwachsenen und die eigene Abhängigkeit erfahren. Aber ein Informationsmonopol zu haben, ist keineswegs ein Privileg des Erwachsenen gegenüber dem Kind. Auch wir Erwachsenen sind täglich auf Informationen angewiesen, die selber zu beschaffen uns entweder unmöglich oder aber zu zeitraubend und kostspielig ist. Wir bleiben zeit unseres Lebens informationsabhängig und damit auf entsprechende Interaktionen angewiesen.

Die Möglichkeit sozialer Beeinflussung im Sinne sog. Informationssteuerung liegt auf der Hand. Nicht nur damit, *daß* ich Informationen weitergebe oder für mich behalte, sondern auch damit, *welche* Informationen ich vermittle, vermag ich das Verhalten Anderer zu steuern. Ein Erwachsener, der sich informieren will über die wirtschaftliche oder politische Situation seines Landes, weiß, daß er dann nicht nur Zeitungen befragen darf, die alle ein und demselben Verlagshaus angehören oder alle – wie es heißt – ein und derselben politischen Partei »nahestehen«. Das von seinen Eltern oder auch Lehrern informationsabhängige Kind hat in der Regel die Freiheit der Information nicht, die in unserem Staate ein Grundrecht ist.

*Artikel ( 5 ) Grundgesetz:* Recht der freien Meinungsäußerung

(1) Jeder hat das Recht, seine Meinung in Wort, Schrift und Bild frei zu äußern und zu verbreiten und sich aus allgemein zugänglichen Quellen ungehindert zu unterrichten. Die Pressefreiheit und die Freiheit der Berichterstattung durch Rundfunk und Film werden gewährleistet. Eine Zensur findet nicht statt.

(2) Diese Rechte finden ihre Schranken in den Vorschriften der allgemeinen Gesetze, den gesetzlichen Bestimmungen zum Schutze der Jugend und in dem Recht der persönlichen Ehre.

(3) Kunst und Wissenschaft, Forschung und Lehre sind frei. Die Freiheit der Lehre entbindet nicht von der Treue zur Verfassung.

Wer schon in frühen Jahren einseitiger Informationen, etwa im Sinne einer Ideologie oder Weltanschauung, ausgesetzt ist und damit von klein auf lernt, was rechtens zu wissen, zu denken und zu tun ist, wird u. U. in späteren Jahren kein Bedürfnis mehr verspüren, andere Informationen als die zu suchen, die seine Überzeugungen und Einstellungen bekräftigen.

Wirkungs- und Informationsabhängigkeit und die ihnen zugeordneten Formen der sozialen Kontrolle umfassen also einen sehr weiten Bereich sozialer Beeinflussung. Er reicht vom physischen Zwang über die verschiedensten Formen der Belohnung und Bestrafung bis hin zu den subtilsten Techniken der Bewußtseinsmanipulation durch ein selektives Informationsangebot. Jeder von uns ist, wissentlich oder unwissentlich, Subjekt und Objekt sozialer Beeinflussung.

## 9.4. *Reale, vorgestellte und implizite Gegenwart von Individuen*

Zum Schluß des Versuches, die Fragestellungen der Sozialpsychologie zu skizzieren, sei noch auf den letzten Teil der ALLPORT-Definition eingegangen, von der wir ja ausgegangen waren. Er besagt, daß Individuen »durch die reale, vorgestellte oder implizite Anwesenheit Anderer« beeinflußt werden. Was bedeutet diese dreifache Unterscheidung?

Nehmen wir als Beispiel eine lärmende und umhertobende Schulklasse, die angesichts des die Klasse betretenden Lehrers mehr oder minder abrupt still wird und sich auf ihren Plätzen wiederfindet. Hier ist es ohne Zweifel die reale physische Anwesenheit des Anderen, die verhaltensbeeinflussend wirkt. Und vieles von dem, was sich während des Unterrichts an Lehrer-Schüler-Interaktion vollzieht und Lerneffekte hat, wird an die reale Präsenz des Lehrers gebunden sein, wird – wie der Sozialpsychologe sagt – unvermittelte oder face-to-face-Kommunikation zur Voraussetzung haben. Es wird damit auch nicht ersetzbar durch Instruktionsformen, die des Lehrers entraten oder ihn nur mittelbar, etwa schriftlich, in Erscheinung treten lassen. Der große Vorzug der unvermittelten Kommunikation dürfte in der Möglichkeit der *unmittelbaren Rückmeldung* liegen. Die Rückmeldung orientiert den Kommunikator darüber, wie seine Kommunikation »ankommt«, d. h. wie sie aufgenommen, verstanden und bewertet wird. Während des Unterrichts stellt der Lehrer Fragen, um herauszufinden, ob das, was er vermitteln wollte, von seinen Schülern auch verstanden wird.

Ein wesentlicher Teil dieses *feed-back*, zu dem jeder gute Lehrer nach Möglichkeit ermuntert, vollzieht sich allerdings *nichtsprachlich*, in fragenden, skeptischen, ratlosen, gespannten, zustimmenden Gesichtern, in Körperhaltungen. Manches von dem, was die moderne Sozialpsychologie über die Bedeutung der nichtsprachlichen Kommunikation auszusagen hat, wird dem erfahrenen Lehrer vertraut erscheinen, sofern er das nichtsprachliche Verhalten von Schülern vor Augen hat. Sehr viel weniger allerdings wird er sich im klaren sein über seinen eigenen Beitrag zur nichtsprachlichen Kommunikation. In der Analyse der Lehrer-Schüler-Interaktion (vgl. dazu Kap. 16) wird jedoch das nonverbale Verhalten des Lehrers ein das Unterrichtsgeschehen mitbestimmender Faktor sein müssen.

Auch in der *vermittelten Kommunikation*, wie etwa einem Funkkolleg, ist der Kommunikator noch real anwesend, wenn auch reduziert, nur noch mit seiner Stimme und dem Text des Begleitbriefs. Seine Augen und Ohren sind für den Kommunikationspartner, d. h. also für den Kollegiaten, nicht direkt zugänglich. Dessen Unmut, Fragen und Kritik erreichen ihn nicht direkt, können den Fluß seiner Rede nicht unterbrechen. Wir alle kennen als Radiohörer und Fernsehzuschauer die relative Ohnmacht des zum Informations- und Unterhaltungs-Konsum verurteilten passiven Empfängers. Wir werden zwar von klugen Zeitgenossen immer wieder auf den Aus-Knopf unserer Geräte verwiesen, aber oft ist uns mehr nach einer Protest-Taste oder -Klaviatur zumute.

Vorerst bleibt der technisch vermittelten Kommunikation immerhin die Möglichkeit der zeitlich verzögerten Rückmeldung, z. B. durch Leserbriefe oder, wie im Falle des Funkkollegs, durch »Feedback-Sendungen«, in denen die Kollegiaten die Möglichkeit zur direkten Kommunikation mit ihren »Lehrern« haben.

Soweit die Beeinflussung durch reale Andere und die verschiedenen Möglichkeiten einer Wechselwirkung zwischen Kommunikator und Kommunikant.

Was heißt nun Beeinflussung durch *vorgestellte* Andere? Schon in die Beeinflussung durch reale Andere spielen Vorstellungen hinein, die sich auf das eigene Verhalten auswirken können. Nicht nur bei der mittelbaren Kommunikation, bei der der Andere etwa nur durch seine Stimme präsent ist, stellen wir uns oft vor, wie der Andere aussieht, was für ein Gesicht er wohl zu seinen Worten macht, was für eine Persönlichkeit er sein mag. Und je nach unseren Vorstellungen über seine Zugänglichkeit werden wir uns entschließen, uns rückmeldend an ihn zu wenden oder es uns zu verkneifen. Sozialpsychologisch wichtiger ist jedoch der reale, aber zu einem bestimmten Zeitpunkt nicht anwesende Andere. Bei der lärmenden Klasse z. B. mag erst die leibliche Präsenz des Lehrers Ruhe herstellen. Für manche Klasse, zumindest für manchen ängstlichen Schüler, genügt jedoch vielleicht schon die Vorstellung, die – oft ja auch begründete – Vorwegnahme des zürnenden oder strafenden Lehrers, um auch in dessen momentaner Abwesenheit sich das Lärmen zu versagen. Wodurch wirkt letztlich der abwesende Erzieher, sofern er überhaupt einen pädagogischen Einfluß ausübt? Sicher nicht immer nur durch die bereits verinnerlichte Einsicht in die Notwendigkeit, auch ohne äußere Motivation dieses zu tun und jenes zu lassen. In die Vorstellung der Folgen von Tun und Lassen spielt sicher immer wieder auch derjenige hinein, der das in Frage stehende Verhalten bekräftigt, es belohnt oder bestraft.

Aber auch ohne die reale oder vorgestellte Anwesenheit von Anderen steht unser Verhalten unter sozialem Einfluß. In vielem, was wir – gerade auch als Erwachsene – tun, sind die Anderen *implizit anwesend* und wirksam. Was ist damit gemeint? Erinnern wir uns dessen, was in früheren Kapiteln über Sozialisation zur Sprache kam, und nehmen das hinzu, was dieses Kapitel über Interaktion erbracht hat. Dann läßt sich Sozialisation auch bezeichnen als »ein Interaktionsprozeß, durch den das Verhalten eines Individuums so modifiziert wird, daß es den Erwartungen der

Mitglieder derjenigen Gruppe entspricht, zu der es gehört«
(Backman & Secord 1968, S. 4). Wir können auch sagen, daß
die Regelmäßigkeiten, die ein Verhalten im Laufe der Entwicklung zunehmend charakterisieren, auf die Erwartungen der Anderen und auf ihre Möglichkeiten, Verhalten zu bekräftigen,
zurückzuführen sind. Diese von den Anderen geteilten Erwartungen sind das, was der Sozialpsychologe unter *Normen* versteht.
Und in dem Maße, wie der Heranwachsende es lernt, die Erwartungen und damit die Folgen seines Verhaltens zu antizipieren,
internalisiert er die Normen seiner Gruppe, seiner Gesellschaft.
Mit der abgeschlossenen Internalisierung der Normen, d. h. wenn
die Normen selbstverständlich, also nicht mehr explizit bewußt
sind, kann man sagen, sind die Anderen implizit anwesend. Es
bedarf nun nicht mehr der leibhaftigen Anwesenheit des Vaters,
der Mutter, des Lehrers, um bestimmte von der Situation geforderte Verhaltensweisen, Kenntnisse und Fertigkeiten zu
aktualisieren. Die Gefordertheit des eigenen Tuns oder Lassens
ist zu einem Element unseres Handelns geworden.

## Literatur

Allport, G. W. ›The historical background of modern social psychology‹.
In: G. Lindzey & E. Aronson (Hrsg.) *The Handbook of Social Psychology*.
Vol. 1. Reading, Mass.: Addison Wesley 1968, S. 1–80.

Asch, S. ›Änderung und Verzerrung von Urteilen durch Gruppendruck‹.
In: M. Irle (Hrsg.) *Texte aus der experimentellen Sozialpsychologie*. Neuwied:
Luchterhand 1969, S. 57–73.

Backman, C. W. & Secord, P. F. *A social psychological view of education*. New
York: Harcourt, Brace & World 1968.

Hovland, C. W., Janis, J. L. & Kelley, H. H. ›Überzeugung durch aktive
Beteiligung‹. In: M. Irle (Hrsg.) *Texte aus der experimentellen Sozialpsychologie*. Neuwied: Luchterhand 1969, S. 282–309.

Jahoda, M. ›Konformität und Unabhängigkeit. Eine psychologische Analyse‹. In: M. Irle (Hrsg.) *Texte aus der experimentellen Sozialpsychologie*.
Neuwied: Luchterhand 1969, S. 538–572.

Janis, J. L. & King, B. T. ›The influence of roleplaying on opinion change‹.
In: *Journal of abnormal and social psychology*, 1954, *49*, 211–218.

Jones, E. E. & Gerard, H. B. *Foundations of social psychology*. New York:
Wiley 1967.

Kennedy, J. F. *Zivilcourage*. Düsseldorf: Econ [8]1968.

Mann, L. & Janis, J. L. ›A follow-up study on the long-term effects of
emotional role playing‹. In: *Journal of Personality and social Psychology*, 1968,
*8*, 339–342.

Sherif, M. *The psychology of social norms*. New York: Harper Torchbooks
1966.

Ulich, D. *Gruppendynamik und Grenzen sozialwissenschaftlicher Analysen*. München: Ehrenwirth 1971.

Franz E. Weinert

## 10.  Die Familie als Sozialisationsbedingung

# 10. Die Familie als Sozialisationsbedingung

## 10.1. *Allgemeine Einführung*

Die ersten Kapitel dieses Buches haben sich fast ausschließlich mit der kindlichen Entwicklung beschäftigt. Schwerpunktmäßig wurde dabei die Genese der Motivation des Denkens und der Sprache dargestellt. Vielleicht überrascht es, daß in einem Funkkolleg über Pädagogische Psychologie so ausführlich auf entwicklungspsychologische Fragestellungen eingegangen wird. Das hat mehrere Gründe: Zum einen kann es wissenschaftlich als erwiesen gelten, daß Erlebnisse und Erfahrungen der frühen Kindheit auf die weitere Entwicklung des Menschen einen besonders prägenden Einfluß ausüben; zum anderen sind viele der in der Kinderforschung erarbeiteten Theorien von übergreifender, allgemeinpsychologischer Bedeutung, und schließlich scheint es für jede wissenschaftliche Orientierung pädagogischen Handelns notwendig zu sein, das Verhalten anderer Menschen aus den jeweiligen situativen und biographischen Bedingungen heraus auch erklären zu können.

Diesem zuletzt genannten Lernziel dienen auch die folgenden Kapitel. Wir wechseln dabei nicht den Gegenstand, sondern die Betrachtungsweise. Stand bisher das sich entwickelnde Kind im Mittelpunkt der Aufmerksamkeit, so wenden wir uns jetzt schwerpunktmäßig den *soziokulturellen* Bedingungen der Entwicklung zu. Dabei werden wir aus der Vielzahl sozialer Bedingungen zwei für die Entwicklung und Erziehung des Menschen besonders wichtige beispielhaft herausgreifen: Familie und Schule.

Geht man von der trivialen Tatsache aus, daß jeder Mensch in ein bestimmtes soziokulturelles Milieu hineingeboren wird und daß er im Laufe der Zeit bewußt oder (meistens) unbewußt eine Vielzahl von Werten, Normen, *Symbolsystemen* (z. B. Sprache), sozialen *Rollen* usw. übernimmt – sich zu eigen macht (»verinnerlicht«) –, so läßt sich Entwicklung auch als das Hineinwachsen des Einzelnen in eine bestimmte Gesellschaft umschreiben. Diesen Vorgang bezeichnet man im wissenschaftlichen Sprachgebrauch als *Sozialisation* (manchmal auch *Sozialisierung*).

Mit ZIGLER & CHILD (1969) verstehen wir unter Sozialisation »den gesamten Prozeß, durch den ein Individuum im aktiven Umgang mit anderen Menschen seine spezifischen sozial relevanten Verhaltens- und Erlebnisformen entwickelt« (S. 474).

Die Bedeutung dieses Prozesses für den Einzelnen wie für die Gesellschaft ist von vielen Wissenschaftlern hervorgehoben

worden. Der israelische Soziologe S. N. EISENSTADT (1966) faßt
das auch die Forschung leitende *Überzeugungswissen* darüber so zusammen:

> »Die Plastizität der menschlichen Natur, ihre Fähigkeit zu lernen und sich
> Verhaltensmuster anzueignen, wie auch die lange Zeit der Abhängigkeit
> des Kindes vom Erwachsenen, das sind die Grundlagen, auf denen die
> soziale Kontinuität, die Übermittlung sozialen Erbes, aufbaut. Dieser
> Lernprozeß ist jedoch kein mechanischer, laboratoriumsartiger Vorgang,
> durch den das Individuum seine verschiedenen Eigenschaften erwirbt.
> Außerhalb eng gezogener Grenzen kann sich menschliches Lernen und
> besonders das allmähliche kontinuierliche Lernen, wie es für den Säug-
> ling oder das heranwachsende Kind charakteristisch ist, nur durch Sozia-
> lisierung, d. h. durch *Kommunikation* mit und Lernen von anderen Men-
> schen, vollziehen, Menschen, mit denen er Schritt für Schritt in eine Art
> allgemeiner Beziehung tritt. Obwohl wir nichts Genaues über den Sozia-
> lisierungsprozeß wissen, stehen doch einige Tatsachen außer Frage:(a) So-
> zialisierung wird erreicht durch die kindliche Bindung an Erwachsene,
> zuerst an die Mutter oder an deren Ersatz, an den Vater, dann allmählich
> an andere Menschen; d. h. sie gründet sich darauf, daß das Kind diese
> Erwachsenen als Objekte seiner Handlungen wünscht. (b)Die Art dieser
> Bindung ist diffus und *generalisiert*; d. h. sie ist auf die Gesamtpersönlich-
> keit dieser Erwachsenen gerichtet, auf ihre allgemeinen Dispositionen
> dem Kind gegenüber (ihre Liebe zum Kind), und nicht – wenigstens zu-
> nächst nicht – auf spezifische Handlungen. (c) Die Sicherheit einer solchen
> Bindung ist eine grundlegende Voraussetzung für die Entwicklung des
> Kindes zu einem sozialen Wesen, also für die Entfaltung seiner Befähigung
> zu *Rollenerwartungen* und für Rollenausübungen. (d) Auf dem Weg der
> Sozialisierung (wie sie vor allem in der Familie erfolgt) entwickelt das
> Kind generalisierte, primäre Rollenprädispositionen. (e) Auf der Grund-
> lage dieser allgemeinen Prädispositionen werden dann einzelne, spezifische
> Rollen in verschiedenen spezifischen Situationen erlernt. Die Möglichkeit
> zur *Interaktion* mit anderen Menschen – besonders mit Erwachsenen –
> und die Sicherung einer beständigen Bindung an sie stellen wohl die
> Grundbedingung für die Persönlichkeit dar, ohne die ihre Entwicklung
> nicht erreicht und ihre Integration nicht erhalten werden kann.« (S. 18)

Die von EISENSTADT gegebene Beschreibung könnte leicht den
Eindruck erwecken, mit dem Begriff Sozialisation werde ein genau umschriebener, jedem zugänglicher und gut beobachtbarer
Sachverhalt gekennzeichnet. Das Gegenteil ist der Fall. Manche
Autoren verstehen z. B. unter Sozialisation alle gesellschaftlich
vermittelten Erfahrungen, Erlebnisse und Verhaltensänderungen,
d. h. also die Gesamtheit der sozialvermittelten Lernvorgänge
(z. B. GOSLIN 1969, S. 2). Demgegenüber schlagen andere vor,
das Lernen von kulturspezifischen Inhalten und Fertigkeiten im
allgemeinen als *Enkulturation* zu bezeichnen und den Begriff der
Sozialisation auf die Übernahme kultureller Werte und Normen
einzuengen (z. B. FEND 1969). Das führt jedoch leicht zu begriff-

licher Verwirrung. Diese rührt im wesentlichen daher, daß zwar Sozialisationsforschung innerhalb verschiedener Wissenschaften und wissenschaftlicher Richtungen betrieben wird (z. B. Soziologie, Psychologie, Kulturanthropologie, Psychoanalyse), daß ein gemeinsames theoretisches Bezugssystem jedoch noch fehlt. Obwohl es gerade in diesem Bereich nicht an interdisziplinären Projekten gemangelt hat, stehen ein einheitlicher Sprachgebrauch und eine übergreifende theoretische Konzeption noch aus. Ist es unter diesen Umständen überhaupt sinnvoll, den Begriff Sozialisation im wissenschaftlichen Sprachgebrauch zu verwenden? Die Frage ist dann zu verneinen, wenn das Wort Sozialisation in einer völlig untheoretischen und unpräzisen Weise gebraucht wird als ein – scheinbar wissenschaftlich legitimierter – Allerweltsbegriff für die ideologische Überzeugung von der Omnipotenz der Gesellschaft gegenüber dem Individuum; die Verwendung des Begriffes erscheint jedoch dann gerechtfertigt, wenn dabei stets einige Voraussetzungen und Probleme mitgedacht werden:

1. Der Vorgang der Sozialisation kann nicht direkt beobachtet, sondern nur aus dem Verhalten und den Verhaltensänderungen von Individuen und Gruppen indirekt erschlossen werden.

2. Man sollte nur dann von Sozialisation sprechen, wenn die Verhaltensmerkmale von Personen, die unter gleichen oder ähnlichen soziokulturellen Bedingungen gelebt haben, stärker übereinstimmen, als aufgrund einer Zufallsverteilung erwartet werden kann, und wenn sich diese Übereinstimmung nicht von der Gleichheit der Erbanlagen her, sondern überwiegend als Folge sozial vermittelter Lernprozesse erklären läßt (vgl. dazu z. B. RÜCKRIEM 1970).

3. Ein wichtiges Ziel der Sozialisationsforschung ist es, den wahrscheinlichen Zusammenhang zwischen möglichst genau definierten soziokulturellen Lebensbedingungen und damit zusammenhängenden Verhaltensweisen bzw. Verhaltensänderungen soweit aufzuklären, daß Entwicklungsverläufe aufgrund der Kenntnis der relevanten ökonomischen, kulturellen und sozialen Bedingungen in bedeutsamer Weise vorhergesagt werden können. Dadurch erst erhält der Erzieher eine wissenschaftlich begründete Möglichkeit, Sozialisationsbedingungen im Hinblick auf bestimmte Sozialisationsziele zu verbessern.

4. Problematisch ist dabei allerdings, daß durch empirische Forschung häufig nur einzelne Sozialisationsbedingungen erfaßt werden. Dabei läßt sich aufgrund der bisherigen Forschung generell sagen,

»daß nie einzelne Sozialisationsfaktoren isoliert gesehen werden dürfen und von ihnen aus dann bestimmte Verhaltensweisen direkt abzuleiten sind. Es stellte sich vielmehr heraus, daß ein und derselbe Sozialisationsfaktor – sei es eine bestimmte Ernährungssituation oder auch ein autoritäres Erziehungsverhalten – zu geradezu gegensätzlichen Prägungen der Persönlichkeit führen kann, je nachdem, in welche biographische Gesamtsituation er eingebettet erscheint.« (LEHR 1968, S.595 )

5. Sozialisation ist der weitere, Erziehung der engere Begriff. Während man unter Sozialisation alle Vorgänge der »Sozialwerdung« und »Sozialmachung« verstehen kann, wird im Begriff der Erziehung in der Regel das Bewußte, Absichtliche, Zielgerichtete des pädagogischen Verhaltens betont (vgl. KLAFKI 1970).

6. Inhaltlich gesehen versteht man unter Sozialisation häufig den Erwerb sozialer Rollen und der dafür notwendigen Qualifikationen (Fähigkeiten, Fertigkeiten, Kenntnisse, Einstellungen, Bewertungsnormen usw.). Dabei bezeichnet Rolle ein Bündel aufeinander bezogener Erwartungen, Bedeutungen und Werte, die das Verhalten eines Einzelnen in einem vorgegebenen sozialen Rahmen beeinflussen.

7. Sozialisation wird häufig als ein Vorgang mißverstanden, durch den ein mehr oder weniger passives Wesen den sozialen Kräften seiner Umwelt ausgesetzt ist und von ihnen »geprägt« wird. In den bisherigen Kapiteln wurden jedoch bereits viele Belege für spontane und aktive Auseinandersetzungen schon des Kleinkindes mit seiner Umwelt erwähnt. Daraus wird deutlich, daß Sozialisation als ein Interaktionsprozeß zwischen der sich entwickelnden Persönlichkeit des Kindes und seiner soziokulturellen Umwelt verstanden werden muß.

8. Obwohl die Sozialisationsforschung unter dem Einfluß der *Psychoanalyse* lange Zeit davon ausging, daß die frühe Kindheit die alles entscheidende Entwicklungsperiode im menschlichen Leben darstellt, kann heute als gesichert gelten, daß Sozialisation ein lebenslanger Vorgang ist. Das ist leicht einzusehen, wenn man daran denkt, wie viele neue Rollen von jemandem im Laufe des Jugendalters und des Erwachsenenlebens noch erworben werden müssen. Wissenschaftlich ungeklärt ist allerdings, ob und inwieweit dabei bestimmte Grundmuster des individuellen Erlebens und Verhaltens, wie z. B. eine eher pessimistische oder eher optimistische Weltbetrachtung, früh erworben werden und dann weitgehend unveränderbar sind.

9. Viele Wissenschaftler haben dazu beigetragen, Sozialisation als einen reinen Anpassungsprozeß des Individuums an die Gesellschaft erscheinen zu lassen. Dabei wirkten psychoanalytische Annahmen – wonach durch Sozialisation ein ursprünglich auf Lustgewinn ausgerichtetes Lebewesen zu einem realitätsbezogenen, d. h. zu einem sich selbst kontrollierenden, an Gruppennormen angepaßten Intividuum wird –, mechanistische lerntheoretische Vorstellungen und bestimmte soziologische Auffassungen vom Menschen als eines »homo sociologicus« zusammen. So wird Sozialisation oft als reiner »Anpassungszwang«

gekennzeichnet und der Vorgang der eigentlichen Mensch-
werdung (Enkulturation und *Personalisation*) als hiervon streng
geschieden hingestellt. Dabei besteht die Gefahr, den Menschen
als ein »Gummimännchen« zu sehen, »das sich in die Konturen
einer Gesellschaft einpassen soll«. Es geht also um das Verhältnis
von Konformität und Selbstbestimmung. (vgl. Fend 1971)
Zweifellos wurde in der bisherigen Sozialisationsforschung der
Konformitätsaspekt überbetont. Dabei scheint es nach unserer
Auffassung kaum zweifelhaft zu sein, daß Sozialisation sowohl die
Bedingung der Möglichkeit für konformes wie für autonomes
Handeln ist und daß die individuelle Persönlichkeit zugleich
Ergebnis sozialen Schicksals wie ihrerseits auch wiederum Ge-
stalter einer kulturellen Umwelt ist. Zu Recht wird jedoch von
Kritikern eingewandt, daß die Sozialisationsbedingungen für die
Entwicklung selbstverantwortlicher Menschen in unserer Ge-
sellschaft nur begrenzt vorhanden sind und daß auch in der
wissenschaftlichen Theorienbildung dieser Gesichtspunkt häufig
vernachlässigt wird.

## 10.2. *Annahmen über die Bedeutung der Familie für die Sozialisation des Kindes*

Vor einigen Monaten wurde ich zufällig Zeuge einer Diskussion,
in der jemand die Meinung vertrat, das achte Kind sei am Schür-
zenzipfel seiner Mutter – die gezwungen ist, als Waschfrau zu
arbeiten – glücklicher und besser aufgehoben als in einem gut-
geführten Kinderheim. Natürlich entzündete sich an dieser Bemerkung eine lebhafte Auseinandersetzung über die Bedeutung
der Mutter und die Rolle der Familie für die Entwicklung des
Kindes. Wie immer in solchen Gesprächen, vermischten sich
kulturelle Werturteile, individuelle Erfahrungen, persönliche
Gewißheiten und Bruchstücke wissenschaftlicher Erkenntnisse zu
überaus festgefügten, stark gefühlsbetonten Überzeugungen, die
hart aufeinander prallten.
So drängen sich ganz von selbst Zweifel auf, ob es auf Fragen
dieser Art überhaupt allgemeingültige Antworten geben kann.
Ist die Mutter bei der Erziehung des Kindes unentbehrlich? Wie
wirkt sich das Verhalten der Eltern auf die Entfaltung der kindlichen Fähigkeiten und Motive aus? Führen ungünstige Entwicklungsbedingungen in der frühen Kindheit zu langfristigen,
vielleicht sogar irreparablen Schädigungen? Das sind einige der
Fragen, die uns beschäftigen müssen, wenn wir uns der Familie
als der vielleicht wichtigsten Sozialisationsbedingung des heranwachsenden Kindes zuwenden.
Vorwissenschaftliches Überzeugungswissen und eine große Zahl

wissenschaftlicher Befunde haben dazu beigetragen, daß viele
Laien und Sozialwissenschaftler übereinstimmend die Familie
nicht nur als die wichtigste, sondern auch als bestmögliche Er-
ziehungsbedingung für die nachwachsende Generation ansehen.
Dabei wird unter Familie in der Regel die sog. *Kernfamilie* verstanden, also die Haushaltsgemeinschaft von Eltern und den
unselbständigen Kindern. Diese Familienform stellt zweifellos
in den modernen Industriegesellschaften die verbreitetste soziale
Lebensgemeinschaft dar. Ihr werden im allgemeinen eine Reihe
von Struktur- und Funktionsmerkmalen zuerkannt, die für ihre
Sozialisationswirksamkeit von größter Bedeutung sind (vgl.
dazu PARSONS & BALES 1955; CLAESSENS 1967 und NEIDHARDT
1970a; b).

a) Die Kernfamilie bildet eine Kleinstgruppe, in der die persönlichen Beziehungen zwischen den Familienmitgliedern umfassend, intensiv, individuell und emotional sein können.

b) Die Kernfamilie weist in ihrer Binnendifferenzierung natürliche, d. h. biologisch verankerte *Geschlechts-* und *Altersrollen-
   unterschiede* auf. Zwar haben der soziale Wandel der letzten
   Jahrzehnte, die zunehmende außerhäusliche Erwerbstätigkeit
   der Ehefrau und die sich verändernde Haushaltsrolle des
   Ehemannes die als typisch männlich und typisch weiblich
   geltenden Arbeitsbereiche verwischt und überlagert; doch
   bestätigen auch neuere empirische Untersuchungen die nach
   wie vor geltende Bedeutung der Rollen und der Rollenunter-
   schiede von »Vater«, »Mutter«, »Tochter« und »Sohn«. Somit
   gewinnt die Familie in gewisser Hinsicht Modellcharakter für
   das Rollenverhalten und den Rollenerwerb der Kinder.

c) Die Kernfamilie stellt durch die lang anhaltende Haushaltsgemeinschaft der Familienmitglieder, durch den gemeinsamen,
   zugleich verbindenden und abgrenzenden Familiennamen und
   durch eine Vielzahl gemeinsamer Erfahrungen im allgemeinen
   eine recht stabile Einheit dar. NEIDHARDT meint sogar, daß
   »das frühkindliche Bedürfnis nach einer Dauerpflegeperson,
   die sich dem Kind hinreichend, verläßlich und freundlich zuwendet, und nach einem Milieu, das über Jahre hin stabil und
   im übrigen ausreichend konsistent und ›verständlich‹ ist,
   ... durch keine andere Sozialformation mit solch ähnlich hoher
   Erfolgswahrscheinlichkeit befriedigt werden kann wie durch
   die Familie« (1970a, S. 71).

d) Die Kernfamilie wird von vielen nicht nur als Verwandtschafts-
   organisation betrachtet, sondern als Ort wechselseitiger Sym-
   pathiebeziehungen und als Rahmen gegenseitiger Akzeptierung, Kooperation und Hilfsbereitschaft. In unserem eigenen
   Kulturkreis haben freie Partnerwahl, Möglichkeiten der Fami-
   lienplanung, der Abbau gewisser gesellschaftlicher Zwänge
   und die zunehmende Anonymität des Einzelnen innerhalb

seiner Arbeits-, Alters- und Nachbarschaftsgruppen dazu geführt, daß immer mehr Menschen die Befriedigung ihrer Bedürfnisse nach sozialer Zugehörigkeit, Sicherheit, Geborgenheit und Selbstbestätigung innerhalb ihrer Familie erwarten.
Es ist keine Frage, daß damit auch neue Konfliktquellen entstehen. Die Familie kann Probleme lösen und damit den
Einzelnen und die Gruppe entlasten; sie kann aber auch
Probleme schaffen oder bei der Lösung versagen und auf diese
Weise Verhaltensstörungen ihrer Mitglieder auslösen oder
verstärken.

e) Innerhalb unserer Gesellschaft erfüllt die Familie verschiedene
Funktionen. Die wichtigste dürfte darin bestehen, für die
biologische und kulturelle Reproduktion zu sorgen. Man hat
die Familie vermutlich zu Recht als die wichtigste *Sozialisationsagentur* einer Gesellschaft bezeichnet, weil in ihr die nachwachsende Generation am frühesten, am intensivsten und am
längsten beeinflußt wird. Immer wieder wird darauf hingewiesen, daß sich die Kernfamilie besonders gut für die Lösung
dieser Aufgabe eignet, und empirische Untersuchungen bestätigen auch, daß die Entwicklung des Menschen durch die
Familie stark beeinflußt wird. Das gilt für die Entfaltung der
Fähigkeiten ebenso wie für die Vermittlung bestimmter
Wertorientierungen, und die langfristigen familiären Auswirkungen sind in der Schule nicht weniger stark zu spüren als
bei der Wahl eines Berufes.

Damit aber verschiebt sich unsere Fragestellung. Wir dürfen
nicht nur prüfen, ob die Familie aufgrund ihrer Struktur- und
Funktionsmerkmale eine besonders günstige Sozialisationsbedingung sein könnte, sondern ob und inwieweit sie es in der
Realität tatsächlich ist. Dabei stehen sich heute in der Gesellschafts-
politik, aber auch innerhalb der Sozialwissenschaften häufig
zwei Auffassungen gegenüber: Viele sehen in erster Linie die
Vorzüge der Familie.

> »Unsere hochspezialisierte, organisierte und bürokratisierte Gesellschaft
> übt ständig eine Vielzahl von Zwängen auf den Einzelmenschen aus.
> Ununterbrochen muß er sich auf immer neue Situationen einstellen, sich
> ›anpassen‹, wobei die persönliche Eigenart oft gar nicht zu ihrem Recht
> kommt. Das führt auf die Dauer zu seelischen Spannungen. Hier schafft
> das Familienleben einen unersetzlichen Ausgleich, da der Mensch in dem
> überschaubaren, ihm zutiefst vertrauten und intimen Kreis der Familie
> sich ungezwungen bewegen und seine persönliche Eigenart entfalten
> kann.« (SCHMUCKER 1961, S. 2)

Das gleiche wird von der Erziehung der Kinder angenommen:
Nur in der Familie können sie jenes Maß an Liebe, Geborgenheit,
Pflege und Förderung erhalten, das zu einer gesunden Persön-
lichkeitsentwicklung erforderlich ist.

Ohne diese Auffassung selbst völlig in Frage zu stellen, werden

von anderen Soziologen und Psychologen Bedenken gegen eine
so optimistische Beurteilung der Familie als Sozialisationsagentur
erhoben:

Gewarnt wird erstens vor einer Familienideologie, in der die
Familie zu einer sozialen Idylle verklärt wird.

> »Rollen- und Autoritätsstreitigkeiten, Geschlechts- und Generationsspan-
> nungen sind ihr keineswegs fremd. Besonders die Phase, in der sich die
> Kinder aus dem Bereich der Herkunftsfamilie zu lösen und sich dem
> Einfluß der Eltern zu entziehen beginnen, ist voller Entfremdungen, Ent-
> täuschungen und Auseinandersetzungen.« (NEIDHARDT 1970a, S. 77)

Gewarnt wird zweitens vor der Tendenz des völligen Sich-
Zurückziehens in die Intimität der eigenen Familie bei gleichzeitiger Vernachlässigung öffentlicher, außerfamiliärer Angelegenheiten und Konflikte. So stimmt es z. B. bedenklich, wenn bei
einer repräsentativen Meinungsumfrage vor einigen Jahren auf
die Frage: »Was meinen Sie, sollte sich Ihr Ehegatte um öffentliche
Angelegenheiten, also um Fragen in der Gemeinde, in der Politik
und/oder in öffentlichen Organisationen aktiv kümmern, oder
sollte er sich davon fernhalten?« 69% der erwachsenen Bundesbürger für »fernhalten« und nur 19% für »aktiv kümmern«
plädierten.

Gewarnt wird schließlich drittens vor einer Verwechslung der
realen mit den idealen Erziehungsbedingungen innerhalb einer
Familie. Zu leicht wird die Zahl derjenigen Kinder übersehen,
die unter ihren Familienverhältnissen leiden, die von ihren Eltern
vernachlässigt oder gegängelt werden, denen es an affektiver
Zuwendung, an intellektueller Anregung oder an beidem fehlt.

Notwendig sind also wissenschaftliche Theorien und empirische
Untersuchungen über die tatsächlich vorfindbaren Zusammenhänge zwischen bestimmten familiären Sozialisationsbedingungen
und den Entwicklungsverläufen von Kindern unterschiedlichen
Alters.

Nun ist es methodisch außerordentlich schwierig, die familiäre
Situation eines Kindes hinreichend differenziert zu erfassen.
Da spielen die Schulbildung, der Beruf und das Einkommen der
Eltern ebenso eine Rolle wie die Wohngegend, die Freunde und
die Verwandtschaft. Zu beachten sind sowohl das Familienklima,
wie es sich beim sonntäglichen Spaziergang, am Eßtisch oder bei
einem Streit zeigt, als auch die besonderen sozialen Beziehungen
zwischen den einzelnen Familienmitgliedern. Außerdem dürfen
die Persönlichkeitseigenschaften der Eltern im allgemeinen und
ihr Erziehungsverhalten im besonderen nicht vernachlässigt
werden. Die damit zusammenhängenden Probleme werden noch
dadurch vermehrt, daß die verschiedenen familiären Sozialisationsbedingungen in komplizierter Weise miteinander zusammenhängen, daß die Auswirkung einer dieser Bedingungen nie isoliert
betrachtet werden darf, sondern stets im Zusammenspiel mit den

anderen vorausgegangenen, gleichzeitig wirkenden und nachfolgenden Sozialisationsfaktoren, daß das Kind selbst in vielfältiger Weise auf das Sozialisationsgeschehen zurückwirkt und
daß man neben den Folgen langfristiger Erfahrungen nur schwer
die Auswirkungen kurzzeitiger, traumatischer Erlebnisse abschätzen kann. Zu dieser letzten Unterscheidung zwei Beispiele:
Im Einführungskapitel wurde bereits auf die Untersuchung von
Hans-Christian THALMANN (²1974) hingewiesen. Von 150 zufällig ausgewählten 7- bis 10jährigen Jungen aus Reutlinger
Schulen erwiesen sich nur 22% als symptomfrei; 28,7% zeigten
leichte, 29,3% mäßige Verhaltensstörungen. 18,7% der Schüler
hätten einer psychologischen Behandlung bedurft; 1,3% wären
eigentlich Anstaltsfälle. Ausgehend von der Grundannahme, daß
die Familie das wichtigste Milieu für die Entwicklung eines
Kindes darstellt, überprüfte der Verfasser folgende Haupthypothesen:

a) Das emotionale Klima, das ein Kind in den ersten Lebensjahren umgibt, prägt seine Persönlichkeitsentwicklung entscheidend.

b) Sowohl direkte Verhaltensweisen als auch Einstellungen der
   Eltern dem Kind gegenüber beeinflussen seine psychische
   Entwicklung. Einstellungen wirken dabei stärker, da das Kind
   sie durch die Verhaltensweisen der Eltern hindurchspürt.

c) Auch Einstellungen der Eltern, die nicht auf das Kind selbst
   gerichtet sind – z. B. dem Ehegatten, anderen Familienmitgliedern, dem Beruf gegenüber –, können die psychische
   Entwicklung eines Kindes günstig oder ungünstig beeinflussen.

d) Die Familie stellt für das Kind einen Filter für Gesellschaft und
   Kultur dar, die dem Kind in familienspezifischer Form über-
   mittelt werden und so auf die psychische Entwicklung eines
   Kindes Einfluß nehmen können.

Diese Haupthypothesen konnten anhand einer Vielzahl von Einzel-
ergebnissen im wesentlichen bestätigt werden. Insgesamt gesehen
ergeben sich nämlich überwiegend statistisch gesicherte Beziehungen oder wenigstens Tendenzen in der erwarteten Richtung
zwischen den familiären Variablen und der Schwere der Verhaltensstörungen. Was bei solchen Untersuchungen ermittelt werden
kann, sind allerdings nur wahrscheinliche Zusammenhänge,
nicht aber eindeutige Bedingungs-Wirkungs-Verhältnisse.
Im Effekt vergleichbar, aber wissenschaftlich wesentlich schwieriger zu erfassen sind einzelne traumatische Erlebnisse, wie sie
z. B. der 36jährige Dichter Franz KAFKA in einem Brief an seinen
Vater schildert:

»Direkt erinnere ich mich nur an einen Vorfall aus den ersten Jahren.
Du erinnerst Dich vielleicht auch daran. Ich winselte einmal in der Nacht
immerfort um Wasser, gewiß nicht aus Durst, sondern wahrscheinlich

teils um zu ärgern, teils um mich zu unterhalten. Nachdem einige starke Drohungen nicht geholfen hatten, nahmst Du mich aus dem Bett, trugst mich auf die Pawlatsche und ließest mich dort allein vor der geschlossenen Tür ein Weilchen im Hemd stehen. Ich will nicht sagen, daß das unrichtig war, vielleicht war damals die Nachtruhe auf andere Weise wirklich nicht zu verschaffen; ich will aber damit Deine Erziehungsmittel und ihre Wirkung auf mich charakterisieren. Ich war damals nachher wohl schon folgsam, aber ich hatte einen inneren Schaden davon. Das für mich Selbstverständliche des sinnlosen um-Wasser-Bittens und das außerordentlich Schreckliche des Herausgetragenwerdens konnte ich meiner Natur nach niemals in die richtige Verbindung bringen. Noch nach Jahren litt ich unter der quälenden Vorstellung, daß der riesige Mann, mein Vater, die letzte Instanz, fast ohne Grund kommen und mich in der Nacht aus dem Bett auf die Pawlatsche tragen konnte und daß ich also ein solches Nichts für ihn war. Das war damals ein kleiner Anfang nur, aber dieses mich oft beherrschende Gefühl der Nichtigkeit stammt vielfach von Deinem Einfluß.« (Kafka 1965, S. 16)

Man könnte erschrecken über die möglichen Nachwirkungen einer solchen Episode, in der nichts geschieht, als daß ein Vater seinen kleinen Sohn nachts kurz in einen Vorraum bringt, um ihn damit zu bestrafen. Man wird gewiß fragen müssen, ob ein weniger sensibles Kind, als es Kafka vermutlich war, ebenso tief und nachhaltig verletzt worden wäre; wie das gleiche Ereignis gewirkt hätte, wenn es sich innerhalb eines sehr vertrauten, zärtlichen Vater/Sohn-Verhältnisses abgespielt hätte. Wir müssen aus solchen Schilderungen aber auch den Schluß ziehen, daß Einzelerlebnisse unter besonderen Umständen von größter Bedeutung für die Persönlichkeitsentwicklung sein können. Wie wir aus psychoanalytischen Erfahrungen wissen, können solche traumatischen Erlebnisse nur selten so gut erinnert werden; meist sind sie vergessen oder, wie Freud es nennen würde, verdrängt. Der Einfluß auf das spätere Verhalten wird dadurch nicht geringer.

Um die Familie als Sozialisationsbedingung und damit auch in ihrer Sozialisationswirksamkeit wissenschaftlich erfassen zu können, ist es notwendig, unterschiedliche methodische Vorgehensweisen zu kombinieren. Dabei handelt es sich im wesentlichen um den Vergleich zwischen Familien aus unterschiedlichem kulturellem oder subkulturellem Milieu, um den Vergleich globaler Merkmale von Familien aus ähnlichem kulturellem oder subkulturellem Milieu und um den Vergleich einzelner Einstellungen und Verhaltensweisen der Familienmitglieder, z. B. im Zusammenhang mit der Erziehung des Kindes.

## 10.3. *Die Entwicklung des sozial benachteiligten Kindes*

Eine Familie repräsentiert nicht nur ihre eigene Welt von Überzeugungen, Gewohnheiten und sozialen Begegnungsformen, sondern vertritt in jeweils leicht abgewandelter Weise auch die Werte, Verhaltensnormen, Kenntnisse, Fertigkeiten und Rollenerwartungen einer bestimmten Kultur. Das wird einsichtig, wenn man familiäre Lebensstile und Erziehungspraktiken aus sehr unterschiedlichen Kulturkreisen miteinander vergleicht.

In den letzten Jahrzehnten konzentrierte sich das wissenschaftliche Interesse allerdings immer mehr auf den Vergleich von Familien, die zwar der gleichen Gesellschaft und Kultur angehören, sich aber in ökonomischer und sozialer Hinsicht unterscheiden. Verglichen werden dabei in erster Linie Familien und Kinder aus verschiedenen *sozialen Schichten.* Man geht dabei von der alltäglichen Beobachtung aus, daß in unserer Gesellschaft einige Menschen mehr verdienen, sich mehr leisten können, mehr zu sagen haben und mehr gelten als andere, und fragt, inwieweit Beziehungen zwischen solchen Statusunterschieden und bestimmten Einstellungen, Verhaltensweisen, Erziehungspraktiken usw. bestehen und ob auch Zusammenhänge mit der Entwicklung des Kindes nachweisbar sind. Besonders die zuletzt genannte Frage hat Pädagogen seit langem beschäftigt und beunruhigt. Schon Ende der 20er Jahre stellte z. B. die deutsche Entwicklungspsychologin Hildegard HETZER (1929) in ihrer Studie *Kindheit und Armut* fest, daß sich Kinder aus ärmlichen und aus wohlhabenden Familien in den intellektuellen Leistungen, in der Sprachentwicklung, im Spielverhalten und in den Interessen bereits in früher Kindheit unterscheiden. So fand sie z. B. bei Mittelschicht-Kindern im Alter von $1\,^1/_2$ Jahren einen durchschnittlichen Wortschatz von 91 Worten, bei Unterschicht-Kindern gleichen Alters von 4 Worten. Mit 2 Jahren betrug das entsprechende Verhältnis 260:27.

Seither wurden in vielen industrialisierten Ländern Tausende von Einzeluntersuchungen zu dieser Fragestellung vorgelegt. Zieht man eine Zwischenbilanz, so findet man eine starke Typisierung des *Unterschicht-* und des *Mittelschicht-Milieus* mit entsprechend differierenden Erwartungen über die Entwicklung der Kinder verschiedener sozialer Herkunft.

»Unterschicht-Familien verfügen im Verhältnis zur Mittelschicht über weniger Einkommen und Vermögen; die Eltern stehen häufiger in einem lohnabhängigen, monotonen, aufstiegsblockierten Beschäftigungsverhältnis, haben schlechtere Wohnverhältnisse und eine geringere Schulbildung. In mehreren Untersuchungen wurden geringere Intelligenzleistungen, eingeschränkte Verfügbarkeit über sprachliche Ausdrucksmöglichkeiten und eine Bevorzugung nichtverbaler Kommunikationsformen beobachtet; das Handeln der Unterschicht wird stärker von momentanen Bedürfnissen als von langfristigen Zielen, eher von spontanen Reaktionen als von komplizierten Planungen bestimmt; sie tendieren teils zu aggressiven Verhaltensweisen, teils zu resignativer Anpassung. Auch in den Erziehungseinstellungen und -praktiken zeigen sich deutliche Unterschiede: Mütter aus der Arbeiterklasse wünschen sich von ihrem Kind vor allem, daß es ordentlich, sauber und adrett ist, daß es gehorcht und daß es vor allem in Anwesenheit von Fremden gute Manieren zeigt. Sie greifen häufiger zum Mittel körperlicher Bestrafung und verwenden seltener psychologische Disziplinierungstechniken. Dabei ahnden sie eher das beobachtbare Handlungsergebnis als die Absichten des Kindes. Damit ergibt sich ein unterschichtspezifischer Sozialisationsstil, der durch ein hohes Maß an Konformitätstendenzen, Kontrollierungen und Disziplinierungen gekennzeichnet werden kann, wohingegen Selbständigkeit und Selbstkontrolle, Unabhängigkeit vom Urteil anderer, Wißbegierde und Kreativität nur eine verschwindend geringe Rolle spielen.« (MOLLENHAUER 1969, S. 280)

Eng mit diesem Einstellungs- und Verhaltenssyndrom verbunden ist das geringere Anspruchsniveau von Unterschicht-Eltern gegenüber bestimmten intellektuellen Leistungen der Kinder, eine gewisse »Bildungsferne« und die verminderte Bereitschaft, dem eigenen Sohn und vor allem der eigenen Tochter auch bei günstigen Voraussetzungen den Besuch einer weiterführenden Schule zu empfehlen. Das ist aber nur ein Aspekt der schulischen Benachteiligung dieser Kinder, da Unterrichtsziele und Lehrerverhalten im allgemeinen eher an den Standards der Mittelschicht als an jenen der Unterschicht orientiert sind. Vorhandene Lerndefizite werden also in der Schule nicht ausgeglichen, sondern eher verstärkt; in der familiären Sozialisation erworbene Verhaltensdispositionen werden nicht aufgegriffen, sondern vernachlässigt

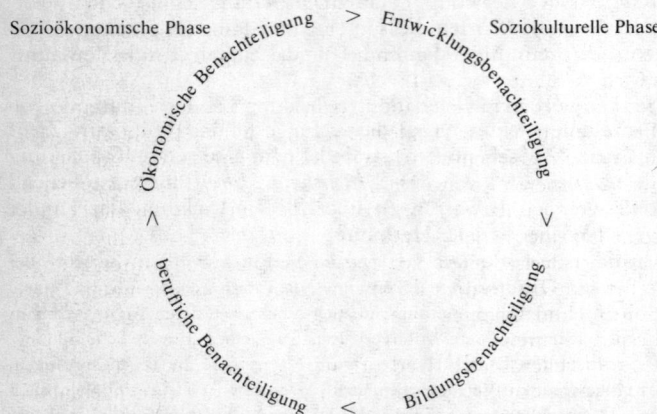

*Abb. 1:* Der Teufelskreis sozialer Benachteiligung. (Nach F. WILLIAMS.)

oder sogar diffamiert (wie z. B. die Dialektsprache). Berücksichtigt
man zusätzlich die Rolle des Bildungswesens für die Berufswahl,
die erreichbare Position und damit für den späteren sozialen
Status, so schließt sich der Kreis. Abb. 1 vermittelt davon ein
anschauliches Bild.

Der *sozialen Benachteiligung* in der frühen Kindheit und der damit
verbundenen *schichtspezifischen Sozialisation* folgt die Benachteiligung im System der Schule. Der vergleichsweise schlechtere
oder geringe Schulabschluß zwingt in der Regel zur Wahl von
Berufen mit geringerem Einkommen und fehlenden Aufstiegschancen. Folgen davon sind ungünstigere ökonomische Lebensbedingungen, niedriger Sozialstatus und Familienverhältnisse,
die auch für die nächste Generation einen sozialen Aufstieg erschweren (vgl. z. B. ALLEN 1970; JENCKS 1973; ZIGLER 1970).
Tab. 1 veranschaulicht die unterschiedlichen schichtspezifischen
Ausbildungschancen aufgrund von Daten, die in einer typischen
Stadt des amerikanischen Mittelwestens erhoben wurden.

*Tab. 1:* Wahrscheinlichkeit des Collegebesuchs (in %) von Jugendlichen
unterschiedlicher Intelligenz und differierender sozialer Herkunft. (Aus:
D. C. MCCLELLAND ›Testing for competence rather than for intelligence‹.
In: *American Psychologist*, 1973, 28, 1–14, S. 5.)

| | | sozioökonomischer Status | | | |
| | | N | hoch %/0 auf College | N | niedrig %/0 auf College |
|---|---|---|---|---|---|
| IQ | hoch | 51 | 71 | 57 | 23 |
| | niedrig | 33 | 18 | 96 | 5 |

Die in Tab. 1 zum Ausdruck kommenden Ergebnisse zeigen
deutlich den erwarteten Zusammenhang zwischen sozioökono-
mischem Status und IQ ($r = .35$) und die plausible Abhängigkeit
des Collegebesuchs von der Intelligenz. Interessant für unsere
Fragestellung ist der Vergleich zwischen den intelligenten Jugendlichen mit niedrigem sozialem Status und den niedrig intelligenten
aus der oberen sozioökonomischen Schicht. Die Prozentwerte
erweisen sich als sehr ähnlich; d. h.: Eltern der sozialen Unterschicht ermöglichen auch Kindern mit hoher Intelligenz nur
vergleichsweise selten ein Universitätsstudium, während umgekehrt viele Eltern der Oberschicht auch ihren wenig intelligenten
Söhnen und Töchtern die Voraussetzungen für einen College-
besuch schaffen.

Es sollte allerdings auch deutlich geworden sein, daß mit dieser
Charakterisierung der unterschiedlichen Entwicklungsbedingungen in Familien aus verschiedenen sozialen Schichten eigentlich
eine unzulässige Vereinfachung und Typisierung stattgefunden

hat. In Wirklichkeit ist der Überlappungsbereich zwischen den sozialen Schichten in unserer Gesellschaft wesentlich größer, die Zuordnung der einzelnen Familie – z. B. einer wenig verdienenden Angestellten-, Beamten- oder Selbständigenfamilie oder einer sehr gut verdienenden Arbeiterfamilie – zu einer bestimmten Schicht viel schwieriger und die soziale Mobilität zwischen den Schichten stärker, als hier dargestellt wurde. So erweist sich auch der korrelative Zusammenhang zwischen sozialer Schichtzugehörigkeit und verschiedenen Merkmalen der kindlichen Persönlichkeit, den intellektuellen Leistungen und dem Schulerfolg kaum höher als .4. Aus solchen Befunden müssen wenigstens drei Folgerungen gezogen werden:

a) Der schwache bis mittelhohe statistische Zusammenhang zwischen globalen Schichtungsmerkmalen und den Leistungen der Kinder darf nicht dazu verführen, die Bedeutung der sozialen Herkunft für die Schul- und Lebenschancen eines Menschen zu unterschätzen. Es gibt genügend Belege für die kumulative Benachteiligung von Arbeiterkindern. Darüber wird in den nächsten 2 Kapiteln noch ausführlicher zu sprechen sein.

b) Wissenschaftlich gesehen erscheint es immer notwendiger, die grobe Klassifikation des Lebensraumes und der Entwicklungsbedingungen eines Kindes durch die Unterscheidung von 2, 3 oder 5 sozialen Schichten allmählich zu ergänzen und zu einer differenzierteren Erfassung der wirksamen Sozialisationsfaktoren zu kommen. Erste Versuche in dieser Richtung führten zu recht befriedigenden Ergebnissen. Die Genauigkeit in der Vorhersage des Schulerfolgs konnte z. B. fast verdoppelt werden, wenn man anstelle der sozialen Schichtzugehörigkeit eine Reihe konkreter Bedingungen zur Förderung der Leistungsmotivation, des Spracherwerbs und der allgemeinen Lernfähigkeit innerhalb des Elternhauses verwendet (vgl. DAVE 1963; MARJORIBANKS 1974).

c) Mit Hilfe verfeinerter wissenschaftlicher Methoden wird man also künftig aufgrund der Kenntnis relevanter familiärer Sozialisationsbedingungen die Leistungen von Kindern noch besser vorhersagen können. Man wird damit den sozial benachteiligten Schülern also immer genauer ihre schlechten Schul- und Berufsaussichten bestätigen müssen. Zu Recht betont deshalb NEIDHARDT, daß sich ein solcher Zusammenhang nur in dem Maße aufheben läßt, »in dem die schichtspezifischen Ungleichheiten verringert und die Sozialisationsmonopole der Eltern eingeschränkt werden. Ohne gesamtgesellschaftliche Veränderungen läßt sich die Lösung einer Reihe von Problemen familialer Sozialisation nicht erreichen.« (NEIDHARDT 1970a, S. 31f)

Für das Bildungswesen ergibt sich daraus nach Auffassung des

DEUTSCHEN BILDUNGSRATES die Erkenntnis, daß die Gleichheit der schulischen Sozialisationschancen »in manchen Fällen nur durch die Gewährung besonderer Chancen zu erreichen sein wird« (1970, S. 30).

## 10.4. *Die Bedeutung der Mutter für die Entwicklung des Kindes*

Bei der Beschreibung schichtspezifischer Entwicklungsverläufe ergab sich bereits die Notwendigkeit, deutlich zwischen der Familie als idealer und realer Sozialisationsbedingung zu unterscheiden. Sozialpsychologisch gesehen gibt es »die Familie« überhaupt nicht, sondern nur ganz bestimmte unterscheidbare Familienkonstellationen. Entsprechend differenziert müssen auch die wissenschaftlichen Aussagen sein. Dies gilt in verstärktem Maße, wenn man die Wirkungen einzelner Bedingungen der familiären Sozialisation untersuchen will. Auch hierbei ging die Forschung zuerst von sehr globalen Fragestellungen aus, z. B.: Wie unterscheiden sich Kinder, die innerhalb einer Familie leben, von jenen, die in einem Heim aufwachsen? Welche Bedeutung hat die Mutter für die Entwicklung des kleinen Kindes? Kann sie ohne Schaden durch eine Pflegeperson ersetzt werden? Die große Bedeutung dieser Fragen ergibt sich aus der Tatsache, daß etwa 2% der Säuglinge eine gewisse Zeit in einem Heim verbringen müssen, davon die Hälfte länger als 6 Monate (PECH-STEIN 1972). Die Gründe, die zur Aufnahme eines Kindes in das

*Tab. 2:* Übersicht über die Gründe, die zur Aufnahme in Säuglingsheime führen. (Aus: K. HARTUNG & H. GLATTKOWSKI ›Erhebungen über die Aufenthaltsdauer und Gründe, die zur Heimaufnahme von Säuglingen führen‹. Teil II. In: *Praxis der Kinderpsychologie und Kinderpsychiatrie*, 1965, 14, 297–303, S. 299.)

| Gründe | eheliche Kinder | uneheliche Kinder | Gesamt |
|---|---|---|---|
| Wirtschaftliche und soziale Gründe | 119 = 61,9% | 524 = 78,5% | 643 |
| Adoption | 8 = 4,2% | 128 = 19,1% | 136 |
| Erkrankung der Mutter | 49 = 25,5% | 7 = 1,0% | 56 |
| Tod der Mutter | — | 1 = 0,15% | 1 |
| Urlaub der Eltern oder Pflegeeltern | 5 = 2,6% | 1 = 0,15% | 6 |
| Streit der Eltern | 2 = 1,0% | 1 = 0,15% | 3 |
| Eltern lehnen das Kind ab | 2 = 1,0% | — | 2 |
| Kind im Stich gelassen | 2 = 1,0% | 4 = 0,6% | 6 |
| Mutter in Haft | 3 = 1,5% | — | 3 |
| Zwangsräumung der Wohnung | 1 = 0,5% | — | 1 |
| BCG-Impfung | 1 = 0,5% | 1 = 0,15% | 2 |
| | 192 = 99,7% | 667 = 99,9% | 859 |

Säuglingsheim führen, sind mannigfaltig. Tab. 2 zeigt die Ergebnisse einer einschlägigen deutschen Untersuchung.

Einzelne Berichte über die Lebensbedingungen und Entwicklungsmöglichkeiten der Kinder, die in Heimen aufgewachsen sind, haben wenigstens sporadisch seit mehr als 100 Jahren das Interesse der Heilpädagogen und z. T. auch einer breiteren, sozialpädagogisch aufgeschlossenen Öffentlichkeit erregt. Entscheidende theoretische und praktische Impulse erhielt diese Forchungsrichtung jedoch erst durch die Arbeiten des Kinderpsychoanalytikers René Spitz über den *Hospitalismus*. Ursprünglich verstand man unter Hospitalismus einen Entkräftungszustand des Körpers aufgrund eines Krankenhausaufenthaltes; heute bezeichnet der Begriff die körperlichen und seelischen Folgeerscheinungen eines längeren Heim- oder Klinikaufenthaltes vorwiegend während der frühen Kindheit. Wissenschaftliches Interesse und öffentliche Aufmerksamkeit fanden vor allem die Berichte von Spitz über seine Beobachtungen in einem Findelheim:

> »Die Kinder im Findelhaus zeigten alle Symptome des Hospitalismus, und zwar physisch und psychisch. Obwohl die Hygiene und die Vorsichtsmaßregeln gegen Ansteckungen untadelig waren, zeigte sich bei den Kindern vom dritten Monat an eine extreme Anfälligkeit für Infektionen und Erkrankungen jeder Art. Es gab kaum ein Kind, in dessen Fallgeschichte wir keine Angaben über Mittelohrentzündung, Masern, Windpocken, Ekzeme oder die eine oder andere Darmerkrankung fanden. ... Von insgesamt 88 Kindern bis zum Alter von 2 $^1/_2$ Jahren starben (während einer Masern-Epidemie) 23. ... Angesichts der Schäden, die die Kinder während ihres Aufenthaltes in dieser Anstalt in allen Persönlichkeitsbereichen erlitten, halten wir die Annahme für vertretbar, daß ihre Vitalität – was immer das sein mag –, ihre Widerstandskraft gegen Krankheiten ebenfalls allmählich untergraben wurden. Auf der Station der Kinder zwischen 18 Monaten und 2 $^1/_2$ Jahren sprechen nur zwei von 26 überlebenden Kindern ein paar Worte. Die gleichen Kinder können auch laufen; ein drittes Kind fängt gerade damit an. Fast keines der Kinder kann alleine essen; sie sind noch nicht sauber und alle nässen noch ein.« (1968, S. 83f)

René Spitz erklärte die körperlichen und psychischen Beeinträchtigungen der Kinder als Folge mangelnder zwischenmenschlicher Kontakte bzw. mit dem Fehlen einer liebevollen mütterlichen Zuwendung. Diesen Gesichtspunkt griff auch John Bowlby 1951 in einem für die Weltgesundheits-Organisation in Genf verfaßten Bericht auf und kam gleichfalls zu dem Ergebnis, daß die mütterliche Pflege des Säuglings für dessen Gesundheit unersetzbar ist.

Wie so oft in der Psychologie begünstigte dieser Befund in der folgenden Zeit zwei völlig verschiedene Entwicklungen: Während die Thesen von Spitz und Bowlby wegen ihrer Einfachheit und Eindringlichkeit eine ungeheure Popularisierung erfuhren und zu einer allmählichen Verbesserung vieler Säuglings- und Kinderheime beitrugen, verstärkte sich gleichzeitig die wissenschaftliche Kritik gegenüber der von Spitz verwendeten Untersuchungsmethode und den von ihm gezogenen, extrem einseitigen Schlußfolgerungen. Die Fragestellungen neuer empirischer Arbeiten wurden allmählich differenzierter, die Methodik angemessener. Man unterschied endlich zwischen sensorischer Verarmung (Mangel an mannigfaltiger und wechselnder taktiler, kinästhetischer, visueller, akustischer und verbaler Stimulation) und sozialer Vereinsamung (Mangel an sozialer Anregung, Zuwendung, Liebe und fehlende Möglichkeit zum Aufbau einer affektiven Bindung zu einer oder zu einer geringen Anzahl von Pflegepersonen) des Kindes; man erkannte, daß es wissenschaftlich wenig ergiebig ist, Vergleiche zwischen Familien- und Heimkindern im allgemeinen zu ziehen; man berücksichtigte immer genauer die konkreten Bedingungen der Heim- und der Familiensituationen, den Zeitpunkt und die Dauer des Heimaufenthalts, die biographische Situation des Kindes vor und nach einem solchen Ereignis, und schließlich versuchte man, die kurz- und langfristigen Auswirkungen möglichst genau zu spezifizieren. Auf einige dieser Untersuchungen wird in den Studientexten ausführlicher eingegangen.

Zusammenfassend kann festgestellt werden, daß viele dramatische Befürchtungen über die irreparablen Auswirkungen *früher Mutterentbehrung* glücklicherweise nicht bestätigt wurden, daß wir aber andererseits keinen Grund haben, die Folgen des Verlustes der wichtigsten Pflegeperson beim kleinen Kind zu unterschätzen. Wir wissen heute vor allem, daß Art, Dauer und Beeinflußbarkeit solcher Auswirkungen von einer Reihe moderierender Faktoren abhängen. Yarrow (1961; 1964) nennt im einzelnen folgende Bedingungen, die darüber entscheiden, wie sich eine Trennung von der Mutter auf die weitere Entwicklung des Kindes auswirkt:

1. Alter des Kindes:
   Die Auswirkungen einer Trennung sind dann besonders stark, wenn das Kind gerade eine innige Beziehung zu seiner Mutter aufgebaut hat. Das geschieht im allgemeinen zwischen dem 6. Lebensmonat und dem 2. Lebensjahr.
2. Qualität der Beziehungen zur Mutter vor der Trennung:
   Die Auswirkungen sind um so stärker, je enger vorher die persönlichen Bindungen zwischen Mutter und Kind waren.
3. Art der Pflege nach der Trennung:
   Die Auswirkungen sind um so geringer, je besser eine geeignete Pflegeperson für gute persönliche Beziehungen zum Kind, für angemessene Anregungsbedingungen und für eine ausreichende Befriedigung der kindlichen Bedürfnisse sorgt.
4. Art der Beziehung zu den Eltern während der Trennung:

Die Auswirkungen sind weniger gewichtig, wenn eine persönliche Beziehung zu den Eltern während einer vorübergehenden Trennung aufrechterhalten werden kann. Sie sind besonders stark, wenn die Trennung plötzlich und vollständig erfolgt.

5. Dauer der Trennung:
Die negativen Auswirkungen verstärken sich im allgemeinen mit der Dauer der Trennung.

6. Qualität der Erfahrungen nach der Trennung:
Die Auswirkungen einer Trennung verstärken sich unter ungünstigen Lebensbedingungen; sie nehmen ab als Folge angenehmer und zufriedenstellender Erlebnisse.

7. Konstitutionelle Faktoren:
Art und Stärke der Auswirkungen hängen nicht zuletzt vom Grad der persönlichen Sensibilität und der Anpassungsfähigkeit des Kindes ab.

Selbstverständlich wirken diese Bedingungen nicht isoliert sondern beeinflussen sich wechselseitig. Damit werden wissenschaftlich fundierte Aussagen über die Folgen einer frühen *Mutter/ Kind-Trennung* zwar schwieriger und komplizierter; sie gewinnen erst dadurch jedoch an pädagogischem Wert. Die Forschung der letzten Jahre hat jedenfalls die Bedeutung der Mutter für die Entwicklung des kleinen Kindes überzeugend bestätigt, wenn auch entmystifiziert. Die Psychologie ist heute ebensoweit von einer Ideologisierung der Mutterrolle wie von ihrer Ersetzung durch ein Bündel taktiler, kinästhetischer, visueller, akustischer und verbaler Entwicklungsreize entfernt (vgl. dazu Bowlby 1969; 1973; Gewirtz 1969; Lehr 1973; Maccoby & Masters 1970; Schmalohr 1968; 1972; Ainsworth 1974).

10.5. *Die Bedeutung des Vaters für die Entwicklung des Kindes*

Ähnlich differenziert müssen die Auswirkungen der *Vater/Kind- Trennung* erfaßt und beschrieben werden. Nun gibt es zu dieser Fragestellung bisher vergleichsweise nur wenige empirische Untersuchungen, so daß man zumindest im Bereich der Sozialwissenschaften mit einem gewissen Recht von der »vaterlosen Gesellschaft« (Mitscherlich 1963) sprechen könnte. Dabei wächst in der BRD jedes 13. Kind ohne Vater auf. Die Ursachen dafür sind mannigfach; z. B. uneheliche Geburt, Scheidung, Trennung und Tod des Vaters. Hinzu kommt die große Zahl der Väter, die aus beruflichen oder anderen Gründen oft für lange Zeit außerhalb der Familie leben müssen. Wie wirkt sich eine solche vorübergehende oder dauernde Abwesenheit des Vaters auf die Entwicklung und Erziehung des Kindes aus? Der bereits zitierte Bowlby meinte noch 1951, daß der Vater »keine unmittel-

bare Bedeutung für das kleine Kind besitzt«, und viele Väter
scheinen nach eigenem Bekunden ebenfalls überzeugt davon zu
sein, daß sie nur eine sehr bescheidene Rolle im Sozialisationsgeschehen spielen. Die vorliegenden empirischen Untersuchungen
sprechen allerdings eher für das Gegenteil: In mehreren Studien
zeigten sich nämlich signifikante Beziehungen zwischen der
Abwesenheit des Vaters und der Zunahme von Verhaltensauffälligkeiten bei den Kindern. Diese erstreckten sich z. B. auf
Schwierigkeiten bei der Geschlechterrollenübernahme, auf Anpas-
sungsprobleme in der Gruppe der Gleichaltrigen, auf Verzöge-
rungen der Persönlichkeitsentwicklung und auf Beeinträchtigungen der kognitiven Leistungen und des Selbstbildes. Jungen werden davon im allgemeinen wesentlich stärker betroffen als Mädchen. Allerdings erweisen sich auch bei dieser Fragestellung die
Zusammenhänge keineswegs als eindeutig. Ob und inwieweit
sich die Abwesenheit oder der Verlust des Vaters auf die kindliche
Entwicklung nachteilig auswirkt, hängt verständlicherweise
auch davon ab, wie die Mutter auf diese Situation reagiert, wie
das Leben in der unvollständigen Familie verläuft, welche
Identifikationsmöglichkeiten das Kind sonst hat und wie der
biographische Stellenwert des Trennungserlebnisses zu veran-
schlagen ist. Die vorliegenden Befunde lassen jedoch – über ihren
unmittelbaren Geltungsbereich hinaus – die in der Öffentlichkeit
wie in der Wissenschaft beinahe selbstverständliche Gleichsetzung
von Familienerziehung mit Erziehung durch die Mutter als
äußerst problematisch erscheinen. (LEHR 1973). Es braucht in
diesem Zusammenhang auch nur auf die bereits in den 30er Jahren
formulierten Hypothesen über die Bedeutung einer dominanten
Vaterfigur für die Entwicklung autoritärer Persönlichkeiten und
für die Entstehung faschistischer Einstellungen verwiesen zu
werden (ADORNO 1950). Offenbleiben muß allerdings, wie sich
epochal-psychplogisch gesehen etwa das Gegenteil, also der
fehlende oder einflußlose Vater, auswirken könnte. Verallge-
meinert man die verfügbaren wissenschaftlichen Erkenntnisse
über die Rolle des Vaters in der Erziehung und über die Auswirkungen seiner ständigen oder zeitweiligen Abwesenheit, so
gelangt man auch hier zu der Feststellung, daß einzelne Sozialisationsbedingungen wie Muttertrennung, uneheliche Geburt,
Scheidung der Eltern, Berufstätigkeit der Mutter usw. in ihren
Folgen für die Entwicklung und Erziehung von Kindern ohne
Berücksichtigung des konkreten Sozialisationskontextes nicht
hinreichend verläßlich vorhergesagt werden können. Aufgrund
einer sorgfältigen Analyse umfangreichen empirischen Materials
stellt z. B. SCHADENDORF (1964) über die Auswirkungen *unehe-
licher Geburt* auf das Schicksal des Kindes folgendes fest:

»Die Tatsache der unehelichen Geburt an sich, von der wir ausgingen,
ist nicht entscheidend, sondern bedeutsam wird für die kindliche Ent-

wicklung, wie die Mutter auf diese Tatsache antwortet, wie sie selbst damit fertig wird. Auch der soziologische Tatbestand der Vollfamilie (ergänzte und Ersatz-Familie) und der unvollständigen Familie an sich ist kein ausreichender Hinweis für positive oder negative Entwicklungsbedingungen des Kindes, sondern erst die Motivation und Einstellung der Mutter bzw. der Beziehungspersonen des Kindes dürften im wesentlichen mitentscheiden über die Art und Weise der kindlichen Entwicklung.« (S. 182)

## 10.6. *Geschwisterkonstellation als Sozialisationsbedingung*

Neben den Eltern sind die Geschwister vermutlich die wichtigsten Sozialisationsbedingungen in der frühesten Kindheit. Man muß dabei zwischen der Anzahl der in einer Familie lebenden Kinder und der Stellung des einzelnen innerhalb der Geschwisterreihe unterscheiden. Beide Aspekte werden häufig unter dem Begriff *Geschwisterkonstellation* zusammengefaßt. Noch vor wenigen Jahren konnte man davon ausgehen, daß die Zahl der Kinder mit steigendem sozioökonomischen Status abnimmt. Eine so eindeutige Beziehung besteht heute nicht mehr. Um so erstaunlicher ist es, daß viele der vorliegenden Forschungsergebnisse – unabhängig von der wirtschaftlichen Lage der Familie – einen signifikanten Zusammenhang zwischen der Kinderzahl und sozial wirksamen Interaktionsformen in der Familie erkennen lassen. Diese Resultate können im Anschluß an LEHR (1973), THOMAE (1972), NYE et. al. (1970) in 4 Punkten zusammengefaßt werden:

a) Mit zunehmender Größe der Familie nehmen restriktive und autoritäre Tendenzen in der elterlichen Erziehung zu.

b) Mit zunehmender Größe der Familie wächst die Wahrscheinlichkeit, daß ein Elternteil – in der Regel der Vater – eine dominante Stellung in der Familie einnimmt.

c) Mit zunehmender Größe der Familie sinkt die Wahrscheinlichkeit, daß zwischen den Ehepartnern und zwischen Kindern und Eltern positive gefühlsmäßige Beziehungen bestehen oder entstehen.

d) Mit zunehmender Größe der Familie nimmt die Wahrscheinlichkeit zu, daß die Elternrolle steigende Belastungen mit sich bringt, die auch als solche erlebt werden.

Man wird mit der Verallgemeinerung dieser Befunde gewiß vorsichtig sein müssen, handelt es sich doch durchweg um statistisch zwar gesicherte, aber dennoch nur schwache Zusammenhänge. Jeder von uns kennt sicher auch Familien mit 4 bis 6 Kindern, die keineswegs dem hier vorgezeichneten Bild entsprechen. Moderierende Einflüsse konnten für Schichtzugehörigkeit, Wohnortgröße, Arbeitsbelastung der Eltern, Wohnverhältnisse, Einstellung der Eltern zu den Kindern usw. in einigen Untersuchungen gefunden werden.

Unbeeinflußt davon bleibt natürlich der bereits erwähnte, statistisch gesicherte Trend einer Benachteiligung von Kindern aus größeren Familien. Ein Beleg dafür ist die Beziehung zwischen Familiengröße und Schulabschluß. Tab. 3 gibt einen Überblick:

*Tab. 3:* Die Beziehungen zwischen der Familiengröße und dem Schulbesuch der Kinder im Bundesgebiet. (Aus: H. W. Jürgens *Familiengröße und Bildungsweg der Kinder*. Bonn–Bad Godesberg: Bundesministerium für Familie und Jugend, 1967, S. 10.)

| Kinderzahl der Familie | Schulbesuch der Kinder in % | | |
| --- | --- | --- | --- |
| | Volksschuloberstufe | Realschule[1] | Gymnasium |
| 1 | 61 | 19 | 20 |
| 2 | 65 | 17 | 17 |
| 3 | 69 | 15 | 16 |
| 4 | 71 | 13 | 15 |
| 5 | 74 | 12 | 14 |
| 6 u. m. | 77 | 11 | 13 |

[1] einschl. Aufbauzugklassen.

Nach Jürgens (1967) zeigen die Ergebnisse dieser Mitte der 60er Jahre auf der Basis von 518 832 Schülern durchgeführten Untersuchung, daß es, unabhängig von der Art der gebildeten Untergruppen (verschiedene Bundesländer, Ortsgrößen, Sozialschichten, »Geschlechts«zugehörigkeit),

»praktisch keine größere Gruppe in unserer Bevölkerung gibt, in der sich eine höhere Kinderzahl nicht ungünstig für die Bildungschancen dieser Kinder auswirkt. Dieser Befund kann als gesichert angesehen werden. Über die Gründe für diese Zusammenhänge ist dem vorliegenden Datenmaterial direkt nichts zu entnehmen.« (1967, S. 32)

Ähnliche Einschränkungen müssen gemacht werden, wenn man die Stellung des Kindes in der Geschwisterreihe und die damit verbundenen Sozialisationseffekte untersucht. Seit Alfred Adler auf diesen Faktor nachdrücklich hingewiesen hat, gibt es eine beinahe nicht mehr zu überblickende Zahl von einschlägigen Studien. Obwohl dabei ziemlich durchgängig eine bevorzugte Stellung des Erstgeborenen festgestellt wurde, sind die Resultate im ganzen gesehen sehr widersprüchlich. Dabei ist es zweifellos von großer psychologischer Wichtigkeit, ob jemand als erstes von zwei Kindern, als zweites von drei Geschwistern, als älterer Bruder einer jüngeren Schwester oder als jüngster Bruder dreier älterer Schwestern heranwächst (vgl. Toman 1959). Nur – die konkreten Familienbedingungen sind in so vieler Hinsicht unterschieden, daß sich durchgängige Auswirkungen gleicher Geschwisterposition kaum erwarten lassen.

## 10.7. *Elternverhalten als Sozialisationsbedingung*

Es wurde bereits mehrfach betont, daß die Wirksamkeit einzelner Sozialisationsfaktoren wesentlich von den allgemeinen Lebensbedingungen des Kindes, von den mannigfachen Formen *sozialer Interaktion* und *Kommunikation* innerhalb der Familie und vom konkreten *Pflege-* und *Erziehungsverhalten* der Eltern abhängt. Im Rahmen der ersten Kapitel wurde auf viele damit zusammenhängende Fragen schon ausführlich eingegangen.

Wenn von den Lebensbedingungen einer Familie gesprochen wird, so sind damit nicht nur Einkommen, Lebensstandard und Familienbudget gemeint, sondern auch die Wohnverhältnisse, die Bilder an der Wand, die Zeitungen, der Rundfunk, das Fernsehen und alle jene Dinge, die die Umwelt einer Familie ausmachen. Die bereits mehrfach erwähnte Untersuchung von TRUDEWIND (1971) verdeutlicht die Wichtigkeit solcher ökologischer Bedingungen für die familiäre Sozialisation. Innerhalb dieser Rahmenbedingungen kommt dem Netzwerk von sozialen Interaktionen und Kommunikationen zwischen den Familienmitgliedern offenbar eine besonders wichtige sozialisierende Wirkung zu. Um die empirischen Grundlagen einer solchen Aussage zu veranschaulichen, ist im folgenden ein von HESS & SHIPMAN (1974) aufgenommenes Gespräch zwischen einer Mutter und ihrem Kind abgedruckt. Die Aufgabe der Mutter bestand darin, dem Kind beizubringen, wie man verschiedene Objekte nach Farben sortieren kann:

Mutter: »Möchtest du einen Keks? Na, willst du einen? ... Willst du dich dahin setzen? ... Na gut ... Mami wird dir jetzt etwas zeigen, setz dich, ... hierhin, paß jetzt auf, ja? ... Siehst du die drei verschiedenen Teile auf dem Brett? ... hmm? ... Ich werde diese Sachen jetzt zusammensetzen, in drei Teile, und ich werde dir sagen, warum ich das so mache, und dann mußt du es können, du mußt Mami zuhören und mir dann sagen, warum ich das so gemacht habe, ja? ... (längere Pause) okay?

Kind: Wofür ist das, Mami?

Mutter: Warte, du kannst mir das sagen, na, was sind dies hier?

Kind: Lastwagen!

Mutter: Laster, ja. Warum hat Mami diese Sachen hierhin gelegt? In diesem Teil, was ist da? ... Warum habe ich all die zusammengetan? ... Jetzt paß auf, ich sag's dir, ich tue die beiseite, ich ... Ich mache hier Gruppen, hier, und wir haben drei verschiedene Sachen, an denen wir arbeiten, und ich tue all die in eine Gruppe, weil das alles Laster sind ... hast du verstanden ... Ich tue all diese zusammen, weil es Stühle sind ... und ich lege diese Sachen, Objekte, zusammen, weil das alles Löffel sind, nicht? ... und – gut, jetzt. Siehst du die Farben von diesem Laster? Er ist rot ... und die Farbe ist gelb, nicht ...? Und die Farbe ist grün, genau wie dein ... na gut ... jetzt werde ich

alle roten Sachen zusammenstellen. Ich habe einen roten Laster, einen
roten Stuhl und einen roten Löffel. Ich habe einen grünen Laster, einen
grünen Stuhl und einen grünen Löffel. Ich habe, nein ... Ich habe
einen gelben Laster – warte, laß mich das zuerst machen – einen gelben
Stuhl und den gelben Löffel. Jetzt stelle ich diese Gruppen zusammen,
weil es alles rot ist ... Ich stelle die Gruppe zusammen, weil es alles
grün ist ... und ich stelle die Gruppen zusammen, weil die alle gelb
sind, nicht wahr? Okay, Mami macht das noch einmal, und du sagst
mir, warum ich die Sachen zusammenstelle ...

Kind: Mami, darf ich mal?

Mutter: Warte, du kannst auch mal ran, wenn du mir jetzt sagst, dann
kannst du mal ran, ja, nun warte mal ... dann sollst du das machen,
was ich tue, du sollst das jetzt lernen. Nun, warum hat Mami die Sachen
in diesen Teil gelegt?

Kind: Dahin?

Mutter: Warum, hast du nicht zugehört, oder! ...«

Zweifellos – ein sehr einseitig geführter Dialog! Unzweifelhaft
auch, daß sich andere Mütter in dieser Interaktionssituation anders
verhalten hätten. Fast erschreckend jedoch ist die Vorstellung,
daß ein Kind während der ersten Lebensjahre fast vollständig,
später immerhin noch recht häufig diesem Interaktionsstil ausgesetzt ist. Müssen nicht, langfristig gesehen, die Auswirkungen
solcher alltäglicher Interaktionen zwischen Müttern und Kindern
sozialisationswirksamer sein als die abstrakten Einstellungen von
Eltern zu Erziehungsfragen, wie sie z. B. durch einen Fragebogen
erfaßt werden können? HESS & SHIPMAN(1974) glauben denn
auch aufgrund ihrer Untersuchungen über das Rollenverhalten,
die sozialen Interaktionsmuster und die Lehrstile von Müttern
aus verschiedenen sozialen Schichten, daß

»a) das Verhalten, das zu sozialer, bildungsmäßiger und gesellschaftlicher
Armut führt, in der frühen Kindheit sozialisiert wird;

b) die zentrale Qualität bei den Auswirkungen kultureller Deprivation
ein Mangel an kognitiven Bedeutungen im Kommunikationssystem
zwischen Mutter und Kind ist;

c) die Entwicklung kognitiver Prozesse in solchen familiären Kontrollsystemen begünstigt wird, die viele Alternativen für das Handeln und
Denken bieten und zulassen, und daß die kognitive Entwicklung eingeengt wird von Kontrollsystemen, die vorher festgelegte Lösungen
und wenig Alternativen zur Erwägung und Auswahl anbieten.« (S.
287)

Mit anderen Worten:

»Die Bedeutung der Deprivation (ist) eine Deprivation an Bedeutung –
eine kognitive Umgebung, in der das Verhalten eher durch Statusregeln
als durch Beachtung der individuellen Merkmale einer bestimmten Situation kontrolliert wird und in der das Verhalten nicht durch sprachliche
Hinweise oder durch eine Belehrung, die Ereignisse untereinander sowie
Gegenwart und Zukunft miteinander verbindet, vermittelt wird. Eine

solche Umgebung produziert ein Kind, das sich mehr auf Autorität als auf Rationalität verläßt, das, obwohl oft fügsam, in seinem Verhalten nicht überlegt ist und die Konsequenzen einer Handlung weitgehend unter dem Gesichtspunkt unmittelbarer Bestrafung oder Belohnung statt unter dem Gesichtspunkt künftiger Auswirkungen und Ziele betrachter.« (S. 306f)

So wichtig die Hypothesen, Methoden und ersten Ergebnisse von HESS & SHIPMAN als Anregungsquellen für weitere empirische Forschungsarbeiten sind, so wenig darf man heute bereits diese Befunde verallgemeinern oder gar vereinfachen. Soziale Schicht, Familie, Kommunikations- und Erziehungsstil sind Begriffe, die eine relativ homogene soziale Umwelt eines Kindes suggerieren, wie es sie in dieser Eindeutigkeit häufig nicht gibt.

Unterhält man sich mit Eltern über Erziehungsfragen, beobachtet man Väter und Mütter im Umgang mit ihren Kindern in verschiedenen Situationen und befragt man Schüler über die Absichten und das Verhalten von Erziehern, so erfährt man eine Vielzahl von Zielen, Einstellungen, Überzeugungen, Praktiken und Handlungsmustern. Es scheint nicht nur auf den ersten Blick schwierig zu sein, diese Reaktionsvielfalt so zu ordnen, daß man die Auswirkungen des elterlichen Erziehungsverhaltens systematisch erforschen kann. Dies um so mehr, als nur ein mittlerer Zusammenhang zwischen den sprachlich geäußerten Einstellungen zur Erziehung, dem beobachtbaren Erziehungsverhalten und den vom Kind erlebten bzw. wahrgenommenen Erziehungsbemühungen der Eltern besteht.

Leider gibt es kaum empirische Untersuchungen, in denen die alltäglichen *Erziehungsziele* der Eltern erfaßt werden. Welche Rolle spielt es z. B., ob das Kind die Nachbarin grüßt, mit Spielkameraden streitet, sein Abendbrot aufißt oder sich bei der Schularbeit helfen lassen will? Erfaßt werden in der Regel nur sehr allgemeine Wertorientierungen. So betonten z. B. Mütter von Schulneulingen bei der Frage:

»Sie wissen ja – Kinder können sich ganz verschieden entwickeln. Worauf würden Sie nun bei der Erziehung eines 6jährigen besonderen Wert legen?«

in erster Linie: Gehorsam, Ehrlichkeit, gute Schulleistungen, allgemeine Hilfsbereitschaft und Reinlichkeit. Sehr viel seltener wurden z. B. Selbständigkeit oder Vernünftigkeit genannt (KEMMLER & HECKHAUSEN 1959). Aus amerikanischen Untersuchungen wissen wir außerdem, daß solche Ziele von Bevölkerungsgruppe zu Bevölkerungsgruppe sehr unterschiedlich sein können. So erstreben z. B. typische Mittelschicht-Eltern für ihre Kinder häufiger Wißbegierde, vernünftiges Handeln, Selbständigkeit und Selbstverantwortlichkeit, während Unterschicht-Mütter in erster Linie Gehorsam, Respekt und Unterordnung fordern. Fraglich ist auch, ob die jeweils erwünschten Erziehungsziele

im alltäglichen Verhalten der Eltern einen angemessenen Ausdruck finden oder ob die Effekte des elterlichen Verhaltens oft
geradezu im Widerspruch zu den erwünschten Zielen stehen.
Worin aber unterscheidet sich das elterliche Verhalten den Kindern
gegenüber? Viele Forscher sind in der letzten Zeit übereinstimmend zu dem Ergebnis gekommen, daß sich die Vielfalt *erziehe-*
*rischen Verhaltens* bereits recht gut durch zwei voneinander
unabhängige Dimensionen beschreiben läßt. Abb. 2 enthält dazu
eine schematische Darstellung:

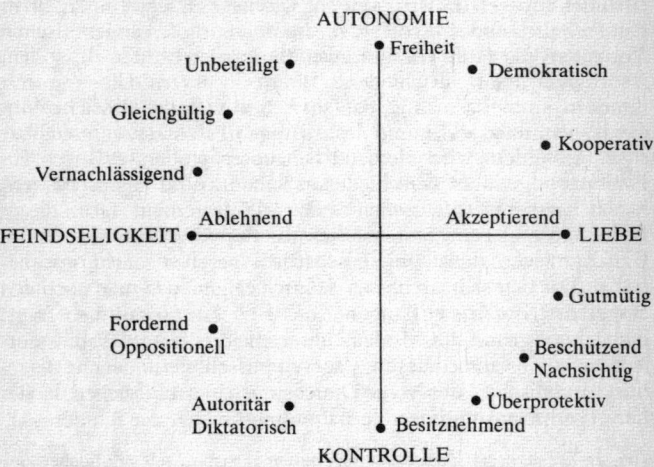

*Abb. 2:* Dimensionen des mütterlichen Erziehungsverhaltens. (Nach E. S.
Schaefer.)

Waagerecht ist die Dimension *Feindseligkeit – Liebe* eingezeichnet
und in der Senkrechten die Dimension *Autonomie – Kontrolle*. Unter
Liebe – Feindseligkeit versteht man das Ausmaß der beim Erzieher vorhandenen oder fehlenden kindzentrierten Zuneigung,
Akzeptierung, Wärme und Zuwendung; Autonomie – Kontrolle
verweist demgegenüber auf das Ausmaß, in dem der Erzieher das
Verhalten des Kindes kontrolliert, lenkt, leitet, bestimmt oder
beeinflußt. Beurteilt man z. B. Lehrer oder Eltern daraufhin,
inwieweit sich in ihrem Verhalten eher liebevolle Zuneigung
oder mehr feindselige Kälte äußert und in welchem Maße sie zu
einer mehr oder weniger starken Reglementierung des kindlichen
Verhaltens neigen, so findet man innerhalb der vier Quadranten
des Schaubildes eine Reihe typischer Erziehungsstile: Da kombinieren sich Liebe und Kontrolle z. B. zu einer überbesorgten,
liebevollen Mutter, die alles für ihr Kind tut und nicht merkt,
wie sehr sie es dabei gängelt. Die Verbindung Feindseligkeit und
Autonomie führt demgegenüber in der Regel zu einem gleich-

gültig-kaltherzigen Verwahrlosenlassen des Kindes. Dem Erziehungsideal vieler entspricht demgegenüber eine fürsorgliche, auf die Autonomie des Kindes bedachte Haltung. Wir sprechen in diesem Fall von einem demokratischen, kooperativen Erziehungsstil. Er ist von völlig anderer Qualität als ein autoritär-diktatorisches Verhalten, bei dem sich Feindseligkeit mit kontrollierender Strenge verbindet.

Vielleicht sollte noch darauf hingewiesen werden, daß die Einstufungen auf den beiden Dimensionen völlig unabhängig voneinander erfolgen müssen. Manche werden sich jetzt fragen, ob es denn möglich und sinnvoll ist, die Mannigfaltigkeit erzieherischen Verhaltens mit Hilfe von nur zwei Merkmalen ordnen zu wollen. Beobachtet man verschiedene Eltern in ihrem Umgang mit Kindern, so meint man ja, daß sie sich in vielerlei Hinsicht voneinander unterscheiden und deshalb eigentlich kaum vergleichbar sind. Außerdem wird niemand behaupten wollen, daß sich ein Erzieher gegenüber verschiedenen Kindern und in unterschiedlichen Erziehungssituationen immer gleich verhält. Trotz dieser Bedenken und Einwände hat sich das hypothetische Modell des Erziehungsverhaltens, wissenschaftlich gesehen, recht gut bewährt. Das läßt sich am besten dadurch zeigen, daß man nach den längerfristigen Auswirkungen jener Erziehungspraktiken fragt, die sich aufgrund des Modells unterscheiden lassen. Tab. 4 enthält eine Zusammenfassung der empirisch gefundenen Beziehungen zwischen den zwei Dimensionen des elterlichen Erziehungsverhaltens und den Verhaltensmerkmalen der Kinder.

*Tab. 4:* Tabellarische Zusammenstellung einiger empirisch gefundener Zusammenhänge zwischen zwei Dimensionen des elterlichen Erziehungsverhaltens und Verhaltensmerkmalen von Kindern. (Nach W. C. Becker.)

|  | Kontrolle | Autonomie |
|---|---|---|
| Liebe | unterwürfig, abhängig, berechnend, gehorsam, nett, geringe Aggressivität, wenig kreativ, sehr nachgiebig | aktiv, unabhängig, sozial aufgeschlossen, kreativ, »erfolgreiche« Aggressivität, fähig zur Rollenübernahme |
| Feindseligkeit | »neurotische Verhaltensstörungen«, Schwierigkeiten bei Rollenübernahme, hohe Autoaggressivität; sozial abgelehnt, schüchtern und streitsüchtig gegenüber Freunden | häufig kriminelles Verhalten, starke Aggressivität, widersetzlich |

Schon bei einer flüchtigen Betrachtung dieser Tabelle fällt auf, daß eigentlich nur die Verbindung von Liebe und Autonomiegewährung zu wirklich positiv zu bewertenden Sozialisationseffekten führt. In der Tendenz ähnliche Ergebnisse erhält man,

wenn das Ausmaß der von den Kindern erlebten elterlichen
Unterstützung (Häufigkeit und Intensität von Belohnung bei
erwünschtem Verhalten des Kindes) und Strenge (Häufigkeit
und Intensität der Bestrafung bei unerwünschtem Verhalten des
Kindes) als Sozialisationsbedingung berücksichtigt wird (K. H.
STAPF et al. 1972; A. STAPF 1973).
Bei derart gewichtigen Auswirkungen des Erzieherverhaltens
drängt sich natürlich die Frage auf, ob Eltern ihren Erziehungsstil bewußt und absichtlich verändern können. Darauf läßt sich
keine klare Antwort geben. Einerseits sprechen psychoanalytische
Überlegungen, Erfahrungen in Erziehungsberatungsstellen und
die Ergebnisse vieler Elternseminare gegen die Möglichkeiten
einer schnellen und leichten Veränderung des Erziehungsstils;
andererseits gibt es eine Reihe von Untersuchungen, in denen bedeutsame Einstellungs- und Verhaltensänderungen bei Erziehern
erreicht und nachgewiesen werden konnten. Unbestritten ist
jedoch, daß es sich dabei um einen sehr schwierigen Vorgang
handelt, der nur mit Hilfe therapieähnlicher psychologischer Verfahren oder durch ein besonders hohes Maß an psychologischer
Einsicht und Einfühlungsvermögen seitens des Erziehers bewältigt werden kann.
Die Problematisierung des Erziehungsverhaltens von Vätern
und Müttern, zunehmende Erziehungsschwierigkeiten bei Kindern und die häufig beschriebenen Konfliktquellen der Kernfamilie haben sehr dazu beigetragen, daß in jüngster Zeit die
Familie in ihrer gegenwärtigen Form immer häufiger in Frage
gestellt wurde, daß einer rosigen Familienideologie eine Schwarz
in Schwarz argumentierende Anti-Familien-Ideologie gegenüber-
trat, daß immer mehr Menschen nach Gegenmodellen zum
Familienleben und zur Familienerziehung suchen. Der Wert der
Kibbuz-Erziehung und von Wohngemeinschaften wird z. Z. in
der Öffentlichkeit verstärkt diskutiert und an vielen Stellen praktisch erprobt. Vom pädagogisch-psychologischen Standpunkt
aus scheint es wünschenswert zu sein, bei solchen Diskussionen
auch jene Struktur- und Funktionsmerkmale der Familie zu berücksichtigen, die sich für die Sozialisation der Kinder als besonders günstig erwiesen haben, gleichzeitig aber jene Merkmale
der Familiensituation zu problematisieren, die in so vielen Fällen
zu Konflikten und Fehlentwicklungen führten. Denn es kann ja
letztlich nicht darum gehen, anstelle der Familie lediglich irgend
etwas anderes zu setzen, sondern nur darum, die gegenwärtige
Form der Familie und die in ihr repräsentierten Sozialisationsbedingungen auf etwas Besseres hin weiterzuentwickeln.

# Literatur

ADORNO, T. W., FRENKEL-BRUNSWIK, E., LEVINSON, D. J. & SANFORD, R. N. *The authoritarian personality.* New York: Harper & Row 1950.

AINSWORTH, M. D. S. ›The development of infant–mother attachement‹. ¡In: B. M. CALDWELL & H. N. RICCIUTI (Hrsg.) *Review of child development research.* Vol. 3. Chicago: University Pr. 1974.

ALLEN, V. L. (Hrsg.) *Psychological factors in poverty.* Chicago: Markham Publ. 1970.

BECKER, W. C. ›Consequences of different kinds of parental discipline‹. In: L. W. HOFFMAN & M. L. HOFFMAN (Hrsg.) *Review of child development research.* Vol. 1. New York: Russel Sage Found. 1964.

BOWLBY, J. *Maternal care and mental health.* Genf: WHO-Publication 1951; deutsch: *Mütterliche Zuwendung und geistige Gesundheit.* München: Kindler 1973.

– *Attachement and loss.* Vol I: Attachement. New York: Basic Books 1969.

– *Attachement and loss.* Vol. II: Separation. New York: Basic Books 1973.

CLAESSENS, D. *Familie und Wertsystem.* Berlin: Duncker & Humblot ²1967.

DAVE, R. H. *The identification and measurement of environment process variables that are related to educational achievement.* Unveröffentl. Diss., University of Chicago 1963.

DEUTSCHER BILDUNGSRAT *Strukturplan für das Bildungswesen.* Bonn 1970.

EISENSTADT, S. N. *Von Generation zu Generation – Altersgruppen und Sozialstruktur.* München: Juventa 1966.

FEND, H. ›Sozialisierung und Erziehung‹. In: W. BREZINKA (Hrsg.) *Studien zur Erziehungswissenschaft.* Bd. 5. Weinheim: Beltz 1969.

– *Konformität und Selbstbestimmung.* Weinheim: Beltz 1971.

GEWIRTZ, J. L. ›Mechanisms of social learning: Some roles of stimulations and behavior in early human development‹. In: D. H. GOSLIN (Hrsg.) *Handbook of socialization: Theory and research.* Chicago: Rand McNally 1969.

GOSLIN, D. H. (Hrsg.) *Handbook of socialization: Theory and research.* Chicago: Rand McNally 1969.

HARTUNG, K. & GLATTKOWSKI, H. ›Erhebungen über die Aufenthaltsdauer und Gründe, die zur Heimaufnahme von Säuglingen führen‹. Teil II. In: *Praxis der Kinderpsychologie und Kinderpsychiatrie,* 1965, *14,* 297–303.

HESS, R. D. & SHIPMAN, V. C. ›Die Beeinflussung frühen Lernens durch die Mutter‹. In: R. D. HESS & R. M. BEAR (Hrsg.) *Frühkindliche Erziehung.* Weinheim: Beltz 1972.

– ›Frühkindliche Erfahrung und Sozialisation kognitiver Stile‹. In: C. F. GRAUMANN & H. HECKHAUSEN (Hrsg.) *Reader zum Funk-Kolleg Pädagogische Psychologie 1:* Entwicklung und Sozialisation. Frankfurt a. M.: Fischer Taschenbuch (Bd. 6113) 1974, S. 287–307.

HETZER, H. *Kindheit und Armut.* Leipzig: Hirzel 1929.

JENCKS, C. S. et al. *Chancengleichheit.* Reinbek bei Hamburg: Rowohlt 1973.

JÜRGENS, H. W. *Familiengröße und Bildungsweg der Kinder.* Bonn–Bad Godesberg: Bundesministerium für Familie und Jugend 1967.

KAFKA, F. (1953) ›Hochzeitsvorbereitungen auf dem Lande‹. In: H. POLITZER (Hrsg.) *Das Kafka-Buch.* Frankfurt a. M.: Fischer Bücherei (Bd. 708) 1965.

KEMMLER, L. & HECKHAUSEN, H. ›Mütteransichten über Erziehungsfragen‹. In: *Psychologische Rundschau,* 1959, *10,* 83–93.

KLAFKI, W. et al. (Hrsg.) *Funk-Kolleg Erziehungswissenschaft 1–3.* Frankfurt a. M.: Fischer Taschenbuch (Bd. 6106–6108) ²1970, 1971.

LEHR, U. ›Sozialisation und Persönlichkeit‹. In: *Zeitschrift für Pädagogik*, 1968, *14*, 583–599.

– *Die Bedeutung der Familie im Sozialisationsprozeß*. Stuttgart: Kohlhammer 1973.

MACCOBY, E. & MASTERS, J. C. ›Attachement and dependency‹. In: P. H. MUSSEN (Hrsg.) *Carmichael's manual of child psychology*. New York: Wiley ⁵1970.

MARJORIBANKS, K. ›Environment, social class and mental abilities‹. In: *Journal of Educational Psychology*, 1972, *63*, 103–109; deutsch in: C. F. GRAUMANN & H. HECKHAUSEN (Hrsg.) *Reader zum Funk-Kolleg Pädagogische Psychologie 1*: Entwicklung und Sozialisation. Frankfurt a. M.: Fischer Taschenbuch (Bd. 6113) 1974, S. 190–200.

MCCLELLAND, D. C. ›Testing for competence rather than for 'intelligence'‹. *American Psychologist*, 1973, *28*, 1–14.

MITSCHERLICH, A. *Auf dem Weg zur vaterlosen Gesellschaft*. München: Piper 1963.

MOLLENHAUER, K. ›Sozialisation und Schulerfolg‹. In: H. ROTH (Hrsg.) *Begabung und Lernen*. Stuttgart: Klett 1969.

NEIDHARDT, F. ›Die Familie in Deutschland‹. In: K. M. BOLTE, F. NEIDHARDT & H. HOLZER (Hrsg.) *Deutsche Gesellschaft im Wandel*. Bd. 2. Opladen: Leske 1970a.

– *Strukturbedingungen und Probleme familialer Sozialisation*. Bonn–Bad Godesberg: Bundesministerium für Jugend und Familie 1970b.

NYE, F. I., CARLSON, J. & GARRET, G. ›Family size, interaction, affect, and stress‹. In: *Journal of Marriage and the Family*, 1970, *32*, 216–226.

PARSONS, T. & BALES, R. *Family socialization and the interaction process*. New York: Free Pr. 1955.

PECHSTEIN, J. ›Das junge Kind in Heim und Krippe‹. In: G. HUNDERTMARCK & H. ULSHOEFER (Hrsg.) *Kleinkinderziehung*. Bd. 3. München: Kösel 1972.

RÜCKRIEM, G. M. ›Der gesellschaftliche Zusammenhang der Erziehung‹. In: W. KLAFKI et al. (Hrsg.) *Funk-Kolleg Erziehungswissenschaft 1*. Frankfurt a. M.: Fischer Taschenbuch (Bd. 6106) ²1970, S. 257–322.

SCHADENDORF, B. *Uneheliche Kinder*. München: Barth 1964.

SCHAEFER, E. S. ›A circumplex model for maternal behavior‹. In: *Journal of abnormal and social Psychology*, 1959, *59*, 226–235.

SCHMALOHR, E. *Frühe Mutterentbehrung bei Mensch und Tier*. München: Reinhardt 1968.

– *Mutterentbehrung in der Frühsozialisation*. Bonn–Bad Godesberg: Bundesministerium für Jugend und Familie 1972.

SCHMUCKER, H. et al. *Die ökonomische Lage der Familie in der Bundesrepublik Deutschland*. Stuttgart: Enke 1961.

SPITZ, R. ›Hospitalismus‹. In: G. BITTNER & E. SCHMID-CORDS (Hrsg.) *Erziehung in früher Kindheit*. München: Piper 1968.

STAPF, A. *Elterliche Erziehung in Befragung und Experiment*. Marburg, Phil. Diss. 1973.

STAPF, K. H., HERRMANN, TH., STAPF, A. & STÄCKER, K. *Psychologie des elterlichen Erziehungsstils*. Stuttgart/Bern: Klett/Huber 1972.

THALMANN, H. C. *Verhaltensstörungen bei Kindern im Grundschulalter*. Stuttgart: Klett ²1974.

THOMAE, H. ›Familie und Sozialisation‹. In: C. F. GRAUMANN (Hrsg.) *Handbuch der Psychologie*. Bd. 7,2: Sozialpsychologie. Göttingen: Hogrefe 1972.

Toman, W. ›Über Familienkonstellationen‹. In: *Psychologische Rundschau*, 1961, *12*, 237–250.

Trudewind, C. *Versuch einer Taxonomie von leistungsmotivationsgenetisch relevanten Bedingungen des nichtschulischen Lebensraumes.* Bochum: Ruhr-Universität, Diss. 1971. (In Vorbereitung unter dem Titel: *Häusliche Umwelt und Motiventwicklung.* Göttingen: Hogrefe 1974.)

Williams, F. *Language and poverty.* Chicago: Markham Publ. ³1971.

Yarrow, L. J. ›Maternal deprivation: toward an empirical conceptual reevaluation‹. In: *Psychological Bulletin*, 1961, *58*, 459–490.

– ›Separation from parents during early childhood‹. In: L. W. Hoffman & M. L. Hoffman (Hrsg.) *Review of child development research.* Vol. 1. New York: Russell Sage Found. 1964.

Zigler, E. ›Social class and the socialization process‹. In: *Review of Educational Research*, 1970, *40*, 87–110.

Zigler, E. & Child, I. L. ›Socialization‹. In: G. Lindzey & E. Aronson (Hrsg.) *The Handbook of Social Psychology.* Vol. 3. Reading, Mass.: Addison Wesley ²1969.

Franz E. Weinert/Manfred Hofer

**11.** **Psychologische Probleme der Vorschulerziehung (unter besonderer Berücksichtigung der methodischen Problematik psychologischer Felduntersuchungen)**

# A 11. Psychologische Probleme der Vorschulerziehung

(F. E. Weinert)

## A 11.1. *Allgemeine Einführung*

Kaum ein Thema hat die bildungspolitische Diskussion der vergangenen Jahre so sehr beherrscht wie die *Vorschulerziehung*. Das mag überraschend klingen, wenn man bedenkt, daß die deutsche Kindergarten-Pädagogik lange Zeit als wissenschaftlich gut fundiert und erzieherisch wirksam angesehen wurde.

Was hat sich also verändert? Was versteht man überhaupt unter dem inzwischen zu einem Modewort gewordenen Begriff »Vorschulerziehung«? Was versprachen oder versprechen sich Wissenschaftler, Pädagogen, Eltern und Politiker von einer Reform der institutionalisierten Elementarerziehung? Haben sich die hohen Erwartungen in den ersten Versuchen erfüllt? Auf solche und ähnliche Fragen soll in diesem Kapitel eine in vieler Hinsicht vorläufige Antwort gegeben werden. Dabei stehen psychologische Gesichtspunkte im Vordergrund, während soziologische, erziehungswissenschaftliche und didaktische Fragen weitgehend vernachlässigt werden müssen. Das erscheint jedoch nicht nur durch die (notwendigerweise eingeschränkte) Thematik des Funkkollegs gerechtfertigt, sondern auch aufgrund der Tatsache vertretbar, daß viele Argumente für die Einführung und Ausgestaltung der Vorschulerziehung psychologischer Art sind.

Diese Behauptung wird untermauert, wenn man die einschlägigen Ausführungen in dem vom DEUTSCHEN BILDUNGSRAT erarbeiteten *Strukturplan für das Bildungswesen* heranzieht:

> »... Neu ist, daß sich heute, aufgrund einer neuen Einschätzung der Lernfähigkeit des Kindes, der pädagogische Ansatz der Förderung schwerpunkthaft vom Reifevorgang auf das Lernen verlagert hat. So bekommen Lernaktivitäten ein größeres Gewicht, die auch den Kindern mehr Freude machen. Aus einem Raum der Behütung soll eine bewußt gestaltete, Kinder vorsichtig lenkende, anregende und befriedigende Lebensumwelt für Lernerfahrungen werden ... Heute werden hauptsächlich Vorschläge diskutiert, das Lesenlernen vorzuverlegen. Viel wichtiger ist es aber, die Denk- und Erkenntnisfähigkeiten insgesamt zu fördern, indem durch anregende Situationen und Erfahrungen die Neugierde des Kindes in Wißbegierde verwandelt wird, die zu erfolgreichen Verhaltens- und Leistungsformen befähigt und deren Betätigung und Erfüllung Kinder glücklich macht. Aber selbst diese breitere Förderungstendenz ist zum Scheitern verurteilt, wenn nicht gleichzeitig im Kindergarten ebenso intensiv das Gefühlsleben und die Kunst des Zusammenlebens gefördert würden ...« (1970, S. 45 f).

Die Thesen, Pläne und Forderungen des DEUTSCHEN BILDUNGS-
RATES fanden die Zustimmung von Bundesregierung, von Lan-
desregierungen, Parlamenten, Parteien, Gewerkschaften und
einer breiten Öffentlichkeit. In dem von der Bundesregierung
1970 vorgelegten *Bericht zur Bildungspolitik* werden für die
Elementarerziehung als konkrete Ziele bis 1980 die Verdoppelung
der Kindergartenplätze (von 1 Mio auf mindestens 2 Mio) und
die Vorverlegung des Einschulungsalters auf das 5. Lebensjahr
genannt. Zur Begründung dieser vorgesehenen Maßnahmen wird
ausdrücklich erklärt:

>»Nachdem in den letzten Jahren die Bedeutung der vorschulischen Er-
>ziehung für die Förderung der individuellen Begabung und die Überwin-
>dung sozial bedingter Milieusperren auch in der Bundesrepublik erkannt
>worden ist, wird die Reform und der Ausbau der Vorschulerziehung als
>erste Stufe des Bildungswesens zu einer vordringlichen bildungspoliti-
>schen Aufgabe.«

Muß bei solchen Formulierungen nicht der Eindruck entstehen,
bei der Vorschulerziehung handele es sich um ein bildungspolitisches Reformprogramm, dessen wissenschaftliche Grundlagen
gesichert, dessen Ziele unumstritten und dessen organisatorische
Verwirklichung eindeutig geklärt sei? Das Gegenteil ist der Fall!
Je mehr von Vorschulerziehung gesprochen wird, desto deutlicher zeigt sich, daß damit recht unterschiedliche wissenschafts-
theoretische Positionen und sehr verschiedenartige praktisch-
pädagogische Absichten verbunden sind.

A   11.2. *Psychologische Begründung der Vorschulerziehung*

In den 50er Jahren kaum beachtet, in den 60er Jahren von euphorischen Hoffnungen erfüllt, in den 70er Jahren kritisiert, in Frage
gestellt, vielleicht allmählich sogar von anderen Problemen verdrängt: Ist dies das bildungspolitische Schicksal der sog. Vorschulerziehung? Hier soll nicht versucht werden, die künftige Entwicklung vorherzusagen, wenngleich einige Anzeichen meiner
Meinung nach eine besorgte Einstellung durchaus rechtfertigten.
Anzunehmen ist, daß die Vorschulerziehung um so weniger in die
Gefahr gerät, eine vorübergehende Modeerscheinung zu bleiben,
je kritischer ihre psychologischen Voraussetzungen, ihre gesellschaftspolitischen Ziele und ihre pädagogischen Wirkungs-
möglichkeiten erforscht und diskutiert werden.
Fragt man nach den Gründen für die plötzliche Zunahme des
Interesses an der *institutionalisierten Elementarerziehung*, so stößt
man schnell auf das heute viel erörterte Verhältnis von Wissenschaft und Gesellschaft, von Theorie und Praxis. Im Gegensatz
zu manchen Kritikern kann ich nicht sehen, wie man die Geschichte der wissenschaftlichen Psychologie als bloße Reaktions-

folge auf die sich ändernden ökonomischen und gesellschaftlichen Verhältnisse beschreiben kann. Für mich ist eine gewisse Eigengesetzlichkeit und Widersprüchlichkeit wissenschaftlicher Entwicklungen ganz offenkundig. Was sich aber ebenso deutlich feststellen läßt, ist die unterschiedliche Wahrscheinlichkeit, mit der wissenschaftliche Theorien und Ergebnisse von der Öffentlichkeit aufgegriffen und zur Grundlage praktischen Handelns gemacht werden, was wiederum nicht ohne Einfluß auf den weiteren Verlauf der Forschungsbemühungen bleibt. So hat es in den letzten Jahrzehnten immer wieder Psychologen gegeben, die die Bedeutung des Lernens für die kindliche Entwicklung hervorgehoben haben – ohne daß dadurch die praktische Pädagogik oder gar die Organisation des Bildungswesens wesentlich beeinflußt worden sind. Daß sich dies in den 60er Jahren in geradezu dramatischer Weise änderte, kann also nicht nur wissenschaftliche, sondern muß auch gesellschaftspolitische Gründe haben.

Wenden wir uns zuerst jenen wissenschaftlichen Entwicklungen zu, die eine Neuorientierung der Elementarerziehung begünstigten, wenn nicht auslösten. Sie lassen sich in drei Thesen zusammenfassen:

These 1: Die traditionelle Pädagogik ging davon aus, daß die Intelligenz- und Schulleistungen eines Kindes weitgehend durch *angeborene Begabungen* festgelegt sind. Der Umwelt wurde dabei lediglich eine begrenzte fördernde oder hemmende Wirkung zugesprochen (BUSEMANN 1958; STRUNZ 1959).

Demgegenüber kommt HUNT in seinem 1961 erschienenen Buch *Intelligence and Experience* zu dem Ergebnis, daß die intellektuelle Entwicklung eines Kindes

»zu einem wesentlichen Teil, wenn auch nicht ausschließlich, eine Funktion der Umweltverhältnisse (ist). Je vielseitiger die Situationen sind, denen das Kind seine Verhaltensstrukturen anpassen muß, desto beweglicher und differenzierter werden sie. Je mehr Neues ein Kind gesehen und gehört hat, desto mehr will es auch sehen und hören. Je vielseitiger die Situationen gewesen sind, die ein Kind bewältigt hat, um so größer wird seine Fähigkeit werden, sich mit seiner Umwelt erfolgreich auseinanderzusetzen.« (1961, S. 259)

These 2: Die traditionelle Pädagogik ging davon aus, daß die Intelligenz- und Schulleistungen eines Kindes in erster Linie von dem altersgebundenen, relativ *umweltunabhängigen Reifungstempo* der jeweiligen Leistungsdispositionen abhängen. Dementsprechend verstanden sich Kindergarten und Grundschule als Schonräume für die spontane kindliche Entwicklung. Im Mittelpunkt der pädagogischen Bemühungen standen einerseits die reifegerechte Anordnung der Lehrstoffe und andererseits die Zurückstellung jener Kinder, die die geforderte Schul- oder Lernreife noch nicht erreicht hatten (KERN 1950; KROH 1958; REMPLEIN 1966).

Im Gegensatz dazu betont AEBLI 1969,

> »daß es im menschlichen Verhalten keine höheren Leistungen gibt, welche
> im Gefolge der physiologisch-anatomischen Reifung einfach auftauchen,
> ohne daß das Kind Gelegenheit hat, die entsprechenden Erfahrungen zu
> machen und das Verhalten im innerlichen und effektiven Vollzug auszu-
> bilden.« (S. 177f)

Und HUNT meint sogar, daß es möglich sein müßte, vor allem für
die ersten Lebensjahre Formen einer effektiven Begegnung des
Kindes mit seiner Umwelt zu entdecken, die zu einer substantiellen
Beschleunigung der intellektuellen Entwicklung und zu einem
höheren Niveau der erreichbaren Erwachsenenintelligenz führen
würden (1961, S. 363).

These 3: Die traditionelle Pädagogik ging davon aus, daß in den
ersten Lebensjahren bestimmte *sozial-emotionale Erfahrungen* von
grundlegender Bedeutung für die weitere Entwicklung sind und
daß demgegenüber frühe kognitive Lernerfahrungen eine geringere prognostische Bedeutung hätten (HOFFMANN 1968).

Eine völlig andere Auffassung vertritt B. S. BLOOM in seinem
1964 erschienenen Buch *Stabilität und Veränderung menschlicher
Merkmale*. Er behauptet nämlich,

> »daß von der Intelligenz im Alter von 17 Jahren aus betrachtet etwa
> 50% der Entwicklung zwischen der Empfängnis und dem Alter von
> 4 Jahren stattfindet, etwa 30% zwischen 4 und 8 Jahren und etwa 20%
> zwischen 8 und 17 Jahren ... Die Wirkung der Umweltbedingungen,
> besonders der extremen Umwelt, scheint in den früheren und schnelleren
> Perioden der Intelligenzentwicklung am größten zu sein und am gering-
> sten in den späteren Entwicklungsperioden. Wenn es auch nur wenige
> Hinweise auf eine Wirkung der Veränderungen von Umweltbedingungen
> auf gleichzeitige Veränderungen der Intelligenz gibt, so kann man allen
> bislang verfügbaren Untersuchungen entnehmen, daß bedeutende Unter-
> schiede in der Umwelt in den frühen Jahren größere Veränderungen der
> Intelligenz hervorrufen können als gleich bedeutsame Umweltverände-
> rungen in späteren Entwicklungsperioden ... Eine konservative Schät-
> zung der Wirkung extremer Umweltbedingungen auf die Intelligenz liegt
> etwa bei 20 IQ-Punkten. Dies könnte z. B. der Unterschied zwischen
> einem Leben in einem Heim für Schwachsinnige oder einem produktiven
> Leben in der Gesellschaft sein. Es könnte auch die Differenz zwischen
> einer Berufskarriere und einem Beruf darstellen, der auf dem Niveau der
> nur an- oder sogar ungelernten Berufe liegt.« (1971, S. 100f)

Zweifellos hatten die Auffassungen von HUNT und BLOOM eine
außergewöhnlich große Wirkung auf die Diskussion über eine
Reform der Elementarerziehung. Die von der Wissenschaft
eröffnete Möglichkeit, Intelligenz- und Schulleistungsunterschiede
wenigstens teilweise auf unterschiedliche Lebens-, Entwicklungs-
und Anregungsbedingungen zurückzuführen, die kognitive Entwicklung durch didaktisch vermittelte Lernprozesse zu stimu-
lieren und milieubedingte Erfahrungsdefizite durch institutionali-

sierte Bildungsangebote zu kompensieren, schien völlig neue Perspektiven für das pädagogische Handeln zu eröffnen: die Entwicklung *komplementärer Vorschulprogramme* zur möglichst optimalen Ergänzung der familiären Sozialisation aller 3- bis 6jährigen Kinder und die Erarbeitung *kompensatorischer Förderungsprogramme* zum möglichst frühen Ausgleich ungenügender oder ungeeigneter häuslicher Anregungsbedingungen, vor allem bei Kindern der sozialen Unterschicht. Für viele verband sich damit die Hoffnung eines Durchbrechens des immer deutlicher erkennbaren Teufelskreises von ökonomischer und sozialer Benachteiligung des Elternhauses – schlechten Entwicklungsbedingungen in den ersten Lebensjahren – ungleichen Startchancen in der Schule – ungünstigen schulischen, beruflichen, gesellschaftlichen, kulturellen und sozialen Lebensaussichten – und damit erneute, u. U. verstärkte Benachteiligung der eigenen Kinder (vgl. WILLIAMS 1970; ALLEN 1970).

Diese wissenschaftlichen Hypothesen erhielten ihre besondere Dynamik aber erst durch starke, damit übereinstimmende gesellschaftspolitische Entwicklungstendenzen. Zumindest in den USA und in einigen westeuropäischen Ländern zeigte sich einerseits als Folge des »Sputnik-Schocks« eine zunehmende Bereitschaft, auch Bildungsförderung im Vorschulalter als ökonomische Investition anzusehen (vgl. DuBois-Reymond 1971), andererseits wurden Jahrhunderte alte rassische und soziale Diskriminierungen bestimmter Bevölkerungsgruppen (z. B. der Neger oder der Industriearbeiter) zu aktuellen gesellschaftlichen Konfliktquellen. Der für ein demokratisches Gemeinwesen geltende Grundsatz »Gleichheit aller!« und die faktische Ungleichheit der Entwicklungs-, Bildungs- und Berufsmöglichkeiten führten zu der immer lauter werdenden Forderung nach *Chancengleichheit* und zu dem Ruf nach einer *kompensatorischen Erziehungspraxis*. Programmatisch formulierte M. DEUTSCH (1970) Anfang der 60er Jahre die mit der Vorschulreform verbundenen Hoffnungen:

> »Wir gehen hier von der Überzeugung aus, daß wir mit Hilfe der Verhaltensforschung und der Erziehungswissenschaft unsere Erziehungseinrichtungen so gestalten können, daß alle Kinder gleichermaßen auf ihre optimale Rolle in der Gesellschaft vorbereitet und die Schranken der Rasse, der sozialen Schicht und des Geschlechts überwunden werden.«
> (1970, S. 58 f)

Verständlicherweise wurde in der heftig und engagiert geführten öffentlichen Diskussion die Forschungslage vereinfacht und vereindeutigt. In Wirklichkeit blieb keine der genannten Thesen im letzten Jahrzehnt unwidersprochen. Am radikalsten wurde die Kritik an den der Vorschulerziehung zugrunde liegenden psychologischen Auffassungen von A. R. JENSEN formuliert:

> »Kompensatorische Erziehung wurde versucht und ist offenkundig gescheitert ... Warum gab es ein so übereinstimmendes Versagen von

kompensatorischen Programmen, wo immer sie überprüft wurden? Was ist falsch daran? In anderen Bereichen – wenn Brücken nicht tragen, wenn Flugzeuge nicht fliegen, wenn Maschinen nicht arbeiten, wenn Heilverfahren nicht heilen ... – beginnt man, die zugrunde liegenden Annahmen, Prinzipien, Theorien und Hypothesen in Frage zu stellen. Ist es nicht Zeit, daß wir auch mit der Erziehung so verfahren?« (1969, S. 27f)

Dieser in Frageform gekleideten Aufforderung werden alle Betroffenen ohne weiteres zustimmen können, denn sie läßt offen, wo man die Fehler für das Scheitern so vieler Vorschulprogramme zu suchen hat.

JENSEN selbst hat bekanntlich in einer überaus heftig geführten wissenschaftlichen und sozialpolitischen Kontroverse den erbtheoretischen Standpunkt nachdrücklich vertreten (vgl. im einzelnen: Kap. 7). Damit wurde zwar die z. T. ideologisch motivierte Leugnung jeglicher Erbeinflüsse auf die kognitive Entwicklung korrigiert – es kam jedoch im Anschluß an JENSEN bei vielen zu einer aufgrund der Forschungslage unbegründeten Unterschätzung des kindlichen Lernens und der konkreten Sozialisationsbedingungen.

Diese Einschränkung gilt auch für Entwicklungspsychologen, die glaubten, unter Berufung auf Jean PIAGET die Wirkung didaktisch vermittelter Lernprozesse auf die kindliche Denkentwicklung leugnen zu müssen (z. B. KOHLBERG 1968). Zwar erwies sich die systematische Beeinflussung der intellektuellen Entwicklung im Vorschulalter als eine ungemein komplexe und schwierige experimentelle Aufgabe, doch konnten gerade einige neuere Untersuchungen beachtliche Erfolge berichten (BRAINERD & ALLEN 1971). Danach hängt z. B. die Wahrscheinlichkeit, mit der operative Invarianzbegriffe erworben werden können, von den individuellen Lernvoraussetzungen des Kindes (das sich nicht mehr völlig in der voroperativen Phase, sondern bereits in einem Übergangsstadium befinden muß) und von der Verbindung geeigneter Trainingsmethoden (vor allem Reversibilitätstraining in Verbindung mit der Vermittlung inhaltlicher Voraussetzungen) ab.

Ein weiterer Einwand richtete sich gegen die im Anschluß an BLOOM zu beobachtende maßlose Überschätzung des frühen Lernens gegenüber allen späteren Erfahrungen. Aus mancher Sekundärliteratur konnte man den Eindruck gewinnen, die Psychologie hätte inzwischen das alte Sprichwort, wonach Hans nicht mehr lernt, was Hänschen nicht gelernt hat, uneingeschränkt bestätigt. Dabei zeigte sich bereits bald nach Erscheinen des Buches von BLOOM (1971), daß die methodischen Grundlagen seiner Entwicklungskurven unhaltbar waren. Nicht nur, daß verschiedene Tests zu unterschiedlichen »Halbwertzeiten« der Intelligenzentwicklung führen – viel entscheidender muß beachtet werden, daß eine prozentuale Zuordnung von Wachstumswerten zu bestimmten Altersabschnitten unmöglich ist, weil die Intelligenz-

skalen (im Gegensatz z. B. zu den Längenmaßen) über keinen
absoluten Nullpunkt verfügen (vgl. dazu Hopf 1971; Merz &
Stelzl 1973). Diese an sich sehr berechtigte Kritik an den Behauptungen Blooms (vgl. auch Schusser 1971) verführte allerdings manche zu der ebenso problematischen Schlußfolgerung,
daß die gerade in Angriff genommene bildungspolitische Schwer-
punktsetzung zugunsten der Vorschulerziehung wieder aufgegeben werden könnte. So wenig Gültigkeit die von Bloom errech-
neten Prozentwerte beanspruchen können, und so sehr man auch
die Lernmöglichkeiten im Schul-, Jugend- und Erwachsenenalter
zeitweise unterschätzt hat, so klar bestätigte sich aber in einer
Vielzahl empirischer Untersuchungen die besondere Bedeutung
des frühen Lernens, d. h. die besondere Dynamik der kognitiven
Entwicklung zwischen dem 4. und 7. Lebensjahr (Jensen 1971;
White 1965), und damit verbunden die Wichtigkeit einer gezielten pädagogischen Förderung für die Kinder dieser Altersstufe
(vgl. Rauh 1973).
Weitgehend unbeeinflußt von solchen wissenschaftlichen Widersprüchen und Zweifeln wurden in den letzten Jahren viele unterschiedliche *Vorschulprogramme* entwickelt. Die Palette reicht von
der einfachen Vorverlegung des Lese-, Schreib- und Rechenunter-
richts über Trainingsprogramme zur Förderung mehr oder
minder spezieller sprachlicher, intellektueller und kommunika-
tiver Fähigkeiten bis hin zur Entwicklung differenzierter Ge-
samtcurricula. Vielen kurzzeitigen Interventionsprogrammen
stehen nur wenige langjährige Vorschulprojekte gegenüber.
Es ist im Rahmen dieses Kapitels nicht möglich, auch nur
einen flüchtigen Eindruck von der Vielfalt der erarbeiteten Programme und Projekte zu vermitteln. In den Studientexten
finden Sie dazu einige weiterführende Hinweise und Literaturangaben.

A 11.3. *Frühlesen*

Die Diskussion über eine Reform der Vorschulerziehung wurde in
der BRD durch die Propagierung des sog. *Frühlesens* ausgelöst und
nachhaltig beeinflußt. Man versteht darunter die pädagogische
Forderung, schon 3-, 4- und 5jährigen Kindern das Lesen beizubringen. Das geschieht in der Erwartung, dadurch die gesamte
weitere intellektuelle Entwicklung positiv beeinflussen zu können.
Schon 1962 hatte ein wissenschaftlicher Außenseiter – Glenn
Doman – die amerikanische Öffentlichkeit mit der Behauptung
überrascht, das Erlernen des Lesens würde nach dem 2. Lebensjahr von Jahr zu Jahr schwieriger werden. Der Münchner Psychologe Heinz Rolf Lückert hat vor allem dazu beigetragen, solche

Gedanken auch in der BRD populär zu machen (DOMAN & LÜCKERT 1967). Im Jahre 1967 forderte die *Bildzeitung* ihre Leser auf, mit ihren 2- bis 6jährigen Kindern ein Frühlese-Experiment durchzuführen, und wenig später verriet die Zeitschrift *Eltern* den inzwischen aufmerksam gewordenen Müttern, warum Babies gerne lesen möchten.

Der unmittelbar danach einsetzende Streit zwischen Befürwortern und Gegnern des Frühlesens zeichnete sich in der Regel weniger durch wissenschaftlich fundierte Argumente als durch emotional gefärbte Vorurteile aus. Heute, einige Jahre später, liegen erste brauchbare Untersuchungsergebnisse vor, um auf zwei immer wieder gestellte Fragen vorläufige Antworten geben zu können (vgl. ERLER 1972; ROST et al. 1972).

Können Kinder vor dem 6. Lebensjahr tatsächlich lesen lernen? Aus Untersuchungen der Amerikanerin Dolores DURKIN (1966) wissen wir, daß etwa 1 bis 3 % aller Kinder, die eingeschult werden, bereits lesen können. Dabei handelt es sich vorwiegend um überdurchschnittlich intelligente Kinder aus gehobenen sozialen Schichten. Ähnliche Werte wurden auch in der BRD gefunden. Schon aus diesen Hinweisen läßt sich die Hypothese ableiten, daß es unter bestimmten Bedingungen möglich sein muß, Vorschulkindern eine gewisse Lesefertigkeit zu vermitteln. Die vorliegenden empirischen Untersuchungen bestätigen diese Erwartung. Tab. 1 enthält die Ergebnisse von 4 deutschen Studien.

*Tab. 1:* Leseleistung des vorschulischen »Lesekurses«. (Aus: L. ERLER ›Untersuchungen zum Frühlesen in den USA und der BRD‹. In: *Zeitschrift für Entwicklungspsychologie und Pädagogische Psychologie*, 1972, 4, S. 60.)

| Untersuchung | N | Lesezeit (in Mon.) | »ausreichende« Lesefähigkeit | | Lesefähigkeit entspr. 1. Schulj.-Standard | |
|---|---|---|---|---|---|---|
| | | | absol. | % | absol. | % |
| Krüger 1969 | 50 | 5 | 46 | 92 | 37 | 74 |
| Rüdiger 1970 | 88 | 7 | 66 | 75 | — | — |
| Schmalohr 1969 | 9 | 15 | 7 | 78 | 5 | 55 |
| Schüttler-Janikulla 1969 | 10 | 9 | 8 | 80 | 6 | 60 |
| Mittelwerte | — | — | — | 81 | — | 63 |

Tab. 1 veranschaulicht, daß nach einem 5- bis 15monatigen Lesekurs mindestens 75 % der beteiligten Vorschulkinder eine ausreichende Lesefertigkeit bescheinigt werden konnte. Man kann davon ausgehen, daß der dadurch erzielte Vorsprung gegenüber nichtunterrichteten Kindern auch in der Grundschule wenigstens z. T. erhalten bleibt. Weiterhin ungeklärt ist allerdings, ob tatsächlich alle oder wenigstens die Mehrzahl der Kinder, unabhängig von ihren intellektuellen Fähigkeiten und deren Entwicklungsstand, in angemessener Zeit und mit einem vertretbaren Aufwand lesen lernen können.

Leichter zu beantworten ist die zweite Frage, die in diesem Zusammenhang immer wieder gestellt wird: Begünstigt das Frühlesen die Intelligenzentwicklung?

Nach unserem heutigen Erkenntnisstand muß man darauf mit »Nein« antworten. Zwar wurde in mehreren Untersuchungen im Anschluß an ein Lesetraining eine überdurchschnittliche Steigerung der Intelligenztestwerte gefunden; doch konnten die Frühleser diese Verbesserung ihrer relativen Position innerhalb der Altersgruppe nach Eintritt in die Schule nicht halten. Typisch für diesen Trend sind die von Rüdiger (1971) mitgeteilten, in Abb. 1 wiedergegebenen ersten Resultate einer Regensburger Studie:

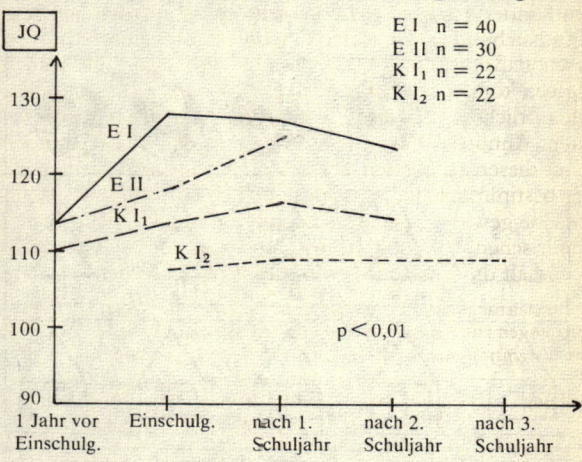

*Abb. 1:* Mittelwertsverläufe der Intelligenzquotienten bei zwei Gruppen von Frühlesern (E I; E II) und bei zwei Kontrollgruppen (K I; K II). (Nach D. Rüdiger.)

Es handelt sich um Resultate einer Längsschnittuntersuchung, in der die 4 1/2- bis 6jährigen Kinder der beiden Experimentalgruppen E I und E II neben der konventionellen Betreuung im Kindergarten für die Dauer von 9 Monaten an 4 bis 5 Tagen in der Woche jeweils 20 bis 30 Minuten einen analytisch-synthetisch aufgebauten Leseunterricht erhielten. Kontrollgruppe I¹ wurde in einem Kindergarten ohne Leseangebot betreut, Kontrollgruppe I² besuchte überhaupt keinen Kindergarten. Die Intelligenz der Kinder bzw. etwaige Intelligenzveränderungen wurden zuerst mit dem Binet-Stanford-Intelligenztest, in den beiden letzten Untersuchungsjahren mit dem Begabungstestsystem erfaßt. Das Schaubild bestätigt im großen und ganzen die Ergebnisse anderer Untersuchungen, wonach unabhängig vom Alter zu Beginn

einer institutionalisierten Förderung ein sog. Intelligenzspurt –
vielleicht auch nur eine motivational bedingte Verbesserung der
Testleistungen (vgl. ZIGLER & BUTTERFIELD 1968) – zu beobachten ist. Die damit verbundene Veränderung der relativen Position eines Kindes innerhalb seiner Altersgruppe erweist sich
allerdings während der Grundschuljahre meist als nicht stabil.
Viele Kinder können also in der Vorschulzeit zwar lesen lernen;
sie werden dadurch aber nicht *automatisch* intelligenter. Umgekehrt
gibt es allerdings auch keine Beweise dafür, daß ein didaktisch
gut aufgebauter, spielerische Momente betonender vorschulischer
Leselehrgang zu der befürchteten geistigen Überforderung, zu
Verhaltensstörungen und schließlich zu einer Beeinträchtigung

*Abb. 2a:* Beispiel aus dem Schulreife-Training von E. BAAR. (Aus: E. BAAR
*Arbeitsblätter für die Schulreife-Entwicklungshilfe.* Wien: Jugend und Volk
1958.)

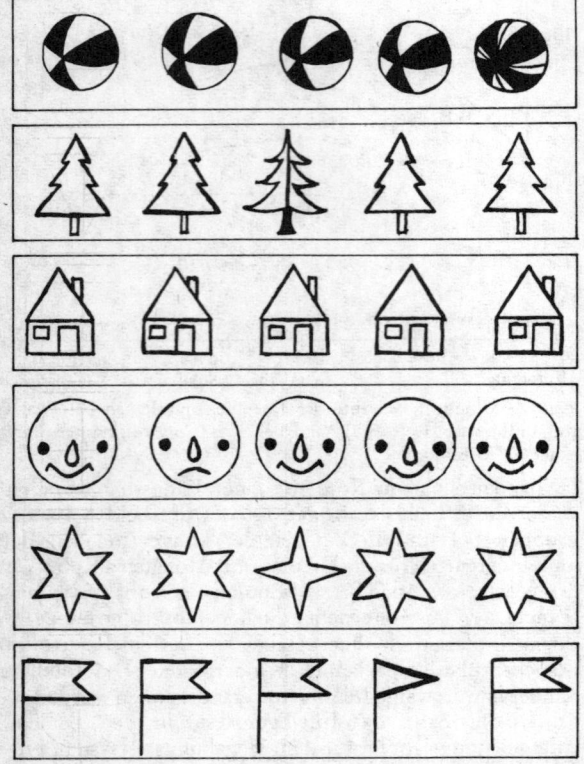

Die Kinder müssen in jeder Zeile den Gegenstand anstreichen, der nicht
zu den anderen paßt.

der Persönlichkeitsentwicklung des Kindes führt. Im Jargon der bisherigen Diskussion über die Vor- und Nachteile einer Vorverlegung des Lesenlernens könnte man also zusammenfassend sagen: Durch Frühlesen werden Leser produziert, nicht aber Genies oder seelische Krüppel!

A 11.4. *Vorschulprogramme und ihre »Erfolge«*

Die Frage nach den Wirkungen des Frühlesens läßt sich natürlich allgemeiner fassen: Gibt es überhaupt institutionalisierbare pädagogische Möglichkeiten, die Entwicklung des Kindes in plan-

*Abb. 2b:* Beispiel aus dem Schulreife-Training von E. BAAR. (Aus: E. BAAR *Arbeitsblätter für die Schulreife-Entwicklungshilfe.* Wien: Jugend und Volk 1958.)

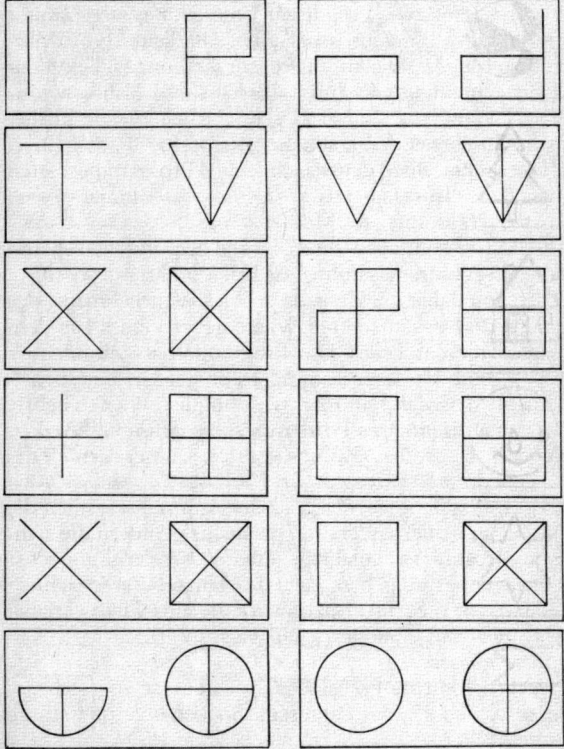

Die unvollständigen Muster müssen von den Kindern fertiggezeichnet werden.

mäßiger und systematischer Weise zu fördern; also nicht nur
bestimmte Kenntnisse und Fertigkeiten zu vermitteln, sondern
tatsächlich Fähigkeiten und Motive zu verändern? Im zweiten
Teil dieses Kapitels und in den Studientexten wird ausführlich
dargestellt, warum es methodisch so schwierig ist, solche Effekte
zu erfassen und eindeutig auf die Wirksamkeit der jeweiligen
Institution zurückzuführen. Die vorliegenden wissenschaftlichen
Befunde sind dementsprechend dürftig und widersprüchlich, so
daß man auch heute noch in vieler Hinsicht dem Psychoanalytiker
BERNFELD zustimmen muß, der vor fast 50 Jahren schrieb:

> »So wenig Einsicht haben wir in die eigentlichen Bildungs- und Erzie-
> hungsprozesse der Gesellschaft, daß wir nicht zu sagen vermögen, welchen
> Anteil das Schulwesen an dem schließlichen Resultat der vereinten Be-
> mühungen geheimer Kräfte hat. Aber wer wollte zweifeln, daß es einen
> hat?« (1970, S. 28)

Dieses »Aber wer wollte zweifeln, daß es einen hat!« war sicher
einer der wichtigsten Beweggründe zur Entwicklung ungezählter
*Förderungsprogramme.* Ihr Ziel ist es, die Fähigkeiten von Vorschulkindern zu steigern, die kognitive Entwicklung zu beschleunigen und Benachteiligungen durch das häusliche Milieu auszugleichen. Die Programme sind z. T. sehr speziell auf die Förderung eng umschriebener Fähigkeiten gerichtet, z. T. sehr breit
angelegt. (Überblicke über deutschsprachige Programme bieten
SCHMALOHR & SCHÜTTLER-JANIKULLA 1972; BELSER 1972;
ZIMMER 1973; GARLICHS & MESSNER 1973; VALTIN 1972.)
Abb. 2 enthält zwei Aufgaben-Beispiele aus dem in Deutschland
viel verwendeten Schulreifetraining von Edeltraud BAAR (1958).
Geübt werden soll dabei die Genauigkeit des Wahrnehmens, des
Unterscheidens und der korrekten Wiedergebens eines aus dem
Ganzen ausgegliederten Teiles. Das Programm hat sich offenbar
sowohl in Vorschul- als auch in Sonderschulklassen bewährt.
Ein sehr anspruchsvolles, an der soziolinguistischen Theorie
Basil BERNSTEINS orientiertes Förderungsprogramm ist kürzlich
von Denis und Georgina GAHAGAN (1971) unter dem Titel
*Kompensatorische Spracherziehung in der Vor- und Grundschule* auch
in der BRD veröffentlicht worden. Ziel der Autoren war nicht die
Entwicklung einer isolierten Trainingssequenz, sondern die Umgestaltung des gesamten Schulalltags, um den Kindern möglichst
vielfältige Gelegenheit zu geben, »sich ihre Umgebung sprachlich
zu erschließen« (1971, S. 78). Dazu bieten sie eine Fülle variabel
einsetzbarer Spiel- und Übungsvorschläge an; z. B.:
*Unrichtige Sätze erkennen:*
»Neulich wachte John morgens sehr spät auf. Er zog sich an,
schlüpfte in seine Schuhe, zog dann seine Socken über und rannte
zum Frühstück.«
*Immer schwieriger formulierte Anweisungen erfassen:*
– »Stehe auf, geh' zur Tür, dreh' dich zur Klasse!«

– »Stehe auf und gehe zur Tür, dann drehe dich zur Klasse um!«
– »Zuerst stehst du auf, dann gehst du zur Tür, und wenn du
  dort angekommen bist, drehst du dich zur Klasse um!«

*Kleingruppen-Diskussion,*
die der Lehrer z. B. wie folgt einleitet:
»Was würde passieren, wenn eine alte Dame an die Tür eines
Hauses klopft, von dem wir wissen, daß es leer ist? Die alte
Dame ist taub und hört nicht, was wir sagen.«

*Sprache logischer Operationen:*

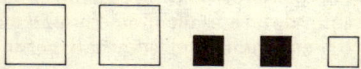

*Abb. 3:* Die Sprache logischer Operationen. (Nach Denis und Georgina
GAHAGAN.)

An der Wandtafel befinden sich die in Abb. 3 wiedergegebenen
Quadrate. Der Lehrer und die Schüler beschreiben: Dieses Viereck ist groß und weiß. – Dieses Viereck ist klein und schwarz –
usw.
Die Kinder zeigen alle Vierecke, die weiß sind; ein Viereck, das
klein und schwarz ist; ein Viereck, das nicht groß und weiß ist;
ein Viereck, das nicht groß ist und nicht weiß; usw.
Die Autoren beschreiben mehr als 30 solcher Aufgabentypen. Sie
sind nicht als starrer Lehrgang konzipiert, sondern als offene
Möglichkeit zur Umgestaltung des Sprachunterrichts, ja darüber
hinaus als Vehikel zur Veränderung der Schulsituation überhaupt.
Ihr Programm unterscheidet sich damit ebenso von der alten
Forderung, Kindergarten-Kinder sollte man einfach spielen
lassen, wie von der Gegenthese, sozial benachteiligten Kindern
könne nur durch ein streng aufgebautes (Sprach-)Training geholfen werden. Die Ergebnisse des dreijährigen Versuchs von
GAHAGAN & GAHAGAN sind ermutigend. Die Mehrzahl der beteiligten Schüler konnte im Vergleich zu zwei Kontrollgruppen
eine deutliche Verbesserung der sprachlichen Leistungen erzielen.
Das gilt auch für sozial benachteiligte und für unterdurchschnittlich intelligente Kinder.
Ähnlich beeindruckende Erfolge können von dem bisher größten
kompensatorischen Erziehungsprojekt nicht berichtet werden. Es
handelt sich dabei um das amerikanische »Head-Start-Projekt«,
mit dessen Hilfe die ungünstigen schulischen Startbedingungen
unterprivilegierter Negerkinder verbessert werden sollten. Als
Teil des proklamierten Kampfes gegen die Armut geplant, wurden im Rahmen von Head-Start bald mehr als 600 000 Kinder
betreut. Genaugenommen kann man jedoch von einem einheitlichen Programm kaum sprechen; zu unterschiedlich waren
Dauer der Förderung, Programmplanung, Ausbildungsniveau
der Erzieher, Mitwirkung der Eltern, materielle und personelle

Ausstattung der Kurse und ergänzende Maßnahmen der Wohnungs-, Gesundheits- und Sozialfürsorge. Insofern ist es kaum verwunderlich, daß die Ergebnisse widersprüchlich und zum großen Teil enttäuschend sind. Die nachweisbaren Effekte auf die kognitive, emotionale und soziale Entwicklung der Kinder waren im allgemeinen geringer, spezifischer und weniger anhaltend als erwartet (vgl. HELLMUTH 1970; IBEN 1973; RYAN 1972; BRONFENBRENNER 1972). Es erwies sich als pädagogische Illusion, nur die Kinder zu fördern, und dies nur für kurze Zeit. Ein wirkungsvolles kompensatorisches Programm muß die gesamte Situation verbessern, d. h. vor allem die Familie miteinbeziehen, frühzeitig einsetzen und genügend lange andauern (vgl. dazu den Studientext 11).

So wurde Head-Start zum Ausgangspunkt einer sehr viel weitergehenden Kritik an Vorschulprogrammen und an der kompensatorischen Erziehung überhaupt. Diese Kritik ist so wenig auf einen gemeinsamen Nenner zu bringen wie die bisherigen Resultate der institutionalisierten Vorschulförderung.

Kritisiert wurde z. B. der pädagogisch-psychologische Optimismus vieler Vorschulversuche. Ebenso lapidar wie voreilig glaubt z. B. Arthur JENSEN (1969) feststellen zu müssen, daß alle Versuche zur kompensatorischen Vorschulerziehung offenkundig gescheitert seien. Wie bereits erwähnt, folgerte er daraus die Notwendigkeit einer theoretischen Neuorientierung mit stärkerer Berücksichtigung der erblichen Determiniertheit intellektueller Leistungen.

Beinahe entgegengesetzt ist die Argumentation gesellschaftspolitisch engagierter Kritiker. Sie fragen, welchen theoretischen Aussagewert Versuche haben sollen, in denen häufig schlecht ausgebildete, vielfach überforderte Kindergärtnerinnen und Vorschulerzieher Jungen und Mädchen aus einer ihnen fremden subkulturellen Lebenswelt an die Leistungsstandards der Mittelschicht anpassen sollen. Sie sprechen wie BERNSTEIN (1970) vom »Unfug mit der kompensatorischen Erziehung« und fragen: Vorschulprogramme anstelle gesellschaftlicher Reformen? Nach ihrer Meinung kann sich – wie IBEN es formuliert – »ein solches Programm auch nicht auf die Förderung des sozial benachteiligten Kindes beschränken, sondern muß seine Eltern, deren Arbeitgeber, seine Lehrer und deren Ausbildung einschließen. Es zielt auf die Überwindung von Randgruppen-Dasein und gesellschaftlicher Ohnmacht, um demokratische Mit- und Selbstbestimmung zu ermöglichen. Da ein solches Programm, das wiederum in eine adäquate sozialpolitische Gesamtstrategie eingebettet sein muß, gesellschaftliche Widersprüche transparent werden läßt, wird es beunruhigen und provozieren.« (1971, S. 125)

A 11.5. *Zusammenfassung*

Probleme der Vorschulerziehung werden gegenwärtig in der interessierten Öffentlichkeit lebhaft diskutiert. Von der Wissenschaft erwartet man möglichst eindeutige und einfache Antworten auf die Fragen nach den psychologischen Grundlagen, Möglichkeiten und Auswirkungen von Vorschulprogrammen. Was die Psychologie zum gegenwärtigen Zeitpunkt anbieten kann, ist aber kaum mehr als die theoretische Problematisierung der Fragestellung und einige sehr vorläufige Zwischenergebnisse der Forschung. Im einzelnen:

a) Die Zeit vom 3. bis 7. Lebensjahr stellt entwicklungspsychologisch gesehen einen außerordentlich wichtigen Lebensabschnitt dar. Die familiäre Sozialisation sollte deshalb in dieser Zeit durch institutionalisierte Formen der kompensatorischen und der komplementären Vorschulerziehung ergänzt werden.

b) Wenig sinnvoll erscheint es, sog. schulunreife Kinder einfach zurückzustellen. Gerade sie bedürften der planmäßigen Förderung innerhalb einer Vorschule, da sich das, was wir lange Zeit als einen Vorgang relativ umweltunabhängiger Reifung angesehen haben, immer mehr als ein kompliziertes System von Lernprozessen erweist, die jedoch nur in begrenztem Maße didaktisch manipulierbar sind.

c) Durch die institutionalisierte Elementarerziehung können Qualität und Quantität alltäglicher, besonders familiärer Lebenserfahrungen weder ersetzt noch ihr Mangel vollkommen kompensiert werden.

d) Obwohl eine große Zahl von Vorschulprogrammen nicht die hochgespannten Erwartungen erfüllt hat, spricht die Mehrzahl der vorliegenden Ergebnisse für eine zwar begrenzte, aber ins Gewicht fallende Möglichkeit der Entwicklungsförderung durch eine sorgfältig geplante Vorschulerziehung.

e) Trotz vieler Forschungsbemühungen fehlen uns bis jetzt noch wissenschaftlich gesicherte Erkenntnisse, welche Vorschulprogramme sich aus welchen Gründen zur Erreichung bestimmter Lernziele besonders eignen. Erfolgversprechend scheinen vor allem jene Projekte zu sein, in denen die systematische Förderung eines eng umschriebenen Fähigkeitsbereiches eingebettet ist in ein breit angelegtes Gesamtprogramm zur kognitiven, emotionalen und sozialen Erziehung der Vorschulkinder.

f) Langfristige Erfolge komplementärer und besonders kompensatorischer Vorschulprogramme hängen zum großen Teil davon ab, ob die gezielte und zusätzliche Förderung der Kinder nach Eintritt in die Schule weitergeführt oder wieder abgebrochen wird. Man kann nicht erwarten, daß kurzfristige Förderungsprogramme überdauernde Wirkungen erzielen.

# B 11. Die Felduntersuchung in der pädagogisch-psychologischen Forschung

(M. Hofer)

## B 11.1. *Allgemeine Einführung*

Im ersten Teil des Kapitels wurden Ergebnisse aus verschiedenen Forschungsbereichen vorgestellt. Diesen Bereichen war gemeinsam, daß sie in mehr oder weniger unmittelbarem Verhältnis zu pädagogisch-psychologischen Problemen standen. Die Ergebnisse sollten die für das Handeln in Erziehung und Unterricht notwendigen gedanklichen Vorleistungen erleichtern und dazu Anstöße liefern. Darüber hinaus ist ihnen ein anderer wesentlicher Aspekt gemeinsam: Die Erkenntnisse entstammen nicht ausschließlich den Überlegungen der Wissenschaftler; es wurde vielmehr in der Regel darauf geachtet, daß sie auch *empirisch* überprüft worden waren. Die heutige Psychologie sieht es als eine ihrer Hauptaufgaben an, eine Erkenntnis erst dann als gesichert zu betrachten, wenn festgestellt ist, daß sie in der Realität zutrifft.
Dieses Streben nach *empirischer* Überprüfung ist sicherlich nicht so überflüssig, wie es manchmal den Anschein haben mag. Obwohl eigentlich kaum jemand ernstlich daran zweifelt, daß die Anwendung von Trainingsprogrammen bei Kindern im Vorschulalter eine wünschenswerte Initiative sei, ist für den wissenschaftlichen Psychologen noch keineswegs sicher, daß sich *Vorschulprogramme* tatsächlich positiv auswirken. Er wird erst dann von Förderung sprechen, wenn die gewünschte Wirkung bei Vorschulkindern nachgewiesen ist. Die Psychologie kennt genügend Fälle, bei denen »logische« und »plausible« Gesetzmäßigkeiten sich nach einer empirischen Überprüfung nicht mehr halten ließen: sie wurden einfach widerlegt. Da man dem menschlichen Verstand nicht so weit vertrauen kann, daß er von sich aus imstande ist, fehlerfrei zu Erkenntnissen zu gelangen, ist es, wie für den Naturwissenschaftler, auch für den Psychologen oberstes Gebot, die empirische Überprüfung von *Hypothesen* als die entscheidende Bewährungsprobe für ihre Übernahme in den Bestand gesicherten Wissens anzusehen.
Die hier behandelten Erkenntnisse entstammen nicht nur den Möglichkeiten empirischer Forschung, sondern unterliegen auch deren Grenzen. Ausgehend von dem allgemeinen Satz, daß jede Wissenschaft von der ihr zur Verfügung stehenden Methodik abhängig ist, und von der Vermutung, daß der Leser auch an den Mechanismen interessiert ist, die zur Gewinnung von Ergebnissen führen, soll im zweiten Teil dieses Kapitels auf grundlegende Fragen bei der empirischen Überprüfung von Hypothesen einge-

gangen werden. Die Darstellung wird sich dabei im wesentlichen auf jenen Untersuchungstyp beschränken, der – weitab vom Labor und von künstlichen experimentellen Situationen – die Bedingungen pädagogischer Arbeit unter möglichst lebensnahen Umständen zu erforschen trachtet. Es handelt sich dabei um die sog. *Felduntersuchung.* Wenn es in Projekten beispielsweise um die Erforschung der Auswirkung von Lehrerverhalten im Klassenzimmer oder von Erziehungsverfahren im Elternhaus geht, dann sind dies meist Felduntersuchungen. Der Vorteil dieses Untersuchungstyps besteht kurz gesagt darin, daß seine Ergebnisse unmittelbarer auf die Praxis übertragen werden können, als dies in sog. echten *Experimenten* möglich ist. Diese wiederum haben den Vorteil, daß sich die interessierenden Bedingungen reiner, d. h. kontrollierter und unverfälschter, untersuchen lassen. (Vgl. Kap. 23)

Die Stärken und Schwächen der Felduntersuchung im einzelnen am Beispiel der Problematik der Vorschulförderung zu illustrieren sowie die methodischen Schwierigkeiten zu umreißen, die sich bei der wissenschaftlichen Beurteilung von Vorschulprogrammen ergeben, wird Inhalt dieses zweiten Teils des 11. Kap. sein.

## B  11.2. *Die Formulierung von Fragestellungen*

Die Schlußfolgerungen, die Herr Weinert aus den bisherigen Untersuchungen zur Wirksamkeit von Vorschulprogrammen gezogen hat, werden manchem recht deprimierend erscheinen. Wenn man bedenkt, daß vorschulische Förderungsprogramme bereits seit Jahrzehnten ausgearbeitet, eingesetzt und überprüft werden und daß – besonders in den letzten Jahren – beträchtliche Summen zur gezielten Unterstützung von Kindern im Vorschulalter bereitgestellt werden, dann klingt es nicht sehr ermutigend, wenn der heutige Kenntnisstand unter anderem so charakterisiert werden muß:

»Trotz vieler Forschungsbemühungen fehlen uns bis jetzt noch wissenschaftlich gesicherte Erkenntnisse, welche Vorschulprogramme sich aus welchen Gründen zur Erreichung bestimmter Lernziele besonders eignen.« (S. 403)

Diese Feststellung wird all jene enttäuschen, die eine Antwort auf die ihnen einfach erscheinende Frage: »Ist die Vorschulerziehung wirksam ja oder nein?« erwartet haben: Pädagogen ebenso wie Eltern, Bildungspolitiker ebenso wie Steuerzahler. Wir kommt es, so wird man sich fragen, daß die Antwort auf diese Frage mit vielen »Wenn« und »Aber«, mit vielen Einschränkungen, Relativierungen und Vorläufigkeiten garniert werden muß? Der Glaube an die Allmacht der Wissenschaft und der Vorwurf ihrer Unfähigkeit liegen eng beieinander. Und sie haben dieselbe Ursache: die Unkenntnis der Vorgehensweise der Wissenschaft sowie ihrer Möglichkeiten und Grenzen. Es kann daher für das Funkkolleg Pädagogische Psychologie nur nützlich sein, wenn wir an dem Beispiel dieses Kapitels, an dem Beispiel der Vorschulerziehung, einige Einschränkungen aufzeigen, denen wissenschaftliche Erkenntnis durch das jeweilige fachspezifische Vorgehen unterworfen ist. Gleichzeitig kann es für Sie von Interesse sein, einen Ausschnitt aus jenen Vorgehensweisen kennenzulernen, derer sich die Pädagogische Psychologie bedient, mit deren Hilfe sie Fragen stellt, diese zu beantworten sucht, und die ihr gleichzeitig jenen Rahmen stecken, innerhalb dessen sie Ergebnisse bereitstellen kann.

Zunächst müssen wir sehen, wie ein Wissenschaftler Fragestellungen formuliert, damit sie für ihn zu einer sinnvollen Forschungsaufforderung werden. Denn wissenschaftlich zu untersuchende Fragen müssen nach einem bestimmten Grundmuster gestellt sein, das Möglichkeiten einer differenzierten Beantwortung zuläßt.

Betrachten wir dazu gleich ein einfaches Beispiel aus der Ernährung:

> Stellen Sie sich einmal einen Mediziner vor, der auf die Frage: »Ist Fett gesund? Ja oder nein?« eine eindeutige Antwort geben soll. Er wird dies nicht können, denn:
>
> a) Gesättigte Fettsäuren haben einen anderen Effekt als ungesättigte; erhitztes Fett hat einen anderen als nicht erhitztes.
>
> b) Fett mag gesund sein für den Aufbau von Fettgewebe, ist bis zu einem gewissen Grade notwendig für die Muskelaktivität, aber weniger geeignet, die Elastizität der Arterien aufrecht zu erhalten.
>
> c) Fett mag im großen und ganzen gesund sein für junge Menschen, weniger zu empfehlen für ältere. Oder: Fett ist vielleicht nützlich für Unterernährte, in größeren Mengen aber schädlich für Menschen, die eine Gallendiät einhalten müssen.

Sie sehen, die Frage: »Ist Fett gesund?« müßte, um hinreichend genau beantwortbar zu sein, differenzierter gestellt sein:

> »Welche Arten von Fett haben in welcher Form der Zubereitung eine positive, negative oder neutrale Wirkung auf verschiedene Körperfunktionen, und wie unterscheiden sich diese Wirkungen bei verschiedenen Gruppen von Menschen?«

Nach dem gleichen Grundmuster müßten die meisten Fragen gestellt werden. Auch bei der Vorschulproblematik sollte man eine Auffächerung der allgemeinen Fragestellung vorsehen. Diese Differenzierung kann mindestens die folgenden drei Aspekte berücksichtigen:

> a) Was versteht man eigentlich unter dem Begriff der vorschulischen Förderung? Welche verschiedenen Förderungsarten gibt es, und haben sie unterschiedliche Wirkungen?

b) Auf welche Eigenschaften von Kindern, auf welche Fähigkeiten, Fertigkeiten, auf welche Einstellungen und Verhaltensweisen wirken sich diese Trainingsprogramme aus?

c) Bei welchen Kindern wirken sich Trainingsprogramme in besonderer Weise aus? Also etwa: Profitieren sog. unterprivilegierte Kinder besonders von der vorschulischen Förderung?

Hier wurde die ursprüngliche Fragestellung in eine Reihe von Unterfragen gegliedert, ein Vorgang, der noch weitergetrieben werden kann. Wichtig bei der Formulierung von spezifizierten Fragestellungen ist, daß sie dem zu untersuchenden Sachverhalt möglichst nah »auf den Zahn fühlen«, daß sie den Theoriebestand der Wissenschaft einbeziehen und auch den Erfordernissen der Praxis Genüge tun. Das Finden von »guten« Forschungsfragen stellt hohe Anforderungen an die Qualifikation von Wissenschaftlern. Es ist gleichsam ein kreativer Akt, für den es keine festen Regeln gibt.

## B  11.3. *Die Operationalisierung*

Wenden wir uns den oben formulierten Fragestellungen der Reihe nach zu. Forschungsmethodisch bezeichnet die Art der vorschulischen Behandlung eine sog. unabhängige Variable. In Untersuchungen, bei denen der Einfluß einer Variablen auf eine andere geprüft werden soll, nennt man die Einflußgröße die *unabhängige* und die beeinflußte Größe die *abhängige Variable*. Diese zweite, die abhängige Variable, könnte in unserem Beispiel durch einen Intelligenztest oder einen Schulreifetest repräsentiert sein. Und es soll empirisch überprüft werden, ob ein bestimmtes Förderungsprogramm die Werte der Kinder in der abhängigen Variable, im Intelligenztest, beeinflußt.

In einer *Bewährungsuntersuchung* ist man nun gezwungen, für die unabhängige Variable »vorschulische Behandlung« eine Konkretisierung ganz bestimmter Art vorzunehmen: man muß sich auf ein genau beschriebenes Trainingsprogramm festlegen. Und nicht der Begriff Vorschulförderung schlechthin unterzieht sich der Bewährungsprobe, sondern lediglich die im Versuch realisierte Anwendungsform. Dies ist insofern von Bedeutung, als es eine große Zahl ganz verschiedener Möglichkeiten gibt, Förderungsprogramme zu konstruieren. Unter Vorschulförderung kann man die Aktivitäten des traditionellen Kindergartens ebenso verstehen wie das Spiel mit Materialien, wie sie im Laufe der MONTESSORI-Bewegung entwickelt wurden, wie auch Sprachtrainingsübungen oder Differenzierungs- und Begriffsbildungsübungen, wie sie in Anlehnung an Intelligenztests konstruiert wurden. Auch Kombinationen mehrerer Typen können zu Programmen zusammengestellt werden. Es ist klar, daß Bewährungskontrollen, die mit einzelnen Programmrealisierungen arbeiten, zu höchst spezifischen Schlußfolgerungen führen können, deren Verallgemeinerung auf den Begriff der Vorschulförderung generell problematisch ist.

Man muß sich vor Augen halten, bis in welche Details die Festlegungen gehen müssen, ehe eine Untersuchung gestartet werden kann, um zu erkennen, wie schwierig es ist, von einzelnen Bewährungskontrollen allgemeine Aussagen abzuleiten. Angenommen, in einer Untersuchung soll die Wirkung von Sprachförderungsprogrammen überprüft werden. Dies impliziert bereits eine Spezifizierung. Und immer noch müssen weitere einengende Entscheidungen getroffen werden wie:

   a) Aus welchen Übungsteilen soll das Programm zusammengesetzt werden?
   b) Wird es in der Gruppe oder einzeln angewandt?
   c) In welcher Weise erfolgt die Anleitung durch Erwachsene?
   d) Wie lange dauern die einzelnen Sitzungen?

Es ist offenkundig, daß eine geringfügig veränderte Durchführung des Programms u. a. entscheidend für dessen Erfolg oder Mißerfolg sein kann. Vielleicht waren einfach die Übungsbeispiele nicht interessant oder nicht abwechslungsreich genug, oder die Kindergruppen waren zu groß, oder die tägliche Trainingsstunde lag zu einer Zeit, die für einige Kinder aus irgendwelchen Gründen besonders ungünstig war. Alle diese Randbedingungen können zu einem Mißerfolg führen, ohne daß er für Sprachprogramme generell gelten müßte.

Wir haben eben ein forschungsmethodisch typisches Vorgehen exemplifiziert. Wie sind wir vorgegangen? Ausgangspunkt war ein allgemeiner Begriff, unter dem man sich sehr Unterschiedliches vorstellen kann. Wir mußten zu einer konkreten Realisierung dieses Begriffs der Vorschulförderung kommen, um dessen Wirkung überprüfen zu können. Wir mußten Entscheidungen treffen hinsichtlich seiner generellen Auslegung, aber auch Entscheidungen, die bis in die Durchführungsdetails genau präzisieren, wie, mit welchen Materialien, wann, wo, wie oft usw. das Programm realisiert werden soll. Zu dieser Präzisierung gehören letztlich auch Details wie Sitzordnung, Auswahl der Bilder usw. In der psychologischen Forschung ist man also gezwungen, nicht nur Erprobungen an einer begrenzten Anzahl von Versuchspersonen vorzunehmen, sondern vor allem auch die untersuchten Variablen in handlungsfähige Definitionen umzusetzen, die eine Realisierung im konkreten Versuch möglich machen. Das Problem der Generalisierung trifft dann in der Weise zu, daß die Ergebnisse, strenggenommen, nur für die im Versuch realisierten Bedingungen Gültigkeit besitzen. Diese Gültigkeitseinschränkung steht der Pädagogischen Psychologie immer dann im Wege, wenn

man von ihr schnelle und unmittelbar anwendbare Ergebnisse
erwartet.

Die allgemeine Forderung lautet: Eine psychologische Variable
muß zum Zwecke einer wissenschaftlichen Untersuchung so
präzisiert werden, daß für jedermann, der eine Wiederholung der
Untersuchung anstrebt, genau ersichtlich ist, wie er dabei vorgehen muß. Den Vorgang, handlungsfähige Definitionen zu
erarbeiten, nennt man *Operationalisierung*.

> Unter Operationalisierung versteht man demnach die Fest-
> legung all jener Operationen, die eine Variable so eindeutig
> charakterisieren, daß eine Anwendung durch jeden nachvoll-
> zogen werden kann.

Was hier für die unabhängige Variable gesagt wurde, gilt ebenfalls für die abhängige Variable. Auch hier muß im Detail festgelegt werden, was man unter Wirksamkeit der Vorschulerziehung versteht. Meint man damit die Steigerung des Intelligenzquotienten, so muß man festlegen, welchen Intelligenztest man
für seine Messung verwendet.

Die meisten Variablen, mit denen die Psychologie arbeitet, sind
so formuliert, daß sie zum Zwecke ihrer wissenschaftlichen Erforschung erst operationalisiert werden müssen. Denken Sie
beispielsweise an die Variablen »Interesse«, »Angst«, »Leistungsmotivation«, »Konzentration« oder »Lernerfolg«. Unter diesen
Begriffen kann sich der Laie zwar etwas Bestimmtes vorstellen,
er vermag aber nicht ohne weiteres im einzelnen anzugeben, durch
welche konkreten Operationen diese Variablen definiert werden.

Wann kann man beispielsweise von einem Schüler behaupten,
daß er hoch leistungsmotiviert ist? In den ersten Kapiteln wurde
viel von Leistungsmotivation gesprochen. Mehrere der dort angeführten Untersuchungen haben sich auf folgende Operationalisierung dieser Variable festgelegt:

Den Versuchspersonen werden nacheinander Bilder vorgelegt.
Die Bilder stellen Situationen dar, die man in ganz verschiedener
Weise interpretieren kann (z. B. ein Junge ist abgebildet, der vor
einer Geige sitzt und den Kopf auf seine Hände stützt). Die
Versuchspersonen werden aufgefordert, zu diesen Bildern Ge-
schichten zu erzählen. Die Meßoperation besteht darin, daß die
von der Versuchsperson erzählten Geschichten inhaltlich ausge-
wertet werden. Dabei wird nach einem Schlüssel, der in einem
Handbuch festgelegt ist, ausgezählt, wie häufig und in welcher
Stärke leistungsrelevante Themen in den Geschichten zum Ausdruck kommen. Die individuelle Motivstärke wird dann in einem
Punktwert festgehalten (HECKHAUSEN, 1963b).

Dies ist nicht die einzige Möglichkeit, den Begriff des Leistungsmotivs zu operationalisieren. Von anderen Autoren wurde versucht, den Versuchspersonen eine Reihe von Feststellungen wie
die folgenden zur Bejahung oder Verneinung vorzulegen:

»Ich fühle mich nicht wohl, wenn ich nichts zu tun habe.«

»Ich bin leicht beim Ehrgeiz zu packen.« (Tent 1963)

Auch hier wird die individuelle Motivstärke durch einen Punktwert zum Ausdruck gebracht, z. B. durch die Anzahl der Fragen, die die betreffende Versuchsperson mit »Ja« beantwortet hat.

Nicht immer führen verschiedene Operationalisierungsansätze zu einander entsprechenden Ergebnissen.

## B  11.4. *Die Bedingungsanalyse*

Wir wenden uns nun dem zweiten und dritten Aspekt der Spezifizierung von Fragestellungen zu. Sie erinnern sich – es wurde gefragt: Auf welche Eigenschaften von Kindern, auf welche Fähigkeiten, Fertigkeiten, auf welche Einstellungen und Verhaltensweisen wirken sich Trainingsprogramme aus? Und: bei welchen Kindern wirken sich Trainingsprogramme in besonderer Weise aus?

Lange Zeit hat man der Vorstellung nachgehangen, vorschulische Förderungsbemühungen würden sich auf die allgemeine Intelligenzentwicklung auswirken. Eine große Anzahl von Kontrolluntersuchungen, einschließlich jener zu den einzelnen Head-Start-Programmen, waren vornehmlich darauf ausgerichtet, nachzuweisen, daß geförderte Kinder höhere Intelligenztestwerte aufweisen als nicht geförderte Kinder. Da man dies nicht bestätigt fand, ging man immer mehr dazu über, weniger nach globalen, sondern mehr nach spezifischen Auswirkungen von Trainingsprogrammen zu suchen. Dabei spielte auch die Überlegung eine Rolle, daß sich beispielsweise eine Übung wie die folgende: Beschreiben von verschiedenen Gegenständen nach ihren Eigenschaften – bei Kindern kaum positiv auf so verschiedenartige Leistungen auswirken kann, wie sie in einem Intelligenztest erforderlich sind. Dagegen ist eher anzunehmen, daß diese Übung einen Einfluß auf bestimmte Einzelleistungen ausübt, auf die Fähigkeit beispielsweise, selbständig Begriffe zu bilden. Diese Einzelleistungen stellen ihrerseits eine wichtige Voraussetzung für verschiedene Intelligenz- und Schulleistungen dar. Die Ergebnisse dieses Ansatzes, wie sie beispielsweise in Begleituntersuchungen zu dem amerikanischen Fernsehprogramm »Sesame Street« – das auch in Deutschland ausgestrahlt wird – zum Ausdruck kommen, lassen vermuten, daß man sich dabei auf dem richtigen Wege befindet. Im Sesame Street-Programm wurde in besonders intensiver Weise der Umgang mit Buchstaben und Zahlen gefördert. Tatsächlich war der Lerngewinn in der Fähigkeit, Klein- und Großbuchstaben sowie Zahlen zu erkennen und zu benennen, sehr deutlich wahrzunehmen – ein Gewinn, der sich auf weitere geistige Leistungen positiv auswirken kann.

Wir halten fest: Ein bestimmtes Förderungsprogramm kann sich für eine spezifische Leistung als wirksam erweisen. Auf andere Leistungen wird es sich nicht auswirken. Ja, es lassen sich sogar abhängige Variablen denken, die durch ein Förderungsprogramm in unbeabsichtigter Weise negativ beeinflußt werden. D. h., eine wissenschaftlich fundierte Aussage kann nicht lauten: Vorschulische Förderung ist wirksam oder nicht, sondern etwa:

»Das Vorschulprogramm A, gekennzeichnet durch die Eigenschaften c, d und e, wirkt sich positiv auf die Fähigkeit x, nicht jedoch auf die Fähigkeit y aus. Das Förderungsprogramm B, das durch die Eigenschaften e, f und g gekennzeichnet ist, wirkt sich positiv aus auf die Fähigkeit z, nicht aber auf die Fähigkeiten x und y.«

Entnehmen wir ein anderes Beispiel für dieses Prinzip dem Bereich der Lernforschung. Bei der Analyse von Lernbedingungen hat man immer wieder festgestellt, daß von zwei Lehrmethoden die eine der anderen in bezug auf einen bestimmten Aspekt überlegen ist. Betrachtet man jedoch einen anderen Aspekt, so ist diese Überlegenheit nicht mehr festzustellen oder das Verhältnis der beiden Methoden zueinander kehrt sich um. Nehmen wir den folgenden Fall: Bringt ein Lehrer seinen Schülern einen neuen Sachverhalt oder Begriff so bei, daß er diesen ausführlich zu erklären versucht, so werden die Schüler diesen Sachverhalt vermutlich schneller und besser lernen, als wenn der Lehrer nur einzelne Hinweise und Hilfen gibt, die Schüler im übrigen aber weitgehend selbständig den neuen Sachverhalt entdecken läßt. Jedoch werden die Schüler bei dieser zweiten Methode nach erfolgtem Lernen das einmal entdeckte Prinzip länger behalten, und es wird ihnen auch leichter fallen, es in neuen Situationen selbständig anzuwenden, als wenn sie es über eine Erklärungsmethode erlernt hätten (SHULMAN & KEISLAR 1966). D. h., die unabhängige Variable ist in ihrer Wirksamkeit auf bestimmte abhängige Variablen beschränkt. Durch diese Betrachtungsweise kann ein Teil der Bedingungen, unter denen Vorschulprogramme effektiv sind, analysiert und aufgeklärt worden.

Einen anderen Einblick in die näheren Bedingungen erhalten wir, wenn wir nach Charakteristika der Population fragen, die differentielle Ergebnisse bedingen. So mögen bestimmte Programme nur für 3- bis 4jährige, andere für 5- bis 6jährige Kinder geeignet sein. Oder die Programme sind besonders auf Kinder zugeschnitten, die zu Hause wenig geistige Anregung und Förderung erfahren, oder auf andere, die bestimmte festumschriebene Defekte aufweisen. Wenn immer sich in Bedingungsanalysen Gesetzmäßigkeiten dieser Art feststellen lassen, dann spricht man davon, daß die unabhängige Variable mit Populationsvariablen interagiert. Es besteht dann eine Wechselwirkung zwischen der unabhängigen Variablen und den untersuchten Populationsvariablen.

Das bisher Gesagte kann kurz zusammengefaßt werden: Anhand der Frage um die Wirksamkeit der Vorschulerziehung sollten Möglichkeiten und Grenzen psychologisch-pädagogischer Forschung angesprochen werden. Zuerst wurde darauf hingewiesen, daß eine Fragestellung, wie sie aus der bildungspolitischen Situation heraus gestellt wird oder wie sie der pädagogisch Interessierte formuliert, nicht notwendigerweise sinnvoll gestellt sein muß. In einem Prozeß sukzessiver Bedeutungsanalyse wird die Möglichkeit einer in mehrfacher Hinsicht spezifizierten Beantwortung geschaffen. Es wurde dann auf die verschiedenen Operationalisierungsmöglichkeiten von psychologischen Variablen aufmerksam gemacht, wobei besonders auf die Einschränkungen hingewiesen werden mußte, denen die Verallgemeinerung von Ergebnissen aus einzelnen Untersuchungen unterworfen sind. Schließlich wurde auf die Notwendigkeit verwiesen, mögliche unterschiedliche Wirkungen der unabhängigen auf verschiedene abhängige Variablen in der Untersuchung zu berücksichtigen sowie differentielle Wirkungen in Abhängigkeit von Populationsvariablen in Rechnung zu stellen. Es handelt sich dabei um zwei Möglichkeiten der Analyse der vielfältigen Bedingungen, unter denen der Einfluß der unabhängigen auf die abhängige Variable modifiziert wird.

Im folgenden sollen anhand unseres Beispiels zwei forschungsmethodische Eigenheiten demonstriert werden, die für die pädagogisch-psychologische Forschung ebenfalls in besonderer Weise kennzeichnend sind: Es handelt sich um die Begriffe *Kontrollgruppe* und *Stichprobenauslese*.

## B  11.5. *Der Begriff der Kontrollgruppe*

Stellen Sie sich einmal vor, Sie seien Kindergärtnerin und wollten ein neues Trainingsprogramm auf seine Wirksamkeit überprüfen. Von dem Programm wird behauptet, daß es sich auf bestimmte Fähigkeiten von Kindern positiv auswirke. Das Programm dauert – sagen wir – 3 Monate. Sie stellen nun bei Ihrem Versuch anhand einer Zufallsstichprobe von Kindern fest, daß die Kinder nach dem Training im Durchschnitt mehr Punkte in den von Ihnen ausgewählten Tests erreichen als vorher.

Kann man nun mit gutem Recht behaupten, daß dieser Zuwachs zwischen den beiden Testungen auf die Wirksamkeit des Programms zurückzuführen ist? Die Antwort ist: Nein. Denn das Programm dauerte 3 Monate.

Hätten Sie eine Stichprobe von Kindern beobachtet, die Sie zu den gleichen Zeitpunkten getestet hätten, ohne ihnen jedoch dieses besondere Training zu verabreichen, hätten Sie bei diesen Kindern auch einen Zuwachs feststellen können?

Wahrscheinlich ja, denn

a) die Kinder sind in der Zwischenzeit älter geworden, vermutlich hat sich in der Zwischenzeit die betreffende Fähigkeit weiterentwickelt. Und

b) die Kinder haben inzwischen mit ihrer Umwelt interagiert, haben vielleicht im normalen Kindergarten oder auch zu Hause jene Erfahrungen gesammelt, die sie in dem Test besser abschneiden lassen.

In Ihrem Versuch ist also vermutlich die Wirksamkeit des zu überprüfenden Trainingsprogramms überlagert von der Wirksamkeit der Faktoren »Reifung« und »zwischenzeitliche Erfahrung«. Und eine eindeutige Rückführbarkeit des Effekts auf das Programm ist nicht möglich. Sie sehen daher, warum man hier – und auch anderswo – eine zweite Gruppe von Kindern einführen muß, die sog. *Kontrollgruppe*. Diese zweite Gruppe kontrolliert gewissermaßen all jene Einflüsse, die auf die abhängige Variable einwirken, aber nicht der allein interessierenden unabhängigen Variablen zugeschrieben werden können.

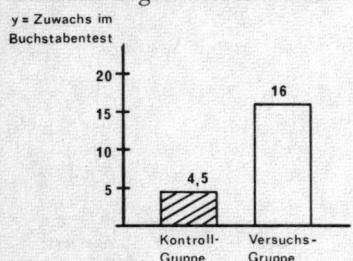

*Abb. 4:* Mittlerer Zuwachs zweier Gruppen im Buchstabentest. (Nach S. BALL & G. A. BOGATZ.)

Die Abbildung stammt aus der bereits erwähnten Begleituntersuchung zu dem Programm »Sesame Street« (BALL & BOGATZ 1970). Sie sehen dort die Werte im Buchstabentest, und zwar für jene Gruppe von Kindern, die das Programm regelmäßig gesehen hat – man kann sie die Versuchsgruppe nennen –, und für eine andere, vergleichbare Gruppe von Kindern – man kann sie die Kontrollgruppe nennen –, die das Programm nicht oder nur äußerst selten am Fernsehschirm verfolgt hat. Sie können sich davon überzeugen, daß die Kontrollgruppe – links – in der Ausstrahlungszeit einen Zuwachs von 4.5 Punkten erreicht hat (gestreifter Balken), ohne daß dies der Wirksamkeit des Programms zuzuschreiben wäre. Die Versuchsgruppe selbst – rechts – hat allerdings einen Fortschritt erreicht, der weit größer als jener der Kontrollgruppe ist, nämlich 16 Punkte. Daher läßt sich in diesem Fall von einer Wirkung des Trainingsprogramms sprechen. Wäre der Fortschritt der Versuchsgruppe nicht signifikant über dem der Kontrollgruppe gelegen, so hätte man die spezielle Wirkung des Fernsehprogramms anzweifeln müssen.

B  11.6. *Vergleichbarkeit und Stichprobenauslese*

Bei der Verwendung von Kontrollgruppen in Felduntersuchungen ist ein wichtiger Vorgang, der nicht ohne Auswirkung auf die Interpretation von Versuchsergebnissen ist, zu beachten. Betrachten Sie Abb. 5. Dort sehen Sie, daß jene Kinder, die das Programm »Sesame Street« regelmäßig gesehen hatten – rechts –, im anschließenden Buchstabentest im Mittel 34 Punkte erreichten. Dagegen erzielten jene Kinder, die das Programm nicht verfolgt hatten, die Kontrollgruppe also, lediglich 17.5 Punkte. Es liegt nun sehr nahe, daraus bereits zu schließen, daß die Wirksamkeit des Programms erwiesen sei. Daß dies jedoch nicht ohne weiteres möglich ist, hat seine Ursache in folgendem methodischen Vor-

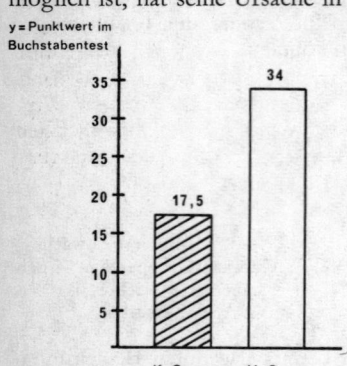

*Abb. 5:* Mittlere Punktwerte zweier Gruppen im Buchstabentest nach dem ersten Jahr. (Nach S. BALL & G. A. BOGATZ.)

gehen der Untersucher: Die Untersucher konnten nicht selbst festlegen, welche von den untersuchten Kindern das Programm sehen sollten und welche nicht. Statt dessen befragten sie im Laufe der Ausstrahlung des Programms die von ihnen ausgewählten Kinder oder deren Eltern, ob sie das Programm regelmäßig oder ob sie es überhaupt nicht verfolgen würden. Aus diesen Angaben bildeten sie im Nachhinein die Kontrollgruppe und die Versuchsgruppe. Bei einem solchen Vorgehen spricht man davon, daß die Versuchspersonen aufgrund ihrer Antworten für die Gruppen ausgelesen wurden. D. h.: Zuerst wird bei den Kindern der Ausprägungsgrad der unabhängigen Variablen festgestellt und dann werden sie den Gruppen (also Versuchs- und

Kontrollgruppe) zugeordnet. Die Kinder oder ihre Eltern hatten zuvor selbst entschieden, ob sie das Programm verfolgen wollten oder nicht.

Nun kann es aber leicht möglich sein, daß sich in der Kontrollgruppe Kinder mit anderen Eigenschaften befinden als in der Versuchsgruppe. Es ist wahrscheinlich, daß Kinder, die das Programm nicht sehen, aus Elternhäusern stammen, in denen kein Fernsehapparat existiert, da die Eltern der ärmeren Einkommensschicht angehören. Diese Kinder sind aber nach all dem, was wir wissen, auch intellektuell weniger leistungsfähig: sie besitzen einen niedrigeren Intelligenzquotienten, werden von den Eltern weniger gefördert und haben im Schnitt ein geringer ausgeprägtes Leistungsmotiv als die Kinder der Versuchsgruppe.

Vergleichen wir einmal den Kenntnisstand der beiden Gruppen vor der Einwirkung des Programms. Betrachten Sie dazu die Abb. 6. Vor Beginn der Untersuchung erreichen die Kinder der Kontrollgruppe im Buchstabentest 13 Punkte, jene der Versuchsgruppe aber 18 Punkte. D. h. nichts anderes, als daß die beiden Gruppen insofern nicht vergleichbar sind, als sie bereits vor Einwirkung des Programms unterschiedliche Voraussetzungen aufweisen. Wenn aber die beiden Gruppen nicht von vornherein in jeder Beziehung mit Ausnahme der Teilnahme am Programm bzw. Nichtteilnahme vergleichbar sind, dann ist auch das nach dem Training erreichte Ergebnis nicht ausschließlich der Wirkung dieses Trainings zuzuschreiben, sondern kann Ausdruck der anfänglichen Ungleichheit sein. Die Überlegenheit der Versuchs-

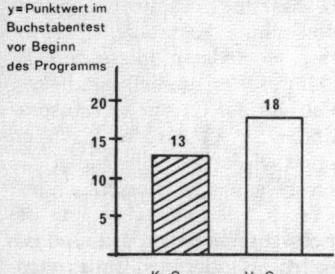

*Abb. 6:* Mittlere Punktwerte zweier Gruppen im Buchstabentest vor Beginn des Programms. (Nach S. BALL & G. A. BOGATZ.)

gruppe, wie sie in Abb. 5 sichtbar ist, besteht zwar tatsächlich, ist aber insofern eine Scheinüberlegenheit, als sie nicht auf das zurückzuführen ist, was die beiden Gruppen im Versuch voneinander unterscheidet. Die einzige Möglichkeit, interpretierbare Ergebnisse zu erhalten, besteht in solchen Fällen darin, die Ursachen für die Gruppenverschiedenheiten zu messen und ihren Einfluß auf die Ergebnisse auszuschalten. So kann man etwa behaupten, daß das unterschiedliche Ausgangswissen ein Merkmal ist, das die beiden Gruppen voneinander unterscheidet. Um diese Variable auszuschalten, vergleicht man die beiden Gruppen nicht hinsichtlich der absoluten Punktwerte im Nachtest, sondern man betrachtet die Differenz zwischen Nachtest- und Vortestwerten, also den Zuwachs an Punkten. Es resultiert dann das Ergebnis der bereits betrachteten Abb. 4. Hier ist gewissermaßen das Netto-Ergebnis abgebildet, bereinigt von den ungleichen Ausgangsleistungen.

Aber auch dieses Ergebnis ist kein endgültiges. Es ist nur von einer Variablen bereinigt, die mögliche Ungleichheiten charakterisiert. Wir haben aber keine Gewähr dafür, daß sich die beiden Gruppen nur in der Ausgangsleistung unterscheiden. Sie können sich noch in anderen, nicht bekannten und nicht erfaßten Variablen unterscheiden. Z. B. können die Kinder der Versuchsgruppe in ihrer Motivation, in ihrer Lerngeschwindigkeit, in ihrer Aufmerksamkeit den Kindern der Kontrollgruppe überlegen sein, alles Variablen, die das Endergebnis beeinflussen, aber nicht völlig durch den Vortest erfaßt wurden.

Die Schlußfolgerung, die wir aus dieser Betrachtung ziehen müssen, lautet:

In Untersuchungen, bei denen nicht vom Versuchsleiter bestimmt oder manipuliert werden kann, wer von den Kindern den einzelnen Gruppen der unabhängigen Variablen zugeordnet wird, sondern wo die Zuordnung der Kinder zu den Gruppen bereits vorliegt, sind Unterschiede in der abhängigen Variablen nie hundertprozentig auf die Wirkung der unabhängigen Variablen zurückzuführen. Diese Feststellung soll noch an einem anderen Beispiel veranschaulicht werden, das im Zusammenhang mit der Entwicklung des Leistungsmotivs im 3. Kap. bereits besprochen wurde. Nehmen Sie an, Sie seien daran interessiert zu erfahren, ob das Ausmaß, in dem Mütter Wert auf Selbständigkeit der Kinder legen, einen Einfluß ausübt auf die spätere Ausprägung des Leistungsmotivs der Kinder. Sie wählen zwei Gruppen von Kindern aus: Die eine Gruppe wird eher selbständig, die andere eher unselbständig erzogen. Beachten Sie nun folgendes: Sie können nicht – sagen wir – 110 Kinder aussuchen und die einen 55 Müttern zuordnen, die Selbständigkeit fördern, und die anderen 55 Müttern, die einen weitgehend lenkenden Erziehungsstil pflegen, sondern Sie müssen von den 110 Kindern Ihrer Stichprobe jene auslesen, deren Mütter selbständiger erziehen als die Mütter der anderen Kinder. In diesem Fall wissen Sie aber nicht, in welchen Merkmalen sich die Mütter der beiden Gruppen noch unterscheiden, in Merkmalen, die vielleicht ebenso entscheidend auf das Leistungsmotiv einwirken wie das Ausmaß der Selbständigkeitsförderung. Und die Unterschiede im Leistungsmotiv der Kinder können nicht ohne weiteres auf den Erziehungsstil der Mütter zurückgeführt werden.

# Literatur

AEBLI, H. ›Die geistige Entwicklung als Funktion von Anlage, Reifung, Umwelt- und Erziehungsbedingungen‹. In: H. ROTH (Hrsg.) *Begabung und Lernen.* Stuttgart: Klett 1969, S. 151–191.

ALLEN, V. L. *Psychological factors in poverty.* Chicago: Markham Publ. 1970.

BAAR, E. *Schulreife-Entwicklungshilfe.* Wien: Jugend und Volk 1958.

BALL, S. & BOGATZ, G. A. ›A summary of the major findings‹. In: *The first year of Sesame Street: an evaluation.* Princeton, N. J.: Educational Testing Service 1970; deutsch: CH. WULF *Evaluation.* München: Piper 1972.

BELSER, H. *Materialien für ein Curriculum der Vorschule.* Weinheim: Beltz 1972.

BERNFELD, S. (1925) *Sisyphos oder die Grenzen der Erziehung.* Frankfurt a. M.: Suhrkamp 1970.

BERNSTEIN, B. ›Der Unfug mit der ‚kompensatorischen‘ Erziehung‹. In: *betrifft: erziehung,* 1970, *3,* 15–19.

BLOOM, B. S. (1964) *Stabilität und Veränderung menschlicher Merkmale.* Weinheim: Beltz 1971.

BRAINERD, C. J. & ALLEN, T. W. ›Experimental inductions of the conservation of ‘fint order’ quantitative invariant‹. In: *Psychological Bulletin,* 1971, *75,* 128–144.

BRONFENBRENNER, U. (Hrsg.) *Influences on human development.* Hinsdale/Ill.: The Dryden Pr. 1972.

BUSEMANN, A. *Psychologie der Intelligenzdefekte.* München: Reinhardt 1958.

DEUTSCH, M. ›Die soziale Umwelt des Kleinkindes und sein späterer Schulerfolg‹. In: F. HECHINGER *Vorschulerziehung als Förderung sozial benachteiligter Kinder.* Stuttgart: Klett 1970.

DEUTSCHER BILDUNGSRAT *Strukturplan für das Bildungswesen.* Bonn 1970.

DOMAN, G. & LÜCKERT, H. R. *Wie kleine Kinder lesen lernen.* Freiburg: Herder 1967.

DuBOIS-REYMOND, M. *Zur Strategie kompensatorischer Erziehung am Beispiel der USA.* Frankfurt a. M.: Suhrkamp 1971.

DURKIN, D. *Children who read early.* New York: Teachers College Pr. 1966.

ERLER, L. ›Untersuchungen zum Frühlesen in den USA und in der BRD‹. In: *Zeitschrift für Entwicklungspsychologie und Pädagogische Psychologie,* 1972, *4.*

GAHAGAN, D. & GAHAGAN, G. *Kompensatorische Spracherziehung in der Vor- und Grundschule.* Düsseldorf: Schwann 1971.

GARLICHS, A. & MESSNER, R. ›Curriculare Entwicklungstendenzen im Elementarunterricht der Bundesrepublik Deutschland‹. In: H. BENNWITZ & F. E. WEINERT (Hrsg.) *CIEL – ein Förderungsprogramm zur Elementarerziehung und seine wissenschaftlichen Voraussetzungen.* Göttingen: Vandenhoeck & Ruprecht 1973, S. 75–276.

HECKHAUSEN, H. *Hoffnung und Furcht in der Leistungsmotivation.* Meisenheim: Hain 1963b.

HELLMUTH, J. (Hrsg.) *Disadvantaged child.* Vol. 3: Compensatory education – a national debate. New York: Brunner & Mazel 1970.

HOFFMANN, E. ›Die Bedeutung der Erziehung des Kleinkindes‹. In: G. BITTNER & E. SCHMIDT-CORDS (Hrsg.) *Erziehung in früher Kindheit.* München: Piper 1968.

HOPF, D. ›Entwicklung der Intelligenz und Reform des Bildungswesens‹. In: *Neue Sammlung,* 1971, *11,* 33–51.

HUNT, J. McV. *Intelligence and experience.* New York: Ronald Pr. 1961.

IBEN, G. *Kompensatorische Erziehung. Analysen amerikanischer Programme.* München: Juventa 1971.

– ›Überblick über Stand und Problematik der kompensatorischen Erziehung‹.

In: H. Bennwitz & F. E. Weinert (Hrsg.) *CIEL – ein Förderungsprogramm zur Elementarerziehung und seine wissenschaftlichen Voraussetzungen.* Göttingen: Vandenhoeck & Ruprecht 1973, S. 277–299.

Jensen, A. R. ›How much can we boost IQ and scholastic achievement‹. In: *Harvard Educational Review*, 1969, *39*, No. *1*, 1–163. Deutsch in: H. Skowronek (Hrsg.) *Umwelt und Begabung.* Stuttgart: Klett 1973, S. 63–155.

– ›The role of verbal mediation in mental development‹. In: *Journal of Genetic Psychology*, 1971, *118*, 39–70.

Kern, A. *Sitzenbleiberelend und Schulreife.* Freiburg: Herder 1950.

Kohlberg, L. ›Early education: a cognitive-developmental view‹. In: *Child Development*, 1968, *39*, 1013–1062.

Kroh, O. *Entwicklungspsychologie des Grundschulkindes.* Weinheim: Beltz 1958.

Merz, F. & Stelzl, J. ›Modellvorstellungen über die Entwicklung der Intelligenz in Kindheit und Jugend‹. In: *Zeitschrift für Entwicklungspsychologie und Pädagogische Psychologie*, 1973, *5*, 153–166.

Rauh, H. ›Psychologische Grundlagen und Probleme der Elementarerziehung‹. In: H. Bennwitz & F. E. Weinert (Hrsg.) *CIEL – ein Förderungsprogramm zur Elementarerziehung und seine wissenschaftlichen Voraussetzungen.* Göttingen: Vandenhoeck & Ruprecht 1973, S. 11–73.

Remplein, H. *Die seelische Entwicklung des Menschen im Kindes- und Jugendalter.* München: Reinhardt ¹⁴1966.

Rost, D. H., Staudte, A., Vietzke, E. ›Über Probleme des vorschulischen Lesenlernens – eine vergleichende Darstellung deutscher Untersuchungen‹. In: *Die Deutsche Schule* 1972, *64*, 577–581; 643–655; 720–726.

Rüdiger, D. ›Institutionalisiertes ‚Frühlesen‘ und seine Entwicklungsauswirkungen‹. In: *Zeitschrift für Entwicklungspsychologie und Pädagogische Psychologie*, 1971, *3*, 195–211.

Ryan, S. R. (Hrsg.) *A report on longitudinal evaluations of preschool programs.* Washington, D. C.: Office of Child Development 1972.

Schmalohr, E. & Schüttler-Janikulla, K. (Hrsg.) *Bildungsförderung im Vorschulalter.* Bd. 1 u. 2. Oberursel: Finken-Verlag 1972.

Schusser, G. ›Die problematische These Benjamin Blooms und ihre unkritische Übernahme in die Bildungspolitik‹. In: *Zeitschrift für Pädagogik*, 1971, *17*, 467–470.

Shulman, L. S. & Keislar, E. R. (Hrsg.) *Learning by discovery.* Chicago: Rand McNally 1966.

Strunz, K. (Hrsg.) *Pädagogische Psychologie für höhere Schulen.* München: Reinhardt 1959.

Tent, L. ›Untersuchungen zur Erfassung des Verhältnisses von Anspannung und Leistung bei vorwiegend psychisch beanspruchenden Tätigkeiten‹. In: *Archiv für die gesamte Psychologie*, 1963, *115*, 105–172.

Valtin, R. ›Sprachförderung für Vorschulkinder und Schulanfänger‹. In: *betrifft: erziehung*, 1972, *5*, 34–38; in: *betrifft: erziehung*, 1972, *6*, 39–43.

White, S. H. ›Evidence for a hierarchical arrangement of learning processes‹. In: L. P. Lippsitt & C. C. Spiker (Hrsg.) *Advances in child development and behavior.* Bd. 2. New York: Academic Pr. 1965.

Williams, F. ›Some preliminaries and prospects‹. In: F. Williams (Hrsg.) *Language and poverty.* Chicago: Markham Publ. 1970, S. 1–10.

Zigler, E. & Butterfield, E. L. ›Motivational aspects of changes in IQ-test performance of culturally deprived nursery school children‹. In: *Child Development*, 1969, *39*, 1–14.

Zimmer, J. (Hrsg.) *Curriculumentwicklung im Vorschulbereich.* Bd. 1 u. 2. München: Piper 1973.

Franz E. Weinert

## 12.  Die Schule als Sozialisationsbedingung

# 12. Die Schule als Sozialisationsbedingung

## 12.1. *Allgemeine Einführung*

»Eines der tragenden Fundamente jedes modernen Staates ist sein Bildungswesen. Niemand müßte das besser wissen als die Deutschen. Der Aufstieg Deutschlands in den Kreis der großen Kulturnationen wurde im 19. Jahrhundert durch den Ausbau der Universitäten und der Schulen begründet. Bis zum Ersten Weltkrieg beruhten die politische Stellung Deutschlands, seine wirtschaftliche Blüte und die Entfaltung seiner Industrie auf seinem damals modernen Schulsystem und auf den Leistungen einer Wissenschaft, die Weltgeltung erlangt hatte. Wir zehren bis heute von diesem Kapital ... Jetzt aber ist das Kapital verbraucht. Die Bundesrepublik steht in der vergleichenden Schulstatistik am untersten Ende der europäischen Länder ... Bildungsnotstand heißt wirtschaftlicher Notstand. Der bisherige wirtschaftliche Aufschwung wird ein rasches Ende nehmen, wenn uns die qualifizierten Nachwuchskräfte fehlen, ohne die im technischen Zeitalter kein Produktionssystem etwas leisten kann. Wenn das Bildungswesen versagt, ist die ganze Gesellschaft in ihrem Bestand bedroht.« (Picht 1965, S. 9)

Diese unter dem Schlagwort von der »deutschen Bildungskatastrophe« populär gewordene Kritik Pichts am gegenwärtigen Schulsystem drückt gleichzeitig die Überzeugung von der großen Bedeutung des Bildungswesens für die wirtschaftliche und kulturelle Entwicklung einer Gesellschaft bzw. eines Staates aus.

Mahnungen dieser Art und bildungsstatistische Vergleiche mit anderen Ländern bewirkten seit Mitte der 60er Jahre ein gesteigertes wissenschaftliches, politisches und öffentliches Interesse an den Problemen der Bildungsforschung, Bildungsplanung und Bildungsreform. Notwendigerweise mußte im Rahmen einer solchen Diskussion immer wieder nach den Funktionen, Zielen, Methoden und Effekten, also nach den Sozialisationsbedingungen und -wirkungen der Schule gefragt werden. Leider konnten und können die betreffenden Wissenschaften darauf stets nur sehr begrenzte, vorläufige und vielfach in sich widersprüchliche Antworten geben. Das hängt vermutlich wenigstens z. T. damit zusammen, daß sich die relevante Forschung jahrzehntelang in erster Linie mit der familiären Sozialisation beschäftigt hat. Gerechtfertigt wurde diese Beschränkung mit psychoanalytischen, entwicklungspsychologischen und kulturanthropologischen Annahmen über die zentrale Bedeutung der ersten Lebensjahre, des frühkindlichen Triebschicksals und der primären sozialen Lernerfahrungen (Thomae 1959). Diese Einstellung verändert

sich erst allmählich. *Sozialisation* wird zunehmend als ein lebenslanger Prozeß aufgefaßt (GOSLIN 1969; BALTES & SCHAIE 1973),
in dem frühe Erfahrungen zwar eine bedeutende (die individuellen
Bedingungen der Möglichkeit künftiger Erfahrungen vororgani-
sierende) Rolle spielen, die weitere Entwicklung aber in aller
Regel keineswegs eindeutig vorherbestimmen. Begünstigt durch
ein solch offeneres theoretisches Bezugssystem und stimuliert
durch die aktuelle bildungspolitische Diskussion, wurde in den
letzten Jahren den Bedingungen, Methoden und Ergebnissen der
schulischen Sozialisation zunehmend größere Aufmerksamkeit
gewidmet. Dabei muß die sekundäre Sozialisation als ein sehr
komplexes Geschehen begriffen werden, das sich unter jeweils
zwei Perspektiven analysieren läßt:

>Die erste Perspektive richtet sich auf die Person. Diese erlernt Qualifi-
kationen und Orientierungen, die es ihr ermöglichen, an gesellschaftlichen
Verhältnissen und Vorgängen teilzunehmen. Die zweite Perspektive richtet sich auf gesellschaftliche Interessen, die auf den Sozialisationsprozeß
Einfluß nehmen, um die Erhaltung und Veränderung der Gesellschaft zu
sichern.« (ZENTRUM I BILDUNGSFORSCHUNG der Universität KONSTANZ
1973, S. 850)

Die psychologisch orientierte *Sozialisationsforschung* folgt entsprechend ihrem traditionellen Selbstverständnis auch heute noch
vorwiegend der person-zentrierten Perspektive und berücksichtigt gesellschaftliche und institutionelle Verhältnisse lediglich
als Rahmenbedingungen der zu untersuchenden sozialen Lernprozesse. Eine solche psychologische Betrachtungsweise muß
also durch politologische, soziologische und erziehungswissenschaftliche Analysen ergänzt werden. Das kann im Rahmen
dieses Kapitels nicht geleistet werden. Es beschränkt sich vielmehr auf einen sehr begrenzten Ausschnitt des Sozialisations-
geschehens und der Sozialisationsforschung im Bereich der
Schule.
Kehren wir zu unserer Ausgangsfrage zurück: Wie sozialisationswirksam sind unsere Schulen? Die öffentliche Diskussion darüber
wirkt ungewöhnlich widersprüchlich. Bemängeln die einen, daß
die Schule zu wenig ausgebildet, so kritisieren andere, daß zu viele
zuviel auf ihre spezielle Rolle innerhalb der spätkapitalistischen
Produktionsverhältnisse vorbereitet werden. Versucht man, solche
Fragestellungen zu psychologisieren, so muß man feststellen,
daß wir immer noch relativ wenig darüber wissen, wie und in
welchem Umfang durch die konkreten Bedingungen der Schule
Kenntnisse, Fertigkeiten, Fähigkeiten, Motive, Einstellungen,
Überzeugungen, Bezugssysteme und geschlossene Handlungs-
muster erworben, verändert und stabilisiert werden. Dabei
kommt dem Problem große theoretische und praktische Relevanz
zu, befindet sich doch jeder fünfte Bundesbürger als Lehrer oder
Schüler für längere Zeit im Einflußbereich dieser Institution (in

den USA inzwischen fast jeder dritte). Der Mangel an brauchbarer empirischer Forschung (über deren methodische Schwierigkeiten ausführlicher im Parallelkapitel des Studientextes berichtet
wird) erklärt auch z. T. die seit Jahrzehnten zu beobachtenden
Schwankungen bildungsreformerischer Bemühungen: Immer
wieder folgt einem optimistischen, die Realität mehr oder minder
vernachlässigenden Aufschwung eine Phase des Zweifels und der
Resignation. Manche Anzeichen sprechen dafür, daß wir uns
nach den euphorischen Hoffnungen der 6oer Jahre bereits wieder
am Beginn einer eher skeptischen Periode befinden. Ein Symptom
dafür ist die Zunahme radikaler Kritik an der Institution Schule.
Als ihr prominentester Vertreter gilt gegenwärtig Ivan ILLICH
(1972), der die pädagogisch interessierte Weltöffentlichkeit dadurch schockierte, daß er die Schule nicht reformieren, sondern
abschaffen will. In einer Zeit, in der man glaubt, endlich die ge-
setzmäßigen Beziehungen zwischen den Bildungsinvestitionen
und dem Wirtschaftswachstum eines Landes entdeckt zu haben,
in dem man Schule als »optimale Organisation von Lernprozessen« beschreibt und in der ungezählte Wissenschaftler, Lehrer
und Praktiker versuchen, den allgemeinen Wunsch nach mehr und
besseren Schulen zu erfüllen, macht ILLICH aufgrund seiner negativen Erfahrung mit der Übernahme europäischer Bildungsein-
richtungen durch Entwicklungsländer eine radikale Gegen-
rechnung auf.

> »Kinder werden als Schüler begriffen. Die Nachfrage nach Kindheits-
> milieu schafft einen unbeschränkten Markt für anerkannte Lehrer. Als
> Institution ruht die Schule auf dem Grundsatz, daß Lernen ein Ergebnis
> von Lehren sei. Und die institutionelle Klugheit läßt diesen Grundsatz
> weiter gelten, obwohl für das Gegenteil überwältigende Beweise vor-
> liegen.
> Den größten Teil dessen, was wir wissen, haben wir alle außerhalb der
> Schule gelernt. Schüler lernen das meiste ohne ihre Lehrer und häufig
> trotz diesen ... Wie man lebt, lernt jeder außerhalb der Schule. Wir lernen
> sprechen, denken, lieben, fühlen, spielen, fluchen, politisieren und arbei-
> ten, ohne daß sich ein Lehrer darum kümmert. Selbst Kinder, die Tag
> und Nacht unter der Obhut von Lehrern sind, bilden da keine Ausnahme.
> Waisenkinder, Idioten und Lehrersöhne lernen das meiste von dem, was
> sie lernen, außerhalb des für sie geplanten ›Bildungsweges‹. Mit ihrem
> Versuch, die Armen mehr lernen zu lassen, sind die Lehrer selber arm
> dran. Armen Eltern, die ihre Kinder in die Schule schicken möchten,
> geht es weniger um das, was sie dort lernen, als um das Zeugnis und das
> Geld, das sie dann verdienen werden. Und bürgerliche Eltern vertrauen
> ihre Kinder der Obhut eines Lehrers an, damit sie nicht lernen, was die
> Armen auf der Straße lernen. Die Bildungsforschung beweist in zuneh-
> mendem Maße, daß Kinder das, was die Lehrer zu lehren vorgeben,
> größtenteils von ihresgleichen, aus comic-strips, durch zufällige Beob-
> achtungen und vor allem durch ihre bloße Teilnahme am Schulritual

lernen. Soweit in den Schulen überhaupt etwas gelernt wird, sind Lehrer
eher hinderlich.« (1972, S. 52f)

## Und die praktische Folgerung daraus?

»Der erste Artikel einer bill of rights für eine moderne, humane Gesellschaft müßte in Analogie zu dem ersten Zusatzartikel der amerikanischen Verfassung lauten: ›Der Staat soll kein Gesetz erlassen, das
die Einrichtung eines öffentlichen Erziehungssystems zum Ziel hat.‹
Es soll kein für alle obligatorisches Ausbildungsritual geben.« (1971,
S. 8)

Also Kritik an der Schule, Kritik an den Lehrern! Daran hat es in
den vergangenen Jahrzehnten eigentlich nicht gefehlt. Was aber
Ivan ILLICH von fast allen anderen Schulkritikern und Schul-
reformern unterscheidet, ist sein Plädoyer, Schulen nicht durch
bessere Schulen zu ersetzen, sondern sie abzuschaffen. Die wesentlichen Merkmale moderner Schulsysteme, die zugleich als
ihre Vorzüge gelten, erscheinen ihm als schwerwiegende Nachteile, die jede systemimmanente Reform ausschließen. Die alters-
gemäße Gliederung der Schulen, lange Zeit unwidersprochen als
Voraussetzung für eine kindgemäße, entwicklungsgerechte Erziehung angesehen, bedeutet in seinen Augen, daß die nachwachsende Generation gezwungen wird, viele Jahre lang die
Rolle des Kindes zu spielen und damit einen dauernden Konflikt zwischen dem eigenen Selbstbewußtsein und der von der
Gesellschaft auferlegten Rolle ertragen zu müssen. Die Professionalisierung des Lehrberufs, für viele notwendige Voraussetzung für jede Verbesserung des Bildungswesens, mißbilligt
er als Perfektionierung der Allmacht des Lehrers, durch welche
die persönliche Freiheit des Schülers aufgehoben wird. Und die
für die Schule charakteristische Verknüpfung von allgemeinen
Leistungsnormen, Bewertungen und Berechtigungen betrachtet
ILLICH als Einübung der kapitalistischen Grundüberzeugung,
alles habe seinen Preis. Was in Europa mindestens seit der Aufklärung als Grundlage gesellschaftlichen und individuellen
Fortschritts galt, deutet er als Ursache von Armut und Unmün-
digkeit.
Was er allerdings als Alternative zum gegenwärtigen Schulsystem
anbietet, ist kaum mehr als die im 20. Jahrhundert angesiedelte
Idylle einer pädagogischen Provinz, romantisch und technologisch
zugleich. Im Grunde genommen verlangt er die Pädagogisierung
des täglichen Lebens. Jeder sollte jederzeit Lernen und Lehren
können; jeder müßte das Recht haben, sein ganzes Leben als
einen ständigen Wechsel von Arbeiten und Lernen zu führen;
jeder sollte sich seine Lehrer selbst wählen dürfen, und jeder
müßte einen vom Staat garantierten ständigen Zugang zu Biblio-
theken, Filmarchiven, Laboratorien, Museen und Theatern, zu
Informationen aller Art und zu hauptberuflichen und nebenberuf-
lichen Lehrern haben. Gefordert werden also freie Schulen,

offene Schulen. Zu Recht meinte jedoch HENTIG, daß diese Vorschläge in ihrer jetzigen Form

> »offensichtlich nicht als die Alternative für die heutige Schule, sondern
> eher als Modell für die freie, selbstbestimmte, unendlich variable Kom-
> munikation von Erkenntnissen, Beziehungen und Sachen dienen sollen,
> als die ILLICH gesellschaftliches Leben verstanden wissen will. Diesen
> Zweck erfüllen sie ausgezeichnet – bis hin zu der Frage, die auch ILLICH
> sich nicht für immer wird ersparen können: Was wir brauchen, um dahin
> zu gelangen.« (1972, S. 98)

Schließt sich damit der Kreis, und können wir zu unserem Thema
zurückkehren, nämlich zur *Schule als Sozialisationsbedingung?* Zweifellos ist die Kritik von ILLICH an manchen Entwicklungen des
europäischen und nordamerikanischen Schulsystems durchaus berechtigt: Seine Warnung vor einer unkritischen Übernahme des
Bildungswesens der hochindustrialisierten Staaten durch die
Entwicklungsländer ist nach ersten Erfahrungen mehr als überzeugend. Und doch scheint es, daß die Reform der Schule die
einzig erkennbare und realistische Alternative zur gegenwärtigen
Schule ist. Abgesehen davon, daß die Verwirklichung des Modells
von ILLICH nur dann ohne Verminderung der allgemeinen Bildung, der vermittelten Qualifikationen und damit der ökonomischen und kulturellen Entwicklungsmöglichkeiten verbunden
wäre, wenn man eine vollkommene, ungeplante Harmonie zwischen gesellschaftlichem Bedarf und individuellen Lernbedürf-
nissen unterstellt, läßt sich schon jetzt vorhersehen, daß die Abschaffung der Schule für lange Jahre zu einer zusätzlichen Benachteiligung der sozial Benachteiligten führen müßte. In der
von ILLICH erdachten pädagogischen Provinz würde sich die
unterschiedliche Qualität der familiären Sozialisation ungebro-
chen, unvermittelt und nicht kompensiert in allen späteren Lernprozessen fortsetzen und damit wahrscheinlich nicht zu einem
Ausgleich, sondern zu einer Vergrößerung der Leistungsunterschiede zwischen Menschen verschiedener Herkünfte führen.
Zu Recht betonen nämlich die beiden französischen Bildungssoziologen BOURDIEU & PASSERON (1971) – in teilweiser Übereinstimmung mit ILLICH –, daß selbst bei der augenblicklichen
Beschaffenheit des Bildungswesens schon jetzt die Vermittlung
der intellektuellen Techniken und Denkgewohnheiten in erster
Linie dem Familienmilieu vorbehalten ist.

> »Jede wirkliche Verbesserung der Chancengleichheit setzt also voraus,
> daß man Bildung dort lehrt, wo die Unterprivilegierten sie erwerben
> können: in der Schule. Der Bereich dessen, was rational und technisch
> durch methodisches Lernen erworben werden kann, muß deshalb auf
> Kosten dessen, was unweigerlich dem Zufall der individuellen Talente
> und d. h., der Logik der sozialen Privilegien überlassen bleibt, erweitert
> werden. Man müßte jene Fähigkeiten, die man als totale und unteilbare
> Begabung ansieht, in schrittweise Lernstufen aufgliedern.« (1971, S. 88)

Diese These steht im Einklang mit den Ergebnissen einer empirischen Untersuchung, die ich kürzlich mit einigen Mitarbeitern in
zwanzig 4. Volksschulklassen durchführte (WEINERT, SIMONS &
AHRENS 1974). Wir verglichen dabei z. B. 5 Klassen, von denen wir
aufgrund bestimmter Daten annehmen konnten, daß sie von ihren
Lehrern besonders gut gefördert worden waren, mit 5 Klassen,
für die das offensichtlich nicht zutraf. Von allen Schülern erfaßten
wir die aktuell geforderten Rechenleistungen, die verfügbaren
Vorkenntnisse im Rechnen und die sog. allgemeine Intelligenz.
In den »guten Klassen« zeigte sich eine enge korrelative Beziehung
zwischen Vorkenntnissen und aktuellen Rechenleistungen und
nur eine schwache Beziehung zwischen den Rechen- und Intelligenzleistungen. Bei den weniger gut geförderten Klassen war
das Bild eher umgekehrt. Der Zusammenhang zwischen Rechnen
und Intelligenz erwies sich als größer, die Beziehung zu den
Vorkenntnissen war geringer. Nach diesen Befunden könnte
man vermuten, daß ein guter Rechenunterricht unter anderem
darin besteht, möglichst allen Schülern die jeweils für einen
Lernschritt notwendigen Lernvoraussetzungen zu vermitteln. Unterbleibt dies, so entscheiden die intellektuellen Fähigkeiten und die Hilfe der Eltern, ob und wie der einzelne Schüler
das Lernziel erreicht. In weiteren Untersuchungen wird zu
klären sein, ob durch eine Lehrstrategie, die den Lernvor-
gang Schritt für Schritt organisiert, tatsächlich sozial benachteiligten und unterdurchschnittlich intelligenten Kindern am
besten geholfen werden kann, um bestimmte Lernziele zu
erreichen.
Der wissenschaftlichen Analyse der Sozialisationswirksamkeit und
der Sozialisationsmängel der Schule kommt also ein besonderes
bildungspolitisches, pädagogisches und unterrichtspraktisches
Gewicht zu. Voraussetzung dafür ist die Klärung der Frage,
welche Ziele, Funktionen und Aufgaben die Schule in unserer
Gesellschaft zu leisten hat.

### 12.2. *Ziele, Funktionen und Aufgaben der Schule*

Wissen vermitteln, die Allgemeinbildung verbessern, auf den
Beruf vorbereiten, kritisches Denken lehren, das sind die immer
wieder genannten Aufgaben der Schule. Sind damit tatsächlich
ihre wesentlichen gesellschaftlichen Funktionen beschrieben,
oder handelt es sich bei diesem Katalog eher um einige vorder-
gründige Ziele, die mehr verdecken als offenlegen?
Will man erfahren, was Schüler lernen oder lernen sollen, so kann
man die jeweils gültigen Lehr- bzw. Bildungspläne zu Rate ziehen.
Sie gliedern sich meist in einen ersten Teil, der die *allgemeinen*

*Lernziele* enthält, und in einen zweiten Teil, in dem die *spezifischen Lernstoffe* beschrieben werden. Für unsere Fragestellung sind natürlich die Ziele von besonderem Interesse. Dazu zwei Beispiele (zit. nach BLANKERTZ 1969):

> Gymnasium – Mathematikunterricht: »Oberstes Ziel des mathematischen Unterrichtes ist es, den Wesensgehalt der Mathematik verstehen und erleben zu lassen. Auf dem Weg zu diesem Ziel wird vom Schüler ausdauernde, gewissenhafte und zuchtvolle Arbeit gefordert. Phantasie und Intuition müssen zusammenwirken mit kritischer Haltung und Fähigkeit zu Anschauung und Abstraktion. Das Bewußtsein, daß das gewaltige mathematische Lehrgebäude ein in Jahrtausenden geschaffenes gemeinsames Werk vieler Völker ist, und die Erkenntnis, daß der Übertragung der mathematischen Denkweise auf andere Bereiche Grenzen gezogen sind, mögen den Schüler zu Ehrfurcht und Bescheidenheit erziehen.« (Schulrecht Baden-Württemberg III B IV, S. 93)

> Berufsschule – Fachunterricht im Holzgewerbe: »Das Bearbeiten des Holzes bietet Gelegenheit, das Wirken der Natur durch Erfahrungen und Einsichten bei der Arbeit zu erkennen und die Auswirkungen und Grenzen eigenen Denkens und Handelns zu ermessen. Dabei erfährt der junge Holzwerker aber auch, daß sein Tun erst dann sinnvoll ist, wenn es mit den Naturgesetzen und der menschlichen Ordnung im Einklang steht.« (Schulrecht Hessen III A II, S. 338f)

Die Zitate belegen beispielhaft, daß sich die Schule keineswegs mit dem Anspruch auf Wissensvermittlung und Fähigkeitsentwicklung begnügt, sondern Lernerfahrung offenbar in erster Linie als Mittel der Gesinnungsbildung betrachtet. Die dabei angestrebten Lernziele dürften allerdings kaum handlungsrelevant werden, weil sie im Grunde genommen sprachliche Leerformeln darstellen, so daß man weder weiß, wie sich jemand konkret verhält, der das Lernziel erreicht hat, noch wie sich jemand als Lehrer verhalten muß, um das Lernziel den Schülern zu vermitteln.

Die zunehmende Einsicht in das Dilemma traditioneller Lehrpläne und die Verarbeitung ausländischer Erfahrungen haben in den letzten Jahren auch in der BRD zu einer starken Intensivierung der *Curriculumforschung* und der Curriculumentwicklung geführt. Dabei versteht man unter einem *Curriculum* ein mit Hilfe wissenschaftlicher Methoden konstruiertes Lernprogramm zur Erreichung von Lernzielen, die durch einen rationalen Entscheidungsprozeß festgelegt und ausgewiesen worden sind und deren Erreichen überprüft werden kann. Wir können hier auf die mit der Curriculumentwicklung verbundenen wissenschaftlichen und gesellschaftlichen Probleme nicht eingehen, sondern müssen auf die einschlägige Literatur verweisen (vgl. z. B. im deutschsprachigen Bereich: BLANKERTZ 1971; FLECHSIG & HALLER 1974; FREY 1971; HEIPCKE & MESSNER 1973; MEYER 1972; ROBINSON [3]1971). Die Aufgaben jedenfalls, die mit der Konstruktion und

Revision von Curricula an die Zusammenarbeit von Wissenschaft und Praxis künftig gestellt werden, übersteigen die bisher gekannten Größenordnungen pädagogischer Forschungs-, Planungs- und Entwicklungsarbeit bei weitem. Um eine Vorstellung von der Vielzahl und Vielgestaltigkeit notwendiger Lernziele allein im allgemeinenbildenden Schulwesen zu vermitteln, braucht man sich nur den von HENTIG (1969) erarbeiteten Katalog anzusehen. Danach müßten sich die Lernziele der Gesamtschule beziehen

– auf das Leben in der sich beschleunigt verändernden Welt,
– auf das Leben in der arbeitsteiligen (spezialisierten) Welt,
– auf das Leben in der von Wissenschaft und Technik rationalisierten Welt,
– auf das Leben in Beruf zwischen Theorie und Praxis,
– auf das Leben mit der Fülle der Mittel und der Vielfalt der Ziele,
– auf das Leben mit der Kunst und dem ästhetischen Genuß,
– auf das Leben in der Demokratie, in der Politik, in der Öffentlichkeit,
– auf das Leben in der Konsumgesellschaft,
– auf das Leben in der säkularisierten Welt,
– auf das Leben mit einigen Entlastungstechniken,
– auf das Leben mit dem eigenen Körper, mit den Trieben, mit der eigenen Person,
– auf das Leben mit der anderen Generation,
– auf das Leben in der einen Welt.

Der von HENTIG formulierte Lernzielkatalog, der nicht mehr sein will als der allererste Schritt einer umfangreichen und langwierigen Curriculumentwicklung, macht immerhin eines ganz deutlich:

Die Schule kann sich nicht darauf beschränken, Kenntnisse und Fertigkeiten zu vermitteln, und die Entwicklung der Fähigkeiten als gottgegebene Nebenwirkung des Unterrichts erwarten. Für viele beschränkt sich zweifellos die Förderung kognitiver Fähigkeiten auf die vage Hoffnung, daß Lehrer mehr lehren, als sie tatsächlich lehren, und daß die Schüler mehr lernen, als sie scheinbar lernen. Diese Feststellung darf nicht als Vorwurf aufgefaßt werden. Man spricht heute viel von systematischer Intelligenzschulung, vom Lernen-lernen, von der Entfaltung kreativer Fähigkeiten usw. Das ist sicher notwendig und gut so. Nur: Psychologische Theorien, wie man Denken lernt und lehrt, stehen nur in einem sehr begrenzten Maße und in sehr vorläufiger Form zur Verfügung und werden gegenwärtig in der Schule kaum praktiziert.

Ähnliche Probleme ergeben sich, wenn man die *Erziehungsfunktion* in der Schule analysiert. Es ist verhältnismäßig einfach, Lernziele zu identifizieren, die motivationale Komponenten enthalten und neue Wertorientierungen einschließen: Selbstverantwortlichkeit für das eigene Handeln; Rücksichtnahme auf die Interessen anderer; Mitgefühl und Hilfsbereitschaft für Schwächere usw.; es ist wesentlich schwieriger, die Wirksamkeit der Schule bei der Erreichung solcher Lernziele exakt zu bestimmen; es ist beim gegenwärtigen psychologischen Theorienstand jedoch fast unmöglich, wissenschaftlich fundierte und praxisrelevante Programme für die Vermittlung emotionaler Lernziele zu entwerfen. Zwar gibt es eine Reihe interessanter und fruchtbar erscheinender theoretischer Ansätze, doch sind wir von einer pädagogisch befriedigenden Forschungssituation noch weit entfernt.

Das Problem ist auch deshalb so kompliziert, weil zentrale *Wertorientierungen* der Schule den Beteiligten offenbar kaum bewußt sind. Lernen in der Schule beschränkt sich keineswegs auf den geplanten und vom Lehrer organisierten Unterricht. Daneben gibt es eine Vielzahl sozialer Lernprozesse zwischen Lehrern und Schülern sowie zwischen Schülern und Schülern, deren Ziele meist verborgen, deren Mechanismen unentdeckt und deren Effekte oft unbeachtet bleiben, obwohl manche Kritiker meinen, daß gerade dieses ungeschriebene Curriculum wirksamer sein kann als das in Bildungsplänen kodifizierte. Ein Beispiel dafür verdanken wir dem amerikanischen Soziologen PARSONS, der die Funktion der Schulklasse in der amerikanischen Gesellschaft analysierte. Er ging von der Frage aus, was eigentlich das Kind in den ersten Volksschuljahren lernt. Gewiß, es erwirbt eine große Anzahl neuer Leistungen, aber es erfährt auch zugleich, daß vom Lehrer Leistungsanforderungen gestellt werden, daß diese Anforderungen nur zu einem kleinen Teil auf die Bedürfnisse, Möglichkeiten und Besonderheiten des einzelnen Kindes Rücksicht nehmen, daß sie also stark an allgemeinen Leistungsnormen orientiert sind, daß die Leistungen aller Kinder der Klasse an diesem Maßstab gemessen und bewertet werden und daß schließlich nicht nur die individuellen Erfolgs- und Mißerfolgserlebnisse, sondern auch die eigene soziale Stellung in der formalen Klassengruppe auf das engste mit den erzielten Leistungen zusammenhängen. Damit erfüllt die Grundschule nach PARSONS folgende Sozialisationsfunktionen:

a) Sie löst das Kind allmählich von den primären emotionalen Bindungen an seine Familie.

b) Sie vermittelt das Bewußtsein der Gültigkeit allgemeiner Werte und Normen; sie macht das Kind damit vertraut, daß seine Leistungen und Verhaltensweisen an Normen gemessen werden, die für alle gelten.

c) Sie differenziert die Schüler nach ihrer tatsächlichen Leistung und aufgrund der damit verbundenen Leistungsbewertungen.

d) Sie besorgt vom Standpunkt der Gesellschaft aus die Auslese und Verteilung der nachwachsenden Generation entsprechend dem Rollensystem der Erwachsenen.

Was bedeutet das für die Sozialisation des Kindes? Nach PARSONS lernen auf diese Weise alle frühzeitig,

> »daß es fair ist, unterschiedliche Belohnungen für verschiedene Leistungs- niveaus zu erteilen, solange eine faire Offenheit der Chancen besteht, und daß es ebenso fair ist, wenn diese Belohnungen zu Chancen höherer Ord- nung für die Erfolgreichen führen. Die Grundschulklasse ist somit in einem grundsätzlichen Sinne eine Verkörperung des fundamentalen ameri- kanischen Wertes der Chancengleichheit, indem sie sowohl auf ursprüng- liche Gleichheit als auch auf unterschiedliche Leistung Wert legt.« (1974, S. 363)

Zwar hat PARSONS selbst hinsichtlich der Annahme gleicher und damit fairer Ausgangsbedingungen Einschränkungen gemacht, ohne allerdings diese Voraussetzung prinzipiell in Zweifel zu ziehen (vgl. dazu auch DREEBEN 1968). An dieser funktionalistisch affirmativen Betrachtungsweise entzündete sich in den letzten Jahren die wissenschaftliche und die gesellschaftspolitische Kri- tik.

SCHELSKY hatte schon 1962 die Schule als Zuteilungsapparatur für Lebenschancen charakterisiert. In einem demokratisch organi- sierten Gemeinwesen besteht weitgehend Übereinstimmung dar- über, daß die statushöheren Positionen in Beruf, Wirtschaft, Politik und Kultur nicht nach Merkmalen der Geburt, der Her- kunft, des Standes und des Reichtums vergeben werden sollen, sondern aufgrund von Leistungsfähigkeiten und Leistungsnach- weisen. Die Zuweisung von sozialen Statusmerkmalen müßte also in erster Linie durch Anwendung allgemeiner Leistungsnormen erfolgen. Einen Großteil dieser Aufgabe erfüllt bei uns das Schulsystem. Da die Schule nicht nur Kenntnisse vermittelt, sondern auch die Leistungen des einzelnen Schülers bewertet und damit entscheidend über Schulbesuchsdauer, Schulart und Schul- abschluß mitbestimmt, ist sie die wichtigste Ausleseinstanz zur Auswahl und zusätzlichen Förderung der Tüchtigsten.

Hans Jürgen DAHEIM (1970) hat eine Reihe von Hypothesen über den Zusammenhang zwischen dem technologischen Ent- wicklungsstand einer Gesellschaft, der Schulbildung, der Berufs- wahl und der Zuweisung sozialer Positionen formuliert: Je weiter die technologische Entwicklung in einer Gesellschaft fortge- schritten ist, d. h. je größer die Anteile des systematisch zu er- werbenden Spezialwissens an der beruflichen Qualifikation ver- anschlagt werden müssen,

a) desto mehr orientiert sich die Schule an allgemeinen und nicht an individuellen Leistungsnormen;

b) desto mehr fällt der Schule im Vergleich zum Elternhaus die Vorauswahl für bestimmte Berufspositionen zu;

c) desto mehr bestimmen die von der Schule vermittelten Erfahrungen und Kenntnisse den Horizont möglicher Interessen und Ziele des Schülers, und

d) desto ausgeprägter ist der unmittelbare Einfluß der Schule auf die schließliche Berufsentscheidung.

Im Hinblick auf die gegenwärtige soziale Rollen- und Status-verteilung kommt der Schule also eine motivierende, qualifizie-rende und auslesende Funktion zu.

Ein statistisch gesicherter Zusammenhang zwischen Schulbil-dung und finanziellem Einkommen ist mehrfach nachgewiesen worden. Tab. 1 enthält einen Auszug aus einer bundesdeutschen Erhebung vom April 1964. Danach dürfte ein ungelernter Arbeiter

*Tab. 1:* Schulbildung und Lebenseinkommen in der BRD (Mikrozensus, April 1964). (Aus: F. NEIDHARDT ›Die junge Generation‹. In: K. M. BOLTE, F. NEIDHARDT & H. HOLZER (Hrsg.) *Deutsche Gesellschaft im Wandel.* Bd. 2. Opladen: Leske 1970.)

| Ausbildung nach Volksschulabschluß | Lebenseinkommen männlich | | Lebenseinkommen weiblich | |
|---|---|---|---|---|
| | in DM | in % des Höchst-einkommens | in DM | in % des Höchst-einkommens |
| 1. Ohne weitere Ausbildung | 317448 | 49 | 170880 | 35 |
| 2. Betriebliche Einarbeitung (Anlernzeit) | 352026 | 54 | 243090 | 50 |
| 3. Praktische Ausbildung (Lehrlingsausbildung) | 370231 | 57 | 255521 | 53 |
| 4. Berufsfach-, Fachschule | 415699 | 64 | 299628 | 62 |
| 5. Techniker-, Ingenieurschule | 520987 | 81 | 397320 | 82 |
| 6. Pädagogische Hochschule | 491242 | 76 | 453905 | 94 |
| 7. Universität, Hochschule | 646666 | 100 | 484205 | 100 |

mit einem Gesamt-Lebenseinkommen von etwa 317000 DM im Durchschnitt rechnen, ein Universitätsabsolvent dagegen mit etwa 641000 DM. Bei Frauen war das Verhältnis 171000 DM zu 484000 DM. Natürlich sind die Überlappungsbereiche sehr groß, und es wäre gegen alle Lebenserfahrung, wollte man erwarten, daß das Einkommen völlig von der Zahl der besuchten Schul-jahre abhängig ist. Das gilt noch viel mehr für Differenzen, wie sie bei formal gleichem Schulabschluß in Prüfungen oder Zeug-nisnoten zum Ausdruck kommen. Wie kompliziert sich die Be-ziehungen darstellen, verdeutlicht die folgende, von JENCKS (1973) übernommene Tabelle.

Selbst wenn man gegenüber Prozentwerten bei empirischen Unter-suchungen dieser Art sehr skeptisch ist, so veranschaulichen die in Tab. 2 enthaltenen Werte doch recht überzeugend die kumula-tive Begünstigung bzw. Benachteiligung in Abhängigkeit von der sozialen Herkunft (vgl. dazu auch HUSÉN 1969).

*Tab. 2:* Geschätzte Bedeutung der verschiedenen Faktoren, die zum kumulativen Einkommensvorteil von Personen mit statushohen Vätern beitragen. (Aus: C. JENCKS *Chancengleichheit.* Reinbek bei Hamburg: Rowohlt 1973, S. 244.)

| Quelle | Prozent |
| --- | --- |
| 1. IQ-Genotyp | 7– 9 |
| 2. Auf häusliche Umwelt zurückgehender IQ-Vorteil | 16–20 |
| 3. Zusätzliche Schulbildung bei Personen mit gleichem IQ     ‹ | 24–29 |
| 4. Statushöhere Berufe bei Personen mit gleicher Bildungsmenge und gleichem IQ | 18 |
| 5. Höhere Einkommen bei Personen mit statusgleichen Berufen, gleicher Bildungsmenge und gleichem IQ | 30 |
| Insgesamt | 100 |

Die Einkommensunterschiede erlauben natürlich nur begrenzte Hinweise auf das, was man als *Lebenschancen* bezeichnet. Eine Reihe von Untersuchungen spricht jedoch dafür, daß längerer Schulbesuch und ein höherer Schulabschluß auch mit einer aktiveren Lebensgestaltung, mit einer stärkeren Wahrnehmung kultureller Angebote sowie mit einem weiteren Interessens- und Informationshorizont in Beziehung stehen (NEIDHARDT 1970; STRZELEWICZ et al. 1966; u. a.). Damit ist natürlich nichts über Ursache und Wirkung gesagt. Ob differenziertere Interessen von längerer Schuldauer abhängen, ob sich das Verbleiben in der Schule auf die größere Interessiertheit zurückführen läßt oder ob beide durch ein gemeinsames Drittes, z. B. ein besonders anregungsreiches Elternhaus, zu erklären sind, bleibt hier völlig offen.

## 12.3. *Schule als Ort sozialer Konflikte*

Im Zusammenhang mit den Aufgaben und Funktionen des Bildungswesens unterliegt die Schule einerseits staatlichen und institutionell-administrativen Zwängen, verfügt aber andererseits über ein gewisses Maß an Autonomie zur Lösung der dabei entstehenden Probleme. Selbstverständlich gibt es Lehrpläne, Rechtsverordnungen, staatliche Schulaufsicht und zweifellos auch Versuche und Möglichkeiten der Einflußnahme durch mächtige Interessengruppen. Trotzdem bleibt für Schulen und Lehrer immer noch ein bemerkenswerter Handlungsspielraum. Dieser darf jedoch nicht darüber hinwegtäuschen, daß die Schule auf das engste mit der sie umgebenden Gesellschaft verbunden ist. Sie ist es als Institution und durch die in ihr tätigen Personen. Da in einer Gesellschaft wie der unseren bei verschiedenen Gruppen und Individuen sehr unterschiedliche Wertvor-

stellungen bestehen, ist Schule immer auch ein Ort offener oder
verdeckter *sozialer Konflikte*. Daraus läßt sich folgern, daß die
Frage nach der Sozialisationswirksamkeit der Schule nicht allgemein beantwortet werden kann, sondern nur unter Berücksichtigung der jeweiligen *gesellschaftlichen Rahmenbedingungen*. Diese
sind ungemein vielfältig, in komplizierter Weise miteinander
verbunden, oft widersprüchlich, kaum bewußt und einer wissenschaftlichen Analyse nur schwer zugänglich. Zu beachten sind
dabei in jedem Fall kulturelle und subkulturelle Wertvorstellungen,
ökonomische und soziale Bedingungen, gesellschaftliche Ziele,
staatliche Reglementierungen und mehr oder minder institutionalisierte Rollenerwartungen. Der amerikanische Sozialpsychologe
GETZELS (1969) hat versucht, das Zusammenwirken dieser Bedingungsfaktoren modellhaft darzustellen. Eine vereinfachte
Form seines Analyseschemas finden Sie unter Abb. 1.

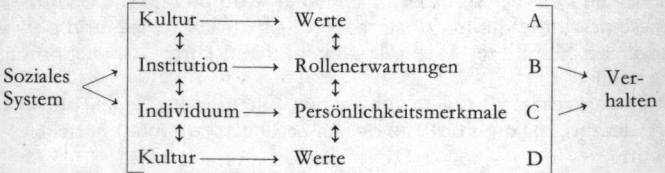

*Abb. 1:* Schule im gesellschaftlichen Bezugssystem. (Nach J. W. GETZELS.)

Danach ist das Verhalten innerhalb eines sozialen Systems, z. B.
in der Schule, immer zweifach determiniert: durch institutionelle
und durch individuelle Bedingungen sowie deren Wechselwirkung. Wie in den Zeilen B und C zu sehen ist, handelt es sich
bei den institutionellen Bedingungen um Rollenerwartungen,
bei den individuellen um die Persönlichkeitsmerkmale der am
Schulleben beteiligten Personen. Versteht man unter *Rolle* jene
Verhaltensweisen, die vom Inhaber einer bestimmten sozialen
Position erwartet oder erwünscht werden, so kann man im Bereich
der Schule grob zwischen Lehrerrolle und Schülerrolle unterscheiden. Vom Lehrer wird erwartet, daß er als Wissensvermittler,
als Erzieher, als Vertrauter, Berater und Therapeut seiner Schüler
fungiert, daß er die Kinder zum Lernen motiviert, dabei aber zugleich in seiner Klasse für Ruhe und Ordnung sorgt, und daß er
schließlich in einer gewissen Hinsicht die in der Gesellschaft
vorherrschenden Moral-, Wert- und Verhaltensnormen vertritt
und sie repräsentiert. Vom Schüler erwartet man demgegenüber
ein gewisses Maß an Ein- und Unterordnung, Lernbereitschaft,
die Erfüllung bestimmter Leistungsforderungen und ein oft
bis zum Filmklischee erstarrtes, ausgewogenes Verhältnis von
spontaner Aktivität und Anpassungsfähigkeit. Man spricht von
einer typischen Lehrer- und Schülermentalität und meint damit,
daß das Verhalten von Menschen in gewissen Grenzen vorher-

sagbar ist, wenn man die sozialen Positionen und die damit verbundenen Rollenerwartungen kennt. Fällt jemand aus seiner Rolle, so führt das im einfachsten Fall zur Verunsicherung des Gegenübers, in schweren Fällen zu sozialen Sanktionen verschiedenster Art.

Damit soll natürlich nicht gesagt werden, daß die jeweilige Rolle das Verhalten eines Menschen völlig festlegt und vorschreibt. Jede Position erlaubt einen gewissen Verhaltensspielraum, innerhalb dessen die persönliche Eigenart des Rollenträgers zur Geltung kommt. So spricht man zwar von typischem Lehrerverhalten; nicht ohne Grund gilt aber die Unterschiedlichkeit des Lehrerverhaltens als besonders wichtige Ursache für die ungleichen Sozialisationseffekte der Schule. Das Verhalten von Lehrern und Schülern wäre also stets das Ergebnis *institutioneller Rollenerwartungen* und *individueller Persönlichkeitsmerkmale*. Unterscheiden sich die Anforderungen der Institution und die Bedürfnisse des Individuums zu stark, so ergeben sich soziale und persönliche Konflikte. Das gilt sowohl für Lehrer als auch für Schüler.

Man kann dieses Problem anhand einer alltäglichen Beobachtung verdeutlichen, die von WHITEMAN & DEUTSCH (1968) berichtet wird:

> Zwei etwa 10jährige Jungen befinden sich auf dem Weg zur Schule. Einer der beiden spielt dabei mit seinen Schulheften; eines entgleitet ihm und fällt in eine Pfütze. Die beiden Jungen schauen sich an, fangen plötzlich furchtbar an zu lachen und gehen ohne Heft, die Arme untergehakt, weiter zur Schule. Ein Polizist, der die Szene miterlebt, sieht starr vor Staunen auf das Heft in der Pfütze und kann das Ganze nicht fassen.

Welch eine Diskrepanz zwischen den Erwartungen der Schule und dem Verhalten der Kinder! Aber zugleich: Welche Konflikte läßt diese kleine Episode ahnen, welch geringe Aussicht haben die beiden, erfolgreich im sozialen System der Schule zu bestehen?

Nun leben weder Institutionen noch Individuen in einem luftleeren Raum, sondern sind auf die vielfältigste Weise in ihrer jeweiligen *soziokulturellen Umwelt* verankert. Darauf verweisen die Zeilen A und D des Schaubilds von GETZELS. In ihnen deuten sich zugleich neue *Konfliktquellen* an. Widersprüche können z. B. entstehen zwischen den Wertvorstellungen breiter Bevölkerungsgruppen und den in einer Schule vertretenen Zielsetzungen. Hierbei würde es sich um einen Konflikt zwischen A und B handeln. Nicht selten dürften sich Gegensätze zwischen D, C auf der einen und B auf der anderen Seite ergeben. Kinder aus Familien, in denen völlig andere Wertorientierungen und Verhaltensnormen als in der Schule gelten, haben es nämlich häufig besonders schwer, sich erfolgreich zu behaupten. Das konnte z. B. für die Schüler nachgewiesen werden, die aus einem sehr autoritären Elternhaus

stammen und sich plötzlich einer liberalen Schulatmosphäre gegen-
übersehen. Da sie nicht gelernt haben, selbständig zu planen und
zu handeln, zeigen sie oft Leistungsschwierigkeiten und fühlen
sich in der Schule nicht wohl (Husén 1956). Ähnliches gilt
möglicherweise auch für »antiautoritär« erzogene Kinder, die in
eine streng geführte Schule kommen.
Das Schulschicksal vieler Jungen und Mädchen aus sozial benachteiligten Schichten ist ebenfalls ein in jüngster Zeit viel-
diskutiertes Beispiel dafür.
Die Gleichheit der Bildungschancen wurde lange Zeit dann als
erfüllt angesehen, wenn alle Kinder wenigstens zu Anfang die
gleiche Schule besuchen, von den gleichen Lehrern unterrichtet
werden und unter gleichen Bedingungen lernen können. Mit
der nach dem Ersten Weltkrieg erfolgten Einrichtung der Grundschule als einer Volksschule für alle, unabhängig von Reichtum
und sozialer Herkunft, schien diese Forderung erfüllt zu sein.
Erst allmählich setzte sich die Einsicht durch, daß gleiche Lernbedingungen bei ungleichen Lernvoraussetzungen zu unterschiedlichen Lernergebnissen führen müssen. Anders ausgedrückt: Kinder, die die ersten 6 Jahre ihres Lebens unter ungünstigen ökonomischen und sozialen Verhältnissen gelebt haben,
weniger Entwicklungsanreize und Lernmöglichkeiten als andere
zur Verfügung hatten, ihre schulrelevanten Fähigkeiten und Motive weniger gut entwickeln konnten, haben schon zu Beginn
ihrer Schulzeit verminderte Startchancen. Ihre Bildungsaussich-
ten verbessern sich in der Regel auch in der Schule nicht – im
Gegenteil: sie werden eher schlechter! Man spricht zu Recht von
einem *kumulativen Lerndefizit*; der Abstand zu den sozial begünstigten Schülern wächst also (Rolff 1967). Natürlich kennt jeder von
uns Ausnahmen: Kinder aus ärmlichen Familienverhältnissen, die

*Tab. 3*: Schulreifetest-Ergebnisse (Frankfurter Schulreifetest) und Intelli-
genztestergebnisse (sprachfreie Progressive Matrices) von 690 unausgelese-
nen Kindern aus verschiedenen sozioökonomischen Schichten (Hauptein-
teilungskriterium: ausgeübter Beruf des Vaters). (Aus: W. Ferdinand
›Über Schulreife und Schulleistung IQ-äquivalenter Kinder aus unterschiedlichem sozialem Milieu‹. In: *Zeitschrift für Entwicklungspsychologie und Pädagogische Psychologie*, 1969, 1, 190–199, S. 192.)

|  | Mittelschicht | | | Geh. Grundschicht | | | Grundschicht | | |
|---|---|---|---|---|---|---|---|---|---|
|  | J | M | Zus. | J | M | Zus. | J | M | Zus. |
| N | 75 | 79 | 154 | 190 | 192 | 382 | 55 | 50 | 105 |
| M | 15.4 | 17.0 | 16.3 | 13.4 | 14.9 | 14.2 | 12.1 | 10.6 | 11.4 |
| s | 6.1 | 6.2 | 6.2 | 6.0 | 6.7 | 6.4 | 6.1 | 5.3 | 5.7 |
| M | 20.4 | 19.7 | 20.0 | 18.7 | 17.4 | 18.1 | 16.2 | 15.3 | 15.7 |
| s | 5.1 | 5.3 | 5.2 | 5.1 | 4.4 | 4.8 | 4.7 | 3.9 | 4.3 |

glänzende Leistungen aufweisen und herausragende soziale Positionen erreichen. Man sollte sich jedoch nicht von Einzelfällen täuschen lassen und die Augen vor der Regelhaftigkeit einer weiteren schulischen Diskriminierung sozial benachteiligter Kinder verschließen. Dafür liegt eine große Zahl wissenschaftlicher Belege vor. Ich will sie in sechs Punkten zusammenfassen:

a) Kinder der sozialen Unterschicht verfügen schon zu Beginn der Schulzeit über schlechtere Lernvoraussetzungen als Kinder der Mittel- und Oberschicht. Bei der Untersuchung von 690 Düsseldorfer Schulneulingen z. B. zeigten sich sowohl bei Schulreifetests als auch in Intelligenztestverfahren signifikante Unterschiede (vgl. Tab. 3).

Worauf sind diese Unterschiede zurückzuführen? Im 7. Kap. wurde bereits darauf hingewiesen, daß es absurd wäre, alle Fähigkeitsdifferenzen auf Milieubedingungen zurückführen zu wollen. Es kann aber umgekehrt als wissenschaftlich gesichert gelten, daß ein Teil der fehlenden Lernvoraussetzungen durch Mängel der familiären Sozialisation erklärt werden muß. Mehrfach wurde bereits auf die Verwendung unterschiedlicher Sprachcodes, auf Entwicklungsdifferenzen im Bereich der sprachlichen Intelligenz und auf schichtspezifische Ausprägungen des Leistungsmotivs hingewiesen. Berücksichtigt man zusätzlich die Distanz zwischen dem häuslichen Milieu des Unterschicht-Kindes und der Schule als einer typischen Mittelschicht-Institution, so wird deutlich, daß von gleichen Ausgangsbedingungen nicht gesprochen werden kann.

b) Es gibt keinen Grund für die Annahme, daß sich diese Chancengleichheit im Laufe der Schulzeit ändert. Vergleicht man – wie es FERDINAND getan hat – am Ende des 2. Schuljahrs die Leistungen jener Kinder unterschiedlicher sozialer Schichtzugehörigkeit, die zu Beginn der Schule gleiche Intelligenz- und Schulreifewerte erzielt hatten, miteinander, so erhält man signifikante Differenzen. Tab. 4 vermittelt einen Eindruck davon.

*Tab. 4:* Schulleistungen von Kindern der sozialen Unter- und Oberschicht mit vergleichbaren Intelligenztestwerten am Ende des 2. Schuljahrs. (In Anlehnung an W. FERDINAND ›Über Schulreife und Schulleistung IQ-äquivalenter Kinder aus unterschiedlichem sozialem Milieu‹. In: *Zeitschrift für Entwicklungspsychologie und Pädagogische Psychologie*, 1969, 1, 190–199.)

|  | Kinder der Oberschicht N = 30 | Kinder der Unterschicht N = 30 |
|---|---|---|
| Fehler im Lesetest | 6,80 | 16,37 |
| Gutpunkte im Lesesinnverständnis | 30,00 | 24,40 |
| Fehler im Rechtschreibtest | 10,20 | 18,00 |
| Gutpunkte im Rechentest | 10,00 | 9,70 |

Im mechanischen Lesen, im Leseverständnis und in den Recht-schreibleistungen zeigen sich große schichtspezifische Leistungs-unterschiede. Nur im Rechnen sind die Differenzen unbedeutend. Wir können daher festhalten: Sprachliche Schulleistungen er-weisen sich von Anfang an als besonders schichtabhängig.

c) Gemessen an den Leistungsstandards unserer Schulen errei-chen also Unterschicht-Kinder eher unterdurchschnittliche Er-gebnisse. Aber selbst wenn sie gleiche Leistungen wie Schüler anderer sozialer Herkunft erzielen, wird ihnen vom Lehrer im allgemeinen weniger zugetraut, ihre schulischen Zukunftsaus-sichten werden pessimistischer beurteilt, und es wird ihnen selten empfohlen, eine weiterführende Schule zu besuchen. Es

*Tab. 5:* Prozentzahlen der Schüler, die nach dem Leistungs-Prüfsystem (HORN) für eine weiterführende Schule geeignet sind (beste 40°/₀) und vom Klassenlehrer entweder als geeignet oder als nicht geeignet beurteilt werden. I = untere Unterschicht / II = obere Unterschicht / III = untere Mittel-schicht / IV = mittlere Mittelschicht / V = obere Mittelschicht. (Aus: O. PREUSS *Soziale Herkunft und die Ungleichheit der Bildungschancen.* Weinheim: Beltz 1970, S. 53.)

| Übertrittsurteil des Klassenlehrers | I (303) % | II (496) % | III (351 % | IV (223) % | V (284) % |
|---|---|---|---|---|---|
| als geeignet | 54 | 60 | 77 | 73 | 90 |
| nicht geeignet | 46 | 40 | 23 | 27 | 10 |
| | 100 | 100 | 100 | 100 | 100 |

wäre zweifellos ein grobes Mißverständnis, daraus zu folgern, Lehrer würden Unterschicht-Kinder absichtlich diskriminieren. Die tatsächliche Benachteiligung hat vermutlich viele Gründe, die bisher nur wenig erforscht sind. Mittelständische Herkunft und eine ungenügende sozialpsychologische Ausbildung erleich-tern es den meisten Grundschullehrern gewiß nicht, sich in die Situation des Unterschicht-Kindes einzufühlen, seine subkulturel-len Bedingungen kennenzulernen und seine von der Sprache eher verdeckten als offengelegten Fähigkeiten zu erkennen. Hinzu kommt, daß in der Regel nur wenig Kontakt zwischen der Schule und den Eltern besteht. Und schließlich berücksichtigen viele Pädagogen bei ihren Empfehlungen für den Besuch einer weiter-führenden Schule – zu Recht – auch die Möglichkeiten des Eltern-hauses, Kindern den Übergang auf das Gymnasium zu erleichtern und ihnen bei Schulschwierigkeiten zu helfen (vgl. auch SPITZ-MÜLLER 1973).

d) So kommt es, daß auch heute noch ein vergleichsweise geringer Prozentsatz von Arbeiterkindern das Gymnasium besucht, ob-wohl sich die Situation in den letzten Jahren unter dem Einfluß

bildungspolitischer Aufklärungsarbeit verbessert hat. Zu den
bereits genannten Gründen kommt die oft beschriebene »Bildungsferne« des Elternhauses. Viele Mütter und Väter fürchten,
daß ihnen ihre Kinder von der Höheren Schule entfremdet
werden, daß sie ihnen bei Schwierigkeiten nicht helfen können,
daß sie selbst keinen Zugang zur Welt des Gymnasiums und der
Studienräte gewinnen und daß die unmittelbare Gefährdung der
familiären Solidarität größer ist als die langfristige Verbesserung
der Lebenschancen des Kindes durch die höhere Bildung. Eine
bedeutende Rolle spielen auch heute noch ökonomische Zwänge,
die ein baldiges Zusatzeinkommen des Kindes notwendig erscheinen lassen. Vermutlich sind damit nur einige der Gründe
genannt, die dazu führen, daß eine zu geringe Zahl von Arbeiterkindern Gymnasien und Universitäten besucht und daß innerhalb
dieser Bevölkerungsgruppe eine relativ große unausgeschöpfte
»Begabungsreserve« vorhanden ist (vgl. z. B. HELLER 1970). Man
versteht darunter im allgemeinen jene Schüler, die in der Hauptschule bleiben, aber Intelligenzleistungen erzielen, die gleich
oder besser als die von Kindern sind, die erfolgreich eine Höhere
Schule absolvieren.

Rita BAUR (1972) faßt die Ergebnisse ihrer empirischen Untersuchung zu dieser Frage dahingehend zusammen, daß die Bildungschancen eines Kindes davon abhängen,

> »ob der Übergang im Vergleich zum väterlichen Status auf Abstieg,
> Statuserhaltung oder Aufstieg angelegt ist. Kinder, bei denen die Wahr-
> scheinlichkeit groß ist, daß sie im Vergleich zum Vater absteigen, wenn
> sie keine Höhere Schule besuchen, haben die besten Bildungschancen.
> Kinder, bei denen der Besuch einer Höheren Schule zwar für die Status-
> erhaltung dienlich, aber nicht unbedingt erforderlich ist, ... haben mitt-
> lere Bildungschancen. Kinder, bei denen der Besuch einer Höheren Schule
> bedeutet, daß sie im Vergleich zum Vater erheblich aufsteigen würden,
> haben die schlechtesten Bildungschancen. Gegenüber der Stärke des Ein-
> flusses des Sozialstatus sind alle anderen Sozialfaktoren von untergeord-
> neter Bedeutung.« (S. 294)

e) Eine in den Studientexten ausführlicher dargestellte Untersuchung von SIMONS (1973) zeigt, daß sich auf der Unterstufe des
Gymnasiums wiederholt, was FERDINAND für die ersten Jahre der
Grundschule feststellen mußte: Trotz gleicher intellektueller und
schulischer Ausgangsbedingungen beginnt sich die Leistungs-
schere zwischen Unterschicht- und Mittelschicht-Kindern vor
allem in den sprachlichen Fächern zu öffnen.

f) Aufgrund dieser Befunde kann es eigentlich nicht mehr verwundern, daß die Wahrscheinlichkeit des vorzeitigen Abbruchs
einer höheren Schulbildung wiederum mit dem Beruf des Vaters
und damit mit dem Sozialstatus der Familie korreliert (PEISERT &
DAHRENDORF 1967; GERSTEIN 1971). Abb. 2 vermittelt davon
ein anschauliches Bild.

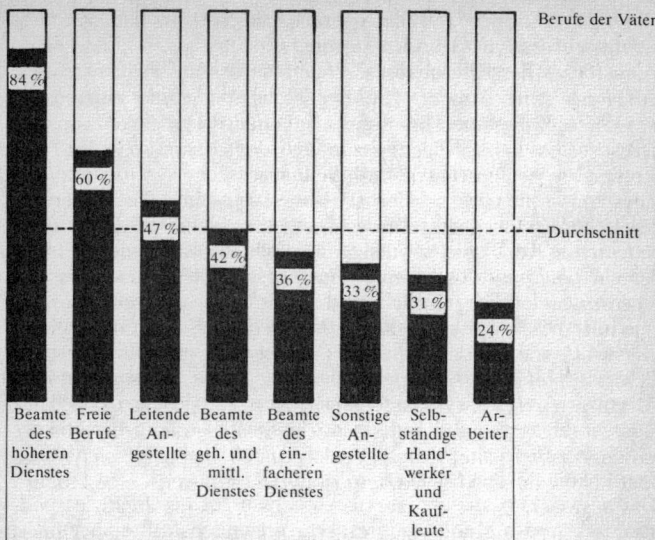

*Abb. 2:* Erfolgsquoten von Schülern auf dem Gymnasium. (Aus H. GERSTEIN ›Erfolg und Mißerfolg im Hinblick auf strukturelle, leistungsmäßige und soziale Faktoren‹. In: H. PEISERT & R. DAHRENDORF (Hrsg.) *Der vorzeitige Abgang vom Gymnasium.* Villingen: Neckar-Varlag 1967, S. 140.)

Während nur 24% der Arbeiterkinder, die auf das Gymnasium überwechselten, die Reifeprüfung ablegen, sind es bei den Söhnen und Töchtern höherer Beamtenfamilien immerhin 84%. Dabei darf allerdings nicht unerwähnt bleiben, daß die Erfolgsquote von Arbeiterkindern zwischen verschiedenen Schulen erheblich differiert. Fragt man ehemalige Schüler nach der Ursache ihres Ausscheidens, so erhält man häufig Antworten wie diese:

»Wir waren eben vom Lande, gehemmt gegenüber den anderen. Die waren besser angezogen als die Söhne von Arbeitern und Bauern. Ein Beispiel: Wenn einer an die Tafel mußte – dem einen machte es nichts aus, der andere war gehemmt. Wenn ich der Sohn eines Arztes gewesen wäre, dann hätte ich mich vielleicht nicht gehemmt gefühlt. Ich weiß nicht, aber ich habe mich eben ein bißchen zurückgesetzt gefühlt.«

»Man muß etwas rauh und kaltblütig sein, um die Schule mitzumachen . . . Die Lehrer haben es an sich, wenn sie schwache Stellen erkennen, die Schüler immer neu anzusprechen. Man ist dem Spott der Klasse ausgesetzt, ironische Sachen und so.«

Nach Meinung DAHRENDORFs drücken Bildungsstatistik und subjektive Erfahrungen einzelner Schüler im Grunde genommen das gleiche aus:

»Denjenigen, die in der Bundesrepublik vorzeitig aus dem Gymnasium

ausscheiden, fehlt offenbar das, was dazu gehört, um hier zur Oberschicht
zu gehören« (PEISERT & DAHRENDORF 1967, S. 147).

»... Solche Formulierungen sind mißverständlich. Sie könnten nahelegen,
daß geheime Verschwörer Pläne zur Siebung der Schüler ersinnen und
auch ins Werk setzen. Darum sei betont, daß derlei primitive Vermutungen völlig abwegig sind. Soziale Strukturen entwickeln sich in aller Regel
ungeplant und üben ihre Wirkung aus, ohne daß diejenigen, die in ihnen
stehen, auch nur merken müssen, was das Resultat ihres Tuns ist ...
Hier wird also behauptet, daß der (hohe) vorzeitige Abgang vom Gymnasium in der Bundesrepublik ein Mechanismus der sozialen Selektion
ist, durch den garantiert wird, daß der Weg in die Spitzenpositionen trotz
eines grundsätzlich offenen Schulsystems nicht allen ermöglicht wird:
Mädchen nicht, Arbeiter- und Landkindern nicht, Kindern aus gestörten
Familien nicht oder jedenfalls allen diesen nicht in dem Maße, in dem das
für gleichbefähigte Akademikerkinder gilt. Die Schranke wird nur über-
sprungen, wenn die Herkunftsfamilie allen Vermutungen zum Trotz
schulnahe ist, also den Kindern den Rollenkonflikt erspart, wenn das
Schulziel eindeutig Abitur heißt oder wenn die Leistungen der Kinder
erheblich über dem Durchschnitt liegen.« (S. 165)

Daß dies in den letzten Jahren etwas häufiger geschieht, ist pädagogisch und bildungspolitisch sehr erfreulich, sollte aber nicht
darüber hinwegtäuschen, daß noch sehr viel schulreformerische
und gesellschaftspolitische Arbeit notwendig ist, um die im gegenwärtigen Schulsystem vorhandene Benachteiligung sozial unterprivilegierter Kinder zu überwinden.

### 12.4. *Die Sozialisationswirksamkeit der Schule*

Weitere und verbesserte wissenschaftliche Untersuchungen über
die *Sozialisationswirksamkeit* der Schule sind dafür sicher nicht
das geeignete Mittel, wohl aber eine notwendige Voraussetzung.
Nun erweist es sich aber als außerordentlich schwierig, nach-
weisbare Veränderungen des Verhaltens und Erlebens von
Schülern eindeutig auf bestimmte Faktoren der Schule zurückzuführen. Sozialisationseffekte sind immer das Ergebnis komplizierter Wechselwirkungen zwischen einer Vielzahl schulischer
Bedingungen, den Persönlichkeitsmerkmalen der Schüler, ihrem
bisherigen Sozialisationsschicksal und den gleichzeitig wirkenden
außerschulischen Kräften (WALTER 1973). Es kann also gar keine
allgemeingültige Aussage über die Schule als Sozialisationsbedingung geben; es muß sich vielmehr stets um die Frage handeln,
welche konkreten Bedingungen der Schulumwelt bei welcher
Gruppe von Schülern welche spezifischen Effekte mit welcher
Wahrscheinlichkeit bewirken. Das wird all jene enttäuschen,
die an einfachen und eindeutigen Antworten auf ihre Fragen an

die Wissenschaft interessiert sind. Nach meiner Auffassung bildet dieser Weg jedoch die einzige Möglichkeit, unsere globalen Vorurteile Schritt für Schritt durch wissenschaftlich gesicherte Einzelergebnisse in Frage zu stellen und zu ersetzen.

Die theoretischen Einschränkungen gegen generell formulierte Aussagen (vgl. WEINERT 1972; FEND et al. 1973) dürfen nicht in Vergessenheit geraten, wenn wir uns jetzt der Frage zuwenden: »Wie sozialisationswirksam ist eigentlich die Schule?« Annahme steht hierbei oft gegen Annahme, Vorurteil gegen Vorurteil. Beklagen die einen, daß in der Schule zu wenig oder zu wenig Brauchbares gelernt wird, so verweisen die anderen auf die immer breiter und bunter werdende Palette von Qualifikationen, die offensichtlich durch Schulen mit Erfolg vermittelt werden. Ähnlich widersprüchlich wirken die Ergebnisse der vorliegenden empirischen Untersuchungen. Sie unterscheiden sich z. T. recht erheblich, je nachdem, wen man befragt und wie man die Fragen formuliert. Das gilt sowohl, wenn man sich an die Betroffenen selbst wendet, als auch bei der Befragung der sog. »Abnehmer«, also z. B. von Lehrern weiterführender Schulen, Personalchefs, Betriebsleitern, Lehrlingsausbildern usw. Pauschale Urteile verbieten sich damit von selbst. Es genügt auch nicht, die Schule danach zu messen, ob sie die ihr gesetzten Ziele erreicht hat; es reicht nicht aus, von den Erfahrungen ehemaliger Schüler auszugehen; ebenso wichtig ist die Erfassung ungewollter Nebenwirkungen. Es wird z. B. kaum eine Schule geben, die beabsichtigt, die ihr anvertrauten Kinder zu verängstigen, ihr Selbstbewußtsein zu beeinträchtigen, die Furcht vor Mißerfolg zu steigern oder eine totale Lern- und Leistungsunlust zu erzeugen. Wer aber wollte bezweifeln, daß es solche Effekte tatsächlich gibt?!

Ich möchte die Frage nach der Sozialisationswirksamkeit der Schule anhand einiger empirischer Untersuchungen erörtern. Sie beschäftigen sich mit der Vermittlung von Kenntnissen, mit der Förderung der Intelligenz und mit der Veränderung von Einstellungen.

Wenden wir uns zuerst der *Vermittlung von Kenntnissen* und *Fertigkeiten* zu, nach Meinung vieler die Hauptaufgabe der Schule. Seit etwa 1820 lassen sich ganze Bände mit bewegten Klagen über einen fortschreitenden Leistungsrückgang der Schuljugend füllen. Die vorliegenden empirischen Untersuchungen belegen eher das Gegenteil. Abb. 3 enthält Ergebnisse einer von INGENKAMP durchgeführten Untersuchung, in der 1949 und 1962 die Schüler der jeweiligen 6. Klassen des Berliner Bezirks Tempelhof erfaßt wurden (vgl. INGENKAMP 1967).

Verwendet wurden in der Untersuchung drei standardisierte Tests zur Erfassung der Rechtschreib-, Lese- und Rechenleistungen. Aus der Abbildung ist ersichtlich, daß die Schulleistungen der Jungen von 1962 durchweg höher liegen als 1949. Das gilt für die leistungsschlechtesten, für die mittelmäßigen und mit einer Ausnahme – dem Lesen – für die leistungsbesten Schüler. Betrachtet man die Kinder, die in den beiden Untersuchungsjahren bei den verschiedenen Tests jeweils in der Mitte der Leistungsverteilung, also an der 50%-Grenze lagen – man erkennt deren Punktwerte an den mittleren Querstrichen innerhalb der Rechtecke –, so läßt sich eine starke Verbesserung der Leseleistungen, eine geringere beim Bruchrechnen und die kleinste bei den Rechtschreibkenntnissen feststellen.

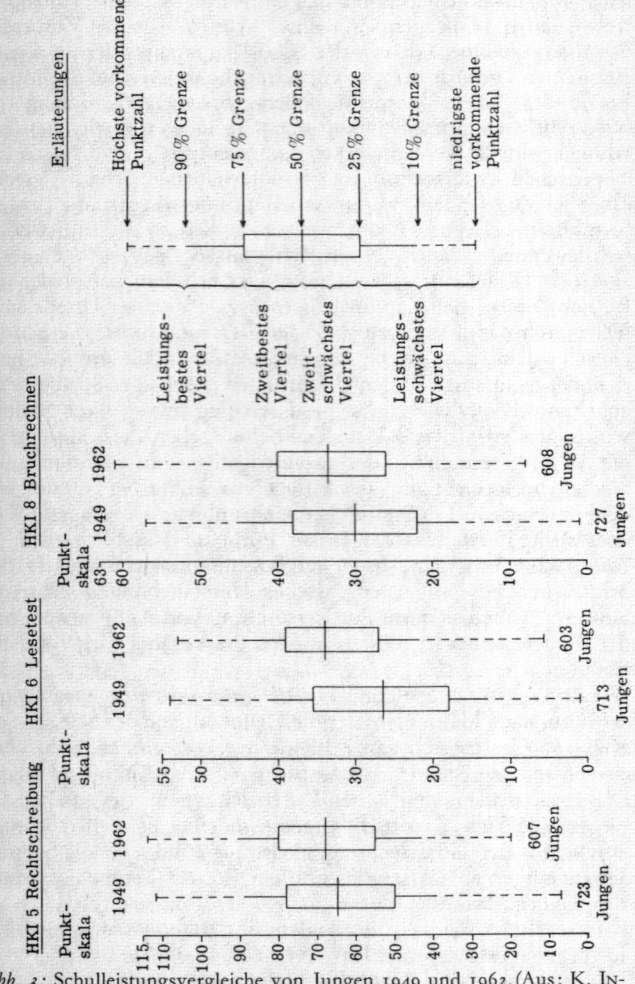

*Abb. 3:* Schulleistungsvergleiche von Jungen 1949 und 1962. (Aus: K. INGENKAMP *Schulleistungen – damals und heute.* Weinheim: Beltz 1967, S. 119.)

Interessant ist, daß die Mehrzahl der Lehrer subjektiv nicht an eine Leistungsverbesserung glaubte. Da sich der in den Testergebnissen erkennbare positive Trend auch in anderen Untersuchungen bestätigte, wird man INGENKAMP zustimmen können, wenn er bei der Diskussion seiner Untersuchungsresultate feststellt: »Viele Ergebnisse sprechen dafür, daß die allgemeine Verbesserung der Schul- und Umweltverhältnisse ... vorwiegend zum Leistungsanstieg geführt hat« (1967, S. 151).

Damit muß natürlich unaufgeklärt bleiben, welchen Anteil die Schule an den Leistungsverbesserungen tatsächlich hat. Aber das ist, wie wir bereits gesehen haben, ohnehin eine ziemlich problematische Frage; denn ihre Beantwortung würde sich gewiß von Schule zu Schule, von Lehrer zu Lehrer, von Schüler zu Schüler, von Schulfach zu Schulfach unterscheiden. Um aus diesem Dilemma herauszukommen, geht man in jüngster Zeit immer mehr dazu über, die schulischen Lernziele möglichst genau zu definieren, lernziel-orientierte Tests zu ihrer Erfassung zu konstruieren, um auf diese Weise feststellen zu können, welche Schüler ein Lernziel erreicht haben bzw. welche Kinder einer zusätzlichen Lernhilfe bedürfen (vgl. Kap. 29 u. 30).

Neben der Wissensvermittlung gilt die *Förderung der intellektuellen Fähigkeiten* als eine wichtige Aufgabe der Schule. Zu fragen ist also, wie sich Tatsache, Dauer und Güte des Schulunterrichts auf die Intelligenzentwicklung auswirken. Auf den ersten Blick scheint diese Frage leicht beantwortbar zu sein, denn in einer Reihe von Untersuchungen wurden zwischen der Anzahl der Schulbesuchsjahre und dem Intelligenzquotienten sehr signifikante Korrelationen von etwa .70 gefunden. Bei genauer Betrachtung kompliziert sich allerdings das Problem. Ist die Intelligenz höher, weil die Kinder länger in der Schule waren? Verbleiben sie länger im System der Schule, weil sie von Anfang an intelligenter waren? Oder beeinflussen Anregungsqualität des Elternhauses, Leistungsmotivation oder was immer sowohl die Intelligenzleistungen wie die Schulbesuchsdauer? Solche Fragen lassen sich mit Hilfe eines Korrelationskoeffizienten natürlich nicht beantworten. Man kann vermuten, daß die genannten Gründe alle eine gewisse Rolle für die Erklärung des Zusammenhangs von Intelligenz und Schuldauer spielen. Der schwedische Psychologe und Erziehungswissenschaftler HUSÉN (1961) hat deshalb in einer sorgfältig geplanten Untersuchung versucht, den Einfluß der Schule auf die Intelligenzentwicklung isoliert zu erfassen. Er verglich die Testleistungen von Wehrpflichtigen mit Testwerten, die sie 10 Jahre zuvor beim Besuch der 3. Volksschulklasse erzielt hatten. Tab. 6 zeigt die Veränderung des Intelligenzquotienten in Abhängigkeit von der Dauer des Schulbesuchs. In dieser Tab. deutet sich eine Steigerung der Intelligenz als Folge des Besuchs weiterführender Schulen an.

*Tab. 6:* Veränderung der IQ-Werte gegenüber einer 10 Jahre zuvor durchgeführten Messung in Abhängigkeit von der Schulbesuchsdauer. (Aus T.
Husén ›The influence of schooling upon IQ‹. In: *Theory,* 1951, 17, 61–88.)

| | |
|---|---|
| Volksschule (7 Schuljahre) | — 1,2 IQ-Punkte |
| Unterstufe des Gymnasiums (Realschule) ohne Abschlußzertifikat (8–10 Schuljahre) | + 2,1 IQ-Punkte |
| Unterstufe des Gymnasiums (Realschule) mit Abschlußzertifikat (10 Schuljahre) | + 3,0 IQ-Punkte |
| Oberstufe des Gymnasiums (11–13 Schuljahre) | + 7,2 IQ-Punkte |
| Oberstufe des Gymnasiums mit Abitur (13 Schuljahre) | +11,0 IQ-Punkte |

Daß die Zusammenhänge auch hier komplizierter sind, wird in
den Studientexten ausführlicher diskutiert. Im übrigen bleibt
festzuhalten, daß die Auswirkungen des Schulunterrichts auf die
Intelligenzentwicklung weniger deutlich erkennbar sind, wenn
man zur Prüfung Denkaufgaben im Sinne Jean Piagets verwendet,
als wenn man herkömmliche Intelligenztests benutzt, daß sprachliche Intelligenzleistungen offenbar eher beeinflußbar sind als
nicht-sprachliche und daß Inhalt und Qualität des Unterrichts
langfristig gesehen sehr spezifische Wirkungen auf einzelne umschriebene Fähigkeitsbereiche haben können.

Im Zusammenhang mit der Erziehungsaufgabe der Schule verdient die Frage nach den Möglichkeiten der *Beeinflussung von Einstellungen, Überzeugungen und Meinungen* besonderes Interesse. Alltagserfahrungen und sozialpsychologische Theorien lassen kaum einen
Zweifel daran aufkommen, daß sich das jahrelange Zusammenleben mit Lehrern und Mitschülern, die Begegnung mit Bildungsgütern und der Erwerb neuer Fähigkeiten und Fertigkeiten auch
auf die Einstellungen der Schüler auswirken müssen. Schwierig
wird es wiederum, wissenschaftlich exakt nachzuweisen, daß spezifische Einstellungsänderungen auf bestimmte schulische Bedingungen zurückzuführen sind, wenn man bedenkt, wie vielen
Einflüssen die Kinder gleichzeitig ausgesetzt sind. Als Beispiel
für eine einschlägige Untersuchung dient die sog. Bennington-
Studie, die von den amerikanischen Sozialpsychologen Newcomb
und seinen Mitarbeitern (1943) durchgeführt wurde.

> Unter dem Einfluß eines sehr homogenen jungen Lehrkörpers, einer libe-
> ralen Schulatmosphäre und unter besonders günstigen Voraussetzungen
> für die Entstehung gemeinsamer Gruppennormen veränderten die mei-
> sten der untersuchten 525 Studentinnen zwischen 1935 und 1939 ihre
> politischen und ökonomischen Einstellungen. Sie waren am Ende der
> College-Zeit im Durchschnitt weniger konservativ und äußerten libera-
> lere Ansichten als zu Beginn. Erfaßt wurden diese Einstellungsänderungen
> mit Hilfe einer Einstellungsskala, die z. B. Stellungnahmen zu folgenden
> Behauptungen verlangte:

No. 12 – Zuerst muß der Staatshaushalt ausgeglichen sein, bevor die Regierung irgendwelche Gelder für soziale Sicherheit ausgeben kann.

No. 17 – Viele Unternehmer denken nur an ihren Gewinn und kümmern sich wenig um das Wohlergehen ihrer Arbeiter.

No. 23 – Die Mehrzahl derjenigen, die der untersten sozialen Schicht angehören, befinden sich in dieser Lage, weil sie entweder dumm oder unbeweglich oder beides sind.

Um festzustellen, ob die während der Studienzeit eingetretenen Einstellungsänderungen stabil sind, wurden die ehemaligen College-Mitglieder 25 Jahre später noch einmal befragt (NEWCOMB et al. 1967). Bei der Mehrzahl der früheren Studentinnen dominierten auch jetzt noch liberale politische Meinungen. NEWCOMB schließt daraus, daß sich solche im College erworbenen Einstellungen über längere Zeit hinweg als relativ stabil erweisen und daß Veränderungen deutlich mit bestimmten Umweltbedingungen – z. B. abweichenden Überzeugungen des Ehemanns oder einer Bezugsgruppe – zusammenhängen.

Diese letzte Feststellung läßt sich verallgemeinern: Die Stabilität schulischer Sozialisationseffekte hängt nicht zuletzt von den nachfolgenden Erfahrungen und Erlebnissen ab. Ob z. B. junge Lehrer die während des Studiums übernommenen kind-zentrierten, antiautoritären und reformfreudigen Einstellungen unter den gegenwärtigen Schulbedingungen beibehalten, muß aufgrund neuerer Befunde zumindest bezweifelt werden (KOCH 1972; CLOETTA et al. 1973).

Fassen wir zusammen: Die Schule ist zweifellos für alle Kinder und Jugendlichen eine wichtige Sozialisationsbedingung. Es ist allerdings außerordentlich schwierig, die durch sie bewirkten Sozialisationseffekte im einzelnen exakt nachzuweisen. Feststehen dürfte jedoch, daß es erhebliche Differenzen gibt zwischen der idealen Beschreibung der Schule als »optimale Organisation von Lernprozessen«, in der »alle Schüler es schaffen«, und der Wirklichkeit der Schule, die für viele tatsächlich eine Stätte des Lernens, des Erfolgs und der Selbstbestätigung ist, für manche ein Ort der Mühsal und der Verunsicherung, und gewiß für nicht wenige auch eine Ursache des Versagens, der Verzweiflung und der Resignation.

## Literatur

BALTES, P. B. & SCHAIE, K. W. *Life-span developmental psychology: Personality and socialization.* New York: Academic Pr. 1973.

BAUR, R. *Elternhaus und Bildungschancen.* Weinheim: Beltz 1972.

BLANKERTZ, H. *Theorien und Modelle der Didaktik.* München: Juventa 1969.
– *Curriculumforschung – Strategien, Strukturierung, Konstruktion.* Essen: Neue Deutsche Schule 1971.

Bourdieu, P. & Passeron, J. C. *Die Illusion der Chancengleichheit*. Stuttgart: Klett 1971.

Cloetta, B., Dann, H. D., Helmreich, R., Müller-Fohrbrodt, G. & Peifer, H. ›Berufsrelevante Einstellungen als Ziele der Lehrerausbildung‹. In: *Zeitschrift für Pädagogik*, 1973, *19*, 919–941.

Daheim, J. *Der Beruf in der modernen Gesellschaft*. Köln: Kiepenheuer & Witsch ²1970.

Dreeben, R. *On what is learned in school*. Reading, Mass.: Addison Wesley 1968.

Fend, H., Knörzer, W., Nagl, W., Specht, W. & Väth-Szusdziara, R. ›Sozialisationseffekte unterschiedlicher Schulformen‹. In: *Zeitschrift für Pädagogik*, 1973, *19*, 887–903.

Ferdinand, W. ›Über Schulreife und Schulleistung IQ-äquivalenter Kinder aus unterschiedlichem sozialen Milieu‹. In: *Zeitschrift für Entwicklungspsychologie und Pädagogische Psychologie*, 1969, *1*, 190–199.

Flechsig, K. H. & Haller, H. D. *Entscheidungsprozesse in der Curriculumentwicklung*. Stuttgart: Klett 1974.

Frey, K. *Theorien des Curriculum*. Weinheim: Beltz 1971.

Gerstein, H. *Erfolg und Versagen im Gymnasium*. Weinheim: Beltz 1971.

Getzels, J. W. ›A social psychology of education‹. In: G. Lindzey & E. Aronson (Hrsg.) *The Handbook of Social Psychology*. Vol. 5. Reading, Mass.: Addison Wesley ²1969.

Goslin, D. A. (Hrsg.) *Handbook of socialization: Theory and research*. Chicago: Rand McNally 1969.

Heipcke, K. & Messner, R. ›Curriculumentwicklung unter dem Anspruch praktischer Theorie‹. In: *Zeitschrift für Pädagogik*, 1973, *19*, 351–374.

Heller, K. *Aktivierung der Bildungsreserven*. Bern/Stuttgart: Huber/Klett 1970.

Hentig, H. v. ›Allgemeine Lernziele der Gesamtschule‹. In: Deutscher Bildungsrat. *Gutachten und Studien der Bildungskommission*. Bd. 12: Lernziele der Gesamtschule. Stuttgart: Klett 1969.

– *Cuernavaca oder: Alternativen zur Schule*. Stuttgart/München: Klett/Kösel 1972.

Husén, T. ›Home background and behavior in the classroom situation‹. In: *Research Bulletin*, Nr. *5*, Institute of Education, University of Stockholm 1956.

– ›The influence of schooling upon IQ‹. In: J. J. Jenkins & D. G. Patterson (Hrsg.) *Studies in individual differences*. New York: Appleton Century Crofts 1961.

– *Talent, opportunity, and career*. Stockholm: Almquist & Wiksell 1969.

Illich, I. ›Plädoyer für die Abschaffung der Schule‹. In: *Kursbuch*, 1971, *24*, 1–16.

– *Entschulung der Gesellschaft*. München: Kösel 1972; Reinbek bei Hamburg: Rowohlt Taschenbuch (Bd. 6828) 1973.

Ingenkamp, K. *Schulleistungen – damals und heute*. Weinheim: Beltz 1967.

Jencks, C. S. et al. *Chancengleichheit*. Reinbek bei Hamburg: Rowohlt 1973.

Koch, J. J. *Lehrer – Studium und Beruf*. Ulm: Süddeutsche Verlagsgesellschaft 1972.

Meyer, H. L. *Einführung in die Curriculum-Methodologie*. München: Kösel 1972.

Neidhardt, F. ›Die junge Generation‹. In: K. M. Bolte, F. Neidhardt & H. Holzer (Hrsg.) *Deutsche Gesellschaft im Wandel*. Bd. 2. Opladen: Leske 1970.

NEWCOMB, T. M. *Personality and social change.* New York: The Dryden Pr. 1943.

NEWCOMB, T. M., KOENIG, K. E., FLACHS, R. & WARWICK, D. P. *Persistence and change.* New York: Wiley 1967.

PARSONS, T. ›Die Schulklasse als soziales System: Einige ihrer Funktionen in der amerikanischen Gesellschaft‹. In: C. F. GRAUMANN & H. HECK-HAUSEN (Hrsg.) *Reader zum Funk-Kolleg Pädagogische Psychologie 1:* Entwicklung und Sozialisation. Frankfurt a. M.: Fischer Taschenbuch (Bd. 6113) 1974.

PEISERT, H. & DAHRENDORF, R. (Hrsg.) *Der vorzeitige Abgang vom Gymnasium.* Villingen: Neckar-Verlag 1967.

PICHT, G. *Die deutsche Bildungskatastrophe.* Olten: Walter 1965.

PREUSS, O. *Soziale Herkunft und die Ungleichheit der Bildungschancen.* Weinheim: Beltz 1970.

ROBINSOHN, S. B. *Bildungsreform als Revision des Curriculum.* Neuwied–Berlin: Luchterhand ³1971.

ROLFF, H. G. *Sozialisation und Auslese durch die Schule.* Heidelberg: Quelle & Meyer 1967.

SCHELSKY, H. *Schule und Erziehung in der industriellen Gesellschaft.* Würzburg: Echter 1962.

SIMONS, H. ›Intelligenz- und Schulleistungen bei Arbeiter- und Akademikerkindern auf der Unterstufe des Gymnasiums‹. In: H. NICKEL & E. LANGHORST (Hrsg.) *Brennpunkte der pädagogischen Psychologie.* Bern/Stuttgart: Huber/Klett 1973, S. 260–273.

SPITZMÜLLER, R. *Der Einfluß des Lehrers in der 4. Klasse Grundschule auf die Übergangschancen der Schüler auf eine der drei weiterführenden Schulen: Gymnasium, Realschule und Hauptschule.* Weinheim: Beltz 1974.

STRZELEWICZ, W., RAAPKE, H. W. & SCHULENBERG, W. *Bildung und gesellschaftliches Bewußtsein.* Stuttgart: Enke 1966.

THOMAE, H. ›Entwicklung und Prägung‹. In: H. THOMAE (Hrsg.) *Handbuch der Psychologie.* Bd. 3: Entwicklungspsychologie. Göttingen: Hogrefe 1959, S. 240–311.

WALTER, H. (Hrsg.) *Sozialisationsforschung.* Bd. 2: Sozialisationsinstanzen – Sozialisationseffekte. Stuttgart: Frommann 1973.

WEINERT, F. E. ›Schule und Beruf als Sozialisationsbedingung‹. In: C. F. GRAUMANN (Hrsg.) *Handbuch der Psychologie.* Bd. 7/2: Sozialpsychologie. Göttingen: Hogrefe 1972, S. 825–885.

WEINERT, F., SIMONS, H. & AHRENS, H. J. *Intellektuelle Fähigkeiten, relevante Vorkenntnisse und Rechenleistungen von Schülern der 4. Grundschulklasse.* Ber. 29. Kongreß der Deutschen Gesellschaft für Psychologie. Göttingen: Hogrefe 1975.

WHITEMAN, M. & DEUTSCH, M. ›Social disadvantage as relected to intellective and language development‹. In: M. DEUTSCH (Hrsg.) *Social class, race, and psychological development.* New York: Holt, Rinehart & Winston 1968.

ZENTRUM I BILDUNGSFORSCHUNG der UNIVERSITÄT KONSTANZ ›Sozialisation und Bildungsinstitutionen‹. *Zeitschrift für Pädagogik,* 1973, *19,* 849–855.

# C | Soziale Interaktion in der Schule

Franz Wellendorf

## 13.  Soziale Konflikte in der Schule

# 13. Soziale Konflikte in der Schule

## 13.1. *Allgemeine Einführung*

Soziale Konflikte gehören zum Alltag in der Schule. Das weiß jeder, der einmal als Schüler oder Lehrer die Schule besucht hat. Einige Beispiele machen das deutlich:

> Auf dem Schulhof schlagen sich zwei Schüler. Um sie herum steht ein Kreis interessierter Zuschauer, die die Kämpfer anfeuern. Ein Lehrer, der Pausenaufsicht hat, drängt sich durch den Kreis und trennt die Streithähne.

Viele Konflikte ereignen sich während des Unterrichts. Manchmal fallen sie kaum ins Auge, so daß die Beteiligten sie oft gar nicht als »wirkliche« Konflikte wahrnehmen.

> Ein Lehrer unterrichtet Deutsche Grammatik. Die Klasse, gestaffelt vor ihm aufgereiht, langweilt sich. Einige Schüler tuscheln sich Verabredungen für das nächste Fußballspiel zu. Der Lehrer fühlt sich gestört, ärgert sich, verstummt und blickt die Störenfriede strafend an. Die beiden bekommen ein etwas schlechtes Gewissen und schweigen – mehr oder weniger lange. Der Unterricht wird fortgesetzt.

Manchmal wird der Lehrer Strafarbeiten aufgeben. In anderen Fällen sind mehrere Schüler an dem Konflikt beteiligt, einige vielleicht mit der dezidierten Absicht, den Unterricht zu stören oder den Lehrer zu ärgern. Die Phantasie reicht nicht aus, um die kleinen und großen Störungen, Streiche, Zänkereien, Auseinandersetzungen zwischen den Schülern, den Lehrern und einzelnen Schülern oder größeren Schülergruppen sich in der Buntheit auszumalen, wie sie der schulische Alltag bietet.

In den letzten Jahren sind an einer ganzen Reihe Schulen, vor allem Gymnasien, Konflikte entstanden, die Lehrer, Eltern und Schulverwaltungsbehörden ernsthaft beunruhigt haben. Sie glichen nicht mehr den Schülerstreichen, wie sie in dem Film »Die Feuerzangenbowle« freundlich verklärt worden sind. Vorangetrieben durch eine Gruppe politisch bewußter und engagierter Schüler wurden sie von den Vertretern der schulischen Ordnung als Bedrohung des Bestehenden empfunden.

> 1968 unterschrieben 10 Schüler eines Gymnasiums einer norddeutschen Großstadt ein Flugblatt mit schweren Vorwürfen gegen einen ihrer Lehrer. Dies Flugblatt führte dazu, daß die Abiturfeier ausfiel, gegen den Lehrer ein Disziplinarverfahren eingeleitet und eine Anfrage im Landtag eingebracht wurde. Einige Zeit später erschienen neue Flugblätter, in denen dem Oberstudiendirektor vorgeworfen wurde, er habe den Lehrer mit unzulässigen Mitteln gedeckt. Es folgten Teach-ins auf

dem Schulhof, Wandzeitungen u. a. Briefe an Eltern und »Gegenbriefe«
durch Schüler wurden geschrieben und verteilt. Die Schüler versuchten
systematisch, ihre Mitschüler zu mobilisieren und den Konflikt in die
Öffentlichkeit und Presse zu tragen. Es kam zu Streiks und Demon-
strationen. Die Lehrer und der Direktor reagierten mit schärfsten Sanktionen: Gegen einige Schüler wurde eine Verleumdungsklage angestrengt;
zwei Schüler wurden von der Schule verwiesen. Lehrer und beteiligte
Schüler standen sich als unversöhnliche Parteien gegenüber.

Soziale Konflikte wie der zuletzt beschriebene unterscheiden sich
in vieler Hinsicht von den beiden zuvor vorgestellten. Dennoch: Wir wären nicht berechtigt, in allen drei Fällen von sozialen Konflikten zu reden, wenn sie nicht einige gemeinsame
Voraussetzungen, Aspekte und Konsequenzen hätten. Davon
gehen wir auch im Alltag, d. h., bei einer vorwissenschaftlichen
Betrachtungsweise aus. Einige Eigenheiten dieser Betrachtungsweise von sozialen Konflikten wollen wir zunächst genauer
betrachten.

## 13.2 *Zum Alltagsverständnis sozialer Konflikte in der Schule*

Wir reden im Deutschen gerne von »Konflikten«, wenn es sich
um deutlich sichtbare, mehr oder weniger streitbare Auseinandersetzungen handelt.

Beteiligte und Beobachter sind sich schnell einig, daß es sich um
einen sozialen Konflikt handelt, wenn die Auseinandersetzung
unter Schülern oder die zwischen Lehrern und Schülern deutlich
sichtbar ist, die Aufmerksamkeit anderer auf sich lenkt, den Schulbetrieb stört und mit heftigen Gefühlen wie Ärger oder auch
Angst verbunden ist. Darum zögert niemand, das erste oder das
letzte Beispiel einen sozialen Konflikt zu nennen. Derartige Konflikte ziehen auch schnell die Aufmerksamkeit der Wissenschaftler, Psychologen, Soziologen und Pädagogen auf sich.

Dennoch sind offene, sichtbare und Beteiligten wie Beobachtern
als solche bewußte Konflikte nicht die einzigen und für den Alltag
vielleicht nicht einmal die wichtigsten Konflikte in der Schule.
Und für den Praktiker kann es sehr verhängnisvoll sein anzunehmen, es gäbe keine Konflikte, wenn er keine sieht. Es kann
dann z. B. sein, daß ein Brand so lange unter der Decke schwelt,
bis das ausbrechende Feuer nur noch mit Mühe und erheblichem
Schaden für das ganze Gebäude gelöscht werden kann. Viele der
sozialen Konflikte, die durch politisch engagierte Schülergruppen
in den letzten Jahren ausgelöst wurden, eskalierten deshalb, weil
lange Zeit die meisten Lehrer und Schulverwaltungen sich gar
nicht vorstellen konnten, daß unter dem ordentlichen, vertrauten
Schulbetrieb bereits ernste Konflikte schwelten. Aber auch dann,

wenn es nicht zur Explosion kommt, verliert man die wirkliche Lage leicht aus dem Blick, wenn man soziale Konflikte in der Schule erst zur Kenntnis nimmt, wenn sie deutlich sichtbar sind. Dann ist manche Unterrichtsstunde von einem heimlichen Tauziehen zwischen Schülern und Lehrern bestimmt, das bei den Schülern sich etwa in Apathie und beim Lehrer in Enttäuschung über die »heutige Schülergeneration« niederschlägt.

Wir sind geneigt, soziale Konflikte in der Schule auf einzelne Individuen, Schüler oder – wenn auch seltener – Lehrer und ihre Charaktereigenschaften zurückzuführen.

Soziale Konflikte sind etwas Beunruhigendes: Der Lehrer geht mit guter Absicht und wohlvorbereitet in den Unterricht; die Schüler machen nicht mit und stören. Warum? – Mehrmals ist allen Schülern eindringlich Balgen auf dem Hof untersagt worden. Dennoch kommt es zu Streit und Strafen. Warum? Solange die Routine des schulischen Alltags mit ihren Intentionen, Absichten und Zielen nicht gestört wird, entstehen keine Fragen. Tun und Lassen von Lehrern und Schülern haben einen für alle Beteiligten selbstverständlichen Sinn. Wenn aber der Sinnzusammenhang des gemeinsamen Arbeitens und Handelns in der Schule nicht mehr problemlos ist, sondern durch Konflikte in Frage gestellt wird, entsteht – je nach Stärke und Art des Konflikts unterschiedlich heftig – ein Bedürfnis nach Erklärung. Die Frage nach den Gründen und Motiven für das Verhalten, das den in der Schule geltenden Normen und Erwartungen nicht entspricht, wird gestellt.

Sind Motive gefunden, so ist der Sinnzusammenhang schulischen Handelns gesichert. Man weiß nun, warum Schüler stören, nicht aufpassen, den Lehrer ärgern, sich zanken usw.

Die einfachste und scheinbar verläßlichste Art, Gründe und Motive für soziale Konflikte in der Schule zu finden, ist es, die Ursachen bei Einzelnen zu suchen: der Schüler X ist ohnehin »unerzogen«, »faul«, »frech« usw.; X, Y und Z haben »schon immer« eine gefährliche Clique gebildet. Gelegentlich kommt man nicht umhin, auch dem Kollegen A Schuld zu geben, denn er ist viel zu nachgiebig oder, je nachdem, autoritär usw. Selbst in Fällen, in denen wie in unserem dritten Beispiel zu Beginn des Kapitels Schüler ihr Konflikthandeln als politisches Handeln verstehen, neigen so oft dazu, einzelne Lehrer anzugreifen und als Ursache für den Konflikt zu fixieren.

Eine derartige individualisierende und personalisierende Betrachtung von sozialen Konflikten in der Schule ist praktisch, da sie schnell befriedigende Erklärungen zu liefern scheint. Aber sie ist zumindest einseitig und kann Sozialpsychologen und Soziologen nicht befriedigen, da sie einige wichtige Fragen gar nicht erst stellt. Es kann nämlich sehr wohl sein, daß die Ursachen für einen sozialen Konflikt in der Struktur des Unterrichts und der sozialen

Beziehungen zwischen Schülern und Lehrern oder in der sozialen Organisation der Schule oder in den Widersprüchen zwischen Schule und Gesellschaft, nicht aber allein oder primär in den Eigenschaften der beteiligten Individuen liegen. Obgleich wir also von sozialen Konflikten reden, sind wir im Alltag immer wieder geneigt, sie nicht als *soziale* Konflikte zu behandeln.

Wir sind geneigt, bei der Betrachtung von Konflikten im Alltag der Schule nach »Schuldigen« zu suchen und den Konflikt einer moralischen Beurteilung zu unterwerfen.

Dieser Punkt hängt mit dem vorigen eng zusammen. Wenn man dazu tendiert, die Erklärung für soziale Konflikte in der Schule in besonderen Eigenschaften einzelner Schüler oder Lehrer zu suchen, nicht aber in den sozialen Strukturen der Schule, so liegt es nahe, Konflikte für moralische Probleme zu halten: Da X und Y an dem Konflikt in der Klasse, durch den der Unterricht gestört worden ist, »Schuld« haben, muß man sich an ihr Gewissen halten. Sie werden ermahnt, mit Sanktionen bedroht oder bestraft. Hat der Einzelne seine Fehler eingesehen und abgelegt, so kann – so scheint es jedenfalls oft – der Unterricht ungestört auf sein von allen akzeptiertes Ziel hin fortschreiten. Wir werden uns noch mit dem Preis beschäftigen müssen, den man für eine Konfliktbewältigung dieser Art zahlen muß.

Hier wollte ich zunächst auf einige der Tendenzen aufmerksam machen, denen wir alle im Alltag bei der Interpretation von sozialen Konflikten in der Schule erliegen und die eine Einengung des Blickfeldes bedeuten, unter dem man diese Konflikte betrachten kann. Das scheint mir um so wichtiger zu sein, als in der traditionellen Pädagogik, die bis heute nicht aus der Lehrerbildung verschwunden ist, mehr oder weniger offene moralische Appelle, Hinweise auf die »Persönlichkeit«, die zu entwickeln Lehrer sich bemühen sollten, weit verbreitet sind. Es ist zweifelhaft, ob eine individualisierende und moralisierende Betrachtungsweise sozialer Konflikte mehr zu erreichen vermag als ein schlechtes Gewissen der Beteiligten bei gleichzeitiger Ohnmacht, Konflikte zu vermeiden, zu verstehen und vernünftig auf sie zu reagieren.

Manchmal sind wir geneigt, soziale Konflikte in der Schule in technische Probleme umzuinterpretieren.

Man denke z. B. an die Störenfriede im zweiten Beispiel. Was liegt näher, als ihre Langeweile, Unaufmerksamkeit und ihr störendes Verhalten während des Unterrichts auf eine mangelhafte Unterrichtstechnik des Lehrers zurückzuführen? Vielleicht hat er die Unterrichtsziele nicht genau genug definiert und sich die einzelnen methodischen Schritte nicht genügend überlegt. Hätte er den Konflikt nicht vermeiden können, wenn er für alle Schüler mehr Unterrichtsmaterialien zur Verfügung hätte? Es ist sicher wahr, daß sich eine ganze Reihe Konflikte in der Schule durch eine didaktisch und methodisch bessere Unterrichtstechnik – wo-

möglich in kleineren Klassen – vermeiden ließe, und die Erziehungswissenschaftler tun gut daran, didaktische und methodische Probleme gründlich zu erforschen. Doch ist es gefährlich
und naiv anzunehmen, soziale Konflikte in der Schule ließen sich
immer wie technische Probleme behandeln. Denn eine solche
Betrachtungsweise läßt außer acht, daß die Schule eine sehr komplexe soziale Institution ist, in der Lehrer und Schüler nicht nur
wohl definierte Aufgaben lösen, d. h. unterrichten und unterrichtet werden, sondern in der sie jeden Tag in einem impliziten, ihnen
nur selten voll bewußten Prozeß der Verständigung über den
Sinnzusammenhang ihres Tuns sind. Fragen nach dem Sinn unseres Tuns lassen sich aber nicht auf technische Fragen zurückführen. Im Umgang mit sozialen Konflikten in der Schule ist es
aber sehr wichtig, ihren Zusammenhang mit dem Ganzen der sozialen Organisation nicht aus den Augen zu verlieren. Sonst bleiben
dem Betrachter die Wurzeln der Konflikte unzugänglich.

Das hat bereits 1925 der Psychoanalytiker und Pädagoge Siegfried
BERNFELD gesehen und mit erfrischender Aggressivität in seiner
Schrift *Sisyphos oder die Grenzen der Erziehung*, die 1970 erneut auf-
gelegt wurde, formuliert:

> »Indessen die Didaktik versucht, den Unterricht des einzelnen Lehrers –
> gelegentlich auch die Disziplinführung in der Klasse – zweckrational zu
> denken, bleibt die Schule als Ganzes, das Schulwesen als System ungestört,
> ungedacht; dürfen sich in ihm alle irrationalen Kräfte auswirken, die seine
> Voraussetzung, seine Triebkräfte, seine Determinanten sind.« (S.26)

In Gestalt der Uminterpretation sozialer Konflikte in der Schule
in technische Probleme des Unterrichts oder auch der Diszipli-
nierung begegnen wir einer spezifischen Technik der Abwehr von
Konflikten im Alltag.

Bevor wir einige Merkmale sozialer Konflikte in der Schule genauer analysieren können, müssen wir uns darüber verständigen,
was wir unter einem sozialen Konflikt verstehen wollen.

### 13.3. *Was ist ein sozialer Konflikt?*

Konflikt ist einer der wichtigsten und am weitesten verbreiteten
Begriffe in den Sozialwissenschaften, und lebhafte wissenschaftliche Kontroversen haben sich an ihm entzündet. Wie weit der
Problemkreis ist, der mit dem Begriff des Konflikts abgedeckt
wird, geht aus Tab. 1 hervor.

Man kann sofort entdecken, daß der Problemkreis mit dem gesamten Bereich menschlicher Verhaltensweisen identisch ist. Dabei ist die Sache noch komplizierter, als dieses Schema vermuten
läßt, da man leicht andere Formen der Klassifikation von Konflikten entwickeln kann.

*Tab. 1:* Verschiedene Formen sozialer Konflikte. (Aus: R. DAHRENDORF
›Elemente einer Theorie des sozialen Konflikts‹. In: *Gesellschaft und Freiheit*.
München: Piper 1962, 197–235, S. 206.)

| Soziale Einheit | Rang der Beteiligten | | |
|---|---|---|---|
| | 1.<br>Gleicher contra Gleichen | 2.<br>Übergeordneter contra Untergeordneten | 3.<br>Ganzes contra Teil |
| A.<br>Rollen | Patienten c. Kassen (in Arztrolle) Familienrolle c. Berufsrolle | Herkunftsfamilie c. eigene Familie (als Rollen) Berufsrolle c. Vereinsrolle | Sozialpersönlichkeit c. Familienrolle Soldatenrolle c. Gehorsamsverpflichtung |
| B.<br>Gruppen | Fußball-Abt. c. Leichtathletik-Abt. (i. Sportklub) Jungen c. Mädchen (i. Schulklasse) | Vorstand c. Mitglieder (i. Verein) Vater c. Kinder (i. Familie) | Altbelegschaft c. Neuling (i. Betriebsabt.) Familie c. verlorenen Sohn |
| C.<br>Sektoren | Firma A c. Firma B Luftwaffe c. Heer | Unternehmerverbände c. Gewerkschaften Monopolist c. Außenseiter | Kath. Kirche c. (Altkatholiken) Bayern c. (Zugereiste) |
| D.<br>Gesellschaften | Protestanten c. Katholiken Flamen c. Wallonen | Regierungspartei c. Opposition Freie c. Sklaven | Staat c. kriminelle Bande Staat c. ethnische Minderheit |
| E.<br>Übergesellschaftl. Verbindungen | Westen c. Osten Indien c. Pakistan | Sowjetunion c. Ungarn | UN c. Kongo OEEC c. Frankreich |

Angesichts dieser verwirrenden Fülle von Zugängen zum Phänomen des sozialen Konfliktes ist es sinnvoll, sich das Grundproblem zu vergegenwärtigen, mit dem wir es in der sozialen Institution Schule zu tun haben.

Wir alle kennen die Schule als eine soziale Organisation, mit deren Hilfe Kinder und Jugendliche, d. h. noch nicht erwachsene Menschen, durch Unterricht und Erziehung auf das Leben als Erwachsene in unserer Gesellschaft vorbereitet werden sollen. Sie ist eine zeitlich ausgedehnte und differenzierte Form des Über-

gangs von der Familie, in der wir unsere ersten Lebensjahre verbringen, zum Leben in Gesellschaft und Beruf. In dieser Zeit des
Übergangs lernen wir nicht nur eine Reihe neuer Inhalte, d. h.
wir vermehren nicht nur unsere Kenntnisse. Wichtiger als dies
ist wahrscheinlich die Tatsache, daß wir durch das Leben in der
Schule und die besonderen Formen des Umgangs mit Mitschülern
und Lehrern gleichsam stillschweigend und oft ohne es zu merken
eine Reihe von Wertorientierungen, Normen und Verhaltensweisen lernen, die für das Leben und Überleben in unserer Gesellschaft wichtig zu sein scheinen. So lernen wir z. B. – und oft ist
das sehr schwer – zu akzeptieren,

daß unser Verhalten und unsere Leistungen nicht nach unseren
persönlichen Charakteristika, sondern nach allgemeinen, auch
für andere gültigen Kriterien beurteilt werden;

daß in zweckorientierten sozialen Organisationen im Unterschied zur Familie andere Menschen sich wenig für unsere
gesamte Individualität, sondern eher für unser Tun und
Lassen, insofern es auf den Organisationszweck bezogen
ist, interessieren;

daß im Unterschied zur Familie unsere Aktivitäten weniger danach beurteilt werden, inwieweit sich in ihnen unser guter
Wille, unsere persönlichen Interessen und Fähigkeiten ausdrücken, sondern eher danach, was wir – gemessen am Organisationszweck – an persönlich erbrachten, unabhängigen Leistungen aufzuweisen haben;

daß man in sozialen Organisationen von uns erwartet, unsere
persönlichen Affekte und Bedürfnisse nur eingeschränkt und
unter wohldefinierten Bedingungen auszudrücken, und daß
wir Zeit und Energie unserer Partner und Kollegen nicht so
extensiv und intensiv in Anspruch nehmen können, wie wir
es als Kinder bei unseren Eltern tun.

All das führt dazu, daß wir in der Schule zum erstenmal ganz
deutlich erfahren, daß unsere *persönliche Identität* und unsere *soziale
Identität* als Schüler oder Lehrer nicht dasselbe sind.

Die Unterscheidung zwischen persönlicher Identität und sozialer
Identität ist von dem amerikanischen Soziologen Erving Goffman genauer beschrieben und begründet worden. Für unsere
Zwecke mag es genügen, sich den Unterschied folgendermaßen
zu verdeutlichen:

Unsere Identität läßt sich als »soziale Identität« bezeichnen,
insofern wir selbst und andere uns bestimmten Personenkate-
gorien zuordnen, die man in bestimmten Organisationen und
Situationen wahrscheinlich antrifft. Sie sind durch die sozialen
Einrichtungen und die Gesellschaft ziemlich stabil etabliert.

Man kann sich den zwingenden Charakter von sozialen Identitäten,
die uns an spezifischen gesellschaftlichen Orten zugeschrieben
werden, leicht vergegenwärtigen, wenn man sich einmal die ver-

schiedenen Menschen in einer Schule vorstellt. Wen hat man da
fast zwangsläufig vor Augen? Lehrer und Schüler. Diesen Per-
sonenkategorien schreiben wir eine Reihe von Attributen zu, die
unseren Erwartungen im Hinblick auf sinnhaftes Handeln in den
unterschiedlichen schulischen Szenen entsprechen. Schüler nennen wir vielleicht faul/fleißig; begabt/unbegabt; konzentriert/un-
konzentriert usw. Bei Lehrern gebrauchen wir Ausdrücke wie:
autoritär/liberal; sachbezogen/kinderbezogen; kollegial/unkolle-
gial usw. Stets handelt es sich dabei um Vorstellungen, die ihre
Bedeutung erst im Sinnzusammenhang der Schule als sozialer
Organisation haben.

> Unsere Identität läßt sich als »persönliche Identität« bezeich-
> nen, insofern wir in den unterschiedlichen sozialen Situationen,
> in die wir geraten, unsere Einzigartigkeit festhalten und ins
> Spiel bringen.

Schüler und Lehrer bringen ihre eigene Lebensgeschichte, ihre
individuellen Gefühle, Bedürfnisse, Fähigkeiten, Motive und Erfahrungen in die Schule mit. Noch bei der Bewältigung sachlicher
Aufgaben im Unterricht stellen sie ihre persönliche Identität und
die mit ihr verbundenen Impulse und Affekte mit dar. Bei der
Beschäftigung mit den Aufgaben, die die Schule als Organisation
ihren verschiedenen Mitgliedern stellt, und im Umgang miteinander sind Lehrer und Schüler ununterbrochen damit beschäftigt,
sich gegenseitig Identitäten und die mit ihnen verknüpften Erwartungen und Attribute zuzuschreiben, die Zuschreibungen zu
akzeptieren oder auch um der partiellen Darstellung der persönlichen Identität willen mehr oder weniger offen zurückzuweisen.
Wie kompliziert dieser »Handel um Identität«, wie die beiden
amerikanischen Soziologen McCALL & SIMMONS diese Prozesse
der gegenseitigen Typisierung genannt haben, und wie gefährdet
er damit zugleich ist, kann man sich durch ein Gedankenexperiment deutlich machen.

> Ein Lehrer unterrichtet eine Klasse. Die Schüler sitzen zu viert an ihren
> Tischen. Der Lehrer beabsichtigt, ihnen eine Aufgabe zuzuteilen. Die
> Schüler wissen noch nicht genau, wie die nächsten Minuten des Unter-
> richts verlaufen werden und haben ihre Augen auf den Lehrer gerichtet.

Nichts ist alltäglicher als eine solche Situation. Sie ist so selbstverständlich, daß wir uns normalerweise gar nicht mehr vergegenwärtigen, wieviel wir als Beobachter und die an ihr Beteiligten
an Erfahrungen und Vermutungen voraussetzen. Tab. 2 gibt ein
einfaches, beliebiges Beispiel für die wechselseitigen Wahrnehmungen, Phantasien, Erwartungen, Gefühle von Lehrern und
Schülern, die in der geschilderten Situation eine Rolle spielen
mögen.
Es handelt sich um eine im Grunde unentwirrbare Mischung ver-
schiedendster berechtigter und unberechtigter Unterstellungen,
in die die vielfältigen Vorstellungen und Einstellungen von Schü-

*Tab. 2:* Beispiel für Probleme der interpersonellen Wahrnehmung von Lehrern und Schülern. Bedenken Sie, daß in einer Klasse oft 35 Individuen, unterschiedlich gruppiert, beisammen sind! (Nach: R. Laing, H. Philipson & A. R. Lee *Interpersonelle Wahrnehmung.* Frankfurt a. M.: Suhrkamp 1971, S. 20 ff.)

| Lehrer | Schüler (Peter) |
| --- | --- |
| 1. Ich will ihnen eine Aufgabe stellen. | Er will uns eine Aufgabe stellen. |
| 2. Sie sitzen so stumm da; scheinen sich nicht zu interessieren. | Er scheint noch nicht genau zu wissen, was er sagen soll; wir werden mal abwarten. |
| 3. Ich muß wohl noch einmal von vorn anfangen! | Wenn er bloß nicht noch einmal von vorn anfängt! |
| 4. Ich werde zunächst Peter aufrufen und dann an seine Antwort anknüpfen. | Jetzt ruft er mich schon wieder auf! Er tut das ja nur, weil er weiß, daß ich keine Antwort kenne! usw. |

lern gegenüber Lehrern und Lehrern gegenüber Schülern eingehen. In die Auslegung der konkreten Unterrichtssituation gehen also auf mannigfaltige Art ein:

– das Bild des Lehrers von seinen Schülern;
– das Bild der Schüler von ihrem Lehrer;
– das Bild des Lehrers von sich selbst;
– das Bild der Schüler von sich selbst;
– das Bild des Lehrers vom Bild der Schüler von sich selbst;
– das Bild der Schüler vom Bild des Lehrers von sich selbst;
– das Bild des Lehrers vom Bild der Schüler vom Lehrer;
– das Bild der Schüler vom Bild des Lehrers von seinen Schülern;
– das Bild des Lehrers vom Bild der Schüler vom Bild des Lehrers von sich selbst.

Ich glaube, es ist gut, an dieser Stelle die Spirale von Identitätszuschreibungen abzubrechen. Die Kompliziertheit der Interaktionsprozesse wird schwindelerregend, zumal wenn man bedenkt, wie sehr die Rede von »dem Lehrer« und »den Schülern« die tatsächlichen Verhältnisse vereinfacht. Es wird Zeit, zum Problem der sozialen Konflikte zurückzukehren. Wir sind allerdings näher an diesem Problem, als es scheinen mag.

Vergegenwärtigen wir uns noch einmal: In der Schule versuchen Lehrer und Schüler gemeinsam, die Aufgaben und Probleme zu lösen, die die Schule als eine gesellschaftliche Einrichtung ihnen stellt. Dabei schreiben sie sich gegenseitig soziale Identitäten zu und versuchen zugleich mit größerem oder kleinerem Erfolg, ihre persönliche Identität und die mit ihr verknüpften Bedürfnisse und Affekte in den konkreten Interaktionsprozessen mit darzustellen. An diesem »Handel um Identität« sind alle Beteiligten deshalb so brennend interessiert, weil ihre Problemlösungsaktivitäten sich zwar ähneln, aber nicht gleichen. Lehrer und Schüler interpretieren die gleiche Situation oft entscheidend anders. Dafür ist folgendes Beispiel, das Jules HENRY, ein amerikanischer Professor für Anthropologie und Soziologie, erzählt, eine gute Illustration:

»Boris hatte Schwierigkeiten, $^{12}/_{16}$ so weit wie möglich zu kürzen, und kam nur bis $^6/_8$. Die Lehrerin fragte ihn ruhig, ob das der kleinste Nenner sei. Sie schlug ihm vor, darüber ›nachzudenken‹. Viel Fingergeknipse und viele hochgereckte Arme bei den andern Schülern. Alle begierig, ihn zu korrigieren. Boris ziemlich unglücklich. Vermutlich intellektuell gesperrt. Die Lehrerin, ruhig, geduldig, übersieht die anderen und richtet Blick und Stimme ganz auf Boris. Sie fragt: ›Gibt es eine Zahl, die größer als zwei ist, mit der du beide Seiten des Bruchs teilen kannst?‹ Nach ein oder zwei Minuten beginnt sie zu drängen, aber von Boris kommt nichts. Darauf wendet sie sich der Klasse zu und fragt: ›Na gut, wer kann Boris sagen, welche Zahl es ist?‹ Fast alle melden sich. Die Lehrerin ruft Gretchen auf. Gretchen erklärt, daß vier die Zahl sei, durch die sich Zähler und Nenner teilen lassen.« (1973, S. 26)

HENRY kommentiert diese alltägliche schulische Situation so:

»Das Versagen von Boris hat Gretchen also den Erfolg ermöglicht; seine Niedergeschlagenheit ist der Preis für ihre blendende Laune; sein Elend der Anlaß zu ihrer Freude. Solche Szenen kennzeichnen die amerikanische Grundschule ... Ein Zuni-, Hopi- oder Dakotaindianer würde Gretchens Verhalten sicher unmenschlich grausam finden. Denn Konkurrenz, das bewußte Erfolgsstreben auf Kosten anderer, stellt eine Marter dar, die diesen nichtkonkurrierenden Rothäuten fremd ist. Für Boris war der Alptraum an der Tafel vermutlich eine Schule der Selbstbeherrschung. Auch wenn man öffentlich bloßgestellt wird, darf man nicht schreiend aus dem Raum laufen ... Boris hat also nicht so sehr Rechnen gelernt. Er hat sich einen gesellschaftlich notwendigen Alptraum angeeignet. Wer in unserer Gesellschaft erfolgreich sein will, muß lernen, vom Scheitern zu träumen.« (1973, S. 26)

Nun zeigt dieses Beispiel, was fehlte, damit es zu einem sichtbaren Konflikt kommen konnte: Boris hat den »Alptraum« nicht zum Thema der Interaktion mit seiner Lehrerin und seinen Mitschülern gemacht. Das hätte er auf verschiedenen Wegen erreichen können: etwa, indem er nicht das genügende Maß Selbstkontrolle aufgebracht hätte und schreiend, wütend oder auch verzweifelt aus der Klasse gelaufen wäre; oder indem er mit fester Stimme seiner Lehrerin erklärt hätte, er lasse sich nicht tyrannisieren; oder auf irgendeine andere Art und Weise. Boris hat statt dessen geschwiegen. Er hat die in der Schule allgemein übliche Interpretation der Situation, die Lehrer und Schüler teilen, und damit die ihm zugeschriebene soziale Identität als Schüler übernommen – freilich auf Kosten der Darstellung seiner persönlichen Identität und seiner Gefühle und Bedürfnisse. Er hat die von ihm erwarteten und dem Lehrer vertrauten Problemlösungsaktivitäten eines fleißigen, artigen etc. Schülers übernommen. Dadurch allein wurde ein offener sozialer Konflikt vermieden.

Wir sind jetzt an dem Punkt angekommen, wo wir die formalen Merkmale des Phänomens des sozialen Konflikts in der Schule – aber auch darüber hinaus – zusammenfassen können.

1. Konflikt ist eine Form der Interaktion, in der Lehrer und Schüler sich über ihren Interpretationen der schulischen Situation und über ihren Problemlösungsaktivitäten begegnen.

2. Diese Interpretationen und Problemlösungsaktivitäten sind einander ähnlich, aber nicht gleich. Wären sie gleich, so käme es nicht zum Konflikt, sondern zu Kooperation.

3. Wenn Lehrer und Schüler die Unterschiede ihrer Interpretationen und Problemlösungsaktivitäten zum Thema der Interaktion machen, entsteht sozialer Konflikt.

An dieser Stelle könnte man vielleicht fragen, warum es denn in der Schule nicht jeden Augenblick soziale Konflikte aller Art gibt, wenn Konflikt so eng mit Interaktion überhaupt verbunden ist, daß man ihn – mit einer überspitzten Formulierung – als »natürlicher« Form von Interaktion bezeichnen könnte. Diese Frage wird im Studententext unter dem Stichwort »Techniken der Abwehr sozialer Konflikte« ausführlich diskutiert.

13.4. *Lebensgeschichte und soziale Konflikte in der Schule*

Wenn die Schüler zum erstenmal ihre Schule betreten, so haben sie bereits mehrere Jahre in einem Interaktionsgefüge, der Familie, gelebt. Das gleiche gilt natürlich für jeden Lehrer. Über den Einfluß der Erfahrungen aus dieser vor Beginn des Schulbesuchs liegenden Zeit, in der die Menschen die Grundstrukturen ihrer persönlichen Identität und die grundlegenden Techniken des Umgangs mit ihren Bedürfnissen und Affekten und mit der äußeren Realität entwickelt haben – über den Einfluß der Erfahrungen aus dieser Zeit also auf Tun und Lassen in der Schule liegt bereits eine Fülle von Forschungsergebnissen vor. Man denke etwa an die Untersuchungen über den Einfluß unterschiedlicher Erziehungspraktiken in den Familien unterschiedlicher sozialer Schichtzugehörigkeit oder über die Bedeutung unterschiedlicher familiärer Sprachgewohnheiten für den Schulerfolg (vgl. Kap. 9 und 11). Ganz sicher bergen diese Problembereiche eine Fülle spezifischer Konflikturursachen. Es soll aber hier diesen Problemfeldern nicht weiter nachgegangen werden. Vielmehr ist beabsichtigt, den Verästelungen einer Frage nachzugehen, die zuerst von der Psychoanalyse aufgeworfen worden ist. Ich glaube, daß manche sozialen Konflikte in der Schule besser zu verstehen sind, wenn man sich bei ihrem Auftreten diese Frage stellt:

Entstehen nicht manche sozialen Konflikte – und oft gerade die zunächst unverständlichsten – dadurch, daß die Konfliktpartner, Schüler, aber auch Lehrer oder beide zugleich, Interpretationen ihrer Identität und Problemlösungsaktivitäten wählen, die sie in jungem Alter im Umgang mit Vater und Mutter, mit den Geschwistern und mit sonstigen ihnen nahestehenden Personen zu akzeptieren gelernt haben?

Handelt ein Konfliktpartner (oder beide) in einer schulischen Situation aufgrund einer Handlungsstrategie, die nicht den aktuellen Anforderungen der realen Situation angemessen ist, sondern aus dem Versuch resultiert, die infantile – d. h. einem frühkindlichen Problemlösungsniveau entsprechende – Beziehungssituation zu wiederholen, so kommt es sehr leicht zu einem sozialen Konflikt. Denn die Beteiligten verstehen sich nicht mehr und durchschauen die Struktur ihrer Mißverständnisse nicht. Nehmen wir ein Beispiel:

> Die Lehrerin kann Peter als einen von 35 Schülern nur gelegentlich aufrufen. Sie entscheidet sich, Peter wie auch seinen Mitschülern – jeweils entsprechend der auf den Unterrichtsprozeß bezogenen Situation – Aufgaben zuzuweisen und sich ihnen zuzuwenden. Für sie sind die Schüler primär Schüler und sie selbst Lehrerin. Peter aber ist es in der Beziehungsstruktur seiner Familie nicht gelungen, die Rivalität mit seinen Geschwistern um die Zuneigung und Zuwendung seiner Mutter so zu verarbeiten, daß er sich anderen Problemen und Beziehungen relativ konfliktfrei zuwenden könnte. Für ihn spielen die Mitschüler, ohne daß er es weiß, nicht nur die Rolle von Mitschülern, sondern zugleich die von rivalisierenden Geschwistern. Und seine Lehrerin ist für ihn nicht nur Lehrerin, sondern bedeutet für ihn zugleich »Mutter«. Peter kann das Maß an Zuwendung und an Befriedigung seines Bedürfnisses, vor seinen »Geschwistern« = Mitschülern die Liebe seiner »Mutter« = Lehrerin zu gewinnen, nicht erhalten, das er unbewußt erwartet. Er versucht deshalb, wenigstens durch Störung des Unterrichts die Aufmerksamkeit auf sich zu ziehen. Durch diese Aggression kann er zugleich die »Mutter« = Lehrerin dafür bestrafen, daß sie sein Bedürfnis nach Liebe nicht befriedigt.

Peter überträgt in diesem Beispiel seine Erfahrungen und Handlungsstrategien aus der Zeit, in der er als kleines Kind im Beziehungsgeflecht der Familie lebte, auf das Interaktionsgefüge in seiner Klasse. Der Begriff der *Übertragung*, den ich hier einführe, ist ein zentraler Begriff in der Theorie und Praxis der Psychoanalyse. Ihr Begründer, Sigmund Freud, hat ihn benutzt, um eine von ihm entdeckte Besonderheit der Beziehung zwischen Psychotherapeut und Patient zu beschreiben. Freud schreibt:

> »›Übertragung‹ nennt man die auffällige Eigentümlichkeit der Neurotiker, Gefühlsbeziehungen zärtlicher wie feindlicher Natur zu ihrem Arzt zu entwickeln, die nicht in der realen Situation begründet sind, sondern aus der Elternbeziehung der Patienten stammen.« (1926, S. 305)

Freud hat aber auch gesehen, daß er in der Übertragung nicht nur ein Phänomen entdeckt hatte, das neurotische Erkrankungen charakterisiert. Er war überzeugt, daß sie ein allgemein menschliches Phänomen ist. In diesem erweiterten Sinne benutze ich hier diesen Begriff.

Doch kehren wir noch einmal zu unserem Beispiel zurück und halten uns seine wichtigsten Dimensionen vor Augen. Warum kommt es zu einem sozialen Konflikt zwischen Peter und seiner Lehrerin?

1. Weil Peter seiner Lehrerin und seinen Mitschülern neben ihren sozialen Identitäten als Mitschüler und Lehrer, die im Schulsystem einen für alle Beteiligten verständlichen Sinn haben, zugleich die Identitäten »Mutter« und »Geschwister« zuschreibt – und zwar mit dem komplexen Erfahrungsgehalt, den sie für ihn in seiner Kindheit gewonnen haben.

2. Weil die Zuschreibung der Identitäten »Mutter« und »Geschwister« den Beteiligten unbewußt ist. Sie können sich also über sie und ihre Folgen nicht vernünftig verständigen. Peter stört eben einfach den Unterricht.

3. Weil die Tatsache, daß diese zweite Dimension des unterrichtlichen Geschehens für die Beteiligten undurchschaubar ist, zu einem Teufelskreis führt: Das Gefühl des Zurückgesetztseins, Störung und Aggressivität Peters führen leicht zu strafenden Reaktionen der Lehrerin, die ihrerseits Peter »beweisen«, daß er nicht genügend geliebt wird.

Kurz: Der soziale Konflikt entsteht, weil die Problemlösungsaktivitäten der Beteiligten notwendig aneinander vorbeizielen und damit nur zur Verstärkung der Spannung beitragen. In der Realität liegen die Verhältnisse allerdings meist nicht so einfach wie in unserem Beispiel. Denn auch die Mitschüler und die Lehrerin übertragen unbewußt ihre Erfahrungen aus der frühen Kindheit auf die aktuelle unterrichtliche Situation. Man kann sich leicht die Komplikationen ausmalen, die entstehen, wenn die Lehrerin die ihr von Peter angesonnene Rolle der überforderten und deshalb gereizten Mutter und die Mitschüler die Rolle der in die Ecke gedrängten Geschwister übernehmen. Dann herrscht bald eine permanent gespannte Atmosphäre in der Klasse.

Daß die Behauptung, auch Lehrer übertrügen ihre Erfahrungen aus den Interaktionsprozessen der Familie auf die in der Schule, keine Spekulation ist, kann man nicht nur am Lehrerverhalten beobachten. Gelegentlich sind Lehrer sich auch dieses Zusammenhangs bewußt und können ihn artikulieren. Ein schönes Beispiel zitiert Philip Jackson in seinem interessanten Buch *Life in classrooms*:

»Ich bemuttere gerne und unterrichte gern in den unteren Klassen. Wahrscheinlich kommt das daher, daß mein Mann und ich selbst nie werden Kinder haben können, so sehr wir sie uns auch wünschen. Ich habe Liebe

und Zuneigung von kleinen Kindern gern. Ich muß sie ja von eigenen
Kindern entbehren.« (1968, S. 140)

Dies Beispiel macht auch deutlich, wie nahe bei einer so intensiven
Übertragung der Mißbrauch der Schüler oder wahrscheinlich:
einiger oder eines Schülers zum Zwecke der Selbststabilisierung
dieser Lehrerin ist und wie groß die Gefahr ist, daß soziale Konflikte der Eifersucht, der Aggression und Enttäuschung das Unterrichtsgeschehen stören.

Übertragung ist ein allgemein menschliches Phänomen. Das bedeutet allerdings nicht, daß es in der sozialen Struktur der Schule
nicht besondere Elemente gibt, die Übertragungsreaktionen nahelegen. Wichtig sind vor allem folgende Tatsachen, auf die Peter
FÜRSTENAU (1969) in einem weit verbreiteten Aufsatz ›Zur Psychoanalyse der Schule als Institution‹ zuerst ausführlicher in diesem
Zusammenhang hingewiesen hat:

> Autoritätsbeziehungen zwischen Erwachsenen können kindliche Kon-
> flikte mit den Eltern reaktivieren, wenn persönliche und subjektive Mo-
> mente gegenüber fachlichen und objektivierbaren in ihnen einen großen
> Anteil haben.

Das ist bei den Autoritätsbeziehungen des Lehrers zu seinen Vorgesetzten der Fall. Denn der Freiheitsspielraum des Lehrers ist
unbestimmt; seine Leistungen können nur in geringem Maße
»objektiv« beurteilt werden; seine Berufspraxis hat stark persönlichen Charakter. Auch die Rolle der Vorgesetzten, etwa des
Schulrats, ist in ihrer Bedeutung für die alltägliche Arbeit in der
Schule undeutlich. Durch diese besondere Form des Autoritäts-
verhältnisses werden leicht Gefühle der Selbstunsicherheit, Vereinsamung und Ohnmacht wachgerufen. Spricht man einmal
ausführlich mit Lehrern, so fällt oft die Intensität dieser Gefühle
auf.

Da liegt es für manchen Lehrer dann nahe, sich in dieser oder
jener Form an die Schwächeren, d. h. die Schüler zu klammern,
um sich mit ihrer Hilfe gegen den Zusammenbruch der eigenen
Identität zu schützen. Etwa indem er »gute«, »ordentliche«, »diszi-
plinierte« Schüler braucht, um seine gefährdeten pädagogischen
Ideale zu stützen.

Für diese Rolle bieten sich Schüler an, weil sie im Schulsystem
die Schwächeren sind. Allerdings hat diese Tatsache noch eine
andere, konfliktträchtige Seite.

> Kinder können ihre Triebimpulse und Affekte weniger gut kontrollieren
> als Erwachsene. Sie üben ihre Fähigkeiten und Interessen freier aus, da
> sie noch nicht so stark auf das Erlaubte und Gewohnte eingeschliffen sind.
> Dadurch stellen sie aber die Trieb- und Verhaltenskontrolle der Erwach-
> senen in Frage. Der Umgang mit Kindern kann deshalb leicht von den
> beteiligten Erwachsenen als Versuchungssituation erlebt werden.

Viele Unterrichtspraktiken, vor allem die disziplinierenden, kann
man im Lichte dieses Phänomens als Versuche des Lehrers inter-

pretieren, mit Versuchungssituationen um der Stabilität seiner
Identität willen fertig zu werden.

Dieser Sachverhalt spiegelt sich auch in der folgenden Schüler-
zeichnung.

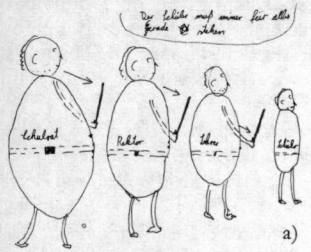

*Abb. 1:* Autoritätsverhältnisse in Schule und Familie aus der Sicht von
Schülern. (Aus: O. LENZ & G. HEINE ›Bilder über die Schule‹. In: *Kunst
und Unterricht*, 1972, 17, 18–22, S. 21.)

Abb. 1a zeigt deutlich, daß Schüler durchaus in der Lage sind
wahrzunehmen, wie unter den besonderen Autoritätsverhältnissen
der Schule Konflikte und die mit ihnen verknüpfte Identitätspro-
blematik weitergegeben werden. Abb. 1b zeigt überdies die analoge
Struktur der Interaktionssysteme Familie und Schule, die Über-
tragungsprozesse aus der Sicht von Schülern begünstigt.

### 13.5. *Widersprüche in der Schule als sozialer Organisation*

Wir haben uns im vorigen Abschnitt schon mit einem wichtigen
Aspekt der sozialen Organisation Schule, den Autoritätsbeziehungen, befaßt. Ich möchte hier noch auf einen weiteren Aspekt aufmerksam machen, der Ursache vieler latenter und offener sozialer
Konflikte in der Schule ist. Er hängt mit dem Autoritätsproblem
eng zusammen.

Die Schule ist eine gesellschaftliche Organisation, die an bestimmten Zielen orientiert ist. So unterschiedlich die Vorstellungen vom
Ziel der Schule sein mögen: alle erwarten, daß in der Schule
Schüler bestimmte Inhalte lernen, Fertigkeiten erwerben und Verhaltensweisen einüben. Und jeder nimmt an, daß dies eine Folge
der Erziehung und des Unterrichts der Lehrer ist. Die allgemeinen
Erwartungen an Schüler und Lehrer sind formal in den Lehr-
plänen und administrativen Verordnungen kodifiziert. Allerdings
auch nur die allgemeinen Erwartungen. Denn Lehrpläne und
Verordnungen müssen im Alltag der Schule durch die Lehrer
erst interpretiert und in konkrete Leistungsanforderungen umgesetzt werden. Der Lehrer ist hierin Fachmann für Erziehung und

Unterricht. Gegenwärtig wird dieser Aspekt der Lehrerrolle im In- und Ausland unter dem Stichwort *Professionalisierung* viel diskutiert. Als pädagogischer Fachmann denkt der Lehrer über Lehrziele, Unterrichtsmethoden, Begabung und Interessen seiner Schüler und ihre angemessene Berücksichtigung im Unterricht nach. Diese tägliche Interpretationsarbeit des Lehrers an der eigenen Rolle und der sozialen Identität der Schüler ist nun allerdings oft ein rechter Balanceakt. Vergegenwärtigen wir uns einmal ein Gespräch unter Kollegen über eine Klasse:

»Ich möchte meiner Klasse in den nächsten Wochen das Thema ›Wohnen‹ erarbeiten. Ich meine, die Schüler sollten sich möglichst selbständig in das Problemfeld einarbeiten. Deshalb sollen sie in kleinen Gruppen einen Arbeitsplan selbst ausarbeiten.«

»Ich bin ja auch dafür, daß die Schüler selbständig denken lernen. Aber ob sie sich für das Thema ›Wohnen‹ interessieren, weiß ich wirklich nicht.«

»Ich glaube, bestimmt!«

»Ich stimme Ihnen da eigentlich zu, Frau Kollegin. Aber das selbständige Arbeiten in Gruppen führt doch meist zu nichts. Nur Lärm und Unordnung. Man merkt gleich, in welcher Klasse wirklich gearbeitet wird, wenn man an der Klassentür vorbeikommt.«

»Ich bin da nicht so empfindlich. Ein bißchen Lärm muß man aushalten.«

»Ja, aber die Schüler müssen auch Ordnung halten, sonst lernen sie auch nichts!«

Zunächst haben wir hier eine »Fachsimpelei« unter Lehrern. Hinter den einzelnen Argumenten steht mehr oder weniger differenziert pädagogisches Wissen, d. h. Fachwissen. Es steht aber noch mehr dahinter. Zwei Punkte, meine ich, sind wichtig.

In den Szenen des schulischen Alltags sind Lehrer sich keineswegs über die Interpretation der Interessen und Fähigkeiten ihrer Schüler einig – und sie können es auch nicht ohne weiteres sein, da sie das soziale Arrangement der Schule mit einem Durchschnittsschüler konfrontiert, den es in der Wirklichkeit nicht gibt.

Die Abb. 2 zeigt, wie – in der Sicht eines Schülers – die Interpretationen über Interessen in der Schule auseinandergehen können. Diese Situation ist um so konflikträchtiger, als Lehrer aufgrund ihrer Stellung in der schulischen Hierarchie ihre Interpretationen von dem, was interessant, wichtig usw. ist, leichter durchsetzen können als die Schüler. Z. B. durch Noten, Nichtversetzung. Schüler haben weniger kräftige Mittel, sich gegen Versuche zu wehren, ihnen eine bestimmte Leistungsorientierung, Verhaltensnormen und -weisen, die in der Schule als erwünscht gelten, aufzuzwingen. Sie können den Unterricht stören, sich über den Lehrer lustig machen, sich zu heimlichen Aktivitäten unter der Bank zusammenschließen. Sie müssen aber immer den Hauptan-

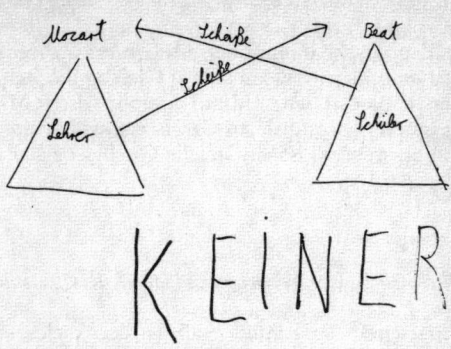

*Abb. 2:* Divergenzen in der Interpretation von Interessen in der Schule aus der Sicht eines Schülers. (Aus: O. Lenz & G. Heine ›Bilder über die Schule‹. In: *Kunst und Unterricht*, 1972, 17, 18–22, S. 20.)

teil der Kosten für derartige Konflikte zahlen. – Oder fast immer. Denn unser Gespräch unter Kollegen zeigt noch ein zweites Problem:

> Gerade weil Schule eine Zwangseinrichtung ist – bei uns gilt die allgemeine Schulpflicht –, muß jeder Lehrer davon ausgehen, daß sich in der Schule keine einheitliche Interpretation von schulischen Zielen und Fähigkeiten und Interessen der Schüler finden läßt, die dazu führen könnte, daß Konflikte nicht mehr auftreten. Die Schüler müssen also auch dann zusammengehalten werden, wenn sie am liebsten fortliefen oder sich anderen als den vom Lehrer geplanten Aktivitäten hingäben. Lehrer haben deshalb aufgrund ihrer Rolle in der Schule eine disziplinierende Funktion. Zwischen ihrer pädagogischen und ihrer disziplinierenden Funktion besteht eine konfliktträchtige Spannung, eine Spannung, die dem Schulsystem immanent ist.

Unordnung, d. h. *Disziplinkonflikte* in der Schule entstehen immer dann, wenn es einem Lehrer nicht gelingt, in der aktuellen Situation die Interaktionen zwischen den Schülern zu kontrollieren und auf das gesetzte Unterrichts- oder Erziehungsziel zu beziehen. Dann droht dem Lehrer der Vorwurf: »Die Schüler machen bei Ihnen ja, was sie wollen.«

Dieser Vorwurf besagt aber zugleich, daß die fachliche Kompetenz des Lehrers in Frage gestellt wird. Auf diesen Sachverhalt hat der amerikanische Soziologe C. Wayne Gordon klar hingewiesen:

> »Der Lehrer ist verpflichtet, die Ordnung aufrechtzuerhalten, die sowohl eine Voraussetzung für das Lernen darstellt als auch die Befähigung des

Lehrers symbolisiert. Die Befähigung zum Lehren ist schwer zu beurteilen; jedoch wird mangelnde Ordnung von Kollegen, dem Schulleiter,
den Eltern, den Schülern als ein Zeichen für die Unfähigkeit des Lehrers
angesehen.« (1959, S. 142)

Daß viele pädagogische Intentionen des Lehrers in disziplinarische
Maßnahmen umschlagen, wenn sie auf Gleichgültigkeit oder Widerstand der Schüler stoßen, und daß disziplinarische Maßnahmen
oft um des guten pädagogischen Gewissens willen als pädagogische angeboten werden, ist eine reiche Quelle sozialer Konflikte
in der Schule.

## 13.6. *Gesellschaftliche Veränderungen und soziale Konflikte in der Schule*

Für die Bereitschaft der Schüler, sich an den Zielen der Schule
zu orientieren und die an sie gestellten Erwartungen konfliktfrei
zu erfüllen, gibt es eine wichtige Voraussetzung: Sie müssen wissen und erfahren können, was die Übernahme der ihnen ange-
tragenen sozialen Identität für ihre persönliche Identität und damit
für ihre Zukunft bedeutet. Schüler stellen – implizit oder gelegentlich auch offen – die Frage: Was erreiche ich mit meinen Opfern
an Glück und Bedürfnisbefriedigung in der Schule für meine
Zukunft?

Diese Frage läßt sich nur beantworten, wenn ein erkennbarer Zusammenhang zwischen schulischer Leistung und zukünftigen sozialem und beruflichem Status der Schüler besteht. Nun gibt es
aber Gründe dafür anzunehmen, daß für eine Reihe von Schülern
dieser Zusammenhang zwischen dem in der Schule geltenden
Leistungsprinzip und dem in der Gesellschaft akzeptierten nicht
besteht. Als allgemeines Unbehagen kommt das in folgenden
Schüleräußerungen zum Ausdruck:

> »Ich sehe so sehr den Widerspruch in dem, was hier gefordert wird, und
> dem Eigentlichen, auf das es später ankommt.«

> »Mein Beruf hängt von anderen Voraussetzungen ab als von den Dingen,
> die in dieser Prüfungsarbeit gefordert werden.«

Der Zusammenhang zwischen schulischer und gesellschaftlicher
Leistung wird durch eine Reihe Faktoren in Frage gestellt. Nehmen wir das Beispiel Gymnasium: Anfang der 60er Jahre ist die
Phase der Reorganisation der ökonomischen und sozialen Strukturen und der Wiederherstellung des technischen und ökonomischen Potentials in der BRD zu Ende gegangen. In dieser Phase
war es darauf angekommen, mit Hilfe des traditionellen Bildungswesens möglichst schnell Nachwuchs in verwaiste Positionen ein-
zuschleusen. Nach Abschluß dieser Phase ist für den Einzelnen
der wirtschaftliche Fortschritt immer weniger selbstverständlich
geworden. Zugleich nehmen die Dienstleistungsberufe, für die

eine höhere Schulbildung Voraussetzung ist, erheblich zu. Durch beide Entwicklungen wird immer unsicherer, ob das Gymnasium tatsächlich die Qualifikationen und Berechtigungen zu vermitteln in der Lage ist, die für soziale und ökonomische Positionen nötig sind. Während früher der Besuch des Gymnasiums zu relativ hohen sozialen und beruflichen Positionen führte, wird heute immer deutlicher, daß er nur mehr als Untergrenze eines befriedigenden Ausbildungserfolges betrachtet werden kann. Und während die Gesellschaft immer mehr Mitglieder mit einer langen und höheren Schulbildung braucht, bedeutet die Zunahme der Zahl der Absolventen von Gymnasien zugleich, daß deren Unselbständigkeit im Produktionsprozeß, im Konsumbereich und in der Politik im allgemeinen zunimmt.

Mit dieser Entwicklung wird es aber für die Schüler ungewisser, was sie denn mit ihren schulischen Leistungen und dem Fleiß, der Gewissenhaftigkeit, der Unterwerfung unter lästigen Zwang, die Voraussetzungen für diese Leistungen sind, für ihren späteren ökonomischen und sozialen Status tatsächlich gewonnen haben.

Für Schüler der Hauptschule ist die Lage nicht weniger problematisch. Denn für sie ist der Zusammenhang zwischen den ihnen in der Schule abverlangten Leistungen und ihrer zukünftigen ökonomischen und sozialen Position noch weniger durchsichtig.

Fehlt aber für die Schüler eine konkrete Erfahrung des Zusammenhangs von schulischer und gesellschaftlicher Leistung, so gerät ihre soziale Identität als Schüler in ein Legitimitätsvakuum. Die Schüler suchen dann nach Ersatz für die in ihrer Symbolfunktion abgewertete schulische Leistung. Als Ersatz eignen sich z. B. gut bestimmte Merkmale, die dem Erwachsenenstatus zugeschrieben werden – etwa Rauchen oder sexuelle Beziehungen. Andere Substitute sind Elemente der jeweiligen Jugendkultur.

Damit entsteht ein weites Feld von Konfliktmöglichkeiten: Während die Lehrer aufgrund ihrer Rolle in der Schule – und das Problem verschärft sich, wenn sie selbst am Sinn ihres Tuns zweifeln – am Sinn schulischen Handelns auch über die Schule hinaus festhalten müssen, stellen die Schüler, die ja an ihrer Zukunft außerhalb der Schule orientiert sind, diesen Sinn in Frage – um so stärker, je näher sie dem Abschluß der Schulzeit kommen.

13.7. *Ausblick*

Für ein differenziertes Verständnis sozialer Konflikte in der Schule ist es wichtig, die verschiedenen Techniken zu analysieren, mit deren Hilfe die Beteiligten und die Schule als Organisation mit diesen Konflikten fertig zu werden versuchen. Denn einmal entsprechen sich Art des Konflikts und Technik seiner Bewältigung, so daß eine Analyse dieser Technik ihrerseits Aufschluß über die spezifischen Merkmale des Konflikts gibt. Und zum anderen werden Techniken der Konfliktbewältigung selbst leicht Quelle neuer sozialer Konflikte.

Man kann deshalb von einer Analyse der verschiedenen Formen der Kontrolle und Abwehr sozialer Konflikte weitere Aufschlüsse über ihre Eigenart und Dynamik gewinnen (vgl. Studientext 14). Eine genauere Betrachtung der Kontroll- und Abwehrtechniken zeigt dabei, daß sie eng mit dem Alltagsverständnis sozialer Konflikte verknüpft sind. Ihr Sinn wird im schulischen Alltag meist gar nicht erst in Frage gestellt. Darin liegt zugleich eine entscheidende Schwäche traditioneller Formen des Umgangs mit Konflikten: Sie führen zu keiner offenen Auseinandersetzung mit den Ursachen sozialer Konflikte, sondern verhindern vielmehr deren Kommunikation. So entsteht die Gefahr, daß die alten Konfliktkonstellationen im neuen Gewande – und das heißt: unerkannt – wiederkehren. Deshalb muß das Problem der Verständigung der Interaktionspartner in der Schule über soziale Konflikte, ihre offenen und verborgenen Ursachen und Konsequenzen und über vernünftige Konfliktlösungsstrategien in den Vordergrund einer kritischen Betrachtung sozialer Konflikte in der Schule treten.

*Literatur*

BERNFELD, S. (1925) *Sisyphos oder die Grenzen der Erziehung*. Frankfurt a. M.: Suhrkamp 1970.

DAHRENDORF, R. ›Elemente einer Theorie des sozialen Konflikts‹. In: R. DAHRENDORF *Gesellschaft und Freiheit*. München: Piper 1962, S. 197–235.

FREUD, S. (1926) ›Psycho-Analysis‹. In: S. FREUD *Gesammelte Werke*. Bd. XIV. Frankfurt a. M.: S. Fischer 1968.

FÜRSTENAU, P. ›Zur Psychoanalyse der Schule als Institution‹. In: P. FÜRSTENAU et al. *Zur Theorie der Schule*. Weinheim: Beltz 1969.

GOFFMAN, E. *Stigma. Über Techniken der Bewältigung beschädigter Identität.* Frankfurt a. M.: Suhrkamp 1967.

GORDON, C. W. ›Die Schulklasse als ein soziales System‹. In: P. HEINTZ (Hrsg.) *Soziologie der Schule*. 4. Sonderheft d. *Kölner Zeitschrift für Soziologie und Sozialpsychologie*, 1959, 131–160.

HENRY, J. ›Der erlebte Alptraum‹. In: *betrifft: erziehung*, 1973, *5*, 23–26.

JACKSON, P. *Life in classrooms*. New York: Holt, Rinehart & Winston 1968.

LAING, R., PHILIPSON, H. & LEE, A. R. *Interpersonelle Wahrnehmung*. Frankfurt a. M.: Suhrkamp 1971.

LENZ, O. & HEINE, G. ›Bilder über die Schule‹. In: *Kunst und Unterricht*, 1972, *17*, 18–22.

McCALL, G. J. & SIMMONS, J. L. *Identities and interactions*. New York: Free Pr. 1966.

WELLENDORF, F. *Schulische Sozialisation und Identität. Zur Sozialpsychologie der Schule als Institution*. Weinheim: Beltz 1973.

Carl F. Graumann

## 14.   Die Klasse als Gruppe

# 14. Die Klasse als Gruppe

## 14.1. *Allgemeine Einführung*

Das folgende Kapitel beschäftigt sich mit der Schulklasse als einer Gruppe interagierender Individuen und versucht, einige Merkmale solcher Gruppen näher zu beschreiben.

Zu Beginn werden drei verschiedene Grundtypen der sozialen Beeinflussung von Mitmenschen vorgeführt:

die Anderen als Publikum –

die Anderen als Koagierende –

das Individuum und die Anderen in Interaktion: die Gruppe.

Was immer wir tun, unterliegt, sofern wir es angesichts Anderer tun, dem sog. *Publikumseffekt*: Wir sehen und hören nicht nur die Anderen, sondern erleben immer auch, daß die Anderen uns sehen und hören. Dadurch verhalten wir uns anders, als wenn wir allein wären. Die Schulklasse ist immer Publikum, wenn Lehrer oder Schüler etwas vortragen.

Unter Anderen zu sein, die das gleiche tun wie wir (d. h. koagieren), schafft die Situation der *Koaktion*. Auch hier spielen soziale Einflüsse eine Rolle, die unter verschiedenem Blickwinkel gesehen werden können.

Erst wenn das Individuum und die Anderen miteinander wirken, also *interagieren*, sprechen wir von einer *Gruppe*.

Die Analyse der Gruppe soll sich vor allem auf zwei Themenbereiche konzentrieren: die Gruppenstruktur und die Gruppenbeziehungen.

Die Struktur der Gruppe wird in drei ihrer Formen dargestellt: Anhand der *Kommunikationsstruktur* wird demonstriert, wie verschiedene Strukturformen (Kommunikationsnetze) sich auf Leistung und Zufriedenheit einer Gruppe unterschiedlich auswirken.

Mit Hilfe einer besonderen Methode, der *Soziometrie*, sind wir in der Lage, die *Präferenz-*(oder Freundschafts-)*struktur* einer Gruppe genauer zu bestimmen: Mit wem würde ich gerne dies oder das gemeinsam tun? Je nach Wahlen und Zurückweisungen kann der Status eines einzelnen Gruppenmitglieds genauer bestimmt werden.

Mit Hilfe des Begriffes der *Rolle* wird am Beispiel der Lehrerrolle gezeigt, welchen verschiedenartigen Erwartungen ein Mitglied einer Gruppe ausgesetzt sein kann.

Die hierbei schon deutlich werdenden *Gruppenbeziehungen* werden für die Schulklasse als Gruppe am Beispiel der *peer-Gruppe* untersucht.

Die peer-Gruppe, als Freundesgruppe der etwa Gleichaltrigen, wird neben der Familie als ein wichtiger Sozialisationsfaktor angesehen. Schon der soziometrische Wahlstatus hatte auf die Bedeutung der sozialen Herkunft verwiesen.

Zum Abschluß werden einige Befunde und Auffassungen über die Beziehungen zwischen Schichtzugehörigkeit, schichtspezifischem Verhalten und Status in der Klasse diskutiert.

14.2. *Das Individuum und die Anderen: 3 Variationen dieses Verhältnisses*

Variation I:

Stellen wir uns die folgende Szene vor, die in ähnlicher Form wohl die meisten in ihrer Schulzeit erlebt haben.

In einer norddeutschen Schulklasse wird Georg, der neue Schüler, der aus Stuttgart kommt, aufgefordert, den »Archibald Douglas« vorzutragen, der für die Deutschstunde zu lernen war. Georg, bemüht, Hochdeutsch zu sprechen, rezitiert in unverkennbar schwäbischem Tonfall. Die anderen Schüler genießen diesen Vortrag sichtlich wie eine Kabarett-Nummer, erheitert, flüsternd, kichernd, bis zu imitierenden Zwischenrufen, auf die der Lehrer mit »Ruhe!« reagiert. Georg selbst, anfänglich nur angestrengt, wird allmählich irritiert; er korrigiert sich, hyperkorrigiert sich usw.

Variation II:

Auch die zweite Situation wird jeder aus dem Schulalltag kennen: Der Mathematiklehrer betritt die Klasse, erklärt, daß noch eine Arbeit zu schreiben sei, und läßt die Hefte austeilen. Während dies geschieht, gibt er Anweisungen, nicht voneinander abzuschreiben, am besten gar nicht erst auf das Heft des Nachbarn zu schauen und überhaupt nicht so dicht zusammenzusitzen. Einige Schüler setzt er vorsichtshalber um. Anweisungen wie »Auch nicht laut denken!«, »Das Löschblatt bleibt im Heft!« und »Wer unbedingt etwas fragen muß, kommt nach vorn und fragt *mich*!« lassen alle aufkeimende Kommunikation innerhalb der Klasse im Keim ersticken, zumindest solange sein mißtrauischer Blick auf der Klasse ruht.

Variation III:

Eine Art Gegenstück bietet der Werkkunde-Unterricht direkt nach der Mathematikstunde.

Beim gemeinsamen Bau eines größeren Modells eines Segelflugzeugs sind alle miteinander – und zwar recht munter – beschäftigt. Einzeln oder in kleinen Gruppen arbeiten sie an verschiedenen Teilen des Modells, einander austauschend, helfend, miteinander redend. Sie geben sich Anweisungen, fordern voneinander Material und Hilfe und machen Witze über Einzelne. Der Lehrer, selber ein fertiges Stück mit einer Planskizze vergleichend, scheint völlig in der Gruppe aufzugehen.

Drei Variationen über das Grundthema der Sozialpsychologie:

das Individuum und die Anderen. Ihm war bereits das 9. Kapitel
gewidmet, das den Versuch gemacht hat, einige Grundbegriffe
der Sozialpsychologie einzuführen. Ging es dort darum, Sie mit
den verschiedenen Modalitäten sozialer Interaktion, vor allem mit
der Frage der sozialen Beeinflussung des Individuums durch die
Anderen bekannt zu machen, so sollen hier nun die Anderen in
ihren verschiedenen Erscheinungsweisen zur Sprache kommen.
Geht es dabei letztlich um die *Sozialpsychologie der Gruppe* in ihrer
Relevanz für die Pädagogische Psychologie, so gilt es doch von
Anfang an, dem irrigen Eindruck vorzubeugen, jede überschau-
bare Menge von Menschen sei schon eine Gruppe. So ist eine
Schulklasse keineswegs als Klasse schon eine Gruppe im sozialpsychologischen Sinn. Sie ist es nur, wenn sie bestimmte Kriterien erfüllt. Und selbst wenn sie sie erfüllt, bleiben noch genug Fragen, deren Beantwortung nicht nur von sozialpsychologischem Interesse, sondern auch pädagogisch relevant sein
kann. Ich greife nur zwei Fragen heraus: 1. Ist der Lehrer Mitglied der »Klasse« genannten Gruppe oder ist er ihr konfrontiert? 2. Sind Mitschüler dem Schüler in letztlich immer gleicher
Weise präsent, oder haben wir guten Grund, verschiedene Er-
scheinungs- und damit Wirkungsweisen der Anderen zu unterscheiden?
Auf die erste Frage kommen wir später zurück. Auf die zweite
haben uns die drei vorausgeschickten Szenen aus irgendeinem
Schulalltag schon eine erste Antwort gegeben. Die Anderen, hier
beispielsweise immer Schüler einer Klasse im Unterricht, präsen-
tieren sich in dreierlei Weise, die die Sozialpsychologie wie folgt
benennt:
Erstens die Anderen als *Publikum*, zweitens die Anderen als *Koagierende*, d. h. als nebeneinander, jeder für sich Arbeitende, und
drittens das Individuum und die Anderen als miteinander in
Wechselwirkung Stehende, also als echte *Interagierende*. Erst im
letzten Fall sagen wir, daß die in Frage kommenden Individuen
eine Gruppe im engeren Sinne bilden.
Die Generalfrage, die zu dieser Dreiteilung geführt hat, beschäftigte die Sozialpsychologie von Anfang an, d. h. seit ihrer Entstehung um die Jahrhundertwende. Sie lautet: Welchen Einfluß
hat die Anwesenheit von Mitmenschen auf die Arbeitsleistung
des Einzelnen? Später wurde die Frage auf die Beeinflussung des
Erlebens und Verhaltens überhaupt ausgeweitet. Um diese Frage
beantworten zu können, war es erforderlich, bestimmte Leistungen einmal vom Individuum allein, dann dieselben von Individuen
in Anwesenheit Anderer vollbringen zu lassen, um Unterschiede
im Arbeitsverlauf und in der Arbeitseffizienz zu vergleichen. »Anwesenheit Anderer« ist aber noch zu unbestimmt; denn es stellte
sich bald heraus, daß es einen Unterschied macht, ob die Anderen
lediglich physisch anwesend sind, also reines Publikum oder

Auditorium bilden, oder ob sie mit der gleichen oder einer ähnlichen Tätigkeit wie der betreffende Einzelne beschäftigt sind, ohne jedoch mit diesem Einzelnen in Interaktion zu treten.

### 14.2.1. *Die Anderen als Publikum*

Unsere erste Szene zeigt paradigmatisch Mitschüler als Zuhörer, also als Publikum. Sie sind, glaube ich, ein typisches Publikum, das mitgeht und nicht nur passiv rezipiert. Die Schulklasse als Publikum – das ist ein der Erziehungswissenschaft und der Pädagogischen Psychologie durchaus vertrautes Thema; denn immer – und früher sicher mehr als heute – ist die Klasse *auch* Publikum des Lehrers, der – vor allem beim traditionellen Frontalunterricht – auf der früher erhöhten »Bühne« des Katheders vor der »Kulisse« von Wandtafel und Landkarte sein »Stück« Unterricht aufführt. Jeder erfahrene Lehrer weiß, wie unbarmherzig dieses Publikum von 20 bis 40 Augen- und Ohrenpaaren Eigenheiten der Aussprache, Eigenarten der Kleidung zu registrieren und zu karikieren vermag, wie großzügig und geradezu blind dasselbe Publikum die krassesten Sprachfehler und Kleidungsnachlässigkeiten oder Extravaganzen übersieht – beim Kollegen. Daß aber u. U. gerade das ganz passive, stumme Publikum das Verhalten des Lehrers beeinflußt, wird aus der Schulpraxis derjenige bestätigen, der schon einmal wie gegen eine Wand zu unterrichten versucht hat.

Über diesen Erfahrungen und Klagen wird allzu gerne übersehen, daß in dem »Soziodrama«, genannt Unterricht, ja auch Schüler mitspielen, die ebenfalls, wenn das Stichwort fällt, ihre Rolle vor einem Publikum aufsagen müssen, das, selbst wenn es nicht unbarmherzig ist, das Verhalten dessen, der – wie es in der Schulsprache heißt – »dran« ist, beeinflußt. Selbst Studenten einer westdeutschen Universität, 1972 ob ihrer Diskussionsgehemmtheit befragt, antworteten mehrheitlich, daß sie Angst hätten, sich vor den Kommilitonen zu blamieren, weniger vor dem Dozenten.

*Hemmung* ist nun tatsächlich ein Effekt, den Publikum nach Auffassung der Sozialpsychologen ausüben kann. Häufiger jedoch ist die Rede von *Leistungsförderung* und *-erleichterung* durch die Anwesenheit Anderer. Vor allem die Bewältigung von Aufgaben, die eine bereits erworbene motorische Fertigkeit verlangen, wird durch die pure Präsenz Anderer eher gefördert, d. h. sie wird rascher und fehlerfreier vollzogen. Vornehmlich von Sportlern ist bekannt, daß sie vor Publikum zu höheren Leistungen kommen als ohne. Aber auch hier – wie in der Schulklasse – darf man nicht übersehen, daß ein Publikum nicht nur aktiv oder passiv, sondern auch freundlich oder kritisch oder gar feindselig sein kann. Eine Übereinstimmung besteht jedoch zwischen den Sozial-

psychologen, daß Publikum sich eher positiv oder negativ auf
das Verhalten des Einzelnen auswirkt, als daß es wirkungslos
bleibt (KELLEY & THIBAUT 1959; ZAJONC 1965).

## 14.2.2. *Die Anderen als Koagierende*

Unbeantwortet bleibt damit allerdings noch die wichtige Frage,
worauf sich die Anwesenheit Anderer eher fördernd, worauf sie
sich eher hemmend auswirkt. Die Antwort hierauf haben vor
allem die *Koaktions*-Studien gegeben, also Untersuchungen, die
die Leistungen eines allein arbeitenden Individuums verglichen
mit Leistungen in Gegenwart anderer, jeder für sich die gleiche
Arbeit verrichtenden Individuen. Das aber ist genau die Situation,
die vielen Lehrern die normale Unterrichtssituation zu sein scheint.
Wie es unsere zweite Szene veranschaulichte: Jeder arbeitet für
sich, möglichst unbeeinflußt von den Anderen. Nur so kann
schließlich der Lehrer auch die Leistung des Einzelnen bewerten
und entsprechende Noten geben.
Die Frage nach dem Einfluß koagierender Individuen auf die
Einzelleistung führte zum ersten sozialpsychologischen Experiment im Jahre 1898.

> TRIPLETT, selber begeisterter Radfahrer, war auf das Schrittmacher-Phäno-
> men gestoßen. Ihm war aufgefallen, daß Radfahrer, die nur nach der Uhr,
> auf Zeit fuhren, schlechter abschnitten als solche, die mit einem Schritt-
> macher fuhren. Und diese waren noch Radfahrern unterlegen, die im
> Wettkampf mit anderen radelten. TRIPLETT verlegte diese Situation ins
> Labor, wo er Kinder zwischen 8 und 17 Jahren einmal allein und einmal
> im Wettbewerb mit anderen Angelschnüre aufwickeln ließ. Von seinen
> 40 Vpn schnitten in der Wettkampfsituation 20 besser, 10 schlechter ab,
> als wenn sie alleine kurbelten. Bei weiteren 10 zeigte sich kein Unter-
> schied (TRIPLETT 1898).

Dieser Befund, der – zumindest bei Kindern – eher auf eine Lei-
stungssteigerung durch Koaktion verwies, wurde mehrfach bestätigt. Doch erst durch die Untersuchungen von Floyd H. ALL-
PORT, dem Bruder des bereits vorgestellten Gordon W. ALLPORT,
kam Licht in die Unterschiedlichkeit der Auswirkungen von ko-
aktiven Mitmenschen. Floyd ALLPORT kam nämlich aufgrund
seiner Experimente zu der Erkenntnis, daß manifeste, d. h. beobachtbare Reaktionen eher gefördert werden, während implizite
Verhaltensweisen, wie Denkleistungen, eher behindert oder verschlechtert werden, wenn Mitarbeiter anwesend sind (ALLPORT
1920; 1924).
Der anfängliche Eindruck, daß ganz allgemein koagierende Anwesende sich positiv auf das Arbeitstempo, negativ jedoch auf die
Qualität der Arbeit auswirken, war in dieser Form nicht zu halten.
Nicht nur war diese Formel theoretisch unbefriedigend; es stan-

den auch immer wieder Einzelbefunde dagegen. Erst in den 6oer Jahren ist, vor allem durch Robert ZAJONC, eine theoretisch zufriedenstellende, weil auch allgemeinpsychologisch fundierte Erklärung der Auswirkungen der Anwesenheit Anderer angeboten worden.

ZAJONC ging von dem durchgängigen Befund aus, daß es seit TRIPLETTS und F. H. ALLPORTS Untersuchungen in der Regel bereits gut gelerntes Verhalten war, motorische Fertigkeiten und andere eingeübte manifeste Verhaltensweisen, die durch die Anwesenheit Anderer eher noch gefördert wurden. »Sozial gehemmt« wird dagegen durchweg der Erwerb neuer Verhaltensmuster, die Verarbeitung neuer Informationen. So faßt ZAJONC die Ergebnisse der ALLPORT-Experimente von 1920 zusammen, bei denen Wortassoziationen, Multiplikationen u. ä. sozial gefördert, Problemlösungen dagegen sozial gehemmt wurden:

> »Wortassoziationen, Multiplikationen, Vokale durchstreichen und die Umkehrung einer als mehrdeutig wahrgenommenen Figur implizieren alle Reaktionen, die bereits wohlausgebildet sind. Entweder handelt es sich um gut gelernte oder sehr stark reizgebundene Reaktionen wie Wortassoziation oder Umkehr einer Perspektive. Die Problemlösungsaufgabe besteht darin, Argumente antiker Philosophen zu widerlegen. Im Gegensatz zu den anderen Aufgaben sind hier keine gut gelernten Reaktionen impliziert. Im Gegenteil, bei Aufgaben dieser Art ist die Wahrscheinlichkeit falscher (d. h. hier, logisch falscher) Reaktionen ziemlich hoch. Falsche Reaktionen sind m. a. W. dominant ... Wiederum läßt sich die vorgeschlagene Verallgemeinerung ... anwenden: Denn wenn die Anwesenheit Anderer die Wahrscheinlichkeit dominanter Reaktionen erhöht, und wenn der Tendenz nach starke (und viele) falsche Reaktionen vorherrschen, dann kann die Anwesenheit Anderer der Leistung nur abträglich sein.« (ZAJONC 1965, S. 269–274)

Die motivationspsychologische Annahme, die ZAJONCS Verallgemeinerung decken soll, ist die, daß die Anwesenheit Anderer eine Quelle allgemeiner *Aktivierung* ist. Und Aktivierung als Steigerung des allgemeinen Aktivitäts- oder Antriebsniveaus begünstigt motivationstheoretisch dominante Reaktionen. Dabei versteht sich von selbst, daß am Anfang eines Lernprozesses, während des Erlernens eher falsche Reaktionen dominieren, später dann zunehmend richtige.

Schon ohne die Zuhilfenahme psychophysiologischer Messungen kennt der Laie zumindest die etwa als »Lampenfieber« bezeichnete Erregung des vor einem Publikum Vortragenden.

> Ein Experiment von SHAPIRO & LEIDERMAN (1967) diene als Beleg für die aktivierende Wirkung, die einerseits von Anwesenden, andererseits vom Erfolg und Mißerfolg der eigenen Arbeit ausgehen kann. Als Maß der Aktivierung verwendeten die beiden Experimentatoren den sog. psychogalvanischen Reflex, d. h. eine meßbare Veränderung des elektrischen Hautwiderstands, der in der Psychophysiologie seit langem als Indikator

allgemeiner Aktivierung des Organismus verwendet wird. Die Versuchspersonen von Shapiro & Leiderman mußten raten, welche von mehreren
Farben ihnen wohl vom Versuchsleiter als nächste gezeigt würde. Da der
Versuchsleiter es völlig in der Hand hatte, konnten manche Versuchspersonen überwiegend »richtige« oder »falsche« Antworten geben, also
»Erfolg« oder »Mißerfolg« haben. Wichtig für unsere sozialpsychologische Fragestellung ist nur, daß die Versuchspersonen immer zu dritt
um einen Tisch saßen. Zwar hörte so jeder, was die Anderen rieten, aber
sie durften nicht miteinander reden. Die Instruktion schrieb vor, daß,
sobald eine Versuchsperson das Wort »Start« sah, sie ihre Farbwahl einzeln
nennen mußte und dann alle drei gleichzeitig, doch jeder nach seiner Wahl,
einen aus einer Reihe farbiger Knöpfe drücken mußten. Der Versuch war
so angelegt, daß immer entweder zwei Versuchspersonen erfolglos waren,
die dritte erfolgreich oder umgekehrt. Der Versuch überprüfte also zwei
experimentelle Alternativen: Einzelschätzung gegenüber Zusammen-
schätzen und Erfolg gegenüber Mißerfolg.

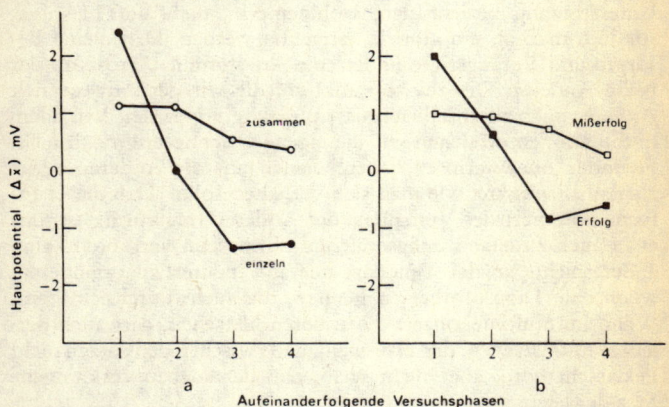

*Abb. 1:* Beziehung zwischen »Aktivierung« und (a) »Gegenwart anderer«
sowie (b) »Erfolg«. (Aus: D. Shapiro & P. H. Leiderman ›Arousal correlates of task role and group setting‹. In: *Journal of Personality and Social
Psychology*, 1967, 5, 103–107, S. 105.)

Wie immer bei derartigen Experimenten – und wohl auch in der Alltags-
situation – läßt der Erregungszustand, gemessen an der galvanischen
Hautreaktion, im Verlaufe des 45 Minuten dauernden Versuchs nach,
aber interessanterweise vollzieht sich, wie aus der Abb. 1a hervorgeht,
die Beruhigung bei den Zusammenarbeitenden langsamer und gering-
fügiger als bei den Versuchspersonen, die allein arbeiteten. Wie Kurve 1b
zeigt, fiel die Erregungskurve ebenfalls rascher und tiefer für die »Erfolgreichen« als für die »Erfolglosen« ab.

Dieser Experimentalbericht muß genügen, um zu verdeutlichen,
daß die Anwesenheit von Anderen, auch ohne daß sie in Interaktion mit einem Einzelnen stehen, auch ohne daß am Verhalten

des Einzelnen etwas beobachtbar wäre, doch einen – sagen wir – emotionalen Einfluß auf ihn ausübte. Führt, so darf man jetzt schlußfolgern, die Anwesenheit Anderer zu einer Beeinträchtigung gewisser Lernleistungen, so können die damit verbundenen Mißerfolgserlebnisse den einmal eingetretenen Erregungszustand hochhalten; sie unterbinden oder verzögern die sonst mit der Zeit zu erwartende Beruhigung.

Auf zwei weitere Funktionen von Anwesenden, die in anderen Experimenten deutlicher wurden, sei noch verwiesen, sind sie doch aus der Alltagserfahrung vertraut. Viele suchen vor allem in Situationen der Unsicherheit und der Belastung, der drohenden wie der bereits bestehenden Gefahr, die Gesellschaft Anderer, auch ohne mit ihnen in Interaktion zu treten. Zwei Motive können diese *Affiliations-* oder *Anschlußtendenz* verständlich machen: Erstens hat in belastenden und beängstigenden Situationen die Gegenwart Anderer eine soziale Unterstützungsfunktion. Diese Unterstützung bezieht sich, wohlgemerkt, nicht auf Leistung, sondern muß als emotionale betrachtet werden. Der alleine Besorgte und Verängstigte findet eine Art stummen Trosts in der Nähe Anderer. Die zweite Funktion, die wir der Anwesenheit Anderer noch zuschreiben müssen, ist kognitiver Art. Vor allem in Situationen, in denen wir die eigene Orientierung noch nicht gefunden oder verloren haben, dienen uns die Anderen gerne als Anhaltspunkte, wie man sich verhalten sollte. Daß dieser Informationswert des Verhaltens der Anderen fragwürdig ist, uns etwa auch zu einem unbesonnenen Mitmachen verführen kann, ändert nichts an der Tendenz, uns an Anderen zu orientieren, wenn eine Lage, in die wir geraten, uns nicht durchsichtig ist. Wenn im Sinfoniekonzert die anderen klatschen, darf auch derjenige mitklatschen, der zwar weiß, daß zwischen den Sätzen nicht geklatscht wird, aber nicht weiß, daß der soeben verklungene Satz der letzte war.

### 14.2.3. *Das Individuum und die Anderen in Interaktion: die Gruppe*

Wenden wir uns nun der dritten Form sozialer Präsenz zu, in der der Einzelne mit den Anderen in *Interaktion* steht. Das Beispiel, das eingangs als Variante III stand, ein Ausschnitt aus dem Werkunterricht, zeigte volle Interaktion im Sinne von zielgerichteter Zusammenarbeit. Nun sprechen wir allerdings auch schon von Interaktion, wenn, wie es im 9. Kapitel hieß, das Verhalten des Einen durch das der Anderen beeinflußt wird. In diesem Sinne müssen auch die beiden bisher besprochenen Erscheinungsformen, Publikum und Koaktion, als – vielleicht schwach ausgeprägte – Formen von Interaktion bezeichnet werden.

Den Begriff des Auditoriums als Prototyp eines lebhaft präsenten

Publikums legt Abb. 2a nahe: Einer, Groß-A, redet und alle Anderen, B bis E, hören zu. Die Pfeile symbolisieren die Wirkungsrichtung. In Wirklichkeit, d. h. gemäß sozialpsychologischer Analyse, stellt sich jedoch heraus, daß durchaus Wirkungen von B, C, D, E auf A ausgehen und B bis E auch untereinander, eben als einander Präsente, in gewissen Wechselbeziehungen stehen. Dennoch darf man, akzentuierend, die Interaktionsform etwa eines Vortrags einseitig nennen.

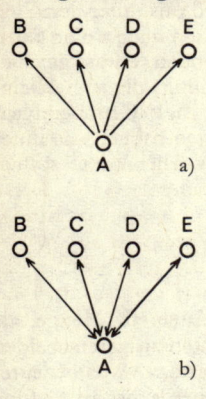

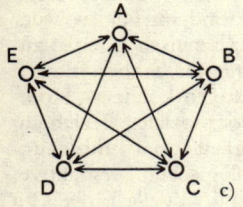

*Abb. 2:* a) Idealtypisches Kommunikationsschema eines Vortrags vor einem Auditorium (B–E). – b) Idealtypisches Kommunikationsschema eines traditionellen Unterrichts. Jeder Schüler (B–E) arbeitet streng für sich; Kommunikation findet nur mit dem Lehrer oder über diesen statt. – c) Idealtypisches Schema eines Interaktionsgefüges; jeder kommuniziert mit jedem.

Ähnlich ist es mit dem Beispiel der Koaktion. Der Unterricht sollte gemäß dem Lehrer unseres zweiten Beispiels nach dem Motto: »Jeder für sich!« verlaufen, Kommunikation nur mit dem Lehrer bzw. über ihn, so wie es das Schema 2b symbolisiert. Auch hier kann zwar disziplinarisch die verbale Kommunikation zwischen B, C, D und E unterbunden werden, die nichtsprachliche Interaktion und wechselseitige Beeinflussung ist nicht unterdrückbar. Erst wenn jeder in einer konkreten Situation Anwesende mit jedem kommuniziert, haben wir ein voll ausgeprägtes Interaktionsgefüge, wie es das Schema 2c veranschaulicht. Auch dieses Schema sollten wir noch als ein für Interaktion idealtypisches bezeichnen; denn daß jeder mit jedem in gleicher Weise kommuniziert, ist sicher nicht der Regelfall, schon gar nicht bei größeren Gruppen.

## 14.3. *Die soziale Gruppe*

Von einer Gruppe sprechen wir nun allerdings im engeren sozialpsychologischen Sinne des Wortes, wenn eine Anzahl von Menschen über eine gewisse Dauer in Interaktion steht, vor allem
wenn sich darüber eine *Interdependenz* entwickelt. Wir wollen das
bisherige Leitthema, das den Einzelnen den Anderen in verschiedener Weise konfrontierte, für einen Augenblick beiseite lassen.
Das Thema »Einzelner versus Gruppe« wird uns unter dem Leistungsaspekt später beschäftigen. Wir müssen zuerst die sozialpsychologische Konzeption der Gruppe noch etwas genauer
kennenlernen. Der Hauptstrom der Forschung, die sog. Klein-
gruppenforschung, wird gerne unter dem Titel »Gruppendynamik« angeboten. Wir werden daher zu fragen haben, was unter
der Dynamik der Gruppe zu verstehen ist. Vorher jedoch sollten
wir uns der Frage ihrer Struktur zuwenden.

### 14.3.1. *Gruppenstruktur*

Von allen sozialen Pluralen, die wir als Masse, als Menge, als
Klasse, als Gruppe in den Sozialwissenschaften zu unterscheiden
gelernt haben, ist die Gruppe der strukturierteste. Was bedeutet
aber Struktur? Ganz allgemein: ein relativ überdauerndes Gefüge
von Beziehungen zwischen Elementen, die durch eben diese Rela-
tionen ein Ganzes bilden. Die Elemente sind im Feld sozialer
Plurale einzelne Menschen, die Beziehungen zwischen ihnen zuerst einmal soziale Interaktionen im definierten Sinne. Je nach
Art der Interaktion oder – wie wir auch sagen können – Kommunikation entstehen verschiedene Arten der sozialen Beziehung
und Abhängigkeit. Die relative Dauerhaftigkeit sozialer Beziehungen gestattet es dann, in einer mehr soziologischen Perspektive,
die Gruppe als soziales Gebilde, als überindividuelle Einheit zu
behandeln. Obwohl der Psychologe mehr am Verhalten des Individuums innerhalb der Gruppe bzw. an der sozialen Interaktion
in Gruppen interessiert ist, also eigentlich mehr an dem, was man
Gruppendynamik genannt hat, muß er sich zu eben diesem Zweck
auch mit Strukturproblemen befassen.

a) Kommunikationsstruktur
Das einfachste Beispiel für diese Notwendigkeit bietet die sog.
*Kommunikationsstruktur* von Gruppen. Man muß Marvin F. SHAW,
einem der führenden Vertreter der Erforschung von *Kommunikationsnetzen* zustimmen, wenn er sagt:

> »Kommunikation ist das Herzstück des Gruppen-Interaktionsprozesses.
> Keine Gruppe, ob eine informelle oder eine formelle wie eine Industrie-
> einheit, eine Regierungsbehörde oder militärische Gruppe kann wirksam

funktionieren, wenn nicht ihre Angehörigen mit Leichtigkeit kommunizieren können ... Der freie Fluß von Information (Sachkenntnis, Gedanken, technisches Know-how, Gefühle) zwischen verschiedenen Mitgliedern einer Gruppe bestimmt in starkem Maße die Effizienz der Gruppe
und die Zufriedenheit ihrer Mitglieder.« (SHAW 1964, S. 111)

Diese These, daß Art und Ausmaß des Informationsflusses, also
das Kommunikationsmuster einer Gruppe, sowohl ihre Leistung
wie die Befindlichkeit ihrer Mitglieder beeinflußt, hat zu einer
Reihe von Untersuchungen geführt. In ihnen wurden verschiedenartige Kommunikationsnetze Gruppen von Versuchspersonen vorgegeben als unabhängige Variablen. Unterschiede in den
Leistungen wie in der verbalen Bekundung der Befindlichkeit,
speziell Zufriedenheit, konnten dann auf die verschiedenen Netze
zurückgeführt werden.

Werfen wir noch einmal einen Blick zurück auf die Kommunikationsmuster der Abb. 2, so wird deutlich, daß es sich bei den
Mustern 2a und 2b formal um die gleiche Struktur handelt. Seit
den ersten Experimenten hierüber von BAVELAS (1950) und von
LEAVITT (1951) bezeichnen wir dieses Muster als Rad-Struktur;
denn sie ist identisch mit den in Abb. 3a wiedergegebenen, deren
zentrale Position dem Kreis A der Figuren 2a und 2b entspricht.
2a und 2b unterscheiden sich lediglich dadurch, daß 2a nur einseitige Kommunikationen (von A weg zu den Anderen), 2b dagegen wechselseitige zwischen A und den Anderen zuläßt. Auch
das Y-Netz unserer Abb. 3b und die Kette, Abb. 3c, kennen noch
relativ zentrale Positionen, die aber nicht mehr direkt, d. h. unvermittelt, mit allen anderen verbunden sind. Die peripheren
Positionen von Rad, Y und Kette sind auch dadurch definierbar,
daß sie lediglich mit einer Position des Gesamtsystems verbunden
sind. Zwischen den mehr zentralen und den peripheren Positionen
besteht also eine Ungleichheit der Kontakt- oder Kommunikationsmöglichkeiten.

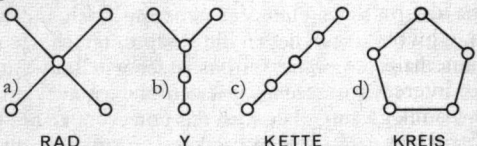

RAD       Y       KETTE       KREIS

*Abb. 3:* Vier von LEAVITT (1951) untersuchte Kommunikationsnetze. (Nach
H. J. LEAVITT.)

Demgegenüber hat bei einer Kreis-Struktur, wie in Abb. 3d, jedes
Mitglied der Gruppe unmittelbaren Kontakt mit zwei anderen
Gruppenangehörigen; niemand hat eine auch nur annähernd zentrale Position. Die Versuchsanordnung der entsprechenden Experimente von LEAVITT und anderen bot denn auch den Versuchspersonen keine andere Möglichkeit als über die zur Verfügung

gestellten Kanäle miteinander Informationen auszutauschen. Den ersten Forschern vom Massachusetts Institute of Technology ging es um die Beziehung zwischen Kommunikationsnetz und Gruppenverhalten, wenngleich vom letzteren der Leistungsaspekt besonders interessierte.

LEAVITT (1951) untersuchte Fünfergruppen in den Netzen »Rad«, »Ypsilon«, »Kette« und »Kreis«. Die Aufgabe war relativ einfach. Die Versuchspersonen mußten aus einer wechselnden Reihe von ihnen vorgegebenen Symbolen das eine herausfinden, das ihnen allen vorlag. Gemessen wurde die Zeit bis zur Lösung des Problems, die Anzahl der Fehler und der Kommunikationen. In der mittleren Lösungszeit unterschieden sich die Netze nicht so sehr. Ging es jedoch um den schnellsten richtigen Durchgang, so erwies sich der Kreis als das langsamste Netz, das mit durchschnittlich 16,6 auch die meisten Fehler machte, gegenüber dem mit 2,6 sehr fehlerarmen Ypsilon. Erwartungsgemäß benötigte der Kreis auch die höchste Anzahl von Kommunikationen, um zur Lösung zu kommen.

Die Zufriedenheit der Mitglieder wurde mit Hilfe eines Fragebogens ermittelt. Hier meldeten die Mitglieder des Kreises die größte Zufriedenheit, die des Rads die geringste.

Fragt man nach der führenden Position, so waren sich im Rad 23 von 25 Personen einig, daß dies die zentrale Position war. Im Kreis dagegen konnten nur 13 von 25 diese Frage beantworten, aber die Antworten verteilten sich nach dem Zufall über alle fünf Positionen des Kreises.

Während sich im Kreis-Netz keine dauerhafte Arbeitsorganisation herausbildete, wurde in der Regel in den Rad-, Y- und Ketten-Netzen alle Information zur Zentralposition geleitet, die eine Entscheidung fällte und entsprechende Informationen an die Randpositionen leitete. Was die Einzelpositionen betrifft, so brauchten die Versuchspersonen in den zentralen Positionen in der Regel weniger Lösungszeit, schickten mehr Nachrichten, machten weniger Fehler und waren durchweg zufriedener.

Was sich in diesem frühen Experiment als Befund andeutete, wurde in einer Fülle weiterer Versuche mit noch anderen Netzformen bestätigt. Danach liegen die Hauptunterschiede zwischen den zentralisierten Kommunikationsnetzen wie Rad, Y und Kette auf der einen und den dezentralisierten Netzen auf der anderen. Dazu gehören der Kreis, aber auch das von Abb. 2c her bekannte Allkanal-Netz, in dem jeder mit jedem Information austauschen kann. Der Unterschied zwischen diesen beiden Netzklassen fällt jedoch je nach der Aufgabe, die die Gruppe zu verrichten hat, anders aus. So sieht es aus, als ob die Überlegenheit der zentralisierten Netze sich nur bei relativ einfachen Aufgaben bestätigt, wo es also mehr darum geht, Information zu sammeln und zu kombinieren. Bei komplexeren und komplizierteren Aufgaben wie mathematischen und Diskussionsproblemen zeigte sich dagegen das dezentralisierte Netz als überlegen. Damit decken sich auch die Befunde aus Versuchen ohne ein vorgegebenes, also der Gruppe auferlegtes Kommunikationsnetz: Gruppen ändern, wenn sie können, je nach Aufgabe oder Zielsetzung ihre Kommunikationsstruktur. Wie überhaupt »Struktur«, wenn dieser Begriff in den Verhaltenswissenschaften gebraucht wird, immer nur etwas *relativ* Überdauerndes, sonst aber durchaus Wandelbares meint.

b) Präferenzstruktur
Dasselbe gilt also auch für die anderen Strukturaspekte der Gruppe, von denen besondere Beachtung, zeitweise übermäßige Beachtung, die *Präferenz-*(oder Freundschafts-)*struktur* gefunden hat. Sie ist vor allem durch die Methode zu ihrer Feststellung, das *Soziogramm*, i. w. S. die *Soziometrie*, bekannt geworden, die der in Österreich gebürtige amerikanische Psychiater Jakob MORENO (1964) entwickelt hat.
Ausgehend von der Erkenntnis der sozialen Wichtigkeit emotionaler Beziehungen und der Notwendigkeit, diese innerhalb von Gruppen genauer bestimmen zu können, erfaßt man mit Hilfe von Fragebogen die Präferenz – oder Vorzugswahlen von Gruppenmitgliedern bzw. die Zurückweisungen. So können in einer Schulklasse die Schüler gefragt werden, neben wem sie sitzen, mit wem sie eine bestimmte Arbeit zusammen machen, mit wem sie bei einem Spiel zusammen in der Mannschaft sein möchten. Jede dieser Befragungen läßt sich soziometrisch auf verschiedene Weise auswerten, deren bekannteste und verbreitetste das Soziogramm ist.

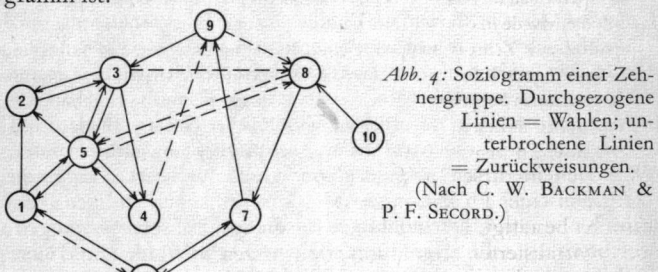

*Abb. 4:* Soziogramm einer Zehnergruppe. Durchgezogene Linien = Wahlen; unterbrochene Linien = Zurückweisungen.
(Nach C. W. BACKMAN & P. F. SECORD.)

Das Soziogramm ist die räumliche Anordnung von Personen symbolisierenden Kreisen oder Punkten mit Pfeilen, die die Richtung einer Wahl anzeigen. Abb. 4 gibt ein typisches Soziogramm wieder. Die ausgezogenen Pfeile stellen Wahlen, die gestrichelten Zurückweisungen dar. Die Intensität von Anziehung oder Ablehnung läßt sich durch Nähe ausdrücken. Personen, die sich wechselseitig wählen, durch zwei ausgezogene Linien verbunden, sind einander näher als zwei, die nur durch eine Linie verbunden sind, was eine unerwiderte Wahl bedeutet. Dieses relativ grobe Verfahren, das nur bei relativ kleinen Gruppen noch übersichtlich

ist, enthüllt immerhin einige Struktureigentümlichkeiten; so die
Existenz einer *Untergruppe* (wie die Personen 1 bis 5 unseres
Soziogramms), einen besonders hohen *Wahlstatus* (wie unser Individuum Nr. 5), einen hohen *Zurückweisungsstatus*, der jemanden
(wie Person Nr. 8) als Ziel verbreiteter Feindseligkeit ausweist;
schließlich den *Außenseiter*, der wie Nr. 10 fast isoliert ist, von
niemandem gewählt wird und von allen nur die abgelehnte Nr. 8
wählt.

Eigentlich brauchte nicht ausdrücklich darauf hingewiesen zu
werden, daß, was Individuen *möchten*, noch lange nicht dasselbe
ist, was sie auch *tun*. Angesichts der Beliebtheit des Soziogramms
unter Lehrern sollte jedoch die Warnung ernstgenommen werden,
wie sie etwa jüngst von ULICH formuliert worden ist:

>»Ergebnisse von Soziogrammanalysen verleiten sehr oft zu Fehlschlüssen,
>wenn man sich nicht genau an die tatsächlich gestellten Fragen hält. Das
>Ergebnis gibt meist nicht mehr und nicht weniger als die Antworten
>auf eben diese Frage wieder (z. B.: Mit wem möchtest du im Ferienheim
>dein Zimmer teilen?). Man kann mit dieser Methode grundsätzlich *nicht*
>feststellen, aus welchen *Gründen* bestimmte Beziehungen, Untergruppen,
>Wünsche und Randpersonen existieren und welche Vorstellungen und
>Normen die Wahlen im einzelnen beeinflussen.
>
>Die häufige Anwendung des Soziogramms in der Schule läßt vermuten,
>daß einige seiner Hauptgefahren nicht richtig eingeschätzt werden. Von
>den Wünschen wird ohne weiteres auf die Struktur geschlossen.
>
>Das Soziogramm kann Werturteile anregen, die der Gruppenintegration
>durchaus schaden können; die Unbeliebtheit einzelner Schüler tritt stark
>ins Bewußtsein, wenn man in Fragebogen auch Ablehnungen verlangt ...
>Schließlich sollte man die Wechselwirkungen zwischen Beobachter und
>Beobachteten nicht übersehen, die gerade in der Schule das Ergebnis ver-
>fälschen können oder jedenfalls jene ausführlichen Nachforschungen ver-
>bieten, die erst eine sinnvolle Deutung der Befunde ermöglichen würden.
>Ein Lehrer setzt sich leichter dem Vorwurf der Parteilichkeit aus als ein
>Sozialforscher.« (ULICH 1971, S. 58)

Eine Reihe von Untersuchungen ist dieser Frage nachgegangen,
welche Faktoren in erster Linie soziometrische Wahlen bedingen.
Faßt man die Ergebnisse dieser Untersuchungen mit BACKMAN &
SECORD zusammen, so ergibt sich folgendes Bild:

>»Ein Individuum wird die folgenden Personen wählen:
>1. diejenigen, mit denen es öfter Gelegenheit zur Interaktion gehabt hat,
>2. diejenigen, die Eigenschaften haben, die am ehesten im Sinne der Nor-
>men und Werte der Gruppe sind, 3. diejenigen, die ihm selbst in Einstel-
>lungen, in Werthaltungen und von der sozialen Herkunft her am ähn-
>lichsten sind, 4. diejenigen, von denen er annimmt, daß sie auch ihn
>wählen oder ihm positive Eigenschaften zuschreiben, 5. diejenigen, die
>ihn so sehen wie er sich selbst und schließlich 6. diejenigen, in deren Ge-
>sellschaft er eine Befriedigung seiner Bedürfnisse erfahren hat.«(BACK-
>MAN & SECORD 1968, S. 96)

Viele dieser Bedingungen für soziometrische Wahlen sind in erster
Linie Bedingungen für die Affiliations- und Attraktionsprozesse,
die einen wesentlichen Teil dessen ausmachen, was wir als Gruppendynamik bezeichnen. In diesem Sinne ist ein Soziogramm eher
eine Momentaufnahme, ein Querschnitt von aktuellen gruppendynamischen Prozessen, als ein Spiegel *der* Struktur einer Gruppe.
Sicher spiegelt sich in der Kommunikationsstruktur wie in der
Präferenzstruktur auch die Rollenstruktur einer Gruppe und –
was nicht unbedingt dasselbe ist – die Machtverteilung wider.
Doch bedürfen diese Strukturaspekte eigener Analysen. Man hüte
sich also vor der Meinung, man könne mit Hilfe eines einzigen
strukturanalytischen Verfahrens so etwas wie *die* Struktur einer
Gruppe ermitteln.

c) Rollenstruktur
Nicht einmal die Rolle eines Gruppenmitglieds läßt sich in einfacher Weise eindeutig bestimmen. Eingedenk der sozialpsychologischen Bestimmung der Rolle als dem Insgesamt der Verhaltenserwartungen gegenüber dem Inhaber einer Position müssen
wir z. B. die Rolle des Lehrers anders bestimmen je nachdem,
*wessen* Verhaltenserwartungen wir zum Ausgang nehmen. Zu
welchen Diskrepanzen die Verschiedenartigkeit der Ausgangspunkte führen kann, verdeutlicht eine Untersuchung, die BIDDLE
und seine Mitarbeiter (1964) gemacht haben. Sie versuchten herauszufinden, ob das Verhalten von Lehrern dem entspricht, was
diese glauben, daß es ihre Kollegen, ihre Vorgesetzten, die Öffentlichkeit von ihnen erwarten. Die Primarschullehrer wurden nach
30 verschiedenen Verhaltensmustern befragt. Eine Frage betraf
ihr Verhalten gegenüber bei Klassenarbeiten abschreibenden
Schülern. Ihre Antwort, das Ausmaß an Aufsicht betreffend,
konnten sie auf einer fünfstelligen Skala auftragen, die von strenger Aufsicht bis zu gar keiner Aufsicht reichte. Weiter wurden
die Lehrer gefragt, was sie glauben, daß die Öffentlichkeit, die
Schulbehörde, ihre Kollegen in diesem Punkt von ihnen wohl
erwarten. Die durchschnittlichen Antworten der Lehrer sind in
der Abb. 5a wiedergegeben. Danach meinen also die Lehrer, daß
die Anderen, ob Kollegen, Vertreter der Schulbehörde, Leute
überhaupt von ihnen bei Klassenarbeiten eine strengere Aufsicht
erwarten als sie glauben, daß sie selber sie ausüben. Und das ist
ja schon mehr als ein mittleres Maß an Aufsicht. In der Perspektive des Lehrers decken sich also die Erwartungen an ihn und
sein eigenes diesbezügliches Verhalten. Sein Rollenverständnis
ist damit ohne Bruch.
Nun interessiert sich die Sozialpsychologie nicht nur für die *Auffassung*, die einer von den Erwartungen an ihn hat, sondern im
Sinne unserer Rollendefinition für die tatsächlichen Erwartungen,
die an einen herangetragen werden. Also befragten BIDDLE und

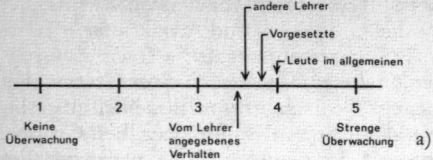

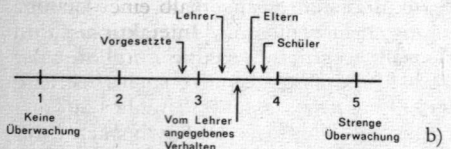

*Abb. 5:* a) Von Lehrern den verschiedenen Berufsgruppen unterstellte Rollenerwartungen an den Lehrer bezüglich der Aufsicht bei Klassenarbeiten. – b) Durchschnittliche Erwartungen verschiedener Berufsgruppen bezüglich der Lehrerrolle bei der Aufsicht bei Klassenarbeiten. (Nach B. J. BIDDLE & E. J. THOMAS.)

seine Mitarbeiter auch die Vertreter der Schulbehörde, die Eltern, Lehrer und Schüler, was sie an Aufsicht für angemessen hielten. Abb. 5b zeigt die durchschnittlichen Antworten. Danach erwarten also Vorgesetzte und Kollegen *weniger* Aufsicht, als Lehrer auszuüben glauben, Eltern und Schüler dagegen mehr. Deutlich ist, daß in diesem Fall die Verhaltenserwartungen beispielsweise der Behördenvertreter und der Eltern auseinandergehen. Würde der Lehrer sich den Erwartungen nur einer dieser Gruppen anpassen, würde er von der anderen Seite Unverständnis oder Kritik ernten. So hält er sich in seinem Rollenverständnis in der Mitte. Allerdings nur in dieser einen von insgesamt 30 Fragen. Im ganzen gesehen besteht die größte Übereinstimmung über die Lehrerrolle in dieser Studie zwischen Lehrern und deren Vorgesetzten, die geringste Übereinstimmung zwischen Lehrern und Schülern. Dieses letzte Ergebnis, das durch andere Untersuchungen bestätigt ist, setzt übrigens ein dickes Fragezeichen hinter die verbreitete These, daß Übereinstimmung über Rollen sich am ehesten bei Rollenpartnern finden, die in häufiger Interaktion stehen. Ohne Zweifel sind Schüler den Lehrern die häufigsten Interaktionspartner, aber wohl doch auch mit sehr unterschiedlichen Einstellungen zu Arbeit und Spiel. Gemeinsamkeit der Einstellungen aber findet sich am ehesten bei Lehrern und Vertretern der Schulbehörde, die sich in vielen Fällen – so wie unsere Schulräte – aus dem Lehrerstand rekrutieren.

14.3.2. *Gruppenbeziehungen: Gruppe, Gruppen, Gesellschaft*

a) Die Peer-Gruppe

Diese Übereinstimmung zwischen Mitgliedern einer Gruppe und Mitgliedern von anderen, sog. *Bezugsgruppen* bei Nichtübereinstimmung zwischen den Mitgliedern ein und derselben Gruppe, hier zwischen Lehrern und Schülern, macht ein wesentliches Moment der Gruppendynamik aus. Zugleich verdeutlicht es am Beispiel der Schulklasse, was für alle Gruppen gilt: Die Interaktionen und die sozialen Beziehungen innerhalb einer Gruppe sind nicht bestimmbar, wenn man nicht die Interaktionen und sozialen Beziehungen mitberücksichtigt, die die Mitglieder der Gruppe, einzeln oder als kleine Untergruppen, nach außerhalb der Gruppe unterhalten. Das gilt vor allem im Hinblick auf diejenigen anderen Gruppen, die durch die Verbindlichkeit ihrer Normen und Werte die Funktion von Bezugsgruppen haben. Für den Schüler sind das in erster Linie die Familie und die sog. *peer-group*, also die Freundesgruppe der etwa Gleichaltrigen.

Ob eine Schulklasse auch eine Gruppe wird, oder ob sich in ihr mehrere Gruppen in Auseinandersetzung befinden, wird mit von der Tatsache abhängen, ob eine etwa bestehende »peer-group« geschlossen oder mehrheitlich einer Klasse angehört, oder ob eine Schulklasse lauter Segmente von starken Peer-Gruppen umfaßt.

Immerhin sind sich die Sozialwissenschaften seit COOLEY (1902) der Bedeutung gerade der »peer-groups« bewußt. Heute gilt die Peer-Gruppe als wichtiger Sozialisationsagent (vgl. CAMPBELL 1964).

Im Unterschied etwa zu sozialistischen Erziehungssystemen mit der planvollen Einbeziehung von Jugendgruppen in den Sozialisationsprozeß oder auch der Kibbuz-Methode bedient sich unsere Gesellschaft der Peer-Gruppe nicht bewußt. Doch wäre es falsch, ihren sozialisierenden Einfluß zu unterschätzen. Nicht daß er unbedingt *gegen* die Sozialisationsbemühungen der Erwachsenen wirkte. Wohl aber hat eine Reihe von Untersuchungen in verschiedenen Ländern den Nachweis geliefert, daß sowohl die Familienstruktur, vor allem Abwesenheit oder Fehlen eines Elternteils, wie auch die Art der häuslichen Kommunikation einen wesentlichen Einfluß auf die Interaktionsformen zwischen Gleichaltrigen haben. Hierzu gehört auch die Beobachtung SCHACHTERS (1959), daß Erstgeborene mehr als später Geborene in belastenden Situationen die Gesellschaft Anderer dem Alleinsein vorziehen. Hierzu gehört, vielleicht wichtiger für uns, daß das Vorwalten eines restriktiven, strafenden oder gar feindseligen Verhaltens von Eltern ein eher aggressives Verhalten solcher Kinder in ihren Peer-Gruppen zur Folge hat. Allerdings tragen nach BANDURA & WALTERS (1960) auch manche Eltern, die zu Hause keine Aggression dulden, mehr oder minder stillschweigend dazu bei, daß

Aggression außerhalb des Elternhauses, sozusagen als Übung im Sichdurchsetzen, gefördert wird.

Aggressives Verhalten hat sich allerdings auch als Folge von Zurückweisung in soziometrischen Studien von »peer groups« nachweisen lassen. Andere Folgen der Zurückweisung sind Verweigerung der Mitarbeit, im Extremfall eine Art passiver Feindseligkeit.

Als ein Bezugssystem, das sich nicht als Bezugsgruppe im engeren Sinne bezeichnen läßt, aber gleichwohl den Wahlstatus eines Gruppenmitglieds mitbestimmt, hatten wir zu Anfang die soziale Herkunft genannt. Tatsächlich dürfte die sozioökonomische Schicht, der ein Schüler entstammt, eine wichtige Bedingung seines Status sein; denn in der Regel finden Wahlen zwischen Angehörigen derselben sozialen Schicht statt. Oder sie richten sich eher auf Personen einer sozial höheren als niederen Schicht.

b) Schicht, Verhalten, Status

Auch wenn wir heute Belege dafür haben, daß sich z. B. das Schulverhalten von Kindern aus verschiedenen sozialen Milieus auch manifest unterscheidet, und es wohl eher das mittelständische *Verhalten* als das Bewußtsein der Zugehörigkeit zum Mittelstand ist, das mittelständische Kinder einander wählen läßt, so bleiben es doch milieu- oder schichtspezifische Merkmale, die mit über Kontakte, Beziehungen und Status innerhalb von Gruppen entscheiden.

Im großen und ganzen wird in der Schulklasse ein hoher Gruppenstatus eher dem aktiven, nichtfeindseligen, nicht allzu abhängigen Schüler zugewiesen, der auch Anderen hilft und Verantwortung für die Gruppe im ganzen nicht scheut und möglichst auch noch Humor hat. Er wird, zumal wenn er auch noch der oberen Mittelschicht angehört, am leichtesten Kontakt finden, selbst wenn er neu in eine Klasse kommt. Er wird mit der bei ihm eher anzutreffenden Selbstsicherheit auch seine Intelligenz besser einzusetzen vermögen, was ihm auch in der Leistungshierarchie einer Klasse eher einen guten Platz sichert, was wiederum sein Selbstbewußtsein steigert. Dadurch wird – nach einem typologisierenden Modell von GLIDEWELL et al. – »ein zirkulärer sich selbst erhaltender Interaktionsprozeß in Gang gebracht« (1966, S. 248).

Die Kehrseite dieses *zirkulären Prozesses* wird beim weniger begünstigten Gruppenmitglied deutlich:

»Nehmen wir das Kind, das – aus der Unterschicht stammend – weniger vor Gesundheit strotzend, mit mäßiger Intelligenz und geringerem sozialen Geschick in eine Klasse kommt. Es wird eine eher niedrige Selbsteinschätzung haben und ängstlicher sein ... Es wird sich leichter gedemütigt fühlen und entweder mit Aggression oder mit Abkapselung, manchmal abwechselnd mit beidem reagieren. Reagiert es aggressiv, ruft es Gegenaggression hervor. Kapselt es sich ab, so fördert es damit seine passive Zurückweisung oder die Abkapselung der Anderen ihm gegenüber ... Die Reaktionen der Anderen – Altersgenossen wie Lehrer – auf Interaktionsversuche eines solchen Kindes werden kaum dessen Selbstwertgefühle steigern oder sein soziales Geschick fördern ...

Der Einsatz seiner Intelligenz wird eher begrenzt. Wieder bildet sich ein sich verselbständigender Zirkelprozeß heraus. Zurückweisung ruft Abwehrhaltung, Wahrnehmungsverzerrungen, weitere Aggression oder Abkapselung, Minderung des Selbstwertgefühls hervor. Mehr Aggression oder Abkapselung, mehr Gegenaggression oder passive Ablehnung vervollständigen den Kreis; Symptome emotionaler Konflikte und Störungen treten auf.« (GLIDEWELL et al. 1966, S. 248)

So kann an einem einzelnen Individuum innerhalb einer Gruppe das sichtbar werden, was an sozialen Tendenzen und Kräften innerhalb und zwischen Gruppen spielt, was an unvereinbaren oder zumindest divergenten Normen, Werthaltungen, Sozialisationsstilen und Rollenverständnis auf das Erleben und Verhalten des Einzelnen einwirkt. Den Fehler, den Einzelnen als ein mit bestimmten Eigenschaften ausgestattetes Individuum sozusagen als für sich selbst verantwortlich und als Einzelpersönlichkeit erziehbar aufzufassen und entsprechend zu behandeln, sollte kein Erzieher begehen. Daß der Einzelne in seiner Gruppe nicht nur der Dynamik dieser Gruppe ausgesetzt ist, sondern daß er bereits als Mitmensch in diese Gruppe eintritt, d. h. aber schon mannigfach sozial geprägt, begabt wie belastet, macht jedes psychologische Interesse am Individuum zu einem sozialpsychologischen.

## Literatur

ALLPORT, F. H. ›The influence of the group upon association and thought‹. In: *Journal of Experimental Psychology*, 1920, *3*, 159–182.
– *Social Psychology*. Boston: Houghton Mifflin 1924.
BACKMAN, C. W. & SECORD, P. F. *A social psychological view of education*. New York: Harcourt, Brace & World 1968.
BANDURA, A. & WALTERS, R. H. *Adolescent aggression*. New York: Ronald Pr. 1960.
BAVELAS, A. ›Communicative patterns in task-oriented groups‹. In: *Journal of the Acoustical Society of America*, 1950, *22*, 725–730.
BIDDLE, B. J., ROSENCRANZ, H. A. & RANKIN, F. F. *Studies in the role of the public school teacher*. Vol. 2. Columbia, Miss.: Social Psychology Laboratory 1964.
BIDDLE, B. J. & THOMAS, E. J. (Hrsg.) *Role Theory: concepts and research*. New York: Wiley 1966.
CAMPBELL, J. D. ›Peer relations in childhood‹. In: M. L. HOFFMAN & L. W. HOFFMAN (Hrsg.) *Review of child development research*. Vol. 1. New York: Russell Sage Found. 1964, S. 289–322.
COOLEY, C. *Human nature and the social order*. New York 1902.

GLIDEWELL, J. C., KANTOR, M. B., SMITH, L. M. & STRINGER, L. A. ›Socialization and social structure in the classroom‹. In: M. L. HOFFMAN & L. W. HOFFMAN (Hrsg.) *Review of child development research*. Vol. 2. New York: Russell Sage Found. 1966, S. 221–256.

KELLEY, H. H. & THIBAUT, J. W. ›Group problem solving‹. In: G. LINDZEY & E. ARONSON (Hrsg.) *The Handbook of Social Psychology*. Rev. Ed. Vol. 4. Reading, Mass.: Addison Wesley 1969, S. 1–101.

LEAVITT, H. J. ›Some effects of certain patterns on group performance‹. In: *Journal of abnormal and social Psychology*, 1951, *46*, 38–50.

MORENO, J. L. *Die Grundlagen der Soziometrie*. Köln–Opladen: Westdeutscher Verlag ²1964.

SCHACHTER, S. *The psychology of affiliation*. Stanford, Calif.: Stanford California Pr. 1959.

SHAPIRO, D. & LEIDERMAN, P. H. ›Arousal correlates of task role and group setting‹. In: *Journal of Personality and Social Psychology*, 1967, *5*, 103–107.

SHAW, M. E. ›Communicative networks‹. In: L. BERKOWITZ (Hrsg.) *Advances in experimental social psychology*. Vol. 1. New York: Academic Pr. 1964, S. 111–128.

TRIPLETT, N. ›The dynamogenic factors in pacemaking competition‹. In: *American Journal of Psychology*, 1898, *9*, 507–533.

ULICH, D. *Gruppendynamik in der Schulklasse. Möglichkeiten und Grenzen sozialwissenschaftlicher Analysen*. München: Ehrenwirth 1972.

ZAJONC, R. B. ›Social facilitation‹. In: *Science*, 1965, *149*, 269–274.

Carl F. Graumann/Manfred Hofer

# 15. Lehrerpersönlichkeit und Lehrerverhalten

# A 15. Lehrerpersönlichkeit

(C. F. Graumann)

## A 15.1. *Allgemeine Einführung*

Die Kap. 9 und 14 hatten dazu gedient, mit den Themen »Interaktion« und »Gruppe« die wichtigsten Fragestellungen der Sozialpsychologie zu charakterisieren. Dabei sind wir zur Verdeutlichung mehr und mehr auf Beispiele und Probleme der Schulklasse,
des Unterrichts, eingegangen. Auch Unterricht ist eine Form sozialer Interaktion, ist ein Kommunikationsprozeß. Auch zwischen
Lehrern und Schülern lassen sich die verschiedenen Varianten
sozialer Beeinflussung feststellen, und zwar nicht nur vom Lehrer
zum Schüler hin, auch in der umgekehrten Richtung. Auch zwischen den Schülern einer Klasse spielen sozialpsychologisch und
– wie wir meinen, auch – pädagogisch relevante Prozesse: Die
Klasse ist einander Publikum, passives oder koagierendes; sie
tritt in Kooperation und wird über gemeinsame Normen und
Aufgaben zur sozialen Gruppe. Der Lehrer vermittelt nicht nur
Wissen und Fertigkeiten, was dem Inhaltsaspekt jeder Kommunikation entspricht; in der Art seiner Vermittlung, seines sprachlichen und nichtsprachlichen Verhaltens definiert er immer wieder
auch – von sich aus – die soziale Beziehung zwischen sich und
den Schülern, die ihrerseits, sei es in Passivität oder in verschiedenen Aktivitäten diese Beziehung ändern oder bekräftigen.

## A 15.2. *Unterricht als Kommunikationsprozeß. Der Einfluß des Leh-
rerverhaltens auf das Schülerverhalten*

Welche Fülle an Bedingungen und – methodologisch gesprochen
– Variablen in eine Situation zwischenmenschlicher Kommunikation eingehen, soll das Kommunikationsschema der Abb. 1
verdeutlichen. Es soll zugleich klären, welchem Aspekt oder Ausschnitt aus der kommunikativen Gesamtsituation die beiden folgenden Kapitel gewidmet sind. Wie schon der Titel anzeigt, geht
es nun um den Einfluß des Lehrerverhaltens auf das der Schüler.
D. h., wir heben jetzt aus dem Bedingungsgeflecht, in das sich
sonst soziologische und psychologische Analyse teilen, zwei Verhaltensweisen heraus und rücken sie in den Brennpunkt einer
speziellen Analyse. Diese Analyse soll uns genauere Informationen
über das liefern, was unter dem Stichwort »Unterricht« jeder zu
kennen vermeint.

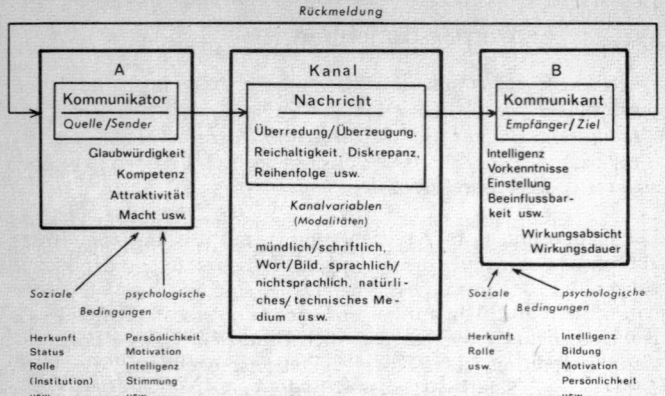

*Abb. 1*: Schema einer Kommunikation von A an B mit einigen sozialpsychologisch bekannten, für die Kommunikation wichtigen Variablen ihrer Strukturelemente.

Um von vornherein den Zugang auch methodisch festlegen und damit systematisch variieren zu können, nehmen wir das Verhalten des Lehrers als *unabhängige Variable*, als deren Funktion wir die *abhängige Variable* des Schülerverhaltens auffassen. Wenn wir also zum Zwecke der jetzt geplanten Feinanalyse – wie selbstverständlich bei jeder echten Analyse – den Kontext quasi abblenden, dann eingedenk der Tatsache, daß in einer anderen Art Analyse wir das Lehrerverhalten als Funktion bestimmter Bedingungen, etwa des Curriculums, behandeln können. Solche Bedingungen setzen wir – rein aus methodischen Gründen – im Folgenden als konstant und variieren nur das Verhalten des Lehrers, um beobachten und registrieren zu können, wie sich in Abhängigkeit davon Schülerverhalten manifestiert.

Der erste Schritt ist der, daß wir festlegen müssen, was als Lehrerverhalten gelten soll. Als Psychologen gehen wir dabei nicht davon aus, wie Unterrichten *sein soll*, sondern wie es *ist*. Wir schauen daher also nicht in normative Lehrbücher der Unterrichtsdidaktik, sondern suchen den Lehrer in der konkreten Unterrichtssituation auf. Dort beobachten wir sein Verhalten. Diese Vorstellung mag dem Verhaltenswissenschaftler – trotz aller Problematik, die uns noch beschäftigen wird – naheliegen. Aber der Weg zur Unterrichtsanalyse über die Verhaltensbeobachtung wurde von der traditionellen Pädagogik nicht beschritten. Er wurde auch dann nicht als erster beschritten, als sich die normative Pädagogik zur empirischen Erziehungswissenschaft wandelte.

A 15.3. *Lehrerpersönlichkeit und Lehrerrolle*

Vielmehr wandte sich das psychologische Interesse der Erziehungswissenschaft, aber auch das Interesse der früheren Schulpsychologen, zuerst der *Lehrerpersönlichkeit* zu. Man ging und geht dabei von der Annahme aus, die GETZELS & JACKSON noch 1963 wie folgt formulierten:

> »Die Persönlichkeit des Lehrers ist eine wichtige, vielleicht sogar die entscheidende, zugleich aber auch komplizierteste Variable im Unterrichts- und Erziehungsgeschehen der Schule.« (In: INGENKAMP 1970, S. 1358)

Diese Annahme bedarf gleich zweier Kommentare. Erstens darf man es nur als eine vereinfachende Redeweise nehmen, wenn GETZELS & JACKSON von der Lehrerpersönlichkeit als *einer* Variablen sprechen. Schon der Hinweis auf ihre Kompliziertheit, und erst recht der sehr umfangreiche Forschungsbericht dieser beiden Autoren über das Thema »Lehrerpersönlichkeit« machen deutlich, daß es sich um ein ganz beachtliches Bündel von Variablen handelt. Das entspricht denn auch der modernen Konzeption der Persönlichkeit, wie sie in der Differentiellen Psychologie Anwendung findet. Danach ist Persönlichkeit als ein mehrfaktorielles System aufzufassen. Aufgabe der psychometrisch arbeitenden Persönlichkeitsforschung ist es dann etwa, die eine Persönlichkeit definierenden Persönlichkeitsfaktoren zu isolieren und sie beim konkreten Individuum in ihrer jeweiligen Gewichtung zu bestimmen. Hierzu dienen entsprechende Persönlichkeitstests (vgl. HERRMANN 1969).

Zweitens ist die Kompliziertheit der recht verstandenen Variable »Persönlichkeit« nicht nur in der Mannigfaltigkeit der Persönlichkeitsfaktoren begründet. Der entscheidende Grund für die nicht unbeträchtlichen Schwierigkeiten, die Lehrerpersönlichkeit zu bestimmen, liegt darin, daß Lehrersein ja primär keine Kombination oder Summe von Persönlichkeitseigenschaften, sondern zuerst einmal eine soziale *Rolle* ist. Diese Rolle ist aber, wie wir bereits in Kap. 14 sahen, nicht einfach zu bestimmen. Sie unterliegt einer ganzen Reihe nicht nur verschiedenartiger, sondern z. T. auch einander widersprechender Bedingungen, im einzelnen nach einer Aufstellung von HOFSTÄTTER:

> »1. Eigengesetzlichkeit des Lehrstoffs;
> 2. Technik seiner Vermittlung;
> 3. Einstellung auf die persönlichen und altersbedingten Eigenarten der Schüler;
> 4. menschliche Vorbildwirkung;
> 5. dynamische Rolle im Gefüge der Schulklasse;
> 6. Stellung im hierarchischen System der Schule;
> 7. Stellung gegenüber den Eltern;

8. Sündenbockrolle für die erzieherische Selbstunsicherheit des Zeitalters;

9. Notwendigkeit eines Privatlebens«

(HOFSTÄTTER 1972, S. 242).

Dieser Bedingungsliste HOFSTÄTTERS fehlt zumindest noch die öffentlich-politische Dimension, die sicherlich nicht nur die Rolle derjenigen Lehrer mitbestimmt, die in der Gewerkschaft »Erziehung und Wissenschaft« organisiert sind.

Ist es angesichts der Mannigfaltigkeit der Aufgaben, die mit der Lehrerrolle verbunden sind, überhaupt sinnvoll, nach *der* Lehrerpersönlichkeit zu fragen? Selbst wenn man begründete Zweifel vorbringen könnte, man kommt nicht an der Tatsache vorbei, daß die Frage nach idealen Lehrereigenschaften mit unvermindertem Ernst gestellt wird. Unsere Gewährsleute GETZELS & JACKSON sind sich der Magerkeit der bisherigen Forschungsergebnisse über die optimale Lehrerpersönlichkeit durchaus bewußt, glauben aber, man müsse gleichwohl nur besser weiterforschen:

»Unsere Kenntnisse über die Persönlichkeit des Lehrers sind nach wie vor begrenzt. Angesichts der ständigen Veränderungen in Schule und Gesellschaft bedarf es einer Intensivierung der Forschung, um nicht nur bestehende Lücken zu füllen, sondern auch eine Anpassung unseres Erfahrungsstandes an die jeweils neue Situation zu erreichen. Diese Aufgabe dürfte schwierig sein. Wachsende Anforderungen pädagogischer und fachlicher Art sowie eine zunehmende Komplizierung gesellschaftlicher Zusammenhänge lassen unter strengen Maßstäben schon lange nicht mehr jeden Bewerber für den Lehrerberuf in der gleichen Weise geeignet erscheinen und stellen in steigendem Maße den Lehrer herkömmlicher Art in Frage. Diese Feststellung erlaubt den Schluß, daß eine angemessene erzieherische und unterrichtliche Tätigkeit des einzelnen Lehrers zukünftig nur noch in Kenntnis und unter Berücksichtigung besonderer Persönlichkeits- und Eignungsmerkmale zu leisten sein dürfte, die aufgrund einer Analyse der jeweiligen Unterrichtssituation bekannt sein und im einzelnen Fall mit dem geeigneten Instrument festzustellen sein sollen.« (1970, S. 1502)

Um dieses Ziel erreichen zu können, genügt es allerdings nicht mehr, wie es lange Zeit üblich war, von einem Erziehungs- oder Bildungsideal her den Typus des idealen Lehrers herzuleiten. Man wird schon empirischer vorgehen müssen und – sei es durch Befragung von Vorgesetzten, Kollegen und Schülern, sei es durch die Untersuchung einer entsprechend großen Stichprobe von Lehrern – *Merkmale der Lehrerpersönlichkeit* zu gewinnen suchen.

Besonderer Beliebtheit erfreuen sich dabei die innerhalb der angewandten Differentiellen Psychologie entwickelten psychometrischen Verfahren der Persönlichkeitstests. Sie leisten dann einen Beitrag zum Thema Lehrerpersönlichkeit, wenn eine Stichprobe von Lehrern, die den entsprechenden Persönlichkeitstests unterzogen wird, signifikant andere Testwerte aufweist als eine Kontrollgruppe oder eine Standardisierungsstichprobe.

Wer nun das von Gerhard PAUSE bearbeitete Sammelreferat von GETZELS & JACKSON unter dem Titel ›Merkmale der Lehrerpersönlichkeit‹ auf derartige Merkmale oder Merkmalskonstellationen hin durchschaut, wird zwar eine Fülle an Einzelbefunden finden, die mit Hilfe eines ganzen Arsenals von Persönlichkeitstests gewonnen worden sind. Er wird zum Schluß jedoch der Zusammenfassung der Autoren zustimmen, die da lautet:

>»Wir haben zwar hinreichend erfahren, daß gute Lehrer eher freundlich, heiter, sympathisch oder tugendhaft als grausam, depressiv, unsympathisch oder amoralisch seien bzw. sein sollten. Damit sind jedoch allenfalls Binsenweisheiten zum Ausdruck gebracht worden, jedoch keine Aussage darüber, welche fachspezifischen oder altersstufentypischen Merkmale erwartet werden oder von welchen gesellschaftlichen Leitvorstellungen aus derartige Bewertungen vorgenommen worden sind.« (1970, S. 1501f)

Tatsächlich geben die Untersuchungsbefunde im einzelnen nicht sehr viel mehr her.

>So fanden etwa GOWAN & GOWAN (1955) mit Hilfe eines von GUILFORD & ZIMMERMANN entwickelten sog. Temperament-Tests an 337 Lehramtskandidaten, von denen zwei Drittel weiblich waren, daß sie in folgenden Persönlichkeitsdimensionen höhere Werte als andere Probanden aufwiesen: in Selbstkontrolle, sozialer Überlegenheit, Soziabilität, emotionaler Stabilität, Objektivität, Freundlichkeit wie Kooperationsbereitschaft.

Ähnlich wurden von CLARK (1950) Lehrer, die bereits im Beruf standen, charakterisiert. Der entscheidende Unterschied zwischen den Lehramtskandidaten und den Lehrern bestand in der Dimension »Soziale Überlegenheit«. GETZELS & JACKSON berichten:

>»Abweichend von den Normen der Standardisierungsstichprobe beschrieben sich die im Beruf stehenden Lehrer bei CLARK selbst als im Besitz geringerer Führungseigenschaften und tendierten eher zur Unterwerfung als zur Selbstverteidigung, während sich die Lehrerstudenten bei GOWAN & GOWAN als überlegener und selbstsicherer erwiesen.« (1970, S. 1366)

Die Gefahr, die bei der Selbstcharakterisierung besteht und die der objektive Test ausschalten soll, liegt auf der Hand: Der Lehrer schätzt sich u. U. so ein, wie es seinem Rollenverständnis entspricht (vgl. Kap. 14). Und das Rollenverständnis wird in der Regel den herrschenden Normen entsprechen. So ist der gute Lehrer im Sinne der älteren Pädagogik, etwa bei KERSCHENSTEINER (1965), wie folgt charakterisiert:

>»Ein Lehrer aber, der eine volle Persönlichkeit geworden ist, ist selbst das wertvollste Bildungsgut, das als lebendige Kraft über allen Wissenschaften, Künsten und religiösen Gütern stehend, die größte Wirkung auf die Schüler auszuüben vermag.« (S. 110)

Wir aber wollen wissen, wie Lehrer wirklich sind – und das heißt in der Sprache der Verhaltenswissenschaften: wie sie sich faktisch verhalten. Es muß also zu der objektiven Persönlichkeitsanalyse mit Hilfe von Testverfahren hinzutreten die möglichst objektive Analyse des von Lehrern im Unterricht gezeigten Verhaltens. Diese Analyse ist zweierlei Wege gegangen: 1. die Makroanalyse der Einschätzung von Unterrichtsstilen, 2. die Mikroanalyse der Beschreibung des Unterrichtsverhaltens, von der Kap. 16 handeln wird.

# B 15. Die Psychologie der Unterrichtsstile

(M. Hofer)

## B 15.1. *Allgemeine Einführung*

Eine wichtige Aufgabe der Pädagogischen Psychologie besteht darin, die vielfältigen Verhaltensweisen, die Lehrer in Tausenden von Schulklassen tagtäglich und jahraus, jahrein an den Tag legen, etwas genauer zu betrachten. In einem ersten Schritt wird man das Verhalten von Lehrern in ihrer Klasse beobachten und festhalten, und in einem zweiten Schritt kann man versuchen, es zu beschreiben und zu systematisieren. Dazu entwickelt man ein Kategoriensystem, mit dessen Hilfe die verschiedenartigen Verhaltensweisen zusammengefaßt und geordnet werden können. Die Aufgabe der Beschreibung des Lehrerverhaltens stellt sich der Pädagogischen Psychologie nicht nur deshalb, weil diese sich definitionsgemäß mit all jenen Erscheinungsweisen zu befassen hat, die im Feld von Erziehung und Unterricht liegen. Vor allem hofft man auch bei der Analyse der Verhaltensweisen verschiedener Lehrer auf jene Verhaltensmuster zu stoßen, die Lehrer erfolgreich anwenden, wenn sie bei ihren Schülern bestimmte Ziele – sei es im sozialen oder im Lernbereich – erreichen wollen. Kaum ein Lehrer verhält sich genauso wie ein anderer; beinahe jeder wendet eine andere Methode an, Konflikte zu lösen, Disziplinschwierigkeiten zu umgehen oder sie zu meistern, die verschiedenen Stoffgebiete darzulegen, zu veranschaulichen und Wissen abzufragen.

Unter der Vielzahl von sich verschieden verhaltenden Lehrern befinden sich auch die besonders erfolgreichen. Bei diesen Lehrern jene Verhaltensweisen zu entdecken, die ihnen Erfolg bringen, halten viele Forscher für ein lohnenswertes Vorgehen. Nicht nur, daß sich daraus Anhaltspunkte für eine effektive Lehrerausbildung ergeben, indem man etwa Lehrern mit Hilfe von Verhaltensanweisungen Richtlinien für eigenes Reagieren und Handeln an die Hand geben kann; viele Vertreter der Pädagogischen Psychologie erhoffen sich auch völlig neue Erkenntnisse zu Lehrmethoden und Unterrichtstechniken. Bislang war es meistens Wissenschaftlern vorbehalten, Neuerungen und Verbesserungen in den Unterricht einzuführen. Aufgrund theoretischer Überlegungen wurden neue Methoden entwickelt und den Lehrern zur Anwendung empfohlen: Dies gilt beispielsweise für den sog. *Programmierten Unterricht*, der auf bestimmten lerntheoretischen Erwägungen beruht. Viele wirksame Methoden werden aber vermutlich von Lehrern verwendet, ohne daß sie benannt und entdeckt sind. Diese Fundgrube auszuschöpfen ist für viele pädagogische Psychologen Anlaß, sich mit der Analyse von Lehrerverhaltensweisen zu beschäftigen.

Eine wissenschaftlich befriedigende Auseinandersetzung mit Verhaltensmustern von Lehrern im Klassenzimmer ist aber nicht einfach. Jeder, der sich das Geschehen während einer Unterrichtsstunde einmal angeschaut hat, weiß um die Schwierigkeit, die vielfältigen Vorgänge zu benennen und zu erfassen. Der Blick eines Lehrers kann mitunter mehr sagen als viele Worte. Die Strafpredigt des einen Lehrers kann einen ganz anderen Stellenwert besitzen als die eines anderen. Eine lobende Äußerung bei einem Schüler kann anders gemeint sein als bei einem anderen. Trotzdem wird man versuchen müssen, die einzelnen Verhaltensweisen durch angemessene Definitionen in den Griff zu bekommen und durch genaue Analysen ihres Auftretens ein Beschreibungs- und Ordnungssystem zu erhalten.

Der Psychologe sieht sich dabei in einer ähnlichen Lage wie der Zoologe, der die verschiedensten Tiere klassifizieren soll. Dieser steht einer großen Vielfalt von Tierarten gegenüber, die sich in vielerlei Hinsicht voneinander unterscheiden. Er versucht, *Dimensionen* zu finden, mit deren Hilfe er die Unterschiede am besten beschreiben kann. Die Schwierigkeit besteht darin, jene Einteilungsgesichtspunkte zu finden, die den höchsten Erklärungswert besitzen. Z. B. wird er sein System nicht auf die Farbe der Tiere oder auf ihr Gewicht gründen. Bessere Unterteilungen erlauben auch bessere Unterscheidungen, wie z. B. jene zwischen Kalt- und Warmblütern, zwischen Land- und Wassertieren oder zwischen Säugetieren und Eierlegern.

> »Die zahllosen Tierarten zeigen untereinander geringere oder stärkere bauliche Übereinstimmungen, die es ermöglichen, sie in ein System mit abgestuften Verwandtschaftsgraden einzuordnen. Schon Aristoteles unterschied 9 Gruppen, die zumeist natürlichen Einheiten entsprachen. In den letzten beiden Jahrhunderten ist dann mit der zunehmenden Kenntnis des Baues, der Entwicklung und der Lebensweise der Tiere ein sehr detailliertes System entwickelt worden, das auch in der Gegenwart noch stete Veränderungen erfährt.« (RENSCH & DÜCKER 1972, S. 291)

Dies gilt in gewisser Weise auch für den Unterrichtsforscher. Auch er versucht, Klassifikationsgesichtspunkte zu finden, mit deren Hilfe die mannigfachen Arten des Lehrerverhaltens in einfacher und trotzdem zugleich differenzierter und detaillierter Weise beschrieben werden können. Die Unterrichtsforschung befindet sich aber z. Z. noch – wenn sie überhaupt bereits soweit ist – in der »aristotelischen Phase«.

Ein erster Ansatz, spezifisches Verhalten von Lehrern im Klassenzimmer zu beschreiben, richtete sich auf die Identifizierung von verschiedenen *Lehrertypen*. Beispiele für empirisch untersuchte Lehrertypen sind der *autokratische*, der *sozial-integrative* und der *laissez-faire-Lehrer*. Nachteile dieses Ansatzes sind u. a.: zu globale Bezeichnung der Begriffe und mangelnde Konkretisierung der gemeinten Verhaltensweisen, Belastung der Begriffe durch ideologisch-politische Färbungen, mangelnde Situationsbezogenheit.

Aufgrund der Beurteilung des Lehrerverhaltens nach verschiedenen Eigenschaften durch geschulte Beobachter kann man eine Reihe von unabhängigen Dimensionen gewinnen, die eine bessere Beschreibung gewährleisten. Diese Methode führte zu 3 Grunddimensionen des Lehrerverhaltens:

1. freundliches gegenüber distanziertem Lehrerverhalten,
2. systematisch-planendes gegenüber planlos-nachlässigem Lehrerverhalten,
3. ideenreiches gegenüber routinemäßigem Verhalten.

Das Verhalten eines einzelnen Lehrers kann auf oder zwischen den Dimensionen liegen, es kann innerhalb der einzelnen Dimensionen irgendwo zwischen den beiden Polen angeordnet werden.

Die Beurteilung des Lehrerverhaltens unterliegt all jenen Mängeln, die den Beurteilungsverfahren generell anhaften. Immer dann, wenn Menschen andere Menschen nach relativ allgemeinen und nicht unmittelbar beobachtbaren Eigenschaften einschätzen, dann sind diese Einschätzungen mit Fehlern behaftet. So kann es zu systematischen Verzerrungen kommen, die eine bedenkenlose Übernahme der *dimensionsanalytisch* gewonnenen Ergebnisse nicht erlauben.

B   15.2. *Lehrertypologien*

Jedes Schulkind weiß,

> »daß Erziehung etwas mit dem Erwerb von Wissen und Fähigkeiten zu tun hat. Vom Kindergarten aufwärts ist die Schule der Ort, wo den Ignoranten Wissen erwartet und wo der Tölpel Geschicklichkeit erlernt. Jedes Schulkind weiß auch, daß der Lehrer seine Hauptaufgabe darin sieht, ihm dabei behilflich zu sein. Soweit scheint vollkommene Übereinstimmung zu herrschen. Darüber hinaus aber überwiegen Kontroverse und Verwirrung.« (JACKSON 1971, S. 21)

Aus einer äußeren und recht groben Perspektive gesehen, lassen Lehrer in ihrem Bemühen, den Schülern bei der Aneignung von Wissen und Fertigkeiten behilflich zu sein, sehr ähnliche Verhaltensweisen erkennen, Verhaltensweisen, die sie von Vertretern anderer beruflicher Ausrichtungen deutlich abheben: Lehrer versuchen, Aufmerksamkeit zu erregen; sie veranschaulichen, erklären, fragen, verbessern, bestätigen, tadeln und geben Anweisungen.

Tatsächlich unterscheiden sich Lehrer in ihren Verhaltensweisen jedoch ganz erheblich voneinander. Jeder einzelne Lehrer setzt aus den zahllosen Mosaiksteinen möglicher unterrichtlicher Verhaltensweisen sein ganz individuelles Verhaltensmuster zusammen. Lehrer unterscheiden sich beispielsweise in der Art und Weise, in der sie die Beziehungen zu ihren Schülern gestalten, darin, wie sie die Gewichte auf die einzelnen Unterrichtsziele verteilen, und in ihren Techniken, mit denen sie bei den Schülern Lernprozesse auszulösen und zu steuern versuchen.

Die einfachste und volkstümlichste Art, verschiedene Lehr- und Unterrichtsformen zu beschreiben, besteht zunächst darin, die Verhaltensweisen von Lehrern nach verschiedenen Typen zu unterteilen. Es liegt uns ja nicht nur bei der Beschreibung von Lehrern nahe, typisierende Ausdrucksformen zu verwenden; da gibt es den Pauker, von dem man annimmt, daß er dem Sachwissen ein Höchstmaß an Gewicht beimißt; da gibt es den Pedanten, der besonders auf Genauigkeit, Ordnung und Pünktlichkeit Wert legt; da ist auch der gerechte Lehrer, der oft trotz Strenge bei Schülern keinerlei Bevorzugung gelten läßt, oder jener mit kameradschaftlicher Haltung, der ein partnerschaftliches, ungezwungenes und unkompliziertes Verhältnis zu seinen Schülern aufweist.

Zur Beschreibung des Lehrerverhaltens vermag diese vorwissenschaftliche Typologisierung freilich keinen Beitrag zu leisten. Sie ist beliebig und völlig unverbindlich. Notwendig ist ein System von Einteilungsgesichtspunkten, mit dem sich das Verhalten von Lehrern im Unterricht in umfassender und zutreffender Weise beschreiben läßt. Dazu ist ein auf der Grundlage einer umfassenden Bestandsaufnahme gewonnener Satz von Charakterisierungsmerkmalen erforderlich. Strittig ist die Frage, ob eine alle denkbaren Verhaltenselemente umfassende Beschreibung überhaupt möglich ist, oder ob man sich bei der Charakterisierung notwendigerweise beschränken muß auf ausgewählte Aspekte, wobei man die unterrichtsrelevanten Aspekte besonders berücksichtigen wird.

Auf das Jahr 1939 geht eines der ersten Experimente zur Charakterisierung von verschiedenen Erziehungsstilen zurück. Weithin bekannt und für viele Jahre der pädagogischen Forschung richtungweisend wurde die Untersuchung von LEWIN, LIPPITT & WHITE. In dieser Untersuchung verwirklichten Erzieher in einem Ferienlager nacheinander die folgenden drei Erziehungsformen: den »autokratischen«, den »demokratischen« und den »laissezfaire«-Erziehungsstil. Die Erzieher mußten die drei Erziehungsformen nach bestimmten festgelegten Richtlinien verwirklichen.

Sehen wir uns hier eine Untersuchung an, die eine ähnliche Fragestellung in das Klassenzimmer überträgt. Die Arbeit stammt von ANDERSON und seinen Mitarbeitern aus dem Jahre 1946. In ihr übten Lehrer dominierendes bzw. integratives Verhalten aus, und es wurde beobachtet, wie die Schüler dabei reagierten.

ANDERSON beobachtete zwei Schulklassen des 2. Schuljahres und deren vier Lehrer. Jeweils zwei Beobachter protokollierten das sprachliche und nichtsprachliche Verhalten der Lehrer während des Unterrichts anhand von 24 verschiedenen Beobachtungskategorien. Für jede Kategorie war zuvor bestimmt worden, ob sie dem dominierenden oder dem integrativen Lehrstil zuzuordnen sei. Von dominierendem Stil wurde beispielsweise gesprochen, wenn der Lehrer drohte, wenn er bestrafte, wenn er Anordnungen erteilte, wenn er für Kinder Entscheidungen traf oder wenn er zur Aufmerksamkeit aufforderte. Vom integrativen Lehrertyp wurde gesprochen, wenn er sich nach dem Interesse des Kindes erkundigte, beim Stellen und Lösen von Problemen behilflich war, eigene Initiative der Schüler durch Lob förderte und eigene Unwissenheit zugab.

Mit Hilfe dieses Systems konnte bei jedem Lehrer das Ausmaß dominierenden bzw. integrierenden Lehrstils festgestellt werden. Ergebnis war zunächst, daß sich die Lehrer tatsächlich in den zuvor definierten Verhaltensweisen unterschieden. Die einen verhielten sich dominierender, die anderen integrativer. Und weiter: Das Verhalten von Schülern, die von verschiedenen Lehrertypen unterrichtet wurden, wich ebenfalls deutlich voneinander ab. Bei dominierendem Lehrerverhalten zeigten die Schüler ein erhöhtes Maß an Widersetzlichkeit gegenüber Befehlen und Bitten der Lehrer, erhöhte Herrschsucht über andere Kinder und vor allem einen Mangel an spontanen Fragen, Antworten und anderen Aktionen. Dagegen waren die Schüler des integrativen Typs im Durchschnitt weniger abgelenkt; sie paßten sich besser an; ihr Verhalten war spontaner, kooperativer und selbstgesteuerter. Zusammenfassend: Die Reaktionen waren hier Aktivität und Anpassung, dort Apathie und Widerstand.

Bei dieser Untersuchung stellt sich sicherlich die Frage nach Ursache und Wirkung. Auch ist die Generalisierbarkeit durch die geringe Zahl von untersuchten Lehrern in höchstem Maße eingeschränkt. Doch ist diese Arbeit charakteristisch für das Bemühen einer ganzen Generation von Pädagogischen Psychologen, die Gesetzmäßigkeiten des Lehrerverhaltens in den Griff zu bekommen, indem zwei Unterrichtsstile von Lehrern unterschieden werden, die sich durch Machtausübung bzw. durch verständnisvolle Zuwendung voneinander unterscheiden.

In Deutschland sorgte das Hamburger Psychologen-Ehepaar Reinhard und Anne-Marie TAUSCH (1971) zu Beginn der 60er Jahre für eine außerordentlich intensive Diskussion des – wie sie es nannten –»autokratischen« bzw. »sozialintegrativen« Führungsstils von Lehrern und Erziehern.

Autokratische Lehrer sind nach TAUSCH & TAUSCH dadurch charakterisiert, daß sie in schulischen Konfliktsituationen durch Zurechtweisung und Ausdruck von Macht und Stärke reagieren.

»Es wird sofortiger Gehorsam von Kindern gefordert. Charakteristisch sind kurze Befehle, die den Kindern das richtige Verhalten anordnen und das falsche verbieten, ferner eine große Anzahl belehrender Informationen.« (TAUSCH & TAUSCH 1971, S. 186)

Beispiele für derartige Verhaltensmerkmale sind:

»Los! Hier nach vorne gucken!«

»Finger ab! Ruhe!«

»Mensch, Volker, was ist mit Dir los? Du bist der einzige, der es noch nicht verstanden hat ...«

»Vor allen Dingen, wenn ich Schule halte, wird nicht mehr gepackt!« (TAUSCH & TAUSCH 1971, S. 186)

Im Jahre 1958 – so stellte Anne-Marie TAUSCH fest – wurde von Lehrern immerhin auf 97% der untersuchten schulischen Konfliktsituationen mit Äußerungen dieser Art reagiert, obwohl die Lehrer selbst nach eigenem Eingeständnis diese Erziehungsform absolut nicht für wünschenswert hielten. Sozialintegrative Reaktionen in schulischen Konfliktsituationen kamen mit 2% dagegen ausgesprochen selten vor. Sie waren dadurch charakterisiert, daß Erzieher Verständnis für Gefühle, Motive und Erlebnisse der Kinder zeigten und die Persönlichkeit der Schüler achteten. Erzieher beschämten und beschimpften die Kinder nicht, sondern versuchten, die aufgetretenen Schwierigkeiten unter Berücksichtigung der seelischen Lage des Kindes und unter Vermeidung autokratischer Befehle und Verbote zu lösen. Diese Lehrer geben ihren Erziehungsanspruch keineswegs auf; sie vermindern ihre Erziehungsbemühen nicht. Auch bei sozialintegrativen Interaktionsformen werden Anordnungen oder Verhaltensbegrenzungen gegeben, aber in wesentlich geringerer Anzahl und in höflicherer Form sowie mit häufig unmittelbar zuvor erfolgten Äußerungen des Verständnisses des Erziehers für die seelischen Vorgänge bei Jugendlichen.

Beispiele für solche Interaktionsformen sind:

»Der Bruno wollte eben etwas sprechen, aber man konnte ihn gar nicht verstehen.«

»Ja, Du wolltest es gleich sagen; aber man muß warten, bis man drankommt!«

»Ihr fandet es schön, daß man Kaninchen immer so bei uns sehen konnte hier auf dem Tisch, und seid traurig, daß es weg muß. Aber man kann es sich dann auch draußen ansehen, nach der Schule.« (TAUSCH & TAUSCH 1971, S. 186)

Wie kommt es aber, daß man bei der Erforschung des Lehrerverhaltens ausgerechnet auf die Dimension »autokratisch-sozialintegrativ« verfallen ist? Hätten nicht andere Charakterisierungen gleiche Berechtigung? Eine Ursache der Beliebtheit dieser Begriffsqualität mag darin zu sehen sein, daß in der Nachkriegszeit international eine größere Aufgeschlossenheit gegenüber humanitär-sozialen Tendenzen auch in Schule und Erziehung aufkam. Konzepte wie autokratischer und demokratischer Erziehungs- bzw. Unterrichtsstil sind Ausdruck einer bestimmten ideologisch weltanschaulichen Position, einer Position, in der Selbstverwirklichung, die individuelle Freiheit und die Fähigkeit zur Konfliktbewältigung beim Einzelnen hervorstechende Erziehungsziele darstellen. Im Lehrerverhalten finden besonders jene Aspekte Beachtung, bei denen ein Bezug zu diesen Werten naheliegend erscheint.

Die Haltung, in der die Selbstverwirklichung des Einzelnen als höchstes Erziehungsziel ausgewiesen wird, geht in der Psychologie auf den Amerikaner C. R. ROGERS (1961) zurück, dessen Tätigkeit vor allem in der Psychotherapie liegt. Bei einer anderen weltanschaulichen Grundposition könnte man durchaus auf andere begriffliche Fixierungen des Lehrerverhaltens kommen. Insofern muß sich auch diese Form der Typologisierung, obwohl sie sich im Gegensatz zur vorwissenschaftlichen Form empirischer Methoden bedient, den Vorwurf der Beliebigkeit und Unverbindlichkeit gefallen lassen.

Die Frage ist außerdem: Wird man der Vielfalt der Verhaltensformen von Lehrern in der Klasse mit einer einzigen Dichotomie gerecht? Es ist eigentlich offensichtlich, daß ein einziges Begriffspaar nicht ausreichen kann, die Komplexität und Verschiedenartigkeit der Lehreraktivitäten zu beschreiben. Es gibt eine ganze Menge von Verhaltensweisen, die Lehrer tatsächlich ausüben und die durch die Typologisierung nach »autokratisch–demokratisch« außer acht gelassen werden. Denken wir nur daran, daß all jene Tätigkeiten, die auf die Stoffvermittlung ausgerichtet sind und die – nicht nur in den höheren Klassen – einen Großteil der Lehrerbemühungen kennzeichnen, sich dem Zugriff durch die Dualität autokratisch-demokratisch weitgehend entziehen. Und eines kommt noch hinzu: Kaum jemand wird sich bei der Benutzung von politisch so vorbelasteten Begriffen wie »autokratisch« und »demokratisch« jener Begleitassoziationen erwehren können, die weniger wissenschaftlicher Beschreibung als emotionaler Bewertung dienen. Ein objektiv ausgerichteter und zur Differenzierung neigender Betrachter wird sich der schematischen Bewertung nach »angemessen–unangemessen«, »wünschenswert–nicht wünschenswert«, ja, »gut–böse« entziehen wollen. Denn durch Schwarzweiß-Denken wird den Ergebnissen wissenschaftlicher Detailanalyse vorgegriffen und ein wissenschaftliches Urteil durch ein Vorurteil ersetzt.

Es sind dies die wichtigsten Gründe, warum man heute der Typologisierung des Lehrerverhaltens als wenig ergiebigem Forschungsansatz nur mehr eine historische Position zuordnet.

B    15.3. *Die Dimensionen des Lehrerverhaltens*

Wenden wir uns daher einem anderen, aussichtsreicheren Ansatz
zur differenzierten und wissenschaftlichen Beschreibung des Lehrerverhaltens zu: Jedes wissenschaftliche Beschreibungssystem
muß der Forderung genügen, die gesamte Vielfalt der zu be-
schreibenden Erscheinungsweisen in eine Reihe von Kategorien
einordnen zu können, deren Anzahl so gering wie möglich, aber
auch so groß wie eben nötig sein soll. Es gilt also, ein Beschreibungssystem zu finden, auf das sich die Vielfalt des Lehrerverhaltens ohne unzulässige Vereinfachung reduzieren läßt. Dieser
Aufgabe hat sich eine Reihe von Forschern angenommen; aber
nicht alle kommen zu demselben Schluß. Die einen finden, daß
das Lehrerverhalten mit einem einzigen Satz von Beschreibungs-
gegensätzen ausreichend zu charakterisieren ist; andere glauben,
bis zu 10 annehmen zu müssen. Nach den vorliegenden Untersuchungen zu dieser Frage scheint es in erster Annäherung möglich zu sein, die meisten Verhaltensmuster von Lehrern mit Hilfe
dreier verschiedener und voneinander unabhängiger Grunddimensionen zu beschreiben. Es handelt sich dabei um jene Dimensionen,
die durch die folgenden gegensätzlichen Verhaltensweisen, einschließlich aller möglichen Zwischenstufen, charakterisiert werden:

1. emotionale Wärme auf der einen Seite und emotionale Kälte
   auf der anderen;
2. geordnetes, systematisches und kontrollierendes Lehrerverhalten auf der einen Seite und planlos-nachlässiges und permis-
   sives Lehrerverhalten auf der anderen;
3. aktives, ideenreiches und anregendes auf der einen Seite, lang-
   weilig-trockenes Unterrichten auf der anderen Seite.

Damit Sie sich ein Bild davon machen können, wie man zu solchen
Dimensionen kommen kann, sei auf eine richtungweisende Untersuchung des Amerikaners Ryans aus dem Jahre 1960 eingegangen.

Ryans ging bei seiner Arbeit wie folgt vor:

An 1500 Volksschulklassen und 1900 Klassen der Höheren Schule nahmen
geschulte Beobachter am Unterricht zeitweilig teil und verfolgten das
Verhalten der Lehrer. Meistens wurden je zwei Beobachter pro Klasse
eingesetzt, um eine zuverlässigere Beurteilung zu gewährleisten. Die Beurteilung des Lehrerverhaltens ging wie folgt vor sich: Die Beobachter
hatten mehrere zweipolige Merkmale mit Zwischenstufen vorliegen, so
z. B. von »ungerecht« bis »gerecht«, von »langweilig« bis »anregend«
oder von »erregbar« bis »ausgeglichen«. Die Beobachter konnten jeweils
eine Zahl zwischen 1 und 7 ankreuzen, je nachdem wie sich der Lehrer
hinsichtlich der betreffenden Eigenschaft verhielt.

In Abb. 2 wurde als Beispiel ein beliebiger Lehrer beurteilt. Nennen wir
ihn den Lehrer A. Er wurde von den Beobachtern als einigermaßen »un-

Beurteilt wird Lehrer A

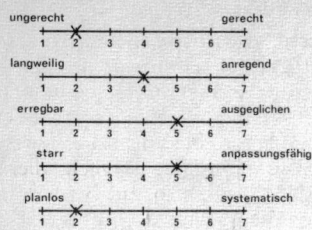

*Abb. 2:* Beispiel für 5 Eigenschaftsskalen, anhand deren der Lehrer A von einem Beobachter beurteilt wird.

gerecht« gesehen – die 2 wurde angekreuzt –, als weder »langweilig« noch »anregend« – die 4 wurde angekreuzt –, als eher »ausgeglichen«, eher »anpassungsfähig« und stark »planlos« – die 2 wurde angekreuzt. Insgesamt erfolgte die Beurteilung anhand von 18 solcher Gegensatzpaare, von denen angenommen werden konnte, daß sie das effektive Unterrichtsverhalten der Lehrer einigermaßen vollständig erfaßten.

Die weitere mathematisch-statistische Verarbeitung der auf diese Weise gewonnenen Tausenden von Beurteilungen zeigte, daß mehrere der verwendeten Gegensatzpaare untereinander austauschbar waren. Wurde ein Lehrer in dem einen hoch angekreuzt, so erfolgte dies meistens auch für die andere Eigenschaft. Verschiedene Eigenschaften wiesen untereinander hohe Korrelationen auf.

RYANS fand, daß es für eine Beschreibung genügte, wenn man die 18 Eigenschaften auf drei globale Verhaltensweisen und deren Gegensätze reduzierte, und zwar auf: 1. freundliches, verstehendes, warmes Verhalten auf der einen Seite und distanziertes, restriktives und egozentrisches Verhalten auf der anderen; 2. verantwortungsvolles, systematisches und sachliches Verhalten auf der einen Seite und die Verantwortung scheuendes, planloses und nachlässiges Verhalten auf der anderen; 3. stimulierendes, phantasie- und ideenreiches Verhalten auf der einen und langweiliges, routinemäßiges Verhalten auf der anderen Seite.

Die jeweiligen Gegensatzpaare dieser globalen Beschreibungsdimensionen schließen sich untereinander aus. Sie können nicht gleichzeitig auftreten: Ein Lehrer kann in einer Situation nicht kontrollierend und gleichzeitig das Gegenteil davon, nämlich permissiv sein. Untereinander schließen sich die drei Hauptdimensionen aber nicht aus: Ein Lehrer kann in einer Situation durchaus freundlich (erste Dimension) und gleichzeitig planlos und nachlässig unterrichten (zweite Dimension). Auch kann ein Lehrer verantwortungsvoll unterrichten und gleichzeitig wenig Ideen und Abwechslung in den Unterricht bringen, diesen recht langweilig gestalten.

Man kann demnach von einem System von drei wissenschaftlich erzielten Gegensatzpaaren sprechen, die mit einiger Vollständigkeit die Beschreibung der verschiedenen Lehrerverhaltensweisen

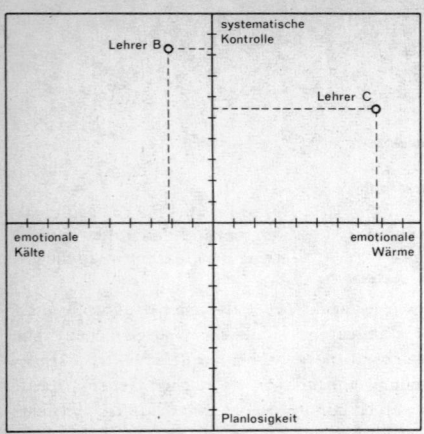

systematische
Kontrolle

Lehrer B o - - - -

Lehrer C
o

emotionale
Kälte

emotionale
Wärme

Planlosigkeit

*Abb. 3:* Das Verhalten zweier Lehrer (B und C) wird hier durch je einen Kreis
beschrieben, dessen Koordinaten angeben, in welchem Ausmaß die Lehrer
die durch die betreffenden Dimensionen (Planlosigkeit gegenüber systematische Kontrolle; emotionale Kälte gegenüber emotionale Wärme) beschriebenen Verhaltensweisen verwirklichen.

ermöglichen. Und jeder Lehrer müßte in diesem System je nach
dem individuellen Muster seines Verhaltens genau seinen Platz
finden können. Die wenigsten Lehrer werden dabei durch ein
reines Extrem festzulegen sein. Betrachten wir zwei Beispiele anhand der Abb. 3.
Der Einfachheit halber seien nur die ersten beiden Dimensionen
dargestellt: Wärme gegen Kälte ist in der Abbildung von rechts
nach links gehend dargestellt, und die Dimension systematische
Kontrolle gegen Planlosigkeit hat ihre Entsprechung in der senkrechten Achse. Ganz oben liegen stark kontrollierende und ganz
unten die wenig kontrollierenden Lehrer. Auf den Achsen sind die
Zwischenstufen zu den jeweiligen Extremen angezeigt, und in
den vier Quadranten kann man sich die Mischformen zwischen
den zwei sie begrenzenden Polhälften vorstellen. Nehmen wir
einen beliebigen Lehrer. Nennen wir ihn B. Aufgrund der Einschätzungen durch die Beobachter erhielt er hohe Werte in Richtung Planung und Kontrolle und mäßig hohe in Richtung emotionale Kälte. In dem linken oberen Quadranten ist seine Stellung
durch einen Kreis gekennzeichnet. Im Unterschied dazu ist der
Lehrer C gekennzeichnet durch hohe Werte jener Eigenschaften,
die für den Pol Wärme stehen, wobei gleichzeitig ein mittelhohes
Ausmaß an Planung und Kontrolle beurteilt wurde. Der Lehrer C
ist entsprechend dieser Einschätzungen in dem rechten oberen
Quadranten plaziert. An jeder Stelle des gesamten Quadrats kann
man sich die Positionen anderer Lehrer vorstellen. Bedenken Sie,

daß noch die Dimension ideenreich versus eintönig hinzukommt und daß sich dann das Quadrat zu einem Würfel ausweitet. Es finden sich dann sehr viele verschiedene Möglichkeiten für eine einigermaßen differenzierte Charakterisierung des individuellen Lehrerverhaltens.

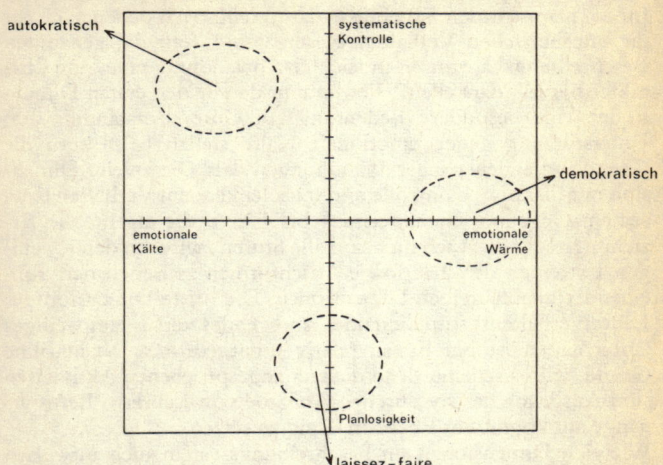

*Abb. 4:* Im natürlichen Sprachverständnis zeichnet sich der »demokratische Lehrertyp« durch hohe emotionale Wärme aus, während vom »autokratischen Lehrertyp« systematische Kontrolle und emotionale Kälte und vom »laissez-faire-Typ« Planlosigkeit erwartet wird. (Nach R. & A. TAUSCH.)

Wir haben zuvor von autokratisch-demokratischer Typisierung gesprochen und konnten uns zu diesen Begriffen bestimmte Verhaltensweisen vorstellen: hier Kontrolle und Zurückweisung, da Verständnis und Akzeptierung. Können diese nicht streng wissenschaftlich abgeleiteten Lehrstile in diesem neuen System lokalisiert werden? Sehen Sie dazu die Abb. 4 an. Diese beruht auf neueren Untersuchungen von TAUSCH und seinen Mitarbeitern. Sie sehen zunächst wieder das Quadrat von Abb. 3. Dort sind am rechten Pol der demokratische und im linken oberen Quadranten der autokratische Typ eingezeichnet. D. h., die sog. demokratische Lehrerhaltung kann als weitgehend identisch mit der Haltung emotionaler Wärme bei gleichzeitig neutralen Werten in den anderen beiden Dimensionen gesehen werden, während sich die autokratische Lehrerhaltung als eine Mischung aus distanziert-egozentrischem (links außen) und systematischem und kontrollierendem Verhalten (oben) beschreiben läßt. Das laissez-faire-Verhalten ist gekennzeichnet durch einen hohen Grad an Planlosigkeit bei gleichzeitig neutraler Ausprägung in den anderen beiden Dimensionen.

In gewisser Weise läßt sich das Lehrerverhalten vergleichen mit dem Erziehungsverhalten von Eltern, von Vätern und Müttern. In beiden Fällen spielen Führungsfragen eine Rolle; in beiden Fällen handelt es sich um eine zielvolle Interaktion zwischen Erwachsenen und Kindern.

Im 10. Kap. wurden Ergebnisse dargestellt, nach denen auch für die erzieherischen Verhaltensweisen von Eltern die genannten Beschreibungskategorien in leichter Abwandlung eine gute Charakterisierung darstellen. Hier kommt den beiden ersten Dimensionen eine besondere Bedeutung zu. Güte, Verständnis und Unterstützung gegen emotionale Kälte stellen bei Eltern die Grundlage erzieherischer Bemühungen dar. Die zweite Dimension mit Planung, Kontrolle und stark lenkendem Verhalten bzw. seinem Gegenpol charakterisiert bei Eltern die eigentliche Erziehungstechnik. Auch hier sind alle Stufen zwischen den jeweiligen Extremen denkbar sowie Mischformen zwischen den voneinander unabhängigen Dimensionen. Die dritte Dimension des Lehrerverhaltens, stimulierendes, anregendes versus langweiliges Unterrichten ist bei Eltern relativ untergeordnet. Nicht ohne Grund, wie es scheint, denn die hier angesprochenen Aktivitäten sind Ausdruck der spezifischen Aufgabe von Lehrern, Lernvorgänge auf kognitiver Ebene in Gang zu setzen.

Wie viele Dimensionen ein Beschreibungssystem auch aufweisen mag, der dargestellte Ansatz führt prinzipiell nur zu einer sehr abstrahierenden und statischen Beschreibung des Lehrerverhaltens. Denn erstens wird Unterrichtsverhalten als weitgehend unabhängig von den Umständen der Situation, in der sich Verhalten abspielt, betrachtet: Treten Lehrer Kindern in der 1. Klasse wirklich gleich gegenüber wie Kindern in der 8. Klasse? Werden Jungen gleich behandelt wie Mädchen? Und wie unterscheidet sich das Lehrerverhalten auf verschiedenen Schulstufen? Wie ist es bei verschiedenen Fächern? Läßt sich das Lehrerverhalten in Physik mit den gleichen Charakteristika beschreiben wie im Fach Englisch? Sicherlich nicht.

Und zweitens muß eine Systematik des Lehrerverhaltens auch die Anpassungsfähigkeit des Lehrers an wechselnde Erziehungs- und Unterrichtsprobleme berücksichtigen: Zeigt die Reaktion des einzelnen Lehrers wirklich die gleichen Charakteristika, etwa den gleichen Grad an Strenge, wenn ein Schüler seine Hausarbeiten nicht gemacht hat, wie wenn er zu spät in die Schule kommt? Und hängt seine Reaktion in der gleichen Situation nicht auch davon ab, wie oft dieser Schüler bereits zu spät gekommen ist? Vermutlich wird ein Lehrer auch anders antworten, wenn ein schüchterner Schüler eine Frage stellt, als wenn sich ein Schüler meldet, der als vorlaut gilt. Denkbar ist weiter, daß sich Lehrer in vergleichbaren Situationen zu verschiedenen Zeitpunkten unterschiedlich verhalten und daß gleiche Reaktionen des Lehrers einen unterschiedlichen Stellenwert im Rahmen der gesamten Unterrichtsstrategie, im Rahmen der Verhaltenssequenz des Lehrers besitzen können. Dieser bislang vernachlässigte Aspekt der Umstellungsfähigkeit, der situativen Angepaßtheit stellt der statischen Sicht von Verhaltensweisen eine variable gegenüber.

Solange solch differenzierende Aspekte nicht näher berücksichtigt werden, solange die Feinstruktur des Unterrichtsverhaltens nicht systematisch untersucht wird, leisten Beschreibungssysteme nur relativ grobe Aussagen, können sie nur Angaben über die mittleren, die durchschnittlichen Verhaltensweisen von Lehrern machen. Bislang ist diese Feinstruktur noch weitgehend unbekannt. Nur wenige, z. T. widersprüchliche Ergebnisse liegen darüber vor. Notwendig scheint zunächst die Identifikation jener Verhaltensweisen zu sein, die situationsabhängig sein könnten. Sodann wird man sich der schwierigen Aufgabe unterziehen müssen, schulische Situationen zu schaffen, die sich in Variablen voneinander unterscheiden, die auf das Verhalten von Lehrern spezifizierend wirken. Schließlich müßte die Art und Weise, in der das Lehrerverhalten von Situationsmerkmalen abhängig ist bzw. sich diesen anpaßt, im einzelnen festgestellt werden.

## B 15.4. *Die Beurteilung als psychologische Methode*

Wie alle anderen wissenschaftlichen Ergebnisse beruhen auch die hier berichteten Befunde über ein Beschreibungssystem von Verhaltensweisen des Lehrers auf den dabei verwendeten wissenschaftlichen Methoden und Auswertungsverfahren. Und wie alle anderen Ergebnisse sind auch sie abhängig von den spezifischen Eigenarten dieser Methoden, sowohl ihrer Stärken als auch ihrer Schwächen. Die meisten Untersuchungen, die zitiert wurden und auf die sich die Darstellung stützte, bedienten sich der Methode der Beurteilung. Der Untersucher und seine Mitarbeiter beobachteten das Unterrichtsverhalten der betreffenden Lehrer und gaben anschließend ihre Urteile in Form von Kreuzen ab, je nach dem Eindruck, den sie von den beobachteten Verhaltensweisen hatten. Diese Beurteilungsverfahren sind in der Pädagogischen Psychologie weitverbreitet. Nicht nur in der Lehrerforschung spielen sie eine Rolle; auch das Verhalten von Kindern beim Spiel, von Schülern in der Klasse, von Gruppen bei der Diskussion oder bei der Lösung von Aufgaben wird wissenschaftlich häufig in der Weise erfaßt, daß Außenstehende ihre Beobachtungen nach verschiedenen Beurteilungsaspekten zusammenfassen. Im folgenden soll auf diese Methode und ihre besonderen Eigenheiten eingegangen werden.

Die Beurteiler können einen Lehrer nicht über Jahre hinweg beobachten, ihnen werden lediglich Ausschnitte aus dem Lehrerverhalten zur Kenntnisnahme vorgegeben. Das kann durchaus ausreichend sein. Entweder nehmen die Beurteiler direkt am Unterricht teil, oder sie machen sich ihr Bild aufgrund einer Fernsehaufzeichnung des Unterrichts. In anderen Fällen erhalten sie Tonband- oder schriftliche Protokolle des verbalen Lehrerverhaltens oder schriftlich niedergelegte Äußerungen, mit denen Lehrer in bestimmten hypothetischen schulischen Situationen zu reagieren vorgeben. Den Eindruck, den die Beurteiler aufgrund dieser Informationen über den Lehrer gewinnen, legen sie anhand sog. Beurteilungsskalen nieder. Betrachten Sie noch einmal die Abb. 2. Dort sind Beurteilungsskalen für fünf verschiedene Eigenschaften abgebildet. Man erkennt dort auch, in welcher Weise ein Beobachter seinen Eindruck über das Verhalten des Lehrers A wiedergegeben hat: Er hat auf den Schätzskalen Kreuze gemacht, je nachdem, ob der Lehrer sich seiner Meinung nach mehr oder weniger bzw. häufig oder selten »gerecht«, »langweilig«, »erregbar« usw. verhalten hat. Von Beurteilungsmethoden spricht man nur dann, wenn, wie hier, die zu beurteilenden Eigenschaften nicht direkt und unmittelbar zu beobachten sind. D. h., sie müssen vom Beurteiler aus dem Verhalten der zu beurteilenden Person erschlossen werden. Sind die zu beurteilenden Aspekte direkt beobachtbar, hat der Beobachter beispielsweise lediglich zu zählen, wie oft der Lehrer das Wort »bitte« verwendet, dann spricht man nicht von Beurteilungs-, sondern von Beobachtungsverfahren. Über den Einsatz dieser zweiten Methode in der Lehrerforschung wird im 16. Kap. berichtet.

Bei den Untersuchungen, die mit Beurteilungsskalen arbeiten, registriert der Beobachter nicht im einzelnen, wie sich der Lehrer gerade verhält; er muß die Einzelverhaltensweisen des beobachteten Lehrers zu einem Urteil allgemeineren Grades verbinden. Dazu werden die Beurteiler in besonderer Weise geschult. Ein Beispiel, auf welche Weise Beobachtungen die Beurteiler ihr Urteil hinsichtlich der Skala »ungerecht–gerecht« zu gründen haben, stammt aus der bereits vorgestellten Untersuchung von Ryans (1960):

> Die Beobachter übten sich darin, ihr Urteil bezüglich der Eigenschaft »ungerecht« an folgenden Verhaltensweisen des Lehrers auszurichten:
>
> übergeht einen Schüler häufiger – verbessert oder kritisiert bestimmte Schüler häufiger – bevorzugt einen Schüler wiederholt – beachtet einen oder mehrere Schüler besonders – zeigt positive oder negative Vorurteile gegenüber einer sozialen, rassischen oder religiösen Gruppe – verdächtigt einen Schüler.
>
> Die Beurteilung der Eigenschaft »gerecht« sollte sich auf folgende Verhaltensweisen stützen:
>
> behandelt alle Schüler annähernd gleich – hört in Streitigkeiten die

Meinung des Schülers an – beachtet alle Schüler gleichmäßig – verteilt besondere Aufgaben unparteiisch – übernimmt Urteile nicht vom Hörensagen, sondern fällt sie nur aufgrund eigener Beobachtung.

Die Beurteilung eines Lehrers auf der Skala »ungerecht–gerecht« ist, wie man sieht, ein recht komplexes Geschehen. Es ist offensichtlich, daß dem Beurteiler auch bei Beachtung der dargestellten Regeln ein nicht geringer Spielraum bei der Beurteilung offensteht. Nicht die Beurteilungsskala als solche stellt das eigentliche Meßinstrument dar, sondern das Gehirn des jeweiligen Beurteilers. Im allgemeinen werden zwar zwei Beurteiler eingesetzt. Man achtet auf eine hohe Übereinstimmung ihrer Urteile. Trotzdem wird man dem amerikanischen Psychologen Remmers zustimmen müssen, wenn er meint, daß Schätzurteile »durch die Eigenschaften des urteilenden Menschen beeinträchtigt werden – durch seine unvermeidlich selektive Wahrnehmung, seine Erinnerung, sein Vergessen, seinen Mangel an Empfindlichkeit für das psychologisch und sozial möglicherweise Bedeutsame, durch die Ungenauigkeit seiner Beobachtung« (1970, S. 858). Kann man den Beurteilungsverfahren den Vorteil bescheinigen, daß sie eine Erfassung relativ komplexer und auch subtiler Vorgänge ermöglichen, die bei reinem Abzählen oder Registrieren elementarer Handlungseinheiten nur sehr schwer in den Griff zu bekommen sind, so muß man sich gleichzeitig mit jenen Nachteilen abfinden, die auf die Begrenztheit und Fehlerhaftigkeit menschlicher Beobachtung und Beurteilung zurückgehen.

In der Psychologie wurden einige Fehlerquellen, die bei Beurteilungsmethoden auftreten können, etwas genauer studiert. Ein besonders wichtiger Aspekt soll hier herausgegriffen werden. Er gründet auf dem sog. *Halo-Effekt.* Nach dem amerikanischen Psychologen E. L. Thorndike, der dem Halo-Effekt im Jahre 1920 den Namen gab, handelt es sich dabei um einen Fehler, der »durch die Ausstrahlung entsteht, den der Gesamteindruck der zu beurteilenden Person auf die Beurteilung einzelner Eigenschaften ausübt« (S. 25). Dieser Effekt ist eine jedem bekannte Erscheinung: Ein Verliebter kann beim besten Willen am Gegenstand seiner Verehrung keine negative Eigenschaft ausmachen. Und beim Beobachter kann durch irgendeine Verhaltensweise des zu beurteilenden Lehrers eine positive emotionale Reaktion ausgelöst werden, die ihm diesen Lehrer sympathisch erscheinen läßt, so daß er auf allen Beurteilungsskalen eine etwas positiver getönte Beurteilung abgibt. Im entgegengesetzten Fall kann der Beurteiler – vielleicht durch eine relativ nebensächliche Verhaltensweise des Lehrers – einen negativen Gesamteindruck gewinnen. Er ist dann geneigt, den Lehrer auf den Skalen – wenn auch nur geringfügig – negativer einzuschätzen. Es kann nicht ausgeschlossen werden, daß selbst bei einem trainierten Beobachter die einzelnen Urteile überschattet sind von so etwas wie einem gefühlsmäßigen Gesamteindruck. Schauen Sie sich die Eigenschaften der Abb. 2 noch einmal an. Die unsympathische und sympathische Seite jeder Skala sind leicht festzustellen. Links ist jeweils die negative Seite – ungerecht, langweilig, erregbar, starr, planlos –, und rechts ist jeweils die positive – gerecht, anregend, ausgeglichen, anpassungsfähig, systematisch. Da die meisten derart globalen Verhaltensweisen einen positiven und einen negativen Pol haben, hat der Beurteiler Gelegenheit, der meist unabsichtlichen Tendenz zur pauschalierenden Einschätzung zu folgen.

Wenn man in diesem Zusammenhang auch vom logischen Fehler spricht, so meint man damit, daß der Beurteiler zwischen zwei Eigenschaften irrtümlicherweise Zusammenhänge annimmt. Beobachtet er beim Lehrer eine Eigenschaft, z. B. die Eigenschaft »freundlich«, und gibt sein Urteil darüber ab, so ist er nunmehr etwas eher geneigt, dem Lehrer auch in einer anderen Eigenschaft – sagen wir: »hilfsbereit« – eine höhere Beurteilung widerfahren zu lassen, bevor und ohne daß eine entsprechende Beobachtung erfolgt ist. Menschen haben eben bestimmte Vorstellungen darüber, wie verschiedene Eigenschaften und Verhaltensweisen zusammenhängen. Sie haben Erfahrungen mit anderen Menschen gesammelt, haben diese Erfahrungen verarbeitet zu einem Menschenbild, das keine Gewähr dafür bietet, daß es die tatsächlichen Eigenschaftszusammenhänge widerspiegelt. Und so wie sie die anderen sehen, neigen sie auch zu Urteilen. Jeder kennt Kurzschlüsse wie »hübsch, aber dumm«, »jung und dynamisch«, »autoritär und verkalkt« oder »naiv und gutmütig«. Von derlei vorwissenschaftlichen Annahmen kann sich keiner von uns ganz freimachen. Sie erleichtern immerhin sehr wesentlich die Orientierung im zwischenmenschlichen Bereich; denn Situationen, die mitunter verwirrend und, strenggenommen, unübersehbar sind, werden subjektiv dadurch rasch überschaubar und verständlich.

In den letzten Jahren konnte man überdies glaubhaft nachweisen, daß wir nicht nur aus dem Vorhandensein einzelner Eigenschaften bei Menschen auf die gleichzeitige Existenz einer oder mehrerer anderer, logisch davon unabhängiger Eigenschaften schließen, sondern daß wir darüber hinaus über ein ausgefeiltes, subjektives Ordnungssystem verfügen. Wir besitzen Vorstellungen über die Zusammengehörigkeit bzw. Unabhängigkeit beinahe aller Eigenschaften und Verhaltensweisen von Mitmenschen. Was immer wir von einem Menschen erfahren, z. B. daß er »kalt« ist, wir können immer – und darin unterscheiden sich Menschen nicht allzu stark voneinander – auf Anhieb angeben, welche Eigenschaften er vermutlich noch besitzt und welche er vermutlich nicht hat (HOFER 1974).

Nun, Beurteiler von Lehrerverhaltensweisen sind Menschen, für die das eben Gesagte gilt. Nicht immer können sie allein aufgrund des beobachteten Verhaltens vom Lehrer ausreichend viele Informationen über so komplexe Eigenschaften wie z. B. »erregbar« gewinnen, und nicht immer gründen sie ihre Urteile ausschließlich auf die erhaltenen Informationen und sind frei von jeder Tendenz, Beobachtungen und eigene Schlüsse zu vermengen.

Liegen die Beurteilungswerte für einen Lehrer einmal fest, so ist es nicht mehr möglich, dabei zwischen den tatsächlich vom Lehrer ausgeübten Verhaltensweisen und den vom Beurteiler aufgrund seiner Vorstellungen über zusammengehörige Eigenschaften hineingeheimnisten Charakterisierungen zu trennen.

Wenn in diesem Kapitel von einem dimensionalen System gesprochen wurde, mit dem das Verhalten von Lehrern in der Klasse beschrieben werden kann, so muß man nach dem eben Dargestellten etwas vorsichtiger sein; denn wir wissen nicht, inwieweit die Zahl der Dimensionen ebenso wie ihre inhaltliche Bestimmung auf das wirkliche Verhalten der beobachteten Lehrer zurückgeht und wieviel davon der subjektiven Vorstellungswelt der Beurteiler entstammt.

## Literatur

ANDERSON, H. H., BREWER, J. E. & REED, M. F. ›Studies of teachers' classroom personalities. III. Follow-up studies on the effects of dominative and integrative contacts on children's behavior‹. In: *Applied Psychological Monographs*, 1946, *11*, 3–156.

CLARK, E. J. *The mental health of elementary school teachers as measured by the Guilford-Martin Personality Battery*. Paper read at National Council on measurements used in education. Atlantic City 1950.

GETZELS, J. W. & JACKSON, P. W. ›Merkmale der Lehrerpersönlichkeit‹ (deutsche Bearbeitung von G. PAUSE). In: K. INGENKAMP (Hrsg.) *Handbuch der Unterrichtsforschung*. Teil II. Weinheim: Beltz 1970, S. 1353–1526.

GOWAN, J. C. & GOWAN, M. S. ›The Guilford-Zimmerman and the California Psychological Inventory in the measurement of teacher candidates‹. In: *Californian Journal of Educational Research*, 1955, *6*, 35–37.

HERRMANN, T. *Handbuch der empirischen Persönlichkeitsforschung*. Göttingen: Hogrefe 1969.

HOFER, M. *Die Schülerpersönlichkeit im Urteil des Lehrers*. Weinheim: Beltz ³1974.

HOFSTÄTTER, P. R. Das Fischer Lexikon. Bd. 6 : *Psychologie*. Frankfurt a. M.: Fischer Taschenbuch 1972.

INGENKAMP, K. (Hrsg.) *Handbuch der Unterrichtsforschung*. Teil I u. II. Weinheim: Beltz 1970.

JACKSON, P. W. ›The difference teachers make‹. In: *How teachers make a difference*. Washington: US. Governement Printing Office 1971, S. 21–31.

KERSCHENSTEINER, G. *Die Seele des Erziehers und das Problem der Lehrerbildung*. München: Oldenbourg ⁹1965.

LEWIN, K., LIPPITT, R. & WHITE, R. K. ›Patterns of aggressive behavior in experimentally created 'social climates'‹. In: *Journal of Social Psychology*, 1939, *10*, 271–299.

REMMERS, H. H. ›Schätzverfahren in der Unterrichtsforschung‹ (deutsche Bearbeitung von L. TENT). In: K. INGENKAMP (Hrsg.) *Handbuch der Unterrichtsforschung*. Teil I. Weinheim: Beltz 1970.

RENSCH, B. & DÜCKER G. Das Fischer Lexikon. Bd. 28: *Biologie 2*. Frankfurt a. M.: Fischer Taschenbuch 1972.

ROGERS, C. R. *On becoming a person*. Boston: Houghton Mifflin 1961.

RYANS, D. G. *Characteristics of teachers*. Washington: American Council on Education 1960.

TAUSCH, A. ›Besondere Erziehungssituationen des praktischen Schulunterrichts, Häufigkeit, Veranlassung und Art ihrer Lösungen durch Lehrer. Eine empirische Untersuchung‹. In: *Zeitschrift für experimentelle und angewandte Psychologie*, 1958, *5*, 657–686.

TAUSCH, R. & TAUSCH, A. *Erziehungspsychologie*. Göttingen: Hogrefe ⁶1971.

THORNDIKE, E. L. ›A constant error in psychological rating‹. In: *Journal of Applied Psychology*, 1920, *4*, 25–29.

Carl F. Graumann/Manfred Hofer

**16.      Lehrerverhalten und
          Schülerverhalten**

A    16.    Mikroanalyse des Unterrichtsverhaltens
            (C. F. Graumann)
     16.1.  Allgemeine Einführung
     16.2.  Theoretische und methodische Probleme
            systematischer Verhaltensbeobachtung
     16.3.  Formen der Beobachtung
     16.4.  Beobachtungssysteme

B    16.    Verhaltensweisen von Lehrern und ihre
            Auswirkungen (M. Hofer)
     16.1.  Allgemeine Einführung
     16.2.  Der Effekt emotionaler Wärme
     16.3.  Der Effekt von Planung und Kontrolle
     16.4.  Der Effekt von Initiative und
            Abwechslung
     16.5.  Der Effekt von Klarheit und
            Verständlichkeit

# A    16. Mikroanalyse des Unterrichtsverhaltens

(C. F. Graumann)

## A    16.1. *Allgemeine Einführung*

Die Betrachtung des Unterrichtsgeschehens als Kommunikationsprozeß zwischen Lehrern und Schülern begann im vorangegangenen Kapitel mit der Diskussion der Lehrerpersönlichkeit und
der verschiedenen Unterrichtsstile. In diesem Zusammenhang
wurde deutlich, wie notwendig eine objektive Analyse des Unterrichtsgeschehens mit Hilfe der Beobachtung des tatsächlichen
Verhaltens von Lehrern und Schülern ist. Daher sollen nun in
diesem Kapitel einige Probleme der *systematischen Verhaltensbeobachtung* erörtert werden.
Die Frage, was unter systematischer Beobachtung zu verstehen
ist, wirft das Problem der Wiederholbarkeit auf und das der Unterscheidung zwischen *Beschreibung* und *Bewertung* von Verhalten.
Die Diskussion des Verhältnisses zwischen Beobachter und Beobachteten führt zu einer Unterscheidung von Beobachtungs-
*formen*, wie sie für die systematische Unterrichtsbeobachtung relevant sind: Es wird zwischen der *teilnehmenden* und *nichtteilnehmenden
Beobachtung* unterschieden, wobei im ersten Fall noch einmal die
aktive von der passiven Teilnahme abgehoben wird. Das Problem
der *Beobachtereffekte* verweist schließlich auf die Vor- und Nachteile einer technisch vermittelten Beobachtung.
Von den Beobachtungsformen kommen wir auf die verschiedenen
*Beobachtungssysteme*, deren Güte eine der wichtigsten Voraussetzungen für eine sinnvolle Verhaltensbeobachtung ist, zu sprechen.
Es wird zwischen *Merkmal-* und *Kategoriensystemen* unterschieden,
und für beide Arten werden Beispiele angeführt, die hinsichtlich
ihrer Brauchbarkeit für bestimmte Beobachtungssituationen und
-zwecke diskutiert werden.
Die relative Unergiebigkeit der Diagnose der Lehrerpersönlichkeit, die uns im vorigen Kapitel beschäftigte, hat zu der Notwendigkeit geführt, das tatsächliche Lehrerverhalten im Unterricht
genauer zu erfassen. Auf der Grundlage der hierbei zu gewinnen-
den Informationen kann dann die Frage nach dem optimalen Lehrer als Frage nach dem für bestimmte Ziele optimalen Lehrerverhalten neu gestellt werden.
Von den zwei Ansätzen, die sich hierzu in der neueren Unterrichtsforschung finden, hat uns im letzten Kapitel die Erfassung von
sog. Erziehungsstilen mit Hilfe von Schätzverfahren beschäftigt.
Sie ist im Prinzip eine eher typologisierende Makro-Analyse. Wir

haben versucht, ihre Vorzüge und ihre Schwächen vorzustellen. Die Diskussion der Problematik dieser Stilanalyse wird vielleicht verständlich gemacht haben, weshalb es eine ständig wachsende Anzahl von Unterrichtsforschern vorgezogen hat, allen anderen Verallgemeinerungen, Interpretationen und Anwendungen die *objektive Analyse des Unterrichtsverhaltens* voranzustellen. Dieser Art Analyse, die wir als *Mikroanalyse* der im vorigen Kapitel diskutierten gegenüberstellen wollen, wenden wir uns jetzt zu. Ihr Ziel: die Situation des Lehrens und Lernens, die wir Unterricht nennen, in ihren einzelnen Verhaltenselementen und deren Aufeinanderfolge so gut kennen zu lernen, daß wir in die Lage versetzt werden, vorherzusagen, aufgrund welcher Verhaltensaspekte des Lehrers welche Verhaltensweisen der Schüler folgen werden; so daß letztlich auch der Lehrer weiß: Um ein bestimmtes, didaktisch erwünschtes Schülerverhalten zu erreichen, ist es angebracht, daß der Lehrer sich dieses oder jenes Verhaltens bedient. Das Ziel jeder objektiven Unterrichtsanalyse im Sinne der Analyse des Lehrerverhaltens ist also ein doppeltes, nämlich beim Unterrichtenden 1. ein klareres *Bewußtsein* seines Unterrichtsverhaltens zu erzielen, um ihn damit in die Lage zu versetzen, 2. sein eigenes Handeln besser *kontrollieren* zu können. Erst wenn beides, Bewußtsein und Kontrolle des eigenen Handelns, erreicht sind, kann der Lehrer entscheiden, ob die Mittel, die er einsetzt, dem Zweck entsprechen, den er sich gesetzt hat und den er für gut hält. Der Weg zur Erreichung dieses Ziels ist die *systematische Verhaltensbeobachtung.*

A   16.2. *Theoretische und methodische Probleme systematischer Verhaltensbeobachtung*

Der Begriff der systematischen Verhaltensbeobachtung will als Terminus technicus der Sozialwissenschaften ernst genommen werden. Beobachten kann schließlich jeder; zumindest glaubt jeder, der Augen hat zu sehen und Ohren zu hören, daß er auch der Beobachtung fähig ist. Doch ohne zu wissen, was, wo und wann zu beobachten ist, hockt man ebenso sinnlos als selbsternannter Tierbeobachter im Wald herum, wie man sich ungeschult in der Klasse oder sonstwo als Verhaltensbeobachter versucht. Erfahrene Unterrichtsforscher, die – wie OBER et al. – viele Lehrer in Unterrichtsbeobachtung ausgebildet haben, sehen das so:

»Einfach in ein Klassenzimmer gehen, um ohne eine bestimmte Absicht oder ohne einen vorgefaßten Operationsplan zu beobachten, kann so ermüdend wie unergiebig sein. Für eine kurze Dauer kann eine solche Erfahrung vielleicht interessant sein, für den Anfänger sogar unterhaltsam, aber auf die Dauer wird dies ganze Erlebnis eine Art Strafe, eine endlose Reihe von ›Lehrer-Schüler-Scharmützeln und -Begegnungen‹ mit wenig Sinn und Verstand.« (1971, S. 5f)

Um mit Sinn und Verstand beobachten zu können, bedarf es der Schulung in wissenschaftlicher, d. h. systematischer Beobachtung. Was aber heißt wissenschaftliche systematische Beobachtung? Im Grunde läßt sich die wissenschaftliche von der alltäglichen Beobachtung rein dadurch unterscheiden, daß sie dem methodologischen Grundprinzip der *Wiederholbarkeit* genügt. Wiederholbarkeit heißt vor allem, daß, gleiches Verhalten vorgegeben, von einem anderen Beobachter auch die gleiche Beobachtung gemacht werden kann.

Der Grund für eine derartige Wiederholung einer Beobachtung liegt in der Notwendigkeit, Beobachtung eines Einzelnen dadurch zu objektivieren, daß eine *intersubjektive Übereinstimmung* hergestellt wird. Je mehr Beobachter unabhängig voneinander die gleiche Beobachtung machen, desto größer ist die Wahrscheinlichkeit, daß die Beobachtung zuverlässig ist. Gerade bei Beobachtungen aber müssen wir auf Zuverlässigkeit drängen. Denn wir wissen etwa aus der Psychologie der Zeugenaussage, wie sehr Beobachtungen ein und desselben Sachverhalts, etwa eines Verkehrsunfalls, auseinandergehen. Bei einer nicht-systematischen Beobachtung des Unterrichtsgeschehens würde uns dasselbe passieren. So schreiben mit Recht die bereits genannten Unterrichtsforscher OBER et al.:

»Dem zufälligen, unvorbereiteten Beobachter mag eine Lehr- und Lernsituation als ein glatt verlaufender Arbeitsprozeß erscheinen, in dem Lehrer und Schüler ruhig und zuversichtlich, entspannt und ohne Schwierigkeiten von einer Aktivität zur nächsten übergehen. Jemand Anderem kann dieselbe Situation konfus und desorganisiert vorkommen, wobei Lehrer und Schüler von einer unkontrollierbaren Krise in die nächste taumeln. Die starke Verschiedenheit der beiden Beobachtungen ist genau auf das zurückzuführen, was jeder der beiden Beobachter suchte, und wie er es sah. Beide Interpretationen können durchaus genaue Beschreibungen dessen sein, was wirklich geschah; sie können aber auch beide völlig falsch sein. Eins ist jedoch gewiß – die Interpretation irgendeiner Situationsbeobachtung findet im Auge und Bewußtsein des Beobachters statt.« (1971, S. 2)

Der Psychologe hat allen Grund zur Annahme, daß unsere Wahrnehmung nicht nur hochgradig selektiv ist, sondern daß diese Selektion auch eine Funktion unserer jeweiligen Interessen und Motivationslagen ist, weiter, daß wir bereits *im* wahrnehmenden Erkennen urteilen und – vor allem – *werten*. Unserer alltäglichen Orientierung in unserer Umwelt, vor allem unserer sozialen Orientierung, mag diese Tendenz zu werten durchaus dienlich sein. Der Beobachtung zum Zwecke der möglichst objektiven Feststellung, was der Fall ist, läuft diese unkontrollierte Tendenz zuwider. Deshalb muß jede systematische Beobachtung an eine entsprechende *Beschreibung* gebunden sein. Nur das, was ich in möglichst eindeutigen Begriffen als beobachtet beschreiben kann, genügt schließlich dem Prinzip der Wiederholbarkeit. Aber auch Beschreibung ist keine natürliche, im Alltag dienliche Verhaltensweise. Um handeln zu können, bedürfen wir weniger der genauen Beschreibung als wiederum der nach jeweiligem Handlungsinteresse erfolgenden kurzen Bewertung, was richtig, was belanglos zu sein scheint. Auch die Wissenschaft muß solche Entscheidungen fällen, muß beurteilen, was wichtig, was belanglos ist. Gerade die Frage nach optimalen Lehrformen, nach dem für einen bestimmten Zweck optimalen Lehrerverhalten, verlangt solche Werturteile. Doch um auf einem wissenschaftlich vertretbaren Wege, d. h., rational begründet, zu solchen Urteilen kommen zu können, bedarf es der unvoreingenommenen objektiven Beschaffung der entscheidungsrelevanten Daten. Die wissenschaftlichen Daten über konkretes Unterrichtsverhalten aber liefert uns nur die Beobachtung und Beschreibung dieses Verhaltens. Verständigen wir uns in aller Kürze über einige Grundzüge der wissenschaftlichen Verhaltensbeobachtung:

> »Die wissenschaftlich gebotene Sicherung der Verhaltensbeobachtung zum Zwecke der Wiederholbarkeit verlangt die weitgehende Kontrolle der Elemente einer Beobachtungs-Situation. Die ... Struktur der Beobachtungs-Situation impliziert
>
> 1. den Beobachter, 2. den Beobachteten, 3. das Verhältnis beider zueinander, 4. das Beobachtete bzw. die Beobachtungs-Hinsicht, 5. die Beobachtungsdauer, 6. die Beschreibung oder Kategorisierung des Beobachteten zum Zwecke der Mitteilung und 7. die Auswertung des Beobachteten. Jeder dieser Aspekte bedarf der Kontrolle und muß in einer Methodologie der Beobachtung Berücksichtigung finden.« (GRAUMANN 1973, S. 18)

## A 16.3. *Formen der Beobachtung*

Gehen wir zunächst auf den *Beobachter* ein. Es dürfte klar sein, daß nur derjenige in der systematischen Verhaltens- oder Unterrichtsbeobachtung eingesetzt werden sollte, der eine entsprechende Schulung aufweist, Schulung in einem Beobachtungsschema bzw. einem Kategoriensystem. *Beobachtete* können einzelne Individuen wie Gruppen sein. Dabei dürfte das einzeln und für sich agierende Individuum relativ selten sein. Wohl aber interessiert uns häufiger das Verhalten eines bestimmten Individuums im sozialen Kontext, damit aber ein Einzelner in Interaktion mit Anderen. Für die Unterrichtsforschung ist dieser Einzelne nicht selten der Lehrer. Dank moderner Technik, vor allem der Video-Speicherung, ist er auch immer häufiger Beobachter und Beobachteter in einem, ohne daß wir hier von Selbstbeobachtung im traditionellen Sinne sprechen dürfen. Die eigentliche Verhaltensbeobachtung und -kategorisierung findet ja erst bei der Wiedergabe des früher Aufgenommenen statt. Ein Problem kann dagegen die Anzahl der zu Beobachtenden werden. Hier ist oft der Einsatz eines Beobachterteams geboten. Wo er »live« nicht möglich ist, wenn etwa Situationen möglichst natürlich gehalten werden sollen, kann wieder mit Hilfe der Video-Technik die Schwierigkeit wenigstens gemindert werden.

Eine besondere Beachtung hat innerhalb der Methodologie der Verhaltensbeobachtung das *Verhältnis zwischen Beobachter und Beobachteten* gefunden. Wir gehen hier nur auf einige Formen dieser Beziehung ein, die für die systematische Unterrichtsbeobachtung relevant sind. Die erste betrifft den Unterschied zwischen *teilnehmender* und *nicht-teilnehmender Beobachtung*. Was bedeutet diese Unterscheidung?

> »Was zum Typus der teilnehmenden Beobachtung führte, war die Notwendigkeit, Gruppen zu beobachten, die niemals einen Beobachter in ihrer Mitte geduldet hätten. Ethnische und andere soziale Gruppen ... erschließen sich der Beobachtung u. U. nur, wenn es dem Beobachter gelingt, von der betreffenden Gruppe auf- und angenommen zu werden, selbst eine Rolle zugewiesen zu bekommen – und wenn es die eines akzeptierten Außenseiters ist – und seine Beobachtungstätigkeit unauffällig zu halten. Eine längere Zeit des wechselseitigen Vertrautwerdens, eine gewisse Anpassung an die Regeln des Zusammenlebens der zu beobachtenden Gruppe sind die Erfolgsvoraussetzungen ... Die Rolle, die ein teilnehmender Beobachter in einer Gruppe übernehmen darf, läßt sich je nach den Gegebenheiten mehr oder minder aktiv ausfüllen, so daß man von *aktiver und passiver teilnehmender Beobachtung* sprechen kann.« (GRAUMANN 1974, S. 25 f)

Sehen wir von der video-vermittelten nachträglichen Beobachtung des eigenen Verhaltens ab, so liegt der Nachteil der teilnehmenden Beobachtung vor allem darin, daß der aktiv Partizipierende in der Regel nicht während seiner Teilnahme auch noch protokollieren kann. Geschieht dies aber erst nach der eigentlichen Beobachtungsperiode, so ist das Protokoll eher Gedächtnistäuschungen ausgesetzt und meist lückenhafter als der unmittelbar angefertigte Bericht.

Auf der anderen Seite wird der nicht-teilnehmende Beobachter, der fortwährend Notizen macht, leicht als störendes Element empfunden, auch und gerade, wenn er sich abseits vom zu Beobachtenden, etwa im Rücken einer Schulklasse, aufhält. Das gilt noch mehr für ein Beobachtungsteam. Von Schülern wird auch in der Regel verkannt, daß Beobachter – ungleich dem Lehrpersonal – nicht Leistungen beurteilen und bewerten, sondern lediglich Verhalten beschreiben. Das gilt natürlich ganz besonders, wenn die Beobachter selbst Lehrer, Lehramtskandidaten sind oder als solche angesehen werden müssen. Die Folge dieses sog. *Beobachter-Effekts* liegt auf der Hand: Befangenheit, Verhaltenheit oder andere Formen der nicht-beabsichtigten und die Beobachtungsabsicht verfälschenden Verhaltensänderungen. Das Problem, das sich dem offen arbeitenden Beobachter stellt, hat WRIGHT formuliert; es zu bewältigen ist außer bei Kindern nicht leicht:

> »Er kann sich zuerst mit seinen Probanden und den anderen Mitwirkenden bekannt machen und dann seine Rolle spielen als eine nicht-wertende, unparteiische, nicht-teilnehmende, nicht-direktive und freundliche Person, die an Kindern interessiert ist.« (WRIGHT 1960, S. 117)

Aus vielen der Beobachtungsschwierigkeiten hilft, wie gesagt, die *technisch vermittelte Beobachtung*:

> »Vermittelte Beobachtung liegt beim Einsatz von Film-, Ton-, Tonfilm- und Fernsehaufnahme- und Wiedergabegeräten vor. Nicht mehr allein die Leistungsfähigkeit von Auge und Ohr bestimmt die Grenzen der Beobachtung, sondern – vorgeschaltet – die Aufnahmekapazität der technischen Rezeptoren. Diese technische Vermittlung bedeutet gegenüber der unvermittelten Beobachtung einerseits eine *Einschränkung*: kleinerer oder starrerer Blickwinkel, gesteigerter ›Cocktail-party-Effekt‹ bei Bandaufnahmen einer Diskussion und ähnliches. Zum anderen wird aber auch eine wesentliche *Verbesserung* der Beobachtungsleistung erreicht durch Verstärkertechnik, Nahaufnahmen, Gleichzeitigkeit mehrerer Bilder von verschiedenen Blickpunkten und ähnliches. Hinzu kommt die faktisch unbegrenzte Möglichkeit zur *Speicherung der uncodierten ›Beobachtung‹*. Während die unvermittelte Beobachtung unwiederholbar einmalig ist, kann die vermittelte beliebig oft reproduziert werden. Zumindest für die Schulung von Beobachtern ist diese ›Wiederkehr des Gleichen‹ ein einzigartiges Lernmittel.« (GRAUMANN 1974, S. 29)

Auf den großen Vorteil, den die vermittelte Beobachtung gerade für die Unterrichtsforschung bietet, haben wir bereits hingewiesen: Der Lehrer wird in die Lage versetzt, sein eigenes Unterrichtsverhalten aus der zeitlichen Distanz heraus selber so zu beobachten wie das Verhalten eines Anderen und daraus für sich selber zu lernen. Voraussetzung hierfür ist allerdings die Beherrschung eines entsprechenden Beschreibungs- bzw. Kategoriensystems.

## A  16.4. *Beobachtungssysteme*

Mit der Güte eines zweckentsprechenden *Merkmal-* oder *Kategoriensystems* steht und fällt aber der Wert der Verhaltensbeobachtung. Bevor wir uns diesem zentralen Element der Beobachtungsmethodik zuwenden, noch ein Wort zur Verhaltensbeschreibung. Denn die Deskription des Beobachteten kann prinzipiell in zweierlei Weise vor sich gehen; erstens in freier Beschreibung

und zweitens in systematischer Registrierung. Wenn sich im
Laufe der Entwicklung der Beobachtungsmethodik die Verwendung von Zeichen- und Kategorien*systemen* durchgesetzt hat, dann
sicher nicht, weil unsere Sprache nicht genügend Vokabeln zur
Verhaltenscharakterisierung bereithielte. Aber erstens ist Charakterisierung noch nicht Beschreibung, und zweitens erlauben selbst
die Tätigkeitswörter unserer Sprache zumeist die eindeutige Zuordnung zu konkreten Tätigkeiten nicht. Aber gerade diese Zuordnung ist mit der Forderung der Wissenschaft nach begrifflicher
Eindeutigkeit gemeint. Verschiedene Beobachter desselben Sach-
verhaltes belegen ihn mit sehr unterschiedlichen Begriffen, was
eine geringe Übereinstimmung in den Beschreibungskategorien
zur Folge hat. Die Konsequenz ist eben dann die methodische
Festlegung der Zuordnung beobachteter Verhaltensakte zu klar
definierten Kategorien oder das Abhaken vorweg definierter Ereignisse. Mit der Zuordnung des Beobachteten zu vorgegebenen
Kategorien und erst recht mit dem Abhaken leistet der Beobachter keine eigentliche Beschreibung mehr. Dafür werden ihm
fortlaufend *Entscheidungen* abverlangt, ob das, was er beobachtet,
unter diese oder jene Kategorie fällt bzw. stattfindet oder nicht.
Die bisher nur als Kategoriensystem und als Merkmalsystem bezeichneten Beobachtungs- und Registriersysteme werden von
MEDLEY & MITZEL (1970) unterschieden:

>»Die erste Möglichkeit besteht darin, die Beobachtung auf einen be-
stimmten Ausschnitt oder einen bestimmten Aspekt des Verhaltens im
Klassenraum zu begrenzen, eine geeignete Verhaltenseinheit festzulegen
und eine bestimmte festgelegte Gruppe von Kategorien zu entwerfen, in
der jede beobachtete Einheit eindeutig nur unter einer einzigen Kategorie
klassifiziert werden kann. Das so gewonnene Protokoll enthält für jeden
Beobachtungsausschnitt die Gesamtzahl der aufgetretenen Verhaltenseinheiten und die Zahl der unter den jeweiligen Kategorien klassifizierbaren
Verhaltenseinheiten. Ein methodischer Ansatz dieser Art soll als *Kategoriensystem* bezeichnet werden.

>Die zweite Möglichkeit besteht darin, eine Anzahl spezifischer Verhaltens-
äußerungen oder Verhaltensmerkmale, die während eines Beobachtungs-
ausschnittes auftreten könnten, im voraus aufzustellen. Ein so gewonnenes
Protokoll wird dann zeigen, welches dieser Merkmale in einem bestimmten Beobachtungsausschnitt überhaupt auftrat und – in einigen Fällen –
wie oft ein bestimmtes Merkmal in diesem Zeitraum auftrat. Dieser Weg
soll als *Merkmalsystem* bezeichnet werden.« (1970, S. 770f)

Ein Kategoriensystem ist also dadurch charakterisiert, daß es alle
Verhaltensweisen der kategorisierbaren Art erfaßt. Je umfangreicher das Kategoriensystem, desto vollständiger im Prinzip die
Verhaltensbeschreibung. Allerdings ist es, wie v. CRANACH &
FRENZ betonen, »wichtig, die Kategorien so zu definieren, daß
die Abgabe der Urteile mit dem zeitlichen Ablauf der Verhaltensweisen, denen sie entsprechen, Schritt halten kann. Die Zahl der

Kategorien im System findet ihre natürliche Grenze in der Unterscheidungsfähigkeit des Beobachters.« (1969, S. 272)

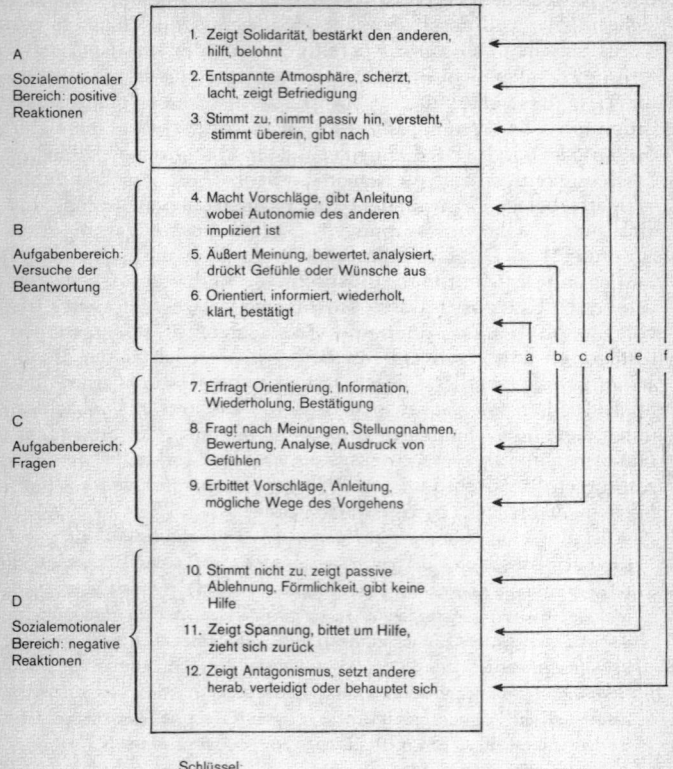

Schlüssel:

a  Probleme der Orientierung
b  Probleme der Bewertung
c  Probleme der Kontrolle
d  Probleme der Entscheidung
e  Probleme der Spannungsbewältigung
f  Probleme der Integration

*Abb. 1:* Das Kategoriensystem der »Interaktionsprozeß-Analyse« von R. F. BALES (1950). (Aus: R. KÖNIG (Hrsg.) *Beobachtung und Experiment in der Sozialforschung.* Köln: Kiepenheuer & Witsch [8]1972, S. 154f.)

Eines der in den Sozialwissenschaften bekanntesten Kategoriensysteme ist die 1950 entwickelte Interaktionsprozeßanalyse von BALES ([8]1972). Sie finden es in Abb. 1 wiedergegeben. Es wird vorzugsweise zur Analyse sprachlicher Kommunikation in Gruppen eingesetzt und gliedert sich in der Senkrechten spiegelbildlich in Kategorien, die – wie unter A und D – Verhalten aus dem

sozial-emotionalen Bereich erfassen, unter B und C mehr aufgabe-
und sachorientiertes Verhalten. Wer, wie unter 2., Scherze macht,
lacht, trägt zur Entspannung bei; wer – wie unter 11.– sich von
den anderen zurückzieht, verstärkt eher eine entstehende oder
schon bestehende Spannung. Mit den Kleinbuchstaben *a–f* wird
das gesamte gruppendynamische Geschehen, sofern es sich im
Kommunikationsverhalten manifestiert, in Probleme der Orientierung (a), der Bewertung (b), der Kontrolle (c), der Entscheidung (d), der Spannungsbewältigung (e) und der Integration der
Gruppe (f) aufgegliedert und damit kategorisierbar. Die Übereinstimmung zwischen geschulten Beobachtern wird mit Koeffizienten zwischen 0.75 und 0.95 als recht gut angegeben.

Ein speziell für Unterrichtszwecke entwickeltes Kategoriensystem
werden wir gleich noch kennenlernen. Während beim Kategoriensystem also ein Maximum an Verhaltensweisen zu Protokoll
gebracht werden kann, ist beim Merkmal- oder, wie es auch heißt,
Zeichensystem lediglich das Auftreten eines oder mehrerer konkret definierter Ereignisse zu registrieren. Diese werden im vorhinein festgelegt, etwa wie oft ein Schüler an den Fingernägeln
kaut, niest, ohne ein Taschentuch zu benutzen, aber auch wie
oft ein Lehrer »bitte« sagt.

Bei der hierdurch gebotenen hochselektiven Beobachtung bleibt
in der Regel der größere Teil des beobachteten Verhaltens unberücksichtigt, weil er für die vorgegebene Frage irrelevant ist. Es
kann ja auch sein, daß über einen vorher festgelegten Beobach-
tungszeitraum hinweg das gefragte Verhalten überhaupt nicht
auftritt. Die Ansprüche an die Konzentration des Beobachters
sind damit nicht geringer als bei einem differenzierten Kategoriensystem. Der Beobachter muß schließlich ständig auf der Hut
sein, daß ihm das betreffende Verhalten oder Verhaltensmerkmal
nicht entgeht.

| Summe | | I | III | V |
|---|---|---|---|---|
| | A0 (Lehrer Schüler – Schüler Lehrer) | × | × | × |
| | A1 Lehrer arbeitet mit einem Schüler | | | |
| | A2 Lehrer arbeitet mit kleiner Gruppe | | | |
| | A3 Lehrer fragt, Schüler antwortet | | | |
| | A4 Lehrer beantwortet Schülerfrage | | | |
| | A5 Lehrer ignoriert die Frage des Schülers | | | |
| | A6 Lehrer leitet Gesang, Exkursion oder Spiele | | | |
| | B0 (Lehrer Schüler) | × | × | × |
| | B1 Lehrer trägt vor | | | |
| | B2 Lehrer liest oder erzählt Geschichte | | | |
| | B3 Lehrer spricht zur Klasse | | | |
| | B4 Lehrer veranschaulicht etwas an der Tafel | | | |
| | B5 Lehrer erläutert an der Landkarte oder an Ta-bellen | | | |
| | B6 Lehrer demonstriert etwas | | | |

| Summe | | I | III | V |
|---|---|---|---|---|
| | B7 Lehrer zeigt Filme, Diapositive oder spielt Platten | | | |
| | B8 Lehrer gibt Zeitungen oder Bücher herum | | | |
| | C0 (Lehrer) | × | × | × |
| | C1 Lehrer arbeitet am Pult | | | |
| | C2 Lehrer säubert oder schmückt den Raum | | | |
| | C3 Lehrer schreibt an der Tafel oder schmückt sie | | | |
| | C4 Lehrer spricht mit Besucher | | | |
| | C5 Lehrer verläßt oder betritt den Raum | | | |
| | D0 (Schüler) | × | × | × |
| | D1 Schüler liest oder studiert an seinem Platz | | | |
| | D2 Schüler schreibt oder arbeitet manuell an seinem Platz | | | |
| | D3 Schüler malt oder baut oder zeichnet usw. | | | |
| | D4 Schüler arbeitet an der Tafel | | | |
| | D5 Schüler schmückt den Raum oder die Tafel | | | |
| | D6 Schüler säubert den Raum oder die Tafel | | | |
| | D7 Schüler macht Pause oder frühstückt | | | |
| | D8 Schüler verläßt oder betritt den Raum | | | |
| | D9 Schüler stützt den Kopf in die Hände | | | |
| | E0 (Schüler Schüler) | × | × | × |
| | E1 Schüler spricht zu einer Gruppe | | | |
| | E2 Schüler sagt auf | | | |
| | E3 Schüler wiederholt, verliest vorbereitete Aufgaben | | | |
| | E4 Schüler liest laut | | | |
| | E5 Schüler demonstriert oder veranschaulicht etwas | | | |
| | E6 Schüler führt Sketch oder Szene auf | | | |
| | E7 Schüler singt oder spielt ein Instrument | | | |
| | E8 Schüler spielt ein Spiel | | | |
| | E9 Schüler interpretiert | | | |
| | E10 Schüler leitet die Klasse | | | |
| | F0 (Schüler, Verschiedenes) | × | × | × |
| | F1 Schüler ignoriert Lehrerfrage | | | |
| | F2 Schüler schlägt und boxt | | | |
| | F3 Schüler flüstert | | | |
| | F4 Schüler lacht | | | |
| | F5 Schüler reicht Zeitung oder Bücher oder Getränk weiter | | | |
| | F6 Schüler spricht mit dem Besucher | | | |
| | Kontrolle | | | |

*Abb. 2:* Vorderseite des OScAR 2a von D. M. MEDLEY & H. B. MITZEL von 1958. (Aus: K. INGENKAMP (Hrsg.) *Handbuch der Unterrichtsforschung.* Teil I. Weinheim: Beltz 1970, 633–852, S. 719.)

Über die Schwierigkeit, mit umfangreichen Merkmalsystemen zu arbeiten, gehen die Meinungen auseinander. Innerhalb der Pädagogischen Psychologie hat ein Merkmalsystem von MEDLEY & MITZEL (1970) größere Verbreitung gefunden, das mit 70 Zeichen

arbeitet. Es heißt OScAR, eine Abkürzung für *O*bservation *Sc*he-
dule *a*nd *R*ecord. Ein ins Deutsche übertragener und verdeut-
lichter Auszug aus einem Protokollbogen der Fassung OScAR 2a
von 1958 zeigt auf Abb. 2 insgesamt 44 Aktivitäten und Interaktionen von Lehrern und von Schülern, deren Vorkommen in
insgesamt drei Fünfminuten-Perioden zu registrieren ist. Wegen
der Fülle der ja insgesamt 70 Items sollte sich jedes Item quasi
selbst definieren; denn der Beobachter kann sich u. U. während
des Protokollierens nicht gut auch noch Definitionen ins Gedächtnis zurückrufen. Brauchbar ist nach MEDLEY & MITZEL ein Item,
wenn es drei Charakteristika aufzeigt: erstens, wenn es im Präsens
steht; zweitens, wenn es positiv formuliert ist; und drittens, wenn
es im Singular steht.
Schauen wir uns die folgenden vier Protokollsätze an:
1. Lehrer bemerkte wichtige Schülerbeiträge nicht.
2. Lehrer bemerkt wichtige Schülerbeiträge nicht.
3. Lehrer bemerkt wichtige Schülerbeiträge.
4. Lehrer bemerkt einen wichtigen Schülerbeitrag.
Der erste Beispielsatz »Lehrer bemerkte wichtige Schülerbeiträge
nicht« verstößt gegen alle drei Regeln. Wir verbessern ihn dadurch, daß wir ihn ins Präsens setzen. Erst jetzt gestattet er ein
unmittelbares Protokollieren, sobald das Ereignis eintritt und
nicht erst, wenn es vorüber ist. Aber auch die negative Fassung
des zweiten Satzes ist schlecht, denn es kann doch sein, daß der
Lehrer doch noch Beiträge bemerkt. Und auch der Plural des
dritten Satzes läßt noch Unbestimmtheit zurück, »weil auch weiterhin noch nicht klar ist, wie viele wichtige Beiträge ein Lehrer
bemerken muß, bis der Protokollant das entsprechende Zeichen
machen soll« (MEDLEY & MITZEL 1970, S. 782). Erst die letzte
Fassung des Beispiels von MEDLEY & MITZEL ist eindeutig und
brauchbar. Dafür entspricht sie nicht mehr dem, was die erste
schlechte Fassung vielleicht meinte, daß nämlich der Lehrer bestimmte Schülerbeiträge – vielleicht bewußt – ignorierte. Hier,
in der Unterscheidung zwischen faktischem Nichtbemerken und
absichtlichem Ignorieren, stoßen wir allerdings an die Grenzen
der reinen Verhaltens*beobachtung*. Hier kommen bereits Schlußfolgerungen ins Spiel, die schwer zu überprüfen sind. Der Vorteil
der Beobachtungssysteme soll aber doch gerade darin liegen, daß
die mit ihrer Hilfe getroffenen Aussagen intersubjektiv wieder-
holbar und überprüfbar sind. Deshalb sollten sie den Schlußfolgerungen der Beobachter möglichst enge Grenzen ziehen.
Vergegenwärtigen wir uns aus den vorangegangenen Kapiteln,
daß sich das soziale Verhalten von Individuen in einer Gruppe
angemessen nur in ihren Interaktionen fassen läßt, daß also eine
lehrerzentrierte Beobachtung wie eine schülerzentrierte ein eher
einseitiges Bild liefern, dann läßt sich auch hieraus ein Gliede-
rungsgesichtspunkt für Beobachtungssysteme gewinnen.

|  |  | 1. *Akzeptiert Empfindung:* akzeptiert und klärt die Gefühlshaltung der Schüler, ohne zu drohen. Die Gefühle können positiv oder negativ sein. Das Voraussagen von oder Sich-Erinnern an Gefühlshaltungen sind eingeschlossen.<br><br>2. *Lobt oder ermutigt:* lobt den Schüler für seine Handlungsweise oder sein Verhalten oder ermutigt ihn; Scherze zur Verminderung oder Spannung, jedoch nicht auf Kosten eines anderen; Kopfnicken und Äußerungen wie »Hm« oder »weiter« sind eingeschlossen.<br><br>3. *Akzeptiert und verwendet Ideen von Schülern:* klärt und entwickelt Anregungen von Schülern; wenn der Lehrer mehr eigene Ideen verwendet, benutzen Sie Kategorie 5.<br><br>4. *Stellt Fragen:* stellt Fragen nach Inhalt und Verfahren, die die Schüler beantworten sollen. |
| Lehreräußerungen | direkte Beeinflussung · indirekte Beeinflussung | 5. *Führt neuen Stoff ein:* Nennt Tatsachen oder Meinungen über Inhalte und Verfahren; äußert seine eigenen Gedanken, stellt rhetorische Fragen.<br><br>6. *Steuert den Unterricht:* befiehlt, ordnet an, steuert den Unterricht und erwartet, daß die Schüler Folge leisten.<br><br>7. *Kritisiert oder rechtfertigt Autorität:* will mit seinen Äußerungen das Verhalten des Schülers in seinem Sinne verändern, schreit einen Schüler an, gibt die Gründe für sein Verhalten an, extreme Selbstdarstellung. |
| Schüler-äußerungen |  | 8. *Schüler antwortet:* Schüler antworten dem Lehrer. Lehrer initiiert den Kontakt oder bittet um Schüleräußerung.<br><br>9. *Schüler spricht freiwillig:* Schüler sprechen auf eigenen Wunsch hin. Wenn der Lehrer nur aufruft, um die Reihenfolge der Sprecher festzulegen, müssen Sie entscheiden, ob der Schüler etwas sagen wollte. Wenn ja, benutzen Sie diese Kategorie. |
|  |  | 10. *Ruhe oder Lärm:* Pausen, kurze Perioden der Ruhe und Perioden des Durcheinanders, in denen der Beobachter nichts verstehen konnte. |

*Abb. 3:* Kategorien zur Interaktionsanalyse von N. A. Flanders (1960). (Aus: K. Ingenkamp (Hrsg.) *Handbuch der Unterrichtsforschung.* Teil I. Weinheim: Beltz 1970, S. 703 f.)

Ein für die empirische Unterrichtsforschung besonders wichtiges und – in den USA – weitverbreitetes Kategoriensystem ist das von Flanders (1960). Es berücksichtigt in erster Linie Lehreräußerungen nach der Art, wie sie Schülerverhalten beeinflussen. Wenn man einen Blick auf die 10 Kategorien Flanders' zur Interaktionsanalyse in Abb. 3 wirft, so sieht man auf den ersten Blick, daß 7 von den 10 Kategorien Lehreräußerungen betreffen. Die ersten 4 sollen dabei Lehreräußerungen erfassen, die eine mehr *indirekte* Beeinflussung der Schüler darstellen. Die Kategorien 5 bis 7 spiegeln – und zwar in wachsendem Maße – *direkte* Beeinflussung durch den Lehrer wider.

Nur die drei verbleibenden Kategorien gehen auf das sprachliche Verhalten der Schüler ein, sei es, daß der Schüler dem Lehrer antwortet (Kategorie 8), aus sich heraus spricht (Kategorie 9) oder eben allgemeines Durcheinander bzw. Ruhe herrscht, also nichts zu verstehen ist (Kategorie 10).

| Lehrer-Kategorien | | Schüler-Kategorien |
|---|---|---|
| 1 | trägt zur »Erwärmung« der Klassenatmosphäre bei | 11 |
| 2 | akzeptiert | 12 |
| 3 | erweitert die Beiträge eines anderen | 13 |
| 4 | fordert heraus, provoziert | 14 |
| 5 | gibt Antwort | 15 |
| 6 | legt nahe, bringt in Gang | 16 |
| 7 | steuert, ordnet an | 17 |
| 8 | korrigiert | 18 |
| 9 | trägt zur »Abkühlung« der Klassenatmosphäre bei | 19 |
| 10 | Schweigen oder Durcheinander | 20 |

*Abb. 4:* Das reziproke Kategoriensystem. (Nach R. L. OBER.)

Kritik an dieser Einseitigkeit – oder sagen wir vorsichtshalber Lehrerzentriertheit – hat zu einer Weiterentwicklung des FLANDERSschen Systems durch Richard OBER zu einem *Reziproken Kategoriensystem* (1971) geführt (vgl. Abb. 4). Von den wiederum 10 Kategorien sind nunmehr 9 reziproke Kategorien, die sowohl auf Lehrer- wie auf Schüleräußerungen Verwendung finden können. Ähnlich dem spiegelbildlich entworfenen System von BALES wird OBERS System insofern der Lehrer-Schüler-Interaktion gerechter, als Lehrer wie Schüler hiernach die Atmosphäre wärmer und kühler gestalten, akzeptieren, aufeinander eingehen können usw. Rein die Verwendung verschiedener Ziffern, einstellige für Lehrer-, zweistellige für Schüleräußerungen, lokalisiert das entsprechende Verhalten.

Diese Beobachtungssysteme können hier nur als Beispiele für das Verfahren überhaupt vorgestellt werden. Klar werden sollte jedoch schon aus ihnen, daß es nicht *das* Beobachtungssystem schlechthin, für alle Zwecke geeignet, geben kann. Vielmehr müssen für verschiedene Zwecke der Forschung wie der Praxis auch verschiedene Kategorien-, Merkmals- und Beurteilungssysteme eingesetzt werden.

Daß Beobachtungssysteme nicht nur der Forschung dienlich sind, eine objektivere Analyse des Unterrichtsgeschehens zu gewinnen, sondern daß mit eben diesem Zweck auch noch ein weiterer eminent praktischer erreicht werden kann, zeigt der Überblick, den OBER et al. ihrem Buch über *Systematische Unterrichtsbeobachtung* (1971) vorangestellt haben.

Sie berichten über insgesamt sechs Untersuchungen mit Lehrerstudenten, die in irgendeiner Form der systematischen Beobachtung trainiert wurden. Alle Untersuchungen ergaben, daß sich die in systematischer Beobachtung Geschulten von den nichtgeschulten Kontrollgruppen unterschieden, und zwar in folgendem Sinne:

>Lehrer, die in der Anwendung der Interaktionsanalyse ausgebildet worden waren, waren in der Lage, ihr sprachliches Verhalten so zu kontrollieren, daß es eher mit dem übereinstimmte, was sie selbst als ihre persönliche Lehrkonzeption ausgaben und/oder was ihrer früheren Ausbildung als Konzeption zugrunde lag ... Die Befunde dieser sechs Untersuchungen bestätigen die allgemeine Hypothese, daß die Schulung in einem Beobachtungssystem dem Lehrer dazu verhilft, sich seines Lehrerverhaltens bewußter zu werden und es besser kontrollieren zu können.« (Ober et al. 1971, S. 10f)

Auch die im letzten Kapitel vorgestellten Methoden der Unterrichts*beurteilung*, bei denen nicht so sehr einzelne, sehr spezifische und leicht abgrenzbare Verhaltenselemente der Lehrer-Schüler-Interaktion registriert, sondern relativ globale Eigenschaften des Verhaltens von Lehrern eingeschätzt werden, finden zunehmend Eingang in die Lehrerausbildung. Studenten beobachten das Unterrichtsverhalten Anderer oder ihr eigenes und versuchen, die wahrgenommenen Verhaltensweisen nach allgemeinen Gesichtspunkten zu beurteilen. Dadurch soll auch hier erreicht werden, daß die zukünftigen Lehrer ihr Verhalten in stärkerem Ausmaß beurteilend reflektieren und sich dessen bewußter werden, was sonst beinahe schematisch und reflexhaft abläuft.

# B 16. Verhaltensweisen von Lehrern und ihre Auswirkungen

(M. Hofer)

## B 16.1. *Allgemeine Einführung*

Zu einer wesentlichen Hilfe für die Lehrerausbildung wird die Unterrichtsforschung dann, wenn man Verhaltensweisen von Lehrern identifizieren kann, die nachweislich in einem Zusammenhang mit erwünschten Verhaltensweisen auf der Seite der Schüler stehen. Denn welche Verhaltensweisen soll man werdenden Lehrern für bestimmte Situationen empfehlen, wenn nicht jene, die sich als wirksam in bezug auf erwünschte Verhaltensweisen auf der Schülerseite erwiesen haben? Tatsächlich eröffnen die in diesen beiden Kap. 15 und 16.1. besprochenen Methoden diese Möglichkeit. Sobald erst einmal zuverlässige Systeme zur Beschreibung von Verhaltensmustern von Lehrern vorliegen, bedarf es nur noch weiterer Untersuchungen, in denen die Effekte einzelner Variablen auf bestimmte Schülervariablen geprüft werden.

Mit dem Zusammenhang zwischen verschiedenen Variablen des Lehrerverhaltens auf der einen Seite und Schülervariablen auf der anderen hat man sich in den letzten Jahren ausgiebig beschäftigt. Die bislang vorliegenden Ergebnisse machen die Bedeutung dieser Untersuchungen für die Lehrerausbildung zwar klar; jedoch kann man an ihnen auch erkennen, wie schwierig es ist, abschließende Aussagen zu gewinnen. Auf ein Hauptproblem soll schon jetzt aufmerksam gemacht werden. Es konnte festgestellt werden, daß ein besonders strenges Verhalten der Lehrer in der Regel einhergeht mit starken Aggressionen bei den von diesen Lehrern unterrichteten Schülern. Es ist verführerisch, aus diesem Untersuchungsergebnis zu folgern: Strenges Lehrerverhalten führt zu Aggressionen bei Schülern. Stellen wir aber einmal die Frage nach Ursache und Wirkung: Ist das strenge Verhalten der Lehrer, die untersucht wurden, die Ursache und das aggressive Verhalten der Schüler die Wirkung? Sicher – eine Möglichkeit der Interpretation ist anzunehmen, das strenge Lehrerverhalten habe das aggressive Verhalten der Schüler bewirkt. Aber der umgekehrte Schluß ist ebenfalls möglich: Aggressive Schüler zwingen den Lehrer zu mehr Strenge. Als dritte Möglichkeit schließlich ist immer denkbar, daß strenge Lehrer in der Regel andere Eigenschaften mit an den Tag legen – etwa Geringschätzung oder Mißachtung, die ihrerseits zu erhöhter Aggression bei Kindern führen und nicht die Strenge selbst. Wir stoßen hier auf das gleiche Dilemma, auf das im Zusammenhang mit den Untersuchungen zur Wirksamkeit von Vorschulprogrammen und in den beiden Kapiteln zur Sozialisation (Kap. 10 und 12) hingewiesen werden mußte.

Sollte man demnach bei Ergebnissen, die den Zusammenhang zweier Variablen anzeigen, sehr vorsichtig sein und vorschnelle Schlußfolgerungen vermeiden, so gibt der bisherige Forschungsstand doch einen gewissen Einblick in die Dynamik der Lehrer-Schüler-Beziehung.

Welche Verhaltensweisen von Schülern könnte man auswählen, um deren Abhängigkeit vom Lehrerverhalten zu untersuchen? Oder anders gefragt: Was wollen Lehrer bei Schülern erreichen? Ein Hauptauftrag von Lehrern besteht darin, den Schülern beim Erwerb von Wissen und Fertigkeiten behilflich zu sein. Deshalb kann man zunächst untersuchen, welche Verhaltensweisen von Lehrern mit den Schulleistungen ihrer Schüler zusammenhängen. Hierauf werden wir näher eingehen. Aber dies ist natürlich nicht das einzige Ziel von Lehrerbemühungen. Die Schule hat auch die Aufgabe, allgemeine intellektuelle Tugenden zu fördern, wie flexibles und vorurteilsfreies Denken, die Fähigkeit, Konformitätsdruck zu widerstehen, und die Bereitschaft, sich zu revidieren und revidieren zu lassen. Auch Arbeitshaltungen sollen von der Schule gefördert werden. Engagement, Verantwortlichkeit, Ideenreichtum und Kritikvermögen sind Eigenschaften, die dies in etwa umschreiben. Bei möglichen Effekten ist auch an das Sozialverhalten von Schülern zu denken, an Kooperationsbereitschaft, Toleranz und an die Aufgeschlossenheit gegenüber Einzelnen und Gruppen von Mitmenschen. Wenn wir schließlich noch berücksichtigen, daß Lehrer auch auf die emotionale Stabilität, die Selbstkontrolle und das Selbstwertgefühl Einfluß nehmen können, so wird deutlich, wie umfassend und differenziert die Untersuchungsfragestellung geworden ist und wie aussichtslos es ist, eine auch nur annähernd vollständige Antwort darauf zu erhalten.

B   16.2. *Der Effekt emotionaler Wärme*

Beschäftigen wir uns zunächst mit der ersten Hauptvariablen des Lehrerverhaltens, jener Dimension, die im 15. Kap. als »emotionale Wärme« versus »emotionale Kälte« bezeichnet wurde und die durch Eigenschaften wie Wertschätzung, Verständnis, höfliche Sprache, Ruhe und Freundlichkeit gekennzeichnet werden kann. Schüler, deren Lehrer diese Eigenschaften verwirklichen, erweisen sich in der Regel als weniger ängstlich. Sie verneinen Feststellungen wie die folgenden: »Manchmal habe ich im Unterricht Angst, aufgerufen zu werden und mich vor der Klasse zu blamieren« und: »Es fällt mir oft schwer, im Unterricht aufzupassen«. Übereinstimmend zeigte sich auch, daß verständnisvolle Lehrer von den meisten Schülern anderen Lehrern gegenüber bevorzugt werden, daß sie sich bei ihnen zufriedener fühlen und ihnen viel freundschaftlicher und persönlicher gegenüberstehen. Diese von TAUSCH und seinen Mitarbeitern (1971) festgestellten Beziehungen werden durch andere Untersuchungen bestätigt. Häufig spricht man in diesem Zusammenhang auch vom sog. Klassenklima. Ein emotional gutes Klima herrscht dann, wenn der Lehrer Wohlwollen für die Schüler zeigt und zustimmende und unterstützende Äußerungen abgibt. In einem solchen Klima entwickelt sich im allgemeinen eine positive Lehrer-Schüler-Beziehung (WITHALL & LEWIS 1970). Aufgrund der vorliegenden Untersuchungen kann man mit TAUSCH annehmen, daß

»das Ausmaß der emotionalen Dimension Wertschätzung, Wärme und Zuneigung eine bedeutsame Dimension im zwischenmenschlichen Verhalten darstellt, und zwar in Bereichen der Unterrichtung in Schulen, des Familienlebens, der Psychotherapie und in Betrieben. Ein hohes Ausmaß emotionaler Wertschätzung und Wärme ist als ein wesentliches Element hilfreicher zwischenmenschlicher Interaktion anzusehen.« (TAUSCH & TAUSCH 1971, S. 326f)

Ob es allerdings »mit hoher Wahrscheinlichkeit zu konstruktiven, günstigen Effekten beim Partner führt« (S. 327) und ob ein geringes Ausmaß emotionaler Wertschätzung negative Effekte bedingt, ist den vorliegenden Untersuchungen in dieser Stringenz nicht zu entnehmen. Man muß immer mit der Möglichkeit rechnen, daß beispielsweise zufriedene und ausgeglichene Schüler den Lehrer zu freundlichem Verhalten veranlassen. Endgültige Aussagen über Wenn-dann-Beziehungen können nicht aus korrelativen, sondern nur aus echten experimentellen Anordnungen abgeleitet werden.

Eine Annahme, die vielen Untersuchungen zum Klassenklima zugrunde liegt, besteht darin, daß positiv emotionales Lehrerverhalten für das Lernen der Schüler bedeutsam ist; aber direkte Beweise für diese Annahmen sind kaum vorhanden. Einige Psychologen, die feststellen konnten, daß besser angepaßte und weniger ängstliche Schüler bessere Leistungen erbringen, schlossen daraus, daß ein gutes Klassenklima die Leistung fördert. Diese Annahme muß jedoch weitgehend und in dieser Allgemeinheit als irrig verworfen werden. Als Beispiel für eine Untersuchung, die eine Beziehung zwischen Verständnis der Lehrer und Leistung der Schüler nicht nachweisen konnte, sei eine Arbeit von TAUSCH et al. aus dem Jahre 1966 dargestellt.

10 Volksschullehrer wurden durch 2 bis 3 unabhängige Beurteiler zu verschiedenen Zeitpunkten beobachtet und von diesen hinsichtlich zahlreicher Merkmale eingeschätzt. Es wurden dann zwei Gruppen von Lehrern gebildet: Die eine Gruppe hatte hohe Schätzwerte in den Eigenschaften ruhig, freundlich, entspannt, die Schüler als Partner ansehend und höf-

lich; die andere Gruppe war in diesen Eigenschaften niedrig eingeschätzt
worden. Es zeigte sich, daß die 12- bis 14jährigen Schüler der beiden
Gruppen von Lehrern weder im Diktat noch im Rechnen unterschiedliche
Leistungen aufwiesen.

Anders scheint es zu sein, wenn man von so globalen Bezeichnungen wie »Wärme des Lehrerverhaltens« zu einzelnen, im Sinne
dieses Kapitels konkreteren Verhaltensweisen übergeht, die ihrerseits unter den generellen Aspekt menschlicher Zuneigung sub-
sumiert werden können. So sind etwa Schüler von Lehrern, die
häufig kritisieren, im Durchschnitt weniger leistungsstark, besonders dann, wenn die Kritik mit Herabsetzung verbunden ist
(FLANDERS 1970). Häufiges Lob von Lehrern, veranlaßt durch
Vorschläge und Interpretationen der Schüler, wird im allgemeinen
bei Lehrern gefunden, deren Schüler vergleichsweise überdurchschnittliche Leistungen aufweisen (WRIGHT & NUTHALL 1970).
Auch leisten im allgemeinen Schüler von Lehrern mehr, die häufiger auf Anregungen und Vorschläge der Schüler eingehen (PER-
KINS 1965).

Der bisherige Stand der Forschung bezüglich der ersten Hauptdimension des Lehrerverhaltens kann auf die Formel gebracht
werden: Emotionale, positive Zuwendung des Lehrers zu den
Schülern ist ein wesentliches Element im Unterricht. Auch wenn
der direkte Konnex zur schulischen Leistung unbedeutend ist,
schafft sie doch die Voraussetzung, aufgrund derer ein konstruk-
tives Unterrichtsverhalten erst möglich wird.

## B 16.3. *Der Effekt von Planung und Kontrolle*

Wenden wir uns der zweiten Hauptdimension des Lehrerverhaltens zu: Sie bezeichnet den Grad an Planung und Kontrolle, die
ein Lehrer im Unterricht auf seine Schüler ausübt. Wie die Untersuchungen von LEWIN (1939), ANDERSON (1946) und TAUSCH
(1971) und ihren jeweiligen Mitarbeitern gezeigt haben, ist bei
stark lenkenden und übermäßige Kontrolle ausübenden Lehrern
auf der Schülerseite zweierlei zu beobachten: Entweder zeigen
die Schüler ein fügsames, gehemmtes und stark eingeengtes Verhalten, bei dem originelle und individuelle Problemlösungen
selten sind, oder aber die mit der Zeit aufgestauten inneren Spannungen führen zu erhöhter Widersetzlichkeit, zu häufigen Störungen des Unterrichts und zu aggressivem Verhalten gegenüber
dem Lehrer und den Mitschülern. Dies trifft zu bei einem hohen
Grad an Lenkung und Kontrolle durch den Lehrer, gekennzeichnet etwa durch häufige Befehle und Anordnungen, viele Fragen
und starkes Eingreifen und generell durch stark dirigistisches
Verhalten. Auf der anderen Seite geht eine völlig neutrale und

passive Haltung, bei der sich der Lehrer nicht in die Arbeit der Schüler einmischt und lediglich auf Befragen Hilfestellung leistet, nicht nur mit einem starken Leistungsrückstand einher, sondern auch die Zufriedenheit und die Stimmung der Schüler sowie ihr Gruppenverhalten leiden stark unter dem Auf-sich-allein-gestellt-Sein. Sieht man von dem extremen Pol übermäßig geplanter und systematischer Lenkung ab, so läßt sich keine Bestätigung für die häufig geäußerte Annahme finden, daß sich Planung und Kontrolle ungünstig auswirken. So konnte kein Beweis für die Annahme erbracht werden, daß das Ausmaß der sprachlichen Schülerbeteiligung und der Lehrer-Schüler-Interaktion im Sinne des Frage-Antwort-Wechsels in einer positiven Beziehung zur Schülerleistung – gemessen durch Tests – steht. Im Gegenteil – man konnte wiederholt feststellen, daß Schüler um so mehr leisten, je mehr ihre Lehrer im Unterricht sprachen (ROSENSHINE 1971). Und bei Lehrern, die Wert auf Arbeit und Leistung legen, finden sich im allgemeinen überdurchschnittlich gute Schüler ebenso wie bei Lehrern, die den Stoff in systematischer Weise behandeln und bei denen die Unterrichtsstunde relativ straff organisiert ist (ROSENSHINE 1971).

Eines steht fest: Lehrer mit einem mittleren und wohldosierten Ausmaß an Kontrolle, Lenkung und Planung sind bei den Schülern nicht nur beliebter; sie scheinen auch den größeren Unterrichtserfolg zu haben: ihre Schüler erfassen schneller, denken mehr und lösen Probleme besser als bei unsystematischen, planlosen und nachlässigen Lehrern. Lehrer müssen, wie es scheint, den Unterricht gestalten, sie müssen systematisch vorgehen, planen und lenkend eingreifen, um Erfolg zu haben. Dem ungelenkten Selbst-entdecken-Lassen, wie es von schwärmerischen Pädagogen häufig empfohlen wird, ist der Erfolg bislang versagt geblieben. Dies gilt insbesondere für Volksschüler. Bei Höheren Schulen scheint dieser Aspekt des Lehrerverhaltens insgesamt eine etwas weniger wichtige Rolle zu spielen (RYANS 1960).

Allerdings zeigt sich hier, daß ein wichtiger Aspekt aus den bisherigen Überlegungen weitgehend ausgeklammert worden ist, die Frage nämlich, inwieweit die Auswirkung bestimmter Verhaltensweisen der Lehrer abhängig ist von Eigenheiten der Schüler. Vermutlich ist es eine unzulässige Vereinfachung, wenn man generell von Lehrerverhalten und seinen Auswirkungen spricht. Denn – so zeigte es sich beispielsweise in einer Untersuchung an Studenten: Ängstliche Studentinnen lernen mehr in gut geplanten Kursen, in Kursen mit einem hohen Grad an Ordnung, während nicht ängstliche Studentinnen in Kursen mit niedrigem Ordnungsgrad bessere Leistungen aufweisen (MCKEACHIE 1961). Über einzelne Ergebnisse dieser Untersuchung wird im nächsten Kapitel berichtet werden. Sie legt nahe, daß es vermutlich gar keine »richtigen« Verhaltensweisen von Lehrern gibt, sondern daß in Abhängigkeit

von verschiedenen Variablen, z. B. von Variablen der Schülerpersönlichkeit, unterschiedliches Lehrerverhalten als optimal in
bezug auf bestimmte angestrebte Wirkungen zu betrachten ist.

B    16.4. *Der Effekt von Initiative und Abwechslung*

Gehen wir zur dritten Hauptdimension des Lehrerverhaltens über,
zum ideenreichen und anregenden bzw. langweilig-trockenen Unterrichten, einer Dimension, die am ehesten die Bemühungen des
Lehrers als eines Unterrichtenden kennzeichnet. Sie bringt jene
Techniken und Methoden auf einen Nenner, die Lehrer anwenden, um die Aufmerksamkeit der Schüler auf den Stoff zu lenken,
um ihnen bei der Aktivierung von Alltagserfahrungen und Vorwissen behilflich zu sein, kurz: um erfolgreich zu lehren.

In einer Reihe von Untersuchungen konnte übereinstimmend
nachgewiesen werden: Je einfallsreicher und tatkräftiger Lehrer
sind, desto größer ist ihr Erfolg, ausgedrückt in Leistungstest-
werten ihrer Schüler (SOLOMON et al. 1964). Auch ist das Ausmaß
der Mitarbeit von Schülern bei engagierten Lehrern ziemlich ausgeprägt. Nun mögen derart allgemeine Bezeichnungen wie »ein-
fallsreich« nicht ausreichen, um Lehrerverhalten genügend zu
kennzeichnen. Sie lassen mehrere Auslegungen zu und sind als
Handlungsanweisungen nicht übermäßig brauchbar. Genaueren
Aufschluß über jene Verhaltensweisen, die Lehrer erfolgreicher
Klassen kennzeichnen, kann man über zusätzliche Spezifizierun-
gen aus Untersuchungen erhalten, bei denen das Lehrerverhalten
direkt beobachtet und hinsichtlich sehr konkret definierter Merkmale registriert wurde. Zunehmende Beachtung findet dabei der
Aspekt der Flexibilität und Variabilität des Lehrerverhaltens. Er-
starrt der Lehrer nicht in gewohnter Unterrichtsroutine, sondern
benutzt er eine Vielzahl verschiedener Lehrtechniken und Methoden, so kann er mit einem erhöhten Lernerfolg seiner Schüler
rechnen. Um einige Beispiele dafür zu nennen: Ein Lehrer kann
seine Prüfungsformen variieren; er kann Abwechslung in das
gebotene Anschauungsmaterial bringen; er kann denselben Tatbestand in verschiedener Weise erklären, ihn aus verschiedener
Sicht interpretieren; er kann die Form der Darstellung wechseln
vom Abstrakten zum Konkreten, von Beispielen zu Regeln und
davon wieder zu Beispielen; er kann verschiedene kognitive Prozesse ansprechen; er kann die Klassenaktivitäten variieren von
Frontalunterricht über Gruppenarbeit zu Stillarbeit (ROSENSHINE
1971). Eine dosierte und fachgerechte Anwendung dieses Varia-
bilitätsprinzips scheint sowohl die Aufmerksamkeit der Schüler
zu erhalten als auch ihre Begriffsbildung zu erleichtern.

B   16.5. *Der Effekt von Klarheit und Verständlichkeit*

Ein anderer wichtiger Aspekt ist das Bemühen des Lehrers um Klarheit und Verständlichkeit der Darstellung. Lehrer, die nach Meinung von Beobachtern Begriffe so deutlich machen können, daß Schüler imstande sind, sie zu begreifen, sind im allgemeinen in besonderer Weise erfolgreich (SOLOMON et al. 1964). Sie betonen die Schlüsselwörter auf besondere Art; sie deuten an, wann ein Teil der Erarbeitung abgeschlossen ist und ein anderer beginnt. Sie verwenden häufig erklärende und verbindende Wörter wie »obwohl«, »deshalb«, »aber« und »weil«. Sie leiten den Schüler auf eine Frage hin, unterstreichen ihre Darlegungen durch reichlichen Gebrauch von Gestik und Mimik; sie geben am Ende der Stunde einen zusammenfassenden Überblick. Sie stellen Fragen, um sich zu vergewissern, daß die Schüler folgen; sie ermuntern sie, ihre Meinung zu äußern oder nach Lösungen zu suchen und Interpretationen zu finden; sie gehen darauf ein, fragen nach, erläutern und klären (GAGE 1972).

Die hier referierten Ergebnisse sind recht bruchstückhaft. Immerhin zeigen sie die Wichtigkeit empirischen Vorgehens. Denn oft genug hat sich überkommenes und allgemein anerkanntes Gedankengut über die Wirkung des Lehrers auf seine Schüler nach empirischer Überprüfung als irrig herausgestellt. Darauf konnte bisweilen hingewiesen werden. Ein Beispiel noch zum Abschluß: Die fachliche Qualifikation von Lehrern steht in keiner Beziehung zum Lernerfolg ihrer Schüler (ROSENSHINE 1971).

Das soll nicht bedeuten, daß die Vorbereitung und Ausbildung des Lehrers völlig überflüssig wäre, sondern lediglich, daß – bestimmte Grundqualifikationen vorausgesetzt – andere Faktoren für den Erfolg eines Lehrers wichtiger sind als eine noch bessere fachliche Ausbildung und Vorbereitung. Vor allem aber wird man darauf verzichten müssen, so etwas wie generelle Verhaltensweisen von Lehrern untersuchen zu wollen, ohne dabei bestimmte Randbedingungen zu berücksichtigen. R. MANN (1970) weist eindringlich nach, daß Lehrer, die bestimmte Rollenerwartungen realisieren, mit bestimmten Arten von Schülern ausgezeichnet zurechtkommen, während sie mit einem anderen Schülertyp zwangsläufig in Konflikt geraten müssen. Für diesen Schülertyp »paßt« wiederum ein Lehrer, der anderen Rollenerwartungen entspricht (vgl. auch Kap. 17 dieses Taschenbuches und vor allem der Studientexte).

*Literatur*

ANDERSON, H. H., BREWER, J. E. & REED, M. F. ›Studies of teachers' classroom personalities. III. Follow-up studies on the effects of dominative and integrative contacts on childrens' behavior‹. In: *Applied Psychological Monographs*, 1946, *11*, 3–156.

BALES, R. F. *Interaction process analysis*. Cambridge, Mass.: Addison Wesley 1950.

– ›Die Interaktionsanalyse. Ein Beobachtungsverfahren zur Untersuchung kleiner Gruppen‹. In: R. KÖNIG (Hrsg.) *Beobachtung und Experiment in der Sozialforschung*. Köln: Kiepenheuer & Witsch ⁸1972, S. 148–167.

CRANACH, M. v. & FRENZ, H. G. ›Systematische Beobachtung‹. In: C. F. GRAUMANN (Hrsg.) *Handbuch der Psychologie*. Bd. 7/2: Sozialpsychologie. Göttingen: Hogrefe 1969, S. 269–331.

FLANDERS, N. A. *Interaction analysis in the classroom*. A manual for observation. Minneapolis: College of Education, University Minnesota 1960.

– *Analyzing classroom behavior*. New York: Addison Wesley 1970.

GAGE, N. L. *Teacher effectiveness and teacher education*. Palo Alto: Pacific Books 1972.

GRAUMANN, C. F. ›Grundzüge der Verhaltensbeobachtung‹. In: C. F. GRAUMANN & H. HECKHAUSEN (Hrsg.) *Reader zum Funk-Kolleg Pädagogische Psychologie 1*: Entwicklung und Sozialisation. Frankfurt a. M.: Fischer Taschenbuch (Bd. 6113) 1974, S. 14–41.

LEWIN, K., LIPPITT, R. & WHITE, R. K. ›Patterns of aggressive behavior in experimentally created 'social climates'‹. In: *Journal of Social Psychology*, 1939, *10*, 271–299.

MANN, R. et al. *The college classroom. Conflict, change and learning*. New York: Wiley 1970.

McKEACHIE, W. J. ›Motivation, teaching, methods, and college learning‹. In: M. R. JONES (Hrsg.) *Nebraska symposium on motivation*. Lincoln: University of Nebraska Press 1961, S. 111–142; deutsch in: F. E. WEINERT (Hrsg.) *Pädagogische Psychologie*. Köln: Kiepenheuer & Witsch 1967, S. 159–187.

MEDLEY, D. M. & MITZEL, H. B. ›Verhalten im Unterricht – seine Erfassung durch Beobachtungsverfahren‹ (deutsche Bearbeitung von W. SCHULZ et al.). In: K. INGENKAMP (Hrsg.) *Handbuch der Unterrichtsforschung*. Teil I. Weinheim: Beltz 1970, S. 633–852.

OBER, R. L., BENTLEY, E. L. & MILLER, E. *Systematic observation of teaching. An interaction analysis – instructional strategy approach*. Englewood Cliffs, N. J.: Prentice Hall 1971.

PERKINS, H. V. ›Classroom behavior and under-achievement‹. In: *American Educational Research Journal*, 1965, *2*, 1–12.

ROSENSHINE, B. *Teaching behaviours and student achievement*. London: International Association for the Evaluation of Educational Achievement 1971.

RYANS, D. G. *Characteristics of teachers*. Washington: American Council on Education 1960.

SOLOMON, D., ROSENBERG, L. & BEZDEK, W. E. ›Teacher behavior and student learning‹. In: *Journal of Educational Psychology*, 1964, *55*, 23–30; deutsch in: M. HOFER & F. E. WEINERT (Hrsg.) *Reader zum Funk-Kolleg Pädagogische Psychologie 2*: Lernen und Instruktion. Frankfurt a. M.: Fischer Taschenbuch (Bd. 6114) 1974, S. 151–163.

TAUSCH, R., KÖHLER, H. & FITTKAU, B. ›Variablen und Zusammenhänge der sozialen Interaktion in der Unterrichtung‹. In: *Zeitschrift für experimentelle und angewandte Psychologie*, 1966, *13*, 345–365.

TAUSCH, R. & TAUSCH, A. *Erziehungspsychologie*. Göttingen: Hogrefe ⁶1971.

WITHALL, J. & LEWIS, W. W. ›Soziale Interaktion in der Schulklasse‹ (deutsche Bearbeitung von O. PETERS). In: K. INGENKAMP (Hrsg.) *Handbuch der Unterrichtsforschung*. Teil II. Weinheim: Beltz 1970.

WRIGHT, C. J. & NUTHALL, G. ›Relationship between teacher behaviors and pupil achievement in three elementary science lessons‹. In: *American Educational Research Journal*, 1970, *7*, 477–493.

WRIGHT, H. F. ›Observational child study‹. In: P. H. MUSSEN (Hrsg.) *Handbook of research methods in child development*. New York: Wiley 1960, S. 71 bis 139.

Heinz Heckhausen

# 17. Lehrer-Schüler-Interaktion

## 17.1. *Allgemeine Einführung*

In den Kap. 14 und 16 ist die Lehrer-Schüler-Interaktion schon in mancher Hinsicht analysiert worden. Das Rollenverhalten wird auf beiden Seiten der Interaktion durch allgemeine *Rollenerwartungen* an die jeweils andere Seite bestimmt. Innerhalb der allgemeinen Rolleneingrenzungen gibt es aber durchaus Raum für verschiedene und typische Spielarten der Lehrerrolle und der Schülerrolle. Der Interaktionspartner auf der anderen Seite entspricht nicht immer voll den individuellen Rollenerwartungen. Ist die Nicht-Entsprechung der gegenseitigen Rollenerwartungen tiefgreifend und längerdauernd, kommt es zu Krisen der Interaktion. Sie führen auf seiten des Lehrers – aber keineswegs immer nur bei ihm – zu Verhaltensweisen, die das Bemühen erkennen lassen, die gegenseitigen Rollenerwartungen wieder in Übereinstimmung und damit die ganze Interaktion wieder ins Lot zu bringen.

Unter solch abstrakter Betrachtung läßt sich die Lehrer-Schüler-Interaktion als ein *Rollensystem* bezeichnen. Mit dem Begriff »Rollensystem« sind drei Besonderheiten eines organisierten Gruppenprozesses gemeint:

1. Es ist *arbeitsteilig*, d. h. im Falle des Unterrichts haben die Interaktionspartner, Lehrer und Schüler, verschiedene Aufgaben oder Funktionen;
2. es ist *zielgerichtet*, d. h. es gilt im Unterricht immer, bestimmte Lernziele zu erreichen, auch wenn diese nicht ausdrücklich festgelegt sind;
3. es ist *fähig zur Selbststeuerung*, d. h. im Unterricht sind die Interaktionspartner – insbesondere der Lehrer – bemüht, Behinderungen auf dem Wege zur Zielerreichung zu überwinden.

Wenn wir unser Augenmerk auf diese letzte Eigenschaft eines Rollensystems, nämlich seine Selbststeuerung, legen, können wir die Analyse der Lehrer-Schüler-Interaktion noch ein Stück weiter vorantreiben. Es ist im wesentlichen eine Aufgabe der Lehrerrolle, Selbststeuerungsprozesse im Rollensystem des Unterrichts in Gang zu setzen. So greift der Lehrer ein, wenn der Schüler aus seiner Rolle fällt, d. h. z. B. nicht bei der Sache ist oder den Unterricht stört. Das sind durchaus häufige Grenzfälle der Interaktion im Rollensystem des Unterrichts. Es sind Grenzfälle, weil sie die Zielerreichung in Frage stellen und den Lehrer manchmal veranlassen, seine Rollenerwartungen an die Schüler ausdrücklich festzulegen. Aber auch wenn sich die Interaktionen innerhalb der gesteckten Rollenerwartungen vollziehen – was der Normalfall im Unterricht ist –, tut jeder Lehrer in jeder Unterrichtsstunde eine Menge Dinge, mit denen er ständig zur Selbststeuerung des Rollensystems beiträgt, auch wenn ihm das gar nicht bewußt ist. Um die Annäherung an die Unterrichtsziele zu gewährleisten, muß der Lehrer immer wieder den Grad der Annäherung feststellen und an die Klasse und die einzelnen Schüler rückmelden. Das geschieht im wesentlichen durch Beurteilung des vom einzelnen Schüler erreichten Leistungsstandes.

*Leistungsbeurteilung* ist eine zentrale Funktion der Lehrerrolle zur Aufrechterhaltung des Rollensystems. Sie ist, wie wir sehen werden, ein komplexer Vorgang, der *mehr* rückmeldet als bloß Ergebnisse von Leistungsbemühungen. Mit den Ergebnissen macht der Lehrer gewöhnlich auch klar, auf welche Ursachen er sie zurückführt. Die Ursachenerklärung durch den Lehrer vermittelt dem Schüler ein Bild von sich als Interaktionspartner, d. h. warum er den Erwartungen im Rahmen des Unterrichtsziels jeweils entspricht oder nicht. Ob dabei z. B. Mißerfolge auf mangelnde Fähigkeit oder unzureichende Anstrengung zurückgeführt werden, kann die Lernmotivierung des Schülers entscheidend beeinflussen. Der in den letzten Jahren viel diskutierte sog. »Pygmalion-Effekt« scheint hierauf zu beruhen (vgl. Abschnitt 6 dieses Kaps.).

Ursachenerklärung wird in der psychologischen Fachsprache als *Kausalattribuierung* bezeichnet, was soviel wie Ursachenzuschreibung heißt. Damit soll angedeutet werden, daß die Ursachenerklärung durchaus voreingenommen sein kann. Sie scheint von zentralen Erklärungsbegriffen für das Zustandekommen von Erfolg und Mißerfolg abhängig zu sein, wobei offensichtlich Theorien über Begabung und Motivation, die der einzelne Lehrer zugrunde legt, ausschlaggebend sind. Die Bedeutung der Kausalattribuierung für die Motivation ist bereits in Kap. 3 dargelegt worden (vgl. »Prozeßmodell der Motivation«; insbesondere Abb. 15 und 16 von Kap. 3).

In diesem Kapitel werden zunächst einige Unterschiede der Unterrichtsführung dargestellt, die geeignet oder nicht geeignet sind, die Aufmerksamkeit des Schülers an das Unterrichtsangebot zu binden und wenig Störungen aufkommen zu lassen. Wie Jacob KOUNIN (1970), ein pädagogischer Psychologe in den USA, herausgefunden hat, sind es bestimmte Besonderheiten in der Unterrichtsführung des Lehrers, die erwiesenermaßen etwas ausmachen. Während sich diese Untersuchung auf den Grundschulunterricht bezieht, eröffnet der nächste Abschnitt Einblick in die komplexe Interaktionsdynamik, wie sie in Seminarveranstaltungen an der Universität anzutreffen ist. Eine über ein ganzes Seminar hinweggehende Studie (MANN et al. 1970) deckt auf, wie unterschiedlich die gegenseitigen Rollenerwartungen von Lehrern und Schülern (im Studentenalter) sein können, so daß die Schlußfolgerung, es könne keinen optimalen Erziehungs- und Lehrstil des Lehrers für *alle* Schüler geben, unabweisbar ist.

In der zweiten Hälfte des Kapitels wird aufgezeigt, welche Bedeutung die Leistungsbeurteilung durch den Lehrer für die Lehrer-Schüler-Interaktion hat. Mit der Beurteilung von Schülerleistungen gibt der Lehrer in aller Regel auch zu erkennen, auf welche Ursachen er sie zurückführt und wie er sie persönlich bewertet – selbst wenn er sich dessen gar nicht bewußt ist und ohne daß er es überhaupt ausdrücklich kommentieren müßte. Lehrer unterscheiden sich ein wenig in ihren Kausalattribuierungen für gleiche Schülerleistungen. Darin kommen ihre bevorzugten vorwissenschaftlichen Theorien zum Ausdruck. Sie beeinflussen auf diese Weise auch die Kausalattribuierung des Schülers, auf die dieser seine eigenen Leistungen zurückführt, was die Lernmotivierung tiefgreifend beeinflussen kann. Der schon erwähnte »Pygmalion-Effekt« – kontroverses Phänomen, das viel Aufsehen erregt hat – hat sich mit Hilfe der Kausalattributionstheorie, die in den wesentlichen Grundzügen dargestellt wird, enträtseln, auf die ihm zugrundeliegenden Bedingungen zurückführen lassen.

## 17.2. *Einige Unterschiede im Lehrerverhalten, die etwas ausmachen*

Wenn der Lehrer das Klassenzimmer betreten hat, um eine Unterrichtsstunde zu geben, steht er einer größeren Gruppe von Schülern gegenüber. Nun beginnt für ihn eine Aufgabe, die man als Unterrichtsführung bezeichnen kann. Es ist leicht, ein einzelnes Kind zu unterrichten, seine Aufmerksamkeit über längere Zeit in Beschlag zu nehmen. Wie aber soll der Lehrer dies mit einer Klasse von 30 bis 40 Schülern bewerkstelligen? Er kann sich nie lange mit einem einzelnen Schüler beschäftigen. Eine Klasse besteht weder aus der Summe von lauter einzelnen Schülern noch aus einem festgefügten Gruppenverband. Da ist eine Reihe von Schülern, die gerade ihre Aufmerksamkeit auf den Lehrer gerichtet hat. Ein paar schauen nach vorn, hängen aber ihren Gedanken nach. Einer schaut zum Fenster hinaus. In zwei Bänken flüstern die Nachbarn miteinander. Hinten links in einer Gruppe von fünf oder sechs geht irgend etwas vor sich. Man tauscht Blicke miteinander aus. Das ist nur eine Momentaufnahme. Alle paar Minuten hat sich das Bild wieder gewandelt.

Die Unterrichtsführung ist um so besser, je mehr Schüler es sind, deren Aufmerksamkeit der Lehrer auf den Unterrichtsgegenstand versammeln und über die Stunde hinweg bei der Sache halten

kann und je weniger Störungen und Anlässe zum Eingreifen es
gibt. Besonders das letztere, die sog. Disziplinschwierigkeiten,
sind häufig ein harter Prüfstein für die Fähigkeit zur Unterrichtsführung. In dieser Fähigkeit gibt es bemerkenswerte Unterschiede
zwischen Lehrern. In derselben Klasse erzielt ein Lehrer eine
hohe, ein anderer eine geringe Beteiligung am Unterricht, der
erste hat wenig, der zweite viel Störungen. Man hat alle möglichen
Persönlichkeitseigenschaften von erfolgreichen und weniger erfolgreichen Lehrern getestet. Die Unterschiede im Geschick zur
Unterrichtsführung haben dadurch nichts von ihrer Rätselhaftig-
keit verloren. Andrerseits hat es aber auch die Flut von guten
Ratschlägen nicht vermindert. Da heißt es:

> Stellen Sie Kontakt her! Machen Sie es interessant! Seien Sie freundlich,
> voller Wärme! – Haben Sie Geduld und Verständnis! – Seien Sie nicht-
> direktiv, demokratisch und nicht autoritär! – Haben Sie die Kinder gern!

Das alles sind schöne und beherzigenswerte Dinge, nur eine
Klasse kann man mit ihnen noch nicht führen. Wenn nicht diese
Dinge, so muß es andere Unterschiede in der Unterrichtsführung
geben, die etwas ausmachen. Jacob KOUNIN (1970) hat in lang-
wieriger Forschung und nach mancherlei Irrwegen einiges davon
herausgefunden.

Alles begann mit einer unerwarteten Beobachtung. Während er
eine Vorlesung hielt, entdeckte KOUNIN einen Studenten in den
hinteren Reihen, der in die Lektüre einer voll entfalteten Zeitung
versenkt war. Auf eine ärgerliche Ermahnung hin legte der Student seine Zeitung beiseite. Unerwartet war die Reaktion des
übrigen Auditoriums. Es war eine lastende Stille entstanden. Wer
bislang noch mit seinem Nachbarn geflüstert, den Dozenten angesehen oder aus dem Fenster geschaut hatte, blickte jetzt gebannt
auf sein Notizheft. Obwohl der Tadel nur einen Einzelnen gemeint hatte, schien sich jeder Einzelne der gesamten Gruppe
betroffen zu fühlen und legte alle Zeichen der willigsten Auf-
nahmebereitschaft an den Tag. Die Wirkung des gezielten Tadels,
der nur einem Einzelnen galt, pflanzte sich über die ganze Gruppe
fort, wie Wellen, die sich ausbreiten, wenn man einen Stein ins
Wasser geworfen hat. Deshalb nannte KOUNIN diese Erscheinung
den *Welleneffekt*.

Er startete ein umfangreiches Forschungsprogramm, in dem er
alle möglichen Detailaspekte des bei Störungen eingreifenden
Lehrerverhaltens isolierte und experimentell auf seine Wirkungen prüfte; z. B. die Gezieltheit, Klarheit, Festigkeit des Eingreifens, den dabei geäußerten Ärger usw. Die Ergebnisse waren
verwickelt und widersprüchlich. In Kindergärten und Grundschulen ließen sich Welleneffekte beobachten, deren Art von der
Besonderheit des Eingreifens abhängig war. Davon waren aber
Welleneffekte in Oberschulen unbeeinflußt, sie waren hier allein
vom individuellen Lerninteresse der Schüler abhängig. Und in

Ferienlagern gab es überhaupt keine Welleneffekte. Nach fünf Jahren ging das Forschungsgeld zur Neige, ohne daß es gelungen war, der Lehrer-Schüler-Interaktion tiefere Geheimnisse abzuringen.

Mit den knapperen Mitteln einer Anschlußfinanzierung stellte KOUNIN seine Forschungsstrategie völlig um. Er verzichtete darauf, vorweg Hypothesen aufzustellen und sie der Reihe nach durch instruiertes Lehrerverhalten von Versuchsleitern zu prüfen. Statt dessen gewann er die Überzeugung, daß alles schon in den natürlichen Verhaltensabläufen steckt. Man muß es ihnen nur abgucken. Es wurden Fernsehaufzeichnungen gemacht, um die gleichen Verhaltensabläufe, in denen ein Lehrer sich zum Eingreifen veranlaßt sah, immer wieder abrollen lassen und studieren zu können. Aber wiederum war das Ergebnis enttäuschend. Es gab keine regelhaften Zusammenhänge zwischen besonderen Arten, bei Störungen einzugreifen, und den Wirkungen des Lehrerverhaltens. Nur eines wurde deutlich. Es macht einen großen Unterschied in der Wirkung auf die Klasse, ob zu Versuchszwecken ein neuer Lehrer in die Klasse kommt oder ob es sich um den vertrauten Klassenlehrer handelt.

Jetzt verzichtete KOUNIN darauf, die Geheimnisse des Welleneffekts weiter zu ergründen. Statt Verhaltensfetzen aus dem Geschehensfluß herauszulösen, wie das Eingreifen und seine unmittelbaren Folgen, betrachtete er jetzt längere Verhaltensfolgen im übergreifenden Situationskontext. Hier müßten sich Lehrer in ihrer alltäglichen Klassenführung unterscheiden. Er stellte 50 Parallelklassen des 1. und 2. Schuljahres einander gegenüber, in denen schon nach einfacher Besucher-Beobachtung eine gute oder schlechte Unterrichtsbeteiligung festzustellen war. Um für jede Klasse ein genaues Maß der Unterrichtsbeteiligung und der Häufigkeit von Störungen zu gewinnen, wurden 4 Jungen und 4 Mädchen, gleichmäßig verteilt über alle Bereiche der Sitzordnung, ausgewählt, deren gefilmtes Verhalten alle 12 Sekunden anhand eines Auswertungsschlüssels beurteilt wurde. Davon unabhängige Beurteiler nahmen das Verhalten des Lehrers aufs Korn. Bald zeigten sich bemerkenswerte Unterschiede in der Unterrichtsführung. Sie wurden eingegrenzt, benannt und genau definiert, so daß sie auch von unabhängigen Beobachtern registriert werden können. Hier sind Beispiele für zwei wichtige Besonderheiten der Unterrichtsführung, für »Dabeisein« und »Überlappen«, wie KOUNIN es nennt:

> Die Lehrerin arbeitet gerade mit einer Lesegruppe, während eine andere Gruppe still beschäftigt ist. In dieser Gruppe dreht sich Hans herum und flüstert Klaus etwas zu. Die Lehrerin sieht auf und sagt: »Hans, laß das Schwätzen und geh an deine Rechenaufgaben!«

An dieser Episode scheint nichts weiter auffällig zu sein. Sieht man sich die Fernsehaufzeichnung aber noch einmal daraufhin an, was in der Minute davor passierte, so bemerkt man 2 Jungen in einer anderen Ecke der Klasse, die sich gegenseitig Papierschwalben zuwarfen, ohne daß die Lehrerin eingriff oder es überhaupt bemerkt zu haben schien. Hier ist ein anderes Beispiel:

> Die Lehrerin rechnet mit der ganzen Klasse, indem sie Aufgaben an die Tafel schreibt, die dort von einzelnen Kindern gelöst werden. Maria lehnt sich über den Tisch, um der rechts sitzenden Ulrike etwas zuzuflüstern. Beide kichern. Die Lehrerin sagt: »Maria und Ulrike, hört auf damit!« Wieder wurde die Fernsehaufzeichnung erneut konsultiert. 45 Sekunden früher fingen Karl und Hans, die am gleichen Tisch saßen, an zu flüstern. Robert wurde darauf aufmerksam und machte mit. Dann kicherte Ulrike und sagte etwas zu Hans. Dann lehnte sich Maria über den Tisch und sagte etwas zu Ulrike. In diesem Moment ermahnte die Lehrerin Maria und Ulrike.

Beide Fälle haben etwas Gemeinsames. Für die beteiligten Kinder ist es offensichtlich, daß die Lehrerin nicht recht weiß, was vor sich geht. Im ersten Fall griff die Lehrerin bei einer unbedeutenderen Störung ein, nämlich beim Flüstern, und tat nichts gegen eine schwerwiegendere, nämlich das Papierschwalbenwerfen. Im zweiten Fall griff die Lehrerin zu spät ein, nachdem die ursprüngliche Störung sich schon über mehrere Zwischenglieder ausgebreitet hatte. Andere Lehrerinnen griffen rechtzeitig ein, bevor die Störung weiter um sich griff und zunahm; sie faßten auch den Urheber und nicht spätere Glieder einer sich fortpflanzenden Ansteckung. Sie zeigen »Dabeisein«. Ihren Schülern ist klar, daß die Lehrerin »Augen im Hinterkopf« hat. Eng verknüpft mit dem Dabeisein ist eine andere Fähigkeit der Unterrichtsführung, das »Überlappen«. Hier sind zwei Beispiele:

> Die Lehrerin ist mit der Lesegruppe beschäftigt, wo Luzie stehend laut vorliest. In der still für sich arbeitenden Gruppe steht Hans auf und geht mit seinem Rechenheft zur Lehrerin. Diese streift Hans mit einem Blick und schaut dann wieder auf Luzie, nickt ihr zu, während Luzie laut weiterliest. Die Lehrerin bleibt sitzen, während sie das Rechenheft von Hans nimmt. Sie kreuzt eine Aufgabe an, während sie Hans anblickt. Sie wendet sich zu Luzie und sagt: »Das war ein schweres Wort, Luzie, du hast es richtig ausgesprochen.« Sie überprüft drei weitere Aufgaben von Hans und sagt: »Das ist schön, Hans, du kannst jetzt die nächste Seite nehmen.« Danach wendet sie sich wieder der Lesegruppe zu, wo Luzie mit Lesen fortfährt.

Bei einer anderen Lehrerin entwickelt sich die gleiche Situation etwas anders:

> Die Lehrerin sitzt bei der Lesegruppe, während Susanne liest. Maria kommt von ihrer Stillbeschäftigung nach vorn und stellt sich neben die Lehrerin. Diese schaut weiter ins Lesebuch, während Susanne liest. Nach etwa 15 Sekunden zupft Maria die Lehrerin am Ärmel. Die Lehrerin steht auf, legt das Lesebuch auf den Stuhl und sieht etwa 30 Sekunden lang die Aufgaben in Marias Heft nach. Dann schlägt sie die nächste Seite

auf und sagt Maria, was sie weiterhin tun soll. Susanne hat inzwischen zu lesen aufgehört und beobachtet die Lehrerin. Diese nimmt das Lesebuch wieder auf, setzt sich hin und sagt: »In Ordnung, nun lies mal weiter, Susanne.«

Beide Lehrerinnen haben es mit dem gleichen Fall einer überlappenden Situation zu tun. Zu gleicher Zeit muß man Übersicht über zwei verschiedene Dinge haben und sie nebeneinander abwickeln. Die erste Lehrerin war dazu in der Lage, die zweite nicht.

Dabeisein und Überlappen machen eine Menge aus. Lehrer, die in ihrer Unterrichtsführung die Fähigkeit zu beidem erkennen lassen, haben in ihren Klassen mehr Beteiligung am Unterricht und weniger Störungen. So beträgt die Korrelation zwischen Dabeisein mit Unterrichtsbeteiligung .61 und mit Fehlen von Störungen .53. Etwas geringere Korrelationen ergeben sich für Überlappen. Dabeisein ist entscheidender als Überlappen für eine erfolgreiche Unterrichtsführung. Das zeigen Partialkorrelationen. Schaltet man den gleichzeitigen Einfluß einer der beiden Fähigkeiten auf den Zusammenhang mit erfolgreicher Unterrichtsführung aus, so bleibt die Korrelation mit Dabeisein erhalten, mit Überlappen geht sie verloren.

Neben Dabeisein und Überlappen hat Kounin noch eine Reihe weiterer Verhaltensstile der Unterrichtsführung gefunden, die mit einer erfolgreichen Unterrichtsführung verbunden sind. Dazu gehören Zügigkeit und Flüssigkeit der Unterrichtsführung, Gruppenaktivierung und Überprüfung, Sachmotivierung und Abwechslung. Darüber wird in Kap. 17.2. des Studientextes ausführlicher berichtet.

## 17.3. *Rollen und Rollenerwartungen im Klassenzimmer*

Versucht man tiefer in die wechselnden Interaktionen von Lehrer und Schülern einzudringen, so kann man nur feststellen, daß die bisher berichteten Forschungsergebnisse kühle Abstraktionen des tatsächlichen Geschehens sind. In Wirklichkeit läuft sehr viel zur gleichen Zeit ab. In einem ständigen Fluß setzen Aktionen an und bauen sich Reaktionen auf. Fragt man einen Lehrer, was gerade vor sich geht, so wird er in der Regel auf bloße Inhalte des Unterrichts hinweisen, die gerade anstehen. Es gibt aber gleichzeitig eine Art Tiefenströmung von unterschiedlichen Emotionen, ja gelegentlich von Affekten, die für kurze Zeit spürbar werden. Sie werden durch gegenseitige Erwartungen, die erfüllt oder nicht erfüllt werden, ausgelöst und wachgehalten. Es sind Hoffnungen und Enttäuschungen, Befürchtungen und Erleichterungen, Ängste und Befriedigungen. Jeder Lehrer hat bestimmte Leitvorstellungen von seiner Aufgabe, nach denen er sein Unterrichtsverhalten steuert. Man bezeichnet sie als Rollen. Damit hat er gleichzeitig entsprechende Erwartungen an das Unterrichtsverhalten der Schüler. Das sind seine *Rollenerwartungen* an die Interaktionspartner. Umgekehrt haben die Schüler verschiedene Leitvorstellungen für ihr Verhalten, für ihre Schülerrolle und damit entsprechende Rollenerwartungen an das Verhalten ihres Lehrers.

Je älter die Schüler sind, um so weniger handelt es sich bei der Rollenverteilung um eine einfache Entsprechung von Autorität und Gehorsam. Bei fast erwachsenen oder erwachsenen Schülern, wie Berufsschülern, Primanern und Studenten, erreicht die Komplexität der Rollendynamik Höhepunkte. Der Lehrer sieht sich den unterschiedlichsten Rollenerwartungen seiner Schüler gegenüber, von denen ein Teil nicht oder kaum mit der von ihm bevorzugten Rolle vereinbar ist. Selbst wenn er unter dem wechselnden Erwartungsdruck verschiedener Teilgruppen in der Klasse seine Rolle neu zu definieren und sein Verhalten entsprechend zu ändern sucht, lassen sich die Rollenerwartungen verschiedener Schüler und Teilgruppen nicht auf einen Nenner bringen, ja z. T. prallen sie wie Gegensätze aufeinander. So ist es eher die Regel als die Ausnahme, wenn die Interaktion nie ganz frei ist von untergründig schwelenden und emotionsgeladenen Konflikten, die gelegentlich ihren affektiven Ausbruch finden. Sie können das Klassenklima schwer belasten oder zeitweilig sogar den Lern- und Unterrichtsprozeß zerstören. Ob solche Ereignisse auf kürzere oder längere Zeit Unterricht und Lernen beeinträchtigen oder im Gegenteil gelegentlich auch die Rollenverhältnisse klären und ändern, neue produktive Gruppenprozesse in Gang bringen, die Atmosphäre bereinigen und ein produktiveres Arbeitsklima schaffen – das hängt vor allem davon ab, wieweit es dem Lehrer gelingt, den Interaktionsprozeß entwicklungsoffen zu halten und sowohl nach den Sacherfordernissen des Unterrichts wie nach den wechselnden Erfordernissen, die sich aus den Entwicklungsprozessen der Persönlichkeitsbildung bei verschiedenen Schülern ergeben, zu gestalten.

Ein farbenreicher Einblick in die Interaktionsdynamik und ihren affektiven Untergrund ist einer Arbeitsgruppe um Richard Mann von der Universität von Michigan gelungen (Mann et al. 1970). Sie hat den Interaktionsprozeß in 4 College-Klassen über ein ganzes Semester detailliert verfolgt und festgehalten. Jede Klasse umfaßte 25 bis 30 Studienanfänger, die etwa so alt wie unsere Unter- und Oberprimaner sind. Dozenten waren junge Nachwuchswissenschaftler.

Jeder dieser 4 hatte schon in Vorbereitung auf den Semesterkurs ein Rollenkonzept für sich als Lehrer festgelegt. Diese Rollenkonzepte waren zu Beginn nicht nur verschieden, sie änderten sich bei 3 der 4 Lehrer auch über das Semester, teils als Reaktion auf den wechselnden Erwartungsdruck der Studierenden, teils aufgrund von Selbsterfahrungen; manchmal in dramatischer Weise. Eine Analyse des Lehrerverhaltens ergab 6 Rollentypen. Sie scheinen alle wesentlichen Aspekte einzufangen, von denen Lehrer ihr Unterrichtsverhalten leiten lassen können. Sie seien deshalb kurz aufgeführt. Eine Vorbemerkung ist jedoch noch angebracht. Die einzelnen Rollen schließen sich nicht aus, wenn man auch nicht alle gleichzeitig verwirklichen kann. Ein einzelner Lehrer akzentuiert in der Regel eine oder höchstens zwei. Das muß ihm aber keineswegs auf den Leib geschrieben sein. Solche Rollen wechseln gewöhnlich aufgrund der Besonderheiten einer Klasse, des Unterrichts und bestimmter Situationen. Lehrer unterscheiden sich darin, welche Rollen ihnen persönlich mehr oder weniger liegen und mit welcher Flexibilität sie zwischen ihnen wechseln können. Hier sind die 6 Rollen.

1. Der Lehrer als Fachmann. Kenntnisse und Fähigkeiten zu besitzen oder noch nicht zu besitzen, macht den wesentlichen Unterschied zwischen Lehrer und Schüler aus. Die Vermittlung von Kenntnissen, Einsichten, Fähigkeiten und Fertigkeiten und die damit verbundenen Wertschätzungen füllen die Rolle des Lehrers als Fachmann aus.

2. Der Lehrer als formale Autorität. Unterricht muß organisiert, geführt, beaufsichtigt werden. Seine Ergebnisse, insbesondere in Form der Schülerleistungen, sind zu beurteilen. Hinter dem Unterricht steht ein ganzes und etabliertes Schul- und Bildungssystem, mit dessen Normen sich der Lehrer identifiziert. Daraus bezieht er seine formale Amtsautorität mit ihrer Machtvollkommenheit.

3. Der Lehrer als Sozialisationsvermittler. Er vermittelt und fördert das Hineinwachsen der Schüler in Wertüberzeugungen jener soziokulturellen Gruppen, denen er selbst angehört und sich verpflichtet fühlt. So fördert ein Hochschullehrer den Nachwuchs für seine eigene Fachdisziplin und die ihr entsprechenden Berufe.

4. Der Lehrer als Förderer der Schüler-Individualität. Er ist bemüht, den individuellen Bedürfnissen und Zielen seiner Schüler gerecht zu werden. Er möchte den einzelnen Schülern hilfreichen Beistand leisten bei der Entwicklung individueller Fähigkeitspotenzen und bei der Herausbildung ihrer Individualität.

5. Der Lehrer als ideales Vorbild. Der Lehrer ist für Kinder und Jugendliche häufig eine herausgehobene Vorbildfigur, an der sie ganz Verschiedenes bewundern können: seine fachliche Tüchtigkeit, seine Hingebung an eine Sache, seine Hilfsbereitschaft, die Art, wie er seine Autorität und Macht ausübt. Von manchen Schülern sehen sich Lehrer in die Rolle eines idealen

Vorbilds versetzt. Obwohl dies irritieren und verlegen machen
kann, schafft es auch Befriedigung und Einflußmöglichkeiten,
die mancher Lehrer nutzt.

6. Der Lehrer als Privatperson. Der Lehrer kann sich auch seiner
mehr amtlichen Rollen gelegentlich entledigen und seine privat-
menschlichen Besonderheiten hervortreten lassen, seine Gefühle, Vorlieben, Interessen und Ansichten. Er hebt damit die
Statusunterschiede zur Klasse auf, was besonders bei erwachsenen Schülern naheliegt. Er kann so gegenseitiges Vertrauen
unterstreichen und Schüler zur individuellen Eigenständigkeit
ermuntern.

Jedem wird es wohl mühelos gelingen, sich in jede dieser Rollen
hineinzuversetzen. Andrerseits wird man sich auch leicht jedesmal
in Schüler hineindenken können, die auf die einzelnen Rollen
zustimmend oder ablehnend reagieren. Im Studientext 17.4. wird
die entsprechende Rollentypologie des Schülerverhaltens skizziert, wie es MANN gefunden hat, und an einem Beispiel wird die
Rollendynamik in der Lehrer-Schüler-Interaktion geschildert.
Hier und jetzt sei nur noch die aktuelle Problematik der Rolle
des Lehrers als formale Autorität angedeutet.

Dem Autoritätsproblem kann der Lehrer nicht ausweichen. Einerseits entspricht die formale Autorität des Lehrers den Rollenerwartungen mancher ängstlich-abhängiger oder brav-anpassungs-
bereiter Schüler, während andere allergisch darauf reagieren.
Entsagt der Lehrer seiner Autoritätsrolle, beunruhigt er die Bra-
ven und Ängstlichen, behauptet er sie, so zieht er Abneigung
und Angriffe anderer Schüler auf sich. Zudem hat er tatsächlich
Autorität und Macht. Er kann sie gar nicht völlig verleugnen, da
er sie ständig gebraucht und gebrauchen muß, um die Rahmenbedingungen aufrechtzuerhalten, in denen die Führung des
Unterrichts und die Überprüfung von Schülerleistungen erst
möglich wird. Er kann deshalb Probleme, die sich in der Interaktion aus seiner Autoritätsrolle ergeben, nur lösen, wenn er
die wirklichen Machtaspekte seiner Rolle zuvor klar erkennt,
differenziert, akzeptiert, offen diskutieren und ruhig vertreten
kann.

Das zeigt sich deutlich in der Untersuchung bei einigen Lehrern,
deren Rollenverhalten als formale Autorität im Laufe des Kurses
teils dramatische Wandlungsprozesse durchmachte. So bestand
etwa anfangs eine große Rollenunsicherheit, die in diffus-wider-
sprechenden Äußerungen zutage trat. Einerseits bekundete der
Lehrer seine Verbundenheit und Verpflichtetheit mit dem Schulsystem, legte Klassenziele, Unterrichtsorganisation und Leistungs-
prüfungen fest; andererseits äußerte er Befürchtungen, in den
Augen der Studierenden als ein autoritäres Ungeheuer zu erscheinen. Aus diesem Dilemma suchte er sich schließlich vergeblich mit dem Bekenntnis zu retten, er könne persönlich nicht für

alles verantwortlich sein und stehe unter dem Druck der Schulbürokratie.

Aber nicht nur Autorität, auch Erwartungen an seine Rolle als Förderer der Individualität und als Vorbild können den Lehrer erheblichen Belastungen aussetzen. So kann ihn Ängstlichkeit, Anhänglichkeit und Unselbständigkeit von Schülern beunruhigen, wenn er weniger ein paukender Schulmeister oder ein ständig in Anspruch genommener Therapeut als ein Vermittler sein möchte, der sich bei seinen Schülern nichts mehr als sachinteressierte Wißbegier und eigenständige Lernmotivation wünscht.

Der tatsächliche Ausgang von solchen Krisen der Interaktion ist immer gefährdet und häufig ungewiß. Der Lehrer muß damit leben und für Lösungsmöglichkeiten offen bleiben. Denn letztlich kommt es im Unterricht darauf an, so gut es geht, individuelle Bildungsprozesse zu fördern und nach jedem Steckenbleiben wieder ins Fahrwasser der weiteren Persönlichkeitsentwicklung zu lenken.

## 17.4. *Kausalattribuierung der Schülerleistung durch den Lehrer*

Wir wollen versuchen, die Mikroanalyse der Lehrer-Schüler-Interaktion noch ein Stück weiter zu treiben. Einführend wurde der Unterricht als ein Rollensystem bezeichnet, das arbeitsteilig, zielgerichtet und zur Selbststeuerung fähig ist. Unter dem Aspekt der Selbststeuerung eines Systems mit verteilten Rollen ist die Beurteilung des jeweils erreichten Leistungsstandes der Schüler von Bedeutung. Um mit der ganzen Klasse dem Unterrichtsziel immer näher zu kommen, muß sich der Lehrer stets von neuem über den erzielten Leistungsstand vergewissern. Solche Daten erhebt aber nicht nur jeder Lehrer in jeder Unterrichtsstunde, er interpretiert die Daten auch, er bewertet sie und gibt alles das als recht komplex gewordene Information an seine Interaktionspartner, an die Schüler, zurück. Solche Information strukturiert die weitere Interaktion, indem sie auf die Ursachen hinweist, die eine Annäherung an das Unterrichtsziel fördert oder behindert.

So sagt z. B. ein Lehrer, der sich, ehe er etwas Neues bringt, darüber vergewissert, ob das bislang Dargebotene bereits genügend angeeignet ist:

»Das haben noch nicht alle verstanden.« (Beiläufig gesprochen, leichte Betonung auf »Das haben«.)

Im Ton seiner Bemerkung teilt der Lehrer mehr als nur ein bloßes Leistungsergebnis mit, er läßt auch die Diagnose seiner Ursache durchblicken. Hier etwa: Ich habe den Stoff bislang noch nicht genügend wiederholt. Das gleiche Ergebnis kann der Lehrer aber auch mit ganz anderen Ursachendiagnosen verknüpfen, z. B.:

»Einige haben das immer noch nicht verstanden.« (Betonung auf »immer«.)

Jetzt läßt der Lehrer durchblicken, daß er die Ursache nicht bei sich selbst als vielmehr bei einzelnen Schülern sieht, sei es, daß diese im Vergleich zu den anderen Schülern ihm entweder weniger begabt oder aber weniger motiviert erscheinen. Ob der eine oder der andere Ursachenfaktor im Schüler zutrifft, kann der Lehrer durch einen weiteren Zusatz zum Ausdruck bringen. Wie etwa:

»Einige haben das immer noch nicht verstanden. Die sollten jetzt mal besser aufpassen.«

Hier macht er klar, daß es nicht Fähigkeits-, sondern Motivierungsmangel ist. Häufig braucht er dazu aber gar keinen weiteren Zusatz. So kann er etwa sagen:

»Einige können es doch einfach nicht verstehen.«

Wenn er die Verzögerung im Fortschreiten des Unterrichts auf Fähigkeitsmängel einiger Schüler zurückführen will, kann der Lehrer sogar ohne jede sprachliche Mitteilung durch sein äußeres Verhalten – sozusagen zwischen den Zeilen – seine jeweiligen Ursachenerklärungen den Schülern übermitteln (vgl. Studientext 17.7.).

Bevor wir die Ursachenerklärungen der Schülerleistungen durch den Lehrer näher auf ihre Bedingungen und Folgen erörtern, sind ein paar allgemeine Bemerkungen über die Ursachenerklärung angebracht. In der psychologischen Fachsprache spricht man – wie schon erwähnt – von Kausalattribuierung, was soviel wie Ursachenzuschreibung heißt. Kausalattribuierung kann man nicht nur bei unterrichtenden Lehrern beobachten. Man findet sie bei allen Menschen, so daß man von einem allgemeinen Bedürfnis nach Verstehen sprechen kann, d. h. Einsicht in die Kausalstruktur der Umwelt zu gewinnen. Wir können an uns selbst beobachten, wie gebieterisch dieses Bedürfnis in uns wach wird, wenn immer wir in unserer Umwelt etwas Erwartungswidriges beobachten, sei es ein Ereignis oder das Verhalten eines anderen. Wir können nicht anders als nach Erklärungen suchen und greifen jeden Hinweis auf Ursachen auf, so unvollständig und geringfügig er auch sein mag. Insofern gleicht der sprichwörtliche »Mann auf der Straße« einem Wissenschaftler, nur mit dem Unterschied, daß er geneigt ist, schon aus spärlichsten Datensätzen Ursachen abzuleiten und erste Erklärungshypothesen vorschnell als gesicherte Erkenntnisse über den Ursachenzusammenhang anzusehen, ehe eine weitere Hypothesenprüfung an erweiterten und kontrollierten Daten abgeschlossen ist.

Dabei beruhen die Erklärungsbemühungen auf einfachen Erklärungsbegriffen, man kann auch sagen, auf allgemeinen Kausalfaktoren, nach denen jeder Mensch den Hinweischarakter seiner Wahrnehmungen ordnet und seine Schlußfolgerungen zieht. So wird das Zustandekommen von Handlungsresultaten im wesentlichen auf zwei Kausalfaktoren zurückgeführt, die der deutsch-amerikanische Psychologe Fritz HEIDER (1958) als »can« und »try«, d. h. als »Können« und »Bemühen« bezeichnet hat. Können ergibt sich aus dem Verhältnis von Fähigkeit des Handelnden und Schwierigkeit der Aufgabe. Können genügt allein aber nicht, es muß auch immer ein Mindestmaß an Bemühen oder Anstrengung im Spiele sein, damit eine Handlung erfolgreich abgeschlossen werden kann. Können beruht auf der *Fähigkeit* des Einzelnen (bei gegebener Aufgabenschwierigkeit), Bemühen auf seiner *Anstrengung*, nachdem er sich entschlossen (die Intention gefaßt) hat, eine Aufgabe in Angriff zu nehmen (vgl. HECKHAUSEN 1974). Fähigkeiten bleiben ziemlich konstant, während die aufgewendete Anstrengung von Mal zu Mal schwanken kann. Deshalb ist Fähigkeit ein stabiler und Anstrengung ein variabler Kausalfaktor.

Eine andere Forschungsrichtung um den amerikanischen Psychologen Julian ROTTER (1966) hatte noch eine andere Unterscheidung gemacht. Handlungsresultate können von eigener Leistung oder von äußeren, nicht beeinflußbaren Faktoren, etwa vom Zufall, abhängig sein. Hier wird nach dem Beeinflussungsbereich unterschieden, d. h. ob der Handelnde die Ursachen seines Handlungsresultats beeinflussen kann oder nicht. Kann er es, so spricht man von internalen Faktoren, kann er es nicht, von externalen Faktoren. In dieser Forschungsrichtung stellte man gewöhnlich fähigkeitsabhängige Aufgaben solchen gegenüber, die zufallsabhängig sind. Fähigkeit und Zufall unterscheiden sich aber nicht nur als internaler und als externaler Kausalfaktor, sondern auch nach ihrer Stabilität über Zeit, was man übersehen hatte. Fähigkeit ist stabil, Zufall variabel.

Bernard WEINER, ein Psychologe von der Kalifornischen Universität in Los Angeles, brachte schließlich beide Dimensionen von Kausalfaktoren in einer Vierfeldertafel zusammen (WEINER et al. 1971). Die beiden senkrechten Spalten in Abb. 1 betreffen den

| Stabilität über Zeit | Beeinflussungsbereich | |
|---|---|---|
| | internal | external |
| stabil | Fähigkeit | Aufgaben-schwierigkeit |
| variabel | Anstrengung | Zufall (Glück od. Pech) |

*Abb. 1:* Vierfeldertafel der hauptsächlichen Kausalfaktoren von Leistungsergebnissen, klassifiziert nach ihrem Beeinflussungsbereich (internal gegenüber external) und nach ihrer Stabilität über Zeit (stabil gegenüber variabel).

562   *Soziale Interaktion in der Schule*

Beeinflussungsbereich der Verursachung, d. h. sie unterscheiden zwischen internalen und externalen Kausalfaktoren. Internal sind Fähigkeit und Anstrengung, external Aufgabenschwierigkeit und Zufall, d. h. Glück oder Pech. Die beiden waagerechten Zeilen betreffen die Stabilität über Zeit, d. h. sie unterscheiden zwischen stabilen und variablen Kausalfaktoren. Stabil sind Fähigkeit und Aufgabenschwierigkeit, variabel Anstrengung und Zufall.

Dieses einfache Kausalattribuierungsmuster von vier Faktoren hat sich in der Leistungsmotivationsforschung als recht fruchtbar erwiesen (vgl. Kap. 3).

So spielen bereits vor Ausführung einer Handlung, in der Motivierungsphase, Kausalattribuierungen eine Rolle. Nur Aufgaben, deren Ergebnis durch internale Kausalfaktoren, d. h. durch Fähigkeit und Anstrengung beeinflußbar erscheint, regen das Leistungsmotiv an; nicht dagegen Aufgaben, deren Ausgang zufallsabhängig ist, oder Aufgaben, die so schwer oder so leicht sind, daß eigene Fähigkeit oder Anstrengung nichts ausmachen und Mißerfolg oder Erfolg von vornherein völlig gewiß sind.

Auch nach Ausführung der Handlung spielt Kausalattribuierung eine entscheidende Rolle in der Selbstbewertung. In dem Maße, wie man Erfolg auf eigene Fähigkeit und Anstrengung zurückführt, bekräftigt man sich selbst positiv bzw. negativ. Dabei zeigen Erfolgsmotivierte und Mißerfolgsmotivierte bei gleichem Handlungsausgang Unterschiede in der bevorzugten Kausalattribuierung. Erfolg wird von Erfolgsmotivierten mehr als von Mißerfolgsmotivierten auf internale Faktoren, vor allem auf gute eigene Fähigkeit zurückgeführt, Mißerfolg dagegen eher auf variable Faktoren wie ungenügende Anstrengung oder gar Pech, während Mißerfolgsmotivierte eher dazu neigen, Mißerfolg mangelnder eigener Fähigkeit zuzuschreiben (WEINER et al. 1971; KUKLA 1972; MEYER 1973).

Diese motivabhängigen Voreingenommenheiten in der Kausalattribuierung von Erfolg und Mißerfolg haben weitreichende Konsequenzen. So zeigt man im Angesicht von Mißerfolg eine größere Ausdauer bei der Lösung einer Aufgabe, wenn man die bislang vergeblichen Bemühungen auf noch ungenügende Anstrengung zurückführt, als wenn man gleich, wie es Mißerfolgsmotivierte tun, dafür eine mangelnde eigene Begabung verantwortlich macht (vgl. MEYER 1973).

Wie aber, so ist zu fragen, kann der Lehrer im Unterricht die Ergebnisse der Schülerbemühungen auf Ursachen zurückführen? Die Forschung hat eine ganze Reihe von Hinweisen herausgefunden, die den Beobachter veranlassen, Handlungsergebnisse eines anderen vornehmlich auf einen der vier Kausalfaktoren zurückzuführen.

So wird auf den Kausalfaktor Aufgabenschwierigkeit aufgrund eines sozialen Vergleichs geschlossen. Wenn bei einer Aufgabe sehr viele aus einer Schülergruppe Erfolg haben, so beruht das im wesentlichen auf zu geringer Aufgabenschwierigkeit und kaum auf Fähigkeit oder Anstrengung. Wenn bei einer anderen Aufgabe dagegen die meisten Schüler der Vergleichsgruppe Mißerfolg haben, so liegt es an einer zu hohen Aufgabenschwierigkeit.

Auf Fähigkeit schließt der Lehrer durch Vergleich zwischen seinen Schülern in der gleichen Aufgabensituation. Gehört ein Schüler z. B. zu einer kleinen Minderheit, die eine gegebene Aufgabe noch lösen konnte, so schreibt ihm der Lehrer hohe Fähigkeit zu. Auch regelmäßiger Erfolg bei diesem Schüler – und das auch bei anderen verwandten Aufgaben – bestärkt ihn in dieser Annahme. Auch die Verlaufsform von Leistungsserien hat Hinweischarakter. Wer schon früh in der Serie hohe Leistungen aufweist, erscheint intelligenter als jemand, der die gleichen Leistungen erst später oder über die ganze Serie gleich verteilt erzielt, selbst wenn sich seine Leistung später wieder verschlechtert und im Durchschnittswert genau mit den Fällen der beiden anderen Verlaufsformen übereinstimmt (JONES et al. 1968).

Der Rückschluß auf Anstrengung schließlich liegt immer dann nahe, wenn die Leistung eines Schülers plötzlich ansteigt oder abfällt. Neben solchen Erwartungswidrigkeiten legen auch Leistungsverbesserungen, die immer dann auftreten, wenn es besonders darauf ankommt (also etwa kurz vor dem Zeugnis) Anstrengung als Ursache nahe.

Lehrer unterscheiden sich deutlich darin, welches Gewicht sie den einzelnen Kausalfaktoren bei der Erklärung der Schülerleistung beimessen. Es gibt Lehrer, die bei ihren Schülern Leistungsunterschiede fast ausschließlich auf den Kausalfaktor Fähigkeit zurückführen; und andere Lehrer, die Anstrengung für ausschlaggebender halten als Fähigkeit. Die Kausalattribuierung der Schülerleistung beschränkt sich auch nicht auf die vier Faktoren. Unsere Vierfeldertafel ist ein vereinfachtes Grundmuster. So führen einige Lehrer z. B. auch manches auf Faktoren des außerschulischen Milieus zurück. (Näheres im Studientext 17.6.)

In der Interaktion mit dem Schüler läßt der Lehrer es aber nicht mit der bloßen Feststellung und der anschließenden Kausalattribuierung der Leistung seiner Schüler bewenden. An beides knüpft er auch eine Bewertung seines Schülers, den Interaktionspartner im Rollensystem des Unterrichts, an. Gewöhnlich hält der Lehrer diese Bewertung nicht zurück. Er äußert sie in seiner sprachlichen Mitteilung oder auch ganz sprachfrei in seinem Interaktionsverhalten.

Natürlich bewertet der Lehrer einen Schüler um so positiver, je besser dessen Leistung war und um so negativer, je schlechter sie war. Aber das ist nur die halbe Wahrheit. Die Bewertung wird zugleich entscheidend bestimmt durch die Kausalattribuierung einer guten oder schlechten Leistung, vor allem ob der Lehrer diese mehr auf Fähigkeit oder Anstrengung zurückführt. Urteilen wir selbst einmal: Zwei Schüler schreiben eine gleich gute Rechenarbeit, bei dem einen macht der Lehrer dafür vornehmlich dessen gute Fähigkeit und bei dem anderen dessen hohe Anstrengung verantwortlich. An welchen der beiden Schüler meldet der Lehrer als Interaktionspartner eine höhere positive Bewertung zurück? – Man kann mit einiger Sicherheit vermuten: Er bewertet jene Leistung höher, die mehr aufgrund hoher Anstrengung als aufgrund hoher Fähigkeit zustande gekommen ist. Entsprechend ist im Falle von Mißerfolg der Tadel des Lehrers geringer, wenn ein Schüler von geringer Fähigkeit sich sehr angestrengt hat als wenn ein Schüler von guter Fähigkeit sich wenig angestrengt hat. Dafür gibt es inzwischen viele empirische Belege.

WEINER & KUKLA (1970) haben zu diesem Zweck eine einfache Fragebogentechnik entwickelt. Sie haben ihre studentischen Versuchspersonen angehalten, sich in die Rolle eines Lehrers hineinzuversetzen, der seinen Schülern nach einer Klassenarbeit bewertende Rückmeldungen vermittelt. Von jedem Schüler lagen 3 Informationen vor: das Ergebnis der Klassenarbeit in 5 Beurteilungsstufen von »ausgezeichnet« bis »vollständig mißlungen«, dann der Fähigkeitsgrad in 2 Stufen: »hoch« oder »niedrig«, und schließlich der Grad der aufgewendeten Anstrengung in 2 Stufen:

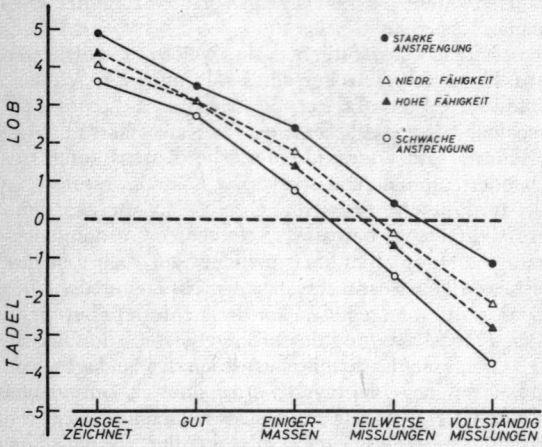

*Abb. 2:* Stärke von Lob und Tadel des Lehrers auf verschiedene Schülerleistungen in einer mittelschweren Klassenarbeit, die er auf starke oder schwache Anstrengung und auf hohe oder niedrige Fähigkeit zurückführt. Die Lob- und Tadelwerte für starke und schwache Anstrengung sind auf allen Leistungsstufen hochsignifikant voneinander unterschieden. Für die Fähigkeitsunterschiede besteht nur im Falle einer vollständig mißlungenen Leistung ein fast signifikanter Unterschied. Versuchspersonen sind 25 schweizerische Lehrer aus Luzern.

»hoch« oder »niedrig«. In jeder Kombination dieser 3 Informationen, nämlich 5 Leistungsstufen, 2 Fähigkeitsstufen und 2 Anstrengungsstufen, hatte die Versuchsperson ihre Bewertung zu notieren, und zwar Belohnung in Punkten von $+1$ bis $+5$ oder Tadel in Punkten von $-1$ bis $-5$.

Nicht bloß Studenten, auch erfahrenen Lehrern in Bochum und in Luzern wurde ein solcher Fragebogen vorgelegt (HECKHAUSEN, unveröffentlicht; vgl. auch REST et al. 1973 und HECKHAUSEN 1974, 2. Kap.). Deren Bewertungen stimmen weitgehend mit denen amerikanischer Studenten in Los Angeles, die WEINER & KUKLA untersucht haben, überein. Abb. 2 zeigt das wichtigste Ergebnis, und zwar hier an der schweizerischen Stichprobe der Lehrer aus Luzern.

Auf der senkrechten Achse sind die positiven und negativen Bewertungen abgetragen, auf der waagerechten Achse die einzelnen in der Klassenarbeit erzielten Leistungsstufen. Die 4 eingezeichneten Kurven gelten für verschiedene Teilgruppen von Schülern. Die beiden ausgezogenen Linien betreffen Schüler, die sich stark und solche, die sich nur schwach angestrengt haben, gleichgültig ob sie hohe oder niedrige Fähigkeit besitzen. Die gestrichelten Linien betreffen Schüler mit hoher Fähigkeit bzw. niedriger Fähigkeit, gleichgültig ob sie sich stark oder wenig angestrengt haben.

In Abb. 3 werden für die gleiche Stichprobe schweizerischer Lehrer die einzelnen Merkmalsausprägungen von Fähigkeit und Anstrengung miteinander kombiniert, so daß hier die folgenden 4 Schülergruppen zu unterscheiden sind:

1. Gruppe: hohe Fähigkeit und hohe Anstrengung;
2. Gruppe: hohe Fähigkeit und niedrige Anstrengung;
3. Gruppe: niedrige Fähigkeit und hohe Anstrengung;
4. Gruppe: niedrige Fähigkeit und niedrige Anstrengung.

Aus Abb. 3 ist wiederum zu ersehen, daß auf allen Leistungsstufen Schüler dann mehr gelobt bzw. weniger getadelt werden, wenn sie sich sehr angestrengt haben. Selbst wenn die Arbeit teilweise mißlungen ist, werden sie dann eher noch gelobt als getadelt. Das gleiche Ergebnis findet dagegen bereits deutlichen Tadel, wenn es auf mangelnder Anstrengung zu beruhen scheint, gleichgültig wie hoch die Fähigkeit des Schülers ist. Fähigkeitsunterschiede scheinen überhaupt die Leistungsbewertung durch den Lehrer wenig zu beeinflussen – bis auf einen Extremfall. Eine aufgrund mangelnder Anstrengung vollständig mißlungene Arbeit wird bei einem gut begabten Schüler erheblich stärker negativ bewertet als bei einem wenig begabten.

Man kann im übrigen einwenden, daß die berichteten Befunde zur Bewertung durch den Lehrer mit einer ziemlich künstlichen Fragebogentechnik gewonnen wurden. So sind die verschiedenen zu bewertenden Fälle nicht alle gleich wahrscheinlich und wirklichkeitsnah (z. B. ein begabter Schüler, der sich anstrengt, dem

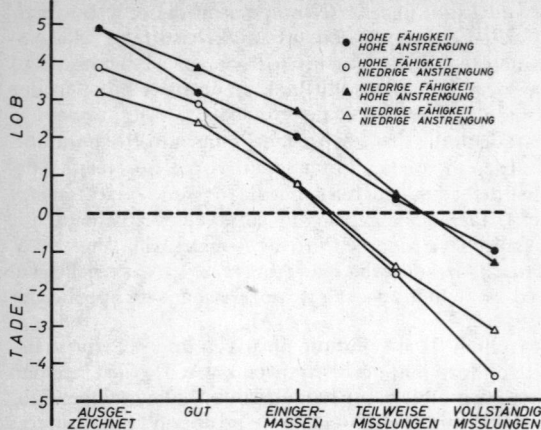

*Abb. 3:* Stärke von Lob und Tadel des Lehrers über verschieden ausgefallene Klassenarbeiten, deren Ergebnisse auf verschiedene Kombinationen von niedriger und hoher Fähigkeit sowie von niedriger und hoher Anstrengung zurückzugehen scheinen. N = 25 Lehrer aus Luzern.

aber seine Klassenarbeit völlig danebengeht). Davon abgesehen ist aber auch zu fragen, ob Lehrer die Ursachen der Schülerleistung lediglich, wie vorgesehen, in konstanter Fähigkeit und wechselnder Anstrengung sehen. Schließlich können sich hinter den Mittelwerten der Bewertungen erhebliche Unterschiede zwischen den Lehrern verbergen. Darauf wird im Studientext 17.6. näher eingegangen.

Aber in den Grundzügen sind die Ergebnisse eindeutig. Durchweg wird die Bewertung positiver, je besser die Leistung ist. Das ist trivial. Aber: Auf allen Notenstufen wird der Schüler statistisch hochsignifikant stärker gelobt bzw. weniger getadelt, wenn er sich stark angestrengt hat. Dagegen beeinflussen Fähigkeitsunterschiede des Schülers kaum die Bewertung. Es zeichnet sich sogar eine schwache Tendenz ab, weniger befähigte Schüler für die gleichen Leistungen eher etwas mehr zu loben bzw. eher etwas weniger zu tadeln als gut befähigte Schüler.

Das mag vielleicht zunächst etwas verwundern. Aber die Abhängigkeit der Leistungsbewertung von dem Kausalfaktor Anstrengung macht deutlich, daß der Lehrer das Rollensystem Unterricht auf die Erreichung von Zielen hinsteuern will. Dabei würde es ihm nichts helfen, die vorhandenen Fähigkeitsunterschiede durch Bekräftigungen von seiner Seite noch weiter hervorzuheben. Denn Fähigkeit als stabiler Ursachenfaktor ist durch ihn nicht zu beeinflussen. Dagegen kann er die von seinen Schülern aufgewendete Anstrengung beeinflussen, indem er sie in der Leistungsbewertung gesondert berücksichtigt und durch Lob und Tadel zu erhöhen sucht, um die Unterrichtsziele besser zu erreichen. Zusätzlich kommt damit in der Leistungsbewertung des Lehrers so etwas wie Fairneß gegenüber sozialen Ungleichheiten zum Ausdruck. Soweit diese nicht aufhebbar erscheinen, nämlich im Falle von Fähigkeitsunterschieden, werden sie in der Bewertung nicht noch hervorgekehrt, sondern sogar eher ausgleichend berücksichtigt.

17.5. *Attribuierungsunterschiede aus verschiedener Beurteilungs-Perspektive*

Natürlich unterscheiden sich Lehrer durchaus in ihren Kausalattribuierungen. Diese Unterschiede haben ihre Gründe in der individuellen Art der Informationsverarbeitung. So greifen einige Lehrer mehr Information vom einzelnen Schüler auf als andere, die die gleichen Hinweise nicht zur Ursachenerklärung heranziehen. Außerdem haben die einzelnen Kausalfaktoren für verschiedene Lehrer ein unterschiedliches Gewicht. Ein Lehrer führt fast alles auf Begabung zurück, ein anderer sieht besonders auch die Abhängigkeiten von wechselnder Anstrengung. Letztlich ist das bevorzugte Kausalattribuierungsmuster eines Lehrers – wie bei jedem anderen Menschen – Ausdruck seiner vorwissenschaftlichen Überzeugungen. Welche Informationen er aus einer Situation zieht, unter welche Verursachungskategorien er sie einordnet, wie er die Gewichte verteilt – dahinter stehen letzten Endes persönliche Theorien über Begabung, über Motivation, über Entwicklung, über Lernen. Sie können unangemessen sein oder dem wissenschaftlichen Theoriestand mehr oder weniger nahekommen, sei es aus reflektierter psychologischer Kenntnis, sei es intuitiv. Kausalattribuierung kann man mit der Beherrschung einer Klaviatur vergleichen. Einige können nur wenige Tasten anschlagen, andere viele. Bei einigen ist das Instrument gestimmt, bei anderen nicht. Sieht man die Kausalattribuierung des Lehrers als ein Instrument zur Informationsverarbeitung und Rückkopplung im Interaktionsprozeß des Unterrichts, so ist klar, daß die Aneignung wissenschaftlicher Theorien über Begabung, Motivation, Lernen und Entwicklung dieses Instrument differenzierter und damit für den Unterrichtsprozeß förderlicher machen kann.
Unterschiede der Kausalattribuierung ergeben sich aber auch aus Unterschieden der Beurteilungsperspektive. Die amerikanische Psychologin Linda BECKMAN (1974) hat das in einem aufschlußreichen Experiment demonstriert.

Angehende Lehrerinnen waren die Versuchspersonen. Jede bekam ein Blatt mit mathematischen Problemen, in denen sie nach kurzer Vorbereitung zwei Grundschüler, die sich im Nebenraum befanden, über eine

Mikrofonanlage unterrichten sollte. Die Rückmeldungen des Unterrichtserfolgs wurden vom Versuchsleiter in der Weise manipuliert, daß einer
der beiden Schüler ständig gute Leistungen aufwies, beim anderen dagegen änderten sich die Leistungen im Laufe des Unterrichts entweder
von gut nach schlecht oder von schlecht nach gut.

Eine nachträgliche Befragung zur Kausalattribuierung der verschiedenen
Leistungsverläufe enthüllte, daß die Lehrerinnen geneigt waren, Leistungs*verbesserungen* des Schülers vornehmlich auf die Güte des eigenen
Unterrichts, eine Leistungs*verschlechterung* dagegen mehr auf Fähigkeits-
und Motivationsmängel des Schülers zurückzuführen. Unabhängige Beobachter, die den Unterrichtsverlauf verfolgt hatten, waren dagegen eher
gegenteiliger Ansicht! Sie führten Leistungsverbesserungen des Schülers
nicht auf den guten Unterricht des Lehrers, sondern auf die hohe Lernmotivation des Schülers zurück und – im Vergleich dazu – sahen sie die
Ursachen der Leistungsverschlechterung im Unterricht des Lehrers.

Man übertrage diese Befunde einmal auf Gespräche zwischen
Lehrer und Eltern, in denen es um Anstieg oder Absinken der
Schulleistungen beim Schüler geht. Manche Meinungsverschie-
denheiten werden durchsichtiger, wenn man weiß, daß mit der
Beobachtungsperspektive sich auch die Voreingenommenheiten
der Kausalattribuierung ändern (vgl. aber auch BECKMAN 1973).

Von größter Bedeutung für den Unterricht sind die Unterschiede
zwischen der Beobachtungsperspektive des Lehrers und des Schülers bei der Kausalattribuierung von Schülerleistungen. Dem
Schüler bieten sich die Ergebnisse seiner Lernbemühungen in der
Selbstwahrnehmung mit allen Erlebnisgegebenheiten persönlicher
Binnenschau dar. Der Lehrer kann nur das registrieren, was äußerlich beobachtbar und feststellbar ist. Dazwischen liegt der grundsätzliche Unterschied von Selbst- und Fremdbeobachtung, der
sich auch auf die Kausalattribuierung auswirkt (vgl. JONES &
NISBETT 1971).

In der Selbstbeobachtung neigen wir alle dazu, unser eigenes Verhalten durch die Anregungsfaktoren der jeweiligen Situation zu
erklären. Beobachter unseres Verhaltens sind demgegenüber eher
geneigt, es auf feste Persönlichkeitseigenschaften in uns selbst
zurückzuführen. Verglichen mit der Beurteilung durch einen
außenstehenden Beobachter zieht man zur Erklärung der eigenen
Leistungsbemühungen eher variable Kausalfaktoren heran. Auf
der externalen Seite sind es äußere Umstände, die die Aufgabenlösung erleichtern oder erschweren, wie das Unterrichtsgeschick
des Lehrers, Störungen und Hilfen durch andere, wechselnde
körperliche Verfassungen. Auf der internalen Seite ist es die
Wahrnehmung der Variabilität eigener Motivierung, die wechselnde Stärke der eigenen Anstrengung. Der außenstehende Beobachter schreibt dagegen Erfolg und Mißerfolg in den Leistungsbemühungen eines anderen vor allem dessen Fähigkeit zu,
die er sich selbst als konstante Größe von bestimmter Höhe vor-

stellt. Selbst die vom Schüler aufgewandte Anstrengung oder Motivation verdichtet er zu einer konstanten Persönlichkeitseigenschaft wie Fleiß oder Faulheit.

So ist es nicht verwunderlich, daß im Interaktionsprozeß des Unterrichts die Kausalattribuierungen des Lehrers häufig nicht mit denen des Schülers voll zur Deckung kommen. Der Schüler sieht sein eigenes Verhalten und seine Leistungsergebnisse nicht selten anders interpretiert, als er es sich selbst erklärt. Und der Lehrer ist bemüht, seine Kausalattribuierung dem Schüler klarzumachen und »beizubringen«.

Im Unterricht sind zwei entscheidende Bedingungen gegeben, die dafür sorgen, daß der Schüler mit der Zeit die vom Lehrer mitgeteilte Kausalattribuierung mehr oder weniger übernimmt und sich zu eigen macht. Die eine Bedingung steckt im Rollensystem des Unterrichts. Es gehört ja zur Rolle des Lehrers, das Schülerverhalten auf die Angemessenheit, das Unterrichtsziel zu erreichen, kausal zu interpretieren. Andererseits gehört es nicht zur Rolle des Schülers, sich besondere Gedanken über die Kausalinterpretation seines eigenen Verhaltens oder gar des Lehrerverhaltens zu machen und die Ergebnisse während des Unterrichts mitzuteilen. Die andere Bedingung ist der Unterschied der Persönlichkeitsentwicklung zwischen Erwachsenem und Kind. Dieser Unterschied macht das Kind, dessen Bild von sich selbst noch sehr der Entwicklung und äußeren Einflüssen unterliegt, empfänglich für die Zuschreibung von Eigenschaften, mit denen der Lehrer ihm das eigene Rollenverhalten deutlich macht.

Wenn es nun diese Bedingungen nahelegen, daß der Schüler sich die Attribuierungen des Lehrers zu eigen macht, dann kann der Lehrer die Lernmotivierung und das Selbstbild des Schülers tief beeinflussen. Entscheidend ist es dann, wie differenziert und angemessen die Kausalattribuierung des Lehrers ist. Um das deutlich zu machen, wollen wir uns zwei extreme Beispiele vergegenwärtigen.

Erstes Beispiel:

> Lehrer A zieht fast ausschließlich den Kausalfaktor Fähigkeit heran. Hat ein Schüler überwiegend Mißerfolge, läßt er durchblicken, daß dies auf mangelnder Begabung beruht. In dem Maße, wie der Schüler diese Attribuierung sich zu eigen macht, gewinnt er nicht nur ein negatives Selbstbild von seiner eigenen Fähigkeit, er muß auch erhöhte eigene Anstrengung zur Überwindung von Aufgabenschwierigkeit als nutzlos ansehen. Die Aussichtslosigkeit vermindert seine Lernmotivation. Dies wiederum läßt seine Leistungen eher schlechter als besser werden. Und dies wiederum sieht Lehrer A als Bestätigung seiner ursprünglichen Kausalattribuierung an. So kann in dieser Lehrer-Schüler-Interaktion ein Teufelskreis entstehen, der Lernmotivation, Lernerfolg und Persönlichkeitsentwicklung des Schülers beeinträchtigt.

Zweites Beispiel:

Lehrer B führt Erfolg und Mißerfolg seiner Schüler vorzugsweise auf hohe oder geringe Anstrengung zurück, wobei er in seinen Erwartungen an die einzelnen Schüler durchaus Fähigkeitsunterschiede berücksichtigt. Die Selbstwahrnehmung des Schülers, daß der Anstrengungsgrad sein Leistungsergebnis beeinflußt, wird durch den Lehrer bestätigt und bekräftigt. Der Schüler erlebt, daß er das Ergebnis seiner Bemühungen zu einem guten Teil selbst und willentlich verursachen kann. Das erhöht seine Lernmotivation und fördert ein Bild von sich selbst, in dem persönliche Zuversicht und Selbstverantwortlichkeit einen festen Platz gewinnen.

Mit diesen Überlegungen können wir einem rätselhaften Effekt auf die Spur kommen, der viel Aufsehen und Verwunderung hervorgerufen hat, nämlich dem sog. »Pygmalion-Effekt«.

### 17.6. *»Pygmalion im Klassenzimmer«*

1968 brachten zwei Psychologen an der Harvard Universität – Robert ROSENTHAL und Leonore JACOBSON – ein Buch mit dem poetischen Titel *Pygmalion in the classroom* heraus. Was hat Pygmalion im Klassenzimmer zu suchen? Nach den *Metamorphosen* (10. Buch) des römischen Dichters OVID (43 v. Chr. bis 17 n. Chr.) war Pygmalion jener König auf Zypern, der das Standbild einer Jungfrau schuf, sich dann so in es verliebte, daß die Göttin Aphrodite es auf seine Bitten hin zum Leben erweckte. »Seit der Mitte des 18. Jahrhunderts verschob sich die Sinngebung (dieser Sage) auf die Bändigung der rohen Natur durch den von Liebe inspirierten künstlerischen Schaffensprozeß« (*Brockhaus-Enzyklopädie*, 15. Bd., S. 280). Der irische Dramatiker George Bernard SHAW schuf 1912 ein Schauspiel »Pygmalion«, in welchem Professor Higgins das Blumenmädchen Eliza durch hingebungsvolle Bemühungen auf einen höheren Bildungsstand zu heben sucht. Nach diesem literarischen Vorbild haben 1956 A. J. LERNER & F. LOEWE das Musical »My fair Lady« geschaffen. SHAWS »Pygmalion« und »My fair Lady« standen Pate bei der Wahl der Bezeichnung »Pygmalion-Effekt« für das von ROSENTHAL & JACOBSON untersuchte Phänomen.

Mehr als der Titel erregte der Inhalt des Buches Aufsehen. Was darin berichtet wird, löste bei den Laien beifälliges Interesse, bei den Pädagogen verwundertes Staunen und bei den pädagogischen Psychologen ungläubige Skepsis aus. Kaum ein anderer Befund der Verhaltenswissenschaften aus den letzten 10 Jahren hat solche Schlagzeilen in den Massenmedien gemacht. Da muß es sich schon um eine verheißungsvolle Botschaft handeln. Worin bestand sie?

ROSENTHAL & JACOBSON glaubten in einer empirischen Untersuchung nachgewiesen zu haben, daß ein so stabiles Persönlichkeitsmerkmal wie der Intelligenzquotient sich bei Schülern schon innerhalb eines $3/4$ Jahres erhöhen ließe, wenn man die Lehrer nur zuvor hatte glauben machen können, daß diese Schüler noch während des bevorstehenden Schuljahres »aufblühen« und beträchtliche intellektuelle Fortschritte machen würden.

Die Lehrer in dieser Untersuchung übernahmen zu Beginn des Schuljahres neue Klassen, kannten also die Schüler noch nicht. Ein Intelligenztest wurde durchgeführt, der – wie den Lehrern gesagt wurde – zur Feststellung der Aufblüher dienen sollte. In Wirklichkeit wurden die dem Lehrer als Aufblüher prophezeiten Schüler nicht aufgrund der Testdaten, sondern nach dem Los bestimmt, und zwar 20 % aller Schüler in jeder von 18 Klassen des 1. bis 6. Schuljahres. Nach einem $3/4$ Jahr wurde der gleiche Intelligenztest wieder angewandt. Die Zuwachswerte des Intelligenzquotienten in der Gruppe der Aufblüher wurden den Werten aller übrigen Schüler, die als Kontrollgruppe dienten, gegenübergestellt. Der Vergleich zeigt einen größeren IQ-Zuwachs in der experimentellen Gruppe der vermeintlichen Aufblüher als in der Kontrollgruppe. Das Ergebnis beruht aber im wesentlichen nur auf Unterschieden in den ersten beiden Schuljahren.

Der Pygmalion-Effekt ist also ein Erwartungseffekt. Allein die gutgläubige Erwartung des Lehrers in die Fähigkeit des Schülers scheint dessen IQ in die Höhe zu treiben. ROSENTHAL & JACOBSON sahen als Ursache eine sich »selbsterfüllende Prophetie« auf seiten des Lehrers an. Danach soll die gesteigerte Erwartung des Lehrers gegenüber einigen Schülern die Qualität der Interaktion mit ihnen verbessern, etwa indem der Lehrer freundlicher, ermutigender, aufmerksamer sei und richtige Schülerreaktionen schneller erkenne und bekräftige.

Die Untersuchung von ROSENTHAL & JACOBSON ist aus vielerlei methodischen Gründen kritisiert und ihre Ergebnisse sind als kaum haltbar beurteilt worden. Inzwischen ist eine ganze Reihe von Nachuntersuchungen angestellt worden, die alle ein negatives Ergebnis hatten, vor allem was Erhöhungen des IQ betrifft (vgl. zusammenfassend: ELASHOFF & SNOW 1971).

Das muß aber noch nicht bedeuten, daß die Grundidee des Pygmalion-Effekts falsch sein müßte, nämlich daß eine Erwartungsänderung des Lehrers die Interaktion mit dem Schüler und damit dessen Lernmotivation und schließlich dessen Schulleistung beeinflußt. Denn diese Idee beginnt sich in dem Maße als fruchtbar zu erweisen, wie sie auf einer angemesseneren Theorie der Lehrer-Schüler-Interaktion fußt und die entsprechenden Bedingungen im Versuch berücksichtigt.

Es ist die Kausalattribuierungstheorie, die uns in die Lage versetzt. In ihrem Licht läßt sich der Pygmalion-Effekt wie folgt erklären:

Der Schüler sieht seine Leistungen durch den Lehrer nun anders als früher kausalattribuiert. Der Lehrer schätzt offenbar die Fähigkeiten des Schülers jetzt höher ein, deshalb erklärt dieser Mißerfolg nicht mehr mit mangelnder Fähigkeit, sondern mit vorübergehendem Mangel an Anstrengung oder mit Indisponiertheit. In dem Maße, wie der Schüler sich die Neuorientierung des Lehrers in der Kausalattribuierung der Schülerleistung auch selbst zu eigen macht, d. h. vor allem: in dem Maße, wie er seine Mißerfolge nun nicht mehr so ausschließlich auf mangelhafte Begabung, sondern auf variable Kausalfaktoren zurückführt, die sich beeinflussen lassen (wie aufgewendete Anstrengung), verbessert sich seine Lernmotivation und damit schließlich auch seine Leistung. Und dies schließlich bestärkt den Lehrer wiederum, die höhere Einschätzung der Fähigkeit des Schülers beizubehalten.

Es treten also Bedingungen ein, die wir vorhin am Fall des Lehrers B typisiert haben. Die Kausalattribuierungstheorie erlaubt uns, genauer zu präzisieren, bei welchen Schülern in Interaktion mit welchem Lehrer ein Pygmalion-Effekt (wenn auch keine IQ-Erhöhung) zu erwarten ist und nicht zu erwarten ist, so daß sich auch Möglichkeiten eröffnen zu erklären, warum die vielen Nachuntersuchungen gescheitert sind. Der Effekt ist nur bei solchen Schülern zu erwarten, für die dreierlei gilt: erstens bei jenen, die ihre Mißerfolge bislang vornehmlich auf eigenen Fähigkeitsmangel und Erfolge weniger auf eigene gute Fähigkeit als auf glückliche äußere Umstände zurückgeführt haben; zweitens bei jenen, die einen Lehrer haben, der auf ihre Leistungen mit dem gleichen Kausalattribuierungsmuster wie der Schüler bisher reagiert, dieses vielleicht induziert hat, es auf jeden Fall bekräftigt; drittens bei jenen, die nicht aufgrund eines tatsächlichen Fähigkeitsmangels vom Unterricht ohnehin überfordert sind, sondern die eigentlich mehr leisten könnten, als sie bislang zuwege bringen.

Zusammengefaßt sind es also die mißerfolgsängstlichen, schwach lernmotivierten Schüler, deren ungünstige Kausalattribuierung durch den Lehrer bestärkt wird, obwohl sie keineswegs unzureichend begabt sind. Umgekehrt wird man keinen Pygmalion-Effekt erwarten können, wenn der Lehrer oder der Schüler bereits leistungsfördernd kausalattribuiert, wenn der Schüler bereits hoch lernmotiviert oder bereits aufgrund tatsächlicher Fähigkeitsmängel im Unterricht überfordert ist. Im letzten Falle z. B. würde der Schüler ja nur darauf gestoßen werden, daß auch vermehrte Anstrengung nutzlos ist.

Aufgrund solcher Überlegungen haben wir an unserem Bochumer Institut eine Untersuchung geplant und in 10 Klassen des 4. Schuljahres durchgeführt (SCHERER 1972). Wir haben nicht die Klassenlehrer, wohl aber die Schüler vorher ausgelesen, bei denen eine Erwartungsänderung des Lehrers allmählich eine motivationsfördernde Kausalattribuierung bewirken und damit einen Pygmalion-Effekt hervorbringen müßte. Das ließ sich in der Tat

nachweisen. Es steht damit außer Frage, daß die Kausalattributionstheorie einen tiefen Einblick in jene Bedingungen der Lehrer-
Schüler-Interaktion verschafft, unter denen ein Pygmalion-Effekt
im Klassenzimmer entstehen kann. Im Studientext 17.7. sind diese
Untersuchung und ihre Ergebnisse im einzelnen dargestellt.

## Literatur

BECKMAN, L. J. ›Auswirkungen von schulischen Leistungen auf die Kausalattribuierung von lehrenden und beobachtenden Personen‹. In: M. HOFER
& F. E. WEINERT (Hrsg.) *Reader zum Funk-Kolleg Pädagogische Psychologie 2:
Lernen und Instruktion.* Frankfurt a. M.: Fischer Taschenbuch (Bd. 6114)
1974, S. 164–176.
– ›Teachers' and observers' perceptions of causality for a child's perfor-
mance‹. In: *Journal of Educational Psychology*, 1973, *65*, 198–204.
ELASHOFF, J. D. & SNOW, E. *A case study in statistical inference: Reconsideration
of the Rosenthal-Jacobson data on teacher expectancy.* Stanford, Calif.: Stanford
Univ. Pr. 1971; deutsch: *Pygmalion auf dem Prüfstand.* München: Kösel 1972.
HECKHAUSEN, H. *Leistung und Chancengleichheit.* Göttingen: Hogrefe 1974.
HEIDER, F. *The psychology of interpersonal relations.* New York: Wiley 1958.
JONES, E. E. & NISBETT, R. E. *The actor and the observer: Divergent perceptions
of the causes of behavior.* New York: General Learning Pr. 1971.
JONES, E. E., ROCK, L., SHAVER, K. G., GOETHALS, G. R. & WARD, L. M.
›Pattern of performance and ability attribution: An unexpected primacy
effect‹. In: *Journal of Personality and Social Psychology*, 1968, *10*, 317–340.
KOUNIN, J. S. *Discipline and group management in classrooms.* New York: Holt,
Rinehart & Winston 1970.
KUKLA, A. ›Attributional determinants of achievement-related behavior‹.
In: *Journal of Personality and Social Psychology*, 1972, *21*, 166–174.
MANN, R. et al. *The college classroom. Conflict, change, and learning.* New York:
Wiley 1970.
MEYER, W.-U. *Leistungsmotiv und Ursachenerklärung von Erfolg und Mißerfolg.*
Stuttgart: Klett 1973.
REST, S., NIERENBERG, R., WEINER, B. & HECKHAUSEN, H. ›Further evi-
dence concerning the effects of perceptions of effort and ability on achieve-
ment evaluation‹. In: *Journal of Personality and Social Psychology*, 1973, *28*,
187–191.
ROSENTHAL, R. & JACOBSON, L. *Pygmalion in the classroom.* New York: Holt,
Rinehart & Winston 1968; deutsch: *Pygmalion im Klassenzimmer.* Weinheim: Beltz 1971.
ROTTER, J. B. ›Generalized expectancies for internal versus external control
of reinforcement‹. In: *Psychological Monographs*, 1966, *80*, No. *1* (Whole No.
609).
SCHERER, J. *Änderungen von Lehrerattribuierungen und deren Auswirkungen auf Leistungsverhalten und Persönlichkeitsmerkmale von Schülern.* Unveröffentl. Diplom-
arbeit d. Psychologischen Instituts der Ruhr-Universität Bochum 1972.
WEINER, B. & KUKLA, A. ›An attributional analysis of achievement motivation‹. In: *Journal of Personality and Social Psychology*, 1970, *15*, 1–20.
WEINER, B., FRIEZE, I., KUKLA, A., REED, L. & ROSENBAUM, R. M. *Perceiving
the causes of success and failure.* New York: General Learning Pr. 1971.

Heinz Heckhausen

## 18.    Bessere Lernmotivation und neue Lernziele

# 18. Bessere Lernmotivation und neue Lernziele

## 18.1. *Allgemeine Einführung*

Dieses Kapitel ist im wesentlichen der Anwendung von Motivationstheorie auf die Unterrichtspraxis gewidmet. Inzwischen sind so viele Forschungsbefunde ausgebreitet worden, um daran den gegenwärtigen Stand der Theoriebildung zu erläutern, daß die Frage überfällig ist, ob all dies für die Gestaltung der Unterrichtspraxis nutzbar zu machen sei. Es geht aber nicht nur um diesen Nachweis, nicht nur um die »Rechtfertigung« von Forschung und Theorie gegenüber der Praxis. Gleichzeitig ist es wichtig, den Praktiker unbefangener zu machen gegenüber den abstrakten Aussagen wissenschaftlicher Theorie; ihn anzuregen, seine Praxis zu analysieren, aufzuhellen; ja, ihn in die Lage zu versetzen, bisherige Praxis zu ändern, umzugestalten, neue Praxis zu »erfinden«.

Es gibt manche gelehrte Erörterungen über das sog. »Theorie-Praxis-Verhältnis«. Das Wesentliche läßt sich auf zwei einfache Formeln bringen. Die erste Formel lautet: »Praxis ohne Theorie macht auf die Dauer dumm.« Genaugenommen ist Praxis nie ohne Theorie. Immer stehen hinter einem konkreten Tun abstrakte Sachverhalte in Form theoretischer Gewißheiten, wie man verfolgte Ziele erreicht. Aber diese Theorie kann hinter lauter überlieferter Praxis zurückgetreten oder darin unkenntlich geworden sein. Die Bedingungen, unter denen sie gilt, können nicht mehr gegeben sein. Die verfolgten Ziele können sich verschoben haben. Nicht zuletzt kann die bisherige Theorie auch überholt sein. Unter all diesen Umständen verliert Praxis die Fähigkeit, sich zu korrigieren, sich auf neue Zielpunkte einzustellen. Sie wiederholt sich selbst, sie kann nicht lernen, sie wird »dumm«.

Die zweite Formel lautet: »Theorie ohne Praxis macht auf die Dauer blind.« Genaugenommen ist Theorie nie ohne Praxis. Denn Theorien sind sehr allgemein gefaßte Sachverhalte über Bedingungszusammenhänge von Erscheinungen (geordnet etwa nach Ursachen und Wirkungen), die letzten Endes in Handlungen und Beobachtungen ihre konkreten Erfahrungsgrundlagen haben. Theorien können aus sich selbst heraus fortgesponnen, mit anderen Theorieansätzen vereinigt und auf neue, ähnlich erscheinende Sachverhalte übertragen werden. Dabei kann die ursprüngliche Erfahrungsgrundlage unvollständig berücksichtigt sein, sie kann vergessen oder voreilig auf andere Sachverhalte übertragen werden. Ohne Rückbindung an die Erfahrungspraxis wird eine Theorie blind, d. h. sie gewinnt keinen weiteren Erklärungswert. Man

kann also einerseits sagen, daß Praxis Fundgrube und Prüfstein
der Theorie ist. Andrerseits führt Theorie zur Klärung und Verbesserung von Praxis.
In diesem Kapitel soll nun endlich an einigen Beispielen gezeigt
werden, wieweit die Motivationstheorie, die im 3. und 4. Kap.
ausgebreitet wurde, praxistauglich ist, d. h. wieweit sie sich in
Praxisverbesserungen bewährt. Einiges wurde schon im vorigen
Kapitel zur Lehrer-Schüler-Interaktion dargelegt, etwa am Pygmalion-Effekt. Nicht ohne Grund wurde *zunächst* nur Theorie
dargestellt und nicht gleich mit vertrauter Praxis in Beziehung
gebracht. Denn dies könnte leicht die Unterschiedlichkeit zwischen abstrakter Grundsätzlichkeit der Theorie und den vielerlei
konkreten Besonderheiten der Praxis verwischen. Weder sollte
Theorie als etwas erscheinen, was sich gängiger Praxis zur nachträglichen Begründung schnell beilegt (Theoretizismus); noch
sollte Theorie als etwas erscheinen, das sich sogleich und mit
Leichtigkeit überall in Praxis übersetzen ließe und lassen müsse
(Praktizismus).
Theoriekonzepte besitzen abstrakte Allgemeinheit. Es sind immer
nur grundlegende Einzelaspekte (solche, die »einen Unterschied
ausmachen«), nach denen Theorie die verschiedensten Praktiken
beurteilt, klärt und auf den gleichen Nenner bringt. Für das folgende Kapitel empfiehlt es sich, die bisher dargestellte Motivationstheorie noch einmal aufzufrischen, vor allem das Prozeßmodell der Motivation (3. Kap.), das Risikowahl-Modell (Studientext 4) und die Kausalattribuierung (Kap. 17.4. und 17.5. sowie
Studientext 17.5.). Mit diesem theoretischen Rüstzeug lassen sich
viele Einzelaspekte gängiger Unterrichtspraktiken auf ihre Motivierungswirkungen hin analysieren, klären und verbessern. Das
soll an einigen Beispielen gezeigt werden, um zur selbständigen
Anwendung von Theorie auf Praxis anzuregen.
Ein letztes Wort ist angebracht über die Beziehungen zwischen
Motivationsforschung und Pädagogischer Psychologie. Erst neuerdings und zögernd ist das gegenseitige Interesse aneinander
gewachsen. Die Motivationsforscher sehen im Bildungsbereich
zunehmend ein wichtiges Anwendungs- *und* Anregungsfeld für
ihre Forschung. In der Pädagogischen Psychologie andrerseits
wird Motivation allmählich als ein zentrales Problem betrachtet
(vgl. HECKHAUSEN 1973). Es gibt drei große klassische Beiträge
der Pädagogischen Psychologie zur Unterrichtspraxis: Fähigkeitsmessung, Altersplazierung und Instruktionsoptimierung. Die
Fähigkeitsmessung ist der älteste Beitrag. Sie wird in Kap. 25 und
29 behandelt. Probleme der Altersplazierung werden in Kap. 25
erörtert. Der letzte große Beitrag der Pädagogischen Psychologie,
der z. Z. im Vordergrund steht, ist die Instruktionsoptimierung
(vgl. Kap. 25 bis 27). Vielleicht wird eine bessere Lernmotivierung
einmal ein vierter großer Problembereich der Pädagogischen Psy-

chologie werden, der sich auf mancherlei Weise mit Problemen der Instruktionsoptimierung, der Fähigkeitsmessung und Altersplazierung verknüpft.

Die erste Hälfte des Kapitels ist der Frage gewidmet, wie eine bessere Lernmotivation zu erreichen sei. Es werden drei verschiedene Ansätze zur Motivierung des Schülers in motivationstheoretischer und in unterrichtspraktischer Hinsicht – sowie auf ihre gegenseitige Entsprechung – erörtert. Die drei Ansätze sind: Motivieren (a) durch Lob und Tadel, (b) durch Aufforderungsgehalte der Aufgabensituation und (c) durch Realisierungsmöglichkeiten für Eigeninitiative und Selbststeuerung des Verhaltens.

In der zweiten Hälfte des Kapitels geht es um *Lernziele* für den Unterricht. Welche Beiträge kann die Psychologie leisten, um bestehende Lernziele zu klären und besser erreichbar zu machen? Es wird darüber hinaus gezeigt, daß sie auch in der Lage ist, neue Lernziele aus ihren Erkenntnissen heraus abzuleiten und vorzuschlagen. Das wird am Beispiel »nicht-akademischer« Lernziele zu zeigen versucht.

## 18.2. *Motivieren durch Lob und Tadel: Analyse und Verbesserung einer Praxis*

Erkenntnisse der Motivationstheorie haben bislang in der Pädagogischen Psychologie und in der Lehrerausbildung kaum eine Rolle gespielt. Dies gilt, so verwunderlich es erscheinen mag, auch für die zentrale Frage, wie man Kinder besser für etwas motivieren kann, dem sie – wie dem Lernen in der Schule – häufig wenig abgewinnen können. Das heißt aber nicht, daß es nicht eine traditionelle und ausgebaute Praxis der Motivierung von Schülern gäbe. Es gibt sie selbstverständlich, und wir alle verwenden sie wie das Natürlichste von der Welt. Jeder kennt solche Mittel der Motivierung, vor allem etwa Lob und Tadel.

Dazu liegen seit 75 Jahren Untersuchungen im Labor wie im Klassenzimmer vor. Die Befunde sind wenig erhellend, ja sie ergeben ein konfuses Bild von den Motivierungswirkungen der herkömmlichen Lob-und-Tadel-Praxis. Im allgemeinen beeinflußt Lob die weiteren Leistungen eher günstig, Tadel dagegen eher nicht. Aber in einigen Untersuchungen zeigte sich der umgekehrte Effekt. Manchmal fand sich auch gar keine Wirkung. Nicht selten wurden Leistungsverbesserungen ungenügend gegen einfache Übungseffekte abgesichert. Und vor allem: Das gleiche, lobende oder tadelnde Verhalten des Lehrers hat auf verschiedene Schüler auch verschiedene, ja teils gegensätzliche Wirkungen.

Diese Lage ist typisch für eine Praxis, die theoretisch ungenügend

aufgehellt ist, sowohl im Klassenzimmer wie in all den psychologischen Untersuchungen seit 75 Jahren. Offenbar kann Lob
oder Tadel ganz Verschiedenes bedeuten. Wir wollen das aufzuklären versuchen, indem wir Theorie zu Rate ziehen, und zwar
das *Prozeßmodell der Motivation*. Es gilt zunächst, die möglichen
Zusammenhänge von Bedingungen und Wirkungen theoretisch
zu klären. Haben wir das getan, dann können wir den entscheidenden Schritt tun und uns fragen, wie die Praxis des Lobens und
Tadelns verändert werden müßte, um die gewünschten Motivierungseffekte treffsicherer und besser zu erzielen. Beginnen wir
also zunächst mit der Klärung, was Lob und Tadel im theoretischen Rahmen des Prozeßmodells der Motivation im einzelnen
bedeuten.
Wir fragen zuerst: In welcher Phase des Handlungsprozesses werden Lob und Tadel überhaupt verhaltenswirksam?
Nun, nicht dann, wenn der Lehrer Lob oder Tadel gerade erteilt
hat, denn dann ist gewöhnlich die Tätigkeit des Schülers abgeschlossen und ihr Ergebnis für den Lehrer sichtbar geworden.
Vielmehr dann, wenn der Schüler sich wieder vor der Ausführung
einer neuen, einer nächsten Tätigkeit befindet, also in der Motivierungsphase.
Fragen wir zweitens: Welche Rolle spielt dann früher erfahrenes
Gelobt- und Getadeltwerden?
Es ist ein bestimmter Anreiz, der die Motivierung für die an-
stehende Handlungsausführung beeinflußt, nämlich die Erwartung von einer weiteren Folge des vielleicht gelingenden oder
mißlingenden Handlungsausgangs.
Fragen wir drittens: Was kann diese weitere Handlungsfolge genauer bedeuten?
Hier gibt es bereits vier verschiedene Möglichkeiten. Nehmen
wir »Lob«. Lob kann erstens den Wunsch nach guten Beziehungen zum Lehrer oder nach Anerkennung und Geltung befriedigen. In diesem Falle ist Lob eine Fremdbekräftigung (Belohnung
durch einen anderen) für ein Leistungsverhalten, das primär im
Dienste nicht-leistungsthematischer Motive steht. Ein solcher
Schüler bekräftigt sich kaum selbst für gute Leistungen. Er ist
*extrinsisch* und nicht *intrinsisch*[1] motiviert, um des Lobes willen.
Er sieht sich deshalb auch kaum zu Leistungstätigkeiten veranlaßt, wenn der Lehrer davon keine Notiz nehmen kann. Um gelobt
zu werden, würde er vielleicht sogar gute Leistungsergebnisse
dem Lehrer vortäuschen. Lob kann zweitens eine Rückmeldung

---

[1] *Intrinsisch* versus *extrinsisch*: stammt aus dem Lateinischen und bedeutet wörtlich
soviel wie: von innen her vs. von außen her. Intrinsisch sind solche Eigenschaften
einer Sache, die dieser von innen her zu eigen sind und die sich nicht aus Beziehungen zu anderen Sachen ableiten lassen. In der Motivationspsychologie bedeutet
intrinsisch, daß man eine Sache um der Sache selbst willen tut und nicht um
anderer Sachen, anderer Zwecke oder Zielsetzungen willen. Extrinsisch ist das
Gegenteil von intrinsisch.

über den erzielten Erfolg darstellen, wenn dem Schüler sonst keine unmittelbare Information darüber vorliegt. In diesem Falle informiert Lob über das erzielte Handlungsergebnis und macht damit erst Selbstbekräftigung (Selbstbelohnung) möglich. Drittens kann Lob eine Mischung aus Fremdbekräftigung und Information zur Selbstbekräftigung bedeuten. Viertens kann es schließlich auch bedeutungslos sein, wenn es weder zur Fremdbekräftigung gesucht noch als Information zur Selbstbekräftigung benötigt wird.

Fragen wir viertens: An welchen Gütestandards orientiert sich der Lehrer bei der Erteilung von Lob und Tadel?

Lob und Tadel sind Bewertungen. Bewerten kann man aber nur, wenn man einen *Gütestandard* zugrunde legt. Entscheidend ist, wieweit der Gütestandard des Lehrers der Leistungsfähigkeit des Schülers entspricht und wieweit er mit dessen Gütestandard übereinstimmt. Hier gibt es verschiedene Möglichkeiten, die motivationspsychologisch sehr folgenreich sein können. So kann ein Lehrer den Gütestandard im Klassendurchschnitt verankern. Das ist eine soziale Bezugsnorm des Gütestandards. Wer mit seinen Leistungen über dieser sozialen Bezugsnorm liegt, wird gelobt, wer darunter liegt, getadelt. So kommt es dahin, daß einige Schüler nur gelobt, andere nur getadelt werden. Das hat auf die Dauer keinen Informationswert, motiviert wenig, fördert allenfalls eine extrinsische Motivierung, nämlich Lob zu ergattern oder Tadel zu vermeiden.

Ein anderer Lehrer kann eher den erreichten Leistungsstandard des einzelnen Schülers als Gütestandard nehmen. Er legt eine individuelle Bezugsnorm zugrunde. Kommt ein Schüler über seinen bisherigen Leistungsstandard hinaus, so lobt er, fällt er dahinter zurück, so tadelt er. Hat der Schüler einen ähnlich realistischen Gütestandard für die Bewertung seiner eigenen Leistungen, dann stimmt die lobende und tadelnde Fremdbekräftigung des Lehrers mit der Selbstbekräftigung des Schülers in etwa überein. So kann die Selbstbekräftigung noch unterstützt werden. Hat der Schüler dagegen für sich einen unrealistischen Gütestandard, d. h. überfordert oder unterfordert er sich, so kann ihn Lob und Tadel des Lehrers – sofern beides auf individueller Bezugsnorm beruht – veranlassen, einen realistischeren Gütestandard der Selbstbekräftigung zugrunde zu legen. Es gibt noch weitere Möglichkeiten, deren Folgen man sich nun selbst ableiten kann. Z. B. Lob und Tadel ohne triftigen Anlaß, weil der Lehrer glaubt, den Schüler ganz generell durch Lob ermuntern und durch Tadel anspornen zu können.

Fragen wir schließlich fünftens: Welche Ursachenerklärung der Schülerleistung läßt der Lehrer in Lob und Tadel durchblicken? Dazu haben wir im vorigen Kapitel (17.4. bis 17.6. sowie Studientext) bereits alles erörtert. Enthält der Tadel z. B. einen Hinweis auf mangelnde Fähigkeit, so wird der Lehrer den Schüler kaum anspornen, da er ihm mit solcher Kausalattribuierung gerade das Aussichtslose vermehrter Anstrengung klarmacht. Andrerseits kann Lob wegen sehr hoher Anstrengung dem Schüler deutlich machen, daß es mit seiner Begabung nicht weit her ist. Am besten motiviert Tadel wegen ungenügender Anstrengung und Lob wegen realisierter eigener Fähigkeit. Tab. 1 faßt die einzelnen Schritte der bisherigen Analyse noch einmal kurz zusammen.

*Tab. 1:* Was bedeuten Lob und Tadel im theoretischen Rahmen des Prozeßmodells der Motivation?

---

1. Frage: Welche *Phase* im Handlungsprozeß?
   Motivierungsphase (vor neuer Handlungsausführung)

2. Frage: Welche *Rolle* spielen Lob und Tadel?
   Anreiz, und zwar erwartete *weitere Folge* des künftigen Handlungsausgangs.

3. Frage: Welche Bedeutung kann diese weitere Handlungsfolge haben?

    1. Befriedigt nicht-leistungsthematische Motive
   *Fremdbekräftigung*
   *extrinsische* Motivierung der Leistungstätigkeit

oder

    2. *Rückmeldung* des erzielten Handlungsergebnisses (Information)
   Information ermöglicht *Selbstbekräftigung*

oder

    3. *Mischung* von Fremdbekräftigung und Information zur Selbstbekräftigung

oder

    4. *Ohne Bedeutung:* Weder zur Fremdbekräftigung gesucht noch als Information zur Selbstbekräftigung benötigt.

4. Frage: An welchen Gütestandards orientiert der Lehrer Lob und Tadel?

    1. An sozialer Bezugsnorm (Klassendurchschnitt)
   ... hat auf die Dauer wenig Informationswert ...;
   ... motiviert wenig ...;
   ... unterstützt nicht Selbstbekräftigung ...;
   ... fördert extrinsische Lernmotivierung ...;

oder

    2. An individueller Bezugsnorm (Leistungsstand des einzelnen Schülers)
   ... unterstützt Selbstbekräftigung ...;
   ... verhilft Schüler zu realistischerem Gütestandard ...;
   ... fördert intrinsische Motivierung ...

oder

    3. ...

---

Nach dieser theoretischen Analyse können wir uns fragen, wie die Praxis des Lobens und Tadelns aussehen müßte, um erwünschte Motivierungseffekte treffsicherer zu erzielen. Erwünscht sind solche Motivierungseffekte, die dem Schüler zu mehr Selbststeuerung seines Leistungsverhaltens verhelfen, d. h. die intrinsische Motivierung und Selbstbekräftigung unterstützen, die Entwicklung eines realistischen und zugleich anspruchsvollen Gütestandards fördern.

Aus unserer theoretischen Analyse können wir die folgenden allgemeinen Richtlinien für eine verbesserte Praxis des Lobens und Tadelns ableiten.

1. Die Rückmeldung über das erzielte Handlungsergebnis sollte ganz von Lob und Tadel getrennt werden.
2. Jeder Schüler sollte möglichst umgehend Rückmeldung erhalten. Das genügt für eine Reihe von Schülern, sie benötigen keine Fremdbekräftigung, sondern bekräftigen sich selbst, sobald sie das Handlungsergebnis kennen.
3. Bei Schülern dagegen, die extrinsisch, d. h. vorwiegend um der Fremdbekräftigung willen motiviert sind, oder bei solchen, die ihrer Selbstbekräftigung einen unrealistischen Gütestandard zugrunde legen, kann Lob und Tadel dann zur besseren Motivierung und zur weiteren Motiventwicklung beitragen, wenn
4. der Lehrer den Gütestandard jeweils auf die individuelle Bezugsnorm, d. h. auf den erreichten Leistungsstand des betreffenden Schülers stützt und wenn er
5. eine Kausalattribuierung vornimmt, indem er Tadel an ungenügende Anstrengung und Lob an realisierte Fähigkeiten knüpft.

## 18.3. *Motivieren durch Aufforderungsgehalte der Aufgabensituation*

Über die vorweggenommenen Handlungsfolgen zu motivieren, ist nur eine unter mehreren Möglichkeiten, die Motivierung zu beeinflussen. Sie ist besonders in solchen Fällen geeignet, wo eine intrinsisch motivierte Selbststeuerung zu wünschen übrig läßt. Statt Lob und Tadel zu erteilen, stellen Erzieher nicht selten auch Belohnungen oder Bestrafungen in Aussicht. So waren in der Schule früher etwa Fleißkärtchen für gute Leistungen gebräuchlich. Diese altmodische Praxis hat inzwischen eine Erneuerung erfahren, die in einer unerhörten Perfektion sich die von SKINNER entwickelten Techniken des operanten Konditionierens zunutze macht (vgl. ANGERMEIER 1972; GOODALL 1972). Das sog. *Behavior Shaping – Verhaltensformung*[2] – greift z. Z. wie eine Bewe-

---

[2] *Behavior shaping* (engl.) = Verhaltensformung, aufgrund von Techniken des von B. F. SKINNER erforschten operanten Konditionierens: Ein erwünschtes Zielverhalten wird allmählich »herausgeformt«, indem jede schrittweise Annäherung

gung in den Vereinigten Staaten um sich und stülpt z. B. über ganze Schulen ein raffiniertes Belohnungssystem, um uninteressierte Schüler in fleißige zu verwandeln. Im Studientext 18 wird näher darauf eingegangen.

Das Problem aller Handlungsfolgen, die auf Fremdbekräftigung beruhen, ist es, ob und wieweit es gelingt, eine Selbststeuerung zu fördern, die das äußere Kontrollregime allmählich überflüssig macht; vorausgesetzt natürlich, daß die herausgeformte Verhaltensmotivierung pädagogisch überhaupt wünschbar ist.

Es gibt aber noch andere Möglichkeiten der Verhaltensmotivierung, die dieses Problem nicht haben. Statt über den Anreiz der vorweggenommenen Handlungsfolgen kann man auch über die Gestaltung der Aufforderungsgehalte der Aufgabensituation motivieren. Am einflußreichsten ist hier der erlebte Schwierigkeitsgrad der Aufgabe. Erinnern wir uns an das Risikowahl-Modell (Studientext 4), nach welchem mittlere Erfolgswahrscheinlichkeiten am meisten motivieren. Damit liegt der wohl wichtigste Motivierungsfaktor in der Unterrichtsgestaltung in der Hand des Lehrers. Wieweit gelingt es ihm, den Schwierigkeitsgrad seines Unterrichtsangebots dem bereits erreichten Leistungsstand des einzelnen Schülers anzupassen und nur leicht zu überfordern? Diese Forderung ist als *Prinzip der Passung* bezeichnet worden (vgl. HECKHAUSEN 1968; 1972). Es entspricht dem entwicklungspsychologischen Inkongruenzprinzip, das wir bereits in Kap. 2 kennengelernt haben.

Lernbedingungen herzustellen, die dem Prinzip der Passung entsprechen, ist eine der wichtigsten Aufgaben des Unterrichtens. Dieses Problem hat in vielen Ländern zu Unterrichtsorganisationen geführt, in denen die Schüler nach ihrem erreichten Fähigkeitsstand zu Klassen und Kursen gruppiert werden, häufig nach so globalen Kriterien wie dem IQ (vgl. YATES 1972). Diese Praxis der – wie man in Deutschland sagt – »äußeren Differenzierung« hat kaum die erwünschten pädagogischen Effekte, aber dafür manche bedenklichen Nebenwirkungen – so gibt es eine frühe Auslese nach sozialer Herkunft, nach Verhaltensstörungen, nach anfänglich mitgebrachter Lernmotivation. Die Anregungswirkung ungruppierter Klassen auf schwächere Schüler wird abgeschnitten. Günstiger ist dagegen eine auf je einzelne Fächer bezogene Leistungsgruppierung, wie sie etwa als sog. Kern- und Kurssystem in vielen deutschen Gesamtschulversuchen praktiziert wird.

Aber auch hier ist es kaum möglich, für eine größere Gruppe von Schülern eine optimale Passung zu erzielen, ohne daß einige von dem gleichen Unterrichtsangebot unterfordert und andere überfordert werden. Gegenwärtig sucht man deshalb nach zusätzlichen

an das Zielverhalten unmittelbar belohnt wird. Dabei können verschiedene Bekräftigungstechniken (-pläne) verwendet werden.

und praktikablen Formen der sog. »inneren Differenzierung«, d. h. nach Möglichkeiten, die den Schülern selbst die Wahl des von ihnen bevorzugten Schwierigkeitsgrades und Lerntempos freistellen und die selbstgesteuerte Bildung kleinerer Gruppen im Klassenverband erlauben.

Es sei kurz über zwei Untersuchungen berichtet, denen die motivationstheoretischen Überlegungen zum Prinzip der Passung zugrunde lagen. In beiden Fällen konnten die Schüler sich selbst betätigen und den bevorzugten Schwierigkeitsgrad der Aufgabe selber wählen. Die erste Untersuchung stammt von Heinz WALTER (1968). Hier ging es um Rechtschreibleistungen im 4. Schuljahr.

> Es waren Schüler einer Montessori-Schule, die mit einer inneren Differenzierung im Klassenverband bereits vertraut waren. Während einer Versuchsdauer von 4 Wochen wählte in der Experimentalklasse jeder Schüler jeden Tag ein Diktat aus einem nach 5 Schwierigkeitsstufen gestaffelten Übungsmaterial aus. Die Diktate waren auf Schallplatten, die er sich selbst über ein Diktiergerät mit Kopfhörer in einer Ecke des Klassenzimmers vorspielen konnte. Anhand eines zugehörigen Kontrolltextes konnte der Schüler seine Rechtschreibleistung selber feststellen und korrigieren. In der Parallelklasse, die als Kontrollgruppe diente, wurden täglich Rechtschreibübungen veranstaltet, die teils in kleinen Gruppen auch in etwa den Leistungsstand der einzelnen Schüler berücksichtigten. Von allen Schülern war vorher die Ausprägung des Leistungsmotivs erhoben worden.

Wie nach dem Risikowahl-Modell zu erwarten, wählten die Erfolgsmotivierten in der Experimentalgruppe realistischer und beweglicher, während sich die Mißerfolgsmotivierten überforderten. Erfolgsmotivierte differenzierten schärfer zwischen den verschiedenen Schwierigkeitsgraden, sie nutzten die Rückmeldungen anhand der Kontrolltexte mehr und verbesserten mehr Fehler. Wie es der Theorie des Risikowahl-Modells entspricht, zeigte sich also, daß mißerfolgsängstliche Schüler unter freigestellten Lernbedingungen kein zweckmäßiges Arbeitsverhalten zeigen und erst dahin gebracht werden müssen, realistische Ziele zu wählen, sensibler für Schwierigkeitsunterschiede zu werden und Rückmeldungen über erzielte Leistungsergebnisse besser zu nutzen. Hat sich nun nach 4 Wochen in der Experimentalklasse ein steilerer Leistungszuwachs ergeben als in der Kontrollgruppe, obwohl auch hier die Übungen schon z. T. individualisiert worden waren? Das ist der Fall.

Die zweite Untersuchung stammt von Gerhard HECKER (1971). Hier wurde der Sportunterricht einer Schulanfängerklasse über das ganze Jahr hinweg nach dem Prinzip der Passung gestaltet. Um eine Vorstellung von den leitenden Gesichtspunkten der umfangreichen Lehrplanentwicklung zu geben, sei der Verfasser selbst zitiert:

»Wir bemühten uns um Anpassung an das Lernpotential der Schüler. Das ›Prinzip der optimalen Passung‹ sollte über Aufgaben einer mittleren Schwierigkeit erreicht werden. Dabei sollten die Aufgaben möglichst eine individuelle Differenzierung zulassen, die von den Schülern selbst vollzogen werden konnte. Beispiel: Werft den Ball so gegen die Wand, daß ihr ihn wieder auffangen könnt! Die von den Schülern selbst zu vollziehende Passung wird durch die unterschiedliche Entfernung von der Wand erreicht. – Wir gaben den Kindern immer wieder Gelegenheit, sich über eine verhältnismäßig lange Zeit selbständig um die Bewältigung von Aufgaben bemühen zu können. Der Lehrer gab dabei nur in besonderen Fällen individuelle Hilfen.« (HECKER 1971, S. 114–115)

Die Versuchsklasse wurde mit zwei Kontrollklassen verglichen, von denen die zweite nach einem in der DDR verbindlichen Lehrplan unterrichtet wurde, der für jede Stunde ein bestimmtes Programm vorsieht, das die Leistungsmöglichkeiten der meisten Kinder eher unterfordert. Um einen Vergleich der verschiedenen Lehrverfahren zu objektivieren, wurden vielerlei Aufgabentests und Beobachtungsverfahren entwickelt. Am Ende des Schuljahres fiel der Leistungszuwachs an motorischer Geschicklichkeit in den meisten Aufgaben klar zugunsten der Versuchsklasse aus. Wichtiger in unserem Problemzusammenhang ist die Frage, ob sich Unterschiede in der intrinsischen Motivierung entwickelt haben. Zu diesem Zweck zog der Autor Ausdauer in einer Tätigkeit als Kriterium der Motivierungsstärke heran. Den Kindern wurden drei verschiedene Aufgaben gestellt – z. B. in der Turnhalle umherzulaufen und dabei einen Ball mit der rechten oder linken Hand immer auf den Boden zu prellen oder an verschiedenen Turngeräten nach eigener Wahl Übungen auszuführen. Beobachter registrierten die Ausdauer jedes Kindes, d. h. wie lang es über eine Periode von 8 Minuten ohne Unterbrechungen bei der selbstgestalteten Aufgabentätigkeit blieb.

Die Ergebnisse sind eindeutig. In der Versuchsklasse betrugen die Unterbrechungen der Aufgabentätigkeit nur 3 % der gesamten Beobachtungszeit, in den Kontrollklassen war die mittlere Unterbrechungsdauer mehr als dreimal so hoch.

Zusammenfassend läßt sich sagen: Ein Aufgabenangebot von mittleren Schwierigkeitsgraden, dessen individuelle Dosierung der Schüler selbst vornehmen kann, fördert nicht nur den Lernfortschritt, es erhöht auch die intrinsische Motivierung, sich mit diesen Aufgaben zu beschäftigen.

18.4. *Motivieren durch Realisierungsmöglichkeiten für Eigeninitiative und Selbststeuerung des Verhaltens*

Bisher haben wir zwei Einflußquellen der Schülermotivierung auf ihre praktischen Gestaltungsmöglichkeiten durch den Lehrer erörtert: erstens die vorweggenommenen weiteren Handlungsfolgen, die nicht vom Handelnden, sondern von außen bestimmt sind, wie Lob und Tadel; zweitens die Aufforderungsgehalte der bestehenden Situation, wie die Aufgabenschwierigkeit. Abb. 1 zeigt, daß diese beiden Einflußquellen am Ende und am Anfang des Prozeßmodells der Motivation lokalisiert sind. Beide betreffen die äußere Situation, einmal die als resultierend vorweggenommene, zum andern die bestehende Situation. Beide Situationen sind vom Lehrer zu gestalten, er gestaltet sie immer, auch wenn er sich dessen nicht bewußt ist. Er kann sie mehr oder weniger motivationsfördernd machen. Ja, der Lehrer kann sich schließlich so einseitig und so raffiniert auf die Gestaltung der beiden situativen Einflußquellen verlegen, daß er in Gefahr gerät, den Schüler letztlich nur noch als Objekt seiner Manipulation zu sehen – eine Sichtweise, die auf die Dauer dem Schüler nicht verborgen bleiben kann und ihm die Entfaltungsmöglichkeiten zu intrinsischer Motivation und zunehmender Selbststeuerung seines Verhaltens beschneidet.

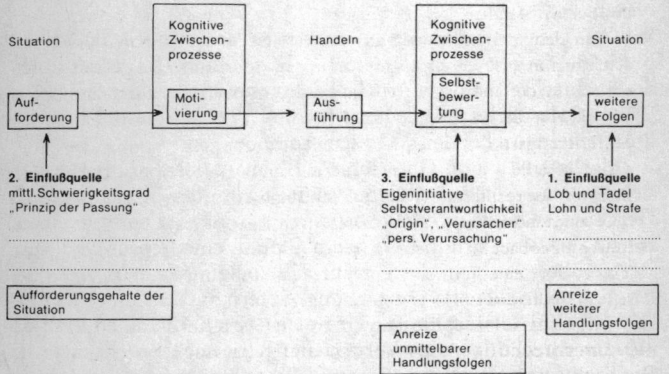

*Abb. 1:* Die Einflußquellen zur Steigerung der Motivierung. (Nach dem Prozeßmodell der Motivation.)

Es gibt aber noch eine dritte und ganz entscheidende Einflußquelle der Motivierung, die der Gefahr manipulierter Abhängigkeiten entgegenarbeitet. Sie setzt, wie Abb. 1 zeigt, an den kognitiven Zwischenprozessen der Selbstbewertung an. Diese können nicht unmittelbar beeinflußt werden. Gedanken sind – gottlob – frei. Aber der Lehrer kann Realisierungsmöglichkeiten schaffen für Erlebnisse der Eigeninitiative, der persönlichen Verursachung von Zielsetzungen und Handlungen, kurz, der Selbstverantwortlichkeit. Alles dies sind Anreize der unmittelbaren, der inneren Handlungsfolgen, nämlich der Selbstbewertung, die das Herzstück einer intrinsischen Motivierung ausmachen. An anderer Stelle (Kap. 3; Studientext 17) ist bereits erörtert worden, daß die Selbstbekräftigung entscheidend von der Kausalattribuierung abhängt. Das vorweggenommene Erlebnis eigener Wirksamkeit, das Gefühl persönlicher Verursachung ist ein entscheidender Motivator.

Das hat der amerikanische Motivationspsychologe Richard DE-CHARMS (1973) eindrucksvoll nachgewiesen. Hier ist zunächst ein simpler Befund (berichtet in DECHARMS 1968).

> 11- bis 13jährige Jungen bauten ziemlich komplizierte Modelle mit handelsüblichen Metallbaukästen. Es wurde unter zwei Bedingungen gearbeitet. Unter der einen war jedem persönlich freigestellt, welche Vorlage er heranziehen und wie er beim Nachbauen vorgehen wollte. Unter der anderen Bedingung legte der Versuchsleiter die Modell-Vorlage und jeden einzelnen Schritt beim Nachbauen fest.

Im Anschluß an die Tätigkeit zeigte sich, daß die Jungen unter freier Arbeitsbedingung erstens mehr von ihren gebauten Modellen angetan waren, zweitens häufiger geneigt waren, an ihren Modellen weiterzuarbeiten und drittens noch nach einem Monat sich häufiger an die Bezeichnungen der gebauten Modelle erinnerten.

Wie wir gesehen haben, war ein gewisses Maß von solcher Selbstbestimmung bereits in den vorhin berichteten Umgestaltungen des Rechtschreib- und Sportunterrichts enthalten. Die individuelle Passung des Schwierigkeitsgrades ließ den Schülern Entscheidungsspielraum bei der Wahl der Aufgabe.

Es macht also einen Unterschied, ob man sich herumgestoßen sieht, sich als Spielball äußerer Kräfte fühlt oder ob man sich als Herr seines Handelns erlebt. DECHARMS (1968) spricht von einem »feeling to be an origin«, von dem Gefühl, ein Ursprung zu sein. Besser übersetzt man das Gefühl, ein »origin« zu sein, mit dem Erleben persönlicher Verursachung. Sofern mit »origin« eine Person oder ein Klassenklima gemeint ist, wird im folgenden von »Verursacher« oder von »Verursacher-Klima« gesprochen.

Ein solches Erleben wird nun nicht durch bloßes Gewährenlassen des Schülers hervorgerufen. Andere nicht in eine bestimmte Richtung zu drängen, ist zwar der Anfang dafür, sie als Verursacher zu behandeln. Damit ist es jedoch allein nicht getan. DECHARMS schreibt dazu:

> »Wir fanden aber auch bald heraus, daß man andere Personen gerade dann *nicht* als Verursacher behandelt, wenn man allen ihren augenblicklichen Wünschen freien Lauf läßt. In dem Maße, wie ein Schüler zur Eigenverantwortlichkeit unreif und unfähig ist, hat der Lehrer einzuschreiten, Restriktionen aufzuerlegen und Wege zu finden, auf denen beim Schüler diese Fähigkeit entwickelt werden kann.« (1973, S. 62)

Aber wie? Auch hier gilt, daß die Motivationspsychologie nichts Neues erfindet, was nicht schon irgendwo realisiert wäre. Wie findet man die Schüler, die bereits Verursacher sind, bereits intrinsisch motiviert sind, wie findet man die Lehrer, die bereits einen Unterricht gestalten, der das Gefühl persönlicher Verursachung in der Klasse verbreitet? DECHARMS (1969; 1973) schrieb den folgenden Steckbrief aus:

1. sich selbst realistische, aber anspruchsvolle Ziele setzen; 2. seine eigenen Stärken und Schwächen kennen; 3. Selbstvertrauen in die Wirksamkeit des eigenen Handelns haben; 4. konkrete Verhaltensweisen bestimmen, mit denen man jetzt seine Ziele erreichen kann; 5. Rückmeldungen einholen, ob man sein Ziel erreicht hat; 6. Selbstverantwortlichkeit für die eigenen Handlungen und deren Folgen übernehmen; auch für andere, für die Gruppe Verantwortung tragen.

Die 6 Bestimmungsstücke stehen dem Leistungsmotiv recht nahe. Nach diesem Steckbrief hat DECHARMS zwei diagnostische Instrumente entwickelt, eines für Schüler, ein anderes für Lehrer. Das für Schüler ist ein Inhaltsschlüssel, nach dem in Anlehnung an die Leistungsmotivmessung TAT-Geschichten ausgewertet werden. Das Instrument für Lehrer ist ein Fragebogen zur Bestimmung des sog. »Verursacher-Klimas« in der Klasse, d. h. wieweit der Lehrer eine Unterrichtsatmosphäre verbreitet, die den Schülern Realisierungsmöglichkeiten für eigene Initiative schafft, für das Erleben persönlicher Verursachung. Der Fragebogen wird nicht vom Lehrer, sondern von den Schülern seiner Klasse ausgefüllt. Denn nicht wie der Lehrer sie sieht, sondern wie die Schüler das Klassenklima erleben, bestimmt deren Motivierung.

Wenn sich nun auf solche Weise Verursacher-Schüler und Verursacher-Klassen aufspüren lassen, so muß in ihnen höhere intrinsische Motivierung walten. Wie läßt sich das prüfen? Nun, eine erste Möglichkeit wäre, Lernleistungen zu vergleichen. Sie müßten bei intrinsischer Motivierung höher sein. Das ist der Fall, und zwar für einzelne Schüler wie für ganze Klassen. DECHARMS (1973) fand, daß die inhaltsanalytisch erfaßten Verursacher-Werte von Schülern des 5. bis 7. Schuljahres zwischen guten und weniger guten Schulleistungen trennen, auch wenn der Einfluß des IQ ausgeschaltet wird. Und zum andern fand er zwischen dem Verursacher-Klima von 23 Klassen und der mittleren Lernrate in jeder dieser Klassen eine signifikante Korrelation von .60.

Es gibt aber noch andere Möglichkeiten, die Wirksamkeit intrinsicher Motivation im Sinne des Erlebens persönlicher Verursachung nachzuweisen. Dabei ist der folgende Grundsatz zu beherzigen: Wenn man glaubt, entscheidende Schlußfolgerungen aus einer Theorie zu ziehen, setze man die Theorie in Praxis um und schaue, ob die erwarteten Effekte auch tatsächlich eintreten. Mit anderen Worten, man suche die bestehenden Gegebenheiten durch theoriegeleitetes eingreifendes Handeln zu ändern.

Das hat DECHARMS (1969; 1973) getan. Er hat ein großangelegtes Trainingsprogramm zur Verbesserung der intrinsischen Motivierung in vielen Klassen durchgeführt – mit verblüffenden Erfolgen. Er hat nicht unmittelbar auf die Schüler eingewirkt, sondern auf ihre Lehrer. Lehrer aus schwarzen Ghetto-Distrikten von St. Louis, einer Stadt des amerikanischen Mittelwestens, hat er zur Teilnahme an einem einwöchigen Kursus eingeladen und dafür bezahlt. Aber wie kann man Lehrer in 6 Tagen dazu bewegen, ihre Aufgabe anders zu sehen und ihren Unterricht neu zu gestalten? deCharms hat ganz davon abgesehen, den Lehrern die Techniken eines bestimmten Erziehungsstils beizubringen. Denn damit hätte er sein eigentliches Ziel vereitelt, die Lehrer zuvor selbst intrinsische Motivierung, das Gefühl persönlicher Verursachung erfahren zu lassen, damit sie es später ihren Schülern vermitteln können. Wie kann dies bewerkstelligt werden?

Der Kurs bestand aus einer Reihe von Selbsterfahrungsübungen, Gruppengesprächen, privaten Selbsterforschungen, fast exerzitienhaft, aber in völlig ungezwungener Form. Hauptinhalte waren: 1. die Teilnehmer zu ermutigen, über sich selbst nachzudenken und die eigenen Motive einzuschätzen; 2. die Teilnehmer mit Gedanken und Verhaltenscharakteristika von Personen mit unterschiedlichen Motiven – wie Anschluß, Leistung, Macht – bekannt zu machen; 3. ihnen die Nützlichkeit von sorgfältigem Planen und realistischen Zielsetzungen im Zusammenhang mit jedem Motiv vor Augen zu führen; 4. Verhaltensweisen zu fördern, die für die intrinsische Motivierung eines Verursachers charakteristisch sind.

Im darauffolgenden Schuljahr trafen sich die Lehrer regelmäßig mit dem Forschungsteam, um gemeinsam Trainingsprogramme für ihre eigenen Klassen zu entwickeln, die wöchentlich etwa 3- bis 4mal von je halbstündiger Dauer in den normalen Unterricht eingestreut und mit ihm teils eng verbunden waren. Darunter gehörte etwa ein Rechtschreibspiel, das ähnlich wie in der berichteten Untersuchung von WALTER (1968) dem einzelnen Schüler eine individuelle Schwierigkeitswahl ermöglichte. Diese Übungen waren in der Hauptsache um vier Dinge zentriert: das eigene Selbstbild; Leistungsmotivation bei sich und anderen; realistisches Zielsetzungsverhalten und das Erleben persönlicher Verursachung.

Wie sind nun die Ergebnisse? Zunächst: Hat sich die intrinsische Motivierung wirklich verstärkt? In einer Längsschnittuntersuchung vom 5. bis zum 7. Schuljahr wurden die Verursacher-Werte für Schüler in trainierten und untrainierten Klassen miteinander verglichen. Abb. 2 zeigt die Ergebnisse. Oben links für Schüler, die im 6. und im 7. Schuljahr trainiert wurden: die Verursacher-Werte steigen stetig an. Oben rechts für Schüler, die nur im 7. Schuljahr trainiert wurden: nur hier gibt es auch einen Anstieg. – Unten links für Schüler, die nur im 6. und nicht im 7. Schuljahr trainiert wurden: im 6. Schuljahr steigen die Werte an, im 7. Schuljahr bleiben sie konstant. – Unten rechts für eine Kontrollgruppe ohne jedes Training: die Werte bleiben vom 5. bis zum 7. Schuljahr konstant niedrig.

Aber das ist nicht das einzige Ergebnis. In den trainierten Klassen sind auch die Zielsetzungen realistischer geworden, und vor allem haben sich die Schulleistungen gegenüber den Kontrollklassen

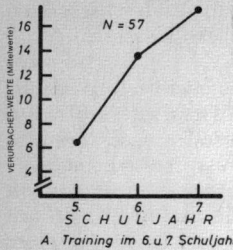
A. Training im 6. u. 7. Schuljahr

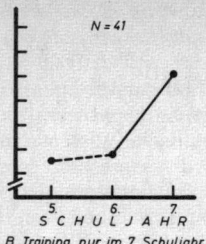
B. Training nur im 7. Schuljahr

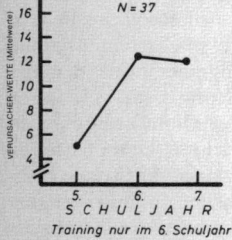
Training nur im 6. Schuljahr

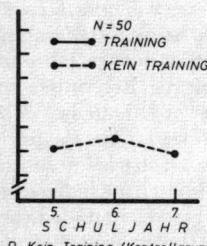
D. Kein Training (Kontrollgruppe)

*Abb. 2:* Mittlere Verursacher-Werte (Origin-Werte) motivationstrainierter und untrainierter Schüler in drei aufeinanderfolgenden Schuljahren. (Nach R. DECHARMS.)

beträchtlich verbessert, wie im Studientext 18.4.1. gezeigt wird. Man mag einwenden, daß die Leistungsverbesserung auf einem Hawthorne-Effekt des Trainings beruhen könnte, von dem im Studientext 11. die Rede war. Das ist hier auszuschließen, weil – wie wir gesehen haben – die Schulleistungen ja auch in untrainierten Klassen mit den Verursacher-Werten der einzelnen Schüler wie auch mit Unterschieden des Verursacher-Klimas in den einzelnen Klassen kovariieren.

Das Verursacher-Erleben bei den Schülern muß also die vermittelnde Variable sein zwischen den Einflüssen des Trainings und des neugestalteten Unterrichts einerseits und den besseren Schulleistungen andrerseits. Oder um es in der Theorie des Prozeßmodells der Motivation zu fassen: Die geschaffenen Realisierungsmöglichkeiten für Eigeninitiative und Selbststeuerung des Verhaltens im Unterricht sind Anreiz für eine vertiefte Selbstbewertung, für das Erleben eigener Wirksamkeit, persönlicher Verursachung.

18.5. *Lernziele und der Beitrag der Psychologie: Analyse des Zielver-*
*haltens und Evaluation der pädagogischen Verfahren*

Was kann die Psychologie beitragen, um neue Lernziele zu finden?
Zunächst möchte man antworten: nichts. Denn da die Psychologie eine rein empirische Wissenschaft ist (oder wenigstens sein
sollte), hat sie – so könnte man sagen – Wertentscheidungen,
um die es sich bei der Festsetzung von Lernzielen unzweifelhaft
handelt, der Pädagogik zu überlassen. Die Psychologie hat jedoch
schon längst bei der näheren Bestimmung von Lernzielen einen
Beitrag zu leisten, und zwar gerade aufgrund ihrer empirischen
Vorgehensweise. Es ist die klärende Analyse des erwünschten Ziel-
verhaltens und die Evaluation, d. h. die Prüfung der pädagogischen
Verfahren darauf, wieweit die Lernziele erreicht wurden.
An dem folgenden Beispiel läßt sich der psychologische Beitrag
klarmachen. Anfang der 50er Jahre wollte eine große amerikanische Kommission die Ergebnisse der allgemeinbildenden Erziehung feststellen (vgl. DRESSEL & MAYHEW 1954). Zunächst
hat die Kommission von den Lehrern zu erfahren versucht, auf
welche allgemeinen Lernziele hin sie unterrichten. Unter 6 großen
Zielbereichen befand sich auch die »Entwicklung kritischen Denkens«, nämlich »Fertigkeiten und Gewohnheiten zu erwerben und
zu verwenden, die beim kritischen und konstruktiven Denken
eine Rolle spielen«.
Große Mühe wurde nun u. a. darauf verwendet, jene Unterrichts-
veranstaltungen, die kritisches Denken fördern sollten, auf ihre
Effekte zu untersuchen. Dabei stellte sich bald heraus, daß zwar
jeder mit »kritischem Denken« dasselbe zu meinen glaubte, aber
alle doch über etwas Verschiedenes sprachen, wenn sie um Vorschläge zur Testkonstruktion gebeten wurden. Wenn man des
weiteren zu klären versuchte, durch welche Umwelterfahrungen
und Unterrichtsformen kritisches Denken gefördert würde, zeigte
sich, daß in Wirklichkeit sehr wenig getan wurde, um kritisches
Denken im Unterricht zu fördern.
Eine Analyse der mittlerweile entwickelten Testverfahren und
ihrer Ergebnisse ergab nicht weniger als 5 verschiedene Arten
von Prozeßvariablen des kritischen Denkens und 6 verschiedene
Arten von Inhaltsbereichen – insgesamt also 30 verschiedene
Kombinationen von Prozessen und Inhalten, die zu prüfen waren.
Hier ist die Liste der Prozesse und der Inhalte (DRESSEL & MAY-
HEW 1954).

*Die Prozeßvariablen:*

1. Fähigkeit, ein Problem zu definieren
2. Fähigkeit, die wesentliche Information auszusuchen
3. Fähigkeit, vorausgesetzte Annahmen zu erkennen
4. Fähigkeit, eine relevante Hypothese zu formulieren
5. Fähigkeit, triftige Schlußfolgerungen zu ziehen

*Die Inhaltsbereiche:*

1. Eigenes Selbst
2. Andere Menschen
3. Gesellschaft
4. Natur und physikalische Umwelt
5. Werte und ethische Normen
6. Inhaltsfreie Probleme (Logik)

*Tab. 2:* Korrelationen der Prozeßvariablen des »kritischen Denkens« innerhalb des sozialwissenschaftlichen Inhaltsbereichs. (Aus: P. L. DRESSEL & L. B. MAYHEW *General Education.* Washington: American Council of Education 1954.)

| Prozeß-variablen | Definieren | Informationen aussuchen | Annahmen erkennen | Hypothesen formulieren | Schluß-folgerungen ziehen |
|---|---|---|---|---|---|
| Definieren | | | | | |
| Informationen aussuchen | .15 | | | | |
| Annahmen erkennen | .12 | .23 | | | |
| Hypothesen formulieren | .08 | .20 | .18 | | |
| Schlußfolge-rungen ziehen | .28 | .20 | .42 | .25 | |
| Gesamt-Testwert | .40 | .51 | .67 | .64 | .73 |

Korreliert man innerhalb ein und desselben Inhaltsbereichs die Testergebnisse der einzelnen Prozeßvariablen untereinander, so erhält man niedrige Koeffizienten. Tab. 2 führt die Korrelationen auf, und zwar für den sozialwissenschaftlichen Inhaltsbereich. Es kann nur ein schwacher allgemeiner Faktor sein, der den 5 verschiedenen Prozessen des kritischen Denkens gemeinsam zugrunde liegt. Mit anderen Worten, einige Leute sind gut z. B. im Definieren von Problemen, aber schwach im Formulieren relevanter Hypothesen, um etwas zu erklären. Es hat wenig Sinn, von *einer* und einer *allgemeinen* Fähigkeit des kritischen Denkens zu reden.

Die Überprüfung des Unterrichtserfolgs mit dem konstruierten Test ergab, daß die Werte nur leicht mit der Dauer des Unterrichts anstiegen und daß sie kaum von der Art des Unterrichts beeinflußt wurden. Es gibt also drei wichtige Aufgaben bei der Bestimmung und Überprüfung von Lernzielen, an denen die Pädagogische Psychologie beteiligt ist:

1. Lernziele auf ihre psychologische Verhaltensstruktur zu klären.
2. Verfahrensweisen zu entwerfen, die geeignet sind, die Lernziele zu erreichen.
3. Testverfahren zu entwickeln, um zu prüfen, ob die Lernziele erreicht worden sind.

### 18.6. *Kann die Psychologie selbst etwas zur Bestimmung von Lernzielen beitragen?*

Sie braucht sich nicht auf die bloße Klärung und Erreichbarmachung von gegebenen Lernzielen zu beschränken. Sie kann mehr tun und zunächst einmal die Frage nach der Erheblichkeit von Lernzielen stellen. Macht es etwas aus im weiteren Leben, wenn man ein Lernziel erreicht oder nicht erreicht? Antworten auf solche Fragen sind wichtig, etwa um zu entscheiden, ob man die Schulzeit noch weiter verlängern sollte, wie es viele Leute und Bildungspolitiker für gut halten nach der selbstverständlich erscheinenden Devise: Je länger die Schulzeit, desto mehr Bildung, je mehr Bildung, desto größer der Berufs- und Lebenserfolg. Es mehren sich übrigens in letzter Zeit kritische Stimmen, die diese Devise in Zweifel ziehen (vgl. ILLICH 1973; McCLELLAND 1973; JENCKS 1973; HECKHAUSEN 1974).

Wir wissen bereits aus dem 12. Kap., welch große Schwierigkeiten zu überwinden sind, um solche Aussagen über mögliche Sozialisationseffekte der Schule zu prüfen. Definieren wir das »Mehr-an-Bildung« mit der Dauer des Schulbesuchs und Berufserfolg mit Jahreseinkommen, so gibt es einen klaren Zusammenhang, da der Zugang zu sog. »intellektuell anspruchsvolleren« Berufen eine bestimmte Schuldauer voraussetzt, insbesondere in Ländern mit einem starren Berechtigungswesen wie in der BRD. Wie im 12. Kap. des Studientextes dargestellt wird, ist die Dauer des Schulbesuchs wesentlich von zwei Bedingungen abhängig, von dem anfänglichen Intelligenzniveau (gemessen als IQ) und der sozialen Herkunft. Diese beiden Faktoren differenzieren auch deutlich zwischen den Jahreseinkommen, selbst wenn hinsichtlich der Dauer des Schulbesuchs kein Unterschied besteht.

Interessanter – unter dem Aspekt der Lernziele – ist es, das »Mehr-an-Bildung« an erzielte Abschlußqualifikationen bei gleichlanger Schulbesuchsdauer zu knüpfen. Müssen nicht Qualitätsunterschiede zwischen verschiedenen Schulen, mit ihrem Erziehungsklima, ihren Lehrern, ihren verschieden akzentuierten Lernzielen zu unterschiedlichen Abschlußqualifikationen führen, die wiederum den Berufs- und Lebenserfolg beeinflussen? Wer solche Zusammenhänge erwartet hat, muß von den vorliegenden Befunden tief enttäuscht sein. Unterschiede der erzielten Abschlußqualifi-

kationen hängen – rückblickend betrachtet – wesentlich mit
Unterschieden zusammen, die bereits vor Eintritt in das betreffende Schulsystem bestanden.

Und andererseits – vorausblickend betrachtet – haben Abschlußqualifikationen so gut wie keinen Zusammenhang mit Berufs- und
Lebenserfolg. HOLLAND & RICHARDS (1965) haben 7000 Univer-
sitätsstudenten über Jahre verfolgt. Aufgrund objektiver Meß-
verfahren lasen sie solche Studenten aus, die sich in sozialen
Führungsrollen, Unternehmertum, Kunst, wissenschaftlicher Forschung, Musik, Schriftstellerei, Redegewandtheit, Schauspiel oder
zugleich auf mehreren Tätigkeitsfeldern des öffentlichen Lebens
hervortaten. Diese verschiedenen Arten des Berufs- und Lebens-
erfolges konnten von keinerlei Abschlußqualifikation, von keinerlei Intelligenz- oder Eignungstestwerten vorausgesagt werden.

Es liegt nahe, daraus – resignierend oder zynisch – den Schluß zu
ziehen, daß es sich nicht lohne, neue oder anspruchsvollere Lernziele zu setzen, Reformmodelle zu entwickeln, die Lehrerausbildung zu verbessern. Alles das ändere wenig gegenüber all den
Faktoren, die die Schüler bereits selbst mitbrächten.

Man kann die Sache aber auch anders sehen. Vielleicht haben
Unterschiede zwischen Schülern doch mehr Effekt, als sich auf
Selektionswirkungen und Eingangsvoraussetzungen zurückführen läßt, nur haben wir noch keine rechte Idee, geschweige denn
Meßinstrumente, um ihn zu erfassen. Wüßten wir darüber mehr,
so könnten neue Lernziele und planmäßige Reformen vielleicht
nachweisbar doch mehr ausmachen für den Berufs- und Lebenserfolg. Dieser Verdacht wird bestärkt, wenn man sieht, daß die
Sozialisationseffekte der Schule mit lauter sog. *respondenten* Verfahren gemessen werden, d. h. die Probanden werden abgefragt
nach ihrem Wissen, ihren erlernten Fähigkeiten und Fertigkeiten,
ihren Einstellungen.[3] Nicht verwendet werden sog. *operante* Verfahren, die erfassen, was Leute tatsächlich denken und tun, wenn
sie nicht gerade danach gefragt werden und antworten müssen,
was tatsächlich ihre aktiven Interessen, ihre Hauptmotive, ihre
leitenden Wertideen sind. All dies, nennen wir es nicht-akademische Tüchtigkeiten, könnte für Berufs- und Lebenserfolg mehr
ausmachen als die intellektuellen Fähigkeiten, die die Schule so

[3] *Respondente* und *operante Testverfahren*: Bei respondenten (»Antwort hervorrufenden«) Testverfahren sind die Reaktionsmöglichkeiten des Probanden durch die
Testbedingungen eingeengt und vorweg bestimmt (z. B. Aufgabe eines Intelligenztests, Frage in einem Fragebogen). Bei operanten (»freie Tätigkeit hervorrufenden«)
Testverfahren ist der Proband weitgehend frei, auf Anregungsgehalte der Testsituation zu reagieren, auf sie einzuwirken und sie umzugestalten (z. B. Erzählen
einer Geschichte zu einem TAT-Bild). Die Bezeichnungen gehen auf die von
SKINNER eingeführte Unterscheidung von respondentem und operantem Verhalten
zurück. Das erste ist dadurch charakterisiert, daß es durch spezifische Reize ausgelöst wird, das zweite durch seine Effekte, die es auf die Umwelt hat.

ausschließlich zu ihren Lernzielen gemacht hat und unentwegt verfolgt. Ein Hauch dieses Zusammenhangs scheint z. B. aus einem simplen Befund durchzuschimmern. Hält man das Berufsfeld *konstant*, so gibt es keinen Zusammenhang der akademischen Abschlußqualifikation mit dem Einkommen, wohl aber eine Korrelation von .27 zwischen der Anzahl der Freizeitaktivitäten während der Schul- und Studienzeit und dem späteren Einkommen (JEPSON 1951).

Mit solchen Überlegungen geht die Pädagogische Psychologie gleichsam auf Lückensuche bei der Bestimmung neuer Lernziele. Eine andere und verwandte Aufgabe ist die Analyse unbeabsichtigter Nebenwirkungen nach Einführung neuer Lernziele. Hier ist das Beispiel einer aufschlußreichen Studie von WINTER, ALPERT & MCCLELLAND (1963) über eine amerikanische Elite-Internatsschule für begabte Jungen.

> Die Schule strebte danach, neue Lernziele zu erreichen. Das Erlernen von Fakten sollte nicht die Hauptsache sein. Statt dessen wurde Wert gelegt auf die Entwicklung guter Urteilsfähigkeit, lebendiger intellektueller Neugier, sozialer Einstellung und der Wertschätzung des Wahren, Guten und Schönen. Einer der Autoren nahm als teilnehmender Beobachter am Schulleben teil und fand bald, daß trotz der formulierten Lernziele harte Schularbeit und das Erringen guter Noten, um auf die Universität zu kommen, am meisten betont wurden. Gegenüber den Schülern wurde außerdem betont, daß sie zur Elite gehörten und daß man von ihnen gentlemanartiges Benehmen und die Enthaltung von Rauchen, Trinken, Mit-Mädchen-Ausgehen und dergleichen minderen Vergnügungen erwartete. Die Autorität der Lehrer wurde betont. Sie wurde streng, unpersönlich, aber nicht ohne Wohlwollen und sich auf Erfahrung berufend ausgeübt. Unter diesen Bedingungen zeigten die Schüler keine Aggressivität gegen die erlassenen Beschränkungen, sondern blieben auch bei kritischen Anlässen kühl, beherrscht und neutral, wie es der ganzen Schulatmosphäre entsprach.

> Zu Beginn und am Ende des Schulbesuchs waren die Schüler mit einer großen Batterie von Persönlichkeits- und Einstellungstests untersucht worden, ohne daß sich irgendein Sozialisationseffekt feststellen ließ. Insofern zeigte sich wieder einmal das übliche Ergebnis der schulischen Sozialisationsforschung. Die Autoren beließen es jedoch nicht bei den respondenten Testverfahren, sie nahmen operante Verfahren hinzu, wie freie Gedankenstichproben, die Schüler zu mehrdeutigen Bildern produzieren. Und hier zeigten sich in der Tat Sozialisationseffekte gegenüber Vergleichsgruppen. In ihren Gedankenstichproben waren die Internatsschüler weit stärker mit Themen der Kontrolle über eigene Impulsivität und Emotionalität beschäftigt, dagegen weit weniger mit ernster Auseinandersetzung um humanitäre Ideale wie wissenschaftlichen, sozialen und politischen Fortschritt, wie es zu den erklärten Lernzielen der Schule gehörte. Statt dessen zeigten die Schüler eine eher zynische Distanzierung gegenüber Menschen, die sich in den Dienst humanitärer Ziele stellen.

An dieser Studie sind drei Dinge bemerkenswert:

1. Die ausdrücklich gesetzten Lernziele können in Konflikt mit der alltäglichen Praxis stehen.
2. Die verfolgten Lernziele können verborgene und ganz unbeabsichtigte Nebenwirkungen haben.
3. Die Erfassung von erzielten Sozialisationseffekten hängt entscheidend von der Angemessenheit der verwendeten Testverfahren ab.

Eine weitere Aufgabe der Pädagogischen Psychologie wäre die Analyse, warum ein bestehender Kanon von Lernzielen einseitig ist oder warum – falls er etwa mit nicht-intellektuellen Tüchtigkeiten angereichert wird (wie in dem gerade berichteten Beispiel) – dies so folgenlos für die Unterrichtspraxis bleibt. Eine solche Analyse müßte auch Sozialisationswirkungen auf die Lehrer selbst in Betracht ziehen, Wirkungen, die von den etablierten Anreiz- und Belohnungsmustern im Bildungssystem, von den Erwartungen der Kollegen und Kollegien, der Bildungsadministration, der Eltern, der Abnehmer, der Öffentlichkeit ausgehen. Eine kaum zu überschätzende Ursache für die faktische Vereinseitigung auf rein intellektuelle Lernziele ist die *pädagogische Diagnostik*, dieses mächtige Instrumentarium, das so unentwegt von der Pädagogischen Psychologie dem Bildungswesen bereitgestellt wurde.

Dieses diagnostische Instrumentarium ist bis heute so gut wie ausschließlich auf die Erfassung von Kenntnissen und intellektuellen Fähigkeiten ausgerichtet. Nur in diesem Spektrum kann die Schule ihre Effekte messen, die Erreichung gesetzter Ziele überprüfen und ihre Erfolge nach Hause tragen. Das hat weitreichende Auslesewirkungen, und zwar nicht nur auf die Schüler – wie es heute so ausschließlich diskutiert wird –, sondern auch auf die Unterrichtspraxis, die Schulorganisation und die Entwicklung neuer Lehrpläne. Die Formulierung neuer Lernziele bleibt so lange folgenlos, wie man sie nicht konkretisieren und den Grad ihrer Erreichung diagnostisch feststellen kann. Selbst wenn sie formuliert und angestrebt werden, auf die Dauer wird die Unterrichtspraxis doch von solchen Lernzielen bestimmt, hinsichtlich derer man Fortschritte tatsächlich feststellen kann. Und auch der Lehrer gibt es wie jeder vernünftige Mensch auf, ständig Dinge zu verfolgen, deren Realisation ungreifbar bleibt. Deshalb ist es eine wichtige Aufgabe Pädagogischer Psychologie, die Ausschließlichkeit intellektueller Fähigkeitsmessung zu durchbrechen und auch andere Lernziele greifbar, meßbar zu machen.

Schließlich kann man den Rahmen der Analyse noch weiter spannen und fragen, wieweit die traditionelle Funktion der Schule mit den überkommenen Lernzielen unter den gegenwärtigen gesellschaftlichen Bedingungen noch zeitgemäß ist. Eine solche Analyse überschreitet allerdings die Pädagogische Psychologie und führt in die Bereiche von Bildungssoziologie und -geschichte.

In Kap. 12 war von den radikalen Ansichten Ivan ILLICHS (1973) die Rede, der die Schule ganz abgeschafft sehen möchte. Weniger radikal in den Schlußfolgerungen, aber weit eindringender in der Bedingungsklärung des soziokulturellen Wandels ist die Analyse des amerikanischen Bildungssoziologen James COLEMAN (1971; 1972).

Die Schule, wie sie heute immer noch besteht, war ursprünglich für eine Gesellschaft und einen häuslichen Lebensraum entworfen, für die drei Dinge grundlegend waren: 1. eine Armut an Informationen für alles, was den alltäglichen Erfahrungskreis übersteigt. Deshalb war Lesen- und Schreibenlernen *das* Tor zur weiten Welt. 2. eine eingeengte Auswahl der erziehungsleitenden Wertgehalte durch Familie, Kirche und Schule; und 3. ein Reichtum an Handlungsmöglichkeiten im häuslichen Lebensraum für die heranwachsenden Kinder.

Unter den heutigen Lebensumständen haben sich mittlerweile alle drei Dinge umgekehrt. Erstens: Die Armut an Information hat sich in einen Überfluß gewandelt. Mit dem Aufkommen der Massenmedien nehmen die Kinder heute außerhalb der Schule mehr Informationen über die weite Welt auf als in der Schule. Zweitens: Die eingeengte Auswahl von Wertgehalten hat einem breiten Wertpluralismus Platz gemacht. Die Schule ist heute nicht mehr in der Lage, gegen unerwünschte Wertgehalte abzuschirmen. Drittens: Der frühere Reichtum an Handlungsmöglichkeiten im häuslichen Lebensraum hat sich in extreme Armut verkehrt. Heranwachsende Kinder haben in ihren Familien heute keine handlungsangereicherten Aufgabenfunktionen mehr. Der Familienraum ist für sie so handlungsarm geworden, wie es die Schule immer schon war.

Näheres darüber und welche Schlußfolgerungen COLEMAN daraus für eine neue Funktion der Schule, für neue Lernziele zieht, enthält der Studientext 18.7.

## 18.7. *Nicht-akademische Lernziele*

Vor diesem Hintergrund wird es verständlich, wenn heute das überkommene Rollenmodell der Schule für den Schüler, nämlich das individuelle Sich-selbst-Verbessern hinsichtlich Wissen und kognitiver Fähigkeiten, manches von seinem Sinn und seiner Attraktivität verloren hat, wenn heute mit verlängerten statt abgekürzten Pflichtschulzeiten eine Schulmüdigkeit um sich greift. Von der Schulmüdigkeit gibt der englische *Young School Leavers*-Report, der zur Frage einer geplanten Verlängerung der Pflichtschulzeit angefertigt wurde, ein beredtes Zeugnis (MORTON-WILLIAMS et al. 1968). Viele tausend Entlaßschüler, ehemalige Schüler, deren Eltern und Lehrer wurden befragt. Die Hälfte aller Schüler empfand die letzten Schuljahre als langweilig und ohne Sinn. Sie drängten danach, nicht noch länger von wirklichen Tätigkeiten und der Übernahme eigener Verantwortung in der Berufswelt abgesperrt zu werden. Zwischen Schülern und Eltern einerseits und Lehrern andererseits ergaben sich bemerkenswerte Unterschiede über die Lernziele, die die Schule mit Vorrang verfolgen sollte.

Folgt man COLEMANs Analyse, so sind neben den intellektuellen Lernzielen einer im engeren Sinne akademischen Selbstvervollkommnung auch nicht-akademische Lernziele vonnöten, und zwar in zweierlei Hinsicht. Einmal *motivationale*, die handlungsrelevant sind und persönliche Tüchtigkeit erfahrbar machen und fördern (nicht bloß im leistungsthematischen Bereich, auch in anderen wie Anschluß, Kooperation und Macht). Das Verursacher-Training von deCHARMS für mehr intrinsische Motivation ist ein Beispiel dafür. Zum andern *kognitive* Lernziele, die zu kritischer Informationsverarbeitung befähigen angesichts des Überflusses und der wachsenden Pluralität außerschulischen Informationseinstroms.

Fragt man Lehrer nach Lernzielen, die sie für besonders wichtig halten, wie es John RAVEN, ein pädagogischer Psychologe in Irland getan hat, so fällt vieles unter die beiden genannten Aspekte (RAVEN 1971). Z. B.:
Entwicklung individueller Persönlichkeitszüge. Erfahrungen in der Übernahme von Verantwortung. Fähigkeit, lohnende Aufgaben zu erkennen und Zuversicht, sie unter Aufbietung der eigenen Kräfte zu lösen.
Bereitschaft, die Belange anderer zu berücksichtigen.
Bereitschaft, selbst über etwas nachzudenken.
Fähigkeit, eine Frage angesichts ungenügender Information offen zu halten und weitere Informationsquellen zu erschließen.
Obgleich viele Lehrer solche Lernziele, die man früher als »Charaktereigenschaften« bezeichnete, für wichtiger halten als die Vermittlung von Kenntnissen und Fertigkeiten, haben sie nicht das Gefühl, etwas Konkretes zu ihrer Erreichung getan zu haben oder tun zu können. Auch bleibt im Unterschied zu intellektuellen Lernzielen unklar, wieweit sie sich tatsächlich entwickelt haben.
Die Suche nach und die Auswahl von nicht-akademischen Lernzielen wirft Wertfragen auf. Soll man etwa das Leistungsmotiv oder das Anschlußmotiv oder andere menschliche Grundanliegen fördern? Kann dazu die Motivationspsychologie als empirische Wissenschaft überhaupt etwas sagen? Durchaus. Denn ohne Frage liegen jedem Motiv letzten Endes Wertgehalte zugrunde, deren Erfüllung und deren Verfehlung Glück und Zufriedenheit des Einzelnen zutiefst tangieren. Und dabei geht es nicht nur um persönlich empfundenes Glück und erlebte Befriedigung, son-

dern auch zugleich um das Wohl von Mitmenschen und darüber
hinaus der Gesellschaft.

Es gibt verschiedene Idealbilder, die wir bei der Setzung motivationaler, nicht-akademischer Lernziele beschwören können. So
z. B. das Bemühen um Innovation, um das Althergebrachte zu
durchbrechen und besser zu machen; oder das Bemühen um Kooperation, um sozialen Anschluß und Ausgleich; oder das Bemühen um Selbstbestimmung, um sich von althergebrachten,
fraglich gewordenen Ordnungen zu emanzipieren; oder das Bemühen um Solidarisierung zur Beseitigung politischer und sozialer Benachteiligung. Wer wollte bestreiten, daß es erstrebenswert
ist, möglichst jeden Schüler dahin zu bringen, daß er zu all diesem
bei gegebenem Anlaß fähig wäre? Das ist sicher eine bleibende
Grundforderung an jede Erziehung. Nur: Es wäre fatal, wenn
man das verabsolutierte, wenn man dem verfällt, was man als
»uniformes Idealbild für alle« bezeichnen könnte; wenn man aus
allen Schülern entweder lauter Leistungsbesessene oder lauter An-
schlußsucher oder lauter Selbstbestimmer oder lauter Solidari-
sierer machen wollte.

Es wäre nicht deshalb fatal, weil es gelingen könnte. Es kann nicht
gelingen. Die Sozialisationsforschung zeigt, daß die Schule allen
Grund zur Bescheidenheit hat. Schüler treten nicht als unbeschrie-
bene Blätter in sie ein. Sie bringen bereits unterschiedlich ausgeprägte Werthaltungen, Motive und Fähigkeiten mit, die in all
ihrer Unterschiedlichkeit nach Befriedigung, nach Förderung und
Erfüllung suchen. Es wäre fatal, weil es – motivationspsychologisch gesehen – in eine Art pädagogischer Tyrannei ausarten
müßte, die jeweils für die meisten Schüler eine werterfüllende
Persönlichkeitsfindung unangesprochen ließe, Möglichkeiten zu
Glück und Befriedigung von vornherein beschnitte und die Schule
zu einem trostlosen Platz und zu einer verlorenen Zeit machte.
Und in gesellschaftlicher Hinsicht ließe sich leicht zeigen, daß
jedes noch so wertbetonte Idealbild, wenn, verabsolutiert für alle,
es sich bei allen Menschen tatsächlich durchsetzen ließe, schnell
in Absurdität umschlüge. Eine Gesellschaft, die nicht stagnieren
will, braucht Heranwachsende mit unterschiedlichen Wertorientierungen und Motivausprägungen, und zwar von jeder Sorte eine
kritische Masse.

*Literatur*

ANGERMEIER, W. F. *Kontrolle des Verhaltens.* Berlin: Springer 1972.
DECHARMS, R. *Personal causation.* New York: Academic Pr. 1968.
– ›Origins, pawns, and educational practice‹. In: G. S. LESSER (Hrsg.) *Psy-
chology and the educational process.* New York: Scott, Foresman 1969.

– ›Ein schulisches Trainingsprogramm zum Erleben eigener Verursachung‹. In: W. EDELSTEIN & D. HOPF (Hrsg.) *Bedingungen des Bildungsprozesses.* Stuttgart: Klett 1973, S. 60–78.

COLEMAN, J. S. ›Education in the age of computers and mass computation‹. In: M. GREENBERGER (Hrsg.) *Computers, communications, and the public interest.* Baltimore: The Johns Hopkins Pr. 1971.

– ›The children have outgrown the school‹. In *Psychology Today*, Febr. 1972.

DRESSEL, P. L. & MAYHEW, L. B. *General education.* Washington: American Council of Education 1954.

GOODALL, G. ›Shapers at work‹. In: *Psychology Today*, Nov. 1972.

HECKER, G. *Leistungsentwicklung im Sportunterricht.* Weinheim: Beltz 1971.

HECKHAUSEN, H. ›Förderung der Lernmotivierung und der intellektuellen Tüchtigkeiten‹. In: H. ROTH (Hrsg.) *Begabung und Lernen.* Stuttgart: Klett 1968, S. 193–228.

– *Begabungsentfaltung für jeden.* Osnabrück: Fromm 1972.

– ›Einleitung zum Abschnitt Motivation‹. In: W. EDELSTEIN & D. HOPF (Hrsg.) *Bedingungen des Bildungsprozesses.* Stuttgart: Klett 1973, S. 30–39.

– *Leistung und Chancengleichheit.* Göttingen: Hogrefe 1974.

HOLLAND, J. L. & RICHARDS, J. M. ›Academic and non-academic accomplishment‹. In: *Journal of Educational Psychology*, 1965, *56*, 165–174.

ILLICH, I. *Entschulung der Gesellschaft.* München: Kösel 1972; Reinbek bei Hamburg: Rowohlt Taschenbuch (Bd. 6828) 1973.

JENCKS, C. S. et al. *Chancengleichheit.* Reinbek bei Hamburg: Rowohlt 1973.

JEPSON, V. L. ›Scholastic proficiency and vocational success‹. In: *Educational Psychological Measurement*, 1951, *11*, 616–628.

MCCLELLAND, D. C. ›Erziehung zur Tüchtigkeit‹. In: W. EDELSTEIN & D. HOPF (Hrsg.) *Bedingungen des Bildungsprozesses.* Stuttgart: Klett 1973, S. 40 bis 59.

MORTON-WILLIAMS, R. et al. *Young School Leavers.* London: Her Majesty's Stationery Office 1968.

RAVEN, J. *Objectives in education.* Dublin: The Economic and Social Research Institute 1971

WALTER, H. *Die Verwendung technischer Lernhilfen in Abhängigkeit von der Leistungsmotivation der Schüler.* Burgsteinfurt: Kreisbildstelle 1968.

WINTER, D. G., ALPERT, R. & MCCLELLAND, D. C. ›The classic personal style‹. In: *Journal of Abnormal and Social Psychology*, 1963, *67*, 254–265.

YATES, A. (Hrsg.) Lerngruppen und Differenzierung. Weinheim: Beltz 1972.

# Psychologie

Dirk Blasius
**Der verwaltete Wahnsinn**
Band 6726

Ernest Borneman
**Die Ur-Szene**
Band 6711

Hilde Bruch
**Der goldene Käfig**
Band 6744

Hans Jürgen Eysenck
**Neurose ist heilbar**
Band 6713

Anna Freud/
Thesi Bergmann
**Kranke Kinder**
Band 6363

Georg Groddeck
**Das Buch vom Es**
Band 6367

Erna M. Johansen
**Betrogene Kinder**
Band 6622

Theodore Lidz
**Familie und psycho-
soziale Entwicklung**
Band 6763

Margaret S. Mahler/
Fred Pine/Anni Bergmann
**Die psychische Geburt des
Menschen**
Band 6731

Erich Neumann
**Kulturentwicklung
und Religion**
Band 6388

Nosrat Peseschkian
**Psychotherapie des
Alltagslebens**
Band 1855
**Der Kaufmann
und der Papagei**
Band 3300
**Positive Familien-
therapie**
Band 6761
**Auf der Suche nach Sinn**
Band 6770

Fischer Taschenbuch Verlag

# Psychologie

Jean Piaget/
Bärbel Inhelder
Die Psychologie des Kindes
Band 6339

Theodor Reik
Hören mit dem
dritten Ohr
Band 6766
Der unbekannte Mörder
Band 6767
Aus Leiden Freuden
Masochismus und
Gesellschaft
Band 6768

Gitta Sereny
Ein Kind mordet –
Der Fall Mary Bell
Band 6721

A. C. Robin Skynner
Die Familie.
Schicksal und Chance
Band 6729

Stuart Sutherland
Die seelische Krise
Band 6720

Thomas S. Szasz
Die Fabrikation
des Wahnsinns
Band 6321

Thomas S. Szasz
Psychiatrie
Band 6389
Recht, Freiheit und
Psychiatrie
Band 6722
Schizophrenie
Band 6743

Claire Wesley/
Frank Wesley
Die Psychologie
der Geschlechter
Band 6728

Rainer Winkel
Pädagogische Psychiatrie
für Eltern, Lehrer und
Erzieher
Band 6709

Lew S. Wygotski
Denken und Sprechen
Band 6350

Reader zum Funk-Kolleg
Pädagogische Psychologie
Band 6113: Entwicklung
und Sozialisation
Band 6114: Lernen und
Instruktion

Funk-Kolleg
Pädagogische Psychologie
Band 6115 / Band 6116

# Josef Rattner

**Fischer Taschenbuch Verlag**

# Alfred Adler
# Werkausgabe

Herausgegeben von Oliver Brachfeld (†), Wolfgang Metzger (†),
Heinz L. Ansbacher und Robert F. Antoch

**Fischer Taschenbuch Verlag**

# Sigmund Freud
## Einzelbände im Taschenbuch

## Fischer Taschenbuch Verlag